Heiner Boehncke · Hans Sarkowicz

Was niemand hat, find ich bei Dir
Eine Frankfurter
Literaturgeschichte

Heiner Boehncke · Hans Sarkowicz

Was niemand hat, find ich bei Dir

Eine Frankfurter Literaturgeschichte

Philipp von Zabern

Autoren und Verlag danken der Stadt Frankfurt –
Dezernat für Kultur und Wissenschaft – für die finanzielle
Unterstützung bei der Realisierung dieses Buchprojekts.

Bibliografische Information der Deutschen Nationalbibliothek
Die Deutsche Nationalbibliothek verzeichnet diese Publikation in der
Deutschen Nationalbibliografie; detaillierte bibliografische Daten sind im Internet über
<*http://dnb.d-nb.de*> abrufbar.

ISBN: 978-3-8053-4498-2

Lektorat und Register: Dana Machwitz
Gestaltung: Jutta Schneider, Frankfurt
Umschlaggestaltung: Jutta Schneider, Frankfurt
Druck: betz-druck, Darmstadt

Printed on fade resistant and archival quality paper (PH 7 neutral) · tcf

Weitere Publikationen aus unserem Programm finden Sie unter: www.zabern.de

Elektronisch sind folgende Ausgaben erhältlich:
eBook (PDF): 978-3-8053-4615-3
eBook (epub): 978-3-8053-4616-0

Goethe in Frankfurt
Die Stadt, der Dichter und sein Kreis

Politischer Aufbruch
Frankfurt als Zentrum des demokratischen Deutschland

Aufbruch – Untergang – Neubeginn
Das 20. Jahrhundert

Vorbemerkung

Wenn man am ersten Sonntag eines Monats mit dem Zug in den Frankfurter Hauptbahnhof einfährt, ist man schon in der Literaturstadt Frankfurt angekommen. Man geht dann um kurz vor elf Uhr zwei Treppen hoch ins Restaurant Cosmopolitan, findet mit Glück noch einen Platz und erlebt Tomi Ungerer, Eva Demski oder jemand anderen im Gespräch mit dem Moderator. Die Lesungen von ‚Kultur und Bahn' sind meist sehr gut besucht.
Noch schöner als Veranstaltungsort ist das Literaturhaus mit seinem ambitionierten, sehr vielfältigen Programm. Gegenüber wird gerade die neue Europäische Zentralbank gebaut, weil in Frankfurt schon immer Geist und Geld etwas miteinander anfangen konnten.
Überhaupt ist es hier üblich, Literatur zu hören und darüber zu sprechen. Es vergeht wohl kein Tag ohne Lesung, Literaturgespräch, Diskussion oder Buchpremiere. Neuerdings werden auch vermehrt Schreibwerkstätten angeboten. Das kann in der Romanfabrik in der Hanauer Landstraße sein, im Hessischen Literaturbüro im Mousonturm, im Holzhausenschlösschen oder – oft mit versierten Wissenschaftlern – im Goethe-Haus. Aber auch in der Deutschen Nationalbibliothek, im Bibliothekszentrum der Universität im ehemaligen I.G. Farben-Haus, im Sendesaal des Hessischen Rundfunks, in der Stadtbücherei oder in einem der noch gebliebenen Publikumsverlage, zum Beispiel bei S. Fischer. Während der Buchmesse tummeln sich die Autorinnen und Autoren bei den Open Books in der Innenstadt, im Römer und an vielen anderen Orten.
Daneben sind die Frankfurter Goethe-Festwochen zu nennen und das 2012 zum sechsten Mal veranstaltete literaTurm-Festival, das sich neben den ebenfalls im zweijährigen Turnus stattfindenden Lyriktagen zu d e m Frankfurter Literaturfest entwickelt hat.
Ein ganz besonderes und ganz besonders erfolgreiches Lesefest wird seit 2010 jährlich begangen: ‚Frankfurt liest ein Buch' mit mehr als 50 Veranstaltungen. 2013 wird der Roman *Ginster* von Siegfried Kracauer gelesen. Das alles und noch viel mehr, wie die Poetik-Dozentur oder das unterdessen schon legendäre Stadtschreiberamt von Bergen, gehören zum aktuellen Programm der Literaturstadt Frankfurt am Main.
Wir gehen in diesem Buch den historischen Literaturspuren nach, und wir sind nun mehr denn je davon überzeugt, dass sich Frankfurt mit gutem Recht eine Literaturstadt nennen darf. Gewiss wird man von unserem Buch keine komplette Literaturgeschichte erwarten. Die wollten wir nicht schreiben, und wir konnten es auch nicht, weil doch erhebliche Forschungslücken klaffen. Vielleicht regt dieses Buch dazu an, sich intensiver mit dem einen oder anderen Abschnitt der Frankfurter Literaturgeschichte zu beschäftigen, die nie nur lokal oder regional bedeutsam war, sondern immer weit nach Europa ausgestrahlt hat. Über einen langen Zeitraum war die Frankfurter Buchmesse sogar das intellektuelle Zentrum Europas, und sie konnte nach dem Zweiten Weltkrieg daran anknüpfen.
Bei unserer Arbeit in Bibliotheken und Archiven durften wir einige Entdeckungen machen, die wir hier mit Freuden unterbreiten. Am Beispiel Frankfurt lässt sich gut dokumentieren, welch enges Bündnis seit eh und je zwischen Literatur und städtischer Öffent-

lichkeit bestand. Das gilt übrigens auch für Goethe, dessen Beziehung zur Stadt Frankfurt und ihren Bürgern gebührend viel Platz eingeräumt wird.
Die Zeit nach 1945 entzieht sich selbstredend einer abschließenden Beurteilung. Je näher es der Gegenwart zugeht, desto schwieriger wird Geschichtsschreibung. Schwieriger und vielleicht auch weniger wichtig; denn für die Darstellung und ‚Besprechung' der aktuellen und jüngst vergangenen Literatur in Frankfurt gibt es hervorragende publizistische Medien. Gerade hier in Frankfurt. Wir haben uns deshalb auf das literarische Leben und die kulturpolitischen Diskussionen der frühen Nachkriegszeit konzentriert, aber die Entwicklungslinien bis in die Gegenwart gezogen.
Wenn Autoren in Vorworten einen Wunsch äußern dürfen, dann den, dass dieses Buch dabei hilft, manche vergessene Autorin, manchen verloren gegangenen Autor wieder zu entdecken und zu lesen. Wir sind davon überzeugt, dass sie es verdient haben.

Wir bedanken uns bei Stadtrat Prof. Dr. Felix Semmelroth, dem Frankfurter Dezernenten für Kultur und Wissenschaft, und bei Dr. Sonja Vandenrath, der Leiterin des Fachbereichs Literatur im Kulturamt der Stadt Frankfurt, für ihre finanzielle Unterstützung bei den umfangreichen Recherchen. Ohne ihre Hilfe hätte dieses Buch nicht erscheinen können.
Wir danken auch Dr. Joachim Seng, dem Leiter der Bibliothek des Freien Deutschen Hochstifts – Frankfurter Goethe-Haus, für gute Ratschläge und seltene Bücher.
Ein besonderer Dank geht an unseren Verleger Dr. Jürgen Kron, der das Projekt mit auf den Weg gebracht und über Jahre mit nicht nachlassender Energie betreut hat.

Gründungsmythos und Wirklichkeit

Die Anfänge der Literaturstadt Frankfurt

„Als König Carl von den Sachsen geschlagen floh, und zum Main kam", heißt es in den *Deutschen Sagen* der Brüder Grimm, „wußten die Franken das Furt nicht zu finden, wo sie über den Fluß gehen und sich vor den Feinden retten könnten. Da soll plötzlich eine Hirschkuh erschienen, ihnen vorangegangen und eine Wegweiserin geworden sein. Daher gelangten die Franken über den Main, und seitdem heißt der Ort Frankenfurth"[1].
Die Sage, die in verschiedenen Varianten existiert, liefert so etwas wie den Gründungsmythos für Frankfurt. Sie ist keine Erfindung der Brüder Grimm, wurde ihnen auch nicht von fleißigen Zuträgern erzählt, sondern entstammt einer Chronik, die um das Jahr 1000 entstanden ist. Thietmar, Bischof von Merseburg, hatte darin die Geschichte seines Bistums festgehalten und bei dieser Gelegenheit auch das Weltgeschehen einer kritischen Inspektion unterzogen. Er ließ keine Anekdote oder Abschweifung aus und musste sich gelegentlich selbst ermahnen, zum Kern seiner Darstellung zurückzukommen. So auch, als er die Ereignisse des Jahres 1017 Revue passieren ließ. Als sorgfältiger Chronist berichtete er, dass Kaiser Heinrich II. das Weihnachtsfest in Frankfurt verbracht hatte, und nutzte diese an sich eigentlich unbedeutende Kleinigkeit, um die Herkunft des Namens Frankfurt zu erklären. Angeblich hatte er die Geschichte von „glaubwürdigen Männern" gehört. Als Sachse erzählte er nicht ohne Stolz, dass die Franken damals „von den Unsrigen besiegt" worden waren. Als sie nun, „unkundig einer Furt, über den Main zurück mußten, ging vor ihnen eine Hirschkuh hinüber und zeigte ihnen so durch Gottes Erbarmen gleichsam den Weg; ihr folgten sie und erreichten frohen Mutes das rettende Ufer. Danach heißt der Ort Frankfurt"[2]. So unterschiedlich sind die Versionen nicht, außer dass Thietmar die Franken frohen Mutes das rettende Ufer erreichen sah, wohl glücklich ‚seinen' Sachsen entkommen zu sein. Und als frommer Kirchenmann wusste Thietmar auch, wer Karl und dessen Mannen letztlich gerettet hatte: nicht die Hirschkuh, sondern Gott.
Wenn man die Sage auf ihren Wahrheitsgehalt hin untersucht, dann ist sie von der geschichtlichen Realität gar nicht so weit entfernt, wie es das romantisch verklärte Ambiente vermuten lässt. Eine Hirschkuh als Führerin hätten die Franken wohl kaum benötigt, denn die Furt war schon lange bekannt. Breite Kalkfelsen lagen dicht unter der Oberfläche des Flusses, etwa dort, wo heute die ‚Alte Mainbrücke' die Frankfurter Altstadt („Hibb de Bach") mit Sachsenhausen („Dribb de Bach") verbindet. Die kontinuierliche Besiedlung des ‚Domhügels' seit der mittleren Bronzezeit ist ein Beleg für die Bedeutung des Flussübergangs. Im 1. Jahrhundert n. Chr. errichteten die Römer dort zuerst einen Militärposten, dann ein Kastell mit Badeanlage (deren Reste noch zu besichtigen sind) und schließlich einen Gutshof. Nur wenig entfernt lag Nida (heute: Frankfurt-Heddernheim),

der Hauptort der Civitas Taunensium, die das Gebiet nördlich des Mains bis zum Limes und die Wetterau umfasste. Auf die Römer folgten die Alemannen und schließlich die Franken, die den strategisch bedeutsamen Mainübergang zum Ausgangspunkt für ihre militärischen Aktionen gegen die Sachsen nahmen. Insoweit lassen sich Sachsen, Franken und die Mainfurt gut zusammenbringen. Bei Karl dem Großen allerdings verlässt die Sage den historischen Rahmen. Denn schon im 7. Jahrhundert stand auf dem ‚Domhügel' ein fränkischer Gutshof. Sein Besitzer, vielleicht ein fränkischer Graf, hat seine vier- bis fünfjährige Tochter in einer kleinen Steinkirche beerdigen lassen, reich ausgestattet mit Goldschmuck und Gebrauchsgegenständen. Dieses Grab ist erst vor wenigen Jahren von Archäologen entdeckt worden. Anstelle der kleinen Kirche wurde später eine größere errichtet. Als Karl der Große nach Frankfurt kam, wird er eine Anlage vorgefunden haben, die seinem Rang als Frankenherrscher entsprach. Sonst hätte er sich dort kaum so lange aufgehalten. Von der Jahreswende 793/794 bis zum Sommer 794 blieb er sogar über sieben Monate in seiner Pfalz am Main. Und dieser erste dokumentierte Besuch wurde für Frankfurt von erheblicher Bedeutung, denn der König war, wie es der Historiker Johannes Fried formulierte, „bei der Arbeit": „Hier feierte er das Osterfest, empfing Besucher, sprach Recht, stellte Urkunden aus, hier ließ er theologische Gutachten verfassen und vortragen, die kirchliche Funktion von Bildern erörtern, religiöse Praktiken prüfen, hier beklagte er den Tod seiner Frau."[3]

In der Urkunde, die der König am 22. Februar 794 für das Kloster St. Emmeran in Regensburg ausstellen ließ, wird Frankfurt erstmals erwähnt, als „francono furt". Am 1. Juni 794 lud Karl der Große zu einer Synode und Reichsversammlung nach Frankfurt. Aus allen Teilen des Frankenreichs kamen geistliche und weltliche Würdenträger an den Main. Mit diesem Ereignis wurde Frankfurt zu einem der wichtigen Orte des große Teile von Europa umspannenden Königreichs. Das in 56 Artikeln zusammengefasste Ergebnis der Synode interessiert heute nur noch Theologen und Historiker. Für die Frankfurter Literaturgeschichte ist nur ein Artikel wichtig, der zweiundfünfzigste. Er handelt von den drei Gelehrtensprachen der damaligen Zeit, dem Lateinischen, dem Griechischen und dem Hebräischen. „Niemand glaube", heißt es darin, „man dürfe Gott nur in drei Sprachen anbeten, denn in jeder Sprache kann der Mensch zu Gott beten und wird erhört, wenn er recht bittet".[4]

Der Germanist Horst Dieter Schlosser sieht als unmittelbare Konsequenz aus diesem Artikel „Übersetzungen und volkssprachliche Kommentierungen der Zentraltexte der christlichen Konfession – Taufgelöbnis, Glaubensbekenntnis und Vaterunser"[5]. Damit war aber nicht nur der Weg geebnet für Übersetzungen ins Althochdeutsche, es konnte auch eine eigenständige, von religiösen Inhalten abgehobene ‚Volksliteratur' entstehen, die sich der Umgangssprache bediente. Das älteste erhaltene Beispiel ist das im 9. Jahrhundert aufgeschriebene *Hildebrandslied*, das einen tödlichen Konflikt zwischen Vater und Sohn schildert. Hadubrand erkennt seinen seit dreißig Jahren abwesenden Vater Hildebrand nicht. Nach einem heftigen Wortwechsel kommt es zum Kampf, bei dem einer der beiden getötet wird. Dem Fragment ist nicht zu entnehmen, ob der Vater oder der Sohn. Auf- oder abgeschrieben wurden die weltlichen und geistlichen Texte in der Regel nicht in den königlichen Pfalzen, sondern in Klöstern. Die einzige erhaltene Fassung des *Hildebrandslieds* entstand im Kloster Fulda, wo der Biograph Karls des Großen, Einhard, erzogen wurde (sie liegt heute in der Murhardschen Bibliothek in Kassel). Im Skriptorium wurden nicht nur wichtige Texte der Antike kopiert, sondern auch Werke der karolingischen Literatur aufgeschrieben. Fulda verstand sich als eines der geistigen Zentren des fränkischen Reichs. Das hieß aber nicht, dass in der Frankfurter Königspfalz nur staatspolitische Dokumente und Urkunden verfasst wurden. In der Bayerischen Staatsbibliothek in München wird ein Pergament aus dem Jahr 823 aufbewahrt, das in Frankfurt beschrieben wurde. Der Regensburger Bischof Baturich hatte sich den Kommentar des Kirchenvaters Augustinus zu einem Johannes-Brief kopieren lassen und die wertvolle Handschrift mit einem selbstbewussten Besitzvermerk versehen:

„Dieses Buch habe ich, Bischof Batturich, für das Heil meiner Seele in franchonofurt abzuschreiben befohlen“[6].

Neben Regensburg, wo Baturich als Bischof residierte, war Frankfurt zu einem der Hauptorte des Ostfränkischen Reiches geworden. Die Pfalz lag sehr günstig im Zentrum des Reichsgutskomplexes am Mittelrhein, der Reichsforst Dreieich diente als Jagdgebiet, die Furt ließ sich bequem überqueren. Die zentrale Lage inmitten wichtiger Verkehrswege sollte für Frankfurt von allergrößter Bedeutung bleiben. Daran hat sich bis heute nichts geändert.

Ludwig der Deutsche ließ eine große, dreischiffige Basilika, die Salvatorkirche, bauen, die am 1. September 852 vom Mainzer Erzbischof Hrabanus Maurus geweiht wurde. Sie war über einen gedeckten Gang mit einem Torbau und einer Königshalle verbunden, die bereits aus der Zeit seines Vorgängers, Ludwigs des Frommen, stammten. „Dieses historisch gewachsene Gebäudeensemble hatte etwa 150 Jahre Bestand“, berichtet der Archäologe Magnus Wintergerst über die neusten Forschungen. „Spätestens im 12. Jahrhundert verliert die karolingische Pfalz durch den Bau einer neuen Pfalz direkt am Main, dem sogenannten Saalhof, ihre Funktion. Der Salvatorkirche, wo in karolingischer Zeit auch ein Stift eingerichtet wurde, kommt noch lange eine zentrale Bedeutung zu – zwar nicht als Pfalzkapelle, sondern aufgrund ihrer Funktion als Wahlort der deutschen Könige.“[7]

856, nach dem Tod Ludwigs des Deutschen, wurde sein Neffe Lothar II. in Frankfurt zum König des nördlichen Teils des Mittelreiches gewählt; 887 bestimmten hier die Herren der ostfränkischen Stämme Arnulf von Kärnten zum König und krönten ihn auch in Frankfurt. In der sächsischen und salischen Zeit verlor die Stadt vorübergehend an Bedeutung, bis sie unter den Staufern zum wichtigen Messeplatz, zu einem wirtschaftlichen und politischen Zentrum wurde. Auch die Krönungstradition wurde wieder aufgenommen.

Minnesangs Frühling

1147 rief Bernhard von Clairvaux in Frankfurt in Anwesenheit von König Konrad III. zum Kreuzzug auf. Noch am selben Tag ließ Konrad seinen zehnjährigen Sohn Heinrich in der Stadt zum König krönen. Fünf Jahre später starb Heinrich, und es musste neu gewählt werden, was wiederum in Frankfurt geschah. Die Wahl fiel auf Konrads Neffen Friedrich von Staufen, auf Friedrich I. Barbarossa. So wurde es üblich, den König in Frankfurt zu wählen.

Unter Friedrichs Vorgängern, den Ottonen und Saliern, hatte Frankfurt nur eine Nebenrolle gespielt. Jetzt ging es wieder aufwärts. 56 Besuche von staufischen Herrschern lassen sich nachweisen. Wahrscheinlich waren es aber mehr. Denn allein 25 Hof- und Fürstentage fanden in dieser Zeit in Frankfurt statt. Und wenn die Großen des Reichs zusammenkamen, dann dürfte es auch ein ansprechendes Unterhaltungsprogramm gegeben haben. In den fast vier Jahrzehnten, die Friedrich I. regierte, entwickelte sich im deutschen Sprachraum nach französischem Vorbild eine höfische Literatur. Inwieweit der Kaiser selbst die Herausbildung von deutschsprachiger Lyrik und Epik förderte, ist nicht bekannt. Allerdings gehörte einer der berühmtesten Minnesänger, Friedrich von Hausen, zum engsten Kreis um Friedrich Barbarossa. Er zog mit dem Kaiser in den Krieg, führte diplomatische Missionen für ihn aus und begleitete ihn auch auf dem dritten Kreuzzug, bei dem er wie Friedrich I. den Tod fand. Es ist anzunehmen, dass sich Friedrich von Hausen, der für eine ganze Gruppe von Minnesängern prägend wurde, auch in der kaiserlichen Pfalz in Frankfurt aufhielt und dort seine Kunst vortrug, vielleicht sogar zusammen mit seinen Schülern. Dem Kaiser wird das, so lässt sich vermuten, gefallen haben, denn die offizielle, vom Hof besonders geförderte Literatur war mehr als dröge. Es handelte sich um chronikartige Geschichtswerke, die vor allem die Aufgabe hatten, die militärischen und politischen Leistungen der jeweiligen Herrscher zu preisen. Otto von Freising etwa, der Halbbruder des ersten Stauferkönigs Konrad III., verfasste neben seiner berühmten Weltchronik auch ein Buch, das sich ausschließlich den Staufern und den ersten Regierungsjahren Friedrichs widmete, die *Gesta Friederici*. Diese

Friedrich von Hausen, Abbildung aus der Großen Heidelberger Liederhandschrift (Codex Manesse).

um 1160 abgeschlossene Kaiser-Hagiographie setzte später der Hofkaplan Gottfried von Viterbo fort. Daneben entstanden, ebenfalls in lateinischer Sprache, Gedichte und sogar Geschichtsepen, die den verehrten Herrscher auch literarisch überhöhten. Von Gottfried wurde auch überliefert, dass Friedrich I. eine für damalige Verhältnisse umfangreiche Bibliothek besessen haben soll, allerdings nicht in seiner Frankfurter Pfalz, sondern im elsässischen Hagenau. Neben den Büchern von griechischen und römischen Autoren habe der Kaiser auch Werke mit theologischen, naturwissenschaftlichen und juristischen Texten geschätzt. Der Mittelalter-Forscher Joachim Bumke bemerkt dazu trocken: „Der Kaiser selber kann allerdings, da er nicht lateinisch gebildet war, keinen direkten Gebrauch davon gemacht haben.“[8] Der Besitz von kostbaren Handschriften war offenbar schon im hohen Mittelalter ein Ausweis von Bildung und Kultur.
Friedrichs Sohn, Kaiser Heinrich VI., scheint aus einem anderen Holz geschnitzt gewesen zu sein. Zwar ließ er, wie sein Vater, die verklärende Dynastengeschichte weiterschreiben, aber als vielseitig gebildeter Herrscher suchte er auch den Kontakt zu Gelehrten und Künstlern. Er ging sogar noch einen Schritt weiter. Denn höchstwahrscheinlich unter dem Einfluss Friedrich von Hausens begann er schon als junger König zu dichten. In der *Weingartner* und der *Großen Heidelberger Liederhandschrift* sind drei Minnelieder mit insgesamt acht Strophen von ihm überliefert. In einem dieser Lieder stellte er die Liebe zu einer angebeteten Frau sogar über die weltliche Macht, die Krone:

„Mir sint diu riche und diu lant untertan,
swenn ich bi der minneclichen bin;
Unde swenne ich gescheide von dan,
sost mir al min gewalt und min richtoum da hin
(...)
Waz git mir dar umbe diu liebe zu lone?
da biutet si mir ez so rehte schone:
e ich mich ir verzige, ich verzige mich e der krone.“[9]

Nach Heinrichs Tod stürzte das Reich in die Krise. 1198 wurden gleich zwei Könige gewählt: der Staufer Philipp von Schwaben im thüringischen Mühlhausen und der Welfe Otto IV. in Köln. Krönen ließen sich die beiden in Mainz bzw. in Aachen. Minnesänger, Geschichtsschreiber und die Autoren großer Prosawerke, die weiterhin die Nähe zum Königshof suchten, mussten sich jetzt entscheiden. Walther von der Vogelweide etwa, der berühmteste deutsche Minnesänger, zog es zunächst zu Philipp von Schwaben. Er habe einen guten Platz am Feuer gefunden, dichtete er, und zeigte sich in seinen Liedern erkenntlich. Statt um die Liebe schöner Frauen zu werben, forderte er vehement und gleich mehrfach die Kaiserkrone für Philipp:
„Sein kaiserliches Haupt gehört so ganz zu ihr dass niemand, der guten Willens ist, sie rechtens scheiden darf“[10].

Auch sein berühmtestes Gedicht, *Ich saß auf einem Stein*, in dem Walther die bürgerkriegsähnlichen Zustände im Reich beklagte, entstand in dieser Zeit.
Nach der Ermordung Philipps 1208 hatte Otto IV. keinen Widersacher mehr. Er ließ sich erneut zum König wählen, dieses Mal in Nürnberg, und empfing wenig später in Rom die Kaiserkrone. Aber das Bündnis zwischen Kaiser und Papst hielt nicht lange. Als Otto alles daran setzte, das Königreich Sizilien des Staufers Friedrich (des späteren Kaisers Friedrich II.) zu erobern, exkommunizierte ihn Papst Innozenz III. im November 1210. Otto kehrte nach Deutschland zurück und lud im Frühjahr 1212 zu einem Hoftag nach Frankfurt, um sich seiner politischen Macht zu versichern. Neben den Großen des Reichs begrüßte ihn auch Walther von der Vogelweide, der unterdessen im Dienst des Markgrafen von Meißen stand. Höchstwahrscheinlich war Walther selbst in Frankfurt:

„Herr Kaiser, seid willkommen!
Der Titel des Königs ist Euch genommen,
und somit überstrahlt Eure Krone alle anderen Kronen.
Eure Hand ist voller Macht und voller Reichtum:
je nach Eurem Willen
vermag sie zu strafen und zu lohnen.
Hinzukommt, wie ich Euch verkünde:
die Fürsten sind Euch ergeben,
sie haben in aller Form Euer Kommen erwartet.
Und besonders der Meißner,
der steht wirklich für immer zu Euch!
Eher würde ein Engel zum Abfall von Gott verführt.“[11]

Wieder ergriff Walther Partei. Noch deutlicher als bei Philipp von Schwaben machte er sich zum Fürsprecher des kirchlich gebannten Kaisers und zum entschiedenen Gegner des Papstes. Aber offenbar fühlte sich Walther für seine Dienste nicht recht entlohnt. Enttäuscht wechselte er die Seiten und wandte sich dem Staufer Friedrich II. zu, der sich schließlich gegen Otto durchsetzen konnte. Walther blieb zunächst bei Friedrich, der von 1215 bis 1250 regierte. Der Kaiserhof war, wie Joachim Bumke schreibt, „ein Zentrum der Wissenschaft und Künste, und der Kaiser selber hat, als Verfasser des lateinischen Jagdbuchs *Über die Kunst, mit Vögeln zu jagen (De arte venandi cum avibus)* und als Dichter volkssprachlicher italienischer Lieder, einen bestimmenden Einfluss auf den Literatur- und Kunstbetrieb seines Hofes ausgeübt“[12].
Allerdings verbrachte Friedrich II. den größten Teil seines Lebens in Italien und nicht in Deutschland. Für Frankfurt sind nur sechs Aufenthalte (darunter ein Hoftag) nachgewiesen. Trotzdem wurde Friedrich II. für die Stadt sehr bedeutend.

Wahl- und Krönungsstätte der deutschen Könige und Kaiser

1240 erteilte Kaiser Friedrich II. Frankfurt das Messeprivileg und sicherte damit der aufstrebenden Stadt weitreichende wirtschaftliche Möglichkeiten. Schon vorher war Frankfurt ein wichtiger Handelsplatz gewesen. Im Umfeld der Kaiserpfalz hatte sich nach und nach eine Stadt entwickelt, die schließlich mit einer festen Mauer umgeben wurde. „Diese wohl zu Beginn des 13. Jahrhunderts vollendete sogenannte Staufenmauer umschloß das Gebiet um Hirschgraben, Wollgraben und Holzgraben", schreibt der Historiker Lothar Gall. „1219 wurde Frankfurt erstmals als ‚civitas' und als ‚universitas civium', als Bürgergemeinschaft und damit als Stadt auch in einem spezifischen Rechtssinne, als Schwurgemeinschaft eigenen Rechts bezeichnet."[13] Die Bürgerschaft der wirtschaftlich prosperierenden Stadt versuchte erfolgreich, mehr Selbstständigkeit zu gewinnen und schließlich die Verwaltung ganz zu übernehmen. Aber erst 1311 traten zwei Bürgermeister neben den königlichen Schultheiß, der die Zölle und Abgaben einzog sowie dem Frankfurter Reichsgericht vorsaß. 1372 konnte die Bürgerschaft das Amt erwerben. Nach und nach gerieten die städtischen Ämter in die Hände eines Patriziats, dem mächtige Kaufleute – einstmals freie Bauern – angehörten, die mehr und mehr städtischen wie ländlichen Grundbesitz hinzugewannen. Bereits seit 1266 ist ein ‚Rat' belegt, in dem die vornehmsten Bürger die Geschicke der Stadt entschieden.

Die Goldene Bulle von 1356, in der Frankfurt zum Wahlort der deutschen Könige bestimmt wurde.

Keinesfalls sollte man jedoch die Herrschaft der großen Frankfurter Familien wie der Glauburg oder der Holzhausen, nach denen noch heute Straßen benannt sind, mit einer städtischen Demokratie verwechseln. Man war stolz auf die häufigen Besuche von Kaisern, hielt sich aus Gebietskämpfen weitgehend heraus und hatte mit der Herrschaft über die Zünfte und die niederen Stände reichlich zu tun. Öfter kam es zu gewalttätigen Aufständen. Von bürgerlicher Gleichheit konnte überhaupt keine Rede sein, denn ‚Bürger' durfte sich nur nennen, wer durch Besitz, Gewerbe, Einkauf oder Heirat in die herrschenden Kreise aufstieg. Nur ein Viertel der Einwohner verfügte über die Bürgerrechte, die Voraussetzung für Ämter und Privilegien waren.

Mit der Goldenen Bulle, dem ‚Reichsgrundgesetz', schuf Kaiser Karl IV. im Jahre 1356 ein Dokument, das die Stellung von Frankfurt im Heiligen Römischen Reich Deutscher

Nation dauerhaft festigte. In dieser Urkunde wurden die Modalitäten der Königswahl durch die Kurfürsten festgelegt. Die Goldene Bulle sollte im Reich endlich die Königsfolge in geordnete Bahnen lenken und den Frieden garantieren – nicht gerade bescheidene Ziele. Vor 1356 war es neunmal zu einer Doppelbesetzung der Königsstelle gekommen; seit 1198 hatten etwa zur Hälfte der Zeit zwei Könige gleichzeitig regiert. Das war ein gefährlicher und unhaltbarer Zustand, der das Reich immer wieder zu spalten drohte. Nach dem Ende der Stauferherrschaft, nach 1254, wurden zum Beispiel Alfons von Kastilien und Richard von Cornwall gleichzeitig zu deutschen Königen gewählt. Skurrile Formen nahm 1314 die Wahl von Ludwig dem Bayern an. Nach dem Tod Heinrichs VII. hatte sich die Mehrheit der Kurfürsten für Ludwig entschieden. Auf der anderen Mainseite, in Sachsenhausen, wählten Köln und Pfalz Friedrich den Schönen. Von Frankfurt unterstützt, trug Ludwig die Krone davon; die Stadt erhielt dafür weitere Messeprivilegien. Auf einem Reichstag in Frankfurt, am 4. August 1338, teilte Ludwig den Beschluss der Kurfürsten mit, dass der gewählte König künftig nicht mehr vom Papst bestätigt werden müsse und dem deutschen König nunmehr auch die Kaiserkrone zustünde. Der ‚gebührende Ort' für die Wahl des Königs sollte Frankfurt sein und in Aachen darauf die Krönung stattfinden. So wurde es in der Goldenen Bulle festgelegt.

Holzschnitt aus Konrad Botes *Sachsenchronik* (Mainz 1492).

In der Reformationszeit geriet auch der Wahlort Frankfurt in Schwierigkeiten. Karl V. ließ seinen Bruder Ferdinand am 5. Januar 1531 in Köln wählen, das schien ihm sicherer. Erst mit dem Augsburger Religionsfrieden von 1555, der das Nebeneinander von römisch-katholischer und lutherisch-augsburgischer Konfession regelte, wurde Frankfurt wieder unbestrittene Wahlmetropole. Nun sollte die Stadt – abermals durch einen kuriosen Zufall – auch Schauplatz der Krönungen werden. Bis dahin nannte sich nur der Kaiser, wer in Rom vom Papst gekrönt worden war. Maximilian I. aber blieb mit seinem Geleitzug auf dem Weg nach Rom in Trient stecken, und seither wurde auf die päpstliche Krönung verzichtet. Der Titel, der immer ein wenig ungenau blieb, lautete seit Maximilian I. „Erwählter Römischer Kaiser". 1562 wurde Maximilian II. nach altem Brauch in Frankfurt gewählt. Weil der Erzbischof von Köln, der Maximilian im Dom zu Aachen hätte krönen sollen, während der Königswahl in Frankfurt starb, wurde die Krönung gleich in Frankfurt vorgenommen, zumal die Kurfürsten nicht die Absicht hatten, mitten im Winter die beschwerliche Reise anzutreten. Zwar ließ sich Aachen sein Recht als Krönungsstadt noch einmal ausdrücklich verbriefen, künftig aber wurde kein einziger Herrscher mehr dort gekrönt. Zehn Könige bekamen in Frankfurt, vier in Regensburg und Augsburg die Krone. Wegen ihrer herausgehobenen Bedeutung als Krönungsstätte wurde die Bartholomäuskirche seit dem 18. Jahrhundert Dom genannt, obwohl in Frankfurt nie ein Bischof residierte. Die Kirche ist aus der Kapelle der karolingischen Pfalz hervorgegangen und war bis 1238 dem heiligen Salvator geweiht. Zwischen 1239 und 1350 wurde sie im gotischen Stil umgebaut. Im Jahr 1415 begann der Bau des schließlich 96 m hohen Turms, der erst 1514 vollendet wurde. Er trug eine runde Kuppelhaube, die sehr viel später, im Jahr 1876, durch die seitdem charakteristische Spitze ersetzt wurde. Vorher hatte man gesagt, dass es sich gut mache in Frankfurt, wenn die Kirche zwar keine Spitze, dafür aber eine Krone trage. Obwohl sich Frankfurt 1535 dem lutherischen Bekenntnis anschloss, wurde die Kirche auf Anraten der Reformatoren 1548 an die Katholiken zurückgegeben.

Ursprünge der Frankfurter Bibliotheken

Man möchte meinen, als Wahl- und Krönungsstätte wäre Frankfurt einer der Lieblingsorte der deutschen Könige und Kaiser gewesen. Aber eher war das Gegenteil der Fall. Nach dem Ende der Stauferzeit nahm die Zahl der Besuche und der großen Zusammenkünfte deutlich ab. Frankfurt blieb zwar weiterhin ‚Reichsstadt', wurde aber mehr und mehr zu einer Bürgerstadt, deren Bewohner ihre Geschicke selbst bestimmen wollten. Zu dem wachsenden bürgerlichen Selbstbewusstsein gehörte auch die Investition in kulturelle Güter und das Wissen der Zeit. Handgeschriebene und später gedruckte Bücher spielten dabei eine wichtige Rolle. Vom Mittelalter bis in die Neuzeit waren sie ein wertvolles Gut, das sich nur wenige Privilegierte leisten konnten. Neben dem hohen Adel waren es vor allem Stifte und Klöster, die – nach unseren heutigen Maßstäben – winzige Bibliotheken unterhielten, meist mit theologischer Literatur. Seit dem 10. Jahrhundert sind solche Bestände nachweisbar, zunächst im Salvatorstift (dem späteren Bartholomäusstift), dann auch in anderen kirchlichen Niederlassungen. Das aufstrebende Patriziat besaß spätestens seit dem 14. Jahrhundert nennenswerte Sammlungen, wie Gerhardt Powitz in seiner Untersuchung des privaten Buchbesitzes im mittelalterlichen Frankfurt feststellte[14]. Städtische Amtsträger, Kaufleute, Juristen, Ärzte und Apotheker unterhielten (kleinere) Fachbibliotheken, die vor allem dem Nachschlagen und Nachlesen dienten. „Noch im 14. Jahrhundert", so Powitz, „ist privater Buchbesitz selten belegt. Im 15. Jahrhundert entstehen mit dem stärkeren Aufkommen von Papierhandschriften (um 1400) und vollends mit der Ausbreitung des Buchdrucks seit etwa 1470 neue Voraussetzungen. Mehr und mehr werden seitdem Einzelpersonen aus dem Kreis der Studierten, Lateinkundigen und

Lesefähigen in die Lage versetzt, eigene Büchersammlungen kleineren und größeren Umfangs anzulegen"[15]. Die Gründe, sich teure Handschriften und später die kaum billigeren gedruckten Bücher anzuschaffen, waren vielfältig. Neben der beruflichen Notwendigkeit dürften auch religiöser Eifer, wissenschaftliches Interesse, die Freude an Literatur und nicht zuletzt ein bürgerliches Repräsentationsbedürfnis ausschlaggebend gewesen sein. Von den Kostbarkeiten, die damals in den Bücherschränken standen, haben sich einige erhalten, zum Beispiel das aus der Mitte des 15. Jahrhunderts stammende Hausmessbuch des Frankfurter Patriziers Heinrich Rorbach. Die Pergamenthandschrift ist mit reichem Initialen- und Bordürendekor verziert. Ein Kuriosum stellt die Papierhandschrift dar, die der Frankfurter Goldschmied Hans Dirmstein 1471 mit 63 kolorierten Federzeichnungen versah. Sie erzählt die Geschichte der *Sieben weisen Meister*, die seit dem 12. Jahrhundert in verschiedenen Textformen in ganz Europa in Umlauf war. Als die Handschrift 1994 bei der Frankfurter Stadtjubiläumsausstellung „FFM 1200" gezeigt wurde, hieß es zu den Interessen Dirmsteins im Katalog:

„Der Prolog zu den ‚Sieben weisen Meistern' deutet die Geschichte als Beispiel für die List und Falschheit der Frauen, was zur Vermutung Anlass gab, Dirmstein verarbeite wohl auch eigene eheliche Erfahrungen. Schon kurz nach der Eheschließung hatte ihn nämlich seine Frau Guda von Rumpenheim verlassen und kehrte anscheinend erst nach Vermittlung des Rats zu ihm zurück."[16]

Als wertvolle Erbmasse wurden die Bibliotheken in den letzten Verfügungen ihrer Besitzer meist separat aufgeführt. Die Bücher und Handschriften, die durchaus den Wert eines Hauses haben konnten, gingen an nächste Verwandte, oft an kirchliche Einrichtungen und nicht selten an die Stadt. So vermachte der Patrizier Ludwig von Marburg zum Paradies, der im 15. Jahrhundert die größte Privatbibliothek in Frankfurt besaß, 157 Bände seiner Sammlung an den Rat der Stadt. Da es sich vor allem um juristische Bücher handelte, wurden sie der um 1470 bis 1480 gegründeten Ratsbibliothek zugeschlagen, die den städtischen Amtsträgern wichtige Nachschlagewerke zur Verfügung stellte. Die immer komplizierteren Rechtsvorgänge einer stetig wachsenden Reichsstadt mit internationalen Handelsbeziehungen machte es nötig, auf grundlegende juristische Werke zurückgreifen zu können. Untergebracht war die Ratsbibliothek in dem hinter dem Römer gelegenen Haus ‚Zur Viole', das der Rat von dem Patrizier Jakob Heller erworben hatte. Aus dem Bestand der Ratsbibliothek sind nur ganz wenige Bände erhalten, darunter die Stadtrechte von Augsburg, Worms und Venedig, das in Mainz bei Schöffer gedruckte Privat- und Prozessrecht von Frankfurt (die *Reformacion*) und das *Rüst- und Feuerwerksbuch* der Stadt Frankfurt, eine mit kolorierten Federzeichnungen versehene Monographie über Belagerungsgeräte und Waffen.

Als sich die Mönche des Franziskaner- oder Barfüßerklosters 1529 entschlossen, ihr Kloster aufzugeben, änderte sich die Bibliothekssituation in Frankfurt grundlegend. Denn die Konventsbibliothek mit ihrer bedeutenden Sammlung theologischer und philosophischer Bücher fiel der Stadt zu. Da die Bände für die Ratsbibliothek weitgehend ungeeignet waren, beschloss der Rat die Gründung einer zweiten Bibliothek. „Sie hatte im Gegensatz zur Ratsbücherei", so Gerhardt Powitz, „den Charakter einer öffentlichen, der allgemeinen Benutzung zugänglichen Sammlung, die insbesondere dem städtischen Kirchen- und Schulwesen dienen sollte. Als Bibliotheksdomizil diente ein Raum in den alten Klostergebäuden. Diese lagen in nächster Nähe des Römers (auf der Grundstücksfläche der heutigen Paulskirche und des Paulsplatzes) und nahmen in jenen Jahren verschiedene städtische Einrichtungen auf, darunter den sogenannten ‚Allgemeinen Almosenkasten', eine öffentliche milde Stiftung zugunsten der Armen und Notleidenden"[17]. Allerdings waren die meisten Büchern nicht frei ausleihbar, sondern, wie damals üblich, an den Regalen angekettet. In den folgenden Jahrzehnten wurde der Bestand zwar nur geringfügig, dafür aber systematisch erweitert. Werke protestantischer und humanistischer Autoren wurden auf den Buchmessen erworben oder gelangten durch Schenkungen in die Bibliothek. Es war auch durchaus üblich, als Autor oder Verleger dem Rat Widmungsexemplare zu schicken, um sich für ein Amt oder eine Art nachträglichen Druckkostenzuschuss zu empfehlen. Eine bedeutende Erweiterung erfuhr der Bestand zu Beginn des 17. Jahrhunderts, als der Rat begann, Pflichtexemplare von den Verlegern einzufordern. Zunächst kamen die Bände in die Ratsbibliothek. Aber die Trennung in zwei kaum noch deutlich voneinander geschiedenen Buchbeständen erwies sich bald schon als nicht mehr praktikabel. 1668 wurden deshalb die Bestände der Ratsbibliothek und der Barfüßerbibliothek zusammengeführt.

Frankfurter Passionsspiele

Unter den Staufern war die Frankfurter Kaiserpfalz nicht nur ein Zentrum weltlicher Macht, sondern auch ein Hort weltlicher Literatur. Minnesänger traten auf und höchstwahrscheinlich wurden dort auch die großen Heldenepen vorgetragen, zumindest Teile daraus. Das Publikum, für das die Sänger und Erzähler schrieben, war adlig und ließ sich von den vielfältig besungenen Idealen des wahren Rittertums gern begeistern. Dazu gehörte auch die Verehrung der ‚frouwen' in der hohen Minne. Für die Frankfurter Stadtbürger, deren Leben von Geschäften und religiösen Pflichten bestimmt wurde, war das eine fremde Welt. Literatur, die Liebes- und nicht Gottesdienst war, die weltliche Tugenden pries und den Waffengang verherrlichte, war nichts für Menschen, die nach den Zehn Geboten lebten. Die bürgerliche Literatur, die sich spätestens ab dem frühen 14. Jahrhundert in Frankfurt entwickelte, konzentrierte sich zunächst auf das Neue Testament und speziell auf die Leidensgeschichte von Jesus. Aus dieser frühen Zeit ist die sogenannte *Frankfurter Dirigierrolle* erhalten. Es handelt sich dabei um ein über vier Meter langes, auf zwei Holzstäbe gerolltes Regiebuch für mehrtägige Passionsspiele. Aus dem deutschen Sprachraum ist kein älteres Exemplar überliefert. Die Dirigierrolle beginnt mit dem Auftritt der Propheten und der Taufe Jesu. Sie endet mit der Himmelfahrt Christi, der Taufe der Juden und einem Disput zwischen der „Ecclesia“ und der „Synagoga“ (also zwischen der christlichen und der jüdischen Religion). Rahmenerzählung und Regieanweisungen sind in Latein, die wörtliche Rede ist in der Regel auf Deutsch wiedergegeben. Bei der Schilderung des Kreuzestodes überwiegt das Lateinische. Jesus spricht:

> „Cosumatum est.
> [Nu ist irfolt zu dirre frist,
> waz ie von mir geshriben ist.]
> *Item dicet Ihesus aspiciens in celum:*
> In manus tuas, domine, commendo spiritum meum.
> Redemisti, domine deus veritatis
> [In dine hende, vater min,
> sal dir min geist befolhen sin.]
> *Hoc dicto Ihesus inclinato capite mortuus appareat. Centurio autem stans ante crucem demonstrans digito clamabit:*
> Vere filius dei erat iste.
> Seht, der herre werlich
> was godis sun von hymelrich“[18].

Aufführungen des Passionsspiels, das im Umfeld des Frankfurter Bartholomaeusstifts entstanden ist und eventuell von einem Kanoniker als Regisseur geleitet wurde, sind nicht sicher verbürgt, aber wahrscheinlich. Genauso wenig bekannt ist, ob im 14. Jahrhundert weitere geistliche Spiele entstanden, ob sich möglicherweise sogar eine Tradition herausbildete. Gesicherte Zeugnisse liegen erst wieder ab der Mitte des 15. Jahrhunderts vor. Die öffentliche Darstellung der Passion Jesu, versetzt mit Prophetenauftritten und Gesang, theologischen Gesprächen und der Aufforderung an die Juden, sich christlich taufen zu lassen, wurden in dieser Zeit nicht nur in Frankfurt zu aufwändigen Spektakeln. Aber es musste nicht immer die Leidensgeschichte des Heilands sein. Dorothea Freise[19] hat in den Bürgermeisterbüchern von Frankfurt ab 1456 Hinweise auf Aufführungen von Weihnachts- oder Dreikönigsspielen und sogar von einem Antichrist- und Weltgerichtsspiel gefunden, das 1469 vier Tage lang auf dem Römerberg gezeigt wurde und vielleicht mit einem Passionsspiel verbunden war. Da sich weder Text- noch Regiebücher erhalten haben, bleibt aber Vieles im Dunkeln. Dagegen sind die Passionsspiele an der Wende des 15. zum 16. Jahrhundert recht gut dokumentiert. Um 1492 wurde in Frankfurt eine Spielbruderschaft gegründet, die es sich zum Ziel setzte, regelmäßig Passionsspiele aufzuführen. Der Bruderschaft gehörten Laien und Kleriker an, sie scheint aber nicht im Auftrag der Kirche gehandelt zu haben, sondern war ein Zeugnis tiefer Frömmigkeit neben den institutionalisierten Formen von Religiosität. Über die Ziele dieser Passionsspiele schreibt Dorothea Freise:

„Sie holten die Heilsgeschichte in die Gegenwart, stellten es den Mitmenschen gewissermaßen leibhaftig vor Augen und verschafften ihnen auf diese Weise Gelegenheit, das Leben und das Leiden Jesu so intensiv mitzuerleben, wie sie es ihrem Erlöser schuldig waren. In diesem Sinne sollten sie zweifellos belehren, mahnen und erziehen. Der insistierende Appell zur andächtigen Beschäftigung mit dem Leben und der Passion Jesu umfasste mehr, als man gemeinhin unter Belehrung versteht. Die Spiele waren intendiert als kollektive Andacht und insofern auch eine Form der Gottesverehrung."[20] Freise weist aber auch auf die Kehrseite dieser fast wie ein Gottesdienst zelebrierten Spiele hin, denn „die nahezu lücken- und distanzlose Vorführung der Grausamkeiten, die Christus erdulden musste, erzeugte nicht nur das intendierte Mitleid mit dem leidenden Erlöser, sondern auch Hass gegen die Täter, die man mit den zeitgenössischen Juden identifizierte"[21]. Auch wenn keine Ausschreitungen oder gar Pogrome überliefert sind, waren die mehrtätigen Spektakel für die Frankfurter Juden eine gefährliche Veranstaltung. Schon 1469 hatte sie der Rat aufgefordert, während der Aufführung im Ghetto zu bleiben.

Drei große Inszenierungen sind überliefert: 1492, 1498 und 1506. Angelegt waren die Passionsspiele auf drei Tage. Sie konnten aber auch, wie 1498, fünf Tage dauern. Sechs bis acht Stunden täglich waren 200 bis 280 (Laien-)Darsteller in einem zum Teil anstrengenden körperlichen Einsatz. Über den Ablauf eines dieser Passionsspiele, das von 1498, sind wir gut informiert, da sie der Frankfurter Kleriker Job Rorbach als Zuschauer miterlebt und in seiner Chronik darüber berichtet hatte. Die Aufführung begann, unter Anteilnahme eines großen Teils der Frankfurter Bevölkerung, auf dem Samstagsberg, einem Teil des Römerbergs. Sie fand nicht, wie man vermuten dürfte, direkt vor Ostern statt, sondern in der Woche nach Pfingsten. Der erste Tag (Pfingstmontag) brachte vier Szenen aus dem Alten Testament als eine Art Vorspiel. Bereits am zweiten Tag wurde Jesus gefangengenommen, nachdem vorher sein Leben in einer Art Zeitraffer erzählt worden war. Ein Zug mit dem „Gefangenen" ging als Prozession durch Teile der Stadt. Der dritte Tag schilderte die eigentliche Passion Jesu vom ersten Verhör bis zur Kreuzigung. Auferstehung, Himmelfahrt und das Pfingstgeschehen standen dann im Mittelpunkt des vierten Tages. Am abschließenden fünften Tag zogen Mitwirkende und Zuschauer nach Sachsenhausen, wo bei der Wendelinskapelle an der Stadtgrenze die drei Kreuze aus dem Spiel aufgestellt wurden.

Der Text des Passionsspiels von 1492 (der auch die Vorlage für die beiden folgenden Passionsspiele gewesen sein dürfte) ist in einer Abschrift aus dem Jahr 1493 komplett erhalten. Er stammt von der Hand des Frankfurter Gerichtsschreibers Johannes Kremer. Wenn Kremer den Text nicht nur sauber abgeschrieben, sondern auch selbst bearbeitet haben sollte, wäre er der erste namentlich bekannte Frankfurter Schriftsteller. Für seine Autorenschaft spricht, dass er Mitbegründer und Vorsteher der Spielbruderschaft war und in dieser herausgehobenen Funktion sicher keinen vorgegebenen Text nur abgeschrieben hätte. Außerdem wird er als einer der Spielleiter der Aufführung von 1492 erwähnt. Wie in der *Frankfurter Dirigierrolle* sind Rahmenerzählung (Bibeltext), Regieanweisungen und Gesänge in lateinischer Sprache, allerdings nimmt die in Deutsch geschriebene wörtliche Rede einen bedeutend breiteren Raum ein. Das dürfte ein Zugeständnis an den überwiegenden Teil der Zuschauer gewesen, die weder Latein sprachen noch verstanden. Die einzelnen Szenen sind erheblich umfangreicher als in der Dirigierrolle, auch die Sterbeszene Jesu:

> „Consumatum est.
> Vatter, alle ding sint nu volnbracht,
> wie du das von erst hast erdacht.
> *Et modica pausa Ihesus aspiciens in celum et dicit:*
> In manus tuas, domine.
> Herre, in din hende beuele ich dir
> meynen geist mit gantzer begir.
> *Ihesus inclinato capite mortuus appareat.*
> (...)
> *Centurio stans ante crucem demonstrando digito dicens:*
> Ueri filius die erit iste.
> *Quasi facto terre motu:*
> Sehet, dieser her werlich
> ist godes sone von hymmelrich.
> ach, wie ist das vnschuldig leben
> so iemerlich in den dot geben.
> das ist mir da von kuntlich,
> die gantz erde beweget sich,
> grosz zeuchen da geschahen,
> die alle lude gemeinlich sagen:
> der sonnenschin da verging,
> da Cristus an dem crutz hing;
> der mon vorlosz synen schin,
> blutfar wart die farbe syn;
> die stein sin zuspalden.
> got will sin sicher walden.
> da by mirck ich diese not,
> da Cristus leit den vnschuldigen dot.
> vmb das wunder, das he hat gethann,
> ich will vmmer yn syme glauben stan."[22]

1506 wurde das letzte Passionsspiel aus dieser Reihe in Frankfurt aufgeführt. Es lässt sich nur darüber spekulieren, warum es zu keiner Fortsetzung kam. Sicher dürfte ein wichtiger Grund gewesen sein, dass weder der Klerus der Stadt noch der Rat eine Massenveranstaltung fördern wollten, die nicht ihrem direkten Einfluss unterworfen war und letztlich in Konkurrenz zu den großen städtischen Prozessionen stand. Denn wie Friedrich Bothe in seiner seit 1913 immer wieder aufgelegten *Geschichte der Stadt Frankfurt am*

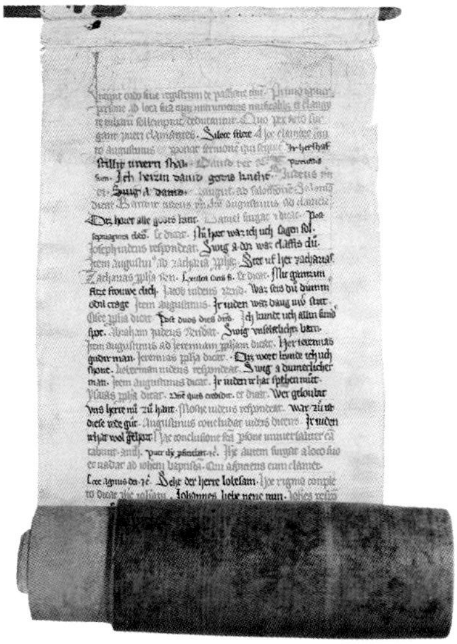

Frankfurter Dirigierrolle von 1493 (Universitätsbibliothek Frankfurt).

Main berichtet, zogen Rat und Bürgerschaft in dieser Zeit am Magdalenentage, dem 27. Juli, barfuß zum Weißfrauenkloster. Andere Prozessionen führten vor die Mauern der Stadt, um Fruchtbarkeit für Äcker und Weingärten zu erbitten. „Viele Wallfahrten wurden gelobt und ausgeführt, Seelenmessen wurden gestiftet, zahlreich waren die Schenkungen an die Kirche, die Legate zu guten Zwecken, und Almosen wurden reichlich gegeben.“[23] Obwohl, wie Bothe betont, einige Kleriker von den milden Gaben in Saus und Braus lebten und keinem Streit mit der Bürgerschaft aus dem Weg gingen, war die das Stadtleben (mit-)prägende Rolle der Kirche unumstritten. Das dokumentiert auch eine Handschrift, die heute in der Frankfurter Universitätsbibliothek aufbewahrt wird. Sie stammt aus dem Jahr 1497 und war lange Zeit die einzige bekannte Überlieferung der vor allem im 16. Jahrhundert sehr populären *Theologia Deutsch*. Unterdessen sind sieben weitere Überlieferungen gefunden worden. Die Frankfurter Handschrift ist die jüngste erhaltene und gibt schon eine erweiterte Fassung des ursprünglichen Textes wieder. Die *Theologia Deutsch* entstand im späten 14. oder frühen 15. Jahrhundert. Von dem Autor ist fast nichts bekannt. Nur in der Frankfurter Handschrift findet sich ein knapper biographischer Hinweis. Dort heißt es in der Vorrede, er sei ‚deutscher Herr, ein Priester und ein Custos am Deutschherrenhaus zu Frankfurt‘ gewesen, also ein Priester des Deutschherrenhauses in (Frankfurt-)Sachsenhausen. In der Überlieferung wird er allerdings nur „Der Frankfurter“ genannt. Seine *Theologia Deutsch* ist eine volkstümlich gehaltene Mahnung an die Menschen, sich nicht neben Gott zu stellen, sondern sich bedingungslos seinem Willem zu unterwerfen. Die Handschrift endet, in der Übertragung von Joseph Bernhart, mit dem Appell, sein Leben dem Glauben zu widmen und stets gehorsam gegenüber Gott (und damit auch der Kirche) zu sein:

„Es gibt für Gott nichts Lieberes und für den Menschen nichts Nützlicheres als einen demütigen Gehorsam. Gott ist lieber ein gutes Werk, das da geschieht aus wahrem Gehorsam, als hunderttausend, die da geschehn aus Eigenwillen wider den Gehorsam. Darum, wer den hat, der braucht sich nicht zu fürchten, denn er ist auf dem rechten Wege und folget Christo nach. Dass wir uns selber verleugnen und aufgeben und alle Dinge durch Gott verlassen, unserm Eigenwillen absterben und Gott allein und seinem Willen leben, dazu verhelfe uns der, der seinen Willen seinem himmlischen Vater dahingegeben hat, Jesus Christus, unser lieber Herr, der da gebenedeit ist über alle Dinge ewiglich. Amen.“[24]

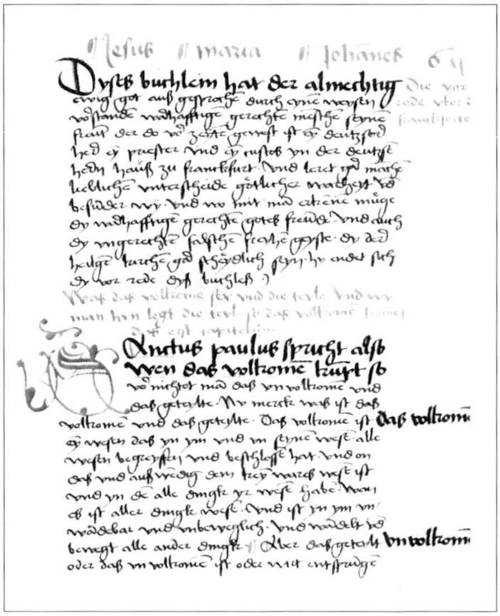

Frankfurter Handschrift der *Theologia Deutsch.*

Martin Luther gab den mystischen Traktat gleich zweimal, 1516 in einer unvollständigen Fassung und 1518 vollständig unter dem Titel *Eyn deutsch Theologia* heraus. In seiner Vorrede lobte er den Autor überschwänglich, der ihm in einfacher Sprache erkläre, was Gott, Christus und der Mensch sei. Vor allem schätzte Luther an dem Werk, dass es in deutscher Sprache abgefasst war und nicht, wie bei theologischer Literatur üblich, in Latein, Griechisch oder Hebräisch. Er danke Gott, dass er „yn deutscher zungen / meynem Gott alßo höre". Und er schloss mit der Bemerkung, „das die Deutschen Theologen an zweyffell die beßten Theologen seyn"[25]. Nach Luthers Lob setzte eine intensive Beschäftigung mit dem Text ein, die bis heute anhält, obwohl die Schrift auch heftig kritisiert wurde. So schrieb der Reformator Calvin 1539 an die französische Gemeinde in Frankfurt:

„Wenn ich jemals in Sachen des Wortes Gottes etwas verstanden und verkostet habe, so wünschte ich, dass die Autoren die Finger davon lassen. Denn obgleich keine offenkundigen Irrtümer darin sind, so sind es doch Späße, durch Satans Hinterlist hervorgebracht, um die ganze Einfalt des Evangeliums zu verwirren. Wenn ihr aber etwas näher zuseht, so werdet ihr finden, dass sie Gift sind, so tödlich, dass ihre Verbreitung der Vergiftung der Kirche gleichkommt. Darum, meine Brüder, vor allen Dingen bitte und ermahne ich euch im Namen Gottes, wie die Pest zu fliehen alle, die versuchen, euch mit solchem Unflat anzustecken."[26]

Solche Kritik, die im frühen 17. Jahrhundert sogar zum Verbot durch den Vatikan führte, konnte die Verbreitung der *Theologia Deutsch* nicht behindern. Noch Arthur Schopenhauer schätzte die Schrift außerordentlich und nannte sie ein zu Recht berühmtes Buch, weil wohl nirgends „der Geist des Christentums in dieser seiner Entwicklung so vollkommen und kräftig ausgesprochen" sei wie in ihm:

„Die darin gegebenen Vorschriften und Lehren sind die vollständigste, aus tief innerster Überzeugung entsprungene Auseinandersetzung dessen, was ich als die Verneinung des Willens zum Leben dargestellt habe. Dort also hat man es näher kennenzulernen, ehe man mit jüdisch-protestantischer Zuversicht darüber abspricht."[27]

Das Lob Frankfurts

Einer der ersten, der über einen Besuch in Frankfurt Aufzeichnungen anfertigte, war der bedeutende italienische Humanist und Schriftsteller Enea Silvio Piccolomini, der spätere Papst Pius II. 1442 kam er zu einem Reichstag in die Stadt und zeigte sich durchaus beeindruckt. Erwähnenswert fand er die bereits im 12. Jahrhundert erbaute ‚Alte Brücke', die Messen und selbstverständlich die Königswahlen. In seinen autobiographischen *Commentararii rerum memorabilium* (Frankfurt/Main 1614), die er noch kurz vor seinem Tod 1464 fertigstellte, schilderte Piccolomini auch, wie das Stadtbild auf ihn gewirkt hatte:

„Die Kirchen, die der Gottheit geweiht sind, sind hier sehr prächtig und die Häuser der Bürger ansehnlich, obgleich sie zum größten Teil aus Lehm bestehen. Alle sind bedeckt mit einem sehr dünnen Schiefer von der Farbe des Bleies, der bei uns abbacus heißt. Kleine Stücke sind so zusammengesetzt, dass sie wie Fischschuppen angeordnet erscheinen und im Sonnenschein einen wunderbaren Glanz erhalten."[28]

Piccolomini war in Frankfurt eine besondere Ehre zuteil geworden. Der König und spätere Kaiser Friedrich III. hatte ihn am 22. Juli 1442 auf dem Reichstag zum Dichter gekrönt. Das besondere Ereignis, das zum ersten Mal auf deutschem Boden stattfand, ist auf einem Fresko in der Dombibliothek von Siena festgehalten[29]. Piccolomini durfte nun mit ausdrücklicher Zustimmung (und wohl auch unter dem Schutz des Königs) öffentlich lehren und seine Werke herausbringen. Es ist also kein Wunder, dass der so Geehrte Frankfurt in bester Erinnerung behielt. Neben Piccolomini stimmten auch andere bedeutende Autoren im 15. und 16. Jahrhundert das Loblied Frankfurts an. Unter ihnen sind Ulrich von Hutten und Hans Sachs die bekanntesten. Hutten (der übrigens 1517 in Augsburg zum Dichter gekrönt wurde) veröffentlichte 1510 ein lateinisches Lobgedicht, dessen Zeilen über die Frankfurter Messe immer wieder zitiert werden:
„Unique tot gentes adeunt, populique frequentant,
Emporium omnigenis mercibus illa patet!"[30]
Es gibt mehrere konkurrierende Übersetzungen für diese Zeilen. Die bekannteste lautet:
„Weither suchen die Völker sie auf und wandern die Menschen, denn für die Waren der Welt ist sie der wimmelnde Markt."
Das kleine Gedicht, in dem Skythen, Daker, Thraker, Gallier, Spanier, Perser, Assyrer und ganz allgemein Asiaten sowie Afrikaner nach Frankfurt strömen, findet sich in der 7. Elegie von Huttens „Loetze-Klagen". Sie ist seinem Onkel Ludwig gewidmet, dem er zu besonderem Dank verpflichtet war. Das Pamphlet behandelte das Zerwürfnis zwischen ihm und der angesehenen Greifswalder Familie Loetze, bei der Hutten als Student im Winter 1509 gelebt hatte. Das Büchlein, das in Rostock geschrieben und 1510 in Frankfurt/Oder veröffentlicht wurde, markiert für die Hutten-Forschung den Beginn der schriftstellerischen Laufbahn des streitbaren Humanisten und Papstgegners.

Ein überschwängliches Lobgedicht auf Frankfurt verfasste auch der aus Nürnberg stammende Schuster Hans Sachs – vielleicht weil er am Main 1515 einen seiner ersten erfolgreichen Auftritte als Meistersinger hinter sich gebracht hatte (es könnte sogar sein erster überhaupt gewesen sein). Daran mochte er sich erinnern, als er 1568 seine gereimte Chronik der Stadtgeschichte schrieb. In Paarreimen schilderte er die wichtigsten historischen Ereignisse von Pipin bis zur vergeblichen Belagerung durch den Kurfürsten von Sachsen und den Markgrafen von Brandenburg im Jahr 1552:

> „1552 jar
>
> Stat Franckfurt hart pelegert war
> Von herczog Moricz, dem curfürsten
> Von Sachsen, den nach krieg was düersten,
> Und auch von margraffen Albrecht
> Von Brannenburg on füeg und recht.
> Die stat det dapfer gegen=wer
> Mit gschüecz der feinde großem heer,
> Etlich hern und adel erleget.
> Darfan der feint heer wart peweget,
> Herczog Moricz darfor abzoch,
> Die stat blieb ungewunnen doch;
> Nach wenig Dagen sich pegab,
> Das margraff Albrecht auch zug ab
> Mit großem schaden paider Dail.
> Got der wol geben glüeck und hail:
> Franckfurt, die stat, hüet und pewachs
> Vor alm unfal, wünscht ir Hans Sachs.“[31]

Frankfurt wird in den Werken von Sachs mehrfach erwähnt, einmal noch ausführlicher, und zwar in dem 1562 verfassten Schwank *Von dem frommen adel*, der 1578 in seinen *Spruchgedichten* veröffentlicht wurde. Der wie ein Gedicht gereimte Schwank erzählt von einem jungen Straßenräuber, den der Frankfurter Rat zum Tod verurteilen will. Weil er wohlgestaltet ist, sauber gekleidet und eine höfliche Art hat, erregt er Mitleid und wird in ein Gasthaus gebracht, wo Adlige einen Vertrag mit der fränkischen Ritterschaft vorbereiten. Die Adligen, die nichts über die Straftaten des jungen Manns wissen, halten ihn für einen der Ihrigen und bitten beim Rat um Gnade. Als sie erfahren, dass es sich um einen Bauernbuben und Straßenräuber handelt, fordern sie ebenfalls seine Hinrichtung. Denn Kaufleute zu überfallen und misshandeln, das würde nur ihnen zustehen. Und Hans Sachs kommt zu dem „Beschluß“:

„Fro sollen des all kaufleut sein,
das alle straßen werden rein
in Franken, Beier, Sachsen, Schwaben,
da selbst ist große achtung haben
der adel, das auf keiner straß
kein rauber mer auffragen laß,
er sei denn von adelsgeschlecht,
das zu der tat hab fug und recht“[32].

Die Kritik am adligen Raubrittertum, das Reisen für Kaufleute zu einer gefährlichen Sache machte, packte Sachs, satirisch gewendet, in einen Schwank. Den Niedergang ihres Standes und den Aufstieg der Handelsstädte wie Frankfurt konnten die Ritter mit ihren gewalttätigen und nur scheinlegitimierten Überfällen nicht aufhalten. Der Nürnberger Bürger Hans Sachs hatte nur Spott für sie übrig. Die Vorlage für seinen Text fand Sachs in der 1522 in Straßburg veröffentlichten Schwanksammlung *Schimpf und Ernst* des Franziskanermönchs Johannes Pauli. Unter den knapp 700 Schwänken, Erzählungen, Parabeln, Fabeln und Historien finden sich auch einige, die mit Frankfurt zu tun haben. Die meist witzigen Geschichten in Paulis Zusammenstellung gehören zu einer sehr populären, oft mündlich überlieferten Volksliteratur, die auch in Frankfurt verbreitet war. Musik und Gesang gehörten zum bürgerlichen Leben. Herbert Heckmann hat in seinem *Frankfurter Lesebuch* den Text eines Ständchens abgedruckt, das angeblich 1471 von Frankfurter Patriziern gesungen wurde. („Wir nennen uns mit Rechte / Der schönen Jungfrauen Knechte“[33].) Es soll üblich gewesen sein, der Geliebten solche literarisch wenig ambitionierten, aber möglicherweise wirkungsvollen Ständchen zu bringen. Diese Form der Literatur zeichnet sich auch dadurch aus, dass sie flüchtig ist und sich an keinem Autorennamen festmachen lässt.

Ganz im Gegensatz zu den Gedichten, die Ruhm und Ehre der Freien Reichsstadt besingen. Da legten die Verfasser großen Wert darauf, dass ihr Name genannt wurde. Denn gerade wenn sie aus Frankfurt stammten, dürften sie, bei aller persönlichen Begeisterung, auch darauf gehofft haben, dass sich der Rat erkenntlich zeigen würde. Besonders beliebt wurde ein recht umfangreiches Spruchgedicht, das der Frankfurter Stadtarzt und Schriftsteller Johann von Soest 1501 verfasste und in dem die beiden Messen breiten Raum einnahmen. Einmalig im ganzen Reich seien sie, voll Gold, Silber, Perlen, Edelsteinen und kostbaren Gewändern, so dass „al fursten suchen dich“:

„Waß nymantz hott, vynd men by dyr.
Du bist dem romschen rich eyn zyr.”[34]

„Was niemand hat, find man bei dir,
Du bist dem Römischen Reich ein Zier.“

Robert Diehl, der langjährige Leiter der Francofurtensien-Abteilung in der Frankfurter Stadt- und Universitätsbibliothek, hat in seinem 1939 erstmals erschienenen Buch *Frankfurt am Main im Spiegel alter Reisebeschreibungen* über dreißig Lobgedichte aus sieben Jahrhunderten abgedruckt, die eine ungetrübte Bewunderung charakterisiert. Die Stadt, ihre Bewohner und ihre Geschichte werden, mal länger und mal kürzer, aber nur wenig variantenreich idealisiert. Das älteste Beispiel stammt aus dem *Ligurinus*, einer Verherrlichung der Taten Kaiser Friedrichs I., aufgeschrieben 1186/87. Autor könnte der Zisterziensermönch Gunther von Pairis aus dem Oberelsass sein. Frankfurt, heißt es darin, sei hochberühmt durch Lage und Volk und trefflich befestigt. Ansonsten beließ es der Autor dabei, die Gründungssage zu erzählen. Die weiteren Verfasser von Lobgedichten, die Diehl ausfindig gemacht hat, sind gekrönte Poeten, und ungekrönte Schriftsteller, Schulmeister, Hofleute, Ärzte, Pfarrer, Philosophen, Juristen, Offiziere und sogar ein Frankfurter Ratsherr. Den größten Teil des Buches nimmt aber nicht diese kleine Anthologie gutgemeinter Lyrik ein, sondern Diehls Sammlung von Reisebeschreibungen vom 15. bis zum 19. Jahrhundert. Als Wahl- und Krönungsstätte deutscher Könige, vor allem aber als Handelsplatz war Frankfurt ein beliebtes Ziel für Adlige, Kaufleute und Gelehrte. Da Reisebeschreibungen in den vergangenen Jahrhunderten gern gelesen und deshalb auch gern gedruckt wurden, konnte Diehl aus dem Vollen schöpfen. Allerdings sind die Kriterien seiner Auswahl nur schwer nachzuvollziehen, denn gerade die berühmten Reisenden fehlen. Dafür sind zum Teil eher marginale Schilderungen aufgenommen worden, die über reine topografische Bestandsaufnahmen kaum hinausgehen. Tendenziös wird Diehls Darstellung, wenn es um die Frankfurter Juden geht. Aus seinem Fundus hat er gezielt die Stellen ausgewählt, in denen ein schlechtes Licht auf die Bewohner der Judengasse fällt. Er scheute sich auch nicht, Zitate so zu kürzen, dass die Relativierungen und das Bedauern über die elenden Verhältnisse, unter denen Juden in Frankfurt leben mussten, weggefallen sind. Berichte von Schriftstellern und Wissenschaftlern, die hart mit der Stadtregierung ins Gericht gingen, weil sie die jüdische Bevölkerung ausgrenzte und vielfältigen Drangsalen aussetzte, finden sich in dem Buch nicht. So fehlen zum Beispiel die entsprechenden Schilderungen von Adolph von Knigge, Joachim Heinrich Campe oder Wilhelm von Humboldt. Deutlich wird allerdings an Diehls Zusammenstellung, dass die beiden Messen im Frühjahr und Herbst die Hauptattraktion für die frühen Frankfurt-Besucher waren.

Die Frankfurter Buchmesse und ihre Besucher

Schon im 11. Jahrhundert dürfte in Frankfurt eine Erntemesse abgehalten worden sein, bei der vor allem Getreide, Wein, Holz, Wolle, Wachs, Seife und Nutztiere verkauft wurden. Erwähnt wird diese Messe bereits um 1150 im Kommentar des Eliser Ben Nathan zum Talmud und 1227 in einem Brief Heinrich VII. an die Stadt Regensburg. Am 11. Juli 1240 machte dann Kaiser Friedrich II. bekannt, „dass wir alle und jeden Einzelnen, die zur Messe nach Frankfurt kommen, unter unseren und des Reiches besonderen Schutz nehmen. Wir befehlen, dass niemand wage, sie beim Kommen zu und Gehen von dieser Messe irgendwie zu belästigen oder zu behindern. Wer es dennoch wagt, soll wissen, dass er den Zorn unserer Hoheit auf sich lädt“[35].

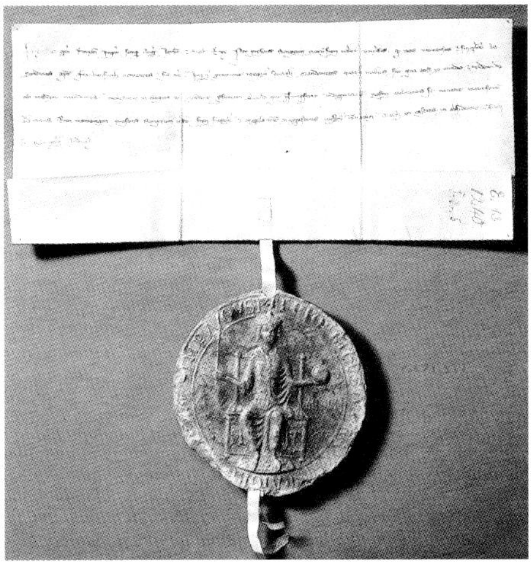

Messeprivileg Kaiser Friedrichs II., 1240.

Diesem kaiserlichen Privileg als offizielle Messestadt ließ Kaiser Ludwig der Bayer am 25. April 1330 die Bestätigung für eine Fasten-, also Frühjahrsmesse folgen. So war der wirtschaftliche Aufstieg Frankfurts gesichert, denn die beiden Urkunden garantierten die Sonderstellung des Messeplatzes im Reich. Frankfurt war zum ‚Kaufhaus der Deutschen' geworden. Neben den üblichen Gebrauchsgütern wurden Luxuswaren angeboten, die als Fenster in ferne Weltgegenden dienten: Gewürze aus dem Orient, kostbare Seidenstoffe aus den Mittelmeerländern, Pelze aus Russland. Aber auch gute Weine aus dem Elsass, aus Franken und vom Mittelrhein sowie gesalzener Fisch aus Lübeck zur Fastenzeit. Mit den Waren kamen die Kaufleute; so war es Frankfurt seit jeher gewohnt, Fremde willkommen zu heißen. Und so ist es auch nicht verwunderlich, dass die Messen und ihre populären Begleitumstände zu den vielfältigsten Kommentaren und literarischen Zeugnissen Anlass boten. Für die einen war Frankfurt der vornehmste und berühmteste Handelsplatz nicht allein Deutschlands, sondern beinahe des ganzen Erdkreises, für andere, wie Martin Luther, verkörperte das Messetreiben die Macht des Mammons. Obwohl die Frankfurter Messen gerade für seine Schriften ein bedeutender Umschlagsplatz waren, hätte er sie als Ursache vieler Übel am liebsten ganz abgeschafft. So heißt es 1524 in seiner Schrift *Von Kaufshandlung und Wucher*:

„Rechen du, wie viel gellts eyne Messe zu Franckfurt aus deutschem land gefurt wird on nott und ursache, so wirstu dich wundern, wie es zu gehe, das noch eyn heller ynn deutschen landen sey. Franckfurt ist das sylber und gollt loch, da durch aus deutschem land fleusst, was nur quillet und wechst, gemuntzt odder geschlagen wird bey uns. Were das

loch zugestopfft, so durfft man itzt der klage nicht horen, wie allenthalben eytel schuld und keyn gellt, alle land und stedte mit zinsen beschweret und ausgewuchert sind."[36]
Während der Messen herrschte eine Art verkehrte Welt, ein Karneval, in dem die strengen Polizeiordnungen aufgehoben waren. Die Kirchen erlaubten auch an Fastentagen den Verzehr von Fleisch. Die Handwerker und Kaufleute erhielten die Genehmigung, auch sonntags Geschäfte zu treiben, die Wirtshäuser durften auch in der Nacht geöffnet haben, und es konnten beliebig lange Messer und Schwerter getragen werden. Dabei ging es wild zu. Es kamen nicht nur ehrbare Herrschaften, sondern auch Huren, Vaganten und jede Menge Bettler und Diebe. Bald hatte Frankfurt den Ruf einer ,stinkreichen' Stadt, in der man sich Sachen erlauben konnte, von denen die Einwohner anderer Städte nur träumten. Martin Luther wird vor allem dieser unübersichtliche Karneval ein Dorn im Auge gewesen sein, ganz besonders das freie und freche Auftreten der ortsfremden Dirnen. Ihnen gefiel es in Frankfurt so gut, dass der Rat der Stadt nach der Messe die Bürgerkapitäne die einzelnen Stadtviertel nach ihnen durchsuchen ließ, um sie schleunigst wieder los zu werden. 1560 wurden die Frauenhäuser abgeschafft, weil sie mit dem Geist und der Moral der Reformation nicht zu vereinbaren waren. Die Huren durften nun in Frankfurt nicht mehr an öffentlichen Festen teilnehmen und mussten mit weiteren drakonischen Maßnahmen rechnen. Nach ihrem Tod wurden sie auf dem Schindanger beerdigt, wo man auch Menschen mit anderen ,unehrlichen Berufen' wie Henker und Scharfrichter beizusetzen pflegte. Ab 1577 war die Prostitution ein kriminelles Delikt, und wer dagegen verstieß, wurde nicht nur mit Verachtung und Spott bestraft: Ab 1629 steckte man die erwischten Dirnen ins sogenannte Narrenhäuslein. Später mussten sie sich auf einen großen hölzernen Esel setzen, der an der Hauptwache installiert war.
Ihren zahlenden Gästen gegenüber zeigten sich die Frankfurter liberal und weltoffen, und so hatte es die Stadt wohl ihren Messen zu verdanken, dass sich bei aller Reglementierung des öffentlichen Lebens außerhalb der Messen allmählich ein Klima der Toleranz bildete, in dem die Buchmesse wachsen und gedeihen konnte.
Mit den noch exorbitant teuren Pergament-Handschriften wurde schon im Mittelalter in Frankfurt gehandelt. Aber erst mit dem Siegeszug des aus Lumpen hergestellten Hadernpapiers in Deutschland seit dem späten 14. Jahrhundert entwickelte sich ein nennenswerter Markt. Auf Papier geschriebene Bücher waren zwar immer noch teuer, aber erheblich billiger als die Codices aus Kalbs-, Schaf- oder Ziegenhäuten. Weil sich jetzt mehr Menschen Bücher leisten konnten, bildete sich ein neues Gewerbe heraus, das der Lohnschreiber. Neben illustrierten Prachtwerken entstanden in den Schreibstuben auch Lehrbücher, Sammlungen antiker Autoren, Gedichtbände, populäre Volksbücher und religiöse Schriften. Die Käufer dieser Papierhandschriften waren vermögende Kleriker, Adlige und Angehörige des städtischen Patriziats. Die Handschriften wurden dort verkauft, wo sich zahlungskräftige Kunden fanden, vor allem in den größeren Städten und auf Messen. Frankfurt hatte dabei keine herausgehobene Stellung. Das änderte sich erst mit der Erfindung des Buchdrucks durch Johannes Gutenberg.

Der zwischen 1394 und 1404 in Mainz geborene Patriziersohn hatte gleich zwei bedeutende Erfindung gemacht: die aus Blei bzw. Bleilegierungen gegossenen beweglichen Lettern und die Druckerpresse. „Erst beide einander ergänzende Verfahren zusammen revolutionierten die Buchherstellung", schreibt Reinhard Wittmann in seiner *Geschichte des deutschen Buchhandels*. „Mit diesem frühindustriellen Arbeitsprozess sprengt Gutenbergs Erfindung das mittelalterliche Handwerk. Denn die Produktionsabläufe sind nun spezialisiert und getrennt; die Erzeugung der Schrift mittels Stempelschnitt, Matrizenschlag und Letternguss erfolgt unabhängig von den weiteren Arbeitsgängen der Herstellung, des Satzes und des Druckes."[37]

Gutenberg begnügte sich nicht damit, seine neue Technik nur für kleine Schriften oder gedruckte Ablassbriefe zu nutzen. Er wollte mit einem Paukenschlag auf sich aufmerksam machen und begann um 1450 mit der Arbeit an seiner 42zeiligen lateinischen Bibel. Jahrelang war seine Werkstatt damit beschäftigt, die Lettern für das 1282seitige Werk zu fertigen, die Seiten zu setzen und schließlich zu drucken. Das fertige Buch sollte kein gutgemeinter Versuch sein, sondern den Vergleich mit den prächtigen Bibelhandschriften bestehen können. Gutenberg war von Anfang an ein Perfektionist, und das ist ihm finanziell zum Verhängnis geworden. Zunächst hatte es allerdings anders ausgesehen. Denn obwohl seine rund 180 Bibeln einen hohen Preis hatten, waren sie schnell ausverkauft. Von dem schon erwähnten Enea Piccolomini (dem späteren Papst Pius II.) hat sich ein Brief aus dem Jahr 1455 erhalten, der wertvolle Beobachtungen über die Herbstmesse des Vorjahres enthält. Zum einen scheint Gutenberg zu diesem Zeitpunkt schon ein berühmter Mann gewesen zu sein, dessen Vorhaben, die Bibel nicht als Handschrift, sondern als neuartigen Druck herauszubringen, in der gelehrten Welt Europas für Aufsehen gesorgt hatte. Zum anderen nutzte Gutenberg die Frankfurter Messe offensichtlich, um Käufer für seine Bibel zu werben, möglicherweise sogar schon für eine neue Auflage, die er ins Auge gefasst haben könnte. Piccolomini ließ sich einige gedruckte Lagen (Quinterne) zeigen, kaufte aber selbst nichts. Am 12. März 1455 schrieb er an den spanischen Kardinal Juan de Carvajal aus Wiener Neustadt:

„Über jenen zu Frankfurt gesehenen erstaunlichen Mann ist mir nichts Falsches geschrieben worden. Vollständige Bibeln habe ich nicht gesehen, vielmehr einige Quinterne mit verschiedenen Büchern [nämlich der Heiligen Schrift], in höchst sauberer und korrekter Schrift ausgeführt, nirgendwo nachgemacht; deine Gnade würde sie mühelos und ohne Brille lesen können. Von mehreren Gewährsmännern erfuhr ich, dass 158 Bände fertiggestellt seien; einige versichern sogar, es handle sich um 180. Über die Anzahl bin ich mir nicht ganz sicher; an der Vollendung der Bände zweifle ich kaum, soweit man den Leuten Glauben schenken darf. Hätte ich deinen Wunsch gekannt, dann hätte ich ohne Zweifel einen Band gekauft. Einige Quinterne wurden auch hier zum Kaiser gebracht. Ich werde versuchen, wenn es sich machen lässt, eine noch käufliche Bibel hierher [nach Wiener Neustadt] schaffen zu lassen, und sie für dich bezahlen. Ich fürchte aber, es wird nicht gehen, sowohl wegen der langen Wegstrecke als auch, weil man berichten wird, die Bände seien noch vor der Fertigstellung von Käufern vorgemerkt worden."[38]

Wann genau die Frankfurter Buchmesse als Messe in der Messe begonnen hat, ist nicht überliefert. Nach diesem Brief von Piccolomini liegt es nahe, die Herbstmesse des Jahres 1454, bei der Gutenberg seinen Bibeldruck öffentlich präsentierte, als den Beginn anzusehen. Gutenbergs Rechnung schien zunächst aufzugehen. Der Paukenschlag hatte die erhoffte Wirkung gezeigt, die erste Auflage der gedruckten Bibel war verkauft oder subskribiert – und trotzdem kam es 1455 zum Prozess, bei dem Gutenberg zumindest teilweise sein Geschäft verlor. Um das monumentale Werk finanzieren zu können, hatte sich Gutenberg nämlich Geld geliehen. Sein Kreditgeber, der aus einer wohlhabenden Mainzer Familie stammende Johann Fust, wurde Teilhaber des Unternehmens und holte Peter Schöffer als Drucker nach Mainz. Weil sich der Druck der Bibel über Jahre hinzog und die Zahlungsfristen für verkaufte Exemplare – wie damals üblich – sehr lang waren, konnte Gutenberg den Kredit nicht rechtzeitig zurückzahlen. Fust ließ sich Typen, Formen und Werkzeuge aus der Gutenbergschen Werkstatt verpfänden und übernahm einen Teil der Bibeln. Einige Exemplare ließ er in Mainz ausmalen und mit seinem Signet versehen. 1456 eröffnete er zusammen mit Peter Schöffer eine eigene Druckerei und stellte ebenfalls bemerkenswerte Bücher her, darunter eine 48zeilige lateinische Bibel in zwei Foliobänden. Für die Frankfurter Buchmesse wurden Fust und Schöffer im Jahr 1462 bedeutend. Der Anlass war ein auch kriegerisch ausgetragener Streit zwischen Adolf von Nassau und Diether von Isenburg um den Mainzer Erzbischofstuhl. Das städtische Patriziat stand auf Seiten Diethers von Isenburg, Kaiser und Papst (Pius II.) ergriffen für Adolf von Nassau Partei und setzten sich schließlich durch. Fust und Schöffer hatten politische Kampfschriften beider Seiten gedruckt, galten aber als Anhänger Diethers und mussten Mainz verlassen. Sie siedelten nach Frankfurt über, wo sie nicht druckten, aber mit gedruckten Büchern handelten, vornehmlich auf der Messe. Spätestens seit diesem Jahr, 1462, wurden auf der Frankfurter Messe regelmäßig gedruckte Bücher gekauft und verkauft, denn Fust und Schöffer nutzten die umsatz- und besucherstarke Warenmesse auch dann noch, als sie wieder in Mainz drucken durften. Die räumliche Nähe zu Mainz und die Ausweisung der beiden Druckpioniere erwiesen sich für Frankfurt als Glücksfall.
Der Buchdruck, dessen Siegeszug zunächst niemand voraussehen konnte, benötigte einen zentralen Ort, um sich der gelehrten Welt präsentieren zu können. Die Wahl fiel, durch glückliche Umstände, auf Frankfurt. Und die Handelsmetropole mitten in Europa bewies, dass sie die Bühne für eine spektakuläre Entwicklung bereiten konnte. Bevor die Konkurrenz etwas Ähnliches zu Wege bringen konnte, strömten die Drucker und Verleger nach Frankfurt. Zuerst kamen sie aus Nürnberg, Basel, Straßburg, Hagenau, Öhringen, Speyer, Wien, Neuburg, Antwerpen, Freiburg, Schwäbisch Hall, Köln und Trier, dann auch aus Venedig, Lyon, Paris und anderen europäischen Städten. Da die meisten Bücher in Latein, der damals universellen Gelehrtensprache, abgefasst waren, konnten sie europaweit vertrieben werden. Das machte einen zentralen Handelsort sowohl für deutsche als auch für ausländische Verleger besonders attraktiv. Bereits um 1500 ist Frankfurt für Drucker, Verleger und Buchführer (wie die ersten eigenständigen Buchhändler hießen) der Mittel-

punkt des europäischen Buchhandels. „Auf die Messe“, so Friedrich Kapp in seiner *Geschichte des Deutschen Buchhandels*, „richten sich die Verleger ein, streben danach, ihre neuen Verlagswerke rechtzeitig für dieselbe fertig zu stellen; auf den Messbesuch auch der Buchdrucker und Buchführer spekulieren bereits die Frankfurter Hausbesitzer“[39]. Denn um die Bücher anbieten und bis zur nächsten Messe lagern zu können, mussten zahlreiche Gewölbe angemietet werden. Es war nicht üblich, zwischen den beiden jährlichen Messen Bücher zu verkaufen. Und wer es sich leisten konnte, der ließ einen Großteil seiner Bücher in Frankfurt, um sich die Mühen des Hin- und Hertransports zu ersparen. In der Mainzergasse zwischen Fahrtor und Leonhardstor („Buchgasse“) sowie in den seitlich anschließenden Straßen konzentrierte sich bald der Buchhandel mit seinen Läden und Gewölben. Das junge Gewerbe gab sich seine eigenen Regeln, die von denen der anderen Kaufleute zum Teil erheblich abwichen. So wurden die Bücher in der Regel nicht als fertig gebundene Exemplare angeliefert, sondern die gedruckten Bögen gerollt in Fässern. Unter den Verlegen, die meistens noch selbst druckten, war es üblich, fertige Bögen zu tauschen, um das eigene Angebot als Buchhändler zu erweitern. Beim Verkauf wurde Kredit gewährt bis zur nächsten Messe, was einen wenig kapitalkräftigen Verleger durchaus in finanzielle Schwierigkeiten bringen konnte. Auf der anderen Seite waren die immer noch hochpreisigen Bücher ein gutes Geschäft, denn die Autoren erhielten, wenn überhaupt, nur ein Einmalhonorar. Am Erfolg der Bücher waren die Urheber nicht beteiligt, und Raubdrucke, die sich rasch ausbreiteten, konnten sie ebenso wenig verhindern wie ihre Verleger. Die Verleger ihrerseits versuchten durch prominent platzierte Widmungen eine Art Druckkostenzuschuss von hochgestellten Persönlichkeiten oder Stadtregierungen zu erhalten, denn nicht jedes Buch brachte bei durchschnittlichen Auflagehöhen von 1000 Exemplaren und weniger einen wirtschaftlichen Gewinn.

Die Frankfurter Messkataloge

Einen guten Überblick über das, was damals auf der Frankfurter Buchmesse verkauft wurde, geben die Messkataloge, die seit 1564 erschienen. Zunächst hatte der Augsburger Georg Willer Zusammenstellungen der Bücher drucken lassen, die von ihm in Frankfurt erworben worden waren und die er nun in seiner Heimatstadt verkaufen wollte. Diese privaten Bücherlisten scheinen so unentbehrlich gewesen zu sein, dass bald Konkurrenzprodukte entstanden. Seit 1598 gab der Rat eine Art offiziellen Gesamtkatalog heraus, der alle auf der Messe angebotenen Bücher erfassen sollte, den *Catalogus universalis*.

Schon die ersten Messkataloge zeigen eine erstaunliche Breite der Produktion. So dominierten zwar weiterhin theologische, juristische, medizinische, historische, philosophische und naturwissenschaftliche Bücher das Angebot. Aber neben diesen meist lateinischen Schriften, die zum Teil auf antiken Texten basierten, finden sich nicht wenige deutsche

Bücher, vor allem der „Protestierenden Theologen". Das Spektrum reichte von Rechenübungen über juristischen Rat, Anweisungen für gutes Benehmen und Sprichwortsammlungen bis zu Anleitungen, wie Pferde abzurichten seien. Besonders beliebt scheinen Hauswirtschaftslehren, Eheratgeber und solche Bücher gewesen zu sein, die das Geheimnis der Männer bzw. der Frauen zu lüften versprachen. Nur selten ist die deutschsprachige Literatur vertreten. In den ersten Messkatalogen sind es *Reinicke Fuchß*, *Das Narrenschiff* von Sebastian Brant, Jörg Wickrams *New rolwagen von Schimpff und ernst ein kurtzweilig und lüstig Buch*, eine *Comedia vom Schalckhafften Knecht in Reimen* und der *Lustgarten newer Teutscher Poeterey*. Aus anderen Quellen wissen wir, dass auch ‚Volksbücher' wie der *Fortunatus* oder die lustigen Streiche von *Till Eulenspiegel* aufgelegt und verkauft wurden. Selbst wenn die Auswahl eines Augsburger Buchhändlers für seine Kunden keinen vollständigen Überblick gibt, so dürfte sie doch repräsentativ für das Angebot auf der Frankfurter Buchmesse gewesen sein. Wenn nun, nach dem Augsburger Religionsfrieden von 1555, katholische und protestantische Schriften wie selbstverständlich nebeneinander verkauft wurden, so heißt das nicht, dass die Frankfurter Buchmesse von der Reformation und ihren weitreichenden Folgen unberührt geblieben wäre.

Die Erfindung des Buchdrucks hatte der Verbreitung von Wissen und religiösen Ideen ganz neue Möglichkeiten eröffnet. Die ersten, die auf der Frankfurter Buchmesse den geistigen Austausch suchten, waren die humanistischen Gelehrten, die das antike Erbe wiederentdecken und für die Gegenwart nutzbar machen wollten. Wie aus erhaltenen Briefen zu entnehmen ist, trafen (oder verfehlten) sie sich auf der Messe, um neue Publikationen in Augenschein zu nehmen und Gedanken auszutauschen. Ihre Bücher waren frühe Bestseller. Erasmus von Rotterdam zum Beispiel soll von seinen „Vertraulichen Gesprächen" (*Colloquia familiaria*), wie Friedrich Kapp berichtet, innerhalb weniger Jahre 24 000 Exemplare abgesetzt haben. In dem 1519 erstmals erschienenen Buch nahm Erasmus Phänomene seiner Zeit satirisch-witzig aufs Korn. Auch mit seinen anderen Büchern, wie dem *Lob der Torheit* (1509) oder seinen textkritischen Bibel-Ausgaben, erzielte er eine breite Wirkung. Welchen Stress die Frankfurter Buchmesse für ihn als Autor, Kommentator und Korrektor der Frobenschen Offizin bedeutete, schilderte der Basler Gelehrte in einem Brief vom 30. März 1530 an den spanischen Schriftsteller Pedro Mexia:

„Wenn es auf die Frankfurter Messe zugeht, bin ich immer erschlagen, teils wegen der Arbeitslast, da die Druckerpressen dann am meisten lärmen (es dröhnen nämlich in der Frobenschen Offizin ständig nicht weniger als sechs Pressen); teils wegen der Berge von Briefen, die aus aller Welt herbeifliegen und die ich bisweilen beantworten muss. Zu dieser Zeit kann ich kaum meine Gesundheit retten: Niemals bin ich mehr belastet als in dieser Zeit."[40]

Auch von dem Nürnberger Humanisten Willibald Pirckheimer und dem Reformator Philipp Melanchthon sind Briefe von der Messe überliefert. Ob Martin Luther jemals persönlich die Buchmesse besuchte, ist nicht sicher, seine Schriften allerdings machten in Frankfurt Furore und sorgten dafür, dass der Ruf nach einer schärferen Bücherzensur laut wurde.

Bücherzensur und Schmähschriften

Schon im Mittelalter hatte der Papst für sich das Recht beansprucht, Handschriften daraufhin überprüfen zu lassen, ob sie mit der christlichen Lehre übereinstimmten. Diese Aufgabe übertrug er einzelnen Universitäten, die dann auch entschieden, ob ein Buch verkauft werden durfte oder nicht. Die Zahl der zu begutachtenden Handschriften blieb zunächst überschaubar. Das änderte sich mit der Erfindung des Buchdrucks und der damit sprunghaft gestiegenen Zahl von Neuerscheinungen. Durchaus im Konflikt mit dem Kaiser (dem dieses Recht zugestanden hätte) sah es die Kirche weiterhin als ihre Pflicht an, die Christenheit vor ‚ketzerischer' Lektüre zu schützen, aber das Instrument der professoralen Inaugenscheinnahme genügte den neuen Anforderungen nicht mehr. Vor allem die sich gerade entwickelnde Frankfurter Buchmesse verlangte, aus kirchlicher Sicht, nach einer wirkungsvollen Zensur. Dem Mainzer Erzbischof Berthold von Henneberg, zu dessen Diözese Frankfurt gehörte, bereiteten besonders die Übersetzungen aus dem Lateinischen so große Sorgen, dass er am 4. Januar 1486 ein Zensuredikt erließ, um die „von Irrtümern wimmelnden Bücher" aus dem Verkehr zu ziehen:

„Die göttliche Buchdruckerzunft macht aller Welt den Gebrauch von Büchern zur Belehrung und Erbauung zugänglich. Viele aber missbrauchen, wie wir gesehen haben, diese Kunst aus Ruhmessucht und Geldgier, sodass sie die Menschheit verderben, statt sie aufzuklären. So finden sich zur Herabsetzung der Religion und ihrer Spitzen Schriften in den Händen des Volks, welche aus dem Lateinischen ins Deutsche übersetzt sind. Die heiligen Gesetze und Canones sind aber nun von weisen und beredten Männern mit so großer Sorgfalt und Geschicklichkeit zusammengestellt und ihr Verständnis ist so schwierig, dass zur ihrer Bewältigung die Dauer des menschlichen Lebens selbst für den Einsichtigsten kaum ausreicht. Gleichwohl haben es einige freche und unwissenden Leute gewagt, jene Schriften in so schlechtes gewöhnlichstes Deutsch zu übersetzen, dass selbst Gelehrte durch ihre Arbeiten zu großen Missverständnissen verführt sind."

Berthold von Henneberg war machtbewusst und zynisch genug, um sein Zensuredikt mit der besonderen Verantwortung eines Mainzer Erzbischofs zu begründen:

„Da aber jene göttliche Kunst – und dieser Titel gebührt ihr – in Unserem goldenen Mainz erfunden ist, wo sie beständige Fortschritte gemacht hat, so haben Wir das volle Recht, ihren Ruhm zu verteidigen und erfüllen Unsere Pflicht, wenn Wir die Reinheit der göttlichen Schriften vor jeder Beschmutzung bewahren."[41]

Von einer Freien Reichsstadt, die nur dem Kaiser unterstand, hätte man erwarten können, dass sie sich von dem Edikt eines Erzbischofs nicht einschüchtern ließ, schon gar nicht, wenn es um die eigenen Handelsinteressen ging. Aber der Frankfurter Rat entschied sich, aus welchen Gründen auch immer, anders und benannte zusammen mit den Mainzern eine Zensurkommission, die sich allerdings zunächst nur um Übersetzungen kümmerte. Hennebergs Edikt war der erste Schritt auf dem Weg zu einer viel umfassenderen Zensur, die immer wieder für Unruhe sorgen sollte.

Noch im selben Jahr 1486 erließ Papst Innozenz VIII. eine Bulle gegen ‚schlechte' Bücher, der noch weitere folgten, bis der Papst 1501 alle Bücher einer Zensur unterworfen sehen wollte, allerdings nur in den drei geistlichen Kurfürstentümern und im Erzbistum Magdeburg. Das ging auch Frankfurt an, obwohl die Zensur zunächst eher zurückhaltend ausgeübt wurde. So konnte die Buchmesse ein Ort der Debatten und zum Teil heftiger publizistischer Fehden bleiben. Wer seine Meinung wirkungssicher verbreiten wollte, nutzte die Plattform im Frühjahr oder Herbst. Wie solche Auseinandersetzungen ablaufen konnten, wenn sich der Kaiser und Kirchenfürsten daran beteilgten, machte ab 1511 der Streit zwischen Johann Pfefferkorn und Johannes Reuchlin deutlich. Der getaufte Jude Pfefferkorn hatte sich in einen glühenden Antisemiten verwandelt und in Köln verschiedene polemische Bücher wie den *Judenspiegel* (1507), die *Judenbeicht* (1508) oder *Wie die blinden Juden yr Ostern halten* (1509) veröffentlicht. Darin versuchte er, die Juden als Ketzer darzustellen, und forderte drastische Maßnahmen gegen die Juden und ihre Schriften. Durch persönliche Kontakte gelang es ihm, von Kaiser Maximilian I. ein Mandat zu erhalten, jüdische Schriften konfiszieren zu dürfen. Aufgrund dieser Ermächtigung beschlagnahmte er im September 1509 Bücher in der Frankfurter Judengasse und später auch in anderen Städten. Allerdings scheint sich der Kaiser, nach Protesten aus den Städten, seiner Sache nicht mehr ganz sicher gewesen zu sein, und beauftragte den Mainzer Erzbischof, Gutachten bei Universitäten und Gelehrten einzuholen, darunter bei dem Humanisten Johannes Reuchlin, der heute als Begründer der hebräischen Sprachforschung und der alttestamentarischen Bibelwissenschaft gilt, aber auch antike Texte übersetzte und selbst Komödien schrieb. Reuchlin hatte sich 1505 in einer Schrift für die Bekehrung der Juden zum christlichen Glauben ausgesprochen, aber in seinem Gutachten wandte er sich vehement gegen die Absicht Pfefferkorns, alle jüdische Schriften auszusondern und öffentlich zu verbrennen (wobei er sich nicht generell gegen eine Zensur von „Schmachbüchern" aussprach). Seine Stellungnahme stieß auf zum Teil heftigen Widerstand, vor allem bei der theologischen Fakultät der Universität Köln und natürlich bei Pfefferkorn, der zur Ostermesse 1511 eine in Mainz gedruckte Schmähschrift gegen Reuchlin (*Handtspiegel*) veröffentlichte und auch selbst in Frankfurt verkaufte. Reuchlin reagierte auf der Herbstmesse desselben Jahres mit seiner Gegenschrift *Augenspiegel*, in der er seine Argumente zusammenfasste:

„Also hat ewr fürstlich gnad vff kaißerlicher maiestat frag myn antwurt / daruß zu verstond ist / das es mich weder göttlich loblich noch dem hailigen cristglauben nützlich noch zu merung gots dienst fürderlich bedunckt sein wa man den iuden ire bücher wöllt ab reissen vndertrucken oder verbrennen / hin dan gesetzt vnd vßgenommen schmachbücher die man nennt libellos famosos vnnd verbotten künsten allen menschen schedlich vnnd vnleidenlich wie ob stat Dan die iuden sind vnsere Capsarij librarij vnnd bibliothecarij die sollich bücher behalttenn darauß wir vnnßers glaubens zeugnus mögen stellen".[42]

Der Capsarius war in römischer Zeit ein Sklave, der den Söhnen des Hauses die Lehrmittel wie Bücher und Schreibgeräte in die Schule nachtrug. Die Behauptung Reuchlins, dass die Juden als „Capsarii" gerade solche Bücher hätten, „darauß wir vunnßers glaubens zeugnus mögen stellen" war für viele seiner Zeitgenossen eine Provokation und entsprechend harsch fielen die Reaktionen aus. Reuchlin wurde der Ketzerei verdächtigt, sogar ein Inquistionsprozess gegen ihn angestrengt. Aber letztlich blieb Reuchlin unbehelligt, auch wenn Papst Leo X. den *Augenspiegel* 1520 verurteilte und verbot. Der publizistische Streit um Pfefferkorn brachte über vierzig Schriften hervor, von denen die bedeutendsten die beiden Bände der *Epistolae obscurorum virorum* sind. Die zwischen 1515 und 1517 anonym erschienenen „Dunkelmännerbriefe" waren eine so geschickt arrangierte Satire auf den vermeintlichen ‚Erfolg' der Pfefferkorn-Partei, auf die römische Kurie und deutsche Kirchenfürsten, auf die scholastische Theologie und ihre Vertreter, auf die lateinische Gelehrsamkeit und die Unmoral der Kleriker, dass sie von einigen Lesern für bare Münze genommen wurde. Dabei gab sie die Reuchlin-Gegner auf bissigste Weise der Lächerlichkeit preis. Zu den Autoren sollen führende Humanisten wie Ulrich von Hutten gehört haben, die in dem Vorgehen gegen Reuchlin mehr sahen als die kirchliche Parteinahme für einen Antisemiten. Letztlich ging es um die Frage, wie frei das gedruckte Wort wirklich war. Und diese Frage sollte, nur wenige Jahre später, mit dem Auftreten Luthers, eine herausragende Bedeutung erhalten – nicht nur für die Frankfurter Buchmesse.

Ulrich von Hutten, Mitautor der *Dunkelmännerbriefe*
Holzschnitt um 1520.

Als hätte es Papst Leo X. geahnt, was auf seine Kirche zukommen sollte, erließ er am 4. März 1515 eine Bulle gegen die „in der lateinischen oder Umgangssprache herausgegebenen Bücher, welche Irrtümer im Glauben und verderbliche, sogar der christlichen Religion feindselige Lehren"[43] enthielten. Als Strafen drohten die öffentliche Verbrennung der Bücher, Geldbußen, Exkommunikation und, „wenn die Halsstarrigkeit zunimmt", weitere Rechtsmaßregeln. Was unter diesen weiteren Maßnahmen zu verstehen war, erläuterte der Mainzer Erzbischof knapp zwei Jahre später in seinem Mandat, einer Art Durchführungsbestimmung für die päpstliche Bulle. Wenn die vom Erzbischof eingesetzten Zensoren fündig werden sollten, dann mussten die Drucker, Verleger und Verkäufer dieser Bücher mit Folter oder sogar der Todesstrafe rechnen. Das waren martialische Drohungen, die allerdings den Siegeszug der reformatorischen Schriften nicht aufhalten konnten.

Reformation und Buchmesse

Nachdem Martin Luther am 31. Oktober 1517 seine 95 Thesen veröffentlicht hatte, ließ er 1520 drei Schriften erscheinen, in denen er eine durchgreifende Reform der Kirchenorganisation und der Kirchenlehre forderte. Allein von seiner ersten großen reformatorischen Schrift, *An den christlichen Adel deutscher Nation*, die am 23. August 1520 herauskam, wurden in fünf Tagen 4000 Exemplare verkauft. Dieser Erfolg hatte auch Auswirkungen auf die Frankfurter Buchmesse. Noch 1518 waren von Luthers (in lateinischer Sprache abgefassten) Disputation mit seinem Gegner Eck 1400 Exemplare auf der Herbstmesse abgesetzt worden. Aber seine in deutscher Sprache herausgebrachten Traktate und Flugschriften benötigten die Messe als zentralen Handelsort nicht mehr. Was die Druckerpressen in immer größerer Zahl ausspuckten, das fand über örtliche Buchführer, Jahrmärkte oder wandernde Händler schnell ein Publikum, denn das Missbehagen über Papst und Geistlichkeit war in der Bevölkerung weit verbreitet. „Wie der Buchdruck die Reformation förderte, so hat die Reformation dem Buchdruck in einem Wechselspiel der gegenseitigen Abhängigkeiten zu neuer Wirkung verholfen", schreibt der Buchhandelshistoriker Reinhard Wittmann. Für eine überschaubare Zeit sei eine reformatorische Öffentlichkeit entstanden. „Ihr wichtigstes Beförderungsmittel war die neue Mediengattung der billigen, einen oder wenige Bogen im handlichen Quartformat umfassenden Flugschrift. Vielleicht hat sie sich vor und neben dem reformatorischen Geschehen eigenständig entwickelt und war zunächst dazu bestimmt, sie spätmittelalterliche Sozialdisziplinierung durch Predigt und Verkündigung mittels des Druckes zu ergänzen. Wenn solche geistlichen und weltlichen Steuerungsabsichten vorhanden waren, gerieten sie zumindest vorübergehend außer Kontrolle."[44]

Die Durchschlagskraft der Flugschriften, die religiöse, politische oder vermeintlich populäre Inhalte haben konnten, hing ursächlich damit zusammen, dass sie zum überwiegenden Teil in deutscher Sprache auf den Markt kamen, also auch von einem weniger gelehrten Publikum gelesen und verstanden werden konnten. Das galt auch für Luthers Bibelübersetzungen, die seit 1522 in Wittenberg erschienen und in einem bildhaften und gut verständlichen Deutsch gehalten waren. Bis dahin waren die meisten Gläubigen auf die Auslegung der Schrift durch die Prediger angewiesen gewesen. Jetzt konnten sie sich ein eigenes Bild machen, was in der Bibel stand und – vor allem – was nicht. Überkommene kirchliche Rituale und Hierarchien wurden dadurch ernsthaft in Frage gestellt. Drucker und Nachdrucker überall in Deutschland sorgten dafür, dass es, wie wir aus zahlreichen brieflichen Klagen wissen, den anderen Autoren so schien, als ob niemand mehr ihre Bücher kaufen wolle. Schon gar nicht, wenn sie für den Papst und den alten Glauben schrieben. Luther, der an einer weiten Verbreitung seiner Schriften interessiert war, hatte im Prinzip nichts gegen Nachdrucke einzuwenden. Ihn ärgerte aber, wenn dabei nur der rasche Gewinn im Vordergrund stand:

„Nu wäre der Schaden dennoch zu leiden, wenn sie doch meine Bücher nicht so falsch und schändlich zurichten. Nu aber drucken sie dieselbigen und eilen also, daß, wenn sie zu mir widder kommen, ich meine eigenen Bücher nicht kenne. Da ist etwas außen, da ist's versetzt, da gefälscht, da nicht korrigirt. Haben auch die Kunst gelernt daß sie Wittemberg oben auf etliche Bücher drucken, die zu Wittemberg nie gemacht noch gewesen sind. Das sind ja Bubenstück, den gemeinen Mann zu betriegen."[45]

Kaiser Karl V. hatte schon früh erkannt, was eine sich ausbreitende Reformation für das Gefüge des Heiligen Römischen Reichs Deutscher Nation bedeuten konnte. Nicht zuletzt um seine eigene Macht zu sichern, blieb er ein energischer Verteidiger der ‚alten' Religion und ein entschiedener Gegner Luthers. Auf dem Reichstag von Worms versuchte er im Frühjahr 1521, dem ‚Spuk' ein Ende zu machen. Luther wurde vorgeladen und, als er nicht widerrief, mit der Reichsacht belegt. In dem Edikt gegen Luther wurden auch alle seine Schriften in jeder Form verboten und daneben gleich alle Druckwerke mit, die sich richteten „wider unsern hailigen vater Babst, Prelaten, Fürsten, hohe Schulen: und derselben Faculteten und ander Ersam personen, und was jnhaltet: das: so sich von den guten syten, und der heiligen Römischen kirche abwendet: nit mer dichte: schreib: druck: Male: verkauff: kauff: noch heimlich oder offenlich behaltet: noch auch nit drucken, abschreiben oder malen lasse, noch das in kein ander weyse: wie ymmer erdacht werden mag, nit gestat; verhenge noch verschaffe"[46].

Dieses Edikt, das mit dem Reichstagsabschied von 1524 bestätigt wurde, markiert den Beginn der staatlichen Bücherzensur in Deutschland. Wie es auf den Frankfurter Buchmessen umgesetzt wurde, ist aus heutiger Sicht schwer zu ermitteln. Denn die Bücherzensur blieb weiterhin eine Aufgabe der Landesherren und der reichsstädtischen Magistrate, die eng mit geistlichen Behörden und theologischen Fakultäten zusammenarbeiteten[47]. Der Sog, den Luthers Schriften entwickelten, war überwältigend. „Nicht nur", so Wittmann, „trat der ohnehin schleppend absetzbare scholastische und theologische Wust völlig in den Hintergrund, sondern sogar die Manuskripte der renommierten Humanisten bis hin zu Erasmus blieben liegen"[48]. Trotz der päpstlichen Bannbulle, des kurfürstlichen Mandats aus Mainz und des kaiserlichen Edikts dürften die Druckwerke von Luther oder aus seiner Umgebung auch auf der Frankfurter Messe verkauft worden sein, denn entweder sympathisierten die Drucker-Verleger und Buchführer mit den Ideen der Reformation oder sie erhofften sich ein gutes Geschäft. In nicht wenigen Fällen versuchten sie auch beides miteinander zu verbinden. Um den Verkauf von Reformationsschriften auf der Messe zu unterbinden, wäre eine strenge und damit aufwändige Kontrolle nötig gewesen. Diese hätte sich aber nur mit Unterstützung der Frankfurter Stadtregierung durchführen lassen. Aber die kaiserliche Stadt stand keineswegs eindeutig auf Seiten des Kaisers.

In Frankfurt regierten alteingesessene, reiche Familien, die alle wichtigen Ämter unter sich aufteilten. Von den Ratssitzen beanspruchten sie knapp zwei Drittel. Den Rest besetzten führende Vertreter der Zünfte. Handwerker aus nicht ratsfähigen Zünften, ‚unzünftige' Bürger und die große Zahl der Nicht-Bürger waren ohne jeden politischen Einfluss, obwohl sie die Mehrheit der Bevölkerung stellten. Gerade in den ärmeren Schichten fielen die Lehren Luthers auf fruchtbaren Boden. Aber auch im Patriziat genoss er zum Teil hohes Ansehen. Denn er wandte sich gegen die Auswüchse eines kirchlichen Systems, das auch in Frankfurt zu einer fast ungebremsten Pfründenwirtschaft des Klerus geführt hatte. Davon waren auch die Patrizier betroffen. Aber zunächst unternahmen sie nichts, denn sie mussten fürchten, bei einer allzu offensichtlichen Sympathie für Luther die Messeprivilegien und damit die Basis ihres Reichtums zu verlieren. Der Druck kam von den Zünften, die 1525 aus den „12 Artikeln“ der aufständischen Bauern im Reich 46 Artikel machten. „Bei einer vollständigen Verwirklichung der 46 Artikel“, so die Historikerin Sigrid Jahns, „wären vor allem die kirchlichen Verhältnisse stark im Sinne der Reformation umgestaltet worden. Außerdem hätten die Aufständischen neben einer größeren Unabhängigkeit der Zünfte vom Rat und einigen Korrekturen im Stadtregiment etwas mehr soziale Gerechtigkeit erzielt und vor allem die wirtschaftliche Lage der unteren und kleinbürgerlichen Bevölkerungsschichten verbessert“[49]. Mit der Niederschlagung des Bauernaufstands musste der Rat auf Druck einer Fürstenkoalition die 46 Artikel aufheben, an die er sich bis dahin gebunden gefühlt hatte. Der Wunsch, die Reformation in Frankfurt einzuführen, blieb allerdings, trotz massiver Drohungen aus Mainz, bestehen. Mit großer Mehrheit entschieden sich die Frankfurter Bürger am 21. April 1533, den alten Glauben abzuschaffen und nur noch reformierte Gottesdienste zu erlauben. Damit war der Konflikt mit dem Mainzer Kurfürsten und Erzbischof öffentlich geworden, und er wurde noch verschärft, als die Stadt 1536 dem Schmalkaldischen Bund der Protestanten beitrat. Was als politische und militärische Rückenstärkung gedacht war, verwandelte sich nach der Niederlage des Bundes im Donaukrieg 1546 zu einer zusätzlichen Belastung. Um eine lange Belagerung zu vermeiden und die Messeprivilegien nicht zu riskieren, kapitulierte Frankfurt kampflos vor den kaiserlichen Truppen, musste ein Strafgeld zahlen und eine Besatzung aufnehmen. In der Hauptpfarrkirche St. Bartholomäus und in zwei anderen Stiftskirchen durfte nur wenig später wieder altgläubiger Gottesdienst gefeiert werden. Von nun an war Frankfurt zugleich eine protestantische (lutherische) und eine katholische Stadt. Und weiterhin eine kaiserliche. Das bekamen

Sechs und viertzig Artickel: so die Gemeyn/ einem ersamen Rath der löblichen Statt Franckfort (in denen sie sich beschwert erfinden) fürgehalten. Welche mit verwilligung beder theyls/ fürthien also verstreckt werden söllen.

Anno. 1525.

Die 46 Artikel der Frankfurter Zünfte, 1525.

die Bürger 1552 zu spüren, als Frankfurt von protestantischen Truppen (erfolglos) belagert und von kaiserlichen Soldaten (erfolgreich) verteidigt wurde. Obwohl der Augsburger Religionsfrieden von 1555 das Nebeneinander beider Konfessionen bestätigte, konnten Katholiken und die zugewanderten Calvinisten in Frankfurt weder in den Rat gewählt werden noch städtische Ämter bekleiden. Calvin selbst versuchte zwischen den lutherischen Prädikanten und den Reformierten zu vermitteln, hatte aber keinen Erfolg. Dagegen konnte er es bei den Prädikanten und beim Rat 1553 bzw. 1555 durchsetzen, dass gegen ihn gerichtete Schriften in Frankfurt verboten wurden.

Das humanistische Frankfurt

Bei dem Ringen um die Einführung der Reformation in Frankfurt hatte der Patrizier Hamman von Holzhausen eine entscheidende Rolle gespielt. Der Ratsherr, Schöffe und Bürgermeister war der Mittelpunkt eines Humanistenkreises und zählte Erasmus von Rotterdam, Melanchthon, Willibald Pirckheimer und Ulrich von Hutten zu seinen Bekannten. Im März 1522 ließ er den aus Marburg stammenden Theologen Hartmann Ibach dreimal in der Katharinenkirche predigen. Ibach, der sich als weltlicher Priester verstand, griff populäre Themen auf und zog gegen Heiligenverehrung, Zölibat sowie die Abgaben an den Klerus zu Felde. Damit sorgte er für erhebliches Aufsehen und für den massiven Protest des Mainzer Erzbischofs beim Rat der Stadt. Sein Gastspiel, das die Zwietracht zwischen Altgläubigen und Luther-Anhängern noch verstärkt hatte, war schneller beendet als gedacht. Ibach musste Frankfurt verlassen und ging nach Kronberg. Der dortige Burgherr Hartmut von Kronberg, ein überzeugter Anhänger Luthers, hätte den Frankfurtern wegen der Ausweisung Ibachs fast den Krieg erklärt.
Ibach war auf Einladung Wilhelm Nesens nach Frankfurt gekommen. Der im Taunus geborene Humanist Nesen war Professor in Löwen gewesen, ehe ihn Hamman von Holzhausen 1520 nach Frankfurt berief, um eine Lateinschule aufzubauen. Obwohl Luther von Löwen aus heftig angegriffen worden war, galt Nesen als Anhänger des Reformators und als Mittler zwischen den verschiedenen Positionen. In einer, möglicherweise auch noch in einer weiteren Satire (die allerdings unter dem Namen seines Bruders Konrad erschien) vereidigte Nesen 1520/21 Luther und Erasmus gegen die altgläubigen Theologen aus Löwen, die weiterhin der Scholastik anhingen. 1523 ging er nach Wittenberg, ertrank aber schon Anfang Juli 1524 bei einer Kahnfahrt auf der Elbe. Sein plötzlicher Tod war ein Schock für die Reformatoren, weil sie große Hoffnungen auf ihn gesetzt hatten. Wohl unter dem Eindruck des schmerzlichen Verlusts bearbeitete Luther noch im selben Monat einen älteren lateinischen Text und dichtete ihn fort:

„Mitten wir im Leben sind
mit dem Tod umfangen.
Wen such'n wir, der Hilfe tu,
dass wir Gnad erlangen?
    Das bist du, Herr, alleine.
    Uns reuet unsre Missetat,
    die dich, Herr, erzürnet hat.
    Heiliger Herre Gott,
    heiliger starker Gott,
    heiliger barmherziger Heiland,
    du ewiger Gott,
    lass uns nicht versinken
    in des bittern Todes Not.
    Kyrieleison. (…)"[50]

Luther dürfte Nesen zweimal bei seinen Aufenthalten in Frankfurt getroffen haben: am 14. April 1521 bei der Reise nach Worms und am 27.4.1521 bei der Rückkehr. Im Jahr 1523 hatte er ihm seine Streitschrift *Wyder den gewaffeten man Cocleum* gewidmet und damit einen der härtesten Widersachers Nesens in Frankfurt öffentlich attackiert.
Der fränkische Bauernsohn Johannes Dobeneck, der sich Cochlaeus nannte, gehörte zunächst zum Kreis der Humanisten um Willibald Pirckheimer und Ulrich von Hutten. Als Leiter einer Schule in Nürnberg widmete er sich der Erneuerung des Bildungswesens und verfasste eine Reihe von Lehrbüchern. 1518 wurde er in Rom zum Priester geweiht und übernahm 1520 das Dekanat der Stiftskirche Unserer Lieben Frau in Frankfurt. Den Lehren Luthers stand er zuerst aufgeschlossen gegenüber. Aber als Luther 1520 seine Schrift von der babylonischen Gefangenschaft der Kirche veröffentlichte und darin die Sakramente bis auf drei in Frage stellte, glaubte Cochlaeus zu erkennen, dass es dem Reformator nicht um Änderungen in der Kirche, sondern um eine Spaltung in verschiedene Glaubensrichtungen gehe. In der Folge wurde er zu einem der entschiedensten Gegner Luthers. Von Frankfurt reiste er 1521 nach Worms, um Luther zur religiösen Umkehr und Buße zu überreden. Danach verfasste er eine Fülle von zum Teil sehr polemischen Schriften, mit dem er das negative Lutherbild der katholischen Kirche für lange Zeit prägte. Nach Rom sandte er lateinische Übersetzungen wichtiger Texte von Luther und Hutten, die ursprünglich auf Deutsch erschienen waren. 1525, als sich mit der Annahme der „46 Artikel" durch den Rat die Situation für die Altgläubigen in Frankfurt erheblich verschlechterte, ging er nach Köln.
Besonders ein Mann war es, der den Altgläubigen heftig zusetzte und sogar ihre Meßfeiern störte: Dionysius Schwarzmann, der sich Melander nannte. Den ehemaligen Dominikanermönch aus Ulm hatte der Frankfurter Rat im Juni 1525 als Prädikant angestellt. Er vollzog die erste protestantische Trauung, die erste protestantische Taufe und die erste Abendmahlsfeier in Frankfurt. Das machte ihn beliebt, aber sein unkontrollierter Hass

auf die Altgläubigen ließ die anfängliche Sympathie in Ablehnung umschlagen. Melander begnügte sich nicht damit, nur gegen Andersgläubige vorzugehen. Als Zwinglianhänger attackierte er auch lutherische Theologen wie Johannes Cellarius, der seit 1529 als Prädikant an St. Peter und am Katharinenkloster wirkte. Auf Druck Melanders musste Cellarius Frankfurt 1532 verlassen. Das wiederum ärgerte Luther und er schickte 1533 einen *Brieff an die zu Franckfort am Meyn*, in dem er, ohne Melander zu nennen, den „Rat und Gemeine" vor den Zwinglianhängern warnte. Es sei zu ihm gelangt „durch viel / so aus ewr franckforter Messe komen / wie bey euch jnn ewr Stad / solle geleret werden / vom heiligen Sacrament auff Zwinglische weise / doch vnter dem schein vnd mit solchen worten / als solt es gar gleich vnn ein ding sein / mit vnser / und vnser gleichen lere". Vor allem in der Frage, ob das Abendmahl nur eine symbolische Handlung sei, wie Ulrich Zwingli betonte, oder ob der Leib und das Blut Christi bei der Zeremonie wirklich gegenwärtig seien, wie es Luther glaubte, waren die beiden Reformatoren zerstritten. In seinem Brief an die Frankfurter fand Luther deshalb deutliche Worte: „Wer seinen seelsorger öffentlich weis / das er Zwinglisch leret / den sol er meiden / vnd ehe sein lebelang des Sacraments emperen / ehe ers von jm empfahen solt."[51]

Jacobus Micyllus, Federzeichnung.

Schließlich wurde es auch dem Rat zuviel, und er war froh, als Melander 1535 dem Ruf von Philipp dem Großmütigen folgte und nach Kassel ging.

Zu den entschiedenen Gegnern Melanders in Frankfurt hatte der Humanist und neulateinische Dichter Jacobus Micyllus gezählt. Er war mit Melanchthon befreundet und hatte in Erfurt zur jüngeren Poetenschule um Eobanus Hessus gehört. In Frankfurt wurde der gerade einundzwanzigjährige Straßburger 1524 Nachfolger Wilhelm Nesens an der Lateinschule, die er gegen die drei Stiftsschulen der Stadt als humanistisches Reformgymnasium zu profilieren suchte. Micyllus war neben seinen Tätigkeiten als Pädagoge, als Übersetzer, als Herausgeber sowie als Autor einer dreibändigen Verslehre und einer Monographie über die antike Tragödie auch ein leidenschaftlicher Dichter, der persönliche Erlebnisse, aber auch allgemeingültige Betrachtungen und politische Überlegungen in Verse packte. Schon seine (Fuß-)Reise nach Frankfurt von seinem letzten Studienort Wittenberg aus Ende Oktober 1524 hatte er lyrisch beschrieben und das (lateinische) Gedicht seinem Lehrer Melanchthon gewidmet:

> „Wie's auf der Reise ergangen, so fragst Du freundlich, Melanchthon,
> Fragst nach Stunde und Ort, Wetter und Winden der Fahrt.
> Doch wie kommt mir das zu? Wie verdient' ich Geringer die Ehre,
> Dass mein Treiben irgend die Muse besingt?
> (…)

Kaum war Friedbergs Tor verlassen, so zeigten schon Frankfurts
Türme, manch einzelnes Haus sich aus der Ferne dem Blick.
Deutlicher sahen wir schon seine Lage und glaubten schon fröhlich
Noch am selbigen Tag sicher zu rasten am Ziel;
Da verdunkelte rasch ein Schneegestöber die Gegend,
Bald war weit und breit nichts mehr vom Wege zu sehn:
Ungern gaben wir auf, das ersehnte Ziel zu erreichen;
Suchten im nächsten Dorf noch für die Nacht ein Quartier;
Träge verstrich und die Nacht mit langsam zögernden Stunden,
Und nur weniger Schlaf ward uns im Ärger zuteil.
Endlich erschien der erwünschte, der purpurn dämmernde Morgen,
Und mit strahlendem Glanz hob sich des Tages Gestirn;
Da vollendeten wir das Werk, das uns gestern versagte,
Legten das Ende des Wegs munteren Schrittes zurück,
Wisset, im Monat Oktober der sieben und zwanzigste war es,
Welcher der Reise Beschluss und dieses Gedichts."[52]

1530 verfasste Micyllus im Auftrag des Frankfurter Rats ein Huldigungsgedicht an Kaiser Karl V. (*In adventum eiusdem urbis Francofurdii gratulatio …*), das Christian Egenolff als eine seiner ersten Arbeiten in Frankfurt druckte. Darin lobte Micyllus nicht nur den Kaiser, sondern äußerte auch seinen (sicher mit dem Rat abgestimmten) Wunsch, Karl möge die Glaubensspaltung überwinden und damit zum Frieden beitragen. Ein Gedicht gegen Zwingli und damit auch gegen den zu diesem Zeitpunkt noch mächtigen Melander mag dazu beigetragen haben, dass er 1533 Frankfurt verließ und eine Professur für griechische Philologie in Heidelberg annahm. Nach Melanders Abgang kehrte er 1537 nach Frankfurt zurück und blieb bis 1547 Rektor der Lateinschule, bevor er wieder nach Heidelberg wechselte und dort u. a. für eine Universitätsreform wirkte. Sein literarisches Hauptwerk entstand zwar in Heidelberg, aber auch in Frankfurt schrieb er eine Reihe von bemerkenswerten Gedichten und übersetzte u. a. Tacitus ins Deutsche (1532).

Der Fall „Nachtigall“

Seit der Wiedereinsetzung des katholischen Gottesdienstes 1548 war Frankfurt eine lutherische und katholische Stadt. Kaisertreue war mit der für Frankfurt schmerzlichen Belagerung von 1552 bewiesen worden. Beides zahlte sich nun aus. Am 24. November 1562 wurde Maximilian II. in Frankfurt zum römischen König gewählt und auch gleich dort gekrönt. Diese Nähe zum Kaiser hatte seinen Preis. Und unter anderem bekam das die Buchmesse zu spüren. Dem Wormser Edikt von 1521 und dem Nürnberger Reichstagsabschied von 1524 war eine Reihe weiterer Verfügungen gefolgt, die, wie die Reichspolizeiordnung von 1548, die Zensurvorschriften differenzierten und erweiterten. Hinzu kam der 1559 vom Papst erlassene und 1564 erstmals veröffentlichte *Index librorum prohibitorum*, der katholischen Fürsten eine zusätzliche kirchliche Grundlage für Bücherverbote lieferte. Verfolgt wurden die immer wieder zitierten ‚Schmähschriften‘. Damit konnten persönliche Verunglimpfungen genauso gemeint sein wie politische oder religiöse Druckwerke, die dem Kaiser, den Reichsfürsten oder dem Klerus nicht passten. Gelegentlich musste ein Exempel statuiert werden, damit es nicht bei leeren Drohungen blieb. Ein geeigneter Ort dafür war Frankfurt mit seiner Messe. 1567 erwischte es ein schmales Bändchen, das höchstwahrscheinlich schon 1566 in Frankfurt gedruckt worden war. Autor der anonymen Schrift war der aus der Mark Brandenburg stammende Theologe, Mathematiker und Schriftsteller Wilhelm Klebitz. Er wollte mit seinem Buch Partei in den sogenannten Grumbachschen Händeln ergreifen. Der Streit, bei dem es letztlich um die sächsische Kurwürde ging, ist hier nicht von Bedeutung. Klebitz ergriff, wohl auch aus persönlichen Gründen, Partei für die offenbar schwächere Seite, die den Kaiser und den sächsischen Kurfürsten herausgefordert hatte. Was er unter dem Titel *Nachtigal* als das Lied eines Vogels veröffentlichte, war aber mehr als ein Beitrag zur Zeitgeschichte. Klebitz nutzte seine gereimten Zweizeiler, um den Fürsten und vor allem dem Kaiser ins Gewissen zu reden:

„O Kayser Maximilian,
Gott zier dein Kayserliche Kron,
Der Bapst steckt voll giftiger List,
Des Reiches Fried zuwider ist:
Durch Einigkeit der Fürsten Macht
Zunimbt, solches der Bapst betracht,
Hierauf ist er beflißen gar,
Daß er euch nur bringt in die Haar,
Vermalmet so eur Bein und Mark,
Daß ihr ihm werdet nit zu stark,
Läßt sich anbetten, wie ein Gott,
Tritt euch mit Füssen, wie ein Krott.
Viel Kayser hat er abgesetzt,

Die Türken wider sie gehetzt.
Da du empfiengst die güldene Cron,
Hast du das Evangelion
Zu schützen vielen zugesagt.
Denk ob es Gott auch wohl behagt,
Wenn jetzt die Hur von Babylon
Befördert wird durch deine Cron.
Der Höchste sitzt in seinem Thron,
Und hat vorlängst gezehlet schon
Die Tag und Stund des Scepters dein,
Die Zeit sie ist hier kurz und klein."[53]

Dieser Ausschnitt stammt aus einer Fassung, die Gotthold Ephraim Lessing aus drei Abschriften in der Wolfenbütteler Bibliothek zusammengestellt hat. Lessing war eher beiläufig auf den historischen Fall gestoßen, interessierte sich aber bald ernstlich dafür und publizierte den Text mit eigenen Bemerkungen 1773 im ersten Teil seiner Sammlung *Zur Geschichte und Literatur*. Die Aufmerksamkeit Lessings dürften auch die drastischen Maßnahmen erregt haben, mit denen das Buch im ganzen Reich verfolgt worden war.
Die Schrift hatte zunächst reißenden Absatz im mehrheitlich protestantischen Frankfurt gefunden. Innerhalb weniger Stunden waren die 1400 Exemplare der ersten Auflage verkauft worden. Vier Nachdrucke folgten in kurzer Zeit. Da schaltete sich der Kaiser persönlich ein. Maximilian II. habe, so Friedrich Kapp in seiner Zusammenfassung des kaiserlichen Schreibens, „die *Nachtigall* durchgelesen, die in den Messen öffentlich feilgetragen und von dort aus in alle Lande verschickt worden sei. Solche Beleidigung seiner Person und geheiligten Macht könne er, ohne sich selbst zu entehren, nicht hingehen lassen. Deswegen gedenke er die Gunstbriefe, namentlich und besonders die, welche die Freiheit der Messen beträfen, zurückzunehmen und sich dann erst die Strafe vorzubehalten. Indessen solle der Rat, bei unausbleiblicher Strafe der Acht, den Drucker angesichts dieses in Eisen schmieden, sein Hab und Gut versiegeln, ihn selbst aber unter starker Bedeckung dem Stadtrichter in Wien überliefern lassen. Die Ratsherren, welche die Aufsicht über die Bücher hätten, sollten in den Turm gelegt, ihre Güter eingezogen werden. Der Rat solle nach dem Verfasser forschen, aber den Drucker deswegen nicht erst auf die Folter legen, um unnützen Zeitverlust zu vermeiden"[54].
Das waren keine leeren Drohungen, und der Rat beeilte sich, den Forderungen nachzukommen. Der unterdessen namentlich bekannte Autor Wilhelm Klebitz hatte Frankfurt bereits verlassen (er starb 1568 in Paris). Dagegen traf Hans Schmidt, der den Band heimlich gedruckt hatte, die volle Härte des kaiserlichen Bannstrahls. Er wurde nach Wien ausgeliefert und saß dort zwei Jahre in Haft, bis sich die Frankfurter zu einer Zahlung von 30 000 Goldgulden bereitfanden und damit den Zorn des Kaisers besänftigten. Schmidt arbeitete danach wieder als (Lohn-)Drucker in Frankfurt. Die für den Rat peinliche und

entwürdigende Geschichte schien gut ausgegangen zu sein, hatte aber für die Frankfurter Buchmesse ein Nachspiel. Denn 1569 forderte Maximilian II. vom Frankfurter Rat, während der Messe die Buchgewölbe zu inspizieren und zu überprüfen, ob die Verleger ein kaiserliches Privileg besaßen (was eine Art Loyalitätserklärung war, aber auch vor unberechtigtem Nachdruck schützen sollte) und ihre Pflichtexemplare nach Wien abgeliefert hatten (worauf der Kaiser auch aus Gründen der Nachzensur bestand). Offenbar ließ der Rat den nötigen Eifer vermissen, denn 1579 musste er sich von Kaiser Rudolf II. tadeln lassen. Damit nicht genug. Der Kaiser ernannte seinen Kammerfiskal zum Beauftragten, der dem Rat zur Hand gehen sollte. Der Kammerfiskal war ein hoher Finanzbeamter, der den König auch vor dem höchsten Gericht im Reich, dem Reichskammergericht in Speyer, vertrat. Damit war faktisch die erste kaiserliche Bücherkommission ins Leben gerufen, die aus dem Fiskal und mindestens einem Vertreter des Rats bestand. Der dringende Wunsch des Kaisers, stärker gegen antikatholische Schriften vorzugehen und die radikalsten verbieten zu lassen, führte gelegentlich zu einem regelrechten Katz-und-Maus-Spiel. So im Fall des Formschneiders, Druckers und Verlegers Anthony Corthoys (oder Corthois). Angeblich hatte er 1580 in einem Neujahrsblatt Gotteslästerung betrieben. Der Kaiser forderte die Verhaftung. Der Rat kam diesem Befehl offiziell nach und schickte Corthoys für kurze Zeit ins Gefängnis. Dafür erhielt er inoffiziell vom Rat ein Geldgeschenk als ‚Haftentschädigung'[55].

Angesichts solcher Manipulationen ist es nicht verwunderlich, dass der Kaiser mit der Arbeit seiner ersten Bücherkommission nicht zufrieden war und die Befugnisse seiner Bücherkommissare 1596 auch auf die Zeiten außerhalb der Messe und „wo eß (...) nöttich zu sein beduncket"[56] ausdehnte. 1608 wurden die Vollmachten der Kommission nochmals erweitert. Allerdings musste sie jetzt auch mehr und mehr mit dem Widerstand der protestantischen Verleger und Buchhändler kämpfen, vor allem der sächsischen. „Je deutlicher im Vorfeld des Dreißigjährigen Krieges die konfessionellen Zwistigkeiten zu politischen Blockbildungen führten", so Reinhard Wittmann, „desto heikler wurde die fast unlösbare Aufgabe dieser Kommissare, die in Frankfurt benachteiligten katholischen Drucker und Verleger zu unterstützen, angesichts der faktischen Marktbeherrschung des protestantischen Buchhandels auf den Messen. Fast alle kaiserlichen Bücherkommissare standen ohne Wissen des Hofes zugleich in Diensten des Papstes als ‚apostolische' Überwachungsinstanz des deutschen Buchmarktes. Die Gründung eines eigenen katholischen Messkataloges im Jahre 1606, der rund zwanzig Jahre dahinkümmerte, sowie einzelne eher symbolische Durchsuchungs- und Konfiskationsaktionen der Bücherkommissare erbosten den weitgehend protestantischen Frankfurter Rat, die oft ungeschickte Buchhandelspolitik der fernen Wiener Reichsbehörden vergrößerte die Gereiztheit der protestantischen Messbesucher."[57]

Die treibende Kraft innerhalb der kaiserlichen Bücherkommission war der katholische Geistliche und Schriftsteller Valentin Leucht. Der um 1550 im fränkischen Hollstadt geborene Seelsorger war 1588 als Kanoniker an das Frankfurter Bartholomäusstift gekommen und hatte auch die damit verbundene Stadtpfarrei übernommen, die er bis zu seinem Tod 1619 behielt. 1597 ernannte ihn der kaiserliche Fiskal zu einem von zwei Bücherkommissaren in Frankfurt. Der zweite spielte allerdings nur eine geringe Rolle. Den Kampf mit der lutherischen Stadtregierung und den protestantischen Druckern bzw. Verlegern nahm Leucht nahezu alleine auf. Der kaiserliche Zensor war ein Mann vom Fach. Seit 1582 veröffentlichte Leucht eine fast unüberschaubare Fülle von christlicher Erbauungsliteratur, die er mit Ausnahme weniger wissenschaftlicher Schriften ausschließlich in deutscher Sprache verfasste. In der Vorrede seines 1598 in Köln erschienenen Buches *STIMVLVS VIRTVTVM, Das ist: Stachel der Tugenten, Mit welchem alle menschliche, insonderheit aber die Jugendt, von lastern abgehalten, vnd zu den Tugenten vortgetrieben werden* begründete er, warum er in Deutsch schrieb. Er wolle, dass seine Bücher „den gemeinen Catholischen Leihen, die sich der Lateinischen sprach nicht gebrauchen / zum trost / iha zur seelen heil und seligkeit mitgetheilt / ersprißlich vnn beförderlich sein moge“[58]. Das Spektrum seiner Publikationen reicht von Gebeten und Predigten über Wundergeschichten, Heiligenlegenden, Marienverehrungen und Messbüchern bis zu Warnungen vor dem „erbfeindt der Türken“ und religionspolitischen Schriften. Ziel seiner Polemiken waren immer wieder die Lutheraner, aber auch Calvinisten und Hussiten. Ab 1601 ließ er unter dem Pseudonym „Theodorus Cycneus Thel. Studiosus“ gleich mehrere heftige Attacken gegen den „außgesprungenen Augustiner Mönch“ Gottfried Raab erscheinen, der in Wittenberg zum Luthertum konvertiert war. „Das umfangreiche Oeuvre“, so der Leucht-Biograph Wolfgang Brückner, „findet in dieser Art zu seiner Zeit kaum eine Entsprechung und ist über das 17. Jahrhundert hinaus wirksam geblieben (…) Vor Leuchts Zeit existierte praktisch keine deutschsprachige katholische Literatur“[59]. Der kaiserliche Bücherkommissar Leucht hatte es in der lutherisch geprägten Reichsstadt nicht leicht. Schon kurz nach seiner Ernennung wurde ihm demonstriert, dass der Rat das Sagen in Frankfurt hatte. Leucht wollte eines seiner Wunderbücher 1598 in Frankfurt bei Balthasar Lipp drucken lassen, ohne vorher, wie er es hätte tun müssen, die Genehmigung des Rats einzuholen. Lipp behauptete später, der kaiserliche Fiskal (als ‚Vorgesetzter‘ des Bücherkommissars) habe ihm das erlaubt. Da die Frankfurter Ratsherrn nun, mit Recht oder auch nicht, befürchteten, die gerade neu eingerichtete Bücherkommission wolle sie als eigentlich Genehmigungsinstanz ausschalten, reagierten sie mit demonstrativer Härte.

Valentin Leucht (Historisches Museum Frankfurt).

Lipp wurde verhaftet und mit einer Geldstrafe belegt. Die Intervention Leuchts für seinen Drucker blieb ohne Erfolg, so Günter Richter, der den Fall recherchierte: „Valentin Leucht bat am 28. März 1598 gemeinsam mit seinem Drucker, die (...) auferlegte Geldstrafe zu erlassen. Das Gesuch wurde abgelehnt."[60]

Formal war es die Hauptaufgabe des kaiserlichen Bücherkommissars in Frankfurt, die Buchgasse zu kontrollieren, d. h. zu verhindern, dass von katholischer Seite unerwünschte Schriften gedruckt oder verkauft wurden. Sehr viel intensiver scheint sich Leucht aber darum gekümmert zu haben, katholischen Druckern, Verlegern und Buchhändlern zu gleichem Recht wie den protestantischen (vor allem den lutherischen) zu verhelfen. In diesem Zusammenhang ist auch die Gründung eines eigenen katholischen Messkatalogs 1606 zu verstehen, denn in dem offiziellen Verzeichnis des Rats waren die Bücher der nicht-protestantischen Verleger nur sehr unvollständig vertreten. Die eigentliche Zensurtätigkeit Leuchts beschränkte sich auf wenige Fälle, die der Bücherkommissar dem Rat meldete. „Der Rat sollte seinen Anträgen stattgeben und sie durchführen, was er bei den seltenen und berechtigten Ansuchen Leuchts wohl auch tat", fasst Wolfgang Brückner seine Archivstudien zusammen. „Zur Herbstmesse 1606 bat er um das Verbot eines ‚famoß' gedruckten – also ohnehin unzulässigen – Flugblattes mit Spottversen ‚Die Bäbstliche Meß'. Auf der Herbstmesse des folgenden Jahres beanstandete er eine Schmähschrift gegen das Haus Österreich, 1611 vier solcher Pamphlete gegen Kaiser und Geistlichkeit. 1613 ersuchte er am 12. 5. die Entfernung eines am Fahrtor aufgehängten Bildes, das die Kleriker verunglimpfte, zwischen 30. 10. und 8. 11. das Verbot einer Schrift gegen PAUL V. sowie anderer antikaiserlicher und antikirchlicher Schriften, desgleichen 1615 eines Druckes gegen den Kaiser und zweier ‚newer Zeitungen' gegen Kardinal BELLARMIN und die Jesuiten, 1618 Vertrieb und Singen antikatholischer Lieder."[61]

Dass die Eingriffe letztlich so bescheiden blieben, kann mit den Ereignissen bei den Messen 1608 und 1609 zusammenhängen. Denn nachdem der Kaiser die Befugnisse seiner Kommission erweitert hatte, war es zu Protesten gegen Leucht gekommen, der in der Buchgasse genauer kontrollierte als vorher. Außerdem sollte der Bücherkommissar künftig den Messkatalog des Rats revidieren und korrigieren. Das empfand nicht nur der Rat als ungeheuerlichen Eingriff. Der Kurfürst von Sachsen, der natürlich auch ein großes Interesse an dem Erstarken seiner Leipziger Messe hatte, beschwerte sich beim Kaiser über die Arbeit der Kommission und forderte seine Landeskinder auf, sich gegen die verstärkte Zensur zur Wehr zu setzen. Zwar fehlen die entsprechenden Akten, aber Leucht scheint sich in seinen Zensurbemühungen etwas zurückgenommen zu haben. Denn auch dem Kaiser konnte es nicht daran gelegen sein, die wieder stärker aufbrechenden religiösen Konflikte auf Nebenschauplätzen eskalieren zu lassen. Gerade hatten sich mit der ‚Union'auf protestantischer Seite und der ‚Liga' auf der katholischen zwei große politische Bündnisse gegründet, die später die erste Phase des Dreißigjährigen Kriegs bestimmen sollten.

Die nur selten spektakulären Zensuraktionen durch die Bücherkommissare oder den Kaiser selbst konnten die überragende Bedeutung der Frankfurter Buchmesse im

16. und beginnenden 17. Jahrhundert nicht schmälern. Noch war Latein die europäische Gelehrtensprache, und es spielte so gut wie keine Rolle, ob ein Buch aus Lyon, Venedig, Basel oder Nürnberg kam. Frankfurt war nach den ersten Jahren der Reformation wieder der zentrale Ort für den intellektuellen Austausch – und wurde auch so gesehen. Berichte von Messebesuchern gibt es reichlich. Einer fällt dabei heraus. Er stammt von dem in Paris geborenen, aber in Genf lebenden Humanisten Henri Estienne (Henricus Stephanus), der in seinem Verlag wichtige Texte des klassischen Altertums neu herausbrachte und deshalb regelmäßig nach Frankfurt kam. 1574 veröffentlichte er sein Loblied auf die Frankfurter Messe (*Francofordiense Emporivm*), in dem er die für ihn ungewöhnliche Gastfreundschaft („philoxenia“) herausstellte und die Buchmesse mit dem antiken Athen verglich:

Buchdrucker bei der Arbeit, Stich von Jodocus Badius.

„Wenn übrigens diese attische Messe auch nichts anderes darböte als die dort so zahlreich zu sehenden, mit Büchern aller Art gefüllten Häuser und wenn sie auch in keiner Weise damit die große Wohltat verbände, dass man auf ihr die Reden und Unterhaltungen so vieler gelehrter Männer genießen kann, müsste sie nicht trotzdem für die Verehrer der Musen von unschätzbarem Wert sein? Kann sie einem doch eine Bibliothek verschaffen, die allein schon hinsichtlich der Mannigfaltigkeit der Bücherbestände nicht minder reich ist als jene Büchereien des Ptolemäus, des Polykrates, des Pisistratus und anderer Fürsten, die das Altertum gefeiert hat; und dabei braucht man durchaus nicht auch seinerseits einen königlichen, d. h. gewaltigen oder, wie manche gesagt haben, ungeheuren Aufwand zu machen, um in Frankfurt eine solche Bibliothek zu erwerben.“[62]

Die ersten Frankfurter Drucker

Als Henri Estienne seine Eloge auf die Buchmesse schrieb, hatten sich die Frankfurter Drucker und Verleger einen wichtigen Platz auf dem europäischen Buchmarkt erobert. Und das in kurzer Zeit. Denn obwohl die Buchmesse seit der zweiten Hälfte des 15. Jahrhunderts von Jahr zu Jahr an Bedeutung gewann, dauerte es bis 1530, ehe in Frankfurt der erste Drucker-Verleger mit seiner Tätigkeit begann. Und das war wiederum kein Frankfurter, sondern der aus Straßburg kommende Christian Egenolff. Vor ihm hatte es zwar auch schon sporadisch Buchdrucker in Frankfurt gegeben, sie waren aber nur für kurze Zeit in Erscheinung getreten, wie der Elsässer Beatus Murner, der 1511/12 im Barfüßerkloster einige Werke seines Bruders Thomas gedruckt hatte, darunter die Erstausgabe der *Schelmenzunfft*, die noch im selben Jahr, etwas erweitert, auch in Straßburg herauskam. Thomas Murner, der von 1511 bis 1513 als Lektor in Frankfurt lebte, ließ 1512 noch seine *Narrenbeschwörung* in Straßburg erscheinen. Mit beiden Büchern, die vielfach aufgelegt wurden, begründete Murner seinen Ruf als einer der bedeutendsten deutschsprachigen Satiriker des 16. Jahrhunderts. Murner, der seine satirischen Pfeile später auch gegen Luther richtete, geißelte in seiner *Schelmenzunfft* die brüchige Moral seiner Zeit und machte auch nicht vor seinem eigenen geistlichen Stand halt. Daneben bekam die Frankfurter Messe ihr Fett weg. Murner schilderte die dort versammelten Kaufleute als Fallensteller, die mit Honig ihre Opfer anlocken, um sie dann zu betrügen. Da sei ihm doch ein Dieb oder Räuber lieber:

> „Wer nit schmieren kann eyn fall,
> Mit hunig streichen gifft und gall,
> Saur mit sieß vermischen kann,
> Der kum in die meß gon Franckfurt gan,
> Do lernstu wol des kouffmans dandt,
> Wie mans treibt in allem landt (...)
> Fur wor, es wer myr gleich so lieb,
> Das myr meyn gelt doch stil eyn dieb,
> Den das mich eyner offlich trugkt
> Und so schedlich mir erlügt!“[63]

Beatus Murner brachte zwar noch eine Handvoll theologischer Schriften seines Bruders heraus, aber von einer umfassenden und kontinuierlichen Verlagstätigkeit in Frankfurt kann man erst seit Egenolff sprechen. Der 1502 in Hadamar geborene Egenolff war ein gebildeter Humanist, der in Mainz studiert hatte. In Straßburg war er in die Kunst des Druckens eingeführt worden, die er in Frankfurt einerseits perfektionierte, andererseits aber auch hintertrieb, indem er sich eifrig als Raubdrucker betätigte. Beides konnte allerdings auch zusammengehen, wie bei seinem Nachdruck der Wittenberger Lutherbibel, die er von dem Nürnberger Hans Sebald Beham prachtvoll illustrieren ließ. Beham wurde schließlich Frankfurter Bürger und arbeitete weiter für Egenolff. Schwerpunkte der Verlagstätigkeit waren aber nicht die theologischen Werke, sondern Chroniken, Lehrbücher, Neuausgaben der antiken Klassiker und naturwissenschaftliche Schriften, darunter auch eine Naturgeschichte seines Schwiegersohns, des Frankfurter Stadtarztes Adam Lonicer. In seinem Verlagsverzeichnis finden sich daneben Bücher von Jacobus Micyllus, von dem neulateinischen Schriftsteller Eobanus Hessus, von dem Fabeldichter Erasmus Alberus, von Melanchthon und 1549: die erste (lateinische) Ausgabe des *Grobianus* von Friedrich Dedekind. Der in Neustadt am Rübenberge geborene Theologe Dedekind war noch Student, als er sich (wie vor ihm Murner) von Sebastian Brants *Narrenschiff* inspirieren ließ, in dem ein Grobian sein Unwesen trieb. Dedekind, der später als Pfarrer tätig war und mehrere Dramen schrieb, schuf mit seinem *Grobianus* einen Grund- und Aufbaukurs im schlechten Benehmen – in Gesellschaft, auf der Gasse, gegenüber (Jung-)Frauen und vor allem bei Tisch. Die Anstandslehre mit verkehrten Vorzeichen wurde zu einem beliebten und bis heute aufgelegten Buch der Volksliteratur, dessen derbe Späße nichts Menschliches ausließen. So ‚empfiehlt' der *Grobianus* nach dem üppigen Mahl im fremdem Haus ein kleines Nickerchen:

Christian Egenolff, Holzschnitt aus der 1. Hälfte des 16. Jahrhunderts.

„Deins Orts lass dich keineswegs vertreiben:
Fein auf dem Tisch sollst liegen bleiben.
So kann man ja den Tisch nicht decken:
Man muss dich zu dem Essen wecken.
Oder streck dich so lang du bist
Auf die Bank, da du gesessen bist
Und gessen hast dasselbig Mol.
Darauf ziemt dir zu schlafen wohl.
Da schlaf nun sanft und lieg fein still,
Bis man das Nachtmahl nehmen will.
Im Schlaf lass Fürz hin stieben,
So wird dichs ganze Hausgsind lieben.
Wollt aber jemand dich drum strafen,
Dass du machst solch Rumor im Schlafen,
Sprich: ‚Es ist nicht in meiner Gewalt,
Dass ich Fürz in Händen halt;

Lass fahren was nicht hat Lust zu bleiben:
Ich muss den Unflat von mir treiben!'
Und lass ihm noch ein paar darzu,
Dass er die Nas verhalten tu.
Und deinem Wirt der Rauch gefällt:
Er spart für Räucherwerk das Geld."[64]

Dedekinds satirisch geäußerte Kritik an einer Zeit, die ihre Wertmaßstäbe zu verlieren drohte, wurde in der um eine weibliche *Grobiana* erweiterten Fassung von Egenolff und seinen Erben mehrfach nachgedruckt. „Nicht alle der von ihm verlegten und gedruckten Bücher", so der Buchgestalter Jürgen Seuss in seinem Egenolff-Porträt, „sind – aus heutiger Sicht gesehen und beurteilt nach dem Grundsatz des historisch möglichen Vergleichs – typographisch und damit buchstäblich gelungene Beispiele hoher Buch- und Druckkunst der Zeit. Manches Werk zeigt auch eine formalästhetische Flüchtigkeit und gestalterische Zufälligkeit, die überrascht und in gewisser Weise die Annahme als berechtigt erscheinen lässt, dass er sich doch stärker als drängender Anreger und Verleger verstand denn als Künstler, aber keines unter seinen Büchern ist dabei, das nicht einlöste, was er sich als überzeugter Humanist in jungen Jahren vorgenommen hatte: Aufklärung abzugeben an das Volk."[65]
Nach dem Tod Egenolffs 1555 setzten seine Erben den Verlag bis 1586 (mit Einschränkungen sogar bis 1605) in der Tradition des Gründers fort, indem sie erfolgreiche Werke weiterführten und thematisch ähnliche neu herausbrachten. Auch darunter waren wieder frühe ‚Bestseller' wie das reich illustrierte *Kreuterbuch* von Adam Lonicer. Die alte Größe konnte das Verlagsunternehmen allerdings nicht mehr erreichen.

Frankfurter „Companeien"

Der rasche Aufstieg von Egenolffs Unternehmen lockte weitere (Drucker-)Verleger in die Messestadt und animierte Einheimische, ebenfalls dieses Gewerbe zu ergreifen. Es verwundert, wie lange es gedauert hatte, bis in Frankfurt die ersten Verlage entstanden waren, aber dafür ging die weitere Entwicklung rasant voran, vor allem durch die Zugezogenen: Cyriacus Jacob aus Obernburg (am Main), Peter Braubach aus Schwäbisch Hall, Hermann Gülfferich aus Mainz, Georg Rab aus Pforzheim, Hans Lechler aus Königshofen, Simon Hüter aus Zwickau, Johann Schmidt aus Neustadt bei Coburg, Peter Schmidt aus dem elsässischen Mühlhausen, Johann Spieß aus Oberursel, Johann Wolff aus Stetten und vor allem Sigmund Feyerabend aus Heidelberg, der mit seiner teilweise skrupellosen Geschäfts- und Nachdruckspolitik zu einem der erfolgreichsten, wenn nicht gar zum erfolgreichsten Verleger seiner Zeit wurde. Neben den Neubürgern konnten sich auch Frankfurter Verleger wie David Zöpfel oder Weigand Han und sein Sohn Kilian Han etablieren. Zu mächtigen und damit ernsthaften Konkurrenten von Feyerabend stiegen aber zwei Emigrantenfamilien auf. Frankfurt als internationale Messestadt war immer bereit, protestantische Flüchtlinge aufzunehmen, die aus ihren Heimatländern vertrieben wurden. So kamen Nikolaus Bassée mit seiner Familie aus der spanischen Niederlande und der reformierte Verlagsbuchdrucker Andreas Wechel mit seinen Schwiegersöhnen Johann Aubry und Claude de Marne aus Paris, wo die Familie mit Glück den blutigen Ausschreitungen in der sogenannten Bartholomäusnacht vom 23. auf den 24. August 1572 entkommen war.

Sigmund Feyerabend nach einer Radierung von Jost Amman.

Unter den Verlegern war die Konkurrenz zwar groß, aber trotzdem wurde untereinander geheiratet (um die Unternehmen zu erhalten), und es kam zu vielfältigen Kooperationen. Die bekannteste wurde die „Companei", in der Rab, Gülfferich und Feyerabend zwischen 1563 und 1571 zusammenarbeiteten.

Der aus Straßburg stammende Peter Fischer, der durch Einheirat Besitzer der Eulenapotheke auf dem (alten) Markt geworden war, beteiligte sich zunächst nur an verschiedenen Buchprojekten von Feyerabend. Aber nach dem Tod Feyerabends gründete er zusammen mit dem Drucker Johann Wechel eine eigene Verlagsbuchhandlung, in der er 1591 die sogenannten Frankfurter Schriften Giordano Brunos herausbrachte. Bei seinem rastlosen Umherziehen durch Europa, immer in der Angst vor der Inquisition und vor der Ausweisung, war der 1548 in Nola bei Neapel geborene Philosoph Ende Juni oder Anfang Juli 1590 nach Frankfurt gekommen. In seinen Büchern vertrat er das kopernikanische Weltbild, er lehrte die Unendlichkeit des Kosmos und propagierte eine pantheistische Weltseele. Damit drohten ihm in Rom Folter und Hinrichtung. Die drei lateinischen Lehrgedichte, die er erstmals in Frankfurt bei Wechel und Fischer erscheinen ließ, gehören zu seinen letzten Werken überhaupt. Sie tragen die Titel: *De monade numero et figura …; De innumerabilibus, immenso et infigurabili* und *De triplici minimo et mensura* …. Soll man Brunos Frankfurter Schriften, die Trilogie aus *De Minimo, De Monade* und *De Immenso*, sein Hauptwerk nennen?", fragt der Bruno-Forscher Martin Muslow und gibt auch gleich die Antwort „mit ein wenig Lust zur Provokation: ja. Provokation ist es deshalb, weil es sich eingebürgert hat, allein Brunos italienische Dialoge der Jahre 1584 und 1585 für die Glanzpunkte seiner philosophischen Karriere anzusehen und dagegen die späteren lateinischen Schriften mit einem Vorbehalt zu versehen". Die schwer zugängliche Sprache dieser späten Texte und ihr verschlüsselter Charakter hätten dazu beigetragen. Die Frankfurter Trilogie sei offenbar dazu angelegt, so Muslow, „einen großen Teil seiner philosophischen Motive in einer gewissen Systematik zu präsentieren (...) Die Präsentation sollte in einer Dreiteilung erfolgen, in einen mathematischen, einen metaphysischem und einen physikalischen Teil"[66].

Noch während seine Bücher erscheinen, musste Giordano Bruno die Stadt wieder verlassen, vermutlich im Herbst 1591. Er wurde vom Rat ausgewiesen und ging nach Zürich, dann nach Italien. 1592 wurde er in Venedig verhaftet, nach Rom gebracht und dort am 17. Februar 1600 auf dem Scheiterhaufen hingerichtet.

Der gesellschaftliche Aufstieg von Peter Fischer wurde durch die Herausgabe von Schriften Brunos nicht behindert, eher war im lutherischen Frankfurt das Gegenteil der Fall. Seinem Sohn Jakob Fischer, der weiter als Verleger arbeitete, gelang es sogar, Mitglied der Patriziergesellschaft Frauenstein zu werden.

Innerhalb weniger Jahrzehnte war Frankfurt mit seinen beiden jährlichen Messen nicht nur das wichtigste Buchhandelszentrum, sondern auch einer der führenden Verlagsorte in Europa geworden. Die Frankfurter Verleger verstanden es dabei geschickt, sich den Heimvorteil der Messe zunutze zu machen. Wenn die gelehrte Welt sich schon zweimal im Jahr in der Kaiserstadt versammelte, dann sollte sie auch mit dem bedient werden, was sie suchte. Da Latein weiterhin die universale Gelehrtensprache war, wurde kräftig in lateinische Texte investiert, vor allem in theologische, juristische, naturwissenschaftlich-medizinische, historische und geographische Werke. Guten Absatz versprachen auch weiterhin die antiken Klassiker. Die Frankfurter Verleger mit Feyerabend an der Spitze verstanden es, mit gut ausgestatteten und zum Teil reich illustrierten Büchern auf die Wünsche ihrer Käufer einzugehen. Produziert wurde, was der Markt verlangte: von italienischen, spanischen, französischen, portugiesischen und niederländischen Rechtssammlungen bis zu Chroniken einzelner europäischer Länder und vielbändigen zoologischen Werken. Damit machte Frankfurt den Druckermetropolen Venedig, Basel, Lyon, Straßburg, Nürnberg und Köln empfindlich Konkurrenz.

Aber die marktgerechte Bedienung der gelehrten Welt war nur ein Teil der Frankfurter Verlagstätigkeit. Für den Aufstieg als Verlagsstadt erwies sich die volkssprachliche Produktion als mindestens ebenso wichtig: Schon Christian Egenollf hatte darauf geachtet, neben lateinischen Werken auch Bücher in deutscher Sprache herauszubringen. Dazu gehörten volkstümliche Chroniken ebenso wie Übersetzungen von Caesar, Plinius oder Aesop und die sogenannten Volksbücher, die, wie Reinhard Wittmann schreibt, neue Leserschichten ansprachen, nämlich die „vermögenden Patrizier, Handelsherren, Goldschmiede, Gastwirte, Zunftregenten und ihre Familien". Sie „bildeten eine Art frühen Besitzbürgertums, das kurzweiliger Lektüre gegenüber aufgeschlossen war und beispielsweise in den Widmungen frühbürgerlicher Schwankliteratur (...) oft als Adressat im Tone vertrauter Herzlichkeit angesprochen wurde. Bei ihnen, aber auch beim gleichfalls nach derber Zerstreuung begierigen akademisch gebildeten Bürgertum ist die Rezipientenschicht all jener volkssprachlichen Erzeugnisse zu suchen, die das missverständliche Etikett ‚Volksbücher' tragen. Es hat den Anschein, dass hier früheste Ansätze jenes Leseverhaltens und Geschmacks sich bemerkbar machen, die man bislang erst dem 18. Jahrhundert zuschrieb: des extensiven Konsums unterhaltender Texte“[67]. Das lesekundige Publikum war zwar gewachsen, aber es machte immer noch nicht mehr als fünf bis zehn Prozent der Bevölkerung aus. Außerdem blieben Bücher, im Gegensatz zu den von Wanderhändlern vertriebenen Kalendern, Einblattdrucken und Flugschriften, relativ teure Luxusartikel, die den Monatslohn eines zünftigen Gesellen um ein Vielfaches übersteigen konnten. Alexander Dietz hatte sich für seine *Frankfurter Handelsgeschichte*, die kurz nach dem Ersten Weltkrieg in vier Bänden erschien, die Mühe gemacht, die Produktion der Frankfurter Verleger in dieser Zeit kritisch zu sichten. Er stieß dabei auf eine große Zahl dieser ‚Volksbücher', die zum Teil auf alte Heldensagen zurückgingen, „wie das Heldenbuch, die Büchlein vom gehörnten Siegfried, Tristrant, die schöne Magelona, Melusine, Fierabras und neuere volkstümliche Erzählungen in Prosa, wie Reineke Fuchs, Till Eulenspiegel, die Geschichten des streitbaren und hochberühmten Helden und Ritters Herrn Teuerdank, mit welchem Kaiser Maximilian I. gemeint ist, und sonstige Rittergeschichten, wie Ritter Pontus, eine Art Roman, Ritter Galmi, sowie die vielgelesenen satirischen Lehrgedichte dieser Zeit“[68] u. a. von Sebastian Brant, Jörg Wickram und Burkard Waldis. Dabei umfasste die von Feyerabend herausgebrachte deutsche Übersetzung des beliebten, auf der iberischen Halbinsel entstandenen Ritterromans *Amadis* zwölf Bände und band erhebliche finanzielle Mittel des Verlags. Als Käufer kam dafür nur eine höfische Oberschicht in Frage.

Reinicke Fuchß

Zu den herausragenden und weiterwirkenden Veröffentlichungen dieser Zeit gehörte die erste deutsche Übersetzung des *Reinicke Fuchß*, die Cyriacus Jacob 1544 verlegte. Die auf einen altfranzösischen Roman zurückgehende Fabel war 1498 in Lübeck in einer niederdeutschen Fassung erschienen. Darauf basiert die Übersetzung des unbekannten Autors, die später Gottscheds (1752) und Goethes (1794) Bearbeitungen beeinflusste. So lauten die Eingangssätze in der ersten Fassung von 1544:

„Auff einen Pfingstag es geschach /
Das man die Welde vnd Felde sag /
Schon lüstig stehn mit laub und graß /
Vnd mannich vogel frölich was.
Mit singen / springen in den Welden /
Die blümlin blüen auff den Felden.
Wolriechend stehen hie vnnd dar /
Der tag war schon / das wetter klar."[69]

Goethes *Reineke Fuchs* beginnt mit den Zeilen:

„Pfingsten, das liebliche Fest, war gekommen; es grünten und blühten
Feld und Wald; auf Hügeln und Höhn, in Büschen und Hecken
Übten ein fröhliches Lied die neuermunterten Vögel;
Jede Wiese sproßte von Blumen in duftenden Gründen,
Festlich heiter glänzte der Himmel und farbig die Erde."[70]

So fröhlich geht die Fabel allerdings nicht weiter, die im 16. Jahrhundert durchaus politisch gedeutet wurde, als die Glaubensspaltung und die Auseinandersetzungen zwischen dem Kaiser und den immer mächtiger werdenden Territorialherren das Geschehen im Reich bestimmten. Der durchtriebene und moralisch skrupellose Fuchs, der auch vor Mord nicht zurückschreckt, kann seinen Kopf immer wieder aus der Schlinge ziehen. Nachdem er alle seine Gegner besiegt hat, zuletzt den Wolf im Zweikampf, ernennt ihn der Löwe als König der Tiere zu seinem Kanzler.

„Der könig sprach: was helffen viel wort /
Ich hab die sach lang wol gehort.
Und kann die auch nur wol verstan /
Ich will euch setzen oben an (...)
Vnd will das ir solt frü vnd spath /
Kommen in mein heimlichen rhat.

Ich setz euch wider in alle macht /
Seht das ir für all vnthat wacht.
Helfft alle ding zum besten keren /
Der hoff kann ewer nicht entberen.
Braucht ewr weßheyt zur tugent schier /
So ist niemand höher dann ihr.
Mit scharffem rhat vnd spitzen funden /
Ich will vorthin zu allen stunden.
Kein hörn / die ober euch klagen /
Ihr solt für mich reden vnnd tagen.
Auch solt ir sein Cantzler im Reich /
Mein siegel beuelh ich euch deßgleich."[71]

Für die Leser des *Reinicke Fuchß* muss das wie Hohn geklungen haben. Der Fuchs, die übelste Kreatur im Reich, wurde mit allen Vollmachten zum engsten Berater des Königs ernannt und sollte künftig über alle Untaten wachen, die er kurz vorher noch selbst begangen hatte. Da konnte sich jeder seinen Teil denken. Es ist kein Wunder, dass dieses Buch zu einem der beliebtesten seiner Zeit wurde.
Dem Wunsch gut betuchter Leserschichten, Wissen und Unterhaltung auf angenehme Weise zu verbinden, kam die siebenbändige Erzählsammlung *Wendunmuth* entgegen, die zwischen 1563 und 1603 bei verschiedenen Frankfurter Verlegern erschien. Autor war der um 1525 geborene Hans Wilhelm Kirchhof, der zunächst am Kasseler Hof unter Landgraf Wilhelm dem Weisen gewirkt hatte und dann Burggraf in Spangenberg geworden war (wo er auch 1605 starb). Kirchhof war der Mann für alle Gelegenheiten, der immer den passenden Text parat hatte. Allein 19 Komödien sollen aus seiner Feder stammen. Ihm wird auch das *Spiel vom Bauernkrieg* zugeschrieben, in dem Philipp der Großmütige auftritt und Thomas Müntzer zum Tod verurteilt. In *Wendunmuth* verquickte er persönliche Erfahrungen mit weltgeschichtlichen Ereignissen und der Übersetzung von älteren Texten. Wie im *Reinicke Fuchß* gab es eine Moral von der Geschicht', dieses Mal allerdings eine ins Positive gewendete. Der sich selbst als Buchhändler bezeichnende Johann Feyerabend (der ein Cousin von Sigmund Feyerabend war) beschrieb sie im Vorwort der Neuausgabe von 1602. „Es werden", heißt es da, „nicht allein die Regenten / sondern auch ihre Vunderthanen / der gemeine Mann / welches Standes er immer sey / ihres Amptes und Beruffs erinnert und vermahnet /dann hie werden durch Exempel / die allenthalben regierenden Laster und Schandt gestrafft"[72] Eine typische Fabel daraus handelt „Von der Mönch Geitzigkeit".

„Ein andächtiger Bruder und Münch / Bettler Ordens / hette einem sehr reichen Mann / der an seinem Todtbeth vnnd letzten Zügen lage / Beicht gehöret. Nach der Beicht aber führet er deß Manns einigen Sohn für den Vatter (dann inn der Beicht waren sie allein gewesen) erzehlete im in gegenwertigkeit deß Vatters mancherley / so er seine Ordens

Brüder für seine Seel zu bitten verheissen hette zu geben / vnnd das er selber hören sollte / wolt er den Vatter / auff daß eß möchte auffgezeichnet werden / noch einsmals darumm fragen / wie er auch thate. Der Krancke war immer zu schwächer / vnn hette im auch die sprach nachgelassen / darumb als ihn der Münch fragete / ob er nicht so vnnd so viel in sein Kloster für Begängnuß / Seelmeß / Jarzeit / Kelch / Meßgewänder / vnd viel anders mehr zugeben verordnet? Nickte er mit dem Haupt / ja zu bedeuten. Der Sohn aber vermercket nunmehr seines Vatters Vnvernunft / oder verachtung der zeitlichen Güter / auch deß Münchs geitzige betrieglichkeit / sprach derhalben ihn also an: Vatter / sol ich den Münch die Stiegen hinab werffen? Der gab darauff ein Zeichen mit dem Haupt / daß er es willig wer. Derhalben nam der Son den Münch beim Hals vnd warff in zur Thür hinauß / daß er uver und vber burzelt / vnnd sagt: Sihe, diß hastu weg / vnd ist on not daß du es soltest auffschreiben und notieren.
Wer die Münchskapp noch so groß /So ist sie doch gantz bodenloß."[73]

Von Teufeln und Menschen

Moralisch-satirische Dichtungen wie die von Kirchhof waren beliebt, und gern wurde auch der oder die Teufel bemüht, um auf wirkliche oder vermeintliche Laster hinzuweisen. So hatte, wie Alexander Dietz ermittelte, allein die Gülfferich-Hansche Verlagsbuchhandlung 1568 elf ‚Teufelsschriften' im Angebot: über den Eheteufel, Fluchteufel, Geizteufel, Gesindeteufel, Hofteufel, Jagdteufel, Junkerteufel, Saufteufel, Spielteufel, Tyrannenteufel und Wucherteufel. Daneben gab es auch einen Sammelband für alle Fälle: „In dem aus einem Folioband bestehenden *Theatrum diabolorum* wird das verderbliche Treiben von 33 Teufeln geschildert und die Mittel angegeben, ihre Macht zu brechen."[74]
Auf der einen Seite wurde auch in Frankfurt der berüchtigte *Hexenhammer* (*Malleus Maleficarum*) gedruckt, der so etwas wie die rechtlichen Grundlagen für die grausamen Hexenverfolgungen lieferte, andererseits hüpften die Teufel gleich scharenweise durch die populäre Unterhaltungsliteratur. Von dem ganzen angeblichen Zauber hielt der Rat allerdings nichts. In Frankfurt wurde nie eine ‚Hexe' oder ein ‚Zauberer' vor Gericht gestellt. Auch die Gegner der Hexenprozesse konnten in der weltoffenen Stadt ihre Bücher erscheinen lassen. Der Bedarf, sich bei der Lektüre in geheimnisvolle und verbotene Welten entführen zu lassen, scheint groß gewesen zu sein, sonst wären nicht so viele Teufelsbücher erschienen, die heute alle vergessen sind – bis auf eins.
1587 ließ der Frankfurter Buchdrucker und Verleger Johann Spieß einen kleinen Band erscheinen, der angeblich auf einem authentischen Fall beruhte. Spieß hatte die Geschichte, wie er in der Vorrede behauptete, „newlich durch einen guten Freundt von Speyer" erhalten, „mit begeren / daß ich dieselbige als ein schrecklich Exempel deß Teuffelischen Betrugs / Leibs vnd Seelen Mords / allen Christen zur Warnung / durch den öffentlichen

HISTORIA
Von D. Johan
Fausten/dem weitbeschreyten
Zauberer vnnd Schwartzkünstler/
Wie er sich gegen dem Teuffel auff eine benandte zeit verschrieben/ Was er hierzwischen für seltzame Abentheuwer gesehen/ selbs angerichtet vnd getrieben/ biß er endlich seinen wol verdienten Lohn empfangen.
Mehrertheils auß seinen eygenen hinderlassenen Schrifften/ allen hochtragenden/ fürwitzigen vnd Gottlosen Menschen zum schrecklichen Beyspiel/ abscheuwlichen Exempel/ vnd treuwhertziger Warnung zusammen gezogen/ vnd in den Druck verfertiget.
IACOBI IIII.
Seyt Gott vnderthänig/ widerstehet dem Teuffel/ so fleuhet er von euch.
CVM GRATIA ET PRIVILEGIO.
Gedruckt zu Franckfurt am Mayn/ durch Johann Spies.
M. D. LXXXVII.

Titelblatt des *Faust* (1587).

Druck publicieren und fürstellen wolte"[75]. Ob Spieß den Text wirklich von einem Freund erhalten oder selbst geschrieben hatte, ist heute nicht zu klären. Sicher gab es aber eine Handschrift als Vorlage. Das Buch jedenfalls, die *Historia von D. Johann Fausten*, machte Sensation, wurde verändert und unverändert nachgedruckt, übersetzt und literarisch bearbeitet. „Von diesem Buch", so die beiden Faust-Herausgeber Stephan Füssel und Hans Joachim Kreutzer, „nahm das gesamte weltliterarische Fortleben der Gestalt Fausts und seiner Lebensgeschichte seinen Ausgang (…) Es existiert zwar eine ältere Version der Faust-Historia in Gestalt einer Handschrift der Herzog August Bibliothek Wolfenbüttel. Zwischen ihr und der Drucküberlieferung besteht jedoch keine unmittelbare Verbindung"[76]. Es scheint aber durchaus eine erzählerische Tradition „neben und außerhalb, zeitlich durchaus auch schon vor der Abfassung der Spießschen *Historia*"[77] zu geben. Nur wenige Jahre nach der (deutschen) Erstveröffentlichung brachte der englische Schriftsteller Christopher Marlowe sein Faust-Drama auf die Bühne, das 1604 in Buchform erschien. Spieß behauptete, die Lebensgeschichte des Arztes und Magiers Johannes Faust richtig wiedergegeben zu haben. Das war aber nicht der Fall. Der wirkliche Faust könnte zwischen 1480 und 1540 gelebt haben und war wohl schon für seine Zeitgenossen eine sagenhafte Figur, um die sich allerhand Geschichten rankten. Spieß stellte ihn als Mann vor, der mit dem Teufel im Bund war, „dem Geist / so Mephostophiles genennt wirdt[78]". Faust verkauft ihm seine Seele und verlangt dafür:

> „Erstlich / daß er auch ein Geschicklichkeit / Form vnnd Gestalt eines Geistes möchte an sich haben vnd bekommen.
> Zum andern / daß der Geist alles das thun sollte / was er begert / vnd von jhm haben wolt.
> Zum dritten / daß er jhm gefliessen / vnterthänig und gehorsam seyn wollte / als ein Diener.
> Zum vierdten / daß er sich allezeit / so offt er jn forderte vnd beruffte / in seinem Hauß solte finden lassen.
> Zum fünfften / dass er in seinem Hause wölle vnsichtbar regiern / vnd sich sonsten von niemandt / als von jm sehen lassen / es were denn sein Will und Geheiß.
> Vnd letzlich / daß er jhm / so offt er jhn forderte / vnnd in der Gestalt / wie er jhm aufferlegen würde / erscheinen solt."[79]

Das Buch von Johann Spieß hat auch in Deutschland zahlreiche Schriftsteller zu eigenen *Faust*-Bearbeitungen angeregt. Am berühmtesten ist Goethes zweiteiliges *Faust*-Drama geworden, in das der Dichter auch die Geschichte der Frankfurter Kindsmörderin Susanna Margaretha Brandt („Gretchen") eingewoben hat. Am 14. Februar 1772 war sie auf der Hauptwache hingerichtet worden. Goethes Drama, dessen erster Teil als Fragment 1790 erschien, beeindruckte den ebenfalls aus Frankfurt stammenden Friedrich Maximilian Klinger so stark, dass er 1791 einen eigenen *Faust*-Roman verfasste, allerdings ohne die göttliche Erlösung am Ende. Spieß hatte die Herausgabe des *Faust* kein Glück gebracht. Sein Buch, so hieß es, gefährde die Jugend. Spieß reagierte und ließ 1588 eine Neuausgabe erscheinen, in der er mit langen Zitaten aus dem Alten Testament vor der Zauberei warnte. Auch später eckte er immer wieder an, verschuldete sich und verließ schließlich Frankfurt ganz. Er starb 1632 in Gera und damit im selben Jahr wie der Frankfurter Verleger Leonhard Burck, dessen Bedeutung für die Literaturgeschichte des Barock noch im Dunkeln liegt.

Leonhard Burck, Verleger und Stiefgroßvater von Grimmelshausen

Leonhard Burck war der Stiefgroßvater von Hans Jacob Christoffel von Grimmelshausen. Sein Sohn Johann hatte die Witwe Gertraud (von) Grimmelshausen 1627 in Gelnhausen, dem Geburtsort Hans Jacobs, geheiratet[80]. Leonhard Burck war Magister der Theologie oder der Rechte und hatte in Marburg studiert[81]. 1607 heiratete er Katharina Weiland, die Witwe des angesehenen Schreiners Hans oder Johann Rosenzweig, dessen Tochter Magdalena entweder 1594 oder 1596 mit dem Drucker Wolff Richter eine Ehe eingegangen war. Für den Magister, der seinen akademischen Titel mit unverhohlenem Stolz trug, öffneten sich ganz neue Perspektiven, als Nikolaus Bassées Erben 1611 ihre Firma auflösten. Johann Bassée, der Sohn von Nikolaus Bassée, übernahm etwa zwei Drittel der Titel, Leonhard Burck ein Drittel. „Bassée und Burck behielten eine gemeinsame Niederlassung, in der sie auf getrennte Rechnung arbeiteten", fand der Buchwissenschaftler Rolf Engelsing heraus. „Gemeinsam gaben sie zur Herbstmesse 1611 ein Schauplakat heraus, das mit dem von Nikolaus Bassée übernommenen Signet geziert ist. Es zeigt die Occasio, ein Sinnbild der guten Gelegenheit, als nackte Frau auf einem Rad."[82] Das Plakat hat sich erhalten. Handschriftlich sind vier Titel nachgetragen, darunter der berüchtigte *Malleus Maleficarum*, der offenbar zum Angebot Johann Bassées gehörte. Burck übernahm theologische, juristische und medizinische Bücher, die er teilweise über Jahre neu auflegte.

Laut den Katalogen der Frankfurter und Leipziger Messen brachte Burck bis 1630 insgesamt 38 neue Bücher oder Neuauflagen heraus. Allerdings sind nicht alle von ihm verlegte Schriften in den Katalogen verzeichnet. Die meisten seiner gedruckten Texte waren in lateinischer Sprache, aber seine offensichtlich erfolgreichsten Bücher mit mehreren Auflagen erschienen in Deutsch. Sie waren teilweise wahre Wunderkammern des universalen Wissens. Vor allem die immer wieder aufgelegten Bände des im fränkischen Prichsenstadt beheimateten Pfarrers Nicolaus Bauch. 1614 brachte er das erste Buch von ihm heraus, das den sprechenden Titel trägt:

Specimen Magnalivm Dei. Darinnen Primus Motor und Schöpffer / so wol / als auch Alle andere erschaffene Creaturen / Als Liecht / Himmel / Wolcken / Winde / Engel / Erde / Wasser / Donner / Berge / Thalen / Brunnen und Wasserschätze / Zahme und Wilde Thier / Vögel / Regen / Schnee / Graß / Saat / Wein / Oel / Bäume / Mond und Sonn / Tag und Nacht / Reichthumb deß Erdreichs / Meer / Fische / Schiff und Walfische deß Meers / etc.
Und insonderheit Vom Menschen und dessen unterschiedlichen Zustand / allerseits umbständlich und außführlich erkleret werden.

Der theologisch versierte Autor vermengte in dem über 500seitigen Werk, das Burck 1628 unter neuem Titel nochmals herausbrachte, seine Welt- und Naturbeschreibungen mit entsprechenden Passagen aus dem Alten und Neuen Testament. Von Bassée übernommen hatte Burck Abrahams Saurs Rechtsbuch (*Peinlicher Proceß* ...), in dem der damals bekannte Marburger Jurist verschiedene Straftaten beurteilte. In der nur 94seitigen Schrift setzt sich Saur mit Fragen auseinander, wann bei einer Tötung vom Vorsatz ausgegangen werden kann, wann Notwehr vorliege, wann die Schuld eines Angeklagten eindeutig feststehe, welche Beweise zählen sowie unter welchen Umständen und bei wem die Folter angewandt werden dürfe. Darin finden sich die bemerkenswerten Sätze: „Es ist besser / ein Schuldigen loßlassen dann einen Unschuldigen verdammen“ und „Ein Richter ist schuldig / die Unschuld deß B. (Beklagten, d. A.) zu erforschen.“ [83]
Das ist der Kosmos von Leonhard Burck, der weit über Frankfurt hinausreichte und sicher bis nach Gelnhausen. Der Verlegervater wird seinem Sohn die von ihm herausgebrachten Bücher nicht vorenthalten haben. Und der kleine Hans Jacob durfte sicher darin blättern und ab einem bestimmten Alter auch darin lesen. Es könnte also auch mit Blick auf das Werk Grimmelshausens interessant sein, sich mit den Büchern des Stiefgroßvaters zu beschäftigen.
Die Zahl der Drucker und der selbstverständlich auch als Buchhändler tätigen Verleger war in Frankfurt überschaubar. Die Buchdruckerordnung von 1573 hatte die Zahl der Pressen begrenzt, so dass es nur einen einschränkten Wettbewerb untereinander gab. Zudem wachte über alles die städtische Zensur. Drucker und Verleger kannten sich und arbeiteten eng zusammen. Verleger tauschten mit anderen Verlegern Rohbögen, um ihr Angebot als Buchhändler zu erweitern, und sie stellten ihre Bücher unterdessen in der Regel nicht mehr selbst her, sondern ließen sie drucken. Verleger-Buchhändler wie Leonhard Burck kannten die Bücher der Konkurrenz sehr genau. Und Interessantes werden sie ihrer eigenen Bibliothek einverleibt haben. So dürften auch Bücher nach Gelnhausen zu Burcks

Sohn Johann und dessen Familie gelangt sein, die nicht aus dem Verlag des Stiefgroßvaters stammten. Vielleicht sogar Thomas Garzonis enzyklopädisches Sammelwerk *Piazza Universale*, aus dem Grimmelshausen später oft und ausführlich zitieren sollte. Denn es ist schon bemerkenswert, dass Grimmelshausen als Vorlage offenbar besonders gern die Erstübersetzung nutzte, die 1619 in Frankfurt bei Merians Erben und parallel bei Lukas Jennis erschienen war, und keine, seinem Schreibprozess näher liegende spätere Ausgabe. Burck ließ seine Bücher vor allem bei seinem Schwiegersohn Wolff Richter drucken, der es als Katholik im protestantischen Frankfurt nicht leicht hatte und lange um seine Drucklizenz kämpfen musste. Aber er beschäftigte auch andere Drucker wie Johann Bringer, Egenolff Emmel, Johann Kempffer, Wolfgang Hoffmann – und Caspar Rötel, dem es erst mit einigen Kniffen gelungen war, vom Rat eine Lizenz zu erhalten. Mit Rötel nahm Burck 1628 Geschäftsbeziehungen auf und ließ die Neuausgabe von Bauchs theologischer Welt- und Naturbeschreibung von ihm drucken, für die er selbst das Vorwort zusteuerte. Nur ein Jahr vorher hatte Röteln ein Werk gedruckt, das Grimmelshausen nachweislich stark beeinflusste: die erste deutsche Übersetzung des 2. Teils *Der Landtstürtzerin Iustinae Dietzin Picarae* von Andreas Perez. Es ist bekannt, dass dieses Buch eine der Vorlagen, wenn nicht die wichtigste für die 1670 erschienene *Lebensbeschreibung der Ertzbetrügerin und Landstörtzerin Courasche* von Grimmelshausen war. Über seinen Stiefgroßvater könnte Grimmelshausen also schon früh in Berührung mit dem spanischen Schelmenroman gekommen sein, noch früher als bisher von der Forschung vermutet.

Auch wenn Leonhard Burck einige Bücher in seinem Verlagsprogramm hatte, die mehrere Auflagen erreichten, dürfte der Verkauf über die Distanz von fast 20 Jahren nicht sehr einträglich gewesen sein. Verleger-Buchhändler lebten vom Austausch innerhalb Deutschlands. Dafür boten die Messen gute Gelegenheiten. Mit dem Beginn des Dreißigjährigen Kriegs wurde es für die Kaufleute schwieriger, die Messen zu erreichen. Ganz abgesehen davon, dass die Bereitschaft sank, das noch verbliebene Geld für Bücher auszugeben. Leonhard Burck hatte zudem noch ein zusätzliches familiäres Problem. Sein Schwiegersohn, der Drucker Wolff Richter, steckte in permanenten Zahlungsschwierigkeiten. Bereits 1611 hatte er vier Pressen mit Zubehör und 50 Zentner Schriften verpfänden müssen. 1615 liehen ihm Leonhard Burck und seine Frau 1300 Gulden und übernahmen das Pfand. Aber Richter konnte nur einen Teil zurückzahlen, nahm neue Kredite auf und übergab schließlich 1621 die Druckerei mit den Restschulden an Johann Friedrich Weiß. Leonhard und Katharina Burck waren nun bis mindestens 1628 Gläubiger von Weiß[84], der übrigens 1526 den 1.Teil der *Picara* herausgebracht hatte.

Der Fettmilch-Aufstand

Das Schicksal Burcks und seines Schwiegersohns ist nicht untypisch für eine Zeit, die von Unruhen geprägt war. Burck selbst hatte sich 1612/13 an einer Revolte gegen den Rat beteiligt. Es waren vor allem wirtschaftliche Gründe gewesen, die den Aufstand ausgelöst hatten. Das aufkommende Manufakturgewerbe mit Akkordlöhnen, hinter dem niederländische Emigranten standen, bedrohte die zünftigen Handwerker. Den Bürgern wurden immer neue Steuern aufgebürdet, um der hohen Verschuldung der Stadt entgegenzuwirken, während die reichen Patrizier, in deren Händen weiterhin die Stadtregierung lag, kaum Steuern zahlen mussten. „Für die Bürgerschaft", so der Historiker Anton Schindling, „waren allenthalben Münzwertverfall, Preissteigerungen und Steuerdruck sowie als Folgen davon individuelle Existenzgefährdung und Verschuldung spürbar"[85]. Der Aufstand begann, als im Mai 1612 die Wahl und Krönung von Kaiser Matthias vorbereitet wurde. Bevor die offiziellen Handlungen begannen, mussten die Frankfurter Bürger feierlich einen Sicherheitseid leisten und geloben, dass den Kurfürsten und ihrer Begleitung nichts angetan würde. Die Bürger kamen dazu auf dem Römerberg zusammen. Hätten sie den Eid verweigert, wären auch ihre kostbaren Privilegien verloren gewesen und die Stadt der Reichsacht verfallen. Auch dieses Mal leisteten die Bürger den Eid, aber sie bestanden darauf, die vom Kaiser verliehenen und vom Rat wie einen Gral gehüteten Privilegien zu sehen, die sie hundert Jahre lang nicht zu Gesicht bekommen hatten. Dies wurde ihnen verweigert, und nun kam es zu einem fragwürdigen Aufstand gegen den Rat der Stadt und die herrschenden Familien. Vor allem die Zünfte und die niederen Stände rebellierten nicht nur gegen die Oberen, sondern lenkten ihre Wut auch gegen die Juden, von denen einige als Geldverleiher tätig waren. Zunächst hatte es nach einer friedlichen Lösung ausgesehen. Denn zum Jahreswechsel 1612/13 kam ein ‚Bürgervertrag' mit maßvollen Reformen zustande, der vom Kaiser bestätigt wurde. Aber den radikalen Kräften innerhalb der Handwerkerschaft war das nicht genug. Nach langwierigen Streitigkeiten besetzten der Lebkuchenbäcker Vinzenz Fettmilch und seine Anhänger im Mai 1614 den Römer und zwangen den Rat zum Rücktritt. Am 1. September 1614 plünderten sie die Judengasse, die Bewohner wurden dabei vom Pöbel auf üble Weise verfolgt und verjagt. Erst mit Hilfe des Kaisers konnte der Aufstand beendet werden. Vinzenz Fettmilch und sechs seiner Mitstreiter wurden 1616 hingerichtet. Die Juden erlangten vom Kaiser ein Mandat, zogen unter militärischem Schutz wieder in die Stadt ein und gedachten fortan regelmäßig des Tages der Rückkehr, den sie ‚Puri Vinz' nannten. Der ‚Bürgervertrag', der die Zusammensetzung des Rats zugunsten der Bürgerschaft verändert hatte, blieb in Kraft. An der politischen und sozialen Diskriminierung der Katholiken und Reformierten durch die lutherische Mehrheit änderte sich allerdings nichts.

Zwei Jahre nach dem blutigen Ende des sogenannten Fettmilch-Aufstands begann der Dreißigjährige Krieg, in dem das stark befestigte Frankfurt, im Gegensatz zu vielen anderen Städten, fast ohne größere Schäden davon gekommen wäre, hätte die Pest nicht so

Plünderung der Judengasse, Kupferstich von Matthäus Merian.

gewütet, bei der ab 1622 ein großer Teil der Bürgerschaft ums Leben kam. „Frankfurt", so Anton Schindling, „erlebte den Krieg in den zwanziger Jahren in erster Linie als ein Nachrichtenzentrum, wo Kupferstiche mit Schlachtprospekten, ‚Zeitungen' und Flugblätter gedruckt und dann dem nachrichtenhungrigen Publikum, vor allem bei den noch immer florierenden Messen, angeboten wurden"[86]. Lediglich zwischen 1631 und 1635, als eine von dem schwedischen König Gustav Adolf zurückgelassene Garnison eine Mainbrücke besetzt hielt, um die im August 1635 gefochten wurde, kam die Bevölkerung in direkten Kontakt mit dem Krieg. Von den indirekten Folgen der Kämpfe blieb aber auch Frankfurt nicht verschont. Flüchtlinge suchten Schutz in den Mauern, Lebensmittel wurden knapp und teuer, Seuchen breiteten sich aus. In den Anfangsjahren des Dreißigjährigen Kriegs zählte Frankfurt über 20 000 Einwohner. 1655 waren es noch 17 000. Aber: „Während im Reich als Ganzem erst 100 Jahre nach dem Dreißigjährigen Krieg die Bevölkerungszahl der Vorkriegszeit wieder erreicht war, hatte Frankfurt bereits um 1675 wieder die Einwohnerzahl von 1618/1620."[87]

Blütezeit der Buchillustration

Vor dem Dreißigjährigen Krieg und noch in den ersten Kriegsjahren war die Buchproduktion kontinuierlich angestiegen. Im Jahresschnitt verzeichnen die Messkataloge zwischen 1610 und 1619 zwischen 1500 und 1600 Neuerscheinungen. Frankfurt rangierte mit 1799 Novitäten in diesem Zeitraum, aber nicht an erster, sondern nur an zweiter Stelle hinter Leipzig, für das 2296 Neuerscheinungen registriert sind. Trotzdem war Frankfurt wegen seiner internationalen Ausrichtung gegen das eher auf den deutschen Markt bezogene Leipzig auch weiterhin der wichtigste Verlagsort im Heiligen Römischen Reich. Als sich nach der Niederschlagung des böhmischen Aufstands und der Flucht des ‚Winterkönigs' Friedrich V. von der Pfalz weiter Krieg an Krieg reihte ohne ernsthafte Hoffnung auf einen umfassenden Frieden, ging die Buchproduktion genauso kontinuierlich zurück, wie sie vorher angewachsen war. Zwar fanden weiterhin die Frankfurter Messen statt, aber für die Kaufleute wurde es immer schwieriger, nach Frankfurt zu gelangen. Und durch die fürchterlichen Verheerungen des Kriegs und die Pest sank die Kaufkraft der Menschen, die sich vor dem Krieg Bücher hatten leisten können. Erst „in den 1740er Jahren", so Johann Goldfriedrich, „nach vier Menschenaltern, hatte Deutschland die Höhe der Verlagsproduktion, die es vor dem großen Kriege erstiegen hatte, wieder erreicht"[88]. Besonders Leipzig traf der Rückgang hart. Für Frankfurt sah das Bild etwas anders aus. Die Buchproduktion hatte sich modernisiert. Die Verleger verzichteten weitgehend darauf, ihre Werke selbst zu drucken, und die Drucker konzentrierten sich auf die Buchherstellung, ohne dabei den Vertrieb im Auge haben zu müssen. Für diesen Vertrieb sorgten zunehmend selbstständige Buchhändler, die sich auf den Verkauf konzentrierten und nur in Ausnahmefällen als Verleger in Erscheinung traten. Sie konnten, wie der Frankfurter Valentin Porß und seine drei Söhne, zu großem Wohlstand gelangen. Die Familie Porß besaß ein palastähnliches Gebäude auf der Zeil, in dem der Mainzer Kurfürst während des Dreißigjährigen Krieges zeitweise residierte. Diese Arbeitsteilung von Drucker, Verleger und Buchhändler ermöglichte erst die illustrierten Prachtausgaben, die Frankfurt als Verlagsort im 17. Jahrhundert so berühmt machten. Eine weitere Voraussetzung war die Einführung des aufwändigen Kupferstichs in der Buchherstellung, der den sehr viel gröberen Holzschnitt ablöste. Die Buchillustration erhielt dadurch eine neue

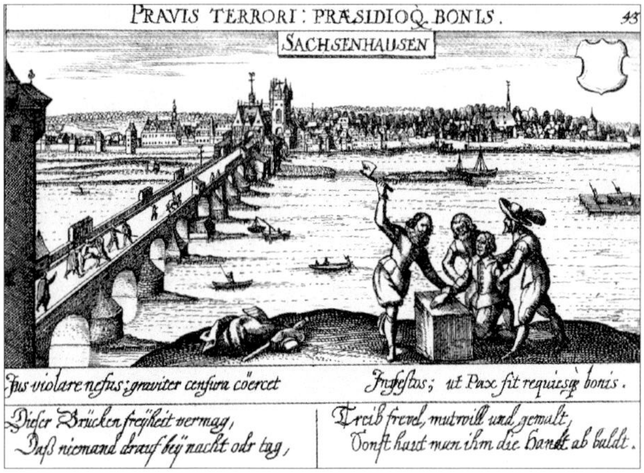

Die Sachsenhäuser Brücke aus Kiesers *Schatzkästlein.*

Qualität. In Frankfurt waren es zunächst vor allem Emigranten aus Belgien wie Theodor (oder Dietrich) de Bry der Ältere mit seinen beiden Söhnen. Theodor de Bry, der 1588 von Straßburg nach Frankfurt gekommen war, verlegte u. a. Reisebeschreibungen, kunstgeschichtliche Werke, Stamm- und Wappenbücher, Architekturbände und das Krönungsdiarium von Kaiser Matthias, für das der aus Kastellaun stammende Eberhard Kieser einen Teil der Kupferstiche beisteuerte. Der gelernte Goldschmied Kieser war auch selbst als Verleger aktiv. Sein Hauptwerk ist der *Thesaurus Philopoliticus oder Politisches Schatzkästlein*, dessen erster Teil 1623 auf der Frankfurter Fastenmesse erschien. Bis 1631 folgten 15 weitere Teile, die schließlich in zwei Bänden zusammengefasst wurden. Es sollte eines der wohl schon aus der Mode gekommenen Stammbücher darstellen, vermutet Klaus Eymann, der Herausgeber der Faksimile-Ausgabe. Die darin enthaltenen Sinnsprüche und emblematischen Szenen sollten „den Leser belehren, erbauen und zu einem besseren Wandel führen“[89]. Die weit über 800 Ansichten von Städten, Burgen und Klöstern, die heute den besonderen Wert der Edition ausmachen, dienten ursprünglich nur als Staffage, um die Kupfer attraktiver zu machen. „Das einzelne Blatt trägt eine kurze lateinische oder deutsche Überschrift, die auf das dargestellte Emblem hinweist. Unter der Ortsdarstellung erklärt ein lateinischer Zweizeiler und darunter ein deutscher Vierzeiler die Bedeutung der abgebildeten Szenen. Im Vorspann jedes Buches wird in einer Art Inhaltsverzeichnis unter dem Ortsnamen noch einmal ausführlich der Sinngehalt jedes Emblems erläutert. Dass zwischen Emblem und Ort kein gewollter Zusammenhang bestehe, hat der Autor betont.“[90] Die deutschen Vierzeiler unter den beiden Stichen von Frankfurt und der Sachsenhäuser Brücke lauten:

„Kein groß unglück ist diß, wenn man
Daheim nicht immer sitzen kann.
Wer dapffer ist, erfährt was drauß,
Wo Er hinkompt, ist Er zu hauß.“

„Dieser Brücken freyheit vermag,
Daß niemand drauf bey nacht oder tag,
Treib frevel, mutwill und gewalt,
Sonst haut man ihm die Handt ab baldt.“

Der Autor dieser Texte war bis zu seinem Tod 1625 der aus dem böhmischen Komotau stammende und in Sachsenhausen lebende „poeta laureatus“ Daniel Meisner, der auch für andere Werke Gedichte und Emblemsprüche schrieb. So verfasste er die Erläuterungen zu den von Kieser herausgebrachten Porträts von Kaisern, Königen, Kurfürsten, Feldherren und Staatsmännern zu Pferd. Nach Meisners Tod setzten der Schuldiener Kilian Lieboldt und der Historiker Johann Ludwig Gottfried seine Arbeit fort. Von dem Theologen Gottfried, der u. a. Pfarrer der reformierten Gemeinde in Offenbach war, sind später bei Merian die damals sehr berühmte *Historische Chronick* („von Anfang der Welt / biß auff das Jahr Christi 1619", 1629) und eine Beschreibung Amerikas (*Historia Antipodum oder Newe Welt*, 1631) erschienen. Gottfried und Matthäus Merian der Ältere dürften sich schon bei der Arbeit am *Politischen Schatzkästlein* kennen gelernt haben, denn von Merian stammt ein Großteil der Kupferstiche.

Das Familienunternehmen Merian

Der 1593 in Basel geborene Matthäus Merian hatte zunächst Glasmaler gelernt, dann die Kunst des Radierens für sich entdeckt und als Kupferstecher gearbeitet. Über Straßburg, Nancy und Paris kam er 1615 nach Basel zurück und fertigte dort den großen Stadtplan an. Zur Verlegerfamilie de Bry stieß er Ende 1616 in Oppenheim. Die calvinistischen de Bry hatten sich schon 1609 teilweise aus dem lutherischen Frankfurt zurückgezogen, weil ihnen dort das Leben schwer gemacht worden war. In der toleranteren Pfalz konnten sie ungehindert arbeiten. Sie behielten allerdings ihre Offizin in Frankfurt bei, wo weiterhin die großen Bildwerke erschienen. Im Februar 1617 heiratete Merian die älteste Tochter seines Arbeitgebers, Maria Magdalena de Bry. Von 1620 bis 1624 führte er eine eigene Werkstatt in Basel. Als sein Schwiegervater starb, übernahm er 1624 den Frankfurter Verlag, den er zunächst weiterführte. Aber dann wurde er unter seinem eigenen Namen als Verleger aktiv. Sein Gesamtwerk bis zu seinem Tod 1650 ist überschaubar, aber es hat es in sich. Merians reich illustrierte Buchreihen konnten erst seine Erben vollenden. Neben seiner Bilderbibel (*Icones Biblicae*, 1625–1627) sind es vor allem die beiden breit angelegten Reihen *Theatrum Europaeum* (21 Bände, 1633–1738) und *Topographia* mit Ansichten von Orten in Deutschland, der Schweiz, Frankreich und Italien (30 Bände, 1642–1688). Die Lebensleistung von Matthäus Merian dem Älteren ist enorm. Davon zeugt vor allem die *Topographia* mit ihren 92 Karten und weit über 2100 Ansichten von Städten, Burgen und Klöstern. Ein großer Teil der Kupferstiche ist noch unter der Aufsicht des Verlagsgründers entstanden. Merian hat nicht nur selbst Vorlagen gezeichnet und Kupferstiche angefertigt, die anderen Stecher angeleitet und korrigiert, die Herstellung überwacht und den Druck besorgen lassen, sondern er führte auch die Geschäfte des Verlags. Das heißt, er musste dafür sorgen, dass genügend Geld hereinkam, um die Weiterarbeit an dem groß-, vielleicht sogar überdimensionierten Werk zu ermöglichen. Man ist geneigt, die bis ins kleinste Detail genauen Kupferstiche für Abbildungen des realen Lebens zu halten, gerade weil sie so pedantisch gearbeitet sind. Aber die Zeit, in der sie entstanden, ließ das nicht zu. Darauf hat der Schriftsteller Dieter Kühn in seiner Biographie der Maria Sibylla Merian hingewiesen:

„Die Offizin hat flächendeckend gearbeitet, und das Reisen war während des Dreißigjährigen Krieges erheblich erschwert, ja in manchen Gebieten zeitweise unmöglich. Es war

Ausschnitt aus dem Stadtplan von Merian (1628) mit der Buchgasse und dem Hafen, in dem die ungebundenen Bücher in Fässern angelandet wurden.

zum Teil sehr schwer, an zuverlässige Bildvorlagen zu kommen. Nicht immer waren die Zeichner, die vor Ort beauftragt wurden, zuverlässig. Und Merian selbst kannte nur wenige Städte (allen voran Basel, Heidelberg, Frankfurt, Stuttgart), also war das Verlagshaus meist auf externe Vorlagen angewiesen. Falls die schlecht ausfielen, wurden sie von routinierten Kupferstechern aufgebessert, aufgeschönt; falls überhaupt keine neuen Vorlagen eintrafen, griff man auf alte Drucke zurück, sogar auf Holzstiche, und aktualisierte sie, vor allem im Stil. Gerade, weil es einen Stil des Hauses gab, wirkten und wirken die Drucke verlässlich, aber zum Teil waren sie zurechtphantasiert. Am entschiedensten musste retuschiert und verändert werden bei Städten, die während des andauernden Krieges belagert, beschossen, gestürmt, gebrandschatzt wurden.“[91] Bei allen berechtigten Einwänden dokumentiert Merians Topographie von Deutschland auch, wie die Städte des Heiligen Römischen Reichs vor dem Großen Krieg ausgesehen hatten und wie sie vielleicht einmal wieder aussehen würden. Dass Matthäus Merian auch äußert genau und damit zuverlässig arbeiten konnte, bewies er mit seinen Stadtplänen, zum Beispiel 1628 mit Frankfurt aus der Vogelschau, auf vier Platten gedruckt. Die eher spröden Texte für die meisten Bände der *Topographia* schrieb der aus der Steiermark stammende Reiseschriftsteller und Publizist Martin Zeiller, der als Bücherzensor und Schulinspektor in Ulm lebte.

Dass die beiden Mammutwerke, die *Topographia* und das *Theatrum Europaeum*, auch nach dem Tod Matthäus Merians des Älteren fortgesetzt wurden, ist um so verwunderlicher, weil sich die Familienmitglieder ohne die ordnende Hand des Patriarchen kräftig in die Haare gerieten. Zwar konnte das Unternehmen unter Matthäus Merian dem Jüngeren, der als begehrter Porträtmaler einen aufwändigen Lebensstil pflegte, um 1670 zu seiner höchsten Blüte gelangen, aber die Streitigkeiten untereinander führten schon bald zum völligen Niedergang. Im Zentrum der Auseinandersetzungen standen die Ehefrau von Matthäus Merian dem Jüngeren, die Bankierstochter Antonetta Margaretha Bartels, und ihre Söhne. Das Familienleben, so Alexander Dietz, sei „ein schreckliches" gewesen. „Der Mutter warfen die Söhne vor, dass sie mehr Ansprüche als Mittel habe, dabei von dem Ihrigen dem Vater nicht das Geringste genießen lasse, so dass er die ganze Haushaltung und die verschwenderischen Neigungen der Mutter für französischen Staat allein aus seinem Beutel bezahlen müsse; sie nennen die Mutter wiederholt eine Stocknärrin, eine rasende Bestie, welche ihrem Manne und den Kindern die Ehre abschneide."[92] Schließlich musste sogar der Frankfurter Rat eingeschaltet werden, der wiederum eine Kommission einsetzte, um den Streit zu schlichten. Maria Sibylla Merian, die einzige Tochter aus der zweiten Ehe von Matthäus Merian dem Älteren mit Johanna Sibylla Heiny, scheint sich aus den Familienkämpfen weitgehend herausgehalten zu haben. Nach dem Tod ihres Vaters hatte sie Unterricht bei ihrem Stiefvater, dem Stilllebenmaler Jakob Marell, und bei dessen Schüler Abraham Mignon erhalten. Mit achtzehn Jahren wurde sie die Frau des Malers und Stechers Johann Andreas Graff, mit dem sie nach Nürnberg zog. 1675 erschien ihr erstes Blumenbuch *Florum Fasciculus Primus*. Es folgte 1679 der erste Teil *Der Raupen wunderbare Verwandelung* (Teil 2: 1683, Teil 3: 1717). Nach dem Tod ihres Stiefvaters, 1681, kehrte sie nach Frankfurt zurück, trennte sich 1685 endgültig von ihrem Mann und ging mit ihren beiden Töchtern zu der schwärmerischen Sekte der Labadisten nach Westfriesland, wo unterdessen ihr Stiefbruder Caspar lebte. 1691 löste sie sich von den religiösen Eiferern, die nach dem Vorbild des Urchristentums leben wollten, und ließ sich in Amsterdam nieder. Im Juni 1699 trat sie ihre zweijährige Reise nach Surinam an, begleitet von ihrer ältesten Tochter. Die Ergebnisse ihrer Forschungen und Naturstudien veröffentlichte sie 1705 unter dem Titel *Metamorphosis Insectorum Surinamensium*, ein von ihr selbst koloriertes Werk, das sie posthum weltberühmt machen sollte. Zu ihren Lebzeiten hatte sie nichts mehr davon. „Vergeblich hofft sie", schreibt Anita Albus in ihrem Merian-Porträt, „ihre Reise- und Druckkosten durch den Verkauf ihres Prachtwerks zu decken. Die deutsche Ausgabe kommt gar nicht zustande, weil sich nur zwölf Subskribenten finden. Im Armen-Register folgt am 13. Januar 1717 ihr Name dem der unbekannten Tryntje Joppe, die ihr im Tod zwei Tage vorangegangen ist"[93]. Von ihrer Frankfurter Familie hatte sie keine Hilfe erwarten können. Denn die Verlagstätigkeit war fast ganz zum Erliegen gekommen. Die meisten noch vorhandenen Bücher zerstörte 1726 ein Brand im Karmeliterkloster, wo sie aufbewahrt worden waren. Die letzte Folge des *Theatrum Europaeum* wurde 1738 nicht mehr von Merian herausgebracht.

Für das *Theatrum Europaeum*, das die europäische Geschichte vom Beginn des Dreißigjährigen Kriegs bis 1718 chronologisch beschreibt, also genau einhundert Jahre umfasst, wurde eine Reihe von Autoren verpflichtet, von denen der aus Straßburg stammende Johann Philipp Abelin(us) der erste und der bekannteste war. Von ihm stammen verschiedene historische Werke, die sich vor allem mit den militärischen Ereignissen des Dreißigjährigen Kriegs beschäftigten. Gelegentlich war er auch als Übersetzer aktiv. Wie seine nach ihm schreibenden Kollegen wertete Abelin für das *Theatrum Europaeum* alle erreichbaren Quellen aus. Daneben scheint Matthäus Merian der Ältere (und später seine Erben) darauf geachtet zu haben, dass die einzelnen Bände gut lesbar waren und auch unterhaltende Elemente wie Geschichten aus dem täglichen Leben und Anekdoten enthielten. Als historische Quelle ist das *Theatrum* heute nur mit großer Vorsicht zu verwenden. Die Zeitgenossen Merians sahen das anders. So nutzte es Johann Jacob Christoffel von Grimmelshausen als eine seiner beiden Hauptquellen für die Schlachtenbeschreibungen in seinem simplicianischen Zyklus. Die andere war der (allerdings nur einbändige) *Ernewerder Teutsche Florus* des Eberhard von Wassenberg, der in deutscher Übersetzung 1647 ebenfalls in Frankfurt erschienen war, und zwar bei dem Drucker und Verleger Anton Humm. Der Grimmelshausen-Forscher Dieter Breuer führt unter den Quellen für den *Simplicissimus* acht Bände des *Theatrum Europaeum* für die Jahre 1617 bis 1671 an. Der *Teutsche Florus* diente Grimmelshausen auch für den *Seltsamen Springinsfeld* als Quelle, aus der er oft und ausgiebig zitierte.

Newe Zeyttungen und Meßrelationen

Aber Grimmelshausen hat nicht nur aus diesen beiden Werke ausführlich zitiert. Er übernahm auch Geschichten und Berichte aus den Zeitungen, die im 17. Jahrhundert ihren Siegeszug begannen. Die ‚Newen Zeyttungen' hatte es schon im 16. Jahrhundert als Flugblätter zu aktuellen Ereignissen gegeben. Sie waren allerdings nicht regelmäßig erschienen. Seit 1583 kamen regelmäßig zu den Frankfurter Messen, aber noch nicht in Frankfurt gedruckt, die sogenannten *Meßrelationen* heraus, die die wichtigsten Ereignisse der vergangenen Monate zusammenfassten. Autoren der ersten, seit 1591 auch in Frankfurt selbst gedruckten *Meßrelationen* waren der Frankfurter Pfarrer Konrad Lautenbach (der sich Jacobus Francus nannte) und nach dessen Tod 1595 der Magister Sebastian Brenner. Der Erfolg dieser Blätter war so groß, dass eine Fülle von Konkurrenzprodukten entstand, die mehr oder weniger sensationelle Nachrichten aus aller Welt und unterhaltende Texte boten. Und sie erschienen auch nicht mehr nur zu den Messen, sondern wöchentlich, halbwöchentlich oder sogar täglich. „Von 1609 bis 1700 lassen sich 162 deutsche Zeitungsunternehmen nachweisen", schreibt Reinhard Wittmann. „Damit nahm Deutschland auf dem Gebiet der periodischen Presse eine führende Stellung in Europa ein."[94] Die wichtigsten Frankfurter Verleger solcher Periodika waren der aus Nürnberg stammende Wilhelm Serlin und – nach seinem Tod – seine Witwe und sein Schwiegersohn. Serlin gab seit 1659 zu jeder Messe einen Band seines *Diarium Europaeum* heraus, das von kriegerischen

Die Messe. Titelkupfer aus dem Lobgedicht des Obristen Johann Albrecht Jormann, 1696.

Ereignissen bis zu Wetterkapriolen alles erfasste, was die Messebesucher interessieren konnte. Um 1670 brachte er eine Zeitung auf den Markt, die zweimal wöchentlich erschien und die er *Journal* nannte. Neben der (katholisch geprägten) *Postzeitung* des Reichspostmeisters Johann Adam Wetzel soll das (protestantisch ausgerichtete) *Journal* über Jahrzehnte die einzige politische Zeitung in Frankfurt gewesen sein[95].

Serlin publizierte auch kleine Drucke, in denen nur ein herausragendes Ereignis wiedergegeben wurde. Er hatte dabei keine Scheu, das aus anderen Schriften zu übernehmen, was ihm bemerkenswert erschien. So veröffentlichte er zur Herbstmesse 1668 auch eine kleine Erzählung des englischen Autors Henry Neville über die *Insul Pines*, die kurz vorher im *Nordischen Mercurius* in Hamburg als deutsche Übersetzung gedruckt worden war. Grimmelshausen, ein begeisterter Zeitungsleser, verarbeitete die Geschichte in der *Continuatio*, dem sechsten Buch des *Simplicissimus*. Er gibt den angeblichen Bericht eines holländischen Kapitäns über den als Schiffbrüchigen auf eine einsame Insel verschlagenen Simplicius wieder. Beim genaueren Hinschauen erweist sich dieser fiktive Bericht aber als schlaue Mixtur aus gedruckten Vorlagen und eigenem Text. Für den Schiffbruch benutzte er die Reisebeschreibungen, die von 1605 bis 1615 als Teile der *Orientalisch-Indischen Reisen* im Frankfurter Verlagshaus de Bry erschienen waren. Die erotische Würze zog er aus der *Insul Pines*, die ihren Namen offenbar nach einem männlichen Körperteil erhalten hatte. Denn in der Erzählung rettet sich ein Schiffbrüchiger mit vier Frauen auf eine einsame Insel und sorgt für eine nach Tausenden zählende Nachkommenschaft.

Höhepunkt und Krise des Frankfurter Buchgewerbes im 17. Jahrhundert

Geschichten dieser Art waren beim Lesepublikum beliebt und erzielten rasch mehrere Auflagen. Aber sie sind nicht typisch für die Frankfurter Buchproduktion in dieser Zeit. So erschienen zum Beispiel in dem ehemals kurmainzischen Verlag, den Hans Theobald von Schönwetter 1598 in Frankfurt angesiedelt hatte, neben großen theologischen, pädagogischen und juristischen Werken auch Bücher der Astronomen Tycho Brahe und Johannes Kepler. Der aus Wittenberg stammende Buchhändlersohn Balthasar Christoph Wust wurde in der zweiten Hälfte des 17. Jahrhunderts zum größten Bibeldrucker seiner Zeit. Allein über 100 000 Lutherbibeln, daneben Gesangbücher und weitere theologische Werke entstanden in seinem Frankfurter Verlagshaus. Er arbeitete eng mit Johann David Zunner zusammen, der mit seinen Eltern von Nürnberg nach Frankfurt gekommen war und 1665 das väterliche Geschäft übernommen hatte. Zunner hatte den internationalen Markt im Auge und versorgte die gelehrte Welt mit zum Teil aufwändigst gestalteten Werken. Sein verlegerisches Spektrum reichte von der hebräischen Bibel über Standardwerke der Orientalistik bis zu einer „Reihe kostspieliger Werke über die Sprache, Sitten und Geschichte der Äthiopier und den amharischen Volksdialekt“[96]. Zunner hatte mit seinem Konzept, einerseits Spezialinteressen zu bedienen und andererseits auf populäre theologische Schriften zu setzen, Erfolg, und überstand die Krise, die den gesamten Frankfurter Buchhandel gegen Ende des 17. Jahrhunderts erfasste, ohne größeren Schaden. Jahrzehntelang hatten die Frankfurter Verleger für ihre großvolumigen Bände und Reihen Gelder bei vor allem jüdischen Kreditgebern aufgenommen. Die Frankfurter Juden durften zwar mit Büchern handeln (soweit sie nicht schon gebunden waren), aber sie durften keine eigenen Druckereien betreiben. Für den Frankfurter Buchhandel waren sie trotzdem von eminenter Bedeutung. Denn mit ihren Krediten konnten die (christlichen) Verleger ihre Bücher vorfinanzieren und damit überhaupt erst realisieren. Allerdings musste das geliehene Geld auch wieder zurückgezahlt werden. Und damit haperte es nach dem Dreißigjährigen Krieg. Die Kredite konnten nicht mehr bedient werden, und die Kreditgeber pfändeten die bereits gedruckten Bücher, um wenigstens einen Teil ihrer Außenstände zurückzugewinnen. Statt die Schuld in der eigenen Verlagsstrategie zu suchen, wurden die jüdischen Kreditgeber attackiert. Im Jahr 1700 erschien in Frankfurt ohne Verlagsangabe eine über 2000seitige antisemitische Schrift, die der Heidelberger Orientalistik-Professor Johann Andreas Eisenmenger verfasst hatte. Die beiden Bände trugen den Titel *Entdecktes Judentum, Oder: Gründlicher und Wahrhaffter Bericht, welchergestalt die verstockte Juden Die Hochheilige Dreyeinigkeit, Gott Vater, Sohn und Heiliger Geist erschrecklicher Weise lästern und verunehren*. Die jüdische Gemeinde konnte beim Frankfurter Rat erreichen, dass das wüste Machwerk beschlagnahmt wurde. Es erschien 1711 auf Drängen der Erben Eisenmengers erneut, allerdings im preußischen Berlin.

Die Krise des Frankfurter Buchhandels war hausgemacht. Sie hatte nur wenig mit den

Kriegen in dieser Zeit zu tun. Zwischen 1701 und 1750 gab es nur noch 98 buchgewerbliche Betriebe in Frankfurt. Augsburg und Leipzig hatten über die Hälfte mehr, und sogar Nürnberg lag knapp vor Frankfurt. In dem Jahrzehnt von 1730 bis 1739, das Johann Goldfriedrich untersuchte, verzeichneten die Meßkataloge noch 487 Neuerscheinungen für Frankfurt gegenüber 2719 für Leipzig. In der Rangfolge lag Frankfurt nur noch auf Platz 7. Offenbar hatten sich die Leserinteressen verändert. Die in lateinischer Sprache verfasste wissenschaftliche Literatur rückte in den Hintergrund. Der Anteil der klassischen Disziplinen, der Jurisprudenz, der Medizin, der Geschichte und der Theologie, sank zwischen 1625 und 1800 deutlich, während die im weitesten Sinn „modernen" philosophischen Wissenschaften und die Belletristik ebenso deutlich zulegen konnten.

„Wie schön leuchtet der Morgenstern"

Die sogenannte Schöne Literatur war in Frankfurter Verlagen lange ein Stiefkind gewesen. Das hatte auch biographische Gründe. Keiner der großen Barock-Autoren war in Frankfurt geboren worden oder lebte dort. Trotzdem gibt es beim Durchforsten der Veröffentlichungen aus dieser Zeit einiges zu entdecken. So sind zwei der bekanntesten evangelischen Kirchenlieder (die heute auch in katholischen Kirchen gesungen werden) erstmals in Frankfurt gedruckt worden. 1599 erschien bei Johann Spieß der *Frewden Spiegel deß ewigen Lebens* von Philipp Nicolai. Der aus dem nordhessischen Mengeringhausen stammende Theologe und Lieddichter war zu dieser Zeit Pfarrer in Unna. Sein *Frewden Spiegel* war als christliches Erbauungsbuch gedacht, das die Bewohner von Unna, aber auch weit darüber hinaus nach den Schrecken der Pest trösten und wieder aufrichten sollte. Im Anhang nach dem erbaulichen Text von über vierhundert Seiten finden sich vier Lieder, von denen zwei berühmt wurden:

> „Wie schön leuchtet der Morgenstern /
> Voll Gnad und Wahrheit von dem HERRN /
> Die süsse Wurzel Jesse?
> Du Sohn Davids / auß Jacobs Stamm /
> Mein König vnd mein Bräutigam /
> Hast mir mein Hertz besessen /
> Lieblich / freundtlich /
> Schön vnd herrlich / Groß vnd ehrlich
> Reich von Gaben
> Hoch vnd sehr prächtig erhaben (...)"[97]

> und

„Wachet auff / rufft uns die Stimme /
Der Wächter sehr hoch auff der Zinnen /
Wach auff du Statt Jerusalem.
Mitternacht heißt diese Stunde /
Sie ruffen uns mit hellem Munde /
Wo seydt jhr klugen Jungfrawen?
Wolauff / der Bräutigam kompt /
Steht auff / die Lampen nimpt /
Halleluia.
Macht euch bereit / Zu der Hochzeit /
Ihr müsset jhm entgegen gehen (...)“[98]

Jerusalem sogar im Titel trug 1626 ein Buch, das die Brüder Aubry und Clemens Schleich herausbrachten: die erste deutsche Übersetzung von Torquato Tassos episch-heroischer Dichtung *La Gerusalemme liberata* (*Das Erlösete Jerusalem*). Sie war von dem aus anhaltischem Adel stammenden Diederich von dem Werder erstellt worden und galt als Muster eines deutschen Epos.
1644 brachte Thomas Matthias Götz in seinem Frankfurter Verlag die erste, zweibändige Gesamtausgabe der *Weltlichen Poemata* des schlesischen Dichters Martin Opitz heraus. Er veröffentlichte er vor allem theologische und juristische Schriften. Eine Gedichtsammlung wie die von dem 1639 in Danzig gestorbenen Opitz blieb bei ihm die Ausnahme. Allerdings war Opitz schon zu Lebzeiten ein gefeierter Dichter, der mit seinem *Buch von der deutschen Poeterey* eine Art Anleitung zum Verfassen guter Literatur geschaffen hatte. Denn Opitz ging es auch darum, das gesellschaftliche Ansehen der Schriftsteller zu heben. Obwohl seine gesammelten weltlichen Gedichte posthum erschienen sind, finden sich darin einige Erstdrucke wie eines der damals sehr beliebten Hochzeits-Gedichte:

„Venus /komm vnd frewe dich /
Der so lange Jahre sich
Deiner Kräfften hat erwehret /
Lernet jetzt beständig seyn /
Willigt deinem Willen ein /
Der jhm seinen vmbgekehret.

Vnd damit er solche Brunst /
Solche deines Fewers Gunst
Lasse desto besser spüren /
Will er noch bey Winternacht /
Da der Frost sonst fäuler macht /
Seine Braut zu Bette führen.

Recht / dann sol der Himmelgurt /
Der den Schnee hat zur Geburt /
So viel thun bei Liebes Sachen /
Daß der Bräutigam / wann sein Liecht
Ihm erlaubt / den Gürtel nicht
Strack genug sey auffzumachen? (...)

Netzt den Liebesgarten ein /
Daß ihr stets mögt Fruchtbar seyn
Last sich ewre Jugend regen /
Ehe durch die Zeit Gewalt /
Die vns schläffrig macht und kalt /
Muth und Krafft sich bey euch legen."[99]

Auch von dem bedeutendsten deutschen Barockdichter Andreas Gryphius ist 1650, also kurz nach dem Ende des Dreißigjährigen Kriegs, in Frankfurt ein Sammelband bei dem Verleger und Buchhändler Johann Hüttner erschienen. Er enthält Oden, Sonette und, im Erstdruck, den dramatischen Erstling von Gryphius, die Tragödie *Leo Armenius*. Mit diesem Stück, von dessen Veröffentlichung der Autor nichts gewusst haben soll, und mit seinen weiteren Dramen gilt Gryphius als Schöpfer des barocken Trauerspiels. Über seine Intentionen und warum er die Tragödie als literarische Ausdrucksform gewählt hatte, äußerte er sich einer Vorrede an den „Großgünstigen Leser":
„In dem vnser gantzes Vatterland sich nunmehr in seine eigene Aschen verscharret / vnd in einem Schauplatz der Eitelkeit verwandelt; bin ich geflissen dir die vergänglichkeit menschlicher Sachen in gegenwertigen / vnd etlich folgenden Trawerspielen vorzustellen. Nicht zwar / weil ich nicht etwas anders vnd dir vielleicht angenehmers vnter händen habe: sondern weil mir noch dieses mal etwas anders vorzubringen so wenig geliebet / alß erlaubet. Die Alten gleichwol haben diese art zu schreiben nicht so gar geringe gehalten / sondern alß ein bequemes mittel menschliche Gemütter von allerhand vnartigen vnd schädlichen Neigungen zu säubern / gerühmet"[100].
Gryphius stellte sich also ganz bewusst in die Tradition des antiken Dramas, wenn er die Ermordung des oströmischen Kaisers und Tyrannen Leo (des Armeniers) im Jahre 820 in Konstantinopel durch seinen nicht weniger tyrannischen Widersacher dramatisch verarbeitete. Er schildert die Welt, so übel wie sie ist, und macht wenig Hoffnung, dass es anders werden könnte. Aber gleichzeitig verweist er darauf, dass es Erlösung gibt, allerdings erst dann, wenn die Menschen sich ganz der göttlichen Gnade hingeben. Die lutherischen Frankfurter dürften das Stück, das ganz im Sinn ihres Reformators geschrieben war, gern gelesen haben – aufgeführt wurde es in Frankfurt aber nicht, sondern (nachweislich) in Breslau, Regensburg und St. Gallen.

Philipp Jacob Spener und der Pietismus

Rund 150 Jahre nach dem Beginn der Reformation war die lutherische Kirche in den Augen vieler ihrer Anhänger selbst reformbedürftig. Geistiger Wortführer dieser Unzufriedenen wurde Philipp Jacob Spener, der in Frankfurt den Pietismus begründete. Spener, 1635 im elsässischen Rappoltsweiler geboren, hatte Philosophie und Theologie in Straßburg studiert, wo er zunächst auch als Freiprediger am Münster blieb. 1666 wurde er als Senior des Predigerministeriums nach Frankfurt berufen und war damit der wichtigste Kirchenmann in der lutherischen Stadt. Unzufrieden mit der zunehmenden weltlichen Ausrichtung des Luthertums veranstaltete er seit 1670 neben den Gottesdiensten seine ‚Collegia pietatis', an denen später auch Reformierte und Katholiken teilnehmen durften. Sein Ideal war ein durch intensives Bibelstudium gefestigtes Christentum, das einerseits zur individuellen Frömmigkeit zurückfand und andererseits christliche Ideale stärker in die Gesellschaft tragen sollte. Seine Reformideen fasste er programmatisch in seiner Schrift *Pia Desideria* zusammen, die 1675 bei Johann David Zunner in Frankfurt erschien. Darin äußere sich, so der Spener-Herausgeber Dietrich Blaufuß, „die ‚Hoffnung besserer Zeiten für die Kirche auf Erden' sowie auf eine Bekehrung der Juden und den Fall Roms. Konservativ ist diese ‚Programmschrift des Pietismus' in fast allen Einzelkritiken an den drei Ständen und -vorschlägen zur Besserung. Nach vorwärts weisen hingegen der Verzicht auf die Hilfe der Obrigkeit bei der Kirchenreform und der damit vollzogene Abschied von dem Willen zur Reform der ganzen Kirche: ‚ecclesiola in ecclesia' wird schnell die Formel“[101]. Zu der Idee von einem ‚Kirchlein in der Kirche', die rasch viele Anhänger fand, gehörte für Spener auch die der Gemeinde zugewandte Predigt. Nicht seine theologische Gelehrsamkeit solle der Prediger ausstellen, sondern in die Herzen seiner Zuhörer hineinwirken,

„weil ja unser gantzes Christenthum bestehet in dem innern oder neuen menschen / dessen Seele der glaube / und seine wirckungen die früchten deß lebens sind: Daß dann die Predigten ins gesamt dahin gerichtet solten werden. Eines theils zwar die theuere wohlthaten Gottes / wie sie auff den innern menschen zielen / also vorzutragen / daß daher der glaube und in demselben solcher innere mensch immer mehr und mehr gestärcket werde: Anderen theils aber die werck also zu treiben / daß wir bey leibe nicht zu frieden seyen / die leute allein zu unterlassung der äusserlichen laster und übung der äusserlichen tugenden zu treiben / und also gleichsam nur mit dem äusserlichen menschen es zu thun zu haben / das die Heidnische Ethic auch thun kann: Sondern / daß wir den grund recht in dem hertzen legen; Zeigen / es seye lauter heucheley / was nicht aus diesem grunde gehet / und daher die leute gewehnen / erstlich an solchem innerlichen zu arbeiten / die liebe GOttes und des Nächsten bey sich durch gehörige mittel zu erwecken / und nachmahl auß solchem erst zu würcken“[102].

Spener beließ es nicht bei der theologischen Belehrung, sondern wurde auch selbst, wie er es gefordert hatte, in der aktiven Nächstenliebe tätig. Auf seine Initiative ging 1679 die Errichtung eines Waisen-, Armen- und Arbeitshauses auf dem Klapperfeld zurück, das zum Vorbild für ähnliche Einrichtungen in anderen Städten wurde. Außerdem engagierte er sich für den Neubau der Katharinenkirche als zweiter lutherischer Hauptkirche in Frankfurt neben der Barfüßerkirche. 1686 ging er als Oberhofprediger nach Dresden, aber seine Schriften erschienen weiterhin in Frankfurt, vor allem bei Zunner und dessen Erben. Speners Bedeutung reicht weit über seine Zeit hinaus. Der Pietismus war auch im 18. Jahrhundert eine wichtige religiöse Bewegung. Über die Frankfurter Mystikerin und Lyrikerin Susanna Katharina von Klettenberg („Die schöne Seele", so Goethe) beeinflusste er noch den jungen Goethe. Auch zwei der größten Frankfurter Verlage des 18. Jahrhunderts, Andreae und Brönner, profitierten von der religiösen Begeisterung im Gefolge Speners und verkauften ihre Gebet-, Gesang- und Erbauungsbücher, Andachtsschriften, Katechismen und Bibeln prächtig.

Wider die Bücher-Diebe

Bei der Entscheidung Speners, seine Bücher bei einem Frankfurter Verleger zu belassen, dürfte auch die Buchmesse eine Rolle gespielt haben, denn sie war in der zweite Hälfte des 17. Jahrhunderts noch immer das wichtigste Forum für theologische Literatur.
Sie konnte aber auch als Plattform genutzt werden, um seinem Ärger einmal richtig Luft zu machen. So geschehen im Jahr 1658. Und wer da zur Ostermesse für erhebliche Unruhe sorgte, war kein anonymer Pamphletist, sondern der Hamburger Pastor Johann Balthasar Schupp. Der 1610 in Gießen geborene Theologe und Satiriker war es gewohnt, kein Blatt vor den Mund zu nehmen und über die Laster seiner Zeit zu wettern. Das machte ihm reichlich Feinde, aber auch, dank seiner rhetorischen Fähigkeiten, viele Freunde. So hielt er 1648, nach dem Ende des Dreißigjährigen Kriegs, auf Wunsch der schwedischen Gesandtschaft die Dankespredigten in Münster. Seine Bücher waren beliebt und wurden entsprechend gern nachgedruckt. Das ärgerte den Kirchenmann, und er rächte sich auf seine Weise. An den Frankfurter (Groß-)Buchhändler Johann Martin Porß (der 1638 an der Marburger Universität sein Schüler gewesen war) schickte er, datiert auf den 14. März 1658, einhundert Exemplare seiner kleinen, nur den eigenen Rechtschreibregeln folgenden Schrift *Der Bücher=Dieb* mit der Bitte, „umb der Freundschaft willen, welche ich von Jugend auff mit jhm, und hiebevor mit seinem redlichen, auffrichtigen Deutschen, numehr seeligen H. Vater gehalten, er wolle dieselbige in dieser Franckforter Oster=Mässe spargiren und alle, welche mit Büchern handeln, warnen, daß sie am meine geringe Sahlbadereyen keine geitzige Hand legen, oder ich werde jhnen auff die Finger klopfen, daß sie sich darüber verwundern werden"[103]. Da es noch kein Urheberrecht gab, sondern nur kaiserliche und landesherrliche Privilegien, die unberechtigte Nachdrucke kaum verhindern konnten, bemühte Schupp erst gar nicht die weltliche Gerichtsbarkeit. Die Nachdrucker seiner Werke mussten mit dem göttlichen Bannstrahl rechnen:

„Das siebende Gebot heißt, du solt nicht stehlen. Was ist das? Sehe und lerne es im Kinder Catechismo Lutheri. Was sagt GOtt auch von dem siebenden Gebott? Er sagt also: Ich der HErr dein Gott, bin ein starcker eyfrieger GOtt, der da heimsucht der Vätter Missethat an den Kindern biß in das dritte und vierdte Glied, Exod. 20. Wie mancher Dieb hängt am Galgen, wie mancher ist mit Ruthen ausgestrichen, der nicht halb so viel wieder das siebende Gebot gesündigt hat, als mancher Drucker und Buchführer? Aber versicher dich du Bücher Dieb, daß deine Kinds Kinder von diesem Diebs Geld keine steinerne Häuser bauen werden. Und die welche du gebauet hast, wird der Fluch Gottes wieder niederwerffen.“[104]
Das war starker Tobak. Und die in Frankfurt versammelten Verleger und Buchhändler dürften darüber nicht amüsiert gewesen sein. Denn nicht wenige von ihnen verdienten gerade mit unerlaubten Nachdrucken viel Geld.

Der Niedergang der Frankfurter Buchmesse

Wenn Schupp seine Klagen zunächst in Frankfurt vorbrachte, so ist das ein weiteres Indiz dafür, dass die Messe noch nichts von ihrer Bedeutung verloren hatte. Zwar war die Konkurrenz von Leipzig immer deutlicher zu spüren, aber noch führte kein Weg an Frankfurt vorbei. „Also daß allda die Buchgass / Jetzt billich ist, was Athen was“[105], schrieb der Frankfurter Stadtpfarrer Konrad Lautenbach unter dem Pseudonym Marx Mangoldt 1596 in seinem *Marckschiffergespräch*, und das galt auch im 17. Jahrhundert noch. Allerdings waren die Veränderungen auf dem Buchmarkt nicht mehr zu übersehen. Die sich langsam durchsetzende Arbeitsteilung bei Herstellung und Vertrieb (mit selbstständigen Druckern, Verlegern und Buchhändlern), der unterdessen übliche Verkauf zwischen den Messen, das Entstehen von Nebenmärkten durch Buchbinder und Wanderhändler sowie die neu entstandene Konkurrenz durch regelmäßig erscheinende Zeitungen und Zeitschriften schmälerten die Attraktivität der Buchmesse. Die beiden Termine im Jahr als singuläre Ereignisse, auf die hin die Buchproduktion ausgerichtet worden war, verloren mehr und mehr an Bedeutung. Druckerzeugnisse aller Art waren das ganze Jahr über verfügbar und wurden laufend nachproduziert. Die Frankfurter Buchmesse hatte zudem ein Problem, das ähnlich gelagert war wie das der Frankfurter Verlage

Marckschiffergespräch von 1596.

in der zweiten Hälfte des 17. Jahrhundert. Messe und Verlage richteten mit einer großen Zahl von Büchern in lateinischer Sprache immer noch an die gelehrte Welt, während nicht nur in Deutschland, sondern auch in anderen europäischen Staaten die nationalsprachliche Literatur die Märkte zu dominieren begann. Für ausländische Verlage war es kein Muss mehr, auf der Frankfurter Buchmesse zu erscheinen. Reinhard Wittmann zählt auf, was in Deutschland vorrangig gekauft und gelesen wurde:

„Gebet- und Erbauungsbücher, medizinische und Hausväter-Ratgeber, Wetter- und astrologische Prognostiken, Flugschriften und Kalender, Neue Zeitungen und Schwanksammlungen, Hochzeits- und Leichencarmina, Schulreden und Verordnungen.“[106]

Hinzu kam die ‚galante' Literatur, die oft von Studenten produziert wurde und mehr oder weniger schlüpfrige Inhalte haben konnte. „Je mehr der Charakter des Buchmarktes sich veränderte“, so Wittmann, „desto hartnäckiger galt Frankfurt am Main als Hort der gelehrten, altväterlich lateinischen, kaiserlich bevormundeten und vor allem oberdeutsch-katholischen Produktion. Die sächsischen und preußischen Firmen fühlten sich hier immer auf fremden Boden, ja in Feindesland, fanden immer weniger Tauschmöglichkeiten mit ihren bayerischen oder niederrheinischen Kollegen. Die konfessionelle Kluft wurde auch auf dem Buchmarkt immer mehr zur kulturellen, wobei sich die nord- und mitteldeutschen Buchhändler nicht zu Unrecht als die fortschrittlicheren fühlten.“[107] Diese Kluft nutzten die Leipziger für ihre Buchmesse, die seit 1594 ebenfalls einen in direkte Konkurrenz zu Frankfurt tretenden Messkatalog herausgab. Leipzig profilierte sich nicht nur als Ort des nord- und mitteldeutschen Buchhandels, sondern der gesamten deutschsprachigen Buchproduktion. Wenn darüber spekuliert wird, warum die Frankfurter Messe nach 1700 so rasch an Bedeutung verlor, dürfte das ein wichtiger Grund gewesen sein. Ein weiterer war die Kalenderreform durch Papst Gregor XIII., bei der zehn Tage übersprungen wurden, um die Ungenauigkeiten des bis dahin gültigen Julianischen Kalenders auszugleichen. Für die Frankfurter Buchmesse hatte die sich erst langsam, dann aber mit raschen Tempo durchsetzende Reform fatale Folgen. Der Frankfurter Rat hatte die in seinen Augen ‚katholische' Kalenderreform lange abgelehnt, aber schließlich im Jahr 1700 akzeptiert. Die dreiwöchige Frühjahrsmesse hatte bisher an Judica, dem zweiten Sonntag vor Ostern, eingesetzt. Sie war damit fünf Wochen vor Beginn der Leipziger Messe beendet. Es blieb den Verlegern und Händlern genügend Zeit, um ihre Geschäfte in Frankfurt zu ordnen und dann nach Leipzig weiterzureisen. Nach der Kalenderreform war Judica nun zehn Tage früher und fiel, wie einige Kaufleute es in ihrem Gesuch an den Rat äußerten, „in die Zeit, in der häufig der Main austrete und gerade die Gebiete, in denen sich viele Messläden befänden, überschwemmte“[108]. Daneben gab es noch eine Reihe von anderen Gründen, die für eine Verlegung in das spätere Frühjahr sprachen, zum Beispiel die günstigeren Wetterbedingungen und die besseren Straßenverhältnisse. Der Frankfurter Rat beschloss deshalb 1710 die Verlegung der Messe auf den Sonntag nach Ostern, obwohl die Leipziger nicht bereit waren, ihre Messe ebenfalls zu verschieben, denn das hätte sie wiederum näher an die nachfolgenden Messen in anderen Städten gebracht.

So blieben zwischen der Frankfurter und der Leipziger Messe nur noch zwei Wochen. Das war bei den damaligen Verkehrsverhältnissen und Transportmöglichkeiten denkbar knapp. Mancher Buchverkäufer war nun gezwungen, sich zwischen den beiden Messeorten zu entscheiden. Die weiter erstarkenden nord- und mitteldeutschen Buchverleger und -händler konzentrierten sich nun noch mehr auf Leipzig und verzichteten teilweise auf eine Frankfurter Präsenz. Gegen diesen langsamen, aber stetigen Niedergang fand der Frankfurter Rat kein Mittel. Im Ostermesskatalog des Jahres 1750 waren nur noch 72 Titel verzeichnet: 37 aus Frankfurt, 5 aus Leipzig, 37 aus Wetzlar, Köln und Regensburg sowie je einer aus Graz und Lüttich. Das vorläufige Ende der Frankfurter Buchmesse bedeutete 1764 die Entscheidung des Leipziger Buchhändlers Philipp Erasmus Reich, zum letzten Mal nach Frankfurt zu kommen und seinen Kollegen zu empfehlen, künftig nur noch die Leipziger Buchmesse zu besuchen. Zu diesem Entschluss mag auch das Verhalten des Frankfurter Verlegers Franz Varrentrapp beigetragen haben, der so etwas wie der ungekrönte König der Nachdrucker gewesen war und dem Ruf der Messe damit nicht gedient hatte. 1775 versuchte er gar, in Hanau eine Nachdrucker-Messe zu installieren. Das ging aber dem Reichshofrat dann doch zu weit.
Im Gegensatz zu einer gängigen Interpretation des schleichenden Endes der Frankfurter Buchmesse scheinen es vor allem wirtschaftliche Gründe gewesen zu sein, die Leipzig als Messeort attraktiv machten. Die oft gescholtene Zensur durch die kaiserliche Bücherkommission und durch den Frankfurter Rat dürfte eine nur sehr untergeordnete Rolle gespielt haben. Zwar waren die sächsischen Zensurbehörden liberaler als die katholischen und lutherischen in Frankfurt, aber zu anhaltenden Verboten von Büchern kam es in Frankfurt nur selten – auch schon deshalb, weil die Bücherkommission und der Rat eher gegeneinander als miteinander operierten. Die Wiener und die Frankfurter Akten zeigten, so Goldfriedrich, „von den Verboten und Konfiskationen antikatholischer Bücher und besonders Broschüren abgesehen, wie sie genau so auch vorher üblich gewesen waren“, keine „besondere Klagen und Beschwerden in Sachen Zensur“[109].

Die Verhaftung Voltaires

Es ist eine Fehleinschätzung, dass in Frankfurt ein besonders liberaler Geist geherrscht habe. Wer sich nicht zum Luthertum bekannte, musste auch weiterhin mit Diskriminierungen und Zurücksetzungen leben. Zudem grassierte in der Wahl- und Krönungsstadt der deutschen Kaiser die ständige Angst, einen Teil oder sogar alle der üppigen Privilegien zu verlieren. Das machte den Frankfurter Rat nicht besonders mutig im Umgang mit dem Kaiser oder den Fürsten des Reichs. Ein besonders spektakulärer Fall ereignete sich 1753. Und daran war kein Geringerer als François-Marie Arouet beteiligt, der sich Voltaire nannte. Der damals schon in ganz Europa berühmte Philosoph und Schriftsteller hatte 1750 dem Drängen Friedrichs des Großen nachgegeben und war nach Berlin in die Nähe des preußischen Königs gezogen. Friedrich fasste großes Vertrauen zu dem von ihm sehr verehrten Voltaire und widmete ihm schmeichelhafte Briefe und vor allem einen kleinen Band mit Gedichten von ihm, den er nur in einer Auflage von 12 Exemplaren hatte drucken lassen. Anfang 1753 kam es zu Verstimmungen. Voltaire suchte unter einem Vorwand Berlin zu verlassen, und Friedrich ließ ihn ziehen, wohl nicht zuletzt, weil der geschäftstüchtige Voltaire bei Hofe wenig beliebt war und sich an verbotenen Finanztransaktionen beteiligt hatte. Nach der Abreise Voltaires geriet Friedrich in Sorge, dass der möglicherweise verärgerte Dichter seine Briefe und besonders seine Gedichte veröffentlichen könnte. Denn der preußische König hatte in den vertraulichen Texten nicht mit Kritik und Spott an verschiedenen europäischen Herrschern gespart. So schrieb Friedrich am 11. April 1753 an seinen Residenten in Frankfurt, den preußischen Kriegsrat Franz von Freytag, Voltaire bei der Durchreise durch die Stadt festzuhalten und die den König inkriminierenden Schriften einzuziehen. „Bemerkenswert an diesem ‚Befehl' war", so der Frankfurter Historiker Paul Arnsberg, „dass er an den Königlich-Preußischen Residenten in Frankfurt a. M. ging – unter Umgehung der freistädtischen souveränen Behörden, was ein diplomatischer Affront gegen Frankfurt war. Es wurde kein Rechtshilfebegehren gestellt (Requisitionsgesuch). So als ob Frankfurt preußisches Staatsgebiet sei"[110]. Der Rat akzeptierte den Rechtsbruch. Und ein preußisch gesinnter Ratsherr war sogar anwesend, als Voltaire am 1. Juni 1753 in der Nobelherberge ‚Zum Goldenen Löwen' in der Fahrgasse von Freytag und einem preußischen Offizier aufgesucht wurde. Noch am selben Tag berichtete Freytag seinem König:

„Nach gemachten Politessen eröffnete Ihme Ew. Königlichen Majestät allergnädigste Willensmeinung. Er wurde sehr bestürzt, thate die Augen zu, und lehnte sich hinten an den Stuhl. Ich hatte Ihme nur von denen Papieren gesprochen, und da er sich rekolligiret, so ließe Er seinen bei sich habenden ami Collini [Voltaires Sekretär, d. A.], den ich heißen einen Abtritt zu nehmen, in das Zimmer kommen, und eröffnete mir zwei Koffers, eine große Chatulle und zwei Portefeuilles. Er machte tausend contestationes von seiner fidélité gegen Ew. Königliche Majestät, wurde wieder ziemlich schwach, wie Er denn wie ein Skelett aussiehet. Bei dem ersten Koffer fande ich gleich beigehendes sub a also eingewi-

ckeltes und überschriebenes Packet, welches ich ohne es zu eröffnen dem Offizier zur Verwahrung einhändigte; die übrige Visitation hat von 9 Uhr Morgens bis 5 Nachmittags gedauert (...) Ich fragte Ihn auf seine Ehre, ob Er sonsten nichts hätte; so konteßirte er heilig quod non. Nun kamen wir auf das Buch *ouvres de poésiès*, das, sagte Er, hätte Er in einem großen Verschlag, Er wüßte nicht, ob er in Leipzig oder Hamburg wäre. Hierauf deklarirte Ihme, daß ich Ihn, ohne diesen Verschlag zu haben, von hier nicht weglassen könnte."[111]
Voltaire wurde unter Hausarrest gestellt, und er blieb es auch, als am 17. Juni der gesuchte Gedichtband in Frankfurt eintraf. Offenbar war der preußische Resident von der Situation völlig überfordert. Er wartete auf Instruktionen von Friedrich, der sich allerdings auf einer Inspektionsreise befand und nicht zu erreichen war. Voltaire unternahm am 20. Juni einen Fluchtversuch, der aber schon am Bockenheimer Tor scheiterte. Nun wurde Voltaire vom Frankfurter Rat offiziell verhaftet und in dem schlecht beleumundeten Gasthof ‚Zum Bockshorn' unter verschärften Arrest gestellt. Obwohl aus Berlin die Anordnung kam, Voltaire die Weiterreise zu gestatten, ließ ihn der nun völlig verwirrte von Freytag erst am 7. Juli ziehen. Voltaires spätere Versuche, von der Stadt Schadenersatz zu erhalten, blieben erfolglos. Aber er rächte sich auf seine Weise, in dem er seine Verhaftung europaweit publik machte. Frankfurt war blamiert und dem Gespött preisgegeben.
Das ängstliche und nachgiebige Verhalten gegenüber Friedrich dem Großen resultierte aus den Spannungen, die zwischen dem preußischen König und dem Rat bestanden und die von Frankfurter Seite aus nicht verschärft werden sollten. Denn Friedrich behagte es nicht, wie in der Reichsstadt mit den Reformierten umgegangen wurde. Noch immer (und bis 1783) war ihnen kein öffentlicher Gottesdienst erlaubt, obwohl sie unterdessen im Handel und im Finanzwesen Schlüsselpositionen besetzten. Die Calvinisten pilgerten regelmäßig nach Bockenheim, das auf dem Gebiet der Landgrafschaft Hessen-Kassel lag. Mit dem wirtschaftlichen Aufstieg der Reformierten standen sich, so Heinz Duchhardt, in Frankfurt drei große Gruppen gegenüber: „Hier der patrizische Rat und die Geschlechter, die ihre politischen und sozialen Privilegien gegen die reichen Handelsleute und Bankiers zu verteidigen suchten, die ihrerseits auf die breite Schicht des Handwerks, die faktisch von politischer Macht und Kontrolle ausgeschlossen war, hinabschauten und sich sozial deutlich von ihr abgrenzten"[112]. Die religiöse Intoleranz des weiterhin lutherischen Frankfurter Rats richtete sich aber nicht nur gegen die Reformierten, sondern unvermindert auch gegen Katholiken und Juden. Frankfurt hatte um 1790 rund 40 000 Einwohner. Aber nur ein Viertel der Bevölkerung besaß das Bürgerrecht. „Politisch unmündig", so Wolfgang Klötzer, „war dagegen das Gros der Beisassen, meist Gesellen, Handlungsgehilfen und Hausgesinde, darunter aber auch Kaufleute, die das Bürgerrecht aus welchen Gründen auch immer nicht erworben oder erhalten hatten. Am übelsten standen die 6000 Dorfbewohner – zu Frankfurt gehörten Niederrad (ein Viertel Deutschorden) und Oberrad, Bornheim, Hausen, Bonames, Dortelweil, Nieder-Erlenbach und das halbe Niederursel –, die teilweise noch mit Leibeigenschaft, jedenfalls mit den unterschiedlichsten Frondiensten behaftet waren. Auch die Juden, etwa 3000, standen mit eigener Verfassung,

der ‚Judenstättigkeit', außerhalb der Bürgergemeinde, von der sie schon der Ghettozwang fernhielt"[113].

Eine ausführliche Beschreibung, wie Frankfurt zu dieser Zeit aussah und vor allem, wie die Atmosphäre in der Stadt war, lieferte Johann Kaspar Riesbeck 1783, allerdings anonym. Er zählt zu den großen Unbekannten der Frankfurter Literaturgeschichte.

Johann Kaspar Riesbeck.

Der Sohn eines Webers und Schnupftuchfabrikanten wurde am 12. Januar 1754 im damals selbstständigen Höchst geboren. Er sollte Priester werden, studierte aber in Mainz und Gießen Jura, um sich auf den höheren Verwaltungsdienst vorzubereiten. Mit dem Tod des aufgeklärten Mainzer Kurfürsten Emmerich Josef, unter dessen Beratern er bedeutende Gönner hatte, änderte sich seine Situation entscheidend. Zudem soll er, wie sein Biograf Johann J. Pezzl schreibt, aus ‚Temperamentshitze und Eifersucht' einen einflussreichen Domherrn tätlich angegriffen haben. 1775 verließ er jedenfalls fluchtartig Mainz und ging nach Wien, wo er Bühnenstücke bearbeitete und als Schauspieler auftrat. Schon damals muss er als aufmüpfig bekannt gewesen sein, sonst wäre er wohl kaum aufgefordert worden, die freisinnigen *Briefe über das Mönchswesen* (1771–1781) fortzuführen, die von dem kurtrierischen Kanzler Georg Michael Frank La Roche (dem Mann von Sophie La Roche und Großvater Bettine von Arnims) und Johann Jacob Brechter begonnen worden waren. 1780 wurde er als Redakteur an die neugegründete und zunächst von Salomon Gessner redigierte *Zürcher Zeitung* berufen. Das konnte nicht gut gehen, obwohl er für den Verlag auch als Lektor, Korrektor und Übersetzer arbeitete. In der von ihm weitgehend allein geschriebenen Zeitung entlarvte er die gesellschaftliche Doppelmoral der Züricher und erregte damit nicht nur beim Rat der Stadt Anstoß. Anfang 1783 musste er Zürich verlassen und ging nach Aarau, wo er sein zweibändiges Hauptwerk, die *Briefe eines Reisenden Franzosen über Deutschland An seinen Bruder zu Paris*, beendete. Die anonym erschienenen Reisebeschreibungen, die in wenigen Jahren mehrere Auflagen erreichten und als Übersetzungen auch in England, Frankreich, Italien, Holland und Schweden weite Verbreitung fanden, machten den ‚reisenden Franzosen' zu einem vielzitierten Begriff. Auch Goethe, der nicht ahnte, dass Riesbeck das Werk verfasst hatte, zeigte sich beeindruckt von den glänzenden Schilderungen. Von dem Erfolg profitierte Riesbeck selbst nur in einem bescheidenen Maß. An Tuberkulose erkrankt und verarmt, begann er eine vierbändige *Geschichte der Deutschen bis auf die Reformation*, die Joseph Milbiller 1790 abschloss, vier Jahre nach Riesbecks Tod. Der Unangepasste und Verfemte war völlig verarmt am 8. Februar 1786 in Aarau gestorben. Seine Reisebriefe wurden weiterhin aufgelegt. Der Erfolg des Werks beruhte darauf, dass Riesbeck nicht nur eines der gegen Ende des 18. Jahrhunderts häufigen Reisebücher mit genauen statistischen Angaben und exakten Landschafts- sowie Stadtbeschreibungen verfasst hatte, sondern dass er darüber hinaus auch ein Sittenbild seiner Zeit lieferte. Mit satirischer Schärfe attackierte er Landesherren und Kirchenfunktionäre, sparte aber auch nicht mit Lob für einzelne Fürsten, die sich seiner Meinung nach besonders um ihre Untertanen kümmerten. Riesbeck konnte im Wesentlichen auf seine eigenen Erfahrungen zurückgreifen, die er während seiner zahlreichen Reisen zwischen 1770 und 1780 gesammelt hatte. Bei seinen Beschreibungen Frankfurts erweist er sich im doppelten Sinn als intimer Kenner der Verhältnisse.

„Die Regierung der Stadt, die ehedem sehr finster war, hat nun eine gefälligere Miene angenommen, und sucht den Fremden während der Messe ihren Aufenthalt so angenehm als möglich zu machen. Man hat Schauspiele, Konzerte, einen Vauxhall, die schönsten Spazierplätze, öffentliche Tanzböden und Freudenmädchen im Ueberfluss. Die letztern sind hier zudringlicher, als in irgend einer andern Stadt Deutschlands. Kein Mannsbild kann hier in der Dämmerung auf einer öffentlichen Promenade spatzieren, ohne von ihnen angefallen zu werden. Es sind auch verschiedene, zwar unprivilegirte, öffentliche Venustempel hier, und in einigen benachbarten Dörfern wimmelt es von Kreaturen dieser Art, wie denn das der Stadt gehörige Dorf Bornheim sich durch diesen Kommerz in ganz Deutschland berühmt gemacht hat.“[114]

Während die Dirnen bis 1560 noch fast zunftmäßig organisiert waren, drohten ihnen danach hohe Strafen. Zeitweilig mussten sich ertappte Prostituierte sogar auf einen großen hölzernen Esel setzen, der an der Westseite der Hauptwache aufgebaut war. Trotzdem war keine der regelmäßig wiederkehrenden Messen ohne Prostituierte denkbar. Auch die Frankfurter Judengasse beschrieb Riesbeck unter der Maske eines französischen Offiziers und sprach dabei die Doppelmoral des Frankfurter Magistrats an:

„Der Magistrat hat das Gesetz gemacht, daß es platterdings keinen Juden erlaubt seyn soll, ausser dieser Strasse zu wohnen. Er sah aber durch die Finger, und nun erneuert er periodisch dieß Gesetz, um von den Juden, welche ausser ihrer Straße wohnen, von Zeit zu Zeit eine ausserordentliche Abgabe zu ziehn.“[115]

Die Judengasse und ihre Besucher

So liberal und weltoffen sich die heimliche Hauptstadt Deutschlands während der Messen und bei den Krönungsfeierlichkeiten präsentierte, so intolerant und überheblich waren die Frankfurter Bürger, wenn es um die jüdischen Bewohner ihrer Stadt ging. In Juden sahen sie Menschen zweiter Klasse und wollten mit ihnen nichts zu tun haben. Selbst Goethes Großoheim Johann Michael von Loën (von dem noch die Rede sein wird), stellte 1740 in seiner *Beschreibung der Stadt Franckfurt* vor allem den „Schmutz" und die „Unreinigkeit"[116] in der Judengasse heraus. Nach den Gründen dafür, nämlich die mehr als drangvolle Enge und die fehlenden sanitären Anlagen, fragten die Frankfurter wohlweislich nicht. Das blieb den zahlreichen Fremden vorbehalten, die die unnachgiebige Haltung des Frankfurter Bürgertums oft genug, allerdings ohne Erfolg, anprangerten. Wie es in der Judengasse im späten Mittelalter ausgesehen haben könnte, schildert Heinrich Heine in seinem Romanfragment *Der Rabbi von Bacharach*. Gerade einem Pogrom entkommen, gelangen der Rabbi und seine Frau Sara nach Frankfurt an die Pforte des Gettos:

„‚Sieh, schöne Sara' – sprach er seufzend – ‚wie schlecht geschützt ist Israel! Falsche Freunde hüten seine Tore von außen, und drinnen sind seine Hüter Narrheit und Furcht!' Langsam wanderten die beiden durch die lange, leere Straße, wo nur hier und da ein blühender Mädchenkopf zum Fenster hinausguckte, während sich die Sonne in den blanken Scheiben festlich heiter bespiegelte. Damals nämlich waren die Häuser des Judenviertels noch neu und nett, auch niedriger wie jetzt, indem erst späterhin die Juden, als sie in Frankfurt sich sehr vermehrten und doch ihr Quartier nicht erweitern durften, dort immer ein Stockwerk über das andere bauten, sardellenartig zusammenrückten und dadurch an Leib und Seele verkrüppelten. Der Teil des Judenquartiers, der nach dem großen Brande (1711, d. A.) stehen geblieben und den man die alte Gasse nennt, jene hohen, schwarzen Häuser, wo ein grinsendes, feuchtes Volk umherschachert, ist ein schauerhaftes Denkmal des Mittelalters."[117]

Einer der ersten Reisenden, der sich näher mit dem Judengetto beschäftigte, war der französische Emigrant Picarde Blainville. Er begleitete die Söhne des englischen Kriegssekretärs Blathwayt auf einer Europareise und besuchte dabei im April 1705 Frankfurt. Dabei kam er auch in die Judengasse zu den „armen Kindern Methusalems", deren Verfolgungen und Lebensweise er seinen Lesern ausführlich beschrieb:

„Die Straße, worin sie wohnen, ist sehr enge, aber über eine Viertelstunde lang und ausnehmend kothig. An jedem Ende ist ein Thor, welches alle Abend sorgfältig geschlossen wird, und die Schlüssel werden der Obrigkeit eingehändiget (…) Das vornehmste Gewerbe, das diese Juden treiben, bestehet in Kaufen und Verkaufen alter Waaren, und im Herumlaufen von einem Wirthshause zum andern, um den Fremden ihre Kleinigkeiten und Trödeleyen zu zeigen, und das Geld, was hier nicht gangbar ist, zu verwechseln. Es ist ihnen nur fünf Tage in der Woche erlaubet, dieses elende Geschäfte zu treiben, denn

am Sonnabend ist, wie bekannt, ihr eigener Sabbath, und am Sonntage dürfen sich diese armen Geschöpfe nicht auf der Straße blicken lassen, denn sie werden in Deutschland so sehr gehasset, daß ihnen der Pöbel in diesem Falle sehr übel mitspielen würde."[118]
Blainville erinnerte anschließend an den Fettmilch-Aufstand mit der Plünderung der Judengasse 1614. Eine so interessierte und um Verständnis bemühte Darstellung des jüdischen Lebens in Frankfurt ist selbst für das 18. Jahrhundert ungewöhnlich, obwohl es engagierte Autoren wie Adolph von Knigge an herber Kritik nicht fehlen ließen. Der 1752 zu Bredenbeck bei Hannover geborene Freiherr veröffentlichte seine Erinnerungen an den Besuch in Frankfurt im 1783 erschienenen vierten Teil seiner Autobiographie *Roman meines Lebens*. Knigge, der u. a. Hofjunker in Kassel war und zu den führenden Mitgliedern des mit der Aufklärung verbundenen Illuminatenordens gehörte, ist heute vor allem mit seinem Erziehungsbuch *Über den Umgang mit Menschen* (1788) bekannt. Die darin propagierten ethischen Werte, die ihn zum Anhänger der Französischen Revolution machen sollten, prägen auch seinen autobiographischen Bericht. In der Passage über die Judengasse ergreift er vehement Partei für die Unterdrückten. Für Knigge offenbarte sich in der Frankfurter Judengasse „unsere christliche Art mit einem Volke umzugehen, das dieselben Freiheitsrechte der Menschheit wie wir hat"[119].

Hauptsynagoge in der Frankfurter Judengasse, um 1860.

Auch der in Deenen bei Braunschweig geborene Verleger und Pädagoge Joachim Heinrich Campe nahm bei seiner Schilderung der Judengasse kein Blatt vor den Mund. Mit seinen an den Idealen der Aufklärung orientierten Schriften stieß er auf eine breite Resonanz. Campe, der 1792 zum Ehrenbürger der Französischen Revolution ernannt wurde, versuchte seine Ziele in von ihm gegründeten Erziehungsanstalten und als Schulrat in die Praxis umzusetzen. In seinen Büchern wandte er sich vor allem an Kinder und Jugendliche. Besondere Aufmerksamkeit erregte seine *Sammlung merkwürdiger Reisebeschreibungen für die Jugend*, die in mehreren Bänden zwischen 1779 und 1803 erschien und immer wieder neu aufgelegt wurde. Im zweiten Teil der ersten Sammlung findet sich der Absatz über die Judengasse, die er 1785 besucht hatte. Campe glaubte seinen jungen Lesern eine Ungeheuerlichkeit nicht vorenthalten zu dürfen: An Sonn- und Feiertagen war es den Juden nicht erlaubt, ihr Getto zu verlassen: „Ich sah an einem solchen Tag durch das Thor hinein und erschrak über den Anblick. Das Steinpflaster war mit Kindern bedeckt; die Treppen, Schwellen und Dielen konnten vor Menschen kaum gesehen werden, und aus den Fenstern von unten bis unters Dach ragte eine unzählbare Menge von Köpfen hervor, welche alle nach Luft zu schnappen schienen." Auf die Frage, warum dies so sein müsse, wurde Campe geantwortet, dass die Juden sonst den Bürgern beim Lustwandeln den Weg versperren würden. „Ich glaubte anfangs, man scherze; allein so oft ich die nämliche Frage in anderen Gesellschaften aufwarf, erhielt ich jedes Mal die nämliche Antwort."[120]

Auch der aus dem liberaleren Preußen kommende Wilhelm von Humboldt, ein Schüler Joachim Heinrich Campes, konnte in Frankfurt die Vorurteile des Bürgertums gegen die jüdische Bevölkerung nicht verstehen. Wie sein Lehrer wunderte er sich darüber, dass den Juden „öffentliche Spaziergänge" verboten waren. Ihm wurde noch als zusätzliches ‚Argument' genannt, dass die Frankfurter Juden ständig Tabak rauchten, „welches die spazierenden Christennasen beleidigen würde". In sein Tagebuch notierte er am 24. September 1788: „In der That, ein Magistrat, der befürchtet dass 0000 Juden 0000 Christen [sic!] verdrängen, und der um zu hindern, dass man beim Spazierengehn nicht Tabak rauche, das Spazierengehn überhaupt verbietet, verdient wahrlich wohlfürsichtig zu heissen, wie ich ihn auf einem dem Rath dedicirten, und mit allen Wappen der Rathsherrn gezierten Kalender genannt fand. Schämen sollte sich aber doch jeder Frankfurter, solche Gründe zu wiederholen, und nicht sich und seine Mitbürger durch Beschönigung seiner Intoleranz einschläfern."[121]

Um der Frankfurter Judengasse auch eine idyllische Seite abgewinnen zu können, musste man schon ein Märchenerzähler sein. Der dänische Schriftsteller Hans Christian Andersen jedenfalls konnte es. In seinem *Bilderbuch ohne Bilder*, das 1840 in dänischer Sprache und 1841 in Berlin auf Deutsch erschien, schildert der Mond am „25. Abend" das Haus der Familie Rothschild, in dem die berühmte Bankiersdynastie ihren wirtschaftlichen und gesellschaftlichen Aufstieg begann. In den Mittelpunkt seiner idealisierenden Schilderung stellte er die fast legendäre „Stammmutter" Gutle Rothschild, die ihr Haus in der Judengasse nicht verlassen wollte, weil sie fürchtete, dadurch könne sich das Glück von der Familie wenden. Andersen war Anfang Mai 1833 in Frankfurt gewesen. Er hatte die Judengasse besichtigt und den Landsitz der Rothschilds vor den Toren der Stadt.

Seit der napoleonischen Zeit war es den Juden mehr oder weniger offiziell erlaubt, auch außerhalb des Gettos zu wohnen. Viele machten von dieser Möglichkeit Gebrauch und organisierten z. B. auch, wie Wilhelm Hauff in seinen *Mitteilungen aus den Memoiren des Satan* schildert, gesellige Ausflüge nach Bornheim. Die Judengasse selbst wurde zur Touristenattraktion. Am 19. August 1853 notierte der Schriftsteller und Diplomat Karl August Varnhagen von Ense anlässlich eines Besuches in Frankfurt in sein Tagebuch:

„Wir wollten durch die Judengasse gehen. Sie hat ihren früheren Eindruck völlig verloren, die Juden wohnen in allen Straßen, in der Judengasse schon Christen; das Gedränge, der Schmutz, die Schauerlichkeit von ehmals sind nicht mehr zu finden. Das Haus, wo Rothschild geboren worden und seine alte Mutter bis zuletzt lebte, wird gezeigt; das Haus, wo Börne geboren worden, ist durch eine Gedenktafel ausgezeichnet; die Juden nennen ihn ihren Börne und stellen seine Verehrung neben die Goethe's."[122]

Goethe in Frankfurt
Die Stadt, der Dichter und sein Kreis

Schule der Wahrnehmung

Schon immer oder doch schon seit langem liegt Frankfurt „im Schnittpunkt der Diskurse“[123]. Das schuldet sich vor allem seiner Lage als Kreuz und Knoten von bedeutenden Handelsstraßen und den Messen, die schon früh bedeutend waren.

Gedanken und Ideen folgen seit jeher gern den Handelswegen. Nur, wo Waren feilgeboten und verkauft werden, wo neben Spezereien, Tuchwaren und soliden Handelsgütern auch Bücher zu haben sind, entspinnen sich Diskurse, in denen Warenreflexe und Gedanken die merkwürdigsten Mixturen eingehen können.

Auch, wo es scheinbar nur um die Schönheit der Stadt und ihrer lieblichen Umgebung geht, ist bald von den Waren die Rede. So bei Johann Bernhard Müller, dessen Buch *Beschreibung des gegenwärtigen Zustandes der Freien Reichs-Wahl und Handels-Stadt Frankfurth am Mayn*, das 1747, also nur zwei Jahre vor Goethes Geburt, in Frankfurt erschien. „Franckfurt liegt unstreitig in einer der schönsten Gegenden in gantz Teutschland“[124], heißt es da, und dann wird nicht gespart mit paradiesischen Topoi[125].

„Das Feld daherum verdienet ein recht gelobtes Land genennet zu werden, indem man daselbst fast unzehlige Wein-, Pflantz- und andere fruchtbare Gärten entdecket, in welche grosse und kleine Bäume nebst vielen lustigen Garten-Häussern von verschiedener Grösse und dazwischen biß in die weite Ferne so viele Pflantz-Gegenden angetroffen werden, daß man den Überfluß der besten Zugemüse in die benachbarten Städte Mayntz, Hanau und andere Orthe, in grosser Menge abgeführet. Bey sothaner (solcher, d. A.) Verschiedenheit der Gegenwürffe, findet das Auge das vollkommenste Vergnügen von der Welt, wenn man sich auf einer gewissen Höhe befindet, von welcher man die Stadt im Grunde erblicket, oder auf der Seite des Mayn-Flusses und auf der Brücke, allwo die Aussicht durchgängig über die massen schön und vortrefflich ist.“[126]

Schönheit, Fruchtbarkeit, beinahe das irdische Paradies. Nun fehlen noch Waren und Handel, die das kleine gelobte Land mit der weiten Welt verbinden.

„Diese und andere benachbarte fruchtbareste Lande verschaffen der Stadt über alle massen reichlich, was ihr an Victualien ermangelet: Also erlanget sie aus Franckenland und der Wetterau Holtz und Getrayde, Fuld und Darmstadt versiehet uns mit Wild-Pret und Flügel-Werck, und die Rheinlande verschaffen die besten Weine. Was die ausländische Waare belanget, können wir solche wegen der starcken Handlung und vorteilhafften Lage des Mayn-Flusses nicht weniger bequem und um billigen Preiß in grossen Uberfluß bekommen.“[127]

Waren, Schönheit der Landschaft und Gedanken. Das zieht sich durch die Stadtbeschreibungen wie ein dunkelroter Faden. Mal vernebeln die Messe-Vergnügungen die Sinne, mal schaffen die Buchmessen intellektuelle Schmuggelware herbei, ein andermal krachen engstirnige Zunftinteressen oder Glaubensschranken mit zu vielen fremden Ideen zusammen. Frankfurt war schon immer oder seit langem ein Ort, an dem aus Welt und Provinz die seltsamsten, oft auch gefährlichsten Mischungen zusammen kamen.
Bevor die Frankfurter Goethe-Jahre etwas ausführlicher nachgezeichnet werden, soll er beim eigenen Wort genommen werden, das ihn als einen Frankfurter sui generis ausweist. Ein Frankfurter, der in einem Misch- und Schmelztiegel aus weit hergeholter Warenwelt und fast dörflicher Enge lebt.
Noch einmal Johann Bernhard Müller:
„Das dieser Stadt zugehörige Gebiet erstreckt sich nicht weit. Man zehlet ohngfehr 12 Dorffschafften, darunter sind die zwey vornehmsten Bornheim und Oberrod (Oberrad); diese liegen nur eine viertel Meile von der Stadt, und sind wegen ihres lustreichen Laagers die Ergötzlichkeit des gemeinen Volcks, als welches vornehmlich an denen Sonn- und Festtägen Hauffen-weiß dahin eilet und das Geld, das ihnen beschwerlich ist, den Wirthen und Spiel-Leuthe aufzuheben giebt."[128]
Frankfurt „erstreckt sich nicht weit"; die Stadt ist gezeichnet vom Widerspruch zwischen Enge und Weltverkehr. Als Kulisse für den *Faust* sollte Frankfurt mit seinen alten Häusern und Gassen eine große Rolle spielen. Der *Osterspaziergang* mag den Main entlang aus der Stadt zur Gerbermühle geführt haben. Mephisto jedenfalls entwirft mit seiner Wunschstadt ein Panorama von Frankfurt:

> „Ich suchte mir so eine Hauptstadt aus,
> Im Kerne Bürger-Nahrungs-Graus
> Krummenge Gäßchen, spitze Giebeln,
> Beschränkten Markt, Kohl, Rüben, Zwiebeln;
> Fleischbänke, wo die Schmeißen hausen
> Die fetten Braten anzuschmausen;
> Da findest du zu jeder Zeit
> Gewiß Gestank und Tätigkeit.
> Dann weite Plätze, breite Straßen,
> Vornehmen Schein sich anzumaßen;
> Und endlich, wo kein Tor beschränkt,
> Vorstädte, grenzenlos verlängt."[129]

Und Goethe nennt in einem Brief zur Werther-Zeit die Stadt ‚ein Nest', schlimmer noch, ‚ein leidig Loch'. Während der Messen aber wandern die ‚grenzenlos verlängten' Vorstädte in den ‚beschränkten Markt' der ‚engen Gäßchen' ein und weiten den Blick.
Bei einem Besuch im Sommer 1797 bei der Mutter kommt das Gespräch auf den Frank-

furter Wohnungsmarkt. Goethe teilt bei dieser Gelegenheit eine grundlegende Einsicht über seine Vaterstadt mit: „Der Frankfurter, bei dem alles Ware ist, sollte sein Haus niemals anders denn als Ware betrachten.“[130] Da spricht jemand, der in einem Brief an Kätchen Schönkopf vom 23. Januar 1770 einst schwärmte:

„Wir haben uns hier schön eingericht, wir haben ein ganzes Haus, und wenn meine Schwester heurahtet, so muß sie fort, ich leide keinen Schwager, und wenn ich heurahte so teilen wir das Haus, ich und meine Eltern, und ich kriege 10 Zimmer alle schön und wohl möblirt im Frankfurter Gusto.“[131]

Johann Wolfgang Goethe, nach einer Kreidezeichnung von Johann Heinrich Lips, 1791.

Abgesehen von seiner fast inzestuös klingenden Eifersucht und dem protzigen vorauseilenden Stolz auf eine eigene Zimmerflucht klingt hier die eine Seite von Goethes Frankfurter Schule der Wahrnehmung an: das Schöne, Großzügige, der Frankfurter Geschmack. Die andere Seite schuldet sich der (späteren) Einsicht, dass dem Frankfurter ‚alles Ware ist', alles auf dem Markt zu haben oder nicht zu haben ist. Merkwürdig, dass dies auch den Kern von Goethes Frankfurter Existenz trifft: sein Bürgerrecht. Er wird es 1817 aufgeben, weil es ihm wegen der fälligen Steuern zu teuer ist. Bevor Goethe über das Frankfurter Regulativ des Marktes reflektieren wird, überlässt er sich als Kind mit Lust der Anschauung seiner Warenpracht. Überhaupt scheint seine frühe Wahrnehmungslust einen Schlüssel zu bieten für sein enormes schriftstellerisches Vermögen. Dieser Leidenschaft der sinnlichen Wahrnehmung soll hier in besonderem Maße nachgegangen werden. Die Messen waren zunächst einmal überwältigende Schauspiele. Um sie von der übrigen Zeit zu trennen, wurden sie eingeläutet. Der Frankfurter Historiker Friedrich Bothe schreibt:

„Mit dem Jubelruf ‚Mei Meß' wurde das Einläuten mit der Sturmglocke auf dem ‚Parrtorn' von alt und jung begrüßt: dann war das ganze Volk von Schauer und Erstaunen ergriffen.“[132] Das ‚Geleit' war selbst schon zu einem Schauspiel geworden. Einst hatten die ‚Geleitsreiter' die Kaufleute mit ihrem kostbaren Waren von Grenze zu Grenze beschützt, jetzt war daraus eine symbolische Handlung von großer Pracht geworden, bei der reichlich gesoffen wurde.

Die Messebuden und Verkaufsstände bildeten eine „Stadt in der Stadt“ (Friedrich Bothe). Mit allen Sondererlaubnissen, Darbietungen sowie Essen und Trinken in Mengen boten die Messen einen Karneval des Handels. Sie boten aber auch Einsichten in fremde Verhältnisse. Goethe beschreibt in *Dichtung und Wahrheit* diese Vorschule der Weltkunde. Das Warentheater brachte

„in den sämtlichen Kinderköpfen jederzeit eine unglaubliche Gärung hervor. Das Wogen und Treiben, das Abladen und Auspacken der Waren erregte von den ersten Momenten des Bewusstseins an eine unbezwinglich tätige Neugierde.“ So „bildete sich die Vorstellung von dem, was die Welt alles hervorbringt, was sie bedarf und was die Bewohner ihrer verschiedenen Teile gegeneinander auswechseln“[133].

Diese vielfältigen Eindrücke mögen sich in Johann Wolfgangs Kopf zu einer Enzyklopädie von fremden Waren und Händlern geordnet haben und zu einer gewaltigen Menge von Fragen.

„Schon das Durcheinanderfluten von Angehörigen der verschiedensten Völkerschaften in ihren seltsamen Trachten nahm das Auge gefangen“, so Bothe. „Und das Stimmengewirr in verschiedenen Sprachen steigerte die Wißbegierde. Außer den zahllosen Erzeugnissen fremder Länder, den feinen Geweben in Seide und Brokat, in Spitzen und Schleiern, sodann den kostbaren Gewürzen, dem glitzernden Geschmeide, das zum Kauf auslag (...) außer dem gewaltigen Warenlager von Leinwand und Tuch, von Metallen aller Art waren auch Geisteserzeugnisse in großer Fülle vorhanden.“[134]

Das spielt auf die ‚Buchgasse‘ an. Nicht nur während der Messen boten die Papierläden auf dem ‚Pfarreisen‘ am Dom etwa die begehrten Volksbücher an wie die *Schöne Melusine, Die vier Haimonskinder, Till Eulenspiegel.*[135] Hinzu kamen Puppenspiele, artistische Nummern, Gaukler und Musiker jeglicher Provenienz. Es ist oft, nicht zuletzt von ihm selbst betont worden, dass Goethe ein ‚Augenmensch‘ war. Das erweist sich nicht bloß an seinen erheblichen zeichnerischen Fähigkeiten und den wissenschaftlichen Arbeiten zur Farbenlehre sowie dem Unverständnis für die zeitgenössische Musik. Für die ‚Ausbildung‘ des Seh- und Wahrnehmungsvermögens stand ohne Zweifel eine erhebliche Veranlagung zur Verfügung. Es machte sich aber auch nicht schlecht, dass in Frankfurt ein optisches Welttheater der Extraklasse geboten wurde.

Wenn auch zu Goethes Kinder- und Jugendzeit das Heilige Römische Reich Deutscher Nation seinen Zenit längst überschritten hatte, waren es neben den Messen gewiss die Wahl- und Krönungsfeierlichkeiten, die Frankfurt jeweils in einen spektakulären Ausnahmezustand versetzten.

Außer der Schaulust und dem Vergnügen an theatralischen Darbietungen dürfte den jungen Goethe dabei die Möglichkeit gereizt haben, einen Blick ins Innere der, wenn auch bröckelnden Macht werfen zu können.

Am 16. Mai 1742 hatte Kaiser Karl VII. dem Gesuch von Goethes Vater Johann Caspar stattgegeben und ihn zum „würkl. Kayserlichen Rath“ ernannt. Dieser Titel platzierte ihn unter die Räthe und Residenten der Stadt und damit recht weit vorn beziehungsweise oben. Er wurde fortan, von Geburt ein Bürgerlicher, durch die Ernennung wie ein Adeliger geachtet.

Wenn nun im Frankfurter Dom ein Herrscher zum römisch-deutschen König gekrönt wurde, wurde damit auch die väterliche Autorität gleichsam aufs Neue beglaubigt. Zumal Goethes Großvater Johann Wolfgang Textor bei der Krönung von Franz I. einer von den zehn

Huldigung der Frankfurter auf dem Römerberg vor Joseph II., 1764, Stich von J. Wisger.

Frankfurter Ratsherren gewesen war, die den Krönungsbaldachin tragen durften. Krönungen waren also so etwas wie eine Familienangelegenheit. Bekanntlich war Johann Wolfgang Augenzeuge der Krönung Josephs II. zum römisch-deutschen König am 3. April 1764.
Sein Bericht über die Krönungszeremonien im 5. Buch des Ersten Teils von *Dichtung und Wahrheit* wurde und wird oft zitiert. Hier soll vor allem das ‚Augentheater' erwähnt werden. Aber auch, wie es dem fünfzehnjährigen Knaben gelang, einen guten Aussichtsplatz zu ergattern; denn der machte das Schau-Privileg erst vollkommen.
Goethe bemerkt, dass er ‚an diesen Dingen' – gemeint sind die Krönungsfeierlichkeiten – ‚manche Lust' gehabt hätte. Das Deutsche Reich wäre ja unter ‚Pergamenten, Papieren und Büchern' beinahe verschüttet worden, würde aber in der Zeremonie ‚für einen Augenblick lebendig'; es zeige sich symbolisch ‚irgend ein inneres Verhältnis'. Andererseits scheint er auch schon verstanden zu haben, dass es neben dem Monarchen noch andere Gewalten gab, die ausbalanciert werden wollten. Er bedauert, dass er sich daher der Präsenz des Herrschers nicht vollkommen hatte hingeben können.
So jung Goethe war, versuchte er doch Ordnung ins zeremonielle Gewimmel zu bringen. Erst das strukturierte Bild befriedigte seine Wahrnehmungslust. Wie schön, dass Gretchen, seine erste, äußerst prekäre Liebe, sich offenbar in vollkommener Verwirrung befand und Johann Wolfgang bat, ihm alles zu erklären. „Ich versetzte, dass es mir ein leichtes sei, ihr diesen Dienst zu erzeigen."[136]
Gleich lobt er den bezeichnenden Vergleich, mit dem er Gretchen belehrt:
„Ich verglich nicht unschicklich diese Feierlichkeiten und Funktionen mit einem Schauspiel, wo der Vorhang nach Belieben herunter gelassen würde, indessen die Schauspieler fortspielten, dann werde er wieder aufgezogen und der Zuschauer könne an jenen Verhandlungen einigermaßen wieder teilnehmen."[137]
Ganz besonders sehenswert waren offenbar die wichtigen Persönlichkeiten zu Pferde.

„Bisher war alles noch ziemlich modern hergegangen: die höchsten und hohen Personen bewegten sich nur in Kutschen hin und wider; nun aber sollten wir sie, nach uralter Weise, zu Pferde sehen. Der Zulauf und das Gedränge war außerordentlich. Ich wusste mich in dem Römer, den ich, wie eine Maus den heimischen Kornboden, genau kannte, solange herumschmiegen, bis ich an den Haupteingang gelangte, vor welchem die Kurfürsten und Gesandten, die zuerst in Prachtkutschen herangefahren und sich oben versammelt hatten, nunmehr zu Pferde steigen sollten."[138]

Alles steigert sich. Die Pracht nimmt zu, kaiserliche Kammerherren fahren in sechsspännigen ‚Galawägen' vor. Kaiserliche Edelknaben begegnen ‚in Masse', die ‚Hatschiergarde' (Jägergarde) führt ein reiches Farbenspiel auf: „in schwarzsamtenen Flügelröcken, alle Nähte reich mit Gold galoniert, darunter rote Leibröcke und lederfarbene Kamisole, gleichfalls reich mit Gold besetzt. Man kam vor lauter Sehen, Deuten und Hinweisen gar nicht zu sich selbst (…)"[139]. Am Ende wird der Ertrag benannt: „Wir fühlten uns als Deutsche und als Frankfurter von diesem Ehrentag doppelt und höchlich erbaut."[140]

Wieder hatte man ‚in einem Hause Platz genommen', das gute Aussicht bot. Nach dem Theater-Vergleich für Gretchen folgt noch eine andere Verständnis-Hilfe: „Hätte man all diese öffentlichen Feierlichkeiten von Anfang bis hieher als ein überlegtes Kunstwerk angesehen, so würde man nicht viel daran auszusetzen gefunden haben."[141]

Das viele Sehen droht den fünfzehnjährigen Goethe zu überwältigen. Einerseits ist es eine Lust, sich in den Farben und inszenierten Aufzügen zu verlieren. Auf der anderen Seite existieren Methoden und Techniken, um bei sich selbst zu bleiben. Man muss das Gesehene als Symbol deuten, das die verborgene innere Bedeutung klärt. Man kann einer geliebten Person das Ganze übersetzen in ein wohlgeordnetes Schauspiel, und man darf die riesige Aufführung in ein geplantes Kunstwerk transponieren, um es als Kritiker gutzuheißen. Schließlich tut man gut daran, sich einen privilegierten Aussichtsplatz zu verschaffen, der einem aber durch Heimvorteil durchaus zufallen kann.

Das leichte Unbehagen, sich nicht vollständig über die entfaltete Herrlichkeit der kaiserlichen Autorität freuen zu können, wird auch beseitigt. Man teilt sich einfach in einen Deutschen und einen Frankfurter, um sich doppelt erhoben und erhaben zu fühlen.

Goethe schrieb über den Frankfurter Knaben, der er selber war, viele Jahre später in *Dichtung und Wahrheit*. Dass er aber geradezu süchtig war nach Wahrnehmung, nach Bildern, Farben, Aussichten und theatralischen Inszenierungen, dass er sich an sich selbst als einen früh festgelegten Augenmenschen erinnert, erscheint außerordentlich einleuchtend und wird vielfach von Zeugen seiner Kindheit und Jugend bestätigt.

Und er erinnert sich an ein Kind, an einen Jugendlichen, der Gefahr lief, vor lauter Sehen nicht zu sich selbst zu kommen. Der es aber vermochte, die überwältigenden Bilder und Eindrücke didaktisch und in ästhetischer Einhegung ungefährlich und sogar fruchtbar zu machen.Es rührt nicht wenig, einem älteren Goethe dabei zuzusehen, wie er die bedrängenden Bilder aus der Kindheit noch einmal heraufbeschwört, um Zeuge ihrer gelungenen ‚Zähmung' zu werden.

Einmal in Goethes Kindheit kam es zu einer merkwürdigen Antizipation späterer religiöser Anschauungen und optischer Experimente. Der Frankfurt-Historiker Friedrich Bothe berichtet zunächst über Goethes religiös-konfessionelle Sozialisation. Er besuchte mit seinen Eltern den lutherischen Gottesdienst in der Katharinenkirche, wo man getrennt auf den als Eigentum erworbenen Kirchenstühlen zu sitzen kam. Die Predigten des Pfarrers Plitt haben den jungen Johann Wolfgang so beeindruckt, dass er sie im Kopf behielt und zu Hause Niederschriften anfertigen konnte. Das Alte Testament zog er dem Neuen vor, die Geschichte Josephs verarbeitete er in einem ‚prosaisch-epischen Gedicht'. Die Eltern, besonders seine gläubige Mutter, haben aber mit Kirchgängen und in häuslichen Unterweisungen eine stabile religiöse Basis bei Johann Wolfgang geschaffen, die im Studium der biblischen Sprachen und den auf den Stoffen der Bibel fußenden rhetorischen und poetischen Übungen ihren Ausdruck fanden.
Es waren dann mehr die biblischen Geschichten als die protestantischen Kirchenbräuche, die den religiösen Sinn des Knaben prägten. Bothe erzählt von einem privatreligiösen Experiment mit traurigem Ausgang:
„Ganz früh schon hatte er sich eine eigenartige Gottesverehrung geschaffen. In seinem Zimmer wollte er sich beim Aufgang der Sonne dem Gott Himmels und der Erde unmittelbar nähern. Er baute aus den schönsten Stücken der Mineraliensammlung auf dem rotlackierten, goldgeblümten Notenpult seines Vaters einen Altar und zündete auf ihm durch einen Brennspiegel eine Räucherkerze an. Dabei litt der Lack des Ständers Schaden."[142]
Dass der Brandschaden durch ein Instrument entstand, mit dem man sehr kleine Dinge sichtbar machen kann, ist fast zu schön, um wahr zu sein. Es lässt sich lesen als eine verkappte Form des Missbrauchs des Sonnenlichts. Als Instrumentalisierung des Lichts, die ebenso schief gehen musste wie Newtons Zerlegung des Lichts für die Zwecke seiner ruchlosen Experimente, wie es später in der *Farbenlehre* zu lesen sein wird.
Eine große Rolle haben wohl die Sterne gespielt und vielleicht haben ihm beim überlieferten Blick in den gestirnten Himmel die astrologischen Konstellationen dem schon erwähnten Zweck gedient, Ordnung in das überwältigende Wahrnehmungsgewimmel zu bringen. Offenbar hatte er früh gelernt, dass Jupiter und Venus ihm besonders hold waren. Solche astrologischen Schicksalslegenden dienten Goethe aber eher als symbolische Spiele, aus denen poetischer Profit zu gewinnen war. Später schreibt er in der *Geschichte der Farbenlehre*, dass solche Spekulationen ‚uns interessieren und unterhalten' können. Von der ‚Macht der Sterne' ist nicht die Rede.
Immer wieder wird in Goethes Kindheit ein Erfahrungsmuster sichtbar. Mit großer Neugierde und offenbar ausgeprägtem Drang, ‚Zeuge' zu sein, als ‚teilnehmender Beobachter' die Stadt und ihre Umgebung zu erkunden, sammelt er Anschauungen und experimentiert mit Empfindungen. Wie ein Reporter will er sich Blicke und Einsichten verschaffen, die gewöhnlichen Augen verschlossen bleiben. Man kann ihn sich als einen kindlichen Flaneur, einen wahrnehmungshungrigen Stadtstreicher vorstellen:
„Am liebsten spazierte ich auf der großen Mainbrücke. Ihre Länge, ihre Festigkeit, ihr

gutes Ansehen machte sie zu einem bemerkenswerten Bauwerk. Auch ist sie aus früheren Zeiten beinahe das einzige Denkmal jener Vorsorge, welche die weltliche Obrigkeit seinen Bürgern schuldig ist. Der schöne Fluß auf- und abwärts zog meinen Blick nach sich; und wenn auf dem Brückenkreuz der goldene Hahn im Sonnenschein glänzte, so war es mir immer eine erfreuliche Empfindung."[143]

Die Stadt bot aber nicht bloß erfreuliche und lehrreiche Ansichten; Verbrechen und öffentlich vollstreckte Strafen, Katastrophen wie Brände und Überschwemmungen, Besatzungssoldaten und Anordnungen der Obrigkeit konnten Angst und Schrecken verbreiten. Stets scheint der junge Goethe seine Beobachtungen in die Schatzkammer von Reflexionen und Urteilen eingebracht zu haben. Einmal wurde er Zeuge einer Bücherverbrennung. Nach Bothe handelte es sich dabei um die Schrift eines deutschen religiösen Schwärmers aus dem Jahre 1758. Johann Wolfgang war zutiefst erschüttert, zog aber auch einen kleinen Verallgemeinerungs-Profit aus der Episode:

„Die Ballen platzten im Feuer und wurden mit Ofengabeln auseinandergeschürt und mit den Flammen mehr und mehr in Berührung gebracht. Es dauerte nicht lange, so flogen die angebrannten Stücke in der Luft herum und die Menge haschte begierig danach. Auch ruhten wir nicht, bis wir ein Exemplar auftrieben, und es waren nicht wenige, die sich das verbotene Vergnügen gleichfalls zu verschaffen gewußt. Ja, wenn es dem Autor um Publizität zu tun war, hätte er selbst nicht besser dafür sorgen können."[144]

Goethes Geburtshaus am Frankfurter Hirschgraben (nach dem Umbau).

Nirgends wird die Frühform der ‚Sozialreportage' schöner dokumentiert als im folgenden Zitat aus *Dichtung und Wahrheit*:

„(…) man sieht mehreren tausend Menschen in ihre häuslichen, kleinen, abgeschlossenen, verborgenen Zustände. Von dem Putz- und Schaugärten des Reichen zu den Obstgärten des für seinen Nutzen besorgten Bürgers, von da zu Fabriken, Bleichplätzen und ähnlichen Anstalten, ja bis zum Gottesacker selbst – denn eine kleine Welt lag innerhalb des Bezirks der Stadt – ging man an dem mannigfaltigsten, wunderlichsten, mit jedem Schritt sich verändernden Schauspiel vorbei, an dem unsere kindische Neugier sich nicht genug ergötzen konnte."[145]

1755 ließ Johann Caspar Goethe das Haus am Hirschgraben, wo Johann Wolfgang am 28. August 1747 geboren worden war, umbauen und modernisieren. Ein kleineres Nachbarhaus wurde ins größere der Goethes integriert, eine breite Treppe eingebaut, großzügige Flurräume geschaffen. Leider ging dabei das sogenannte Gartenzimmer verloren, dessen Aussicht Johann Wolfgang sehr schätzte. Er hatte über die Gärten, die Felder und die Stadtmauer hinaus bis zu den Taunus-Höhen sehen können. Besonders hatten es ihm von dort aus die Wolken angetan: „Mit jugendlich-frischem Sinne, bei meiner häuslich städtischen Erziehung, blieb dem sehnsuchtsvollen Blick kaum eine andere Ausflucht als gegen die Atmosphäre."[146]

Wolken eignen sich gut, um Goethes Wahrnehmungsvielfalt zu demonstrieren. In ihnen kann der ‚sehnsuchtsvolle Blick' sich verlieren; besonders, wenn er mit kindlichen Fluchtideen einhergeht. Sie werden später aber zu Zeichen, sie bilden signifikante Figuren, die man lesen kann, wenn man sich mit Wetterkunde auskennt.

Wolken sind vielleicht das schönste Beispiel für die Art und Weise der Weltaneignung des jungen Goethe. Auf der einen Seite die Fülle der Phänomene, die lustvollen Seh-Spiele und Erkundungen, die Beobachtungs-Gänge, die Stadt als Enzyklopädie der Anschauung. Andererseits immer auch der Wunsch und der Wille, das Gesehene einzuordnen, zu klassifizieren und zu interpretieren.

Es nimmt sehr für den Vater ein, dass er seinen Kindern eine Erziehung geboten hat, die von der Fülle von Anschauung und Erfahrung zu Einsichten und Erklärungen gelangt.

Die Sammlungen in Goethes Geburtshaus, das ‚Zu den drei Leyern' nach dem selbst entworfenen Wappen des kaiserlichen Rats hieß, bildeten Schatz- und Wunderkammern des Wissens. Bilder, Bücher, Münzen, Muscheln, Marmor, alte Drucke, Porzellan und vieles mehr. Die Gärten, Wälder und Felder boten reichlich Gelegenheit, das lustvolle Herumlaufen mit dem Lernen von Tier- und Pflanzennamen zu verbinden. Die Familie besaß außerhalb der Stadtmauern einen Garten am Friedberger Tor und zwei Baumstücke. Eines war 13 Morgen groß und lag am ‚Affenstein' (Verballhornung von Ave Maria-Stein, d. A.) neben der späteren ‚Grüneburg'. Heute liegt ganz in der Nähe der Westend-Campus der Goethe-Universität.

Der Vater war ein Heros der Ordnungsliebe. Sammeln hieß auch ordnen, pflegen oder – im Falle der eigenen Seidenraupen-Zucht – füttern, was Johann Wolfgang – schon wegen des Gestanks – nicht besonders gern tat.

Nach all dem verwundert es gar nicht, wenn Friedrich Bothe zusammenfasst: „Das Auge war ihm, wie er später sagte, vor allen anderen das Organ, womit er die Welt erfasste."[147]

Goethes Vater mag als Lehrer seiner Kinder vor allem durch die eigenen Sammlungen und den Ehrgeiz, den er besonders für Johann Wolfgangs Entwicklung an den Tag legte, erfolgreich gewesen sein. Er war aber auch streng, bisweilen gar unerbittlich bei der Durchsetzung seiner Prinzipien. In *Dichtung und Wahrheit* urteilt Goethe später:

„Mein Vater war überhaupt lehrhafter Natur, und bei seiner Entfernung von Geschäften wollte er gern dasjenige, was er wußte und vermochte, auf andere übertragen. So hatte er meine Mutter in den ersten Jahren ihrer Verheiratung zum fleißigen Schreiben angehalten, wie zum Klavierspielen und Singen; wobei sie sich genötigt sah, auch in der italienischen Sprache einige Kenntnisse und notdürftige Fertigkeit zu erwerben."[148]

Fragt sich, ob auch Wolfgang vom Vater ‚zum Schreiben angehalten' wurde, ob seine poetischen Fähigkeiten erkannt und gefördert wurden. Das wohl eher nicht, denn des Vaters Erziehungsmaximen liefen am dichterischen Vermögen des Sohnes vorbei.
Goethe teilt nicht viel über seine Geschwister mit. Nach Wolfgang kamen sechs Geschwister zur Welt, darunter eine Totgeburt. 1761 waren nur noch seine 15 Monate jüngere Schwester Cornelia und er am Leben. Ein drei Jahre jüngerer Bruder starb in den Kinderjahren an den Pocken. Über ihn heißt es: „Wir hatten niemals ein eigentliches Verhältnis zusammen". Eine ‚sehr schöne und angenehme' Schwester ‚verschwand auch bald'. Das führte dazu, dass „wir dann nach Verlauf der Jahre, ich und meine Schwester, uns allein übrig sahen und nur um so inniger und liebevoller verbanden"[149].
Krankheiten und Tod der Geschwister erwähnt Goethe, weil sie für ihn mit Unannehmlichkeiten verbunden waren:
„Jene Krankheiten und andere unangenehme Störungen wurden in ihren Folgen doppelt lästig: denn mein Vater, der sich einen gewissen Erziehungs- und Unterrichtskalender gemacht zu haben schien, wollte jedes Versäumnis unmittelbar wieder einbringen und belegte die Genesenden mit doppelten Lektionen, welche zu leisten mir zwar nicht schwer, aber insofern beschwerlich fiel, als es meine innere Entwicklung, die eine entschiedene Richtung genommen hatte, aufhielt und gewissermaßen zurückdrängte.
Von diesen didaktischen und pädagogischen Bedrängnissen flüchteten wir für gewöhnlich zu den Großeltern."[150]
Die ‚entschiedene Richtung' zielte auf Sprachen und Schreiben. Johann Caspar Goethe ist gewiss nicht wie Mozarts Vater vorgegangen, der das Wunderkind zu Höchstleistungen trieb. Goethe war auch kein Wunderkind. Er war aber ein – heute würde man sagen – hochbegabter Junge. Sprachen lernte er außer dem Hebräischen mühelos. Sein Textgedächtnis war so gut, dass er – wie bemerkt – ganze Predigten Wort für Wort wiederholen konnte. Und er dichtete in allen Gattungen. Das erste erhaltene Gedicht sind die sprichwörtlichen Neujahrglückwünsche an den Großvater Textor zum 1. Januar 1757: *Erhab'ner Großpapa*. Da hat dem siebenjährigen Knaben jemand geholfen, aber schon mit elf Jahren schrieb er „Alexandriner, die kaum schlechter waren als jene Gottscheds"[151]. Es folgte ein Briefroman in sechs Sprachen und die Fertigstellung seines oben erwähnten Prosaepos über das biblische Joseph-Thema. Im Winter 1763/64 fasste er dieses Epos und gesammelte Verse zu *Gemischten Gedichten* zusammen und schenkte sie seinem Vater.
In Leipzig, wohin er zur Michaelismesse 1765 (29. September) zum Studium ging, begann er, sich als Dichter zu begreifen. Jedenfalls als jemand, der einer mit Fleiß und Geschick werden könnte.
Am 11. Mai 1767 schrieb er an seine Schwester Cornelia, er habe vom 10. Lebensjahr an gedichtet und geglaubt, dass gut sei, was er schreibe. Jetzt sähe er, dass es schlecht war, aber mittlerweile seien ja sieben Jahre vergangen und seine Verse seien doch wohl um sieben Jahre besser[152].
In *Dichtung und Wahrheit* erwähnt er dann wieder die ‚Richtung', von der er nicht hatte

Goethes Arbeitszimmer vor der Zerstörung im Zweiten Weltkrieg.

abweichen können. Weil im Bericht über die frühen poetischen Arbeiten eines der meistzitierten Goethe-Worte vorkommt und es nicht schaden kann, an den korrekten Herkunftsort solcher Erz-Worte zu erinnern, folgt ein längeres Zitat über die Ursprünge seiner poetischen Existenz:
„Und so begann diejenige Richtung, von der ich mein ganzes Leben über nicht abweichen konnte, nämlich dasjenige, was mich erfreute oder quälte oder sonst beschäftigte, in ein Bild, ein Gedicht zu verwandeln und darüber mit mir selbst abzuschließen, um sowohl meine Begriffe von den äußeren Dingen zu berichtigen als mich im Innern deshalb zu beruhigen. Die Gabe hierzu war niemand nötiger als mir, den seine Natur immerfort aus einem Extrem in das andere warf. Alles, was daher von mir bekannt geworden, sind nur Bruchstücke einer großen Konfession (…)“.[153]
Im August 1767 verbrannte Goethe seine frühen Dichtungen, weil sie seinen neu erworbenen Ansprüchen nicht mehr genügen konnten. Vom Vater war nun schon häufiger die Rede, die Mutter wurde kaum erwähnt. Sie sollte die berühmteste und am meisten verehrte Dichtermutter der deutschen Literaturgeschichte werden. Kurz soll zuvor aber auf die Herkunft der Familien von Vater und Muter eingegangen werden.
Johann Caspar Goethes Vater Friedrich Georg war ein thüringischer Schneider von bäuerlicher Herkunft. Nach Wanderjahren, in denen er auch in Paris und Lyon – ideale Städte für angehende Schneider – gewesen war, ging er nach dem Edikt von Nantes (1685) nach Frankfurt. Aus Frankreich hatte er die extravagante Schreibweise seines Namens mitgebracht: Göthé. In Frankfurt reüssierte er mit seinen Schneiderkünsten und wurde ein wohlhabender Mann, auch, weil er in zweiter Ehe mit der Witwe eines Gastwirts verheiratet war, dessen Geschäft er dann übernommen hatte.
Johann Caspar Goethe, am 29. Juli 1710 geboren, war das einzige überlebende Kind aus dieser Ehe und erbte alles. Er war damit ein reicher Mann und besaß neben seinen Grundstücken, den Sammlungen und dem bestens bestückten Weinkeller Geldanlagen in Höhe von 65 000 Gulden. Jährlich bescherte ihm dieses Vermögen etwa 2700 Gulden Zinsen. Damit konnte er Johann Wolfgang während seiner Studienzeit glänzend alimentieren.

Und er war der reichste Mann der Familie. Sein Schwiegervater Textor, der als Schultheiß der am besten bezahlte Frankfurter Beamte war, musste sich mit weit weniger begnügen. Sein Halbbruder, der Handwerker Hermann Jakob Goethe (1697–1761) gehörte als Stadtrat der dritten Bank an und verdiente damit nur den sechsten Teil des Einkommens von Johann Caspar Goethe.
Zwar gehörte er als promovierter Jurist formal der höchsten Klasse der Frankfurter Bürgerschaft an, aber seine Familie zählte nicht zu den alteingessesenen und damit führenden Frankfurter Patrizierfamilien. Mitglied des ‚Graduiertenkollegiums' war er wegen seines Studiums am Reichskammergericht in Wetzlar und an den Universitäten von Leipzig, Straßburg und Gießen, wo er 1738 promoviert worden war. Leipzig und Straßburg wurden auch Stationen auf Johann Wolfgangs Bildungsweg, und zwar auf Geheiß des Vaters. Auch dessen große Bildungsreise, die ihn 1739 und 1740 über Wien nach Venedig, Rom, Neapel, Mailand, Paris und schließlich auf dem Heimweg in die Niederlande geführt hatte, sollte für Wolfgang nach dem Willen des Vaters vorbildlich sein.
Für die Bilder-Lust des Knaben war gesorgt. In der häuslichen Galerie gab es viel zu sehen. Nicht ohne leisen Spott gedachte Goethe in *Dichtung und Wahrheit* der Kombination von Kunst- und Ordnungsliebe und Sinn fürs Praktische beim Vater. Nach dem Umbau gab es Platz für die Galerie:
„Zunächst aber wurden die Gemälde, die sonst in dem alten Hause zerstreut herumgehangen, nunmehr zusammen an den Wänden eines freundlichen Zimmers neben der Studierstube, alle in schwarzen, mit goldenen Stäben verzierten Rahmen, symmetrisch angebracht. Mein Vater hatte den Grundsatz, den er öfters und sogar leidenschaftlich aussprach, daß man die lebenden Meister beschäftigen, und weniger auf die abgeschiedenen wenden solle, bei deren Schätzung sehr viel Vorurteil mit unterlaufe. Er hatte die Vorstellung, dass es mit den Gemälden völlig wie mit den Rheinweinen beschaffen sei, die, wenn ihnen gleich das Alter einen vorzüglichen Wert beilege, dennoch in jedem folgenden Jahre ebenso vortrefflich als in den vergangenen könnten hervorgebracht werden."[154]
Johann Caspar Goethe durfte sich zwar Kaiserlicher Rat nennen. Aber das war nur ein Ehrentitel. Einen echten, anerkannten Aufstieg schaffte Goethes Vater in Frankfurt bei allem Reichtum, bei aller Bildung und allem Wissen nicht.
Ihm widmete das Freie Deutsche Hochstift und das Frankfurter Goethe-Museum 2010/11 eine vortreffliche Ausstellung. Der dazu erschienene, sorgfältig illustrierte Katalog bietet einen guten Überblick über das Leben des Goethe-Vaters.[155] Sein Wunsch, Wolfgang, als Kind von der Mutter gern ‚Hätschelhans' genannt, möge in seine Fußstapfen treten, wurde auch dadurch lebendig gehalten, dass es von der großen Kavalierstour durch Italien im Jahre 1740 im Haus am Großen Hirschgraben ein Tagebuch gab: *Viaggo per L'Italia*.
Daraus folgt ein Auszug, in dem der kunstbeflissene, protestantische Reisende mit einigem Entsetzen über das ‚Stierfest' in Venedig berichtet:
„Meine Leier ist es noch nicht leid, die Sehenswürdigkeiten von Venedig zu besingen. Am 16. Februar hat man das Stierfest gefeiert, das für alle, die es zum ersten Mal sehen, ein

erschreckendes Schauspiel ist (...) Man muß dabei wissen, daß dieses Fest alljährlich am Ende des Karnevals zu Ehren des Dogen gefeiert wird, dann aber mit weniger Glanz und Prunk. Das gestrige Fest nun fand außer der Reihe statt, weil sich der sächsische Kurprinz in Venedig aufhält (...) Sie müssen sich den Platz wie den Markusplatz vorstellen, weitläufig, prächtig und regelmäßig: Vorzüge, die nicht wenig zu Pracht und Herrlichkeit des Festes beitragen(...) Kaum war dann Seine Kurfürstliche Hoheit erschienen, so begannen alle Musiker gleichzeitig ein schreckliches Getöse; im selben Augenblick traten in Zweierreihen die Schlächter auf, die in altertümlicher Weise wie amerikanische Neger gekleidet waren. Danach trieb man zwanzig Stiere sowie eine entsprechende Zahl von riesengroßen Hunden auf den Kampfplatz, und augenblicklich begann, wie man sich leicht vorstellen kann, unter diesen Tieren eine grausame Jagd."[156]

1748 heiratete Johann Caspar Goethe die älteste Tochter des Schultheißen Johann Wolfgang Textor, Catharina Elisabeth. Wie die Familie Goethe waren die Textors ‚eingeplackt', zugezogen. Mitte des 17. Jahrhunderts war die Juristen-Familie aus Franken gekommen. Die beiden Familien von Johann Wolfgangs Eltern ähnelten einander im Rang innerhalb des Frankfurter Machtgefüges. Zwar war der Vater reicher, die Mutter aber stammte aus der Familie des Schultheißen, des höchsten Beamten der Stadt. Den großen und mächtigen Patrizierfamilien gehörten beide nicht an, beide vermochten es aber, im Haus am Großen Hirschgraben eine Atmosphäre zu schaffen, in der man gut und wohl auch glücklich leben konnte.

Frau Rath Goethe aus der *Gallerie berühmter und merkwürdiger Frankfurter* (1861).

Nicholas Boyle, der exzellente Goethe-Biograph, schreibt über Catharina Elisabeth in einem sehr langen, grandiosen Satz:

„Ihr überschwängliches, aber mütterliches Temperament, ihre Liebe zum Theater und zum Theaterspielen (und zu Schauspielern und Autoren), ihre Verbindung von praktischer Häuslichkeit (die sich nicht auf das Finanzielle erstreckte) mit offener Gemütswärme, ihr genuines Erzähltalent und ihr beweglicher und unglaublich heterographischer Briefstil, ihr ungespielter Mangel an Respekt vor Persönlichkeiten, ihre Bereitschaft, jeden in die Arme zu schließen, sei's eine Herzoginwitwe, sei's ein mittelloser Skribent, der ihr Nachrichten von ihrem Sohn überbrachte, ihr altmodischer Glaube an die Vorsehung statt an eine spezifisch christliche Hoffnung und ihre Ungeduld mit theologischen Neuerern – das alles sind Eigenschaften, die in ihrem Sohn fortleben, auch wo sie durch eine größere Nähe zum Vater gedämpft oder in ihr Gegenteil verkehrt sind, und es sind Eigenschaften, die auf deutsche Literaten ihrer eigenen wie späterer Generationen höchst reizvoll wirkten."[157]

Catharina Elisabeth wurde von allen nach der Mutter der vier Haimonskinder in der deutschen Volksbuch-Ausgabe der französischen Romanze „Mutter Aja“ genannt. Nach dem Auszug aus dem Italien-Tagebuch des Vaters folgt ein Beispiel für den ‚heterographischen Briefstil‘ der Mutter. Es handelt sich um einen Brief an Johann Wolfgang in Weimar, in dem die Mutter über zwei ganz besondere Briefe berichtet:

„den 23ten Mertz 1780

Lieber Sohn! Diesen Augenblick bringt mir Herr Paulsen zwey Briefe, die mich so in einen Freuden und Jubelthon gestimt haben, daß es gar nicht ausgesprochen werden kan. Unser Bester Fürst! hat mich mit einem gantz herrlichen schreiben begnadig, und unsere Theureste Fürstin Amalia that des gleichen. O thue mir die einzige liebe und dancke unterthänigst auch vor diese der Frau Aja gemachte Freude. Wenn es aber auch kein Weimar und keine solche herrliche Menschen drinne gäbe – ferner keinen Hätschelhanß – So würde ich Catholisch und machts wie Mahler Müller. Da uns aber Gott so begnadig hat, so freuen wir uns auch dieses Erdeleben |: nach unserer Fason und wie wirs eben haben können :| sehen den 3ten Feyertag den Julius von Tarendt u.s.w. In deinem Garten muß es jetzt wieder schön seyn, wiewohl heut bey uns noch garstig kalt wetter im Schwang geht. Der Vater und alle Auserwählte grüßen dich – Der Postwagen will fort, lebe wohl! Ich bin ewig

deine treue Mutter Aja.

N. S. Viele hertzliche grüße an Wieland – Seinen Oberon erwarte ich und mehr gute Seelen mit Schmertzen.“[158]

Goethe formulierte seinen Dank an die Eltern in einem wiederum überaus geläufigen Epigramm:

Vom Vater hab’ ich die Statur,
Des Lebens ernstes Führen,
Von Mütterchen die Frohnatur
Und Lust zu fabulieren.

Es ist manches über Goethes Vater und Mutter geschrieben, vermutet, analysiert worden. Vielleicht sind seine Familienverhältnisse ‚ausinterpretiert‘. Vielleicht sollte man sich mit Wertungen zurückhalten. Einer gewissen ‚nachgetragenen Gerechtigkeit‘ wegen könnte man aber das Bild des allzu strengen Vaters, der unerbittlich seinem Erziehungsplan folgt und dabei kleinlich wirkt und vielleicht sogar tyrannisch auftritt, gegen das Bild der unglaublich liebenswürdigen, unterhaltsamen und freundschaftsfähigen Mutter ein wenig gegeneinander ausbalancieren.
Seine mütterliche Freundin Charlotte von Stein berichtet einmal, wie sie den Dichter als

‚gegen seinen Vater und seine Mutter ehrbarsten und liebenwürdigsten Sohn' erlebte.[159] Und Nicholas Boyle erwähnt, dass es nicht den geringsten Anhalt dafür gibt, Goethes Vater sei der typisch deutsche Haustyrann gewesen, der willkürlich und irrational seine Kinder diszipliniert hätte. Ob die überbordende Mutterliebe für Wolfgang nicht ein wenig zu viel des Guten gewesen ist? Die Bewunderung für ihren ‚Hätschelhans' vielleicht zu stark? Jedenfalls hat Goethe seine Mutter in den dreißig Jahren, nachdem er Frankfurt verlassen hatte, nur noch dreimal besucht.

Das relativiert nicht die Tatsache, dass Goethe in seinem Elternhaus ein enormes, überaus produktives Selbstbewusstsein entwickeln konnte. Wenn Vater und Mutter ihn mit unterschiedlichen Strategien und Temperamenten darin bestärkt haben – und daran besteht kein Zweifel – dann gebührt ihnen ein hübscher Anteil am Ruhm des Sohnes.

Zu Hause und auf Reisen

Goethe in Frankfurt. Das sind zunächst die ersten sechzehn Lebensjahre. Das ist die von den Eltern behütete Kindheit mit einem väterlichen vielseitigen Förderungsprogramm für den sichtlich sehr begabten Wolfgang und Unterricht von Privatlehrern zu Hause. Das ist die erste, recht verworrene und eher gewünschte als wirkliche ‚Liebesbeziehung' mit Gretchen, die bei der Schilderung der Krönungsfeierlichkeiten im April 1764 vorkam. Und das ist vor allem das Laboratorium für Erfahrungen und Empfindungen, das die Stadt Frankfurt bot. In einer dichten Mischung aus mittelalterlicher Enge und weitestem Warenverkehr zur Michaelis- und Ostermesse.

Nicht zu vergessen sind die Bücher, die früh in erstaunlicher Menge und Auswahl zur Verfügung standen. Darüber hat sich wunderbarerweise ein Katalog erhalten. 1794 war Catharina Elisabeth Goethe seit zwölf Jahren Witwe. Das Haus ‚Zu den drei Leyern' war ihr zu groß geworden und sie zog in eine Wohnung in der Nähe der Hauptwache.

Im Sommer 1794 wurde in Frankfurt mit einer Publikation auf eine Versteigerung hingewiesen:

Verzeichnis von Büchern aus allen Theilen der Wissenschaften und in verschiedenen Sprachen, welche den 18. August 1794 in der Behausung des Geschwornen Ausrüfers Herrn Feyh an den Meistbietenden gegen baare Bezahlung verganthet werden sollen.[160]

Zur Versteigerung stand die Hausbibliothek der Familie Goethe, abgerechnet jene nicht sehr zahlreichen Titel, die an Johann Wolfgang nach Weimar und zu seinem Schwager Johann Georg Schlosser nach Emmendingen geschickt wurden. Zusammen mit dem umfangreicheren handschriftlichen Bücherverzeichnis, das in Weimar aufbewahrt wird, bildete der Versteigerungskatalog die Grundlage für das seit Ende des 19. Jahrhunderts vom Freien Deutschen Hochstift begonnene Vorhaben, die Bibliothek an ihrem angestammten Ort im Goethe-Haus im Großen Hirschgraben zu rekonstruieren.

Johann Wolfgang Goethes leidenschaftliches Bücher-Interesse ist vielfach belegt, auch und besonders durch die eigenen Schilderungen seiner Lesesozialisation. Auch deshalb ist die rekonstruierte Bibliothek im Goethe-Haus ein Glücksfall. So bildet dieser Bücher-Schatz die vielleicht wertvollste Opposition zum Vakuum, das von der eigenen und den benutzten Bibliotheken eines anderen großen Autors geblieben ist. Von den Büchern, die der junge Hans Jacob Christoffel von Grimmelshausen in Gelnhausen gelesen und angeschaut haben mag, ist nicht eines erhalten.

Im September 1765 bricht Goethe zum Studium nach Leipzig auf. In den zehn Jahren zwischen 1765 und 1775 Jahren kehrte er von seinen Studienorten, von Wetzlar und den unterschiedlichen Reisezielen immer wieder in seine Vaterstadt zurück. Sechsundzwanzig Jahre also hat er mit längeren Unterbrechungen in Frankfurt gelebt.

Im Schnelldurchgang sollen die Orte genannt werden, an denen Goethe sich in dieser Zeit aufhielt; Frankfurt und die dort verfassten Werke werden im Zentrum dieses Kapitels stehen.

Leipzig hatte mit 30 000 Einwohnern etwa ebenso viele Einwohner wie Frankfurt. Die lutherische Stadt, ihrer Eleganz und Moden wegen auch ‚Klein-Paris' genannt, wurde von der spätabsolutistisch-katholischen Residenz Dresden aus regiert, behielt aber viele Freiheiten. Anders als im Stadtstaat Frankfurt hatte man die Befestigungsanlagen geschleift, um Platz für Gärten und schön angelegte Vororte zu schaffen, in die breite Alleen führten. Die Stadtöffentlichkeit gehorchte anderen Prinzipien und Vorlieben als in Frankfurt. Das strengere, bürgerliche Regime in Frankfurt hatte nicht solch aufregende Vergnügungen zu bieten wie Leipzig. Waren in Frankfurt nach dem Abzug des französischen Theaters nur gelegentlich Wanderschauspieler zu sehen, gastierte in Leipzig regelmäßig das ständige Hoftheater aus Dresden. Die von Dresden aus verwaltete Universität war auch ein Ort galanter Moden und gehobenen Müßiggangs.

Goethe kam nach Leipzig, wurde vom Vater dorthin geschickt, um die Rechte zu studieren. Mit einem Monatssalär von 100 Gulden erhielt er doppelt so viel wie Studenten an den teuersten Universitäten brauchten. Erst einmal musste die äußere Erscheinung den Leipziger Gepflogenheiten angepasst werden. Aus Frankfurt hatte der junge Student ausgesprochen eigenwillig biedere Kleider mitgebracht, die große Verwunderung auslösten.

Der Vater hätte gern von Frankfurt aus den Lebenswandel seines Sohnes überwacht, musste sich aber auf Gewährsleute verlassen, denen Johann Wolfgang anvertraut wurde. So kümmerte sich der Historiker Johann Gottlob Böhme um ihn, der sich „seiner ersten Pflichten barsch und unverblümt entledigte"[161].

Immerhin durfte sein Schützling Christian Fürchtegott Gellerts Literaturvorlesungen und sein Praktikum besuchen. Wichtiger wurde der Unterricht bei Professor Adam Friedrich Oeser, der die ‚Zeichnungs-, Malerey- und Architektur Akademie' leitete. Der stark von seinem bedeutendsten Schüler Johann Joachim Winckelmann beeinflusste Oeser war in Leipzig auch wegen seiner Entwürfe für kostbare Innenausstattungen der besten Villen geschätzt. Goethe wurde sein fleißiger Schüler, die Juristerei beschäftigte ihn nicht übermäßig.

Im Frühjahr 1766 bekam Goethe Besuch aus Frankfurt von seinem Freund und späteren Schwager Johann Georg Schlosser, der ihn in andere Kreise einführte. Die wichtigste Bekanntschaft machte er im Gasthof des Wirtes Christian Gottlob Schönkopf, der einen Mittagstisch vor allem für Frankfurter Bürger unterhielt. Die Tochter des Hauses, Anna Catharina Schönkopf, genannt ‚Käthchen', sollte Goethes ‚erstes ernsthaftes Liebesverhältnis' (Boyle) werden. Seine Poesie bekam durch diese Liebe einen anakreontisch galanten Schub, getragen von der Schwärmerei für Käthchen. Zwischen September 1766 und Mai 1767 schrieb er in diesem Ton die fünfzehn Gedichte des Zyklus *An Anetten*. Im Frühjahr 1767 begann er mit der Arbeit an dem Schäferstück *Die Laune des Verliebten*. Einmal las er seine Leipziger Produktionen Freunden vor, wobei ihrer deutlichen Kritik nur die *Anetten*-Gedichte und das Schäferstück standhielten. Sie blieben im Oktober 1767 die einzigen Werke, die dem Autodafé der gesammelten Jugendschriften und der in Leipzig entstandenen Werke entgingen.
In Frankfurt waren ohne Erlaubnis des sechzehnjährigen Goethe seine *Poetischen Gedanken von der Höllenfahrt Jesu Christi* gedruckt worden – alles zusammen ein bis 1767 sehr überschaubares publiziertes Werk.
Schon in den Frankfurter Kindheitsjahren neigte Goethe zu einem eigenwilligen Religionsverständnis. Das epochale Erdbeben von Lissabon vom 1. November 1755 hatte nach eigenem Bekunden das damals sechsjährige Kind zutiefst erschüttert und erste Zweifel an Gottes Liebe und Gnade geweckt. Aus Steinen soll er dann im Elternhaus einen Privataltar für eine Naturgottheit errichtet haben. In Leipzig hat die Verbrennung seiner Jugendwerke ganz offenbar eine lebenslange Abkehr von biblischen Stoffen mit sich gebracht. Immer deutlicher trat in seinen ersten Studienjahren ein ausgeprägter Eigensinn zutage, aber auch eine sehr wandelbare Fähigkeit zur Selbstinszenierung und zur Kommunikation mit anderen, die zwischen großer Liebenswürdigkeit und schroffer Ablehnung wechseln konnte.
Das letzte Jahr in Leipzig begann für Goethe schlecht. Die Beziehung zu Käthchen Schönkopf geriet in die Krise, weil für beide feststand, dass nur auf dem Fundament der Ehe etwas Stabiles hätte entstehen können. Und heiraten wollte Goethe nicht. Im April 1768 wurde aus dem Liebensverhältnis eine Freundschaft, Goethe schwankte zwischen Eifersuchtsattacken und Rettungsversuchen. 1770 schließlich heiratete Käthchen als ‚gute Partie' einen Leipziger Juristen, der später Vizebürgermeister der Stadt werden sollte.
Entgegen seinem späteren Ruf als Lebemann und erotischem Draufgänger hatte Goethe zu Käthchen keinen sexuellen Kontakt. Vielmehr – bemerkt Boyle – war er eher ‚in die Liebe verliebt' und kostete in seiner wahrlich reichen Fantasie ihre Spannbreite zwischen Entzücken und Verzweiflung aus.
Die letzten Monate in Leipzig spitzt sich Goethes doppelte Krise – Krankheit und der Verlust von Käthchen – bedrohlich zu. In Oesers Akademie lernte er Ernst Theodor Langer kennen, der den ‚Erweckern des inneren Lichtes' nahestand und Goethe in seiner Glaubenssuche den Weg weisen wollte. Die Bibel, lehrten die Erwecker, sei auf einzigartige Weise für alle Menschen verbindlich. Viel wichtiger für Goethes eigene Theologie war aber

die Ansicht, dass man sich dem Übernatürlichen nur durch Analogie zum Natürlichen annähern könne. Das traf den Kern von Goethes Religionsverständnis und blieb auch in seinen naturwissenschaftlichen Schriften und Entdeckungen gültige Maxime. In Leipzig also entwickelten sich und entwickelte Goethe aus der Fülle von Frankfurter Erfahrungen schmerzhaft und von Freunden begleitet Zuspitzungen, die für sein weiteres Leben prägend sein sollten. Die Leipziger Zeit endete jedoch mit einer lebensbedrohlichen Krankheit. Sehr wahrscheinlich hatte er sich mit einer Tuberkulose infiziert. Ende Juli 1768 litt Goethe unter einem schweren Blutsturz.

An seinem 19. Geburtstag, dem 28. August, verließ er Leipzig, man kann sagen ‚mit leeren Händen'. Ohne akademischen Abschluss, sehr krank und mit kaum einem poetischen Werk. Nun folgte in Frankfurt der Kontakt zu pietistischen Kreisen, insbesondere zu Susanna von Klettenberg, einer angeheirateten Verwandten von Goethes Mutter.

Eine einflussreiche Freundin: Susanna von Klettenberg

Susanna Katharina von Klettenberg wurde am 19. Dezember 1723 in Frankfurt geboren. Ihr Vater, der Arzt Remigius von Klettenberg, entstammte der Frankfurter Patrizierfamilie Seiffart von Klettenberg; er gehörte seit 1733 dem Rat an und bekleidete dort das Amt des ältesten Schöffen. Als Verwandte und Freundin der Frau Rat Goethe sollte sie eine bedeutsame Rolle spielen, als Johann Wolfgang schwer krank aus Leipzig zurückkehrte. Und keineswegs beschränkte sich diese Rolle auf die einer frommen Trösterin, die sich im Herrnhutischen Pietismus eine ganz eigene Position geschaffen hatte. Im Gegenteil eröffnete sie dem 1768 heimkehrenden Goethe neue geistige Perspektiven, die für seine literarische Entwicklung gar nicht hoch genug eingeschätzt werden können. Boyle schreibt über sie: „Fräulein von Klettenberg war ein kluger, fröhlicher, ja humorvoller Mensch“[162], und Goethes Mutter schätzte sie derart, dass sie über Susanna von Klettenbergs letzte Tage und ihren Tod im Dezember 1774 einen ‚bewegenden Bericht‘[163] verfassen sollte. Das Fräulein beschloss nach fünfjähriger Verlobung (1742–1747) mit dem Frankfurter Juristen Johann Daniel von Olenschlager nach dessen Untreue[164] das Verhältnis zu lösen und lernte 1751 durch den Hofrat Friedrich Carl von Moser, der von 1751 bis 1767 in Frankfurt weilte, den herrnhutischen Pietismus kennen. Moser, der als reger Publizist auch geistliche Werke verfasste, traf auf Susanna von Klettenberg im pietistischen Kreis der ‚Stillen im Lande', einem losen Netzwerk von Hauskreisen in mehreren deutschen Regionen. Zum Kreis von Susanna von Klettenberg gehörten dann neben der Frau Rat Goethe so illustre Zeitgenossen wie die Ärzte Johann Christian Senckenberg und Johann Friedrich Metz. Der berühmte Augenarzt und Schriftsteller Johann Heinrich Jung, den Goethe in Straßburg kennenlernen sollte, nannte sich Jung-Stilling nach eben diesen ‚Stillen im Lande‘.

1757 hatte Susanna von Klettenberg ein religiöses Offenbarungserlebnis und begriff sich seitdem als ‚herrnhutische Schwester auf eigene Hand', als eigenmächtige Pietistin, die der zinzendorfisch-herrnhutischen Brüdergemeine nahestand, aber nicht als Mitglied angehörte. Ein Besuch auf dem Hofgut Marienborn in der Nähe der Ronneburg, wo Zinzendorf 1736 eine Gemeinde gegründet hatte, hatte ihre Zweifel verstärkt. Dass Susanna von Klettenberg eine selbstständig denkende Frau war, zeigt sich auch an ihren vielfältigen literarischen Freundschaften. 1754 steuerte sie für den vom christlich-aufklärerischen Patrioten Friedrich Carl von Moser anonym herausgegeben Sammelband *Der Christ in der Freundschaft* fünf Aufsätze bei. Großen Eindruck machte sie auf Lavater, der sie in schräg lautenden Steigerungen ‚die religiöseste, freieste, philosophischste Seele, die ich je gesehen' nannte. Von ihm erhielt sie den freundlichen Namen ‚Cordata' (die Verständige, Gescheite). Man lernte sich nach einem regen Briefwechsel 1774 im Hause Goethe kennen. *Neue Lieder von Fräulein Klettenberg. 1756* heißt ein Büchlein mit sieben geistlichen Liedern, das ein merkwürdiges Schicksal hatte. Johann Friedrich Heinrich (genannt Fritz) Schlosser, der Neffe von Goethes Schwager, von dem noch die Rede sein wird, hat es 1809 in Frankfurt herausgegeben, wofür ihm ein Konvolut von Abschriften einiger Lieder von Susanna von Klettenberg zur Verfügung stand. Das Konvolut hatte dieser Fritz Schlosser bei einer Versteigerung der Bibliothek von Johann Michael von Loën, Goethes Großonkel, durch dessen Enkel erworben. Nicht jedes der sieben Lieder ist eindeutig Susanna von Klettenberg zuzuschreiben. Der Ton aber ist authentisch. Das folgende Beispiel entstammt der äußerst seltenen Ausgabe, die der Insel-Verleger Anton Kippenberg 1907 für die ‚Leipziger Bibliophilen' herausbrachte:

Angebliches Selbstbildnis der Susanna Katharina von Klettenberg nach einem Miniaturgemälde im Weimarer Goethe-Museum.

„Herr Jesu, feßle meinen Willen,
Bind' ihn unendlich fest an Dich;
Kann etwas die Begierde stillen,
das ausser Dir, das ohne Dich?
Nein, Alles was genannt mag werden,
Was dieses weite Rund der Erden,
Was aller Himmel Kreis beschließt, -
Nichts, nichts von den erschaffnen Dingen
Kann unsern Geist zur Ruhe bringen,
Wenn man es ohne Dich genießt"

1767 richtete sich Susanna von Klettenberg in ihrem Elternhaus eine kleine klösterliche Zelle ein, in die sie sich zum Gebet zurückzog. Nach dem Tod ihrer Schwester im folgenden Jahr sorgte sie für deren unmündige Kinder. In dieser Zeit traf sie auf Goethe, der an seinem 19. Geburtstag nach einem schweren Blutsturz in Leipzig nach Frankfurt aufgebrochen war.
Goethe und seine Familie hielten es mit dem Stadtpastor D. A. Claus und seinem Kreis, der als Lutheraner zwar dem Pietismus zuneigte, nicht aber direkt den Herrnhutern nahestand. Nun entwickelte sich zwischen Goethe und Susanna von Klettenberg ein besonders enges Verhältnis, das bis zu ihrem Tod im Jahre 1774 andauern sollte. Offenbar war das möglich, obwohl ihre religiösen Positionen durchaus unterschiedlich waren. Weder unterhielt Goethe ein innig-hingebungsvolles Verhältnis zu Jesus, noch war er von der eigenen Sündhaftigkeit überzeugt. Aber sie stimmten darin überein, dass die inneren Kräfte, die eigene Seele, die Gefühle und Empfindungen nicht den äußeren Handlungen des Menschen zum Opfer fallen dürften. Dass es gälte, das Sensorium für die Wahrnehmung der eigenen Seele zu schärfen. Und das war auch möglich, wenn die Seele nicht im Hinblick auf ihre Hingabe an Jesus geprüft würde. Goethe hat gleichsam eine säkularisierte Variante der pietistischen Seelenschau übernommen. Allerdings hat ihn das nicht daran gehindert, gemeinsam mit dem Fräulein von Klettenberg nach alchimistischen, magischen, kabbalistischen und anderen, den Nachtseiten der Wissenschaften zughörigen Erkenntniswegen zu suchen. Goethe richtete sich sogar ein eigenes kleines alchimistisches Labor ein, in dem er sich magischer Praktiken befleißigte. Das mag für ihn eine Art Vorschule für die einschlägigen Partien im *Faust* gewesen sein. 1666 war der Elsässer Lutheraner und Pietist Philipp Jacob Spener aus Straßburg nach Frankfurt gekommen. Der Senior des Frankfurter Predigerministeriums predigte mit enormem Zulauf in der Barfüßerkirche, dem Vorgängerbau der Paulskirche. Neben den aus Frankreich in der Mitte des 16. Jahrhunderts geflohenen Calvinisten mag auch der überaus populäre und streitbare Spener den Transfer französischer Denk- und Glaubenstraditionen nach Frankfurt befördert haben. Susanna von Klettenbergs Mutter stammte aus einer französischen Hugenottenfamilie. Mag sein, dass der undogmatische Pietismus der Susanna von Klettenberg, die Verbindung von radikaler Innenschau, inniger Liebe zu Jesus und menschenfreundlicher Weltklugheit damit zusammenhängt, dass ihre Familie der französisch-elsässischen Traditionen in Frankfurt teilhaftig geblieben war. Dass Goethe zur Fortsetzung seines Studiums der Rechte 1770 nach Straßburg ging, hing jedenfalls auch mit diesen Frankfurter französischen Traditionen zusammen. Wie weit die antirhetorischen Impulse des Pietismus in die Pädagogik reichten, geht aus einem Zitat des Frankfurter Schulmannes Hans Georg Purmann, Goethes Privatlehrer für Hebräisch, hervor. Im August 1773 publizierte er ein Programm mit dem Titel *Einige Gedanken über die Empfindsamkeit*. Darin fordert er vom Dichter, „daß er seine Werke nicht durch Wortspiele, Antithesen und Spitzfindigkeiten entstelle. Gesinnungen können nur aus der gegenwärtigen Lage des Herzens erzeugt werden. Gegen die Natur der Leidenschaft handelt der Dichter, wenn er mit Sentenzen um sich wirft“[165].

Nicholas Boyle bemerkt, der ,unnachahmliche, wenngleich im Grunde einseitige Tiefsinn von Goethes späteren Werken' habe seinen Ursprung darin, dass er sich zu dieser Zeit dem ,Kult der Innerlichkeit' geöffnet habe. Und darin war Susanna von Klettenberg die Lotsin. Wie wichtig sie für Goethes poetische Entwicklung war, zeigen die literarischen Denkmäler, die er ihr errichtete. So entstand 1774 ein Gedicht, das Goethe in *Dichtung und Wahrheit* erwähnt: „Eines Abends kam bei untergehender Sonne sie und ihre Umgebung wie verklärt vor, und ich konnte mich nicht enthalten, ihre Person und die Gegenstände des Zimmers in ein Bild zu bringen. Ich sendete es an eine auswärtige Freundin und legte als Kommentar und Supplement ein Lied hinzu“[166]:

„Sieh in diesem Zauberspiegel
Einen Traum, wie lieb und gut
Unter ihres Gottes Flügel
Unsre Freundin leidend ruht.

Fühle, wie sie sich herüber
Aus des Lebens Woge stritt;
Sieh dein Bild ihr gegenüber
Und den Gott, der für euch litt.

Fühle, was ich in dem Schweben
Dieser Dämmrung all gefühlt,
Als mit ungedul'gem Streben
Ich die Zeichnung hingewühlt.“[167]

Goethe erwähnt Susanna von Klettenberg ausführlich im 8. Buch von *Dichtung und Wahrheit*, wo er etwa über die gemeinsame Lektüre des 1735 erstmals in Homburg vor der Höhe erschienenen *Opus Mago-Cabbalisticum et Theosophicum (...)* des bayerischen Alchimisten und Theosophen Georg von Welling berichtet.
Das wichtigste Zeugnis für Goethes Verehrung von Susanna von Klettenberg aber ist das sechste Buch von *Wilhelm Meisters Lehrjahre(n)* mit dem sprechenden Titel *Bekenntnisse einer schönen Seele.* Goethe bemerkt in *Dichtung und Wahrheit*, die *Bekenntnisse* seien aus ,Unterhaltungen und Briefen' von Susanna von Klettenberg entstanden, und so darf dieses Buch der *Lehrjahre* doppelt gelesen werden: als episches Element im Lauf der Erzählung und als Erinnerung an eine für Goethe außerordentlich bedeutsame Person in Frankfurt im Kontext seiner Auseinandersetzung mit dem Pietismus.
Vom 27. August 1774, vier Monate vor dem Tod Susanna von Klettenbergs, ein Tag vor Goethes 25. Geburtstag, datiert ein seltsames Schreiben von Goethes Hand. Es ist der Schriftsatz des Anwalts Johann Wolfgang Goethe, unterzeichnet mit „JWGoethe Lt“.
Der Bierbrauermeister Werner hatte das Schöffengericht um Zahlungsaufschub gebeten.

In seiner Gläubigerliste stand auch Susanna von Klettenberg, die ihm 1773 einen Kirchenstuhl in der Barfüßerkirche, der damaligen lutherischen Hauptkirche, für 200 Gulden abgekauft hatte. In Werners Bilanz tauchte die Summe fälschlicherweise als Darlehen auf. Susanna von Klettenberg wollte nicht in Werners Konkursverfahren hineingezogen werden, der vor Gericht von einem ‚unvorsätzlichen Irrtum' sprach. Goethe jedenfalls obsiegte im Namen seiner Freundin Susanna von Klettenberg.

„(Frankfurt, 27. August 1774}

„Wohl- und HochEdelgeborne Gestrenge Fest und Hochgelahrte, Hochfürsichtige und Hochweise Herren; Großgünstig Hochgebietend und Hochgeehrteste Herren Gerichts Schultheiß und Schöffen! Ob der Burger und Bierbrauer Meister Werner, der von ihm nachgesuchten vierjährigen Zahlungs-Frist, würdig sei, hat endes unterzeichnete nicht zu untersuchen, noch zu bestreiten, doch siehet sie sich genötigt das Verhältnis des in der Bilanz angezeigten Kirchenplatzes Ew. HochAdel. Gestrengen und Herrlichkeiten p mit wenigem vorzulegen.

Ich habe solchen im Oktober vorigen Jahrs denen Wörnerischen Eheleuten um und für 200 fl. abgekauft, er ist mir von beiden gehörig zediert (überlassen, die Verf.), und sodann den 9 ten Oktober e. a. (des vergangenen Jahres, die Verf.) auf mich in dem Kirchen-Buche eingeschrieben worden, wie solches der sub. Sign. ⨀ beigehende Original Extractus Protoc: den ich mir retenta apud Acta Copia (Kopie zu den Akten, die Verf.) gehorsamst zurück erbitte, genugsam ausweiset.

Dadurch bin ich also außer Konnexion mit den Wörnerischen Eheleuten gesetzet, und das unanständige Verfahren derselben, da sie fälschlich in der Bilanz angeben, als habe ich darauf nur geliehen, macht sie auch wegen des übrigen verdächtig, das jedoch die Herren Kreditoren zu untersuchen haben.

Worüber meine gehorsamste geziemende Bitte an Ew. HochAdel. Gestrengen und Herrlichkeiten p dahin ergehet: Hochdieselben geruhen Hochrichterlich dem Bierbrauer Wörner die Einführung des schon verkauften Kirchenplatzes in seine Bilanz zu verweisen, mich bei meinen Gerechtsamen zu schützen, und also keinesweges zuzulassen, daß ich auf ein oder die andere Weise in den etwaigen beschwerlichen und kostspieligen Konkurs gezogen werde.

Refusis expensis. (nach Verurteilung in die Kosten, die Verf.)

Die ich p. Euer Hochadel. Gestrengen und Herrlichkeiten p ergebenste Susanna Catharina von Klettenberg

JW Goethe Lt"[168].

Goethe besuchte bis zum Fortgang nach Straßburg pietistische Versammlungen. Er befasste sich kurze Zeit intensiv mit Geheimwissen, machte alchimistische Experimente, dachte über die Hierarchien der Engel und Luzifers Höllensturz nach. Mag sein, dass ihm in dieser Zeit die Idee kam, ein eigenes *Faust*-Drama zu schreiben.

Im September 1769 vollendete er die zweite Fassung des Lustspiels *Die Mitschuldigen.* Die *Neuen Lieder* – Gedichte, die in Leipzig entstanden waren – erschienen im selben Jahr anonym bei Breitkopf in Leipzig. Immer wieder sollte es ihm gelingen, sich aus Krisen ‚herauszuschreiben', dieses Mal aber stand zu viel auf dem Spiel. Krankheit, religiöse Verunsicherung, poetische Selbstzweifel: Goethe war wohl bereit, bei der pietistischen Bruderschaft und Susanna von Klettenberg insbesondere Halt und Rat zu suchen – und zu finden: „Sie wußte den rechten Weg gewöhnlich anzudeuten, eben weil sie ins Labyrinth von oben herabsah und nicht selbst darin befangen war."[169] Aber damit konnte er nicht zufrieden sein. Mit seinem Leben, „das er ziellos mit Alchemie, Zeichnen, Radieren, unvollendeten Stücken und den inneren Bewegungen der Seele vertat"[170].

Nicholas Boyle schreibt Susanna von Klettenberg einen erheblichen Einfluss auf Goethes Frankfurter Überleben nach Krankheit und Krise und sein künftiges Leben als bedeutendster deutscher Schriftsteller zu. Sie habe ihm dabei geholfen, sich dem ‚Hauptstrom der deutschen Gefühlskultur' zu nähern und durch ihr eigenes Beispiel demonstriert, wie man sich an eine nationale Bewegung anlehnt, ohne ihr zu verfallen. Nun aber musste er als Autor vorankommen.

So hatte sich Caspar Goethe die Karriere seines Sohnes nicht vorgestellt. Wieder einmal diente ihm eine Station des eigenen Bildungsweges als strikte Empfehlung für den Sohn. Johann Wolfgang sollte in Straßburg sein juristisches Studium mit dem Doktor-Examen abschließen.

Johann Wolfgang stand vor einem gründlichen Wandel der Existenz, und man kann darüber staunen, wie meisterhaft er inzwischen schon die Kunst der Selbst-Initiation beherrschte. Von einem Zustand, einer Lebensphase, einem poetischen Selbstverständnis in neue Verhältnisse zu wechseln. Bekräftigt und besiegelt wurde dieser Wechsel Anfang Januar 1770 durch den zweiten ‚Haupt-Autodafé' seiner Jugendwerke.

Straßburg: Herder, Wagner, Lenz und andere

Anfang April 1770 kam Goethe in Straßburg an. Die Stadt mit ihren 43 000 Einwohnern, die zur Hälfte Protestanten waren, stand seit der Expansionspolitik Ludwig XIV. unter französischer Verwaltung. Der nun zwanzigjährige Student der Rechte, der leidlich Französisch sprach, fand sich rasch ins studentische Milieu und hatte Kontakt zur deutschsprachigen wie zur französisch sprechenden Bevölkerung. Zunächst verpasste er sich einen Zivilisationsschub, nahm Tanzunterricht, lernte Whist spielen und bekämpfte offensiv seine Höhenangst durch Erklimmen des Münsterturms, seinerzeit des höchsten Bauwerks der Welt. Wie in Leipzig reichte der monatliche Wechsel für einen aufwendigen Lebensstil. Sehr bald entfremdete er sich der christlichen Religion, die er zuletzt als pietistische Schwärmerei gepflegt hatte. Am 26. August 1770 empfing er zum letzten Mal das Abendmahl.

Schon am 25. und 26. September bestand er – mit Auszeichnung – das juristische Lizentiat und hätte sich auf die vom Vater erwartete Dissertation von 20 bis 40 Druckseiten Umfang vorbereiten können. Dazu sollte es jedoch nie kommen. Entscheidend wurden die literarischen Bekanntschaften, die ihm halfen, die Leere zu füllen, die durch den Schwund des pietistischen Empfindungssyndroms entstanden war.

In Straßburg traf Goethe auf Autoren, die dabei waren, sich einen Namen zu machen oder – wie Herder – schon zu den Großen gehörten.

Der fromme Pietist Johann Heinrich Jung, später genannt Jung-Stilling, war zum Medizinstudium nach Straßburg gekommen und wirkte auf andere Studenten ziemlich wunderlich. Goethe schätzte ihn sehr. So sehr, dass er 1777 ohne dessen Wissen Stillings ersten Band seiner gerühmten Lebenserinnerungen herausgab: *Heinrich Stillings Jugend*.

Heinrich Leopold Wagner aus Straßburg studierte wie Goethe die Rechte. Er sollte 1776 mit dem Drama *Die Kindermörderin* berühmt werden, einem Schlüsselstück des ‚Sturm und Drang'. 1774 ging er nach Frankfurt, wo er 1779 im Alter von 32 Jahren starb. Eine sehr besondere Beziehung verband Goethe mit Jakob Michael Reinhold Lenz aus Livland (heute Lettland). So schrieb er ihm einmal in der Straßburger Zeit schwung- und liebevoll ins Stammbuch:

> „Zur Erinnrung guter Stunden,
> Aller Freuden, aller Wunden,
> Aller Sorgen, aller Schmerzen
> In zwei tollen Dichterherzen,
> Noch im letzten Augenblick
> Lass' ich Lenzchen dies zurück."[171]

Lenz, der nach Goethe wohl bedeutendste Autor des ‚Sturm und Drang', verliebte sich in tätiger Nachahmung Goethes in Friederike Brion. Er verfiel später dem Wahnsinn. Georg Büchners Novellenfragment *Lenz* berichtet über ihn, als er bei Pfarrer Johann Friedrich Oberlin im elsässischen Waldersbach Genesung suchte.
Johann Gottfried Herder aber sollte die eine, alle anderen überragende Begegnung Goethes in Straßburg werden. Um 1770 war er mit Werken wie *Fragmente über die neuere deutsche Literatur* von 1766/67 und den *Kritischen Wäldern* aus dem Jahre 1769 schon ein berühmter Autor. Goethe betrachtete den fünf Jahre Älteren als Mentor und Meister. Er erklärte sich bereit, Herders Planet zu werden als Mond, der um die Erde kreist, wenn es nötig sei.
In Herders *Abhandlung über den Ursprung der Sprache* von 1771/1772 wird die Preisfrage der Akademie mit der Theorie beantwortet, „daß Humanität, Rationalität und Sprachvermögen synonyme Begriffe sind, daß die Menschheit und die menschliche Sprache gleichzeitig entstehen, daß der Mensch ganz einfach das sprechende Tier *ist* und als Mensch nicht ohne Sprache vorgestellt werden kann" [172].
Nicholas Boyle bemerkt, Herder habe Goethe in Straßburg den Weg gezeigt, den die deutsche Literatur nehmen müsse, wenn sie der Nation dienen wolle. Durch Sprache solle und könne das geschehen, und nur Goethe habe nach 1770 die deutsche Literatur auf diesen Weg führen können.
Nach Herder verkörpert sich die nationale Kultur in der Volkssprache. Aber so, dass die Sprache Teil der alles verbindenden Humanität, der Allgemeinheit ist, nicht etwa als Nationalkultur sich einkapselt.
Der ungemein produktive Impuls von solchen Überlegungen bestand für Goethe darin, dass es möglich sein sollte, die eigene literarische Arbeit auf der Basis eines schöpferischen Umgangs mit der Volkssprache für eine Nationalkultur nutzbar zu machen.
Bei Exkursionen im deutschsprachigen Elsass traf Goethe auf eine deutsche Sprache, die ‚unverdorben' schien, und er fand Lieder und Balladen, die noch gesungen wurden. Die Begegnung mit dieser ‚Volkskultur' setzte in Goethe eigene poetische Kräfte frei. Dafür war die Liebe zu Friederike Elisabeth Brion aber mindestens ebenso ausschlaggebend. Mitte Oktober 1770 wurde er in der Familie des Pfarrers von Sesenheim eingeführt. Es folgten kürzere und etwas längere Aufenthalte im Pfarrhaus, gemeinsame Ausflüge, Picknicks und dergleichen. Wohl im August 1771 besuchte Goethe das Sesenheimer Pfarrhaus zum letzten Mal und machte deutlich, dass er nicht wiederkäme.
Im selben Monat kehrte er nach Frankfurt zurück. Von dort aus schrieb er Friederike einen heiter gestimmten Abschiedsbrief, in dem er vorschlug, die Beziehung in eine gute Freundschaft zu verwandeln. Im Antwortbrief teilte ihm Friederike mit, dass sie einen gesundheitlichen Zusammenbruch erlitten habe. Das traf Goethe zutiefst.
Vor der Trennung von Friederike hatte Goethe die erste Strophe eines seiner berühmtesten Gedichte geschrieben:

„Es schlug mein Herz. Geschwind, zu Pferde!
Und fort, wild wie ein Held zur Schlacht.
Der Abend wiegte schon die Erde,
Und an den Bergen hing die Nacht.
Schon stund im Nebelkleid die Eiche
Wie ein getürmter Riese da,
Wo Finsternis aus dem Gesträuche
Mit hundert schwarzen Augen sah.
Der Mond von einem Wolkenhügel
Sah schläfrig aus dem Duft hervor.“[173]

Die Fortsetzung folgte später. Sie handelt vom Schmerz des Abschiedes und von der Liebe. Es bleibt unklar, wie und warum die Trennung zustande kam. Aber beide haben und wurden geliebt und danken den Göttern dafür.

So verließ Goethe Straßburg und Friederike Brion in Sesenheim. In dem Gedicht, das hier schon meisterhaft klingt und mit einem reichen Repertoire an poetischen Möglichkeiten aufwartet, ist von zwei Liebenden die Rede, deren Abschiedsschmerz aufgehoben ist im erfahrenen Glück und in einem großartigen Gedicht.

In Frankfurt holte seine Art eine Liebe zu beenden Goethe mit Macht und Erschütterung ein. Unter den literarischen Freunden oder zumindest doch Weggefährten befand sich auch ein Dichter, der durch eines der wichtigsten Stücke des ‚Sturm und Drang‘ bekannt werden sollte und nach Frankfurt übersiedelte:

Heinrich Leopold Wagner

Heinrich Leopold Wagner wurde am 19. Februar 1747 in Straßburg als Sohn eines Kaufmanns geboren, ging dort zur Schule und begann ein juristisches Studium. Schon früh interessierte er sich mehr für das Theater und die Literatur als das Schulwissen.

Anfang April 1770 kam Goethe nach Straßburg, um dort sein juristisches Studium zu beenden. In der berühmten ‚Tischgesellschaft‘ in der Rue de l’Ail, der Knoblauchgasse, trafen sich Studenten, darunter J. M. R. Lenz, der Medizinstudent Johann Heinrich Jung – und auch Heinrich Leopold Wagner und Goethe. Wagner war in dieser Zeit mit Goethe nicht näher bekannt, aber er war doch Zeuge der enormen Wirkung, die von Johann Gottfried Herder auf die Mitglieder der ‚Tischgesellschaft‘, allen voran Goethe, ausging. Anfang September 1770 unterbrach der schon berühmte Herder eine Reise, um sich in Straßburg einer Augenoperation zu unterziehen. Vorher hatte er in Darmstadt den Kriegsrat Johann Heinrich Merck kennengelernt, mit dem Goethe sich im Jahr darauf befreunden sollte. Goethe lernte Herder nicht in der ‚Tischgesellschaft‘, sondern zufällig im Straßburger Gasthaus ‚Zum Geist' kennen, was ja ein schöner Name für die erste Zusammenkunft der beiden ist.

Herder befand sich während seiner ausgedehnten Reise auf einer Art Flucht, er war aus Riga, wo er verschiedene geistliche Ämter bekleidet hatte und theologischen Anfeindungen ausgesetzt war, in einem Befreiungsakt aufgebrochen, um einige Zeit später mit dem Erbprinzen von Holstein-Gottorp als Reiseprediger unterwegs zu sein. Die gemeinsame Reise endete in Straßburg. Nach der Augenoperation blieb Herder noch längere Zeit in Straßburg, wo er an seiner bahnbrechenden *Abhandlung über den Ursprung der Sprache* arbeitete.

Das wurde hier etwas ausführlicher dargestellt, weil mit Herder und den Studenten der ‚Tischgesellschaft' jener literarische Neubeginn aus der Taufe gehoben wurde, der später unter ‚Sturm und Drang' firmierte. Der 21jährige Goethe fand im 26jährigen Herder einen großen Anreger, der selbst seinen Bruch mit den Verhältnissen in Riga und die anschließende Reise als einen fundamentalen Neuanfang empfand. Nicht nur das; sein *Journal meiner Reise im Jahre 1769*, das vollständig erst 1846 erschien, kann als ‚Urschrift' des ‚Sturm und Drang' gelesen werden. Arno Schmidt nannte es „die Magna Charta des Sturm und Drang"[174]. Der Germanist Ulrich Karthaus sieht im Journal „eine Zusammenstellung von Wahrnehmungen, Einfällen, Plänen und Gedanken, die thematisch, nicht chronologisch geordnet sind"[175], man dürfe den Titel *Journal* in einem übertragenen Sinn verstehen: als ‚Darstellung der Reise des Autors zu sich selbst und zugleich als Rechenschaftsbericht'. Die entscheidenden Begriffe des *Journals* seien: Geist, Gefühl und Genie im Zusammenhang mit dem Begriff Leben. Goethe war in der Zeit nach Herders Augenoperation ein treuer Helfer, ja – wie Herder bemerkte – ‚mitunter der einzige, der mich in meiner Gefangenschaft besuchte und den ich gern sah'. So also hat man sich die Geburt eines radikal neuen Tons in der deutschen Literatur um 1770, eines Tons und ihrer Öffnung hin zu einer emphatischen Aufmerksamkeit für das Innenleben des Autors vorzustellen.

Herder machte Goethe in Straßburg mit seinen Sprach- und Literaturprojekten vertraut, Heinrich Leopold Wagner war in der ‚Tischgesellschaft' Zeuge und sollte sich wenig später in Frankfurt Goethe anschließen. Zunächst aber ging er in großer Geldnot als Hauslehrer nach Saarbrücken, um bei der Familie von Carl Wilhelm Freiherr von Günderrode zu arbeiten. Auch das hatte etwas mit Frankfurt zu tun; denn dieser Günderrode entstammte wie die Dichterin Karoline von Günderrode einer alten Frankfurter Patrizierfamilie, die als Ganerbschaft ihre Interessen im Rat der Freien Reichsstadt vertrat. Dort hatte sie bis nach dem Fettmilch-Aufstand sogar die Mehrheit. Nicht ganz geklärter Vorkommnisse wegen wurde Wagner vom Fürsten Ludwig von Nassau-Saarbrücken aus Saarbrücken ausgewiesen, wahrscheinlich, weil er sich gegen Stadt und Hof despektierlich geäußert hatte.

Wagner ging dann zunächst nach Gießen, im Herbst 1774 schließlich nach Frankfurt. 1775 veröffentlichte er anonym die Harlekinade *Prometheus, Deukalion und seine Recensenten*, in der er kräftig auf die Gegner von Goethes *Werther* eindrosch. Das machte Skandal, weil Teile der ohnehin vom *Werther*-Fieber infizierten literarischen Öffentlichkeit Goethe (=Prometheus) selbst für den Verfasser hielten. Wagner, der kurzfristig zurück nach Straßburg gegangen war, um dort am 28. August 1776 sein juristisches Studium mit einer Doktorarbeit über die Goldene Bulle zu beenden, kam im September nach Frankfurt zurück und war regelmäßiger Gast im Hause Goethe, wo er in der Gunst von Frau Rat stand und mit Klinger, Merck, Klopstock und anderen verkehrte. Er ließ sich als Anwalt nieder, heiratete eine Frankfurter Witwe und erwarb das Bürgerrecht der Freien Reichsstadt. Mit seiner Reputation war es allerdings schlecht bestellt. Angeblich musste er sich heimlich zu den literarischen Versammlungen im Klingerschen Haus in der Rittergasse schleichen, weil er verschuldet war und weder als Anwalt noch mit seinen Publikationen genügend Geld verdienen konnte.

1776 übersetzte Wagner auf Goethes Wunsch und Anregung die 1773 in Paris erschienenen Überlegungen zum Theater von Louis-Sébastien Mercier: *Du théâtre ou nouvel essai sur l'art dramatique*. Mercier gehörte als Abgeordneter des Nationalkonvents zu den Girondisten und verfasste die berühmten Stadtansichten *Le Tableau des Paris* (1781/1788), die als immer noch lesenswerte *Pariser Nahaufnahmen* 2000 in Enzensbergers ‚Anderer Bibliothek' erschienen. Merciers Theater-Buch kam unter dem Titel *Neuer Versuch über die Schauspielkunst* heraus und zeigt einmal mehr, wie schon der junge Goethe (1775 war er 26 Jahre alt) neben seinen eigenen Werken ein Anreger, Förderer – heute würde man sagen – Netzwerker war. Und offenbar war die Gunst des *Werther*-Autors für andere, nicht so erfolgreiche Autoren ein hohes Gut. Als ‚Marketing-Maßnahme' erwies es sich für die *Schauspielkunst* gewiss von Vorteil, dass das Buch ‚mit einem Anhang aus Goethes Brieftasche' versehen war. Darin befanden sich fünf Gedichte, die *Dritte Wallfahrt nach Erwins Grabe* und die *Abhandlung über Falconet*.

Für die Seylersche Theatertruppe lieferte er rasch verfertigte Stücke und verfasste für sie während eines zweimonatigen Gastspiels in Frankfurt 1777 *Briefe, die Seylersche Gesellschaft betreffend,* in der er nicht weiter vertiefte ästhetische Maximen des ‚Sturm und Drang' darlegte. Heinrich Leopold Wagner starb am 4. März 1779 in Frankfurt vermutlich an Lungentuberkulose.

Er ist im literarischen Gedächtnis vor allem mit seinem Drama *Die Kindermörderin* präsent geblieben. Er las das Stück am 18. Juli 1776 in der von Friedrich Rudolf Salzmann 1775 gegründeten ‚Deutschen Gesellschaft' in Straßburg vor – mit großem Erfolg.

Wie der ‚Sturm und Drang'-Kenner Ulrich Karthaus ausführt, war der Mord an einem neugeborenen Kind in der Dichtung des späten achtzehnten und noch des neunzehnten Jahrhunderts ein vielfach behandeltes Thema. Ganz besonders in der Literatur des ‚Sturm und Drang' war dieses Thema lebendig. Bei J. M. R. Lenz, Friedrich (Maler) Müller, in Klingers *Faust*-Roman und natürlich in Goethes *Faust* kommt es zur Sprache. Getragen wird das Thema vom großen aufklärerischen Diskurs über die Ursachen des Verbrechens. Verbunden mit der deutlichen Kritik am adligen Verführer, an der sexuellen Überrumpelung von Frauen oder Mädchen, die niedriger gestellt waren. Im Drama des ‚Sturm und

Drang' und hier besonders in Wagners *Kindermörderin* kommt nach dem bürgerlichen Trauerspiel ein radikaler Wandel des Tragödien-Personals hinzu. Jetzt sind Angehörige der Unterschichten und nicht mehr nur am Rande vorkommende Dienstboten theaterfähige Subjekte. Bevor darauf näher eingegangen wird, soll der 40 Jahre ältere Goethe zu Wort kommen, der sich 1812/1813 im 14. Buch von *Dichtung und Wahrheit* nicht ohne schulmeisterliche Überlegenheit zu Wagner und seiner *Kindermörderin* äußert:
„Vorübergehend will ich nur, der Folge wegen, noch eines guten Gesellen gedenken, der, obgleich von keinen außerordentlichen Gaben, doch auch mitzählte. Er hieß Wagner, erst ein Glied der Straßburger, dann der Frankfurter Gesellschaft; nicht ohne Geist, Talent und Unterricht. Er zeigte sich als ein Strebender, und so war er willkommen. Auch hielt er treulich an mir, und weil ich aus allem was ich vorhatte kein Geheimnis machte, so erzählte ich ihm wie andern meine Absicht mit *Faust*, besonders die Katastrophe von Gretchen. Er fasste das Sujet auf, und benutzte es für ein Trauerspiel, *Die Kindermörderin.* Es war das erste Mal, daß mir jemand etwas von meinen Vorsätzen wegschnappte; es verdroß mich, ohne daß ich's ihm nachgetragen hätte. Ich habe dergleichen Gedankenraub und Vorwegnahmen nachher noch oft erlebt, und hatte mich, bei meinem Zaudern und Beschwätzen so manches Vorgesetzten und Eingebildeten, nicht mit Recht zu beschweren."[176]

Faust und Grete in Frau Marthes Garten. Umrißradierung von Moritz Retzsch (1816).

Ob Wagner wirklich als Stoff-Dieb bezeichnet werden darf, ist fraglich; denn die historische Vorlage ist im Fall der *Kindermörderin* wohl weniger das schreckliche Schicksal der Anna Katharina Brandt als die Anklage gegen die 22jährige Maria Sophia Leypold im Oktober 1775 in Straßburg. Sie wurde des Kindesmordes bezichtigt, dann aber nicht zum Tode verurteilt, sondern von König Ludwig XVI. begnadigt und schließlich 1788 freigelassen, weil es sich bei ihrem Kind wahrscheinlich um eine Totgeburt gehandelt hatte. Die Handlung des Dramas ist klar und eindeutig. Evchen Humbrecht, wie Maria Sophia Leypold Tochter eines Metzgermeisters, wird vom Leutnant von Gröningseck verführt, nachdem er die Mutter mit einem Mittel im Punsch betäubt hat. Adliger Offizier schändet ehrbare Bürgertochter – soweit das bekannte Muster. Es tritt auch noch des Leutnants Regimentskamerad von Hasenpoth hinzu, der das Pulver beschafft hat und als kleiner Mephisto den Verführer noch zu weiteren Übeltaten treiben will. Zum Beispiel möchte er Gröningseck zum Bruch des Heiratsversprechens überreden, das der der Familie

Humbrecht gegeben hat. Nun folgt eine schmutzige Intrige. Von Hasenpoth schlägt unter dem Namen von Gröningseck dem armen schwangeren Evchen vor, doch Hasenpoth als Liebhaber zu nehmen, woraufhin sie verzweifelt. Hasenpoth legt nach. Ob man denn wirklich glaube, Gröningseck sei so dumm, Evchen zu heiraten? Wieder schreibt Hasenpoth als Gröningseck. Alles wird noch schlimmer und komplizierter. Metzger Humbrecht muss erfahren, dass seine Frau und seine Tochter in einem Bordell frühstücken. Nun ist Humbrecht zwischen Verdammung der Tochter und Sorge um sie hin- und hergerissen. Das Drama schließt – außergewöhnlich genug – mit einem sechsten Akt. Evchen hat das Kind. Sie lebt versteckt bei der Wäscherin Frau Marthan, die ihr Asyl gewährt und sie bei eigener Armut versorgt. Am Ende tötet Evchen in geistiger Verwirrung ihr Kind. Der Vater aber verzeiht ihr, die Intrige des bösen von Hasenpoth wird aufgeklärt, alles scheint sich zum Guten zu wenden. Und dann gesteht Evchen die Kindstötung und wird abgeführt. Der Verführer von Grönigseck indes will beim König um Gnade bitten. Schließlich die programmatischen Worte des Fiskal (eine Art Polizist): ‚Freilich! Es kommt viel auf die Umstände an!'

„Deutlicher als fast alle anderen Werke des Sturm und Drang zeigt Wagners *Kindermörderin* die Verkehrtheiten und Ungerechtigkeiten der Gesellschaft, wie sie in den Jahrzehnten vor der Französischen Revolution bestand"[177], bemerkt Ulrich Karthaus.

Aber im Mittelpunkt steht nicht bloß das traurige Schicksal der Verführten, die ja ihre Rolle als Objekt nicht sprengt. „Wagners *Kindermörderin* geht einen wichtigen Schritt weiter. Das bürgerliche Trauerspiel wird zum sozialen Drama, indem nicht nur ein bürgerliches Mädchen ein tragisches Schicksal erleidet, sondern indem die Katastrophe durch gesellschaftliche Ursachen herbeigeführt wird: die Offiziersehre des adligen Verführers, die kleinbürgerliche Familienehre, die Angst vor Schande und Strafe, die Armut, das sind Bedingungen, ohne die Evchen ihr Kind nicht umgebracht hätte."[178] Und auch mit genuin theatralischen Mitteln sprengt Wagner die Dramen-Konvention. Er verleiht den Figuren der Unterschicht eine Sprache: ihre eigene. Sein großes Talent zeigt sich gerade darin, dass er die handelnden Personen durch ihre Sprache auf neue Weise charakterisiert. Das reicht vom militärischen Jargon bis zum elsässischen Dialekt. So hatte man die Nöte der Unterschichten noch nicht im Theater hören können. Es klingt schon ein wenig wie sechzig Jahre später bei Georg Büchner. Traurig ist es um die Aufführungsgeschichte dieses Sozialdramas bestellt. Das Stück erschien 1776 anonym in Leipzig. Weil es zu ‚unanständig' war, wurde die Aufführung verboten.

Karl Gotthelf Lessing, der jüngere Bruder von Gotthold Ephraim Lessing, machte sich an eine Umarbeitung. Er hielt J. M. R. Lenz für den Autor, was weder gegen Lenz noch gegen Wagner sprach, strich den 1. Akt ganz und gar, verbesserte die herbe Umgangssprache sowie den elsässischen Dialekt in ‚besseres Deutsch', erhielt aber auch für diese gereinigte Fassung nicht das Plazet der Zensur: es wurde für eine Aufführung in Berlin nicht freigegeben. Wagner kritisierte 1777 in den *Frankfurter Gelehrten Anzeigen* Lessings Fassung scharf und machte sich selbst an eine Umarbeitung. So, dass es in den ‚delikaten tugendlallenden Zeiten' auf den ‚sogenannten gereinigten Bühnen' ehrenvoll erscheinen dürfte. Auch er strich den 1. Akt und änderte den Schluss radikal: Meister Humbrecht kann den Kindsmord verhindern. Der Titel des umgeschriebenen Stücks lautete nun recht merkwürdig didaktisch: *Evchen Humbrecht oder Ihr Mütter merkts Euch!* In dieser Fassung durfte das Schauspiel am 4. September 1778 in Frankfurt uraufgeführt werden. (Auf den Tag genau 126 Jahre später wurde die Originalfassung an der Neuen Freien Volksbühne in Berlin gespielt.)

In einem Brief vom 15. Juli 1782 an den badischen Minister und späteren Intendanten des Mannheimer Nationaltheaters Heribert von Dalberg bemerkte Schiller:

„Wagners Kindsmörderin, hat rührende Situationen, und intereßante Züge. Doch erhebt sie sich über den Grad der Mittelmäßgkeit nicht. Sie würkt nicht sehr auf meine Empfindung, und hat zu viel Wasser."[179]

Da unterschied er sich kaum im Ton, den Goethe in *Dichtung und Wahrheit* anschlagen sollte.

Immerhin wird Wagners *Kindermörderin* gelegentlich noch gespielt. Ein kurzer Ausschnitt aus dem sechsten Akt der Urfassung mag demonstrieren, dass seine Sprache nicht gänzlich veraltet ist:

> „*(Zimmer der Frau Marthan, im Hintergrund ein armseliges Bett ohne Vorhäng: F r a u M a r t h a n biegelt, und legt Stück vor Stück, wie sies fertig bringt, in einem Korb zusammen; E v c h e n sitzt am Bette, hat ihr Kind auf dem Arm, es schreyt.)*

Evchen. Armes, armes Kind! – nein länger ertrag ichs nicht. – *(legts aufs Bett.)* O liebe Frau Marthan! – ich bitt sie um Gottswillen, nur ein einziges halbes Weißbrod, nur ein Viertel! schaff sie mir, und ein paar Löffel Milch, daß ich dem unschuldigen Tröpfchen ein Bißel Brey koche.

Fr. Marthan. Woher nehmen und nicht stehlen? wenn sie mich auf den Kopf stellt, so fällt kein Heller heraus – Sie weiß ja selbst, daß ich heut meine letzten Pfennige zusammengescharrt hab, um das Laibchen Kommißbrod zu kaufen.

Evchen. Heyland der Welt! – so solls denn verschmachten!

Fr. Marthan. Gib sie ihm zu trinken.

Evchen. Wenn ich was hätte! – es ist alles vertrocknet, kein Tropfen herauszupressen! mein Kummer hat alles aufgezehrt. – *(geht vom Bett weg.)* Kann den Jammer nicht ansehn, sonst werd ich noch rasend.

Fr. Marthan. Behüt und bewahre! da käm sie ja ins Tollhaus! – weiß sie was, Jungfer –

Evchen. Spricht sie mit mir, Frau Marthan?

Fr. Marthan. Mit wem sonst? – Soll ich sie etwa nit Jungfer heißen? Kurios! – gehn so viele vornehme und geringe in der Stadt herum, die schon drey, vier so Puppelchen in der Kost haben, thäten einem die Augen auskratzen, oder gar einen Jurienprozeß an Hals hängen, wenn man sie nit hinten und vornen Jungfern hieß! – Ich glaub aber, Gott verzeih mirs, sie ist gar nit wie ander Leut. – Was geschehn ist, ist geschehn, da hilft kein Greinen und kein Jammern! und ein Kind, so denk ich, ist doch immer besser als ein Kalb: – kann sie nicht gleich wieder einen Platz als Stubenmädchen bekommen, so will ich sie als Säugamm rekummediren –

Evchen. Hätt ich Milch für *den* Wurm!

Fr. Marthan. Wie ists möglich? wo soll sie herkommen? seit den fünf Wochen, daß sie bey mir ist, hat sie, Gott verzeih mirs! glaub ich, ein Ohm Wasser zu den Augen heraus geweint; und darnach, wenn man nichts ißt und trinkt – ich will doch wärli nit hoffen, daß es ihr etwa nit gut genug ist? – wer's Geringe nit will, ists Gute nit werth: gelt! den Teller voll Fleischsuppe, den ich ihr vorgestern Abends hinstellte, weil ich gestern im Taglohn wäschen mußt, warum hat sie ihn nicht gewärmt und gegessen? Gott weiß, ich hab ihn an meinem eigenen Maul erspart! – sie war so kräftig, es hätt sich ein Prinz daran erlaben können! ein ganz Pfund vom besten Kuhfleisch und zwey Kalbsfüß! – aber nein, da ließ sie sie verderben, heut mußt ich sie der Katz hinstellen. – Ist das nit sündlich? heißt das nit an seinem eignen Leib zum Mörder werden, und kann sie das verantworten? *(geht hinaus einen heißen Stahl zu hohlen.)*

Evchen. Ha! verantworten, das ist die Sache! – wäre *das* nicht, nicht die Furcht ewig, ewig – schon längst wär meines Gebeins nicht mehr. *(Frau Marthan kommt wieder.)* Sie soll vollkommen Recht haben, Frau Marthan! ganz recht; aber denk sie sich an meinen Platz; betracht sie das arme Würmchen hier; von Gott und der Welt verlaßen –

Fr. Marthan. Das sag sie nicht, ja nicht! sie versündigt sich wieder. – Gott hat noch niemand verlassen, er wird an ihr und an ihrem Kind nicht anfangen; und ich will ja gern alles thun, was ich thun kann; – wie gesagt, so bald die Frau Funfzehnerinn ins Kindbett kommt, will ich sie als Säugamm hinbringen. – Ich gelt was bey ihr, das kann ich wohl sagen. *(Das Kind schreyt wieder.)*

Evchen. *(läuft ans Bett.)* Gottes Barmherzigkeit, es schreyt sich vor Hunger noch zu Tode. *(nimmts auf den Arm, und wiegts.)*

Fr. Marthan. So! das ist recht! such sies ein wenig zu geschweigen; so bald ich mit der Wäsch fertig bin, will ich sie wegtragen, vielleicht krieg ich ein paar Schilling. – Aber alles was sie thut, huck sie mir nit immer so über sich selber; der bös Gott bhüt uns, könnt gar leicht sein Spiel haben: nimm sie ein Gebetbuch und leß sie hübsch drinn, sie sagt ja sie könnts; dort auf dem Tresurchen steht der Himmels- und Höllenweg; 's ist gar schön, sag ich ihr: mein Mann seelig hat ihn in seiner letzten Krankheit fast auswendig gelernt. – Bey wem hat sie denn zuletzt gedient, eh ihr das Unglück begegnet ist? – Ich sag immer, es ist aber doch nicht recht von den Herrschaften, die einen armen Dienstboten, wenn er in *den* Umständen ist, so mir nix dir nix zum Haus hinauswerfen, wir sind alle sündliche Menschen; wie bald kann nit ein Unglück geschehn, und dann hats der Herr oder die Frau doch auch aufm Gewissen. – Bey wem wars, hört sie nicht? –

Evchen. Bey wem? *(verwirrt.)* beym – beym – sie kennt ihn doch nicht.

Fr. Marthan. Wer weiß? sag sies nur; – über mein Zung solls nit kommen.
Evchen. Beym – beym Metzger Humbrecht.
Fr. Marthan. Bey dem! was! beym Metzger Humbrecht? – ey! was sie mir nit sagt da – so muß sie denn auch seine Tochter kennen, gelt?
Evchen. Zu gut nur, leider!
Fr. Marthan. Ja wohl leider! – man soll zwar niemand richten, aber – es muß doch kein guter Blutstropfen in ihr gewesen seyn, sonst hätt sie das nit gethan! – gestern auf der Britsch ist ein langes und ein breites davon erzählt worden. – Wenn ein Weibsbild sich so weit verleiten läßt, daß sie gar in Burdels geht –
Evchen. Was sagt sie! Gott! sie wär in ein Bordel gegangen?“[180]

Friedrich Maximilian Klinger

Zum Frankfurter Kreis um Goethe gehörte auch Friedrich Maximilian Klinger. Er ist in Vergessenheit geraten. Dass von ihm das Drama stammt, von dem die literarische Bewegung des ‚Sturm und Drang‘ ihren Namen hat, ist bekannt. Kaum aber mehr.
Klinger stammt aus bescheidenen Verhältnissen, die man auch als elend und unglücklich bezeichnen kann. Der Vater, Johannes Klinger, Enkel eines Bauern aus Reichelsheim im Odenwald, war Konstabler bei der Frankfurter städtischen Artillerie, ein ‚Zeugmeister‘ im Rang eines Unteroffiziers. Also jemand, der sich um die Kanonen kümmert. In Frankfurt kennt jeder die Konstablerwache, die früher als ‚Zeughaus‘, Waffenkammer, diente und daher gut bewacht werden musste. Danach wechselte er als Ordonnanz zum seinerzeit als königlich dänischer Hofjunker in Frankfurt weilenden Friedrich Maximilian von Lersner, wurde also eine Art persönlicher, militärischer Bediensteter.
Als Friedrich Maximilian am 17. Februar 1752 zur Welt kam, wurde von Lersner sein Pate. Daher trug er dessen Vornamen. Der Vater starb mit 37 Jahren 1760 während einer Krankenwache für seinen Vorgesetzten. Jetzt begann das Elend. Die Mutter, Cornelia Margareta Dorothea, musste vier Kinder durchbringen. Sie tat das als Wäscherin und mit einem Kleinhandel von Feuersteinen am Fahrtor. Dann hatte Friedrich Maximilian ein großes Sozialisations-Glück: Ein Professor namens Zink und dessen Familie sorgten dafür, dass er das Gymnasium besuchen konnte. Seine Schwester war mit einer Zink-Tochter befreundet.
Friedrich Maximilian musste aber für seinen Lebensunterhalt selbst sorgen. Er tat dies als Kalfaktor (Heizer, d. A.) am Gymnasium, als Chorknabe der für milde Gaben singenden Kurrendschüler und durch Erteilen von Privatunterricht an jüngere Mitschüler. Die Sorge um den Existenzerhalt begleitete ihn, bis sein Leben im Jahr 1778 in eine andere Bahn geriet. Durch die Vermittlung von Goethes Schwager Schlosser wurde er Reichsvolontär in kaiserlichen Diensten und dann Unterleutnant im Wolterschen Freicorps, bis

er schließlich 1780 als Ordonanzoffizier in die Dienste des russischen Großfürsten und Thronfolgers Paul wechselte und es 1798 bis zum Generalmajor und 1801 zum Direktor des 1. Kadettencorps brachte. 1803 wurde er Kurator der Universität Dorpat in Estland.
Familie Klinger wohnte in Frankfurt zunächst im Haus Palmbaum in der Allerheiligengasse, dort, wo sich heute die Nr. 15 befindet. Später zog die Familie in die Rittergasse, Teil der heutigen Klingerstraße. Schon als Gymnasiast las er mit Hingabe zum Beispiel Rousseau und lernte selbstständig Fremdsprachen. 1774 immatrikulierte er sich an der Gießener Universität für Jura. Goethe, gerade einmal drei Jahre älter als Klinger, soll ihn dafür mit 100 Gulden unterstützt haben. Mehr als die Juristerei interessierten Klinger die antike Literatur und die aktuellsten Werke aus dem Freundeskreis. Mit Goethe war Klinger seit 1771 befreundet. Seit Studienbeginn verbrachte er die Ferien auch deshalb in Frankfurt, weil er mit Goethe und anderen später ‚Stürmer und Dränger' genannten Dichtern zusammen sein wollte. Etwa mit Jakob Michael Reinhold Lenz, der zu Besuch in Frankfurt weilte, oder dem Straßburger Heinrich Leopold Wagner, der 1774 nach Frankfurt gekommen war. Man traf sich samstagabends bei den Klingers in der Rittergasse. Auch Klinger zählte übrigens zu den Verehrern von Goethes Mutter. Er berichtet, er habe ‚manche Stunde bei ihr auf den Stuhl genagelt zugebracht und Märchen gehört'.
Klinger verarbeitet in seinem Roman *Der Weltmann und der Dichter* (1798) Erinnerungen an seine Zeit als Frankfurter Gymnasiast.

Friedrich Maximilian Klinger aus der *Gallerie berühmter und merkwürdiger Frankfurter* (1861).

1774, in der Gießener/Frankfurter Zeit, begann Klingers Produktion ‚kraftgenialischer' Dramen. Zum Beispiel ein Ritterstück in der Manier von Goethes *Götz von Berlichingen* mit dem Titel *Otto*. Auf Vermittlung von Goethe konnte das Stück bei Weygand in Leipzig erscheinen. Der Verleger hatte erkannt, dass die furiosen Texte der Geniebewegung den Nerv der Zeit und des Publikums trafen. Im selben Verlag erschien 1775 das bürgerliche Trauerspiel *Das leidende Weib*, das auf der Zivilisations- und Bildungskritik von Rousseau fußt. Klinger hatte es – wie es sich für die ausdruckswütigen Kraftgenies ziemte – um die Jahreswende 1774/75 in nur vier Tagen niedergeschrieben. Vorbild der Figur der Julie war angeblich eine Frankfurter Geliebte Klingers, worauf in Offenbach und Frankfurt eine scharfe Spottschrift erschien, in der Klingers moralische Grundsätze angezweifelt wurden. Derart ins Gerede zu kommen passte auch zur Strategie der ‚Stürmer und Dränger'.
Im Sommer 1775 schrieb Klinger das Drama in fünf Akten *Die Zwillinge*. Er hatte es für das ‚Hamburger Preisausschreiben' verfasst, das der Theaterdirektor und Dramatiker Friedrich Ludwig Schröder und die Schauspielerin Sophie Charlotte Ackermann ausge-

lobt hatten, und er gewann und bekam als Preisgeld 20 Louisdor. Das Stück zählt mit dem *Hofmeister* von Jakob Michael Reinhold Lenz und Goethes *Götz von Berlichingen* zu den herausragenden Dramen des ‚Sturm und Drang'. Es thematisiert in für die Geniebewegung typischer Weise eine Beziehungskatastrophe von Vater und Sohn und zwischen Brüdern. Im vierten Akt erschlägt Guelfo den Bruder Ferdinando. Der wild auftretende Mörder Guelfo beteuert im fünften Akt seine Unschuld, wird aber vom Vater, auch ein Guelfo, überführt und erstochen. So lautet in der kraftstrotzend-gepressten Bühnensprache des ‚Sturm und Drang' Guelfos Geständnis:

‚Den erschlug ich, der auf mich blickt mit starrem kalten Auge, der seine blutigen Locken schüttelt und Tod. Mit starker Faust erschlug ich ihn an der Eiche.'

Das Stück wurde, uraufgeführt 1776 in Hamburg, ein Erfolg. Goethe ging im November 1775 nach Weimar, Klinger folgte ihm im Jahr darauf, ohne sein Studium zum Abschluss gebracht zu haben. In dieser Zeit schrieb er noch Stücke wie *Pyrrhus*, ein Historiendrama, *Die neue Arria*, eine Apologie des tugendhaften antiken Tyrannenmörders, oder *Simsone Grisaldo*, ein typisches ‚Kraftgenie'-Produkt.

In Weimar erging es Klinger ebenso wie es dort Lenz im Dezember 1776 ergangen war. Goethe brach mit beiden, und man weiß bis heute nicht recht warum. Weimar sollte aber dennoch eine Wende bringen; denn dort wurde er, der nun entweder Schauspieler oder Offizier werden wollte, vom als ‚Urfreund' Goethes bekannten Prinzenerzieher Karl Ludwig von Knebel in die Anfangsgründe des Militärischen eingeführt. Es ist schon merkwürdig und spricht für den komplexen Charakter Klingers, dass ein abgebrochener Jura-Student, ein skandalerprobtes Originalgenie, das mit seinem Stück *Wirrwarr*, das der ‚helvetische Kraftapostel'[181] Christoph Kaufmann 1776 publikumswirksam in *Sturm und Drang* umtaufte, einer literarischen Explosiv-Epoche den Namen gab. Dass ein im Übrigen scharfzüngig-aufklärerischer Denker eine militärische Karriere anstrebte – und sie glanzvoll, ausgerechnet im zaristischen Russland, absolvierte. Klinger äußerte sich in einem Brief an Goethe mit Datum vom 26. Mai 1814 über die Umbenennung des *Wirrwarr*-Dramas ausgesprochen konsterniert:

„Ich schrieb damals im Drange nach Thätigkeit, ein neues Schauspiel, der von Lavater (er ruhe sanft) zur Bekehrung der Welt abgesandte Gesalbte oder Apostel, mit Gewalt den Titel: Sturm und Drang, aufdrang, an dem später mancher Halbkopf sich götzte."[182]

Vor der militärischen Karriere sollte den schauspielerischen Anteilen an Klingers Persönlichkeit Genüge geleistet werden. Der ‚Sturm und Drang' wie auch der Göttinger Hainbund, zu dem Klinger durch die Grafen Stolberg gekommen war, machten immer wieder mit spektakulären Auftritten ihrer Protagonisten auf sich aufmerksam. Kostümierungen, öffentliche Schauspiele gegen die bürgerliche Ordnung und ein kräftig inszenierter Freundschaftskult verwischten die Grenzen von Literatur und Happening, wenn man das so nennen darf. So begrüßten Klinger und seine genialische Clique einmal den nach Frankfurt zu Besuch kommenden Dichter J. M. R. Lenz durch eine berittene Vorhut im Werther-Kostüm.

Von Weimar ging Klinger nach dem Bruch mit Goethe (später versöhnte man sich wieder) als Dramaturg zur Theatertruppe des Abel Seyler. Der Schauspieler und Theaterdirektor war eine gute Adresse. Die Truppe trat im gesamten deutschsprachigen Raum auf. Seyler sollte später, von 1779 bis 1781 Direktor des Nationaltheaters Mannheim werden; er half dabei, Shakespeare in Deutschland durchzusetzen.
Die Theater-Reisen nutzte Klinger auch, um sich bei der literarischen Prominenz bekannt zu machen. In Wolfenbüttel traf er Lessing, in Düsseldorf befreundete er sich mit Friedrich Heinrich und Johann Georg Jacobi.
Im Gepäck hatte Klinger das Manuskript eines neuen Stücks: der *Wirrwarr* sollte zunächst der Titel dieser ‚Comoedie' heißen, was wahrscheinlich mit Absicht an Shakespeares *The Comedy of Errors* erinnerte. Noch im Weimar im Herbst 1776 entstanden, fand die Uraufführung am 1. April 1777 mit der Seylerschen Truppe in Leipzig statt. Der Erfolg war mäßig. Das wiederholte sich leider auch am 2. Juni 1777 in Frankfurt. Dort wurde das Stück vor leeren Rängen gegeben, was den Autor des berühmten ‚Sturm und Drang'-Stückes *Die Kindermörderin*, Heinrich Leopold Wagner, zu einer Protest-Rezension veranlasste. Er beklagte darin das Unverständnis und Desinteresse des Frankfurter Publikums und lobte das Stück ausführlich. Klinger hatte in Frankfurt die üble materielle Situation seiner Mutter vor Augen und klagte: ‚Meine Lage ist hier von Seiten meiner Mutter schrecklich. Ich lebe einsam und (...) in fatalem Humor'. Das Gesuch um eine Anstellung bei der Stadt Frankfurt wurde abgelehnt; es schuldete sich wohl auch dem Versuch, der Mutter zu helfen, die im Jahr 1800 starb und so den Aufstieg ihres Sohnes noch miterlebte.
Der Bühnenautor Wolfgang Deichsel, auch – wegen seiner Übersetzung von Molière-Stücken in südhessische Mundart – der ‚hessische Molière' genannt, schreibt in seinem Klinger-Porträt:
„Mit ‚Sturm und Drang' lässt sich kaum zeigen, was mir der Sturm und Drang bedeutet und was ihn modern macht. In unserer Literaturgeschichte steht der Sturm und Drang abgesondert. Doch strömen – vorbei an seinen Kindern, den feindlichen Geschwistern Klassik und Romantik – noch immer Impulse zu uns.
Immer noch ist anregend, wie das Gezerre zwischen dem Einzelnen und dem Allgemeinen in einer Sprache sinnfällig wird, die im Erhabenen platt, im Banalen feierlich ist. Der Zusammenprall von idealem Wollen und alltäglichem Stückwerk wirkt grandios, weil diese ‚verrückten' Autoren das Ideal noch ernst nahmen. Das unterscheidet deren Realismus von unserem."[183]
Allzu viel Glück war Klinger also in Frankfurt nicht beschieden. 1776 hatte er an einen Freund geschrieben: ‚Wenigstens sollen sie mich in Frankfurt nicht in Tiegel kriegen. Und das schwör ich Dir auch!' Mag sein, dass er in seinem Roman *Fausts Leben, Thaten und Höllenfahrt*, der 1791 bei Johann Friedrich Hartknoch in Leipzig erschien, der Zensur wegen aber nach St. Petersburg zu einem Verleger Johann Friedrich Kriele verlegt wurde, mag sein, dass er sich in seinem Roman mit ein paar satirischen Stichen im Frankfurt-Kapitel für erlittenes Unrecht rächen wollte. Er wurde 1791 Major; vielleicht war ihm

Frankfurt schon weit entrückt, jedenfalls erging es der Titelfigur in anderen Städten weit schlimmer. Der Roman kommt einerseits als Satire im Geist der Aufklärung daher, auf der anderen Seite erinnert er mit seinen finsteren und sehr grausigen Schauplätzen und Untaten an eine Gothic Novel.

An seinen Jugendfreund Ernst Schleiermacher schrieb Klinger am 24. März 1791, er habe ein Manuskript abgeschickt. ‚Darinnen wirst Du nebst einem tiefen Zweck, alles finden, was ich über Wissenschaft, Menschen, Glück, Moral, Religion, Gott und Welt denke.' An anderer Stelle ist davon die Rede, es handele sich beim *Faust*-Roman um eine ‚Scandalchronik der Welt, von welcher der Teufel den Deckel hebt'.

Das ist alles ein wenig zu groß gesprochen. Es fließt doch zu viel Blut, das eher Theaterblut ähnelt. Etwa, wenn der Teufel im Vatikan den Papst vor Fausts Augen tötet und schließlich auch noch ihn selbst, damit er in der Hölle dem ewigen Zweifel preisgegeben ist. Im folgenden Kapitel (Erstes Buch, drittes Kapitel) kommt Faust in düsterer Stimmung von Mainz nach Frankfurt, um dem Magistrat eine von ihm gedruckte Bibel zu verkaufen:

„In Frankfurt nun, dem stillen Sitz der Musen, dem Schutzort der Wissenschaften, hoffte Faust beßres Glück. Er bot dem erlauchten Rat seine Bibel für zweihundert Goldgulden an; da man aber vor einigen Wochen fünf Stück Fässer Rheinwein in den Ratskeller gekauft hatte, so fand sein Gesuch so leicht nicht statt. Er hofierte den Schöppen, dem Schultheiß, den Senatoren, vom stolzen Patrizier bis zu dem noch stolzern Ratsherrn der Schuhmacherzunft. Man versprach ihm überall Huld, Schutz und Gnade. Zuletzt hielt er sich vorzüglich an den regierenden Bürgermeister, wobei er aber bisher weiter nichts gewann, als daß die Frau Bürgermeisterin eine gewaltige Flamme in seinem leichtfangenden Busen anzündete. Eines Abends versicherte ihn der Bürgermeister, daß man ersten Tages einen Ratsschluß fassen würde, vermöge welchem die gesamte Judenschaft gehalten sein sollte, Mann für Mann, die Summe für die Bibel herzuschießen. Da Faust bemerkt hatte, daß seine Kinder Hungers sterben könnten, bevor eine so aufgeklärte Versammlung einstimmig würde, so ging er ohne Hoffnung, voller Liebe und Grimm auf seine einsame Stube. In diesem Mißmut nahm er seine Zauberformeln vor. Der Gedanke, etwas Kühnes zu wagen, und Unabhängigkeit von den Menschen durch die Verbindung mit dem Teufel zu suchen, schoß lebhafter als je durch sein Gehirn. Noch erschütterte ihn die Vorstellung davon. Mit heftigen Schritten, wütenden Gebärden, unter fürchterlichen Ausrufungen, ging er in seinem Zimmer auf und ab, und kämpfte mit seinen innern, aufrührerischen Kräften. Kühn strebten diese, das Dunkel zu durchbrechen, das uns umhüllt, noch schaudert sein Geist vor dem Entschluß; aber nun wägt der Lüsterne die Befriedigung der unersättlichen Begierden seines Herzens, die längst gewünschte Genüsse der ganzen Natur, gegen die Vorurteile der Jugend, die Armut und die Verachtung der Menschen. Schon schwankt die Zunge der Waage. Die Glocke schlägt elf auf dem nahen Turme. Schwarze Nacht liegt auf der Erde. Der Sturm heult aus Norden, die Wolken verhüllen den vollen Mond, die Natur ist im Aufruhr. Eine herrliche Nacht, die empörte Einbildungskraft zu verwildern. Noch schwankt die Zunge der Waage. In dieser Schale tanzen leicht *Religion* und ihre Stütze, die Furcht vor der Zukunft. Die Gegenschale schlägt sie hinauf; Durst nach Unabhängigkeit und Wissen, Stolz, Wollust, Groll und Bitterkeit füllen sie. Ewigkeit und Verdammnis schallen nur dumpf in seiner Seele. So strauchelt die Jungfrau, welche die glühenden Küsse des Geliebten auf dem Busen fühlt, zwischen den Lehren der Mutter und dem Zuge der Natur. So schwankt der Philosoph zwischen zwei Sätzen, dieser ist wahr, jener glänzend und führt zu dem Ruhme; welchen wird er wählen?"[184]

Der *Faust*-Roman war der erste eines auf zehn Bände veranschlagten Zyklus, von denen acht und ein Teil vom zehnten erschienen sind.

Klinger trennte sich 1778 in Mainz enttäuscht von der Seylerschen Theatertruppe. Er reiste nach Zürich und besuchte wie so viele andere Autoren Lavater und jenen Christoph Kaufmann, der den Titel *Wirrwarr* in *Sturm und Drang* geändert hatte. Zuvor hatte er in Emmendingen Goethes Schwager Johann Georg Schlosser besucht, der den Theatermüden als Leutnant in das Freicorps des Chevalier de Wolter vermittelte. Vom Sommer 1778 bis zum Frühjahr 1779 war Klinger während des Bayerischen Erbfolgekrieges in Böhmen. Nach Kriegsende war er wieder ohne Beschäftigung und schrieb Romane und Komödien. 1780 hielt er sich in Pratteln in der Schweiz auf und verfasste zusammen mit Lavater und dem Seidenbandfabrikanten, Autor und Mäzen auf besagten Christoph Kaufmann die Satire *Plimplamplasko, der hohe Geist, heut Genie.*

Klinger beendete seine literarische Karriere mit einer Sammlung aphoristisch zugespitzter, sarkastisch formulierter Kritiken an den politischen und sozialen Verhältnissen seiner Zeit, den *Betrachtungen und Gedanken über verschiedene Gegenstände der Welt der Literatur*.

Daraus folgt nun noch ein Text, der sich als Quintessenz dieser Sammlung lesen lässt. Er erschien 1967 in der legendären Frankfurter *sammlung insel*, in der eine Auswahl der *Betrachtungen* vom Adorno-Schüler Hermann Schweppenhäuser herausgebracht wurde. Immerhin schon der zweite Klinger-Band in dieser Reihe. Der erste war *Des seligen Herrn Etatsraths Samuel Conrad von Schaafskopf hinterlassene Papiere*. Herausgegeben von Iring Fetscher. So kam der vergessene politische Satiriker Klinger nach Frankfurt zurück.

„Die Gelehrten, die Schriftsteller, die Aufgeklärten, sind und waren die Ursache alles Unglücks in der Welt! so spricht der Adel, der über Leibeigene herrscht. Ich glaube es wohl; sie sind noch die einzigen, die für die Armen sprechen, und welche die gegen die Sklaven ausgeübten Grausamkeiten und Gewaltthaten aufmerken und bekannt machen, in der Hoffnung die Herrscher zu beschämen und zu bessern. Schwiegen auch sie, hätten auch sie immer bey allem Mißbrauch der Macht seit Jahrhunderten geschwiegen, was wäre aus dem Menschen überhaupt, selbst aus diesem Adel geworden? Ich sage nun diesen Herrschern, daß der Gelehrte oder Schriftsteller, der den Verstand, die Vernunft und das Gefühl, wodurch ihn der Oberherr der Geister zum Lehrer, Tröster, Aufklärer, Vertheidiger der Menschheit constituiert hat, so schändlich mißbrauchte, daß er diesen Herrschern gefiele, und sie ihn als seine Mäcene anlächelten, der wäre der verruchteste Verschwörer gegen die Gottheit auf diesem besudelten Erdboden."[185]

Goethes Rückkehr nach Frankfurt

Für den 14. Oktober 1771, dem Namenstag von Wilhelm, hatte Goethe zu Hause in Frankfurt ein Fest zum Gedenken Shakespeares vorbereitet, das zur selben Zeit auch im Straßburger Freundeskreis begangen werden sollte. Mit dem Schwung der Heimkehr sollte an Shakespeare und Ossian bei Musik und Getränken erinnert werden. Goethe hatte neue Pläne und war durch die andauernde Beziehung zu Herder gestärkt und motiviert. Er entwarf ein Drama über Julius Cäsar und beschaffte sich eine Kopie der Autobiographie des Raubritters Götz von Berlichingen. Die Heimkehr nach Frankfurt verhieß Glück und Schaffensmut. Da erreichte ihn die Nachricht von Friederike Brions zerrütteter Gesundheit. Und er „war erschüttert wie nie zuvor in seinem Leben“[186]. Er hatte gewahr werden müssen, dass er mit seinem leichtfertigen Verhalten einen anderen Menschen in eine tiefe Lebenskrise gestürzt hatte. Friederike übrigens blieb zeit ihres Lebens unverheiratet.

Im Oktober 1771 begann in Frankfurt der Prozess gegen die Dienstmagd Susanna Margareta Brandt, die der Kindstötung für schuldig gesprochen und schließlich am 14. Januar 1772 öffentlich hingerichtet wurde. Goethe war diese traurige Angelegenheit sehr nahe gekommen. Die Delinquentin wurde von Goethes Arzt untersucht und sein Schwager Johann Georg Schlosser war Rechtsvertreter des Henkers, der wegen seines Alters Schwierigkeiten beim fehlerlosen Enthaupten beklagte.

Goethe war sehr wohl in der Lage, das Schicksal der Margareta Brandt auf sein Verhalten gegenüber Friederike zu beziehen. Er fühlte sich schuldig und ‚floh‘ in seine schon in Leipzig mit dem Stück *Die Mitschuldigen* erprobte Rettungsstrategie: Er schrieb sich die nicht zu tilgende Schuld vom Leib und von der Seele mit dem Stück, das ihn vor dem *Werther* berühmt machte. In sechs Wochen war vor dem Jahresende 1771 die *Geschichte Gottfriedens von Berlichingen mit der eisernen Hand, dramatisiert* vollendet.

Herder bekam den *Götz* als erster zu lesen und war nicht gänzlich unzufrieden, wenn er auch zu viel Shakespeare, zu viel ‚bloß Gedachtes‘ bemängelte. Es sei gründlich umzuarbeiten und wurde dann vor der Veröffentlichung im Juni 1773 auch tatsächlich gestrafft. Das Stück war auf den Bühnen sofort ein großer Erfolg, die Buchfassung führte aber zu heftigen Debatten. Lessing etwa reagierte entsetzt und empfand ‚Ekel‘; Wieland mochte das Drama. Es mischte sich auch Friedrich der Große ein. Ihm missfiel, dass es im Stück zu einem Durcheinander der Stände kommt, dass Adlige und ganz gewöhnliche Menschen in ein und demselben Drama auftreten. Goethes Anhänger verbaten sich die königliche Einmischung und waren der Ansicht, dass solche Kritik an der bürgerlichen Theater-Kultur nicht Sache des Königs sei. Aber gerade dies war Goethes Absicht. Quer zum Adel, zur spätabsolutistischen Hofkultur, an eine bürgerliche Kultur anzuknüpfen, wie sie ihm, auch durch Herder gewitzt, im Volksbuch vom *Doktor Faust*, bei Paracelsus, Luther, Dürer und Hans Sachs ebenso begegnete wie in der Volkskultur der Holzschnitte, Bänkellieder oder Fastnachtsspiele.

Der *Götz von Berlichingen* erinnert mit seiner offenen Dramenform und den kraftvollen, ungezierten Charakteren in der Tat an Shakespeare. Fragt sich nur, an welchen Shakespeare etwa Herder in diesem Kippmoment der deutschen Literatur anknüpfen wollte. Shakespeares Größe, die nun – auch von Goethe in seiner Rede vom 14. November 1771, dem ‚Shakespeare-Tag' – in sehr starken Worten beschworen wurde, sollte ja nicht die Originalität der deutschen Traditionen der Volkskultur niederdrücken. So betrachtet kann Goethes *Götz* als ein Drama gesehen werden, in dem der große Charakter, das starke Ich, das Genie mit der von Herder intendierten Feier der nationalen Kultur, der populären Traditionen in Konflikte geraten.

Dennoch oder gerade deswegen hat der 22jährige Goethe Ende 1771 mit dem *Götz*, den er in seinem Frankfurter Elternhaus schrieb, die deutsche, wenn nicht die europäische Literatur zu verändern begonnen.

In den wenigen Jahren, seit er sechzehnjährig von Frankfurt nach Leipzig zum Studium aufgebrochen war und mit zweiundzwanzig Jahren als studierter, wenn auch nicht promovierter Jurist aus Straßburg wieder nach Frankfurt kam, hat er literarische, religiöse, erotische und übrige Krisen erlebt, für die andere ein ganzes Leben brauchen. Dass er all diese Zusammenbrüche, Krankheiten, krisenhaften Zuspitzungen schreibend zu parieren pflegte, wurde schon bald evident. Schreibend, eingebunden in Freundschaften, reflektierend und wie kaum ein zweiter mitteilsam in einer unfassbaren Menge von Briefen, die selbst schon eine Literaturgeschichte der Kommunikation bilden.

Eine dieser produktiven Freundschaften unterhielt Goethe mit dem Darmstädter Kriegsrat Johann Heinrich Merck. Nach Herder war Merck wahrscheinlich der einflussreichste Freund und Förderer Goethes, den man jetzt schon ‚zur Mitarbeit' einlud. Merck übernahm die Redaktion des dahindümpelnden Rezensionsorgans *Frankfurter Gelehrte Anzeigen*, Herder und Schwager Schlosser sollten auch mit dabei sein.

Merck war von eigener Sorte. Wie immer wieder bemerkt wurde, war er ein scharfzüngiger bis gemeiner Spötter, der Kritik bis zur Grausamkeit ausreizen konnte. Merck gehörte in Darmstadt zum Zirkel der Landgräfin Karoline, genannt die Große Landgräfin, zu dem auch Herders Verlobte Caroline Flachsland und der Hofmeister des Kronprinzen, Franz Michael Leuchsenring, zählten. Jener war ein Champion der empfindsamen Briefkultur und vermochte es, so unterschiedliche Charaktere wie Wieland, Sophie von La Roche, Johann Georg Jacobi oder Johann Wilhelm Ludwig Gleim in tiefinnige Briefgespräche zu verwickeln.

Sie alle saßen im Geiste Klopstock zu Füßen, dessen Oden ihnen zur bevorzugten poetischen Speise dienten.

Goethe lief bei Regen im April 1772 nach Darmstadt, wo er schon vorher in den Kreis der Beiträger der *Frankfurter Gelehrten Anzeigen* aufgenommen worden war. Man trug im empfindsamen Zirkel der Landgräfin poetische Pseudonyme, Goethe wurde wegen seiner wilden Gänge zwischen Frankfurt und Darmstadt der ‚Wanderer' genannt.

Die Zeitschrift geriet, obwohl nicht allzu rebellisch gestimmt, in Konflikt mit den Frankfurter Kirchenbehörden. Schlosser und die stets anonym zeichnenden Mitglieder des Au-

torenstamms traten zurück. Diese etwas widerständige politische Linie der Frankfurter gelehrten Rezensentenschaft im Jahre 1772 bildete den Keim der neuen literarischen Richtung, des ‚Sturm und Drang'.
Goethe gehörte nicht recht dazu; es gefiel ihm an dieser Richtung offenbar aber der oppositionelle Habitus so sehr, dass er den einst so geschätzten Christoph Martin Wieland als Repräsentanten der Empfindsamkeit schmähte. Goethe gehörte eindeutig ebenso wenig zum ‚Sturm und Drang' wie zur Empfindsamkeit und ihren hoch gestimmten Freundschaftsbünden. Er verfolgte sein eigenes Programm, das bald ein Buch hervorbringen sollte, das ihn zum literarischen Star Europas machte.

Praktikant in Wetzlar, Stoffsammler für den Werther

Der Vater Goethes darf nicht vergessen werden. Er hatte nach wie vor die juristische Karriere seines Sohnes im Blick und fand, dass nach Leipzig und Straßburg nunmehr Wetzlar mit dem Reichskammergericht an der Reihe sei. Wetzlar, 50 Kilometer nordwestlich von Frankfurt gelegen, war „eine schmutzige kleine mittelalterliche Freie Reichsstadt, nichts als Stufen, Fachwerkhäuser und Misthaufen, von denen manche, wie man sagte, bereits so lange wuchsen wie der Rückstand an unerledigten Fällen beim Reichskammergericht, der obersten Justizbehörde, die 1693 hierher verlegt worden war“[187].
Von nun an müssen alle weiteren Bemerkungen zu Goethes Aufenthalt in Wetzlar als epische Begleitmasse zum *Werther* gebucht werden. Alles wurde im Übermaß beschrieben und ausgebeutet für die Vor-, Haupt- und Nachgeschichte dieses Briefromans, der noch heute medial modernisiert, vielfach aktualisiert und immer wieder in allen möglichen Cross-Over-Varianten inszeniert wird. Mit den *Leiden des jungen Werthers* gelang dem noch immer ziemlich jungen Goethe 1774 ein Bucherfolg, der ihn in eine neue Existenzweise katapultierte: Er wurde ein Star, auch wenn es diesen schönen Begriff noch nicht gab. Aber so weit sind wir noch nicht. Erst muss der faule Praktikant am Reichskammergericht Charlotte Buff kennenlernen und ihren künftigen Ehemann Johann Christian Kestner und natürlich den armen Karl Wilhelm Jerusalem, der in der Wetzlarer Delegation des Herzogs von Braunschweig-Wolfenbüttel amtierte, der Sohn eines berühmten Theologen und Freund Lessings war. Immerhin hatte ihn Goethe schon in Leipzig getroffen, sich aber schlecht mit ihm verstanden.
Kestner gehörte seit 1767 der Delegation aus Hannover an. Er war acht Jahre älter als Goethe und galt als ein aufrechter Mann von untadeligem Lebenswandel. Er kannte Goethe in Wetzlar gut und lieferte später ein interessantes, wohlmeinendes Porträt des – man kann wirklich nicht sagen – Nebenbuhlers.

„Er besitzt, was man Genie nennt, und eine ganz außerordentliche Einbildungskraft. Er ist in seinen Affekten heftig. Er hat eine edle Denkungsart (…) Er liebt die Kinder und kann sich mit ihnen sehr beschäftigen. Er ist bizarr und hat in seinem Betragen, seinem Äußerlichen verschiedenes, das ihn unangenehm machen könnte. Aber bei Kindern, bei Frauenzimmern und vielen andern ist er doch wohl angeschrieben (…) Vor der christlichen Religion hat er Hochachtung, nicht aber in der Gestalt, wie sie unsere Theologen vorstellten. Er glaubt ein künftiges Leben, einen besseren Zustand. Er strebt nach Wahrheit, hält jedoch mehr vom Gefühl derselben als von ihrer Demonstration (…) Aus den schönen Wissenschaften und Künsten hat er sein Hauptwerk gemacht oder vielmehr aus allen Wissenschaften, nur nicht denen sogenannten Brotwissenschaften."[188]
Goethe hatte Verwandtschaft in Wetzlar. Großvater Textor hatte dort einst zehn Jahre gewohnt und seine Frau gefunden. Eine Großtante lebte mit drei Töchtern aus zwei Ehen noch immer in der Stadt. Was am 9. Juni 1772 geschah, weiß die ganze Welt. Jedenfalls kennt man die Version aus dem *Werther*. Im wirklichen Wetzlar fuhr Goethe in der Kutsche seiner Großtante in eine Jagdhütte nach Volpertshausen. Zwölf Männer und dreizehn Frauen tanzten da bis vier Uhr morgens in den Sommer. Die achtzehnjährige Charlotte Buff, Tochter des Amtmannes beim Deutschen Orden und seit vier Jahren heimlich mit Kestner verlobt, war dabei. Am nächsten Tag dürfte bei Goethe als auch bei Lotte noch ein Rest von Drehschwindel vom vielen Tanzen in der Jagdhütte übrig gewesen sein. Goethe besuchte dennoch Lotte in ihrem Haus und fand sie damit beschäftigt, zehn ihrer elf Geschwister zu versorgen. Die Mutter war im Jahr zuvor gestorben. Der Besucher scheint sich in diesen Jahren immer im Leben von Familien wohlgefühlt zu haben. So kam er an den Samstagnachmittagen zu den Buffs und war dort wohl gelitten, nachdem er hatte verstehen müssen, dass Lotte vergeben war.

Schattenriß von Charlotte Buff (‚Lotte').

Schaut man sich die Tanz- und die Kinder-Versorgungszene im *Werther* an, bemerkt man schnell, dass es hier zwischen Leben und Literatur nur wenig Gemeinsames gibt.
Unter dem 16. Juni 1771 erfährt der Leser aus der ‚Geschichte des armen Werthers' einen ganz anderen Hergang. Alles ist Inszenierung. Werther wird vor dem Ausflug gewarnt, sich bloß nicht in ‚Charlotten' zu verlieben, dieses ‚schöne Frauenzimmer', das leider schon vergeben' ist.
Der Leser ahnt es: nun erst recht. Es folgt zum Anheizen der Atmosphäre die unsagbar rührende Szene mit dem Füttern der Geschwister. Die weißen und blassroten Farben an den Kinderkleidern kontrastieren wie im Märchen mit dem schwarzen Brot. Lottes beherzte Versorgung ist das ‚reizendste Schauspiel, das Werther je gesehen hat'. Alles wächst Lottes unfassbarer Liebenswürdigkeit zu. Bruder Louis wird sogar ‚herzlich geküsst', die

Verteilung von Werthers Liebesvorrat auf Lotte und ihre Geschwister macht die Angelegenheit nur noch aufregender. Zur vorübergehenden Abkühlung folgt ein ziemlich ausführliches Literaturgespräch. ‚Wie ich jünger war, sagte sie, liebte ich nichts so sehr wie die Romanen.' Nun aber wurde Lotte ihr häusliches Glück selbst zum Roman, da müsste sich ein Autor schon große Mühe geben, um etwas ähnlich ‚Interessantes und Herzliches' aufs Papier zu bringen.
Außer sich gerät Werther, als Lotte wie nebenbei auf ihre Lektüre des *Landpfarrers von Wakefield* mit ‚solcher Wahrheit' zu sprechen kommt. Vor Staunen über Werthers Bemerkungen zu diesem Buch saßen die Zuhörer mit ‚offenen Augen' da, ‚als säßen sie nicht da' – also vollkommen in literarischer Verzückung. Dann geht's auf zum ‚Lusthaus', nicht ohne zuvor die ‚schwarzen Augen', ‚lebendigen Lippen' und ‚munteren Wangen' Lottens zu erwähnen. Vorher hatte sich schon ein Gewitter angekündigt, das dann ins eh schon heiße Tanzen mit Blitz und Donner hinein fuhr.
Ein dramaturgisch hervorragend gestalteter Text voller literarischer Zitate und Anspielungen. Dass der *Werther* mit so vielen Tränen gelesen wurde und suizidale Nachahmer fand, lag wohl daran, dass man über das Literarische am Text hinweg las und ihn in süßer oder auch bitterer Traurigkeit direkt auf sich wirken ließ.
Goethe verabschiedete sich nach längerem Zögern am 10. September 1772 aus Wetzlar. Man ging im Guten auseinander und blieb in freundschaftlichem Kontakt. Er wanderte im Lahntal über Ems nach Thal-Ehrenbreitstein, wo der katholische Autor und Geheimrat des Fürstbischofs von Trier, Georg Michael Frank von La Roche, mit seiner protestantischen Frau Sophie von La Roche wohnte, die mit ihrem Roman *Geschichte des Fräuleins von Sternheim* im Jahr zuvor Furore gemacht hatte. Herausgeber des Romans war ihr ehemaliger Verlobter Christoph Martin Wieland. Die Einwohner der literarischen Provinz kannten einander. Goethe warb ein wenig um Maximiliane, die 16jährige Tochter von Sophie La Roche, die jedoch im Jahr darauf den aus Italien stammenden Kaufmann Peter Anton Brentano heiraten sollte. Bettine, Clemens und Christian Brentano sind Kinder aus dieser Ehe. Lottes braune Augen im *Werther* sollen Maximiliane entlehnt sein.

1773 - Das Frankfurter Jahr der Jahre

Das folgende Jahr über blieb Goethe fast ständig in Frankfurt, wenn man vom vierzehntägigen Aufenthalt in Darmstadt im April absieht. Gemessen am bevorstehenden Ruhm war es vielleicht das beste literarische Jahr seines Lebens.
Erst einmal hatte der eifersüchtige Bruder die Heirat der Schwester Cornelia mit Johann Georg Schlosser zu verkraften. Auch der Selbstmord von Karl Wilhelm Jerusalem am 30. Oktober des Vorjahres mit einer von Kestner geliehenen Pistole war zu verarbeiten. Die Trennung von Lotte wirkte nach, und viele Schreibprojekte waren liegengeblieben.

Anfang Februar 1773 war die Neufassung des *Götz von Berlichingen* fertig, die Merck auf eigene Kosten drucken ließ. Die Reaktionen ließen nicht auf sich warten. Goethe wurde allmählich zu einer Frankfurter ‚Sehenswürdigkeit', ein Vorspiel aber nur im Vergleich zum Besucherandrang später in Weimar.
In dieser Zeit begann auch seine lebenslange Beschäftigung mit dem Islam und dem Koran. Davon zeugte zunächst nur der Hymnus in ungebundenen Versen *Mahomet.* In die Popularkultur der altdeutschen Knittelvers-Stücke tauchte er mit dem *Fastnachtsspiel vom Pater Brey* und mit dem *Jahrmarktsfest von Plundersweilern* ein. Im Juni begann er wohl mit der Arbeit am *Faust*, der im alten Puppenspiel wie im Volksbuch noch stets lebendig geblieben war.
In dieses Jahr fällt auch das gegen Wieland gerichtete ‚Totengespräch' *Götter, Helden und Wieland,* in dem Goethe Wielands ‚frivole Einstellung zum Tod' (Boyle) angriff.
Ein sehr populärer und umtriebiger Zeitgenosse war der vielschreibende Zürcher Autor und schwärmerisch Freundschaften pflegende Physiognomiker Johann Caspar Lavater. Er hatte eine pseudowissenschaftliche Lehre entwickelt, die von der Vollkommenheit der Gesichtszüge von Jesus Christus ausging und von den Physiognomien seiner Zeitgenossen munter auf ihre Charaktereigenschaften schloss. 1775 bis 1778 erschienen dann seine vierbändigen *Physiognomischen Fragmente*, die Lichtenberg 1783 in seinem *Fragment von Schwänzen* scharf und witzig verriss.
Lavater sah in Goethe nicht nur ein Genie, sondern trieb die Verehrung so weit, dass Goethe sich genötigt fühlte, ihm mitzuteilen, dass er sich mit dem Messias bescheiden möge, den er bereits habe, und ihn selbst, der im Übrigen kein Christ sei, bitte nicht verehren möge. Am Ende trennte sich Goethe vom einflussreichen und überall präsenten Lavater. Lotte war in Wetzlar, Maximiliane heiratete in die Familie Brentano ein. Cornelia hatte sich mit Schlosser vermählt. Drei ‚Liebesgeschichten' – wenn man sie über diesen Kamm scheren darf – waren dadurch für Goethe am Ende angekommen. Er ging sozusagen leer aus.
Ende 1773 kehrte Merck von einer Russland-Reise zurück. Goethe bat ihn um die Briefe, die er ihm aus Wetzlar geschrieben hatte, und munitionierte sich so für die rettend-produktive Verwandlung der düsteren Erinnerungen an die nicht zu habende Lotte und den Selbstmord Jerusalems in Literatur. Das hatte Goethe nun schon des Öfteren bemerkt, dass er sein Heil nur in der Verwandlung von Verletzungen und Seelenqualen in Literatur finden könne.

Die Leiden des jungen Werther(s)

Am 1. Februar 1774 begann Goethe mit der Niederschrift des Briefromans. Nach zwei Monaten war das Manuskript abgeschlossen. Im Juni ging es in Druck. Zur Leipziger Buchmesse erschien das Buch beim dortigen Verlag Weygand. Wenn man die unglaubliche Fülle von expliziten Anspielungen, Verweisen und Zitaten sieht und bedenkt, dass Goethe für das Verfassen der 224 Seiten der Erstausgabe nur zwei Monate gebraucht hatte, dann bekommt man einen Eindruck vom imaginären Literaturspeicher, den der nun fünfundzwanzigjährige Rechtspraktikant Johann Wolfgang Goethe sein eigen nannte. Bei allen Briefen, Gesprächen, Wanderungen muss er mehr oder weniger ständig gelesen haben. Und so sind es nicht die Wetzlarer Erschütterungen selbst, ist es nicht der Ansturm trauriger Empfindungen, die den *Werther* ins Zentrum der europäischen literarischen Öffentlichkeit wie ein Blitz haben einschlagen lassen. Dass Goethe in der Literatur seiner Zeit wie kaum ein Zweiter zu Hause war, dass er sprachmächtig und stilsicher einen neuen Ton fand, löste die Begeisterung der Leser aus. Wenn der ‚Sturm und Drang' eine revolutionäre Bewegung war, dann bewirkte er eine Revolution der Sprache, die von elektrisierender Vitalität war.

Später dann, im Jahre 1787, überarbeitete Goethe seinen *Werther*. Dabei fiel auch das Genitiv-„s" der Titelfigur fort. Nach einer Reihe von Selbstmorden als durchaus reale Anschlusshandlungen an eine literarische Fiktion sah sich Goethe genötigt, ein Rezeptions-Sedativ nachzureichen: „Sei ein Mann, folge mir nicht", empfahl er in dieser Ausgabe.

Frankfurt war 1774 durch die Anwesenheit des *Werther*-Stars zu einem Wallfahrtsort geworden, an dem Enthusiasten ihren Kult-Autor besichtigen konnten. Bestens bekam es Goethes Ruhm, dass sein *Werther* kontrovers rezensiert und diskutiert wurde, wichtig war, *dass* er besprochen wurde, und zwar von allen.

Um einen Eindruck vom Stimmengewirr nach dem Erscheinen des *Werther* zu vermitteln, folgen hier Auszüge aus Besprechungen.

Lessing meinte in einem Brief an Joachim Eschenburg vom 24. Oktober 1774:

„Wenn aber ein so warmes Produkt nicht mehr Unheil als Gutes stiften soll: meynen Sie nicht, daß es noch eine kleine kalte Schlußrede haben müsste? Ein paar Winke hinterher, wie Werther zu einem so abentheuerlichen Charakter gekommen; wie ein andrer Jüngling, dem die Natur eine ähnliche Anlage gegeben, sich davor zu bewahren habe."[189]

Über den Charakter des Verfassers bemerkte Christian Garve, der selbst in eine verheiratete Frau verliebt war, in einem Brief an Christian Felix Weiße: „Daß in dem Verfasser kein gemeiner Geist wohnt: das erkenne ich, wie ich glaube, mit Gewißheit. Und von einem solchen wird unser Vaterland mit der Zeit immer mehr reife und genießbare Früchte zu erwarten haben." Und Matthias Claudius gibt in der Rezension des *Werther* in seinem *Wandsbeker Bothen* vom 22. Oktober 1774 gefühlspraktische Ratschläge:

„Weiß nicht, ob's 'n Geschicht oder 'n Gedicht ist; aber ganz natürlich gehts her, und weiß einem die Thränen recht aus 'm Kopf heraus zu holen. Ja, die Lieb' ist 'n eigen Ding (...)

Aber, wenn du ausgeweinet hast, sanfter guter Jüngling! Wenn du ausgeweinet hast; so hebe den Kopf frölich auf und stemme die Hand in die Seite! denn es giebt Tugend, die, wie die Liebe, auch durch Leib und Leben geht und in jeder Ader zuckt und stört."

Den *Frankfurter Gelehrten Anzeigen* hatte es die kritische Sprache verschlagen, wahrscheinlich, weil Goethe an diesem Rezensionsorgan selbst Autor war. Der rasch entstandenen *Werther*-Gemeinde wurde am 1. November 1774 geraten, sich den mitleidsvollen Empfindungen hinzugeben und man solle „alle die Seeligkeiten einathmen, die dein und mein unglücklicher Freund nur in der Ferne schimmern sah".

Johann Heinrich Merck nach G. F. Schmoll.

Schwer war es für Goethes engen Darmstädter Freund Johann Heinrich Merck, den Auftrag anzunehmen, in einer Doppelrezension den *Werther* und Christoph Friedrich Nicolais schmähender ‚Fortsetzung' *Die Freuden des jungen Werthers. Leiden und Freuden Werthers des Mannes,* die Anfang 1775 in seinem eigenen Berliner Verlag erschien, zu würdigen. Er parierte die Sache mit Diplomatie. Man sei sich ja einig über die Vortrefflichkeit von Goethes *Werther*; darauf musste nicht näher eingegangen werden. Den Selbstmord packte er psychologisch an: „Der V. hat seinen Helden wahrscheinlicherweise zum Theil mit seinen eigenen Geistesgaben dotirt. Aus dieser Fülle des Gefühls, vereinbart mit dem natürlichen Trübsinn der Werthern von Jugend auf bezeichnete, entsteht das interessanteste Geschöpf, dessen Fall alle Herzen zerreißt."

Nicolais *Freuden des jungen Werthers* können jetzt als Gegengift durchaus gelobt werden: „Die Jugend gefällt sich in diesem sympathetischen Schmerz, vergißt über dem Leben der Fiktion, daß es nur eine poetische Wahrheit ist, und verschlingt alle im Gefühl ausgestoßne Sätze als Dogma (…) Der V. der Freuden des jungen Werthers hat die Absicht gehabt, bey jungen unerfahren Leuten dieser Denkart durch eine entgegengesetzte Lektüre Einhalt zu thun."

Zur Leipziger Michaelis-Messe im September 1774 war der *Werther* erschienen. Die ersten Rezensionen kamen – wie dokumentiert – bereits im Oktober. Mit den *Freuden des jungen Werthers. Leben und Leiden Werthers des Mannes* wurde der Reigen von Parodien und Gegenschriften eröffnet. Nach einem Jahr existierten schon zwei Übertragungen ins Französische und eine französische Dramatisierung. 1779 folgte eine englische Übersetzung, 1781 kamen dann eine italienische und eine russische Fassung. Auch Versionen aus weiblicher Perspektive mit Briefen von Lotte gab es. Zu schweigen vom Erfolg der deutschen Ausgaben. Bis Ende 1775 sollen elf Auflagen erschienen sein, meist Raubdrucke. Die autobiographische Grundierung des dokumentarischen Romans hatte sich schnell herumgesprochen, und es gab wohl keinen populäreren Kurzschluss, als Goethe zum ‚Werther ohne Selbstmord' zu machen, aber mit ebenso vielen Tränen. Nicht ohne Grund zeigten sich Lotte und Johann Christian Kestner gleich nach Erscheinen des *Werther* entsetzt über den unschwer identifizierbaren realen Hintergrund der Geschichte: Sie fürchteten, mit den Romanfiguren in eins gesetzt zu werden.

Aber auch Goethe, der die vollständige Druckfassung des Romans erst 1780 las und sich das Buch gern vom Leib hielt, wurde bedrängt. Im Mai 1775 reiste er zusammen mit den befreundeten Grafen Christian und Leopold zu Stolberg und Christian August von Haugwitz in die Schweiz. In vollendeter Ambivalenz hatte Goethe die Gruppe dazu angestiftet, diese Reise in ‚Werther-Tracht' zu unternehmen: blauer Gehrock, gelbe Hosen und braune Stiefel-Stulpen. Das durfte als Signal verstanden werden, dass Goethe die englische Mode mochte und den Aufenthalt in der freien Natur dem Herumsitzen in Salons vorzog.

Noch während seiner Italienreise 1786 bis 1788 will man von ihm wissen, was sich mit Werther wirklich zugetragen hat, wo sein Schicksal doch auf die Tage der Jahre 1771/1772 genau dokumentiert worden war. Und sein großer Verehrer Napoleon, der vorgab, den *Werther* sieben Mal gelesen zu haben, erkundigt sich bei mehreren Begegnungen im Jahre 1808 vor allem nach diesem Roman.

Georg Lukács steigt in seinem Essay über Goethes *Werther* von 1936 hoch ein, wenn er wie folgt beginnt: „Das Erscheinungsjahr des *Werther* – 1774 – ist ein wichtiges Datum, nicht nur für die deutsche Literaturgeschichte, sondern auch für die Weltliteratur. Die kurze, aber außerordentlich bedeutungsvolle philosophische und literarische Hegemonie Deutschlands, die zeitweilige Ablösung Frankreichs von der ideologischen Führung auf diesen Gebieten tritt mit dem Welterfolg des *Werther* zum ersten Mal offenkundig zutage."[190]

Lukács übrigens erhielt 1971 den Goethepreis der Stadt Frankfurt am Main.

Anders als der marxistische Philosoph und Literatur-Theoretiker, der den *Werther* in die Geschichte der Klassenkämpfe einordnet und die inneren Widersprüche der Aufklärung als ‚ideologische Widerspiegelungen der Widersprüche der Aufklärung' als ‚Widersprüche der bürgerlichen Revolution' liest und Werther als literarische Konstruktion eines ‚neuen Menschen' in einer historischen Sekunde versteht, löste Goethe später seinen *Werther* aus solchen Zeitbezügen. In einem Gespräch mit Eckermann sagte er:

„Die vielbesprochene Werther-Zeit gehört, wenn man es näher betrachtet, freilich nicht dem Gang der Weltkultur an, sondern dem Lebensgange jedes einzelnen, der mit angeborenem freien Natursinn sich in die beschränkenden Formen einer veralteten Welt finden und schicken lernen soll. Gehindertes Glück, gehemmte Tätigkeit, unbefriedigte Wünsche sind nicht Gebrechen einer besonderen Zeit, sondern jedes einzelnen Menschen, und es müsste schlimm sein, wenn nicht jeder einmal in seinem Leben eine Epoche haben sollte, wo ihm der *Werther* käme, als wäre er bloß für ihn geschrieben."[191]

Nicholas Boyle bemerkt dazu: „Ein europäischer Erfolg wurde *Werther*, weil er die Pathologie und die Krise der zeitgenössischen Empfindsamkeit so vollkommen verstand und darstellte. Goethe verstand die Krise, weil es auch seine eigene war. Niemals wieder in seinem schriftstellerischen Leben gab es eine so genaue Koinzidenz von persönlichem und allgemeinem Anliegen."[192]

Werther hat vom selbstbezüglichen Gefühl gelebt. Sein Herz war der Herd einer Krankheit, die darin bestand, dass man selbst Subjekt und Objekt der allertiefsten Gefühle war. Diese Selbstbezüglichkeit der Gefühle, das objektlose Schwärmen nennt Boyle die ‚Selbstdestruktivität der Empfindsamkeit'. Bis zuletzt, buchstäblich bis zum letzten Moment, zum letzten Seufzer, werden die Empfindungen aus einem literarischen Alphabet buchstabiert, begleiten die Ossian, Goldsmith, Klopstock, Werther, und im letzten Augenblick lag *Emilia Galotti* auf dem Pult aufgeschlagen. Verstanden, wiedererkannt, auf die eigene Kommunikationsarmut bezogen wurde der *Werther*, weil es in dem historischen Moment zwischen Empfindsamkeit und ‚Sturm und Drang' in der bürgerlich/spätabsolutistischen Öffentlichkeit zwischen heißem Gefühl und großer Tat keine Verbindung gab. So wurde der *Werther* nach 1774 zum Buch der Bücher. Was in diesem Roman zum grandiosen Ausdruck kam, war die schrecklich traurige Tatsache, dass solch hinreißende Empfindungen wie die Werthers vor allem in Büchern vorkommen.

Wenn Leser nach der *Werther*-Lektüre einen Nachahmungs-Selbstmord begangen haben, dann schwebte ihnen wahrscheinlich nicht die Geschichte Werthers vor. Dann verzweifelten sie wegen der Einsicht, dass in der dominierenden Gefühlskultur der Empfindsamkeit das Beste, das Herz, aus Papier war.

Der *Werther* war und ist wohl immer noch das wichtigste und wirkungsmächtigste Buch, das in Frankfurt je geschrieben wurde. Dicht gefolgt von Heinrich Hoffmanns *Struwwelpeter*.

Mit dem Erfolg des *Werther* wurde Goethe ein begehrter, wenn nicht unverzichtbarer Gesprächspartner der literarischen Intelligenz. Auf ihn bezog man sich, ihn las und diskutierte man, am besten aber, man besuchte ihn in Frankfurt oder brach mit ihm zu Expeditionen ins Umland auf.

Im Juni 1774 kam Lavater auf dem Weg zu einer Kur in Ems am Haus am Hirschgraben vorbei. Noch erging man sich in tage- und nächtelangen Diskursen, stritt und beriet sich über theologische, philosophische und literarische Probleme. Natürlich ging es auch schon um den frisch verfassten *Werther*. Am 9. Juli kam Johannes Bernhard Basedow nach Frankfurt. Der berühmte Pädagoge, Schulgründer und streitbare Publizist trank Unmengen, rauchte und polemisierte energisch. Mit Basedow zu Lavater, mit dem Freund Friedrich Heinrich Jacobi und dessen Bruder Johann Georg Jacobi bei den übrigen Jacobis. Gern überraschte man die guten oder weniger guten Freunde mit spontanen Besuchen, die gelegentlich eher Überfällen glichen.

Goethes Darmstädter Freundschaftsname war ‚der Wanderer'; man hat aber den Eindruck, dass auch die anderen Mitglieder der sich überschneidenden Freundschaftskreise oder literarischen Klatschzirkel ständig unterwegs waren.

Sah man sich nicht, schrieb man sich Briefe oder verbreitete Gerüchte, die unweigerlich ans Ziel kamen. Die so entstehende fliegende Literaturdiskussion verspann die Texte permanent in die Diskurse der mobilen Autoren. Durch Goethe wurde Frankfurt für kurze Zeit zur Zentralstation der neusten deutschen Literatur von Rang. Die Literatur nahm

Tempo auf und Goethe war der Taktgeber. Für den *Werther* hatte er zwei Monate gebraucht. Das Theaterstück *Clavigo* schrieb er vom 13. bis zum 20. Mai 1774 in acht Tagen, nachdem man bei einem Treffen in Frankfurt über eine Geschichte gesprochen hatte, die von dem Pariser Anwalt und Bühnenautor Pierre Beaumarchais stammte. Der hatte in Madrid den Verlobten seiner Schwester Marie namens Clavijo zum Einhalten des Eheversprechens angehalten. Die rührselige Erzählung war in Wielands *Teutschem Merkur* erschienen. Am 23. August 1774 wurde *Clavigo* von der Ackermannschen Gesellschaft in Hamburg uraufgeführt. So schnell ging es beim berühmten Goethe. Und übrigens war das fünfaktige Stück das erste Werk, das unter Goethes Namen erschien.
Goethe konnte sehr schnell dichten und unterhielt so manche Gesellschaft mit Stegreif-Versen oder langen Passagen aus anderen Werken. Er war wohl ständig in ein poetisches Selbstgespräch verwickelt, das beim Schreiben nach außen drang und feste Form annahm. Das heißt aber nicht, dass seine Gedichte symmetrische Spiegelungen seines Innenlebens waren. Im Gegenteil konnte er Ton- und Spielarten auch unabhängig von der jeweiligen Gemütslage ändern. Am 31. August 1774 schickte er an Charlotte Buff nach Wetzlar das harmlose Gelegenheits-Gedicht *An Lotten*. Vier Wochen später sollte sein *Werther* ‚hochgehen', jedenfalls Charlotte und Johann Christian Kestner in einige Aufregung versetzen. Das Gedichtchen endet mit der rhetorischen Wendung „Aber meine Liebe siehst du nicht". Das sollte sich dann sehr bald ändern.

„An Lotten.

Wenn einen sel'gen Biedermann,
Pastor oder Ratsherrn lobesan
Die Wittib läßt in Kupfer stechen
Und drunter ein Verslein radebrechen,
Da heißt's: Seht hier von Kopf und Ohren
Den Herrn hochwürdig, wohlgeboren,
Seht seine Augen und seine Stirn.
Aber sein verständig Gehirn,
So manch Verdienst uns gemeine Wesen
Könnt ihr ihm nicht an der Nase lesen.

So, liebe Lotte, heißt's auch hier:
Ich schicke da meinen Schatten dir.
Magst wohl die lange Nase sehn,
Der Stirne Drang, der Lippe Flehn,
's ist ohngefähr das garstge Gesicht –
Aber meine Liebe siehst du nicht."[193]

Wie anders klingen dann die Verse, wenn Goethe im Jahr darauf die Gedichte für seine Geliebte Lili Schönemann schreibt. Das folgende aus seinem letzten Frankfurter Jahr spricht in anrührender Weise von der Anziehungskraft der Liebe wie von der Flucht vor ihr.

„NEUE LIEBE, NEUES LEBEN

Herz, mein Herz, was soll das geben,
Was bedränget dich so sehr?
Welch ein fremdes neues Leben –
Ich erkenne dich nicht mehr.
Weg ist alles, was du liebtest,
Weg dein Fleiß und deine Ruh –
Ach, wie kamst du nur dazu?

Fesselt dich die Jugendblüte,
diese liebliche Gestalt,
Dieser Blick voll Treu und Güte
Mit unendlicher Gewalt?
Will ich rasch mich ihr entziehen,
Mich ermannen, ihr entfliehen,
Führet mich im Augenblick
– Ach – mein Weg zu ihr zurück.

Und an diesem Zauberfädchen,
Das sich nicht zerreißen läßt,
Halt das liebe lose Mädchen
Mich so wider Willen fest.
Muß in ihrem Zauberkreise
Leben nun auf ihre Weise;
Die Verändrung, ach, wie groß!
Liebe, Liebe, laß mich los!“[194]

Die Zeit vor Goethes Übersiedlung nach Weimar war in Frankfurt von einer großen Unruhe, von einer spürbaren Nervosität gezeichnet. Die Literatur geriet in Bewegung. Es war, als flögen nicht nur Briefe, Kritiken und Kommentare hin und her, sondern auch deren Verfasser. Alle schienen ständig zueinander unterwegs zu sein.

Ein schönes Beispiel für die ‚fliegende Literaturszene' ist eine Reisegesellschaft, die im Dezember 1774 in Frankfurt Halt machte. Eigentlich handelte es sich um die Bildungsreise des Prinzen Carl August des Herzogtums von Sachsen-Weimar. In seiner Begleitung aber befand sich nicht nur das übliche höfische Personal. Mit Carl Ludwig von Knebel,

Hofmeister von Carl Augusts Bruder Prinz Constantin, war auch eine literarische Mittler-Figur dabei, die für Goethe bald sehr bedeutsam werden sollte. Carl August war auf dem Weg nach Paris und auch oder vor allem auf Brautschau. Die Erwählte war Prinzessin Luise von Hessen-Darmstadt. Am 19. Dezember wurde die Verlobung bekannt gemacht. Auch Baron von Stein, Oberstallmeister des Prinzen Constantin und Gatte von Charlotte von Stein, eine gute Freundin Lavaters, war unter der Reisegesellschaft aus Weimar. Und Oberhofmeister Graf Görtz war dabei, der sich wiederum dafür eingesetzt hatte, dass Wieland 1772 als Prinzenerzieher nach Weimar kommen konnte. Prinzessin Luise war die Tochter von Karoline Henriette, genannt die Große Landgräfin und als so kluge wie belesene Fürstin respektiert, unter anderem von Friedrich II. Sie korrespondierte eifrig mit Herder und Wieland.

Gewiss standen bei der Bildungs- und Brautschaureise des Prinzen Carl August Staatsangelegenheiten – wie eine gut eingefädelte Heirat – im Vordergrund. Alles aber war grundiert mit Literatur. Carl Ludwig von Knebel war Lyriker, Übersetzer, spielte 1779 in Goethes *Iphigenie auf Tauris* den Thoas, kannte sie alle: Herder, Wieland, Gleim. Vor allem aber war er wohl derjenige, der mit oder ohne Auftrag des Prinzen Carl August Kontakt zu Goethe aufnahm, um ihn nach Weimar abzuwerben.

Jedenfalls war das Weimarer Gefolge am 11. Dezember 1774 in Frankfurt. Knebel besuchte Goethe im Haus am Großen Hirschgraben und war auf der Stelle hingerissen. In Goethe liefen alle literarischen Fäden zusammen und obendrein muss er – wenn ihm danach war – äußerst charmant, geistreich, gesprächig gewesen sein. Dieser 11. Dezember sollte für Frankfurt ein trauriger Tag werden; denn Knebel erkannte wohl auf Anhieb, dass Goethe der Richtige für Weimar und den künftigen Herzog war. Er vermittelte ein Treffen mit Carl August im Hotel und fing auch gleich damit an, etwaige Hindernisse aus dem Weg zu räumen. Wieland war von Goethes Spottschrift *Götter, Helden und Wieland* vom Herbst 1773 nicht sehr erbaut, Knebel konnte ihm glaubhaft machen, dass es nicht so böse gemeint war.

Innerhalb kürzester Zeit waren Goethe und Knebel offenbar gut befreundet. So gut, dass Goethe in ihm schon einen Monat später den vertrauten Wegbereiter des Wechsels nach Weimar sah. Er schrieb ihm am 13. Januar 1775 nach Straßburg, wo sich das Prinzengefolge unterdessen befand:

„Lieber Knebel ich bitte Sie gar sehr um ein Wort von Ihnen und um meine Sachen. Wo sind Sie? Bin ich in gutem Andenken unter Ihnen? Addio. Ich hab einige sehr gute produktive Tage gehabt."[195]

In Weimar sollte sich Knebel dann in der Tat zu Goethes Vertrautem entwickeln, was ihm den Titel bester oder ‚Urfreund' einbrachte.

Bis Goethe Frankfurt dann (für immer) verließ, sollte es noch fast ein Jahr dauern. In diesem Jahr 1775 aber, dem letzten Frankfurter Jahr, lernte Goethe zwei Frauen kennen, deren Beziehungen zu ihm unterschiedlicher nicht hätten sein können.

Goethe schrieb sich in eine, im *Werther*-Ton gehaltene, vertraut-vertrauliche intime

Affäre hinein, die eine bemerkenswerte Besonderheit aufwies: die Adressatin seiner Briefe, Auguste Gräfin Stolberg, Schwester der ihm befreundeten Stolberg-Brüder Christian und Friedrich, lernte ihren Brief-Partner nie persönlich kennen. Ihre ersten, anonym versandten Briefe wiesen sie als Bewunderin des *Werther* aus, und Goethe begab sich auf das Terrain des erst vor ein paar Monaten erschienenen Briefromans mit einer erstaunlichen Schreib-Intensität. Auguste, bald zärtlich ‚Gustchen' genannt, erfuhr viel über Goethes Gefühle, Zweifel, Liebessorgen. Er ging dazu über, seinen Teil des Briefwechsels in Tagebuchform zu verfassen und das seinerzeit noch sehr vertrauliche Du zu gebrauchen. Es war, als habe Goethe diese an Werthers Briefe angelehnten intimen Botschaften genutzt, um die unbearbeiteten ‚Reste' in seinem Verhältnis zu Lotte Buff zu klären. Auguste hatte die inhaltliche und formale Annäherung von Goethes Briefen an den *Werther* durchaus bemerkt. Wer weiß, wer in dieser imaginären, wesentlich aus Schrift bestehenden Beziehung mit wem ‚gespielt' hat? Jedenfalls kam die Gräfin, die ja auch über ihre Brüder in den literarischen Kreisen der Empfindsamkeit und des ‚Sturm und Drang' verkehrte, in den Besitz eines ganz persönlichen *Werther*-Konvoluts – und das von der Hand eines in ganz Europa gerade ungemein berühmt werdenden Autors.

Das Maß an Liebesverwirrung wird aber erst voll, wenn Goethes andere Beziehung zur Sprache kommt. Erst dann wird deutlich, mit welcher Energie Goethe 1775 seine ungewöhnliche Liebesökonomie zu regeln hatte.

Im Januar lernte er die Frankfurter Bankierstochter Anne Elisabeth Schönemann kennen. Sie lebte mit Mutter und vier Brüdern (der Vater war 1763 gestorben) im pompösen Haus ‚Zum Liebeneck' am Kornmarkt, dessen kostspieliger, aufwendiger Bau im Jahre 1784 zum Bankrott der Bank beitragen sollte.

Goethe kam dann öfter ins Schönemannsche Haus zum Whistspielen oder zum Tanz, um seiner Lili nahe zu sein. Noch reizvoller mögen die Ausflüge nach Offenbach gewesen sein. Die damals knapp sechzehnjährige Anne Elisabeth besuchte dort gern ihren Cousin Jean Georg d'Orville und den Onkel aus der Schnupftabakfabrikanten-Familie Bernard. In *Dichtung und Wahrheit* erzählt Goethe von beschwingten Festen im Herrenhaus der Bernards. Man musizierte, sang und spielte Theater. Den 26-jährigen Johann Wolfgang Goethe hat man sich als einen geselligen Menschen vorzustellen, der in allen Disziplinen der Fest- und Feierkultur versiert war. Auch neigte er gelegentlich zu waghalsigen Späßen. Einmal schaute er in Offenbach im ersten Stock des Bernardschen Hauses zum Fenster hinein. Er ging auf Stelzen.

Bei aller Leichtigkeit des geselligen Vergnügens waren Lili Schönemann und Johann Wolfgang Goethe durchaus ein Paar mit ernsten Absichten.

Nicholas Boyle hat Lili Schönemann in seiner immer wieder zu Rate gezogenen Goethe-Biographie freundliche Zeilen gewidmet:

„Lili war keine flache Salonschönheit, sondern, wie sich in den Widrigkeiten der Französischen Revolution zeigen sollte, eine Frau von großem Mut und Charakterfestigkeit. Bildung und kultivierte Interessen hatten keine Tradition in ihrer Familie, aber dieses Mangels war sie sich wohl bewusst. Sie war reizvoll, ohne flatterhaft zu sein, und besaß mehr Intelligenz und mehr Rückgrat als jede andere Frau, der Goethe bisher seine Zuneigung geschenkt hatte.“[196]

Im April 1775 wurde Verlobung gefeiert. Goethe verzichtete auf Ringe und besorgte zwei goldene Herzen, die man sich an einer Kette um den Hals hängen konnte. Übrigens nahm ‚Gustchen', Gräfin Stolberg, brieflich am Glück der Verlobten teil, aber auch am Unglück, das nicht lange auf sich warten ließ. Und bald sollte Goethe mit ihren beiden Brüdern seine Schwester Cornelia besuchen, die am 1. November 1773 Goethes Freund, den Frankfurter Juristen Johann Georg Schlosser, geheiratet hatte und mit ihm erst nach Karlsruhe, schließlich ins badische Emmendingen gezogen war. Es scheint fast, als hätten sich Liebe und Leid, Freundschaften und Ehen, Karrieren und Niederlagen in einem, allerdings sehr großen Kreis von engeren und weniger engen Freunden abgespielt. Jedenfalls aber war Goethe ständig in ein kommunikatives Netz eingeflochten, das seines gleichen sucht. Was überhaupt nicht bedeutet, dass der Autor, Spieler, Musikant, Tänzer oder Erzähler Goethe nicht einsam sein konnte oder wollte.

Lili Schönemann, Pastell von 1782.

Ausgerechnet die ‚papierne' Gräfin Stolberg schickt im Mai 1775, also nur kurz nach der Verlobung mit Lili, ihre beiden Brüder nebst einem ehemaligen Kommilitonen aus der Göttinger Studienzeit zu Goethe nach Frankfurt, um ihn mit auf Reisen zu nehmen. Obwohl die aktuelle Bindungsangst überhaupt nichts mit dem *Werther* und Wetzlar zu tun hatte, ließ sich Goethe von den Genie-Darstellern aus dem Norden dazu überreden, sich Uniformen à la *Werther* schneidern zu lassen und mit den drei anderen Kumpanen ein Stück Empfindsamkeits-Theater zu spielen. Eine heikle Sache. Gustchen, die eingeweihte imaginäre Geliebte, schickte ihre Brüder zum verehrten Verfasser des *Werther*, und sie machten sich zusammen auf den Weg zu einer anderen, höchst wichtigen Frau in Goethes Leben, zur Schwester Cornelia nach Emmendingen. Alles in einer gespielten Regression auf *Werthers* Leiden, wo Goethes aktuelle Lage doch von ganz anderen Schwierigkeiten gezeichnet war. Lili erhielt die lapidare Nachricht, das Ganze sei eine Probe auf die Stabilität der Beziehung.

Legendär, wenn auch vielleicht gar nicht ganz wahr, wird dann das gemeinsame Nacktbad im Darmstädter Woog mit anschließendem Zerschmettern von Weingläsern, wie ‚Stürmer und Dränger' es eben an sich haben. Aber man hat dann auch empfindsam gemeinsam geweint, als ein Brief von Friedrich Stolbergs Geliebter aus England kam, aus dem er erfahren musste, dass seine Geliebte lieber nur noch eine gute Freundin sein wollte.

Es folgten Stationen einer Reise, die eher Goethes Unruhe und Unentschiedenheit

entsprachen als einem durchdachten Plan. In Karlsruhe trifft man Carl August von Sachsen-Weimar. Es wird dort seine Verlobung mit der Darmstädter Prinzessin Luise vorbereitet. Goethes Weimar-Wunsch bekommt abermals einen Schwung, als das Paar ihn erneut nach Thüringen einlädt. Anschließend geht es nach Straßburg, wo J. M. R. Lenz weilt, den Goethe im April 1776 in Weimar wiedertreffen wird. Nach kurzer Anstellung am Weimarer Hof wird er auf Betreiben Goethes wegen einer bis heute nicht aufgeklärten ‚Eseley' schon im Dezember desselben Jahres wieder ausgewiesen werden.
Am 28. Mai trifft Goethe in Emmendingen ein, wo Cornelia Schlosser mit ihrem Mann verzweifelt und einsam lebt. Später kommen Lenz und die Stolberg-Brüder hinzu. Ein Gerücht besagt, Cornelia habe ihrem geliebten Bruder zur Trennung von Lili geraten. Am 6. Juni nimmt er Abschied von den Schlossers und reist nicht nach Frankfurt zurück, sondern zieht mit den Stolbergs weiter über Konstanz und Winterthur nach Zürich. Es drängt sich die Vermutung auf, es mit einer Schicksalsreise zu tun zu haben. Einerseits zieht und zerrt Frankfurt mit Lili Schönemann, auf der anderen Seite könnte auch die angeblich vom Vater nach der Verlobung gewünschte Italienreise angetreten werden. Goethe hatte als Zweck dieser mit so viel Ungewissheit beladenen Reise in einem Brief an Johanna Fahlmer angegeben, unterwegs die Welt wie ein Buch betrachten zu wollen, um daraus gescheiter zu werden: ‚Wenns nur was hülfe.'
In Zürich wohnt Goethe bei Lavater, von dem er sich wohl Rat erhofft. Mit dem reformierten Geistlichen und Jugendfreund Jakob Ludwig Passavant, der als eine Art Sekretär Lavaters fungiert, steigt er nach Einsiedeln auf. Die Stolbergs kehren am nächsten Morgen nach Zürich zurück. Goethe und Passavant laufen zum Sankt-Gotthard-Pass. Vorbei am Vierwaldstätter See, an den Schauplätzen der Tell-Legende. Goethe zeichnet leidenschaftlich hingegeben an die ‚Herrlichkeit der Welt'. Schließlich erreichen sie am 21. Juni das Kapuzinerhospiz auf dem Gotthard. Über den Pass hinaus nach Süden gelangen sie nicht. Die Fliehkräfte Richtung Italien unterliegen der Notwendigkeit oder dem Wunsch, einmal noch nach Frankfurt zurückzukehren.
Am 25. Juni ist Goethe wieder in Zürich. Es geht dann über Basel nach Straßburg wieder zu Lenz. Am 19. Juli verlässt Goethe Straßburg, um über Darmstadt, wo er Herder besucht, am 22. Juli 1775 wieder in Frankfurt anzulangen.
Zehn Tage später trifft Goethe Lili in Offenbach. Von Trennung ist noch keine Rede. Die Reise, die doch Klarheit und eine Entscheidung hätte bringen sollen, scheint in dieser Hinsicht nichts bewirkt zu haben. Schließlich aber kommt es am 11. September, nach der gemeinsamen Aufführung des Hochzeitsliedes für einen Pfarrer aus Offenbach, zur Aussprache. Trotz widersprüchlichster Gefühle und eigenem Trennungs-Elend löst Goethe dann die Verlobung mit Lili Schönemann zum 30. Oktober 1775. Abgesehen von familiären Dissonanzen – die Schönemanns gehörten in Frankfurt zur zweiten Gesellschaftsklasse, die Goethes rangierten in Stellung und Lebenswandel weiter unten – stand für Johann Wolfgang Goethe alles auf dem Spiel. Die Heirat hätte für ihn eine Existenz in den engen Bahnen der Frankfurter Gesellschaft bedeutet, womöglich als Anwalt und nebenberufli-

cher Autor. Vor allem aber war er längst damit befasst, über Frankfurt hinaus zu denken und zu planen. Die Heirat mit Lili hätte die sich deutlich anbahnende Weimar-Perspektive wohl ausgeschlossen. Und ein Dichter, der Dichter, der er zu werden im Begriff war, wäre Goethe wohl auch nicht geworden.

Der Preis für die Aufkündigung der Liebe und des Eheversprechens war enorm. Boyle spricht von der ‚schwersten, der entscheidendsten Krise' in Goethes Leben. Und Goethe vertraute später Eckermann an, Lili Schönemann sei die ‚erste, die er tief und wahrhaft geliebt' habe – ‚und die letzte'. So tiefgreifend Goethes Krise wegen der sich anbahnenden Trennung von Lili gewesen sein mag, so zweifelhaft kann der Versuch erscheinen, damit umzugehen.

Das Jahr 1775 ist auch das Trennungsjahr von Frankfurt. Der innere Aufruhr zeigt sich nach außen in einem wilden Spiel mit denkbaren Lebensperspektiven. Goethe bringt sich im August in Weimar in Erinnerung. Aber er fragt auch bei Lavater nach, was zu bedenken wäre im Falle, er ginge nach Italien.

Carl August und Luise heiraten am 3. Oktober in Karlsruhe. Sie machen in Frankfurt Station. Des Herzogs Sympathie für Goethe kann man offenbar nicht übersehen. Bis der dann aber von Frankfurt nach Weimar übersiedelt, folgen noch ein paar fast groteske Zick-Zack-Bewegungen.

Vater Johann Caspar Goethe hielt nichts vom Plan seines Sohnes, nach Weimar an den Hof zu gehen. Wie einen Riegel wollte er die längst fällige große Bildungsreise nach Italien vor den Weimar-Wunsch des Sohnes schieben. Schließlich einigte man sich in der Familie darauf, zu warten, ob eine förmliche Einladung an den Hof kommen würde. Sie kam wahrscheinlich Ende der ersten Oktoberwoche. Goethe machte seine Absicht publik, der Einladung zu folgen.

Jetzt sollte sich das volle Reise-Chaos entfalten. Man war übereingekommen, dass Kammerjunker Karl Alexander von Kalb von Karlsruhe aus mit einer neuen Kutsche Goethe von Frankfurt nach Weimar bringen sollte. Offenbar wurde vergessen, ein festes Datum zu vereinbaren; jedenfalls warteten die Goethes erst einmal vergeblich auf den Kammerjunker. Goethe nahm sich das im Sommer begonnenen Stück *Egmont* vor. Johann Caspars Zweifel an der Zuverlässigkeit des Hofes schienen berechtigt. Schließlich änderten die Reisewünsche ihre Richtung und am 30. Oktober einigten sich Vater und Sohn darauf, dass Johann Wolfgang nunmehr nach Italien aufbrechen sollte. Das geschah auch. Goethe trat die Reise mit seinem Diener Philipp Seidel nach Italien an. In seinem neuen Reisetagebuch heißt es dazu: „Ich packte für Norden, und ziehe nach Süden, ich sagte zu, und komme nicht, ich sagte ab und komme.“[197]

In Frankfurt hatte man auf Kalbs Kutsche gewartet, in Weimar auf Goethe. Was war geschehen? Die neue Kutsche war nicht rechtzeitig fertig geworden. Jetzt begann ein wohl einzigartiges Wettrennen. Der enttäuschte, wenn nicht verzweifelte Goethe auf dem Weg nach Italien wurde vom frustrierten Kammerjunker Kalb verfolgt, der Goethe in Frankfurt nicht angetroffen hatte. In Heidelberg holte Kalb Goethe und seinen Diener am

3. November 1775 ein. Alles wurde umgedreht. Die Kutsche fuhr mit Goethe in die Gegenrichtung. Nach einem Halt in Frankfurt ging es schließlich nach Weimar, wo man am 7. November eintraf. Goethe sollte seine Vaterstadt erst vier Jahre später wieder besuchen.

Literarische Werke nach dem Werther und vor Weimar

Dass Frankfurt neben Wetzlar die *Werther*-Stadt war oder ist, erweist sich daraus, dass er hier geschrieben wurde. Mag einer der berühmtesten Romane der Weltliteratur auf Erlebnissen Goethes in Wetzlar fußen, mag er zuerst bei Weygand in Leipzig erschienen sein, geschrieben wurde er – wie bemerkt – im Februar/März 1774 im Haus am Hirschgraben. Im Schatten Werthers verfasste Goethe das Trauerspiel *Clavigo* im Mai 1774 in einer Woche. Weniger bekannt ist das Räuberstück *Claudine von Villa Bella*, ein ‚Schauspiel mit Gesang', das seit 1788 als ‚Singspiel' tituliert wurde. Goethe schrieb an der Romanze 1774/75, uraufgeführt wurde das Stück am 3. Februar 1785 in Weimar, im Druck war es 1776 erschienen. Nicholas Boyle attestiert dem Singspiel mit sechs Szenen, das in einem imaginären Spanien spielt, ‚Mozartsche Tiefe'. Es wurde mehrfach vertont, unter anderem von Franz Schubert und Engelbert Humperdinck. Wenn es so etwas gibt wie ‚Sturm und Drang' in Operettenform, dann mag es so genannt werden.
Claudine von Villa Bella weist auf *Stella. Ein Schauspiel für Liebende* voraus. Das Trauerspiel in fünf Akten schrieb Goethe ebenfalls 1775. Ihm liegt die seinerzeit oft diskutierte Möglichkeit einer Ehe zu dritt zu Grunde. Im Stück kehrt Fernando nach Jahren der Wanderschaft zu seiner geliebten Stella zurück, die auf ihrem Rittergut vereinsamt lebt, nachdem Fernandos und Stellas Kind gestorben ist. Mit der Gesellschafterin Lucie kommt deren Mutter Cäcilie zu Stella, die allerdings einst Fernandos Frau war. Die Katastrophe scheint unausweichlich. Da verfällt Cäcilie auf die Idee, mit Fernando und Lucie eine Ehe zu dritt zu führen. Die unkonventionelle Moral des ‚Schauspiels für Liebende' führte unter anderem zu einem Verbot des Stückes in Hamburg.
Aber es ging Goethe weniger um das Aufmischen der Ehe-Konventionen; vielmehr hat er mit diesem Stück wohl einen Ausweg aus seiner eigenen Klemme imaginiert. Fernando kann die beiden Frauen in sein raumgreifendes Liebesleben integrieren. Eine mehr sinnlich, die andere ätherisch, eine reich, die andere arm, eine mit und eine ohne Kinder, aber beide ihm in großer Liebe zugetan. So hätte Goethe es in einer Nebenkammer seiner Wunschphantasien vielleicht gern mit Lili Schönemann und Gustchen Gräfin zu Stolberg arrangiert.
Stella entstand in einer ersten Fassung in Goethes wunderlich krisenhaftem Frankfurter Jahr 1775; in den Jahren 1803 bis 1805 überarbeitete er diese Fassung, am 15. Januar 1806 wurde das Stück in Weimar uraufgeführt.

Es kennzeichnet große Autoren, dass ihre Vielseitigkeit, ihr Perspektivenreichtum und ihre Autorenrollen verwirren können. Goethe ist das prominenteste Beispiel. Er verfügt über eine unglaubliche Fülle von Stilen, Schreibweisen, Haltungen und vielleicht auch Überzeugungen. Vielleicht könnte man seine poetischen Verfahren mit ‚radikal' bezeichnen. Radikal suchte er lebenslang, Wissen, ja Forschung, Religiosität, die nicht auf das Christentum beschränkt ist, mit ästhetischer Produktion zu verbinden. Das liegt auch daran, dass er die exorbitante Fähigkeit besaß, die großen theoretischen und ästhetischen Debatten und Positionen seiner Zeit in sich zu versammeln – um aus den divergierenden Linien Knoten zu knüpfen, die in ihrer poetischen Wahrheit und Schönheit noch immer als Denkbilder und poetische Reflexionen aktuell sind. Er war nicht bloß ein großer Denker, sondern auch ein radikaler Poet, der psychisch, intellektuell und körperlich einstand für seine Kunst.

Nirgends lässt sich das besser belegen, als in seiner jahrzehntelangen Arbeit am *Faust*. Und auch dieses wichtigste Drama der deutschen Literatur hat in Frankfurt seine Ursprünge. Es begann wohl mit der Hinrichtung der Kindsmörderin Susanna Margaretha Brandt am 14. Januar 1772 in Frankfurt am Main. Belegt ist das vielfältige Interesse Goethes an diesem Fall.

1887 fand man die Abschrift von *Faust*-Szenen im Nachlass der ersten Hofdame der Herzogin Anna Amalia, Luise von Göchhausen. Goethe hatte sie wegen ihrer ‚mobilen Feder' sehr geschätzt und überließ ihr nach Vorleseabenden seine Manuskripte zur Abschrift. Für das *Faust*-Konglomerat fand sich der bis heute umstrittene, etwas pompöse Begriff *Urfaust*. Diesen *Urfaust*, dessen Spielbarkeit immer wieder aufs Schönste bewiesen wird, hat Goethe neben allen anderen großen Werken in den Frankfurter Jahren 1772 bis 1775 geschrieben. Also auch parallel zum *Werther*. Parallel zu Lebenskrisen, Zick-Zack-Reisen, Liebestragödien und Lustbarkeiten jedweder Sorte. Das alles kann darüber belehren, dass das Werk eines Schriftstellers niemals in schnöder Spiegelung seines Lebens aufgeht. Es scheint eher so zu sein, dass Leben und Werk miteinander die wildesten Tänze aufführen können. Mal hilft das Schreiben bei der Bewältigung einer Lebenskrise, mal das Leben beim Kampf gegen Schreibstörungen. Oder beides läuft ungerührt nebeneinander her. Dass Goethe mit dem *Werther* auch seine Beziehung zu Lotte Buff ‚behandelt' hat, dass er mit der *Stella* ein für ihn nicht uninteressantes Liebesmodell durchgespielt hat, mit *Clavigo* unter anderem das literarische Genie (das er selber war) bedacht und mit dem Singspiel *Claudine von Villa Bella* ein sehr unterhaltsames Räuberstück geschrieben hat, in dem der Räuber und Frauenheld Crugantino/Alonzo Züge des ‚betäubend spannungsgeladenen' (Boyle) Goethe von 1775 trägt, trifft zu. Für den zur gleichen Zeit geschriebenen *Urfaust* aber ist die Tatsache, dass Goethe Zeuge der Hinrichtung von Margaretha Brandt war, nicht besonders wichtig. Quer zu allen schmerzhaften oder auch albernen Verwirrungen und Verwicklungen in den Frankfurter Jahren nach Studium und Praktikum in Wetzlar hat Goethe ein literarisches Lebensprojekt begonnen, das nicht oder nicht nur als Rettungswerk aus Verzweiflung und Unsicherheit diente.

„Der Urfaust ist das überzeugende poetische Meisterwerk des jungen Goethe, die Quintessenz seiner literarischen Persönlichkeit“[198], schreibt Boyle und fährt fort: „(…) wenn *Werther* den Punkt der größten Nähe zu seinem Publikum bezeichnet, so erschafft der *Urfaust* als erstes großes Werk Goethes jenen anfänglichen Abstand der eigenen Subjektivität von dem der Zeitgenossen, der für alle folgenden Schriften Goethes kennzeichnend sein wird“[199].

So verabschiedet Goethe sich von Frankfurt mit den *Faust*-Szenen, die mehr sind als ein paar unverbundene Fragmente. Der Weg vom Gelehrten, der die Grenzen seines Wissens nicht akzeptieren kann und mit dem Teufel paktiert, über die Verführung Gretchens bis zum Scheitern am Schluss im Kerker ist im *Urfaust* schon gebahnt. *Faust. Eine Tragödie* erschien 1808 im Druck. Am 19. Januar 1829 fand im Hoftheater in Braunschweig die gegenüber der als unspielbar gehaltenen Druckfassung stark veränderte Uraufführung statt. Frankfurt kommt dann noch einmal ins Spiel. Am 29. August 1819, zu seinem 80. Geburtstag, wurde der *Faust* in einer an die Braunschweiger Aufführung angelehnten Fassung in vier Städten gespielt: in Weimar, Leipzig, Dresden und Frankfurt. *Der Tragödie zweiter Teil* wurde 1832, ein paar Monate nach Goethes Tod, veröffentlicht.

Besuche in der Vaterstadt

Goethe besuchte Frankfurt nach der Ankunft in Weimar am 7. November 1775 noch sechsmal. Es kann hier nur ein kurzer Abriss dieser Besuche geliefert werden, wenn einige auch berühmt und folgenreich werden sollten.

Im September 1779, vier Jahre nach dem Abschied von Frankfurt also, fährt Goethe zum zweiten Mal in die Schweiz. Er begleitet ‚seinen‘ Herzog Carl August, mit dabei ist auch Kammerherr von Wedel. Vom 18. bis zum 22. September wohnt man zur großen Freude von Mutter Aja im Haus am Großen Hirschgraben. Sie schreibt gleich am 24. September einen emphatischen Brief an die Herzogin-Mutter Anna Amalia. In dieses wunderbare Dokument soll – obschon gekürzt – hineingelesen werden:

„Durchlauchdigste Fürstin.

Der 18te September war der große Tag da der alte Vater und Frau Aja, denen seeligen Göttern weder Ihre Wohnung im hohen Olymp, weder Ihr Ambrosia noch Nectar, weder Ihre Vocal noch Instrumentthal Mucick beneideten, sondern glücklich, so gantz glücklich waren, daß schwerlich ein sterblicher Mensch jemahls größre und reinere Freuden geschmeckt hat als wir beyde glückliche Eltern an diesem Jubel und Freuden Tag – Niemahl hat mich mein Unvermögen eine sache gut und anschaulich vor zutragen mehr belästig als jetzt da ich der Besten Fürstin |:von Der doch eigendtlich alle diese Freude ausgeht, die doch eigendlich die erste Ursach aller dieser Wonne ist:| so recht aus dem

Frankfurt um 1810 nach einem Stich von Wizani.

Hertzen heraus unsere Freude mittheilen mögte – Es gerade nun wie es wolle, gesagt muß es nun einmahl seyn.
Ihro Durchlaucht unser gnädigster und Bester Fürst, stiegen |:um uns recht zu überraschen:| eine strecke von unserm Hauße ab kamen also gantz ohne geräusch an die Thüre, klingelten, traten in die blaue Stube u.s.w. Nun stellen Sich Ihro Durchlaucht vor, wie Frau Aja am runden Tisch sitzt, wie die Stubenthüre aufgeht, wie in dem Augenblick der Häschelhanß ihr um den Hals fält, wie der Herzog in einiger Entfernung der Mütterlichen Freude eine weile zusieht, wie Frau Aja endlich wie betruncken auf den besten Fürsten zuläuft halb greint halb lacht gar nicht weiß was sie thun soll wie der schöne Cammerherr von Wedel auch allen antheil an der erstaunlichen Freude nimbt – Endlich der Auftrit mit dem Vater, das läßt sich nun gar nicht beschreiben – mir war Angst er stürbe auf der stelle, noch an dem heutigen Tag, daß Ihro Durchlaucht schon eine zimmliche Weile von uns weg Sind, ist er noch nicht recht bey sich, und Frau Aja gehts nicht ein Haar beßer – Ihro Durchlaucht können Sich leicht vorstellen wie vergnügt und seelig wir diese 5 tage über geweßen sind. Merck kam auch und führte sich so zimmlich gut auf, den Mephisthoviles kan Er nun freylich niemahls gantz zu Hauß laßen, das ist mann nun schon so gewohnt. Wieder alle Gewohnheit waren dieses mahl gar keine Fürsten und Fürstinnen auf der Meße, das war nach Unsers Theuresten Herzogs Wunsch, Sie waren also gar nicht genirt – Am Sontag gingen Sie in ein großes Concert das im Rothen Hauß gehalten wurde, nachdem in die Adliche Geschellschafft ins so genandte Braunenfels, Montags und Dinstags gingen Sie in die Commedie, Mittwochs um 12 uhr Mittags ritten Sie in bestem wohlseyn der Bergstraße zu, Merck begleidtete Sie bis Eberstadt. Was sich nun alles mit dem schönen Cammerherrn von Wedel, mit dem Herrn Geheimdten Rath Goethe zu getragen hat, wie sich unsere Hochadliche Freulein gänßger brüsteten und Eroberungen machen wolten, wie es aber nicht zu stände kam u.d.m. das verdiente nun freylich hübsch dramatisirt zu werden. Theureste Fürstin! Sie verzeihen diesen kalten Brief der gegen die Sache sehr zu kurtz fält – es ist mir jetzt gantz ohnmöglich es beßer zu machen – ich bin den gantzen Tag vor Freude und Wonne wie betruncken, wen sichs etwas zu Boden gesetzt hat wird meine Vernunfft auch wieder zu Hauße kommen – biß dahin Bittet Frau Aja daß Ihro Durchlaucht Gedult mit ihr haben mögten (…)

Nun Durchlauchdigste Fürstin! Behalten Sie uns in gnädigstem Angedencken – der Vater empfiehlt sich gantz besonders – und Frau Aja Lebt und stirbt als

Ihro Durchlaucht
unterthänigste treugehorsambste Dienerin
C. E. Goethe

Franckfurth d 24ten September 1779"[200]

Im August 1792 reiste Goethe in die Weltgeschichte. Er wurde zum teilnehmenden Beobachter der ‚Campagne in Frankreich'. Vereinigte deutsche und österreichische Truppen zogen gegen das revolutionäre Frankreich ins Feld. Welthistorisch wird der Sieg der Franzosen über die preußisch-österreichische Allianz unter dem Herzog von Braunschweig und dem preußischen König Friedrich Wilhelm II. durch die Kanonade von Valmy. Goethe berichtet darüber in seinem 1822 erscheinenden Buch: *Aus meinem Leben. Zweyter Abtheilung Fünfter Teil* mit dem Motto „Auch ich in der Champagne". Beigeheftet ist die Belagerung von Mainz 1793.
Vor der Reise in den Krieg, vom 12. bis 21. August, besucht er wieder die Mutter, der Vater war am 25. Mai 1782 gestorben. Lieb und fürsorglich schreibt er gleich am ersten Abend an Christiane Vulpius, die er 1806 heiraten wird:

„Ich melde dir, meine Liebe, daß ich heute nachmittage glücklich hier angekommen bin, daß es in meinem Hause ganz ruhig ist und daß ich nur wünschte du wärest bei mir du würdest es recht artig finden. Meine Mutter ist in Gesellschaft gegangen, ich sollte auch mit, mache es aber hier wie dort und bin am liebsten zu Hause. Nun aber wird zuerst an dein Zettelchen gedacht und für das Krämchen gesorgt. Lebe wohl, küsse den Kleinen und schreibe mir, was er macht, und wenn ihr von Jena zurückkehrt. Lebe wohl, ich bin immer bei euch

Wende um!

Meine Mutter hat mir einen sehr schönen Rock und Caraco (modische, taillierte Jacke mit langen Ärmeln, d. A.) für dich geschenkt, den ich dir sogleich mit schicke, denn ich kann Dir, wie Du weißt, nichts zurückhalten
N.B. Wie wär es, wenn Du Dir den Rock und das Caraco auf Deine nächsten Umstände machen ließest, es ist ja Zeug genug, Du kannsts immer enger machen lassen. Ich schickte Dir noch einen großen Shawl, und da wärst Du in der Krabskrälligkeit (Schwangerschaft, Wortschöpfung von Goethe, d. A.) recht geputzt."[201]

Auf dem Weg zum belagerten Mainz ist er am 17. Mai 1793 abermals in Frankfurt. Am 2. Dezember 1792 hatten hessische und preußische Truppen die französische Besatzung aus Frankfurt vertrieben. Nun sollten auch aus dem besetzten Mainz die Franzosen verjagt und das Experiment der Mainzer Republik besiegelt werden. Es endet mit einer ehrenvollen Übergabe der Stadt, die Franzosen ziehen unbehelligt von dannen. Den deutschen Jakobinern und ihren Angehörigen ergeht es übel. Hatten sie nicht fliehen können, werden sie brutal verfolgt und eingekerkert. An deren Schicksal nimmt Goethe nicht öffentlich Anteil. Vom 17. bis zum 27. Mai ist er wieder in seinem Elternhaus. Von dort aus begibt er sich nach Mainz, um vom Hauptquartier der Alliierten von Marienborn aus mit seinen Aufzeichnungen über die Belagerung von Mainz zu beginnen.

Am 9. August kommt Goethe wieder in Frankfurt an und bleibt dort zehn Tage lang. In diesen Tagen hört er Mozarts *Zauberflöte* und er erinnert sich vielleicht daran, dass er das siebenjährige Wunderkind im August 1763 in Frankfurt erlebt hatte, als es virtuos und hervorragend dressiert Klavier spielte. Am 19. August verlässt Goethe Frankfurt. Beim nächsten Besuch im Juli 1797 wird Frau Aja das Haus am Großen Hirschgraben und die Sammlungen verkauft haben und in eine kleinere Wohnung an der Hauptwache gezogen sein.

Goethes dritte Schweizer Reise bringt für Goethes Mutter eine angenehme Aufregung. ‚Wolf' stellt ihr Christiane Vulpius und Sohn August vor. Am 3. August 1797 führt er sie bei ihr ein. Und er macht es spannend. Er lässt die beiden erst einmal in Gelnhausen zurück, um die Mutter vorzubereiten.

Im Tagebuch notiert er dazu: „3. August, Frankfurt. Früh eineinviertel mit Extrapost von Gelnhausen. In Hanau Pferde gewechselt, morgens 8 Uhr in Frankfurt. Abends um 8 kamen die Meinigen nach".[202]

Am 8. August schreibt er über Merkwürdigkeiten, die ihm in Frankfurt begegnen:

„Sehr merkwürdig ist mir aufgefallen, wie es eigentlich mit dem Publikum einer großen Stadt beschaffen ist. Es lebt in einem ständigen Taumel von Erwerben und Verzehren, und das, was wir Stimmung nennen, lässt sich weder hervorbringen noch mitteilen; alle Vergnügungen, selbst das Theater sollen nur zerstreuen, und die große Neigung des lesenden Publikums zu Journalen und Romanen entstehen eben daher, weil jene immer und diese zumeist Zerstreuung in die Zerstreuung bringen (...) In Frankfurt ist alles tätig und lebhaft, und das vielfache Unglück scheint nur einen allgemeinen Leichtsinn bewirkt zu haben. Die Millionen Kriegskontribution, die man im vorigen Jahr den vorgedrungenen Franzosen hingeben mußte, sind so wie die Not jener Augenblicke vergessen, und jeder findet es äußerst unbequem, daß er nun zu den Interessen und Abzahlungen das Seinige beitragen soll."[203]

Diese frühe Konsum-Kritik (‚Erwerben und Verzehren') dürfte Goethe nach zweiundzwanzigjähriger Abwesenheit von Frankfurt auch als Selbstvergewisserung geschrieben haben. In der ‚splendit isolation' von Weimar kann er dem oberflächlichen Trubel und den politischen Erregungen nach der Französischen Revolution noch stets entgehen. An den Freund Jacobi schreibt er am 19. August 1793:

„Mein herumschweifendes Leben und die politische Stimmung aller Menschen treibt mich nach Hause, wo ich einen Kreis um mich ziehen kann, in welchem außer Lieb und Freundschaft, Kunst und Wissenschaft nichts herein kann."[204]

Bei diesem Frankfurt-Aufenthalt sah Goethe seine Mutter zum letzten Mal. Sie starb am 13. September 1808.
Goethe hatte bemerkt, für einen Reisenden gezieme sich ein ‚skeptischer Realism'. Seine beiden letzten Besuche in der Heimatstadt 1814 und 1815 sind durch alles andere als durch skeptischen Realismus gekennzeichnet. Sondern durch die Liebe zu Marianne von Willemer und einen dieser Liebe wegen einzigartigen poetischen Schub.
Marianne wurde als uneheliche Tochter des Tanzmeisters van Gangelt und der Schauspielerin Elisabeth Pirngruber am 20. November 1784 in Linz oder Umgebung geboren. Die Mutter heiratete den Theaterunternehmer Jung, dessen Namen Marianne bis zu ihrer Heirat trug. Im Herbst 1798 kam sie mit ihrer Mutter nach Frankfurt, um dort als Tänzerin und Schauspielerin zu reüssieren. Bis April 1800 war sie an 40 Theater-Aufführungen beteiligt, die Zahl ihrer Tanz-Auftritte ist nicht bekannt. 1799 sah sie der stets zu imaginär-romantischen Liebesverhältnissen aufgelegte Clemens Brentano in dem Ballett *Die Geburt des Harlekin* als aus dem Ei schlüpfende Hauptrolle des Harlekin. Und er verliebte sich schon wieder. In seinem Märchen *Gockel, Hinkel und Gackeleia* von 1837/38 wird dem nunmehr ‚liebsten Großmütterchen' Marianne von Willemer auf dem Titelkupfer in ihrer Harlekin-Rolle gedacht.

Marianne von Willemer.

Im Jahr 1800 löste der theaterbesessene Bankier Johann Jakob Willemer (er war finanziell an dem Theater beteiligt) die sechzehnjährige ‚Demoiselle Jung' bei ihrer Mutter gleichsam aus, indem er ihr eine Ablösesumme von 2000 Gulden und eine Leibrente zahlte. Willemer (seit 1816 *von* Willemer) investierte tüchtig vor allem in die musikalische Ausbildung seiner Marianne. Indes entstand eine aufrichtige Liebe zwischen dem 24 Jahre älteren Bankier und der als Schauspielerin angesehenen Marianne. Am 27. September 1814 wurde geheiratet. Schon 1810/11 war man auf Goethes Spuren nach Italien gereist.
Dieser hätte im September um ein Haar Trauzeuge sein können. Am 28. September hatte er auf dem Weg zur Kur nach Wiesbaden bei Freund Fritz Schlosser übernachtet. Johann Friedrich Heinrich (genannt Fritz) Schlosser, eine spannende Persönlichkeit, war als Jurist Berater von Goethes Frankfurter Angelegenheiten wie Erbschaften oder später bei der Aufgabe des Bürgerrechts. Ein Blick in die publizistischen Hinterlassenschaften des Frankfurter Autors, Anwalts, kaiserlichen Rats und Privatgelehrten Fritz Schlosser lohnte sich gewiss. Der Neffe von Goethes Schwager Johann Georg Schlosser verfasste unter anderem das voluminöse Werk *Die Kirche in ihren Liedern durch alle Jahrhunderte* (Mainz 1851/52) und die vierbändigen *Wanderfrüchte* (Mainz 1856 bis 1859) mit eigenen Gedichten.
Auf der Rückreise aus Wiesbaden und vom Besuch der Familie Brentano in ihrem Sommersitz im Rheingau[205] bleibt Goethe dann noch einmal vom 12. bis zum 24. September bei Fritz Schlosser und seiner Frau Sophie. Am 15. September lädt Willemer Goethe zum

ersten Mal in die Gerbermühle ein. Vom 24. September bis zum 9. Oktober ist Goethe in Heidelberg, unter anderem, um die berühmte Gemälde der mit ihm befreundeten Brüder Boisserée anzuschauen.
Zurück in Frankfurt kommt es zu einer offenbar entscheidenden Begegnung von Goethe und Marianne. An das Datum erinnern beide in ihrem Briefwechsel des Öfteren. Es ist der 14. Oktober 1814. Sie sehen sich an diesem Tag vom Mühlberg in Sachsenhausen aus die Gedenk-Illumination für die Leipziger Völkerschlacht von 1813 an. Dort besaß Willemer seit 1809 ein achteckiges, turmartiges Haus, das heutige ‚Willemer-Häuschen'. In beiden für Goethe und Marianne Willemer so bedeutsamen Häusern, der Gerbermühle wie dem Haus auf dem Mühlberg, war Goethe Gast des in mancherlei Hinsicht großzügigen Bankiers Willemer.

Historische Aufnahme des Willemer-Häuschens auf dem Sachsenhäuser Berg.

Im Jahr darauf wiederholen sich Goethes Reiseziele. Wieder kommt er nach Frankfurt, kurt in Wiesbaden, besucht die Brentanos in Winkel am Rhein. Am 8. August laden ihn der nassauische Herzog Friedrich August und die Herzogin Luise zur vorgezogenen Feier seines 66. Geburtstages auf Schloss Biebrich ein. Vom 12. August bis zum 28. September 1815 wohnt Goethe bei den Willemers im Stadthaus ‚Zum roten Männchen' und in der Gerbermühle. Die Beziehung zwischen Goethe und den beiden wird intensiver. Jetzt feiert man am 28. August auf der Gerbermühle am Main den richtigen Goethe-Geburtstag. Auch die Liebe zwischen Goethe und Marianne wird gefeiert. Auf eine einmalige und bis heute bezaubernde Weise. Seit dem Frühjahr 1814 arbeitet Goethe am *West-östlichen Divan.* 1815 entstehen 140 Gedichte, die meisten für das *Buch Suleika* und das *Schenkenbuch.* Marianne schenkt Goethe vier eigene Gedichte, wird aber in der Ausgabe von 1819 nicht als Mitautorin genannt. Diese Art einer von Liebe getragenen poetischen Komplizenschaft hatte es bei Goethe noch nicht gegeben, und es sollte sich auch nicht wiederholen.
Am 18. September reist Goethe nach Darmstadt, Mannheim, Heidelberg und Karlsruhe. Vom 23. bis zum 26. September ist er in Heidelberg. Marianne kommt aus Frankfurt, um für immer Abschied zu nehmen.
In dieser Zeit entstehen zwei ‚Wunder-Gedichte': zwei von Autoren, die nicht getrennt sind. Schöner als in seinem Gedicht *Gingo Biloba* kann diese ‚Ein- und Doppeltheit' nicht zum Ausdruck gebracht werden. Goethe sandte in Frankfurt an Marianne ein Gingko-Blatt. Er datierte die handschriftlich überlieferte Erstfassung auf den 15. September 1815. Auch dieses Gedicht wandert als Zeugnis einer poetischen Liebesbeziehung in den *West-östlichen Divan*:

„Gingo biloba

Dieses Baums Blatt, der von Osten
Meinem Garten anvertraut,
Gibt geheimen Sinn zu kosten,
Wie's den Wissenden erbaut.

Ist es ein lebendig Wesen,
Das sich in sich selbst getrennt?
Sind es zwei, die sich erlesen,
Daß man sie als eines kennt?

Solche Fragen zu erwidern,
Fand ich wohl den rechten Sinn:
Fühlst du nicht an meinen Liedern,
Daß ich eins und doppelt bin?“[206]

In einer Literaturgeschichte der Stadt Frankfurt dürfen die Zeugnisse dieses einmaligen lyrischen Wechselgesangs, des ‚Duodramas‘ zwischen Goethe und Marianne von Willemer nicht fehlen. Das folgende Gedicht *Nicht Gelegenheit macht Diebe* ist das älteste, mit Sicherheit an Marianne gerichtete Gedicht. Es entstand während Goethes Aufenthalt in Willemers Frankfurter Haus vom 8. bis zum 15. September 1815.

„Hatem

Nicht Gelegenheit macht Diebe
Sie ist selbst der größte Dieb;
Denn sie stahl den Rest der Liebe,
Die mir noch im Herzen blieb.

Dir hat sie ihn übergeben,
Meines Lebens Vollgewinn,
Daß ich nun verarmt, mein Leben
Nur von dir gewärtig bin.
Doch ich fühle schon Erbarmen
Im Karfunkel deines Blicks
Und erfreu in deinen Armen
Mich erneuerten Geschicks.“[207]

Im Brief von Marianne von Willemer an Herman Grimm, den Sohn Wilhelm Grimms, vom 5. April 1856 bestätigt sie, dass *Hochbeglückt von deiner Liebe*, das Antwortgedicht auf Goethes *Nicht Gelegenheit macht Diebe*, von ihr stammt. Sie hat es vier Tage nach dem Erhalt von Goethes Gedicht, am 16. September 1815, geschrieben:

„Suleika

Hochbeglückt in deiner Liebe
Schelt ich nicht Gelegenheit,
Ward sie auch an dir zum Diebe.
Wie mich solch ein Raub erfreut!

Und wozu denn auch berauben?
Gib dich mir aus freier Wahl,
Gar zu gerne möcht ich glauben:
Ja, ich bin's, die dich bestahl.

Was so willig du gegeben,
Bringt dir herrlichen Gewinn;
Meine Ruh, mein reiches Leben
Geb ich freudig: nimm es hin!

Scherze nicht! Nichts von Verarmen!
Macht uns nicht die Liebe reich?
Halt ich dich in meinen Armen,
Jedem Glück ist meines gleich.“[208]

Am 6. Juni 1816 starb Goethes Ehefrau Christiane in Weimar. Im Dezember des folgenden Jahres wollte Goethe noch einmal nach Frankfurt fahren. Zwei Stunden hinter Weimar brach wegen einer Ungeschicklichkeit des Fuhrknechts die Wagenachse und Goethe kehrte zurück. Nach Frankfurt kam er dann nicht mehr. Im selben Jahr gab er sein Frankfurter Bürgerrecht auf:

„Da der nunmehrige Herr Geh. Rath, und Staatsminister Joh. Wolfgang Göthe zu Weimar das hiesige Bürgerrecht aufgegeben, auch nach Vorschrift verehrlichen Beschlusses des engern Raths vom 2. December 1817 unter dem 9. des nemlichen Monats mit Löblicher Einkommenssteuer Commission Richtigkeit gepflogen worden, so wurde der Name des gedachten Herrn Geheimen Raths dahier im Burger Buche ausgelöschet. 30 kr. sind hierfür im Stadtkanzley Accidenzien Buche vom Jahre 1818 unterm 2. Merz verrechnet.“[209]

Goethes Großonkel Johann Michael von Loën

Johann Michael von Loën gehörte nicht zum Kreis um Goethe, weil er aus einer anderen Generation stammte. Deshalb steht sein Porträt am Ende dieses Kapitels. Er war aber eine vielfältig tätige Frankfurter Persönlichkeit, und er hinterließ eine Menge Bücher: selbst verfasste und gesammelte. In *Dichtung und Wahrheit* schreibt Goethe über ihn:

„Früher, und von mir kaum noch mit Augen gesehen, machte Johann Michael von Loën in der literarischen Welt sowie in Frankfurt ziemliches Aufsehen. Nicht von Frankfurt gebürtig, hatte er sich daselbst niedergelassen und war mit der Schwester meiner Großmutter Textor, einer geborenen Lindheimer, verheiratet. Bekannt mit der Hof- und Staatswelt, und eines erneuten Adels sich erfreuend, erlangte er dadurch einen Namen, daß er in die verschiedenen Regungen, welche in Kirche und Staat zum Vorschein kamen, einzugreifen den Mut hatte. Er schrieb den *Grafen von Rivera*, einen didaktischen Roman, dessen Inhalt aus dem zweiten Titel: *oder der ehrliche Mann am Hofe* ersichtlich ist. Dieses Werk wurde gut aufgenommen, weil es auch von den Höfen, wo sonst nur Klugheit zu hause ist, Sittlichkeit verlangte."[210]

Goethe hätte auch gleich noch dazuschreiben können, dass ihm dieser Großonkel für die legendäre Beschreibung der Krönung Josephs II. in *Dichtung und Wahrheit* eine Vorlage mit dessen Bericht über die Krönung Karls VII. im Jahre 1742 geliefert hatte.

Johann Michael von Loën wurde am 13. Dezember 1694 in Frankfurt geboren. Seine Schulbildung bekam er im Internat der Fürstlich Isenburgischen Landesschule in Birstein. Er studierte in Marburg und Halle Rechtswissenschaft und wurde unter dem Einfluss des großen Juristen und Philosophen Christian Thomasius ein Parteigänger der Aufklärung. Sechzig Jahre vor seinem Großneffen Johann Wolfgang Goethe absolvierte er am Wetzlarer Reichskammergericht ein Praktikum. Um eine Berufsexistenz musste er sich nicht sorgen, weil er durch eine Erbschaft so vermögend wurde, dass er als Privatgelehrter, Schriftsteller sowie Kunst- und Büchersammler in Frankfurt leben konnte. Nach dem Tod des Bruders im Jahre 1729 fiel ihm das Meriansche Landhaus ‚Auf der Windmühle' am Mainufer zu. Dort pflegte sich das gelehrte Frankfurt und ein Zeitungskolleg zu versammeln. Am 20. August 1748 wurde die Privattrauung von Goethes Eltern in diesem Landhaus gefeiert.

1752 trat von Loën als Regierungspräsident der preußischen Grafschaften Lingen und Tecklenburg in den Dienst Friedrichs des Großen. Goethes Vater lehnte diesen Schritt ab, und der Onkel seiner Frau sollte ihn bald bereuen. 1757 geriet er während des Siebenjährigen Krieges in französische Gefangenschaft, wo er vier Jahre lang in einem ‚allerelendesten und unanständigsten Zimmer' zuzubringen hatte. Nach seiner Freilassung musste bis zum Friedensschluss 1763 einer seiner Söhne an seiner Stelle die Gefangenschaft auf sich nehmen. 1765 bat er den König um seine Entlassung. In den letzten Lebensjahren war er dann fast vollständig erblindet, woran eine Operation des Augenarztes Johann Heinrich Jung-Stilling nichts ändern konnte. Er starb am 24. Juli 1776 in Lingen/Ems.

Als Privatgelehrter, Besitzer einer großen Bibliothek und Kunstkenner genoss von Loën

hohe Achtung. Weniger erfolgreich war er als Schriftsteller. Zu seinen Werken gehörten Reisebilder, philosophische Essays und moralische Betrachtungen. Seine politische Moral zielte vor allem darauf, im aufgeklärten Absolutismus den Adel und die Fürsten auf bürgerliche Tugenden und christliche Sitten zu verpflichten. In manchen Positionen zeigte er sich Hans Jacob Christoffel von Grimmelshausen verwandt, besonders, wenn es darum ging, offen und mit starken Worten die Unsitten des Hoflebens zu geißeln.
Wie es im Goethe-Zitat aus *Dichtung und Wahrheit* schon anklang, brachte ihm der ‚moralisch-aufklärerische Staatsroman *Der redliche Mann am Hofe* mit pietistischen und empfindsamen Zügen'[211] Anerkennung und einigen Erfolg. Einerseits dem barocken höfisch-heroischen Liebesroman verpflichtet, zielte sein wichtigster Roman andererseits auf die bürgerlichen Tugendideale der Aufklärung. Seine religionsphilosophischen Anschauungen fußten auf der unbedingten Vereinbarkeit von ‚natürlicher Religion', wie sie in der Bibel steht, und vernünftigem Handeln. Wenn eine gute bürgerliche Moral mit einem innigen, undogmatischen Christentum in einem aufgeklärt absolutistischen Staat zusammenkommt, dann kann auf dieser Basis ein ideales Gemeinwesen entstehen. So wie in ‚Christianopolis', einer ‚idealen christlichen Siedlungsgemeinschaft im Geist der böhmischen Brüderunität und der Herrnhuter'[212]. Diese ideale Stadt allerdings gab es nicht in Wirklichkeit. Sie ist als utopisches Element Teil des Romans *Der redliche Mann am Hofe*.
Zwei Jahre vor Goethes Geburt, im Jahre 1747, erschien in Leipzig und Frankfurt von Johann Michael von Loën der *Entwurf einer Staats-Kunst, worinn die natürlichsten Mittel entdecket werden, ein Land mächtig, reich und glücklich zu machen.*
Die wenigen Sätze aus der *Ersten Betrachtung* mit dem Titel *Von der Freyheit* mögen zweierlei belegen: Wie vernünftig, liberal und vielleicht sogar mutig Goethes Großonkel gedacht und geschrieben hat, und wie ungeheuer groß der Unterschied zwischen seiner Sprache und der seines Großneffen war. Obwohl zwischen dem *Entwurf einer Staatskunst* und dem *Werther* nur etwas mehr als fünfundzwanzig Jahre lagen.
„Die(se) Freyheit ist die wahre Glückseligkeit eines Staats, sie ist des Menschen edelstes Gut; sie kommt mit ihm auf die Welt und ist ein Theil seines Lebens. Man kann ihm solche nicht rauben, ohne die Gerechtigkeit zu verlezen, und der Natur Gewalt zu thun.
Wie kein Gewächse nicht gedeyet noch rechte Früchte bringet, das nicht in freyer Luft die Einflüsse einer guten Witterung empfindet; Also ist auch in der bürgerlichen Gesellschaft kein wahres Aufkommen zu hoffen, wo einer den andern unterdrückt und seine Freyheit störet (…) Die Freyheit äußert sich vornemlich in folgenden Haupt=Umständen des menschlichen Lebens. 1.) In Ansehung der Nahrung und Handthierung. 2.) In Ansehung von Abgaben und öffentlichen Beschwerden. 3.) In Ansehung von gewaltsamen Werbungen. 4.) In Ansehung des Gewissens."[213]
Johann Michael von Loën starb, als sein Großneffe Johann Wolfgang schon ein Jahr lang am Weimarer Hof gewirkt hatte. Es heißt, er habe Goethes Entwicklung immer mit großem Interesse verfolgt. Mag der ihn ‚kaum noch mit Augen gesehen' haben, so stand von Loën doch für Frankfurter Traditionen. Als Enthusiast in Sachen Kunst und kenntnisrei-

cher Büchersammler, als eigener, scharfzüngiger Kopf mit geselligem Haus, als Nachkomme eines aus den Niederlanden zugewanderten, angesehenen Kaufmannsfamilie lebte er in Frankfurt im ‚Schnittpunkt der Diskurse'.

Merkwürdig sind einige der hier genannten Figuren aus Goethes Frankfurter Umfeld über Generationen miteinander verknüpft. Als die Bibliothek von Johann Michael von Loën lange nach seinem Tod versteigert wurde, erwarb Johann Friedrich Heinrich (Fritz) Schlosser, der Neffe von Goethes Schwager Johann Georg Schlosser, eine Ausgabe der *Neuen Lieder* von Fräulein von Klettenberg von 1756. Über Goethes Verhältnis zu Susanna Katharina von Klettenberg war in den vorangegangenen Zeilen einiges zu erfahren.

Politischer Aufbruch – Frankfurt als Zentrum des demokratischen Deutschland

Abschied vom Alten Reich

Am Ende des 18. Jahrhunderts erlebte Frankfurt noch einmal zwei Kaiserkrönungen, die schon den Kern des Untergangs in sich trugen. 1790, ein gutes Jahr nach dem Beginn der Französischen Revolution, wurde der 53jährige Leopold II. aus dem Haus Habsburg gekrönt. Wenn man dem schwäbischen Spötter Karl Heinrich von Lang vertraut, dann war das eine Veranstaltung, die nicht Würde, sondern Endzeitstimmung ausstrahlte. Lang hatte den württembergischen Gesandten in Wien nach Frankfurt begleitet. Die Zeremonie der Krönung war für ihn eine Karikatur vergangener Größe:

„Der Kaiserornat sah aus, als wär' er auf dem Trödelmarkt zusammengekauft, die Kaiserliche Krone aber, als hätte sie der allerungeschickteste Kupferschmied zusammengeschmiedet und mit Kieselsteinen und Glasscherben besetzt; auf dem angeblichen Schwert Karls des Großen war ein Löwe mit dem böhmischen Wappen. Die herabwürdigenden Zeremonien, nach welchen der Kaiser alle Augenblicke vom Stuhl herab und hinauf, hinauf und herab, sich ankleiden und auskleiden, einschmieren und wieder abwischen lassen, sich vor den Bischofsmützen mit Händen und Füßen ausgestreckt auf die Erde werfen und liegen bleiben musste, waren in der Hauptsache ganz dieselben, womit der gemeinste Mönch in jedem Bettelkloster eingekleidet ist."[214]

Nur eineinhalb Jahre später starb Leopold II. und sein Sohn Franz II. kam auf den Thron. Die Wahl fand am 5. Juli 1792 statt, die Krönung am 14. Juli und damit an einem besonders geschichtsträchtigen Tag. Genau drei Jahre zuvor hatten die Pariser Bürger die Bastille gestürmt und damit die Französische Revolution ausgelöst. Mit dem symbolischen Akt wollte das Ancien Régime in Deutschland demonstrieren, dass es noch fest im Sattel saß. Dem französischen Spuk sollte eine Koalition unter Führung Österreichs und Preußens ein schnelles Ende bereiten. Aber es kam anders. Das französische Volksheer errang Sieg auf Sieg. Seit 1799 stand der Korse Napoleon Bonaparte an der Spitze des französischen Staates, erst als Konsul und ab 1804 als Kaiser Napoleon I.

Bis 1806 wurde Frankfurt fünfmal von französischen Truppen besetzt. Gewaltige Summen waren als Kontributionen aufzubringen, um die Vernichtung der Stadt zu verhindern.

Trotz der ständigen militärischen Bedrohung, der hohen Geldzahlungen und dem von französischen Truppen besetzten Mainz in der Nachbarschaft verlief das wirtschaftliche und gesellschaftliche Leben in Frankfurt weiter in geordneten Bahnen. So, als ob das Heilige Römische Reich Deutscher Nation noch Jahrhunderte bestehen würde. Die Vorzüge dieses Stadtlebens genoss von 1797 bis 1800 auch der junge, aus Stuttgart stammende Philosoph Friedrich Hegel, der als Hauslehrer bei der Familie Gogel am Roßmarkt tätig war. Seine Briefe aus dieser Zeit vermitteln nichts von einer krisenhaften Stimmung in der Stadt, ganz im Gegenteil. Er gehe, schrieb er seiner Freundin Nanette Endel am 13. November 1797, in Frankfurt fleißiger in die Komödie als in Stuttgart.

„Es sind einige artige Mädchen unter den Aktricen, welche schöne Charaktere ihres Geschlechts ebenso gut und natürlich spielen, als sie ihnen außer der Bühne fremd sein sollen, ich sage ‚sollen', denn ich weiß es nicht durch eigene Kenntnis und bin geneigt, die vorgegebene Gerechtigkeitsliebe der Menschen, ihr Strenghalten auf Tugend und Vollkommenheit im Urteil über andre eher für Unfähigkeit zu halten, irgend etwas Reines und Schönes außer sich anzuerkennen."[215]

Sein Frankfurter Aufenthalt ließ Hegel genügend Zeit, um an seinem ersten großen philosophischen Werk zu arbeiten, das 1801 unter dem Titel *Differenz des Fichteschen und Schellingschen Systems* in Jena erschien. Die Stelle bei dem angesehenen Weinhändler und Kunstsammler Gogel war ihm von Friedrich Hölderlin vermittelt worden.

Am 24. Oktober 1796 hatte der Freund begeistert von „einer äusserst vorteilhaften Stelle" berichtet: „Du wirst an HE. und Frau Gogel anspruchslose, unbefangne, vernünftige Menschen finden, die, so viel sie Beruf zum geselligen Leben haben, durch ihre Jovialität und ihren Reichtum, doch größtenteils sich selbst leben, weil sie und besonders die Frau, mit den *Frankfurter Gesellschaftsmenschen* und ihrer Steifigkeit, und Geist- und Herzensmut nicht sich befassen und verunreinigen und ihre häusliche Freude verderben mögen."[216]

Der 1770 in Lauffen am Necker geborene Friedrich Hölderlin hatte während seines Theologie- und Philosophiestudium in Tübingen zeitweise zusammen mit Hegel und Schelling in einem Zimmer im Stift gelebt. Seit 1793 war er, weil er nicht Pfarrer werden wollte, Hofmeister geworden, zunächst bei der Familie von Kalb in Waltershausen und ab Januar 1796 bei dem Bankier Jakob Friedrich Gontard am Großen Hirschgraben in Frankfurt. Sein Freund, der Homburgische Diplomat und Schriftsteller Isaak von Sinclair, hatte ihm die attraktive Stelle besorgt. Bis zum September 1798 blieb Hölderlin in Frankfurt, nur unterbrochen durch eine kriegsbedingte Reise im Sommer 1796 nach Kassel und Bad Driburg. Der Aufenthalt im Haus Gontard war für Hölderlin eine glückliche und trautige Zeit zugleich. Er schrieb an seinem Fragment gebliebenen philosophischen Briefen, überarbeitete den ersten Teil des *Hyperion* (der Mitte April 1797 bei Cotta erschien) und begann mit dem zweiten, bereitete den *Empedokles* vor und verfasste zahlreiche Gedichte, darunter *Der Wanderer*, *Die Eichbäume*, *An den Aether*, *An die Parzen* und immer wieder *(An) Diotima*. Diotima, das war Susette Gontard, die 1769 geborene Gattin seines Dienstherrn, die Hölderlin für die Verkörperung des griechischen Schönheitsideals hielt. Er verliebte sich leidenschaftlich in sie und spürte bald, dass die Zuneigung beiderseits war. An seinen Freund Christian Ludwig Neuffer schrieb er (wohl Anfang Juli 1796):

„Lieber Freund! es gibt ein Wesen auf der Welt, woran mein Geist Jahrtausende verweilen kann und wird, und dann noch sehn, wie schülerhaft all unser Denken und Verstehn vor der Natur sich gegenüber findet. Lieblichkeit und Hoheit, und Ruh' und Leben, und Geist und Gemüt und Gestalt ist *ein* seliges Eins in diesem Wesen. Du kannst mir glauben, auf mein Wort, dass selten so etwas geahndet, und schwerlich wieder gefunden wird in dieser Welt."[217]

Kurz vorher hatte er die erste, sechzehnstrophige Fassung seines Liedes *Diotima* fertiggestellt, die mit den Zeilen beginnt:

„Lange todt und tiefverschlossen,
Grüßt mein Herz die schöne Welt,
Seine Zweige blühn und sprossen,
Neu von Lebenskraft geschwellt;
O! ich kehre noch in's Leben,
Wie heraus in Luft und Licht,
Meiner Blumen seelig Streben
Aus der dürren Hülse bricht."[218]

Diotima ist es auch, die als ‚schöne Seele' dem Eremiten Hyperion in Griechenland begegnet und ihm neue Lebenskraft verleiht. Über das Liebesverhältnis zwischen Hölderlin und Susette Gontard ist viel spekuliert worden, vor allem wie innig und harmonisch es gewesen sein soll. Das abrupte Ende, herbeigeführt durch den erzürnten Hausherrn, lässt darauf schließen, dass es über platonische Verehrung weit hinausging. Fast fluchtartig verließ Hölderlin Frankfurt und fand bei Sinclair in Homburg freundliche Aufnahme. Bis zu Susette Gontards frühen Tod am 22. Juni 1802 wechselten die beiden Verliebten heimlich Briefe.

Schon bevor es zur Trennung von Susette gekommen war, hatte sich Hölderlin verächtlich über die Frankfurter Gesellschaft geäußert und bereits seinen Rückzug aus dem Haus Gontard geplant. In Frankfurt, schrieb er seiner Schwester Mitte April 1798, „siehst du, wenig echte Menschen ausgenommen, lauter ungeheure Karikaturen. Bei den meisten wirkt ihr Reichtum, wie bei Bauern neuer Wein; denn grad so läppisch, schwindlich, grob und übermütig sind sie. Aber das ist auch gewissermaßen gut; man lernt *schweigen* unter solchen Menschen, und das ist nicht wenig"[219].

Dagegen wäre der passionierte Wanderer Johann Gottfried Seume, wenn es ihm seine finanziellen Verhältnisse erlaubt hätten, 1802, auf der Rückreise von Syrakus, gern in Frankfurt geblieben:

„Es ist überall Wohlstand und Vorrat; man bauet und bessert und erweitert von allen Seiten, und die ganze Gegend rund umher ist wie ein Paradies; besonders nach Offenbach hinüber. Man glaubt in Oberitalien zu sein. Unser Leipzig kann sich nicht wohl mit ihm messen, ob es gleich vielleicht im Ganzen netter ist.

Von hier kann Dir jeder Kaufmann Nachrichten genug von der Messe mitbringen. Ich besuchte nur einige alte Bekannte und machte einige neue. Wenn ich ein Kerl mit der Börse à mon aise wäre, würde ich vermutlich Frankfurt zu meinem Aufenthalt wählen. Es

Unterzeichnung der Rheinbundakte. Kupferstich von Le Beau nach Naudet.

ist eine Mittelstadt, die gerade genug Genuss des Lebens gibt für Leib und Seele, um nicht zu fasten und sich nicht zu übersättigen. Im Falle eines Krieges mit den Franzosen liegt es freilich schlimm: die Herren können alle Nächte eine Promenade von Mainz herüber machen, den Morgen hier zum Frühstück und zum Abendbrote wieder zu Hause sein."[220] Seume vermutete, Frankfurt habe durch die Koalitionskriege sogar gewonnen. Er war, auf seinem Weg nach Frankfurt, auch über Mainz gekommen, und sah, wie nah Frankreich dem noch bestehenden Deutschen Reich gekommen war. Die französische Bedrohung spürte auch der aus Weimar stammende Dramatiker und Journalist August von Kotzebue, als er zwei Jahre später den Kaisersaal im Römer betrachtete. „Auf dem Römer", notierte er, „sind ringsumher alle Kaiser, die seit Anbeginn des heil. Römischen Reiches gekrönt wurden, in schmalen Nischen abkonterfeit; aber so schmal die Nischen auch sind (denn wirklich hat hier kein gemalter Kaiser so viel Platz als eine Schildwache in ihrem Häuslein), so ist dennoch für einen künftigen Caesar kein Plätzchen mehr übrig." Und er zitierte den französischen General Adam-Phillipe de Custine, der prophezeit habe, „der jetzige Kaiser werde der letzte sein"[221]. Trotzdem glaubte Kotzebue nicht an das Ende des Deutschen Reiches. Er wurde bald eines Anderen belehrt.

Nach dem Frieden von Lunéville 1801 zwischen dem letzten deutschen Kaiser Franz II. und Napoleon waren alle linksrheinischen Gebiete in den Besitz von Frankreich gelangt. Aber der Siegeszug von Napoleon ging noch weiter. Es war nur noch eine Frage der Zeit, bis das Heilige Römische Reich Deutscher Nation sich auflösen würde. Mit dem Reichsdeputationshauptschluss von 1803 war dann sein Ende faktisch besiegelt. Zu den Verlierern zählten die katholische Kirche und die Reichsstände. Bistümer, Klöster und Stifte wurden aufgehoben. Ihren reichen Besitz übernahmen die Landesfürsten, die sich Napoleon gegenüber dankbar zeigten und 1806 dem von ihm geschaffenen Rheinbund beitraten. Auf

Druck Napoleons, der Ende 1805 auch die ‚Dreikaiserschlacht' bei Austerlitz für sich entschieden hatte, trat Franz II. als deutscher Kaiser zurück.
Zum Fürstprimas, also zum ersten Mann des Rheinbundes, ernannte Napoleon den letzten Mainzer Kurfürsten Carl Theodor von Dalberg, der ihm durch eine frankreichfreundliche Politik aufgefallen war.

Carl Theodor von Dalberg und das Großherzogtum Frankfurt

Der 1744 in Mannheim geborene Dalberg stammte aus einem mittelrheinischen Adelsgeschlecht. Er war ab 1771 Statthalter des Mainzer Erzbischof in Erfurt, ab 1787 Koadjutor und seit 1802 selbst Erzbischof und Kurfürst von Mainz. Vor allem in seiner Erfurter Zeit suchte er Kontakt zu Künstlern und befreundete sich unter anderen mit Wieland, Herder und Schiller, den er auf vielfältige Weise förderte. Goethe, den er in Weimar oft besuchte, nannte ihn 1817 einen „Freund und Gönner (...), der wohl verdient hätte, das ihm angeborene und zugedachte Glück in friedlichen Zeiten zu erreichen":
„Man traf ihn stets rührig, theilnehmend, fördernd, und wenn man sich auch seine Vorstellungswelt im Ganzen nicht zueignen konnte; so fand man ihn doch im Einzelnen jederzeit geistreich überhelfend. Bei aller wissenschaftlichen Arbeit bin ich ihm viel schuldig geworden, weil er das mir eigenthümliche Hinstarren auf die Natur zu bewegen, zu beleben wußte. Denn er hatte den Muth, durch gewisse gelenke Wortformeln, das Angeschaute zu vermitteln, an den Verstand heran zu bringen."[222]
Allerdings hatte Goethe schon 1780 erkannt, dass Dalbergs Pläne, „so klug und brav" sie auch seien, „einer nach dem anderen scheitern" müsse. Er habe aber „eine treffliche Gewandtheit in bürgerlichen und Politischen Dingen, und eine beneidenswerte Leichtigkeit"[223]. In seinen philosophischen Betrachtungen, die zum Teil stark beachtet wurden, versuchte Dalberg seine tief in der Klassik verwurzelten humanistischen Ideale mit den politischen Ideen des aufgeklärten Absolutismus zu verbinden. Nur eine seiner philosophisch-ästhetischen Schriften, die 1777 erschienenen *Betrachtungen über das Universum*, stieß auf eine positive Resonanz bei seinen Zeitgenossen. Dalberg hatte als Antwort auf die selbstgestellte Frage, worin der Zusammenhang aller Wesen bestehe, das „Gesetz des Universums" gefunden: „Einheit ist vollkommen in Gott. Die Schöpfung strebt, sich der Einheit zu nähern. Religion ist der Weg zu dieser Annäherung. Also Einheit ist Urquelle, Zweck und Grundgesetz des Universums."[224] Fast euphorisch feierten Merck, Herder und Friedrich von Schlegel dieses Buch. Schiller übernahm 1786 sogar einige Thesen in seine *Philosophischen Briefe*. Dalbergs spätere Veröffentlichungen, vor allem der im antiken Griechenland angesiedelte Dialog *Périclès* (1806) über das Verhältnis der Künste zum Staat, stießen zum Teil auf heftige Kritik. Als Regent hatte er erst spät Gelegenheit, seine

Ideale in die Praxis zu übertragen. Schon als frischgebackener Kurfürst, gerade ein Jahr im Amt, verlor er seine Mainzer Besitzungen, erhielt aber für sein neues Fürstentum Aschaffenburg, Wetzlar und Regensburg. 1806 kam mit der Rheinbundakte die bis dahin Freie Reichsstadt Frankfurt hinzu. Das war für die Frankfurter Patrizier ein harter Schlag. Die Wahl- und Krönungsstätte der deutschen Könige hatte ihre Selbstständigkeit verloren und war nun Teil eines Fürstentums, das Napoleon 1810 wieder umgestaltete. An die Stelle von Regensburg traten Hanau und Fulda. Aus dem Fürstentum wurde das Großherzogtum Frankfurt mit Dalberg an der Spitze. Die Frankfurter Bürgerschaft blieb zwar reserviert, aber der Fürstprimas fand trotzdem genügend Helfer, um in der gesellschaftlich und politisch verkrusteten Stadt mit durchgreifenden Reformen beginnen zu können. Seine Leistungen sind heute unbestritten. Er hatte zwar wenig Interesse daran, die erstmals gewählten Bürgerrepräsentanten wirklich mitregieren zu lassen, und auch die Pressefreiheit lag ihm nicht am Herzen. Aber er reformierte das Rechts- und Bildungssystem, garantierte die Religionsfreiheit, hob die Leibeigenschaft auf, richtete eine Handelskammer ein, ließ die Festungswälle schleifen und gewährte den lange in ihrem Ghetto eingesperrten Frankfurter Juden 1811 die vollen Bürgerrechte – allerdings gegen die gigantische Ablösesumme von 440 000 Gulden. Die Freude darüber, endlich als gleichberechtigte Bürger anerkannt zu sein, währte für die Frankfurter Juden aber nur gut vier Jahre. Nach der Niederlage der napoleonischen Armeen und dem damit verbundenen Ende des Großherzogtums drehten die Frankfurter Stadtoberen das Rad der Geschichte wieder zurück. Die meisten der Dalbergschen Reformen wurden aufgehoben, darunter auch die Judenemanzipation. Dalberg selbst starb 1817 als Erzbischof von Regensburg.

„Bundeshauptstadt" Frankfurt

An die Stelle des Heiligen Römischen Reichs Deutscher Nation mit dem Kaiser an der Spitze trat 1815 der Deutsche Bund, der kein Oberhaupt mehr hatte, aber von Österreich und Preußen dominiert wurde. Ziel des Bundes war die ‚Erhaltung der äußeren und inneren Sicherheit Deutschlands und der Unabhängigkeit und Unverletzbarkeit der einzelnen deutschen Staaten'. Die deutsche Einigung stand nicht auf dem Programm. Frankfurt wurde Sitz des Bundestags, der im Palais Thurn und Taxis zusammentrat. In ihm saßen die Vertreter von 35 Fürsten und vier Städten. Mit unserem heutigen demokratisch gewählten Bundestag ist er nicht zu vergleichen. Die Fürsten schickten mehr oder weniger einflussreiche Gesandte, die ihre zum Teil sehr persönlichen Interessen wahren sollten. Von einem Nationalstaat war der Deutsche Bund weit entfernt. Dafür hatten nämlich Österreich und Preußen wenig übrig. Sie wollten ihre Einflussbereiche vergrößern und ihr Verhältnis untereinander neu definieren. Ohne die Zustimmung der beiden großen Mächte ging im Deutschen Bund gar nichts. Die kleineren Staaten mussten Einschränkungen ihrer Eigenständigkeit hinnehmen, vor allem in der Bündnispolitik. Mehrheitsbeschlüsse des Bundestages waren bindend, und wem das nicht passte, der durfte nicht einmal austreten.

Frankfurt erhielt den Status einer ‚Freien Stadt' und stand damit „rein rechtlich" auf der „gleichen Stufe wie der Kaiser von Österreich und der König von Preußen oder die übrigen 35 Dynasten des Deutschen Bundes", so der Frankfurter Historiker Wolfgang Klötzer. „Nun war die Stadt mit einer Souveränität ausgestattet, die sie zu keiner Zeit vorher besessen hatte, denn immer war der deutsche König ihr Souverän gewesen."[225] Der Rat nannte sich nun ‚Senat' und erließ eine ‚Konstitutionsergänzungsakte', in der die Gleichheit der christlichen Konfessionen festgelegt wurde und die führenden Familien ihre patrizischen Vorrechte verloren, aber, so Klötzer, von einer ‚Volkssouveränität' konnte keine Rede sein. „Denn kaum die Hälfte der 40 000 Einwohner besaß das nun an den Vermögensnachweis von 5000 Gulden gebundene Bürgerecht; 3000 Juden, 2000 Beisassen, 3500 Permissio-

Stadtbibliothek am Obermaintor, Aquatintastich um 1830.

nisten (vorübergehend ansässige Fremde, hauptsächlich Diplomaten, Gelehrte, fremde Kaufleute und andere) und 6000 Landbewohner entbehrten der politischen Rechte und bedingten die permanente innenpolitische Unruhe der freistädtischen Zeit."[226]

Nach außen zeigte sich die Bürgergesellschaft aber erstarkt. So wurden 1816 die Polytechnische Gesellschaft zur Förderung der ‚nützlichen Künste' und nur ein Jahr später die Senckenbergische Naturforschende Gesellschaft gegründet. Beide Institutionen bestehen bis heute. Als die Barfüßerkirche, in der die städtische Bibliothek untergebracht war, dem Neubau der Paulskirche weichen musste, reifte der Plan, ein eigenes Bibliotheksgebäude zu errichten. Es entstand zwischen 1820 und 1825 nach den Plänen des Baumeisters Johann Friedrich Christian Hess d. J. Das repräsentative Gebäude am Obermaintor wurde in den Bombennächten des Zweiten Weltkriegs mit einem Teil seiner Bücherschätze zerstört. Nur der Portikus blieb stehen. In dem rekonstruierten Gebäude hat heute das Frankfurter Literaturhaus seinen Sitz und bietet dort auch seine attraktiven Veranstaltungen an.

Bürgerlicher Gemeinsinn und bürgerliches Mäzenatentum führten in der Freien Stadt

Frankfurt zu weiteren bedeutenden Gründungen wie dem Städelschen Kunstinstitut (1816) oder zum Erwerb von herausragenden Kunstwerken wie Johann Heinrich von Danneckers Figurengruppe *Ariadne auf dem Panther*.

Auf die zahlreichen Besucher, die in die heimliche Hauptstadt Deutschlands kamen, wirkte Frankfurt sehr anziehend. So empfand es die Schriftstellerin Dorothea von Schlegel 1816 als besonders angenehm, dass Frankfurt „keine Vorstädte hat. Unmittelbar um die Stadt geht der sehr hübsche Spaziergang, und dicht an diesen, eigentlich nur als Fortsetzung dieses Spaziergangs, reihen sich unzählige Gärten und einzelne Gartenhäuschen, zwischendurch gehen die wohl unterhaltenen grossen und kleinen Landstrassen“[227]. Den Lyriker und Dramatiker August von Platen konnten 1822 die „Anlagen um die Stadt, die allerdings köstlich sind, mit den schönsten und seltensten Blumen und Blüten zu allen Jahreszeiten besetzt“, nicht davon abhalten, Frankfurt ein wenig schmeichelhaftes Zeugnis auszustellen: „Von außen ist Frankfurt sehr schön, von innen eng, finster, mit hölzernen Häusern und jedes Haus ein Kaufladen.“[228]

Die „äußerst hübschen Umgebungen“ beeindruckten auch Wilhelm von Humboldt, als er 1828 Frankfurt besuchte. Die zahlreichen Kaufläden in der Stadt registrierte er nicht, dafür aber den Wohlstand, den der Handel mit sich brachte. Gegenüber seiner Freundin Charlotte Diede meinte er, „dass die Bewohner fast im allgemeinen eines großen oder wenigstens hinreichenden Wohlstandes genießen. Der wahre, große Reichtum, der sich daselbst befindet, ist nicht so, wie oft an anderen größeren Orten, von Armut und schreiendem Elend begleitet“[229].

Dass aber in Frankfurt keineswegs die Unterschiede zwischen Arm und Reich aufgehoben waren, stellte der Wiener Dramatiker und konservative Kulturfunktionär Johann Ludwig Deinhardstein 1831 in seinen *Skizzen einer Reise* fest. „Die Reicheren“, so Deinhardstein, „gehen an Sonntagen auf ihre Villen, die ärmere Klasse geht ins Forsthaus, um Kaffee, oder nach Bornheim und Bockenheim, um Apfelmost zu trinken. Die strenge Trennung der Reicheren von den Ärmeren fällt hier unangenehm auf und stört die eigentlich gesellige Unterhaltung. Das Geld spielt überhaupt in Frankfurt eine große Rolle“[230].

Auch sein Gang über die Messe und durch die Stadt bestätigte für ihn dieses Bild: „Große und herrliche, im modernsten Stile erbaute Häuser wechseln auf die auffallendste Weise mit den kleinsten, schmutzigsten und elendsten, die man sich denken kann; breite, lichte Straßen mit unflätigen und so engen Gässchen, dass in manchen derselben kaum zwei Menschen nebeneinander gehen können. Die schönsten Gebäude Frankfurts sind in der Regel die Gasthöfe (…) Das Barocke der Bauart vermehrt noch die höchst verschiedenartige Form und Farbe der Häuser. Die meisten sind weiß, manche gelb, viele rot bemalt, manche weiß mit roten Fenstern, manche haben breite, manche pyramidenförmige Dächer, die fast alle mit Schiefer gedeckt sind. Auf vielen Häusern sind Türme, Vasen, Schnörkelwerk und anderer Zierrat angebracht.“[231]

Für den in Magdeburg geborenen Schriftsteller Karl Immermann hat die „Opulenz dieser großen Bürgerhäuser etwas Graunvolles. Hier hat der Tag gebaut, und der nächste kann wieder einreißen"[232]. Immermanns Besichtigungsroute im Jahr 1833 war typisch für diese Zeit: Von der Messe kommend, standen zuerst das Städelsche Kunstkabinett, der Kunstverein und Danneckers ‚Ariadne' im Landhaus der Familie Bethmann auf dem Programm; es folgten der Dom, der Römer, das Schauspielhaus und die Oper. Wer Lust hatte, konnte dieses Rumpfprogramm jederzeit erweitern und zum Beispiel über die Mainbrücke nach Sachsenhausen wandern. Von dort sah man, wie der zum fortschrittlichen ‚Jungen Deutschland' zählende Heinrich Laube 1837 in seinen *Reisenovellen* schrieb, „nach dieser und jener Richtung fern an den einschließenden Bergen die alten Thürme, welche einst Warthtürme Frankfurt's gewesen sind und durch Feuer- und sonstige Zeichen den nahenden Freund oder Feind für die Patrizier angekündigt haben"[233]. Er nahm seine Beschreibung Frankfurts zum Anlass, um den der deutschen Einheit entgegenstehenden „Kleinpatriotismus" anzuprangern, der „die Macht Deutschland's gebrochen, sie in die Schaar von Ohnmachten zersplittert" habe.

„Nirgends ist die Nörgelei gegen die größern Staaten Deutschlands mehr zu Hause als in Frankfurt, nicht aus Prinzipien, nicht aus eigner Spekulation nach Neuem und Großem, nein, aus Nörgelei. Wenn man aber die eigene Aussicht, sei's durch was es wolle, verloren hat, im Vaterlande einen weit greifenden Herrscherplatz einzunehmen, dann suche man die patriotische Bildung eben darin, Allem entgegenzukommen, was mit Kraft und Geschick großen Erfolgen im Vaterlande nachstrebt."[234]

Andere Besucher, die nicht so politisch wie Laube dachten, verschwendeten keinen Gedanken an die deutsche Kleinstaaterei und an die Rolle Frankfurts darin. Sie faszinierte, wie den Wiener Schriftsteller Ignaz Franz Castelli 1839, die ‚große, reiche und teilweise sehr schöne Stadt'. Sie habe „große, schöne Plätze und herrliche öffentliche und auch viele Privat-Gebäude, welche man Paläste nennen kann. Vor allen Straßen zeichnet sich die Zeil und neue Mainzerstraße aus. Die letztere wird auch die Millionsstraße genannt, weil jeder der Bankiers, welche darin Häuser besitzen, mit einer Million gesegnet sein soll"[235]. An die Zeil hatte auch Friedrich Schiller bei der Abfassung seines Gedichts *Die Theilung der Erde* gedacht. Am 16. Oktober 1795 schickte er es Goethe mit den Worten:

„Hier erhalten Sie einige Schnurren von mir. Die *Theilung der Erde* hätten Sie billig in Frankfurt auf der Zeil vom Fenster aus Lesen sollen, wo eigentlich das Terrain dazu ist."[236]

„Nehmt hin die Welt! rief Zeus von seinen Höhen
Den Menschen zu, nehmt, sie soll euer sein.
Euch schenk ich sie zum Erb' und ew'gen Lehen,
Doch teilt euch brüderlich darein.

Da eilt was Hände hat, sich einzurichten,
Es regte sich geschäftig jung und alt.
Der Ackermann griff nach des Feldes Früchten,
Der Junker birschte durch den Wald.

Der Kaufmann nimmt, was seine Speicher fassen,
Der Abt wählt sich den edlen Firnewein,
Der König sperrt die Brücken und die Straßen,
Und sprach, der Zehente ist mein.

Ganz spät, nachdem die Teilung längst geschehen,
Naht der Poet, er kam aus weiter Fern'.
Ach! da war überall nichts mehr zu sehen,
Und alles hatte seinen Herrn!

Weh mir! So soll ich denn allein von allen
Vergessen sein, ich, dein getreuster Sohn?
So ließ er laut der Klage Ruf erschallen,
Und warf sich hin vor Jovis Thron.

Wenn du im Land der Träume dich verweilet,
Versetzt der Gott, so hadre nicht mit mir.
Wo warst du denn, als man die Welt geteilet?
Ich war, sprach der Poet, bei dir.

Mein Auge hing an deinem Angesichte,
An deines Himmels Harmonie mein Ohr,
Verzeih dem Geist, der, von deinem Lichte
Berauscht, das Irdische verlor!

Was tun! spricht Zeus, die Welt ist weggegeben,
Der Herbst, die Jagd, der Markt ist nicht mehr mein.
Willst du in meinem Himmel mit mir leben,
So oft du kommst, er soll dir offen sein."[237]

Nur einen Abstecher nach Frankfurt machte der französische Schriftsteller Victor Hugo, als er 1840 das Rheintal bereiste. Zwei Jahre später ließ er seine Aufzeichnungen unter dem Titel *Le Rhin* erscheinen. Er verband darin die Hinweise eines nützlichen Reiseführers mit kurzen Exkursen zur deutschen Geschichte. In Frankfurt waren es vor allem der Römer und der Dom, die ihn als Wahl- und Krönungsorte der deutschen Könige faszinierten. Als Autor des *Glöckner(s) von Notre-Dame* ließ er es sich nicht nehmen, den Domturm zu besteigen und von der Plattform die Aussicht zu genießen, die er romantisch verklärte: „Plötzlich ließ sich ein kleines Geräusch neben mir vernehmen; ich wandte den Kopf, es war ein ganz junges Mädchen von 14 Jahren, das, aus der Dachlücke halb vorgebeugt, mich lächelnd ansah. Ich wagte einige Schritte, ging um eine Ecke des Pfarrturms, an der ich noch nicht vorbeigekommen, und befand mich inmitten der Turmbewohner. Hier lebte eine kleine, friedliche und glückliche Welt. Das junge Mädchen strickt, eine alte Frau, wahrscheinlich ihre Mutter, spinnt am Rade; ein gastfreundlicher Affe streckt die Pfoten aus seinem Käfig heraus (…) Auf dem einen der unvollendeten Türme hat die Mutter den Herd mit dem kleinen Feuer der Witwe gemacht, worauf ihr ärmlicher Topf siedet. So ist die Höhe des Pfarrturms von Frankfurt. Wie und warum diese Ansiedlung dort oben ist und was sie dort macht? Ich weiß es nicht, aber ich bewundere es. Die stolze Kaiserstadt, die so viele Kriege bestanden, die so viele Kugeln ausgehalten, die so viele Cäsaren auf den Thron gesetzt, deren Mauern wie eine Rüstung waren, deren Adler in seinen zwei Fängen Diademe hielt, die der österreichische Adler auf seine zwei Köpfe setzte, ist heutzutage beherrscht und gekrönt von dem bescheidenen Herde einer alten Frau, aus dem ein wenig Rauch aufsteigt."[238]

Nicht nur einmal besuchte der russische Dichter Nikolai Gogol Frankfurt. Der Autor von *Die Nase* und *Der Revisor* war im Juli 1836 erstmals nach Frankfurt gekommen, als er von Lübeck in den Süden reiste. Bei dem kurzen Aufenthalt beeindruckte ihn vor allem die Internationalität der Stadt. Von allen Enden der Welt würden Ausländer nach Frankfurt strömen, schrieb er seiner Mutter. Von April 1844 bis Juni 1845 wohnte er dann, von zwei längeren Unterbrechungen abgesehen, in Frankfurt bei seinem Freund, dem russischen Übersetzer Wassili Schukowski, in der heutigen Villa Metzler. Er wollte an dem zweiten Teil seines 1842 erschienenen Romans *Die Toten Seelen* arbeiten, scheint aber nicht so recht vorangekommen zu sein. Vielleicht ließ er sich auch, wie er am 14. Dezember 1844 in einem Brief klagte, von der „Menge verschiedener deutscher Gogols" von der Arbeit abhalten, die ihn zu seinem „Leidwesen" wohl öfters aufsuchten, weil sie „oft genug unsere Briefe"[239] erhalten hatten. Bei undeutlichen Handschriften auf den Briefumschlägen war das leicht möglich. Mit dem Ergebnis seiner Frankfurter Arbeit war Gogol nicht zufrieden. Denn kurz nach seiner Abreise aus Frankfurt verbrannte er das Manuskript. Der zweite Teil der *Toten Seelen* ist nie erschienen. Dafür hat er zwei Jahre später, wie der Literaturkritiker Florian Balke schreibt, „sein bedauerlichstes Werk veröffentlicht, das ihm nach seiner schweren Erkrankung im Frühjahr 1845 ausgerechnet in Frankfurt eingefallen ist: Die *Ausgewählten Stellen aus dem Briefwechsel mit Freuden* zeigen Gogol 1847 als schwärmerisch religiösen Sozialkonservativen und schaden seiner Reputation"[240].

Die Geschwister Brentano

August von Platen hatte davon gesprochen, dass in Frankfurt „jedes Haus ein Kaufladen" sei. Dabei hatte er übersehen, dass auch in Kaufläden die Literatur gedeihen konnte. Das zeigt das Beispiel der Geschwister Brentano. Ihr Vater Peter Anton Brentano hatte erfolgreich mit Gewürzen und Spezereien gehandelt. Er war dreimal verheiratet und hatte 20 Kinder, von denen aber nicht alle das Erwachsenenalter erreichten. Die Familie lebte von 1776 an in dem geräumigen Haus zum ‚Goldenen Kopf' in der Großen Sandgasse (also etwa dort, wo heute das Parkhaus Hauptwache steht). In seinem „Mährchen" *Gockel Hinkel Gakeleia*, das 1838 bei dem Frankfurter Verleger Schmerber herauskam, schilderte er in der „Herzlichen Zueignung" an sein „liebstes Großmütterchen" Marianne von Willemner seinen Kindertraum „Vadutz":
„(...) alle Wundergebirge der Geschichte, Fabel- und Märchenwelt, Himmelaya, Meru, Albordi, Kaf, Ida, Olymp und der gläserne Berg lagen mir im Ländchen Vadutz. Alle seltsamen, merkwürdigen und artigen Dinge, von den Reichskleinodien bis zum Nürnberger Guckgläschen à 4 kr., in dem Erbsen, Goldblättchen und blauer Streusand, unter einem Vergrößerungsglas geschüttelt, alle Schätze der Welt darstellen, schienen mir aus Vadutz zu sein. In der sogenannten Schachtelkammer des Hauses voll abenteuerlichen Gerümpels war mir das Archiv von Vadutz, ja, das goldene Zeichen über unserem Haustor selbst schien mir aus diesem gelobten Ländchen, als es in wirrer Zeit den Kopf verloren, zu uns emigriert. Auf der Galerie aber, einem schon vornehmeren Bewahrungsraum, war mir die Schatzkammer- und Kunstkammer."[241]
Das Vermögen des Vaters, das auf eine Millionen Gulden geschätzt wird, garantierte den Geschwistern Brentano ein von finanziellen Sorgen freies Leben. Eine gute Voraussetzung also für Clemens, Bettine und Christian, sich ihren schriftstellerischen Neigungen widmen zu können, während ihre Brüder Franz und Georg die Geschäfte weiterführten. Der älteste der drei schreibenden Geschwister, Clemens, war am 9. September 1778 im Haus seiner Großeltern Georg Michael Frank und Sophie von La Roche in Ehrenbreitstein geboren worden. Als er fünfzehn Jahre alt war, starb seine Mutter Maximiliane. Dieser Verlust wurde prägend für seinen weiteren Lebensweg. Immer wieder suchte er in den Frauen, die ihn umgaben, das Bild seiner geliebten Mutter. In seinem einzigen vollendeten Roman, *Godwi oder das steinerne Bild der Mutter*, der 1801 in zwei Bänden erschien, versuchte er den Tod der Mutter zu verarbeiten. In dem autobiographisch gefärbten Text ist andererseits auch Distanz zum Vater zu erkennen.
„Unser Vater war ein redlicher, kluger und reicher Mann, doch alles dieses aus kaufmännischen Gesichtspunkten betrachtet. Redlich, ohne doch die sogenannten Handlungsvorteile zu verwerfen, klug in Spekulationen und bürgerlichen Verhältnissen; auch seine Religion war Spekulation auf den Himmel (...) Wir standen in keinem Umgange mit ihm, und sahen ihn oft wochenlang nicht, bis der Tod unserer vortrefflichen Mutter uns plötzlich in eine engere Verbindung mit ihm brachte, die um so drückender war, da die

freundliche Mittlerin nun fehlte (...) Mein Vater, der bei Bergwerken mehr Sinn für den Inhalt der Tiefe als bei Menschen besaß, berührte mit all seinem Geize diese Fülle nie, die sie in Liebe und inniger Teilnahme über uns ausgoss. Ihre Handlungen gingen immer mit ihren Äußerungen in gleichem Schritte; wo ihr Geist viel weiter als ihre Äußerung war, verbreitete er über diese eine helle, deutliche Allgemeinheit, so dass, indem sie das Ganze im Einzelnen äußerte, sie weder der Welt durch ihre Größe drückend, noch sich selbst ungetreu werden konnte; und wahrlich, nur der Blick nach innen, nur ihr hohes Selbstbewusstsein konnte sie für den Druck einer rauen Umgebung, für die harte Behandlung meines Vaters und seine ungestüme Liebe zu ihr entschädigen."[242]

In *Godwi* hat Clemens Brentano auch eigene Gedichte aufgenommen, darunter die Ur-*Lore Lay*, die später Joseph von Eichendorff und Heinrich Heine zu ähnlichen Gedichten anregte. Nach dem Tod des Vaters 1797, der die Geschwister zu Vollwaisen machte, blieb das Leben von Clemens unstet. Er konnte eine Ausbildung nicht abschließen und fand erst im Kreis der Frühromantiker die Freiheit, die sein Schreiben beflügelte. Man traf sich auf dem zwischen Hanau und Gelnhausen gelegenen Hofgut Trages, das in *Godwi* als Gut des Titelhelden Eingang fand. Es gehörte dem ebenfalls elternlosen Jurastudenten (und späteren Professor der Rechte in Marburg) Friedrich Carl von Savigny, der 1804 Gunda Brentano, die Schwester von Clemens, Christian und Bettine, heiratete. Oder man machte Ausflüge an den Rhein nach Oestrich-Winkel, wo Bruder Franz (seit 1804) einen repräsentativen Landsitz besaß.

Clemens Brentano, Radierung von Ludwig Emil Grimm, 1837.

1803 heiratete Clemens Brentano in Marburg die acht Jahre ältere Schriftstellerin Sophie Mereau, die er fünf Jahre zuvor im Jenaer Salon von Caroline Schlegel kennengelernt hatte. Sie war damals noch verheiratet und hatte zwei Kinder. Erst 1801 wurde sie geschieden. Clemens hatte in Jena für kurze Zeit Medizin studiert. Seine geliebte Sophie, in der er eine literarische Mitstreiterin erkannte und die für ihn auch Mutterersatz sein sollte, starb schon drei Jahre später im Kindbett – wieder ein schmerzlicher Verlust. „Nach Sophies Tod ist Clemens im Leben wie im Dichten uferlos", schreibt der Schriftsteller und Brentano-Herausgeber Henning Boëtius in seinem Porträt der Geschwister Brentano, „er treibt, er dümpelt. Und er verfasst seine schönsten Verse aus dem Brunnen eines abgrundtiefen Schmerzes. ‚Ich bin durch die Wüste gezogen / Des Sandes glühende Wogen / Verbrannten mir den Fuß ...' Als einer der wenigen schafft er es, der deutschen Sprache den Hang zum Begrifflichen auszutreiben. Ihm gelingt zuweilen das fast Unmögliche: den Begriff zu poetisieren, so in Klang, in Gesang zu verwandeln, dass er sich selber entschlüpft. Natürlich sind derartige Highlights auch bei ihm sehr selten. Oft lässt er nur fleißig die Versmühle klappern, verliert er sich in Reimexperimenten, suhlt sich in Gattungen, die ihm nicht liegen, wie dem Drama“[243].

Zwischen 1806 und 1808 brachte er mit Achim von Arnim seine Sammlung alter deutscher Lieder heraus, die als *Des Knaben Wunderhorn* die deutsche Lyrik des 19. Jahrhunderts maßgeblich beeinflusste. Sein Vagabundenleben, das Frankfurt nur für Zwischenaufenthalte streifte, schloss auch die unglückliche Liebe mit der gerade siebzehnjährigen Auguste Bußmann ein, dem Mündel des Frankfurter Bankiers Moritz von Bethmann. Diese Geschichte trägt Züge eines Kolportageromans mit stürmischen Liebesbeweisen, Entführung und Flucht, erzwungener Heirat, Ehehölle mit körperlicher Gewalt, Selbstmordversuchen, Trennung, Versöhnung und schließlich, nach sieben Jahren, mit der Scheidung als vorläufigem Schlusspunkt. Die stürmische Beziehung begann 1807 während des Besuchs von Napoleon in Frankfurt, als Auguste den neunundzwanzigjährigen Dichter in aller Öffentlichkeit bedrängte. Mit zeitlichem Abstand von genau drei Monaten schilderte Clemens Brentano den Vorfall seinem Freund Achim von Arnim am 22. Oktober in einem Brief. Auguste war damals bereits, auf ihrem Wunsch hin, dem Adjutanten des Königs von Holland versprochen. Offenbar hatte sie sich jetzt romantisch heftig in den Dichter verliebt:

„äußerlich ganz still, sanft und -sinnig ja tiefsinnig erscheinend, entsetzlich verständig sprechend, entschloßen wie ein Mann, jungfräulich schüchtern wie eine Nonne, wirft sich mir *Auguste* (Brede herr Bruder) Bussmann, Moriz seine Niece, deren Mutter die jetzige Frau von Flavigny ist, mit erschrecklicher Gewalt, nach einigen poetischen Galanterien, die ich ihr von allen ihren Umständen unterrichtet, gemacht, an den Hals (…) Ich stehe neben ihr im Taxischen Hof auf der Treppe da Napoleon und die andern Fürsten auf und ablaufen, in einer Nische mit Claudine [Tochter von Georg Brentano, d. A.] und Betine, wie eine Bildsäulengruppe, vor den Augen aller Frfter ihr Betragen ist so toll zärtlich und Aufsehen erregend daß alles auf uns sieht, ich stehe wie am Pranger, mit unaussprechlicher Angst und trauriger Empfindung, das die Arme die mich öffentlich umschlangen mir wirklich ein Halseisen werden könnten“[244].

Obwohl Clemens die Liebe Augustes von Anfang an als erdrückend empfand, floh er mit ihr nach Kassel und heiratete sie wenig später auf Druck beider Familien in Fritzlar. Wie sich das Eheleben gestaltete, schilderte Clemens seinem Freund Achim von Arnim in demselben Brief vom 22. Oktober:

„Auguste hat mich mit ihrem Wesen bereits mehrmal zur Verzweiflung gebracht, zweimahl hat sie mich geschlagen, und mich endlich dahin gebracht, daß ich Sie auch einmahl gewalkt, daß würckte auf einige Tage wunderbar, sie ward, wie ein Engel, dann hat sie mir den Trauring liebreich abgeschwäzt und dann zum Fenster hin aus geschmissen“[245].

Trotzdem blieben die beiden noch Jahre zusammen. Erst 1814 erfolgte die Scheidung. Auguste Bußmann wurde 1817, als sie ein uneheliches Kind erwartete, erneut zwangsverheiratet. Im April 1832 beendete sie ihr Leben durch Selbstmord im Main.

Die Lebens- und Sinnsuche von Clemens Brentano mündete in einem dogmatischen Katholizismus, dem sein am 21. Januar 1784 in Frankfurt geborener Bruder Christian schon lange huldigte.
Christian Brentano hatte Medizin studiert und bis 1815 mit wenig Erfolg das Familiengut Bukowan in Böhmen bewirtschaftet. Nach Frankfurt zurückgekehrt, schrieb er 1816 für eine Aufführung im Familienkreis sein Schattenspiel *Der unglückliche Franzose oder Der Deutschen Freiheit Himmelfahrt*, das mit sprühendem Witz den Franzosenhass karikierte. Als er es 1850 in Aschaffenburg drucken ließ, versah er das Stück mit einem Vorwort, in dem er seine damaligen Beweggründe erläuterte. Es hatte ihn geärgert, dass nach dem Ende der napoleonischen Herrschaft die Reformen in Frankfurt rückgängig gemacht worden waren und der „kleine Freistaat" keine fortschrittliche Verfassung erhalten hatte. Stattdessen wurde „der rücksichtsloseste Franzosenhaß" gepredigt, der „vor allen Gesetzen weit obenan stand. Selbst die Kinder wurden in seinem Geiste wenn nicht getauft, doch gefirmt, denn allgemein beeiferte man sich, schon diesen harmlosen Herzen diesen bitteren Trank zu reichen, mit dem Wunsche, er möge in ihnen zur Quelle lebendiger Galle werden"[246]. Napoleon („Napoleon Sauteauciel") stellte Christian Brentano in seinem Schattenspiel abwechselnd als Mensch, Bär, Seelöwe und Freiheitsvogel dar.

„Zuschauer 1: Was war das!? – (Deutet auf das Fell.) Da liegt der Bär und ist todt. –
Er war vom Teufel besessen, und der ist eben aus ihm ausgefahren.
Zuschauer 2: Ja, in Gestalt einer Fledermaus.
Zuschauer 3: Nein! einer Heuschreck.
Zuschauer 4: Nein! eines Storchs.
Zuschauer 5: Nein! eines Drachens.
Chramante [das ist im Stück die Europa, die Napoleon erobern wollte, d. A.]:
Ach nein, ihr lieben Leute, glaubt mir – es war ein Mensch!
Alle: Ein Mensch! nimmermehr! Es war
Zuschauer 1: eine Speckmaus;
Zuschauer 2: eine Heuschreck;
Zuschauer 3: ein Storch;
Zuschauer 4: ein Drachen.
Charmante: Ach ja wohl nein! es war ja Monsieur Sauteauciel, es war ein Franzos.
Alle: Ein F r a n z o s? – ja, das kann sein, das ist möglich; ja, ja, ein F r a n z o s! D'rum, das sah man deutlich, daß es kein Mensch war; es war ein F r a n z o s."[247]

Aus dem etwas verträumten Schöngeist wurde spätestens nach einem längeren Rom-Aufenthalt von 1823 bis 1827 der kämpferische Publizist Brentano, der für eine vom Staat unabhängige und auch politisch mächtige Kirche eintrat. So veröffentlichte er regelmäßig in der Zeitschrift *Katholik*. Er war es auch, der seinen Bruder Clemens auf die stigmatisierte Nonne Anna Katherina Emmerick in Dülmen hinwies. Von 1818 bis zum Tod der von vielen Zeitgenossen inbrünstig verehrten Nonne im Jahr 1824 saß Clemens Brentano immer wieder am Krankenbett der schwer leidenden Frau. Aus ihren Betrachtungen formte er 1833 ein religiöses Erbauungsbuch mit dem Titel *Die bitteren Leiden unseres Herrn Jesu Christ*. 1852 folgte das *Leben der heiligen Jungfrau Maria*. Im selben Jahr startete die siebenbändige Ausgabe seiner *Gesammelten Schriften* beim Frankfurter Verlag Sauerländer, die 1855 abgeschlossen wurde. Zusammengestellt hatte sie sein Bruder Christian, in dessen Aschaffenburger Haus Clemens Brentano am 28. Juli 1842 gestorben war. Auch Christian Brentano erlebte das Erscheinen der Werkausgabe nicht mehr. Er starb am 27. Oktober 1851. Die Brüder sind auf dem Altstadtfriedhof von Aschaffenburg begraben. Bettine Brentano war die jüngste der drei schreibenden Geschwister. Sie wurde am 4. April 1785 in Frankfurt geboren. Nach dem Tod ihrer Mutter kam sie 1794 ins Pensionat der Ursulinen in Fritzlar. Seit 1797 lebte sie bei ihrer Großmutter, der Schriftstellerin Sophie von La Roche, in Offenbach. In dieser Zeit begann ihre Freundschaft mit Karoline von Günderrode, die fünf Jahre älter war als sie. Die am 11. Februar 1780 geborene Tochter eines Kammerherrn am badischen Hof stammte aus Karlsruhe. Nach dem Tod des Vaters war die Familie zunächst nach Hanau und dann nach Frankfurt gezogen, wo Karoline das Cronstetten-Hynspergische Damenstift besuchte. 1804 erschien ihr erster Band *Gedichte und Phantasien* unter dem männlichen Pseudonym Tian. Darin findet sich das Gedicht *Liebe*:

„O reiche Armuth! Gebend, seliges Empfangen!
In Zagheit Muth! in Freiheit doch gefangen.
  In Stummheit Sprache,
  Schüchtern bei Tage,
  Siegend mit zaghaftem Bangen.

Lebendiger Tod, im Einen sel'ges Leben
Schwelgend in Noth, im Widerstand ergeben,
  Genießend schmachten,
  Nie satt betrachten
Leben im Traum und doppelt Leben."[248]

Im Jahr, in dem ihr Erstling erschien, lernte Karoline von Günderrode den Heidelberger Altertums- und Mythenforscher Friedrich Creuzer kennen. Ihre unglückliche Liebe zu dem verheirateten Mann, der ihr zunächst Hoffnungen machte, sie dann aber enttäuschte, ist zu einem klassischen Fall romantischer Unglückssehnsucht geworden. Über den Selbstmord der Günderrode am 26. Juli 1806 in Winkel wurde ihr literarisches Werk vergessen, zu dem auch die 1805 veröffentlichten *Poetischen Fragmente*, weitere Gedichte, Theaterstücke und ihre bewegenden Briefe gehören, die eine auch starke und selbstbewusste Frau zeigen. „Sie will das Ganze, Hitzige, Reine, nie das Lauwarme, Ungefähre",

schreibt Ursula Krechel in ihrem Plädoyer für die Dichterin Günderrode, „und wenn dies in der Realität nicht möglich ist, dann doch in der Vorstellung, die allemal reicher, kunstvoller, ernsthafter ist. Sie will den Augenblick der Wahrheit. Sie verlangt den Augenblick der Offenbarung, und wenn sie durch den furchtbarsten Schmerz zu ihr käme“[249]. Das Bild der Günderrode als einer tragisch Liebenden (und weniger einer literarisch kraftvollen Autorin, die es noch zu entdecken gilt) hat Bettine von Arnim ganz wesentlich mitgeprägt. 1840 veröffentlichte sie ihren Briefroman *Die Günderode*, dessen Grund reale Gespräche und verschiedene Briefwechsel nicht nur zwischen den beiden Freundinnen bilden. Für Christa Wolf, die 1979 in ihrem Roman *Kein Ort. Nirgends* eine fiktive Begegnung Heinrich von Kleists mit Karoline von Günderrode schilderte, ist das Ziel des Buches „offensichtlich“. Bettine von Arnim wolle „das Vermächtnis ihrer eigenen Jugend an die übernächste Generation weiterreichen. Aufgewühlt gibt sie sich den Geschichten aus ihrer Frühzeit hin, die sich bis zu beinah übersinnlichen Erscheinungen verdichten können“[250]. Auch ihren Bruder Clemens ließ Bettine in ihrem Briefroman von der Freundin charakterisieren. Clemens habe ihr geschrieben, teilt Karoline von Günderrode Bettine mit:
„Wie ein böser Traum sind mir manche bittere und trübe Erinnerungen von ihm vorübergegangen, sein Brief hat mich betrübt weil er mir die verworrenen Schmerzen seines Gemüts deutlich und doch wieder dunkel darstellt, auch wenn ich ihn nie gesehen hätte, würde mich dieser kalte Lebensüberdruß tief und schmerzlich bewegen. – Er stellt sich so an den Rand der Jugend als habe sie ihn ausgestoßen, wie mich das schmerzte wollte er es doch anders sein lassen, lieber die vergangne Zeit zurückrufen und fortleben ewig frisch, jung und träumerisch, wie er es gewiß könnte; es wird und muß wieder so mit ihm werden“[251].
Mit *Clemens Brentano's Frühlingskranz aus Jugendbriefen geflochten* hat Bettine ihrem Bruder 1844 einen eigenen Band gewidmet, der auf rund 80 Briefen der Geschwister aus den Jahren 1800 bis 1803 beruht. Bettine hatte die Brief bearbeitet und zum Teil stark erweitert, aber nicht, wie in der *Günderode*, neue hinzuerfunden.
Bettine von Arnim hatte erst spät mit dem Schreiben begonnen, nämlich nach dem Tod ihres Mannes Achim von Arnim (1831). Zwanzig Jahre war sie mit dem Freund ihres Bruders Clemens verheiratet gewesen und hatte sechs Kinder zur Welt gebracht. Ihr erstes Buch, *Goethes Briefwechsel mit einem Kinde*, erschien 1835 und dokumentiert ihre fast schon naive Goethe-Verehrung ebenso wie ihre Freundschaft mit der Frau Rat Goethe, die sie immer wieder und gern besucht hatte. Für ihre sozialkritischen Schriften, *Dies Buch gehört dem König* (1843) und *Gespräche mit Dämonen* (1852), wurde sie heftig angegriffen, was sie allerdings wenig beeindruckte. Sie nutzte ihre gesellschaftliche Stellung, um sich gegen das Elend der Massen ebenso zu engagieren wie für verhaftete Oppositionelle. Ihr Königsbuch, in dem sie sich auch mit der Armut in Preußen auseinandersetzte, war zeitweilig in Bayern und in Preußen verboten worden. Bettine von Arnim starb am 20. Januar 1859 in Berlin.

Frankfurt hatte sie endgültig 1814 den Rücken gekehrt, als sie mit ihrem Mann Achim von Arnim nach Aufenthalten in Landshut, München, Wien und Berlin auf Schloß Wiepersdorf in Brandenburg gezogen war. Bereits im August 1807 hatte sie in einem Brief an Achim von Arnim ihre Heimatstadt heftig kritisiert und sich auf das Land gewünscht:
„Oft ist es mir unerträglich, in unserer matten, engen Stadt eingeschlossen zu sein; in kühlen Felsspalten möchte ich herumklettern, den Quellen nach, wo sie hin und herkommen, mit dem Mond durch die Wolken ziehen, das ging' nun nicht, aber doch drunter her; sehen, wie er aus dem See steigt den Bergen hinauf. Ich wollte ja gerne aufgeben das Recht, mit den Menschen zu sein, die das Fenster zumachen, wenn der Abendwind kömmt, die nicht über die Wiesen gehen, wenn der Nachttau darauf glänzt. Warum denn nur mit der Welt Menschen sein, warum nicht auch mit ihren Bergen und Blumen und Wäldern, mit ihren Schatten und Lichtern innig und vertraut leben."[252]
An die Familie Brentano erinnert in Frankfurt das Petrihaus im Stadtteil Rödelheim. Georg Brentano hatte es 1819 erworben und zu einem klassizistischen Schweizerhaus in einem großen Park umbauen lassen. Dort waren neben den Geschwistern auch Goethe, Marianne von Willemer und die Brüder Grimm zu Gast. Das Haus, heute ein beliebter Veranstaltungsort, ist sorgfältig renoviert und zeigt ein kleines Brentano-Museum. Eine umfangreiche Sammlung von Handschriften der Geschwister Brentano bewahrt das Freie Deutsche Hochstift in Frankfurt auf, das auch seit 1975 die historisch-kritische Ausgabe der Werke von Clemens Brentano herausbringt. Dazu wurde eigens eine Brentano-Arbeitsstelle eingerichtet.

Restauration und politischer Vormärz

Wer immer Hoffnungen gehegt hatte, mit dem Ende der französischen Besatzung würde etwas mehr Freiheit in Deutschland einziehen, sah sich schon bald bitter getäuscht.
Die Gründung der auf einen Nationalstaat zielenden Deutschen Burschenschaft 1815 in Jena (mit den Reichsfarben Schwarz-Rot-Gold), das gegen den Deutschen Bund gerichtete Wartburgfest 1817 und schließlich die Ermordung des Dichters August Kotzebue 1819 durch einen Burschenschafter lieferten den Anlass für massive staatliche Repressionen. Die Rechtsgrundlage schufen die ‚Karlsbader Beschlüsse' vom August 1819. Sie waren vor allem das Werk eines Mannes, des österreichischen Außenministers und späteren Staatskanzlers Klemens Wenzel Fürst von Metternich. Zusammen mit Preußen und acht weiteren Staaten setzte er im Deutschen Bund einen ganzen Maßnahmenkatalog durch, der ‚demagogische Umtriebe' verhindern sollte. Presse und Universitäten wurden streng überwacht. Alle Druckschriften unter 320 Seiten (das waren 20 Bogen) mussten vor der Veröffentlichung einer Vorzensur vorgelegt werden. Die Burschenschaften wurden auf-

gelöst. Und damit sich nirgends unerkannt eine revolutionäre Bewegung bilden konnte, entstand in Mainz eine ‚Zentraluntersuchungskommission', die ein Heer von Spitzeln beschäftigte. Sollte es doch in einem Mitgliedsstaat des Deutschen Bundes zum Aufruhr kommen, konnten die anderen Truppen schicken, um den Aufstand niederzuschlagen. Metternich erhoffte sich von seinem rigorosen Eingreifen eine Beruhigung der Lage, auch wenn es eine Friedhofsruhe sein sollte. Trotz Repression, Denunziantentum und Bespitzelung gelang es Metternich nicht, alle politischen Regungen im Deutschen Bund zu unterdrücken. Der Widerstand kam im besonderen Maß von Schriftstellern und Publizisten, die mit dem politischen Vormärz die biedermeierliche Behäbigkeit störten und die Nationalversammlung von 1848 vorbereiteten. Einer ihrer Wortführer war der am 6. Mai 1786 in der Frankfurter Judengasse geborene Juda Löb Baruch, der sich nach seiner christlichen Taufe 1818 Ludwig Börne nannte. „Ich weiß das unverdiente Glück zu schätzen, zugleich ein Deutscher und ein Jude zu sein", schrieb Börne 1832, „nach allen Tugenden der Deutschen streben zu können und doch keinen ihrer Fehler zu teilen. Ja, weil ich als Knecht geboren, darum liebe ich die Freiheit mehr als ihr. Ja, weil ich die Sklaverei gelernt, darum verstehe ich die Freiheit besser als ihr. Ja, weil ich in keinem Vaterland geboren, darum wünsche ich ein Vaterland heißer als ihr, und weil mein Geburtsort nicht größer war als die Judengasse und hinter dem verschlossenen Tor das Ausland für mich begann, genügt mir auch die Stadt nicht mehr zum Vaterlande, nicht mehr ein Landgebiet, nicht mehr eine Provinz; nur das ganze große Vaterland genügt mir, soweit seine Sprache reicht"[253].

Ludwig Börne, Abbildung aus der *Gallerie der berühmten und merkwürdigen Frankfurter* (1861).

Als Sohn eines Geschäftsmanns und Bankiers hatte Börne zunächst Medizin in Halle, danach Staats- und Kameralwissenschaften in Heidelberg und Gießen studiert, wo er 1808 promoviert wurde. Unter der liberalen Regierung Dalbergs konnte er 1811 eine Verwaltungslaufbahn beginnen. Nach der Zahlung einer gewaltigen Summe hatten die Frankfurter Juden – allerdings nur vorübergehend, wie sich bald zeigen sollte – die vollen bürgerlichen Rechte erhalten. Als städtischer Polizeiaktuar verfasste Börne im Auftrag der Israelitischen Gemeinde eine Denkschrift an den Wiener Kongress, in der (erfolglos) die Gleichberechtigung der Juden gefordert wurde. Börne war einer der wichtigsten Vorkämpfer für die Emanzipation der Juden in Frankfurt. Immer wieder finden sich in seinen Aufsätzen und Briefen heftige Anklagen gegen die Intoleranz des Frankfurter Bürgertums und der Stadtregierung, die nach dem Sturz Dalbergs die Reformen rückgängig machte und Börne zwangspensionierte. In dem in Leipzig erscheinenden *Literarischen Wochen-*

blatt schilderte er 1820 auf zum Teil sehr ironische Weise die Situation der Frankfurter Juden vor und nach Dalberg. In der Zeit des Großherzogtums von Napoleons Gnaden hätten sich die Juden, so Börne, angemaßt, „Doktoren, Schumacher und Schneider zu werden; sie trieben Wissenschaften und die ganze Technologie, sprachen deutsch wie Adelung[254] und aßen mehrere Sorten Wurst. Besonders in Speditionen und Kommissionen haben sie der Menschheit ungeheuern Schaden zugefügt und hierdurch Europa in die Barbarei des Mittelalters zurückgeworfen. Aber der Tag der Erlösung nahte herbei; nach der Schlacht bei Hanau erwachte die freie Stadt Frankfurt aus ihrem Siebenschlafe und mit der neuen Ordnung der Dinge kehrten die Juden in die alte zurück“[255].

In dieser wiedererstandenen alten Ordnung, die eine bittere Phase der Restauration einleitete, hätte Börne in Frankfurt einem Mann begegnen können, der in seiner Jugend die Französische Revolution begrüßt und sich selbst als Jakobiner gesehen hatte, aber nun in das andere Lager gewechselt war: Friedrich Schlegel. Als einer der führenden Vertreter der Jungromantik hatte Schlegel das republikanische gegen das aufgeklärte Denken gesetzt. Nach seiner Zeitschrift *Athenaeum*, die er von 1798 bis 1800 zusammen mit seinem Bruder August Wilhelm herausgegeben hatte, gründete Friedrich Schlegel 1803 die *Europa*, die bis 1805 in vier Heften bei dem Frankfurter Verleger Friedrich Wilmans erschien (bei dem auch Clemens Brentano seinen *Godwi* und Karoline von Günderrode ihre *Poetischen Fragmente* herausbrachte). Europa verstand Schlegel im umfassendsten Sinn als Kontinent, als pluralistischen Nationenverbund, als Geburtsstätte der modernen Dichtung, Philosophie und Wissenschaft, schreibt der Schlegel-Forscher Ernst Behler. „Was den Charakter Europas in Schlegels Augen so anziehend macht und was dem geistigen Leben dieses Erdteils seinen einmaligen Reiz verleiht, das ist die Vielheit, der Reichtum, mit einem Wort die ‚unendliche Fülle‘ seines Bildungsgeistes.“[256] Und so sind die ersten Hefte auch konzipiert, als Gesamtschau einer großartigen europäischen Kultur und damit ganz im Sinn romantischen Denkens und Empfindens. Aber mit den Kriegen und Siegen Napoleons wird die Zeitschrift „allmählich ihrem Namen untreu und hätte, wie man bemerkt hat, zuletzt nicht unpassend den Titel ‚Deutschland‘ tragen können“[257]. Damit nahm die Zeitschrift den politischen Positionswechsel Schlegels vorweg, der sich 1809 in den Stab des österreichischen Erzherzogs Karl berufen ließ und eine Armeezeitung herausgab. Er trat zum Katholizismus über und wurde zum Anhänger Metternichs, für den er von 1815 bis 1818 als Legionsrat am Frankfurter Bundestag arbeitet. (Nach dem Tod ihres Mannes, 1829, zog die Romanautorin und Übersetzerin Dorothea Schlegel nach Frankfurt, das sie in dieser Zeit kennengelernt hatte; sie konzentrierte sich allerdings ganz aufs Briefeschreiben und veröffentlichte kein Buch mehr; 1839 wurde sie auf dem Frankfurter Hauptfriedhof zu Grabe getragen.) Zu den Aufgaben Schlegels gehörte es, die amtliche *Ober-Post-Amts-Zeitung* zu beaufsichtigen, das heißt nichts anderes als: vor Erscheinen zu zensieren. Er sollte Artikel, die offensichtlich preußische Interessen vertraten, in der Aussage etwas dämpfen und pro-österreichische Bemerkungen in das Blatt einfügen. „Schlegel soll in Frankfurt so viel Einfluss wie möglich auf die öffentliche Meinung in Deutschland gewinnen", fasst sein Biograph Harro Zimmermann den Auftrag Schlegels zusammen. Er soll „den wahren Geist des deutschen Bundes und der österreichischen Sache propagieren, um dem ‚Einfluß der Unruhestiftenden Parteien entgegenzuwirken'. Das wird vorderhand (...) immer wieder Preußen sein"[258]. Dabei hätten sich Schlegel und Börne in die Quere kommen können. Denn Börne überlegte 1817 zusammen mit dem Herausgeber des *Frankfurter Journals* bei Cotta eine preußenfreundliche und gegen das Österreich Metternichs gerichtete Zeitschrift herauszubringen. Als großes und aus heutiger Sicht höchst unrealistisches Ziel hatte das Blatt, „die widerstrebenden oder wetteifernden Ansprüche und Erwartungen der verschiedenen Klassen der bürgerlichen Gesellschaft auszugleichen und die schwankenden Verhältnisse zwischen Volk und Regierung in bestimmte Umrisse zu bringen (...) Darum wird die Zeitschrift den Namen *Der Vermittler* annehmen"[259]. Aus diesem Plan wurde zwar nichts, aber schon wenig später gründete Börne *Die Wage*, die von 1818 bis 1821 erschien. Als Herausgeber und wichtigster Autor von mehreren Blättern, wie *Die Wage* oder die Offenbacher *Zeitschwingen* (Juli bis September 1819), als Rezensent und Essayist für Cottas *Morgenblatt für gebildete Stände* und andere Zeitungen schrieb Börne über Theateraufführungen, neue Bücher und immer wieder über politische Missstände, die er mit Geist und Witz deutlich benannte. Da er deshalb ständig im Kampf mit der Zensur lebte, entwickelte er einen raffinierten Schreibstil, hinter dem sich oft etwas anderes verbarg, als auf dem Papier stand. Auch als er am 22. März 1820 in Frankfurt verhaftet wurde, hatte er für die ‚fürsorgliche' Stadtregierung nur Spott übrig. In seiner *Geschichte meiner Gefangenschaft nebst Beschreibung der herrlichen Wandgemälde, die sich in der Hauptwache zu Frankfurt befinden* heißt es:

„Der Umstand, dass ich in der Nacht verhaftet worden bin und jetzt schon vier Tage sitze, ohne den Grund meiner Verhaftung erfahren zu haben und ohne verhört worden zu sein, stellt die persönliche Freiheit, welche ein Frankfurter Bürger genießt, in das schönste Licht. In mehreren monarchischen Staaten, wie in Frankreich und England, erlaubt das Gesetz nur bei Tage zu arretieren. Wie grausam ist diese Einrichtung! Hierdurch erfährt jedermann sogleich das Verbrechen, und die Ehre geht noch früher verloren als die Freiheit. Wird man aber im Dunkeln ins Gefängnis geführt, so merkt es keiner; ja, man kann jahrelang eingesperrt sein, ohne dass es die Stadt erfährt, und sie denkt, der Vermisste wäre auf Reisen.

Da ich früher noch nie in männlicher Gefangenschaft war, so erfuhr ich jetzt zum ersten Male, welch ein herrliches Leben man in einem Justizpalaste führt. Die zarteste Aufmerksamkeit, die man sich nur wünschen kann. Als mir mein Bett aus meiner bürgerlichen Wohnung gebracht wurde, untersuchte und durchknetete es der Gefängniswärter aufs sorgfältigste, um zu fühlen, ob der Flaum weich genug wäre und nicht etwa ein stechendes Federchen mich im Schlafe stören könnte. Anfänglich hatte ich den Argwohn, es geschehe, zu untersuchen, ob nichts Gefährliches darin versteckt wäre, etwa ein befreiender Tertianer [eine kleine Pistole, d. A.] im Kopfkissen; da ich aber den wahren Grund entdeckte, ward ich gerührt. Ein Stiefelknecht wurde mir versagt, um das traurige Bild knechtischer

Dienstbarkeit von mir entfernt zu halten. Messer und Gabel durfte ich nur im Beisein der Aufseher gebrauchen, damit ich mir kein Leid antue. Stahl und Stein sowie selbst ein chemisches Feuerzeug wurden mir abgeschlagen, doch durfte ich Tag und Nacht ein angezündetes Licht haben, und wirklich brannte wie vor einem Heiligen beständig ein Licht vor mir. Schreibzeug und Papier wurde mir erst auf wiederholtes Bitten verabreicht und letzteres zugemessen. Man fürchtete, ich möchte durch vieles Sitzen und Schreiben meiner Gesundheit schaden. Jeden Abend untersuchte ein Wächter mit einer Laterne den Ofen, um zu sehen, ob er nicht etwa rauche und meinen schönen Augen lästig fiele, und das Gitter an den Fenstern, damit kein Dieb von außen hereinsteigen könne, mich zu bestehlen. Während dieses geschah, standen fünf Soldaten vor der aufstehenden Türe in Reihe und Glied, um zu verhindern, dass die Zugluft eindringe. Das Geld wurde mir bei der Verhaftung abgenommen, weil ich als Mann von Verdienst, den der Staat im Prytaneum verköstigt, keines nötig habe."[260]

Schon kurze Zeit später ohne Anklage aus der Haft entlassen, pendelte Börne zwischen Frankfurt und Paris, um sich schließlich 1830 ganz in der französischen Hauptstadt niederzulassen. Als Kritiker wurde Börne mit seinen *Briefen aus Paris*, die zwischen 1831 und 1834 bei Hoffmann und Campe erschienen, zu einem der Begründer des deutschen Feuilletons. Immer wieder wurden seine Bücher beschlagnahmt oder verboten. „Mutig und vehement", schreibt Alfred Estermann in seinem Börne-Porträt, „werden demokratische Forderungen den überkommenen Machtstrukturen gegenübergestellt, werden utopische Ideen eines zukünftigen Europas artikuliert: Gedanken eines revolutionären Republikaners und Weltpatrioten. Die einzigartige publizistische Leistung gelingt"[261].

Gegen Ende seines Lebens geriet Börne noch in einen heftigen Konflikt mit seinem Kollegen Heinrich Heine, der ihm politisch nicht radikal genug war. Sein letztes Buch, das 1837 in Paris erschien, richtete sich gegen den konservativen Literaturkritiker Wolfgang Menzel, der mit antifranzösischen und antisemitischen Ausfällen die Autoren des ‚Jungen Deutschland' verfolgte und Verbote ihrer Bücher durchsetzte. In der Streitschrift *Menzel, der Franzosenfresser* findet sich auch das Bekenntnis Börnes, dass er nicht mit „Dinte und Worten", sondern „mit dem Blute meines Herzens und dem Safte meiner Nerven"[262] schreibe. Ludwig Börne starb am 12. Februar 1837 in Paris. Er liegt auf dem Friedhof Père Lachaise begraben.

Ende Mai 1832 hatte Börne das Hambacher Fest besucht und war begeistert begrüßt worden. 30 000 Menschen hatten die ‚vereinigten Freistaaten Deutschlands' in einem ‚konföderierten republikanischen Europa' gefordert. Dieser Ruf nach einer republikanischen Verfassung, nach wirklicher Pressefreiheit, Abschaffung der Zensur und nationaler Einheit verhallte auch in dem politisch rückständigen Kurfürstentum Hessen nicht ungehört. Am 22. Juni 1832, also nicht einmal vier Wochen nach dem Hambacher Fest, versammelten sich über 8000 Menschen im Park von (Hanau-)Wilhelmsbad. Der Burschenschafter Heinrich Brüggemann hielt eine feurige Rede gegen die Adelsherrschaft und gegen die Macht der Mätressen, womit er die Geliebte des Kurfürsten meinte. Der

Frankfurter Schriftsteller Wilhelm Sauerwein, der schon am Hambacher Fest teilgenommen hatte, verkaufte sein satirisches *ABC-Buch der Freiheit*, das der Hanauer Verleger Friedrich König in einer Auflage von 300 Exemplaren gedruckt hatte. Die Botschaft der politischen Schrift war, bei allem scharfen Witz, eindeutig. So heißt es darin über den „Landesvater", also den regierenden Kurfürsten, und seine „Kinder", also seine Untertanen:

„Es ist sehr ungezogen von Kindern, wenn sie Geld für sich behalten und es nicht lieber dem Vater bringen. Denn Kinder wissen mit Geld noch nicht umzugehen; aber der Landesvater weiß, wie man es durchbringt (…) Der Landesvater darf durchaus nicht getadelt werden. Seine Schwächen zu belächeln wäre Sünde, und es ist sehr unschicklich, wenn Landeskinder sich um die Staatshaushaltung bekümmern oder gar Theil daran nehmen wollen. Kinder sind unverständig und müssen sich leiten und führen lassen (…) Darum seyd ruhig ihr Landeskinder, bis ihr einmal groß werdet: und wenn ihr recht geschickt seyd, dann kriegt ihr auch einen ganzen Sack voll – Versprechungen."[263]

Vom „Landesvater" bis zum „Spießbürger" und „Jubelgreis" nahm Sauerwein alle aufs Korn, die seiner Meinung nach eine demokratische Entwicklung in Deutschland behinderten. Dazu gehörten für ihn auch die ‚Freisinnigen', die dort, wo es ungefährlich war, über politische Veränderungen redeten, aber selbst nichts unternahmen und in der Öffentlichkeit schwiegen. Sauerwein war ein Revolutionär, der auf den gewaltsamen Umsturz setzte und die grenzüberschreitende Solidarität einforderte. Unter den Handwerkern, die sich durch den preußischen Zollverein in ihrer Existenz bedroht sahen, fand die Gruppe von Intellektuellen, zu denen auch der radikale politische Publizist Johann Friedrich Funk gehörte, Sympathisanten, während sich die Stadtregierung um die Reputation Frankfurts als Bundes-Hauptstadt sorgte. Die Provokationen Sauerweins und Funks wurden verstanden. Das *ABC-Buch der Freiheit* ließ der Kurfürst einziehen. Sauerwein war davon wenig beeindruckt und propagierte weiter die Revolution. Um einer drohenden Verhaftung in Frankfurt zu entgehen, floh er im März 1834 zunächst in die Schweiz. 1835 erschienen in Biel eine neue Auflage seines *ABC-Buchs der Freiheit* und vor allem seine *Gedichte aus der Zeit und für die Zeit*. In dem Lyrikband findet sich auch sein *Lied der Verfolgten*, das in immer neuen Varianten und Umdichtungen zu einem der bekanntesten politischen Lieder des 19. Jahrhunderts wurde:

„Wenn die Fürsten fragen:
Was macht Absalon?
Dann lasst ihnen sagen:
Ei, der hänget schon.
Doch an keinem Baume
Und an keinem Strick,
Sondern an dem Traume
Einer Republik.

Wollen sie gar wissen,
wie's dem Flüchtling geht;
Sprecht, der ist zerrissen,
Wo ihr ihn beseht.
Nichts blieb ihm auf Erden,
Als Verzweiflungsstreich
Und Soldat zu werden
Für ein freies Reich.

Fragen sie gerühret:
Will er Amnestie?
Sprecht, wie sich's gebühret:
Er hat steife Knie.
Gebt nur eure großen
Purpurmäntel her;
Das gibt große Hosen
Für das Freiheitsheer."[264]

Während der Revolution 1848/49 wurde aus dem *Lied der Verfolgten* das nicht minder berühmte *Hecker-Lied* über den badischen Revolutionär Friedrich Hecker („Wenn die Leute fragen, lebt der Hecker noch? So sollt ihr ihnen sagen: Hurra, er lebet noch! Er hängt an keinem Baume, er hängt an keinem Strick. Er hängt an seinem Traume, der deutschen Republik!"). Umstritten ist, ob von Sauerwein auch *Fürsten, zum Land hinaus!* und damit ein weiteres bekanntestes Revolutionslied stammt. Vieles spricht dafür, aber sichere Belege fehlen.

Erst 1844 kehrte Sauerwein schwer erkrankt aus seinem unterdessen französischen Exil nach Frankfurt zurück. In Frankfurt ist Sauerwein vor allem als Verfasser von Mundartstücken bekannt geworden (und davon wird noch die Rede sein). Aber er war seit seinem Theologiestudium in Heidelberg auch ein politischer Autor, der in Frankfurt weder Pfarrer noch Lehrer werden durfte. In seinen Zeitungs- und Zeitschriftenartikeln, in seinen satirischen Schriften und seinen populären Revolutionsliedern machte er aus seiner antifeudalen Haltung keinen Hehl. Man könnte ihn als einen redlichen Vorkämpfer für eine demokratische Umwälzung in Deutschland bezeichnen, wenn er nicht 1831 ein antisemitisches Pamphlet (*Beleuchtung der Judenemanzipation*) veröffentlicht hätte. Die jahrhundertlange Diskriminierung der Juden in Frankfurt zeigte auch bei Autoren Wirkung, denen man das nicht zugetraut hätte. Sauerwein ist kein Einzelfall. Schon Clemens Brentano hatte 1811 in der Berliner ‚Christlich-Teutschen Tischgesellschaft' eine satirische Rede gegen die Juden gehalten und sie danach auch drucken lassen.

Der Frankfurter Wachensturm und seine Folgen

Gegen bekennende Revolutionäre wie Sauerwein ging die Regierung der Freien Stadt Frankfurt mit Härte vor. Als Sitz des Deutschen Bundestages, der starr am Althergebrachten festhielt, sollte Frankfurt ein Musterbeispiel für ein geordnetes Gemeinwesen sein. Zudem stand dem Deutschen Bund ein ganzer Katalog von Maßnahmen zur Verfügung, falls sich ein Mitglied unbotmäßig verhalten würde. Die Frankfurter mussten also bei ‚revolutionären Umtrieben' um ihre Selbstständigkeit fürchten. Auf der anderen Seite zog die Freie Stadt als souveränes Gebilde mit republikanischen Zügen viele Liberale und Demokraten geradezu magisch an.

Der Frankfurter Wachensturm. Kolorierter Holzstich von Georgin nach Epinal.

Im Großherzogtum Hessen, das mit Teilen an Frankfurt grenzte, hatte sich unter der Leitung des Gießener Studenten Paul Follen und des Butzbacher Rektors Friedrich Ludwig Weidig eine demokratisch und national ausgerichtete Bewegung gebildet, die den revolutionären Umsturz vorbereitete und dabei Frankfurt ins Visier nahm. Auftakt sollte am 3. April 1833 der Frankfurter Wachensturm sein, um den Deutschen Bund dort zu treffen, wo er seinen Sitz hatte. Die nur kleine Gruppe der Revolutionäre rechnete damit, dass sich ihr, wie es zuvor bei einer ähnlichen Aktion in Paris geschehen war, die Massen anschließen würden. In Frankfurt hätte es dafür den Boden geben können. Mit dem Frankfurter Rechtsanwalt und Börne-Vertrautem (später Börne-Herausgeber) Maximilian Reinganum an der Spitze hatten 230 wohlsituierte Frankfurter Bürger ein Jahr zuvor eine aufsehenerregende *Protestation deutscher Bürger für Preßfreiheit in Deutschland* unterzeichnet und damit den Ruf Frankfurts als ‚Liberalennest' bestätigt. Am Abend des 3. April um halb zehn rückten drei kleine Trupps auf die Hauptwache, die Konstablerwache und die Zollstätte Preungesheim vor. Obwohl der Plan verraten worden war, konnten die knapp vierzig Revolutionäre die Gebäude besetzen und sogar Gefangene befreien. Aber dann schnappte die Falle zu. Denn die Frankfurter zeigten kein Interesse, den bewaffneten Aufstand zu unterstützen. Nach einer Stunde war der Spuk beendet. Die meisten der Revolutionäre wurden verhaftet. Die Strafen fielen dieses Mal allerdings geringer aus als bei anderen Revolten. Einige der Aufrührer konnten in die Schweiz und nach Paris flüchten, wo Börne mit ihnen Kontakt aufnahm.

Nur wenige Tage nach dem Wachensturm schrieb der 1813 im südhessischen Goddelau geborene Medizinstudent Georg Büchner voller Verbitterung an seine Eltern, die ihm von den Vorgängen in Frankfurt berichtet hatten:

„Wenn in unserer Zeit etwas helfen soll, so ist es Gewalt. Wir wissen, was wir von unseren Fürsten zu erwarten haben. Alles, was sie bewilligten, wurde ihnen durch die Notwendigkeit abgezwungen. Und selbst das Bewilligte wurde uns hingeworfen, wie eine erbettelte Gnade und ein elendes Kinderspielzeug, um dem ewigen Maulaffen Volk seine zu eng geschnürte Wickelschnur vergessen zu machen (...) Man wirft den jungen Leuten den Gebrauch der Gewalt vor. Sind wir denn aber nicht in einem ewigen Gewaltzustand? Weil wir im Kerker geboren und großgezogen sind, merken wir nicht mehr, dass wir im Loch stecken mit angeschmiedeten Händen und Füßen und einem Knebel im Munde."[265]

Zwei Jahre später wurde Georg Büchner steckbrieflich gesucht. Zusammen mit Weidig hatte er den *Hessischen Landboten*, eine revolutionäre Flugschrift, verfasst, in der zum gewaltsamen Umsturz im Großherzogtum Hessen aufgerufen worden war. Kurz vor seiner Flucht aus Darmstadt, am 21. Februar 1835, hatte sein Bruder Wilhelm ein Paket zur Post gebracht, das zwei Briefe und das Manuskript von *Danton's Tod* enthielt. Der erste Brief war an den Frankfurter Verleger Johann David Sauerländer gerichtet und enthielt die Bitte, den zweiten Brief und den ‚dramatischen Versuch' an den Literaturredakteur Karl Gutzkow weiterzuleiten.

Der 1811 in Berlin geborene Gutzkow redigierte das Literatur-Blatt zum *Phönix. Frühlings-Zeitung für Deutschland*, das im Verlag von Sauerländer erschien. Er hatte bei Schleiermacher und Hegel studiert und nach seiner Promotion für verschiedene Blätter gearbeitet. 1832 war sein Erstling, *Briefe eines Narren an eine Närrin*, anonym erschienen, den Börne überschwänglich lobte. Nichts komme Gutzkow lächerlicher vor, schrieb Börne in seinem einundachtzigsten Brief aus Paris, „als das monarchische Wesen, nichts sündlicher gegen Gott und die Natur. Er teilt meinen Abscheu gegen die vergötterten großen Männer der Geschichte und meint, die schöne Zeit werde kommen, wo es keine Hofräte so auch keine Helden mehr geben wird"[266]. Die preußische Zensur sah mit dem Buch Königtum und Adel, Bundesversammlung und Preußen insgesamt herabgesetzt und verbot den Band im Oktober 1832. Gutzkow ließ sich davon nicht beirren und publiziert weiter Satiren und Essays. Nach einem Zerwürfnis mit seinem Förderer, dem von Börne später so heftig kritisierten Wolfgang Menzel, kam er 1835 nach Frankfurt, um für Sauerländer das Literaturblatt des gerade ins Leben gerufenen *Phönix* zu redigieren. Das von Eduard Duller verantwortete schöngeistige Blatt, das, so Gutzkow später, „zwar mit dem *Armen Konrad*, einer Erzählung aus dem Bauernkriege, begann, sich jedoch überwiegend nur bei Nixen, Moorweibern und Klausnern aufhielt, konnte ruhig sein vor dem immer mehr zur Strenge aufgeforderten Censoren und dem Bundestag. Drohender wurde der Blaustift für mein samstägliches Literaturblatt gespitzt (...) Ich schrieb im *Lite-*

raturblatt über die Freiheitsregungen. Diese gingen mir nicht hoch genug"[267]. Gutzkow sah in dem liberalen und weltoffenen Sauerländer einen Verleger, der ihm den nötigen Freiraum verschaffen konnte. Büchner wiederum hoffte in dem gerade zwei Jahre älteren Gutzkow einen für sein Schreiben aufgeschlossenen Menschen zu finden, der ihm die Möglichkeiten zu publizieren eröffnete. Auch der Verlag dürfte ihm schon bekannt gewesen sein, seitdem Sauerländer wegen einer überaus harmlosen Satire des Schweizer Autors Heinrich Zschokke die Gunst des Darmstädter Hofs entzogen worden war. Der bis heute bestehende Sauerländer Verlag war aus einer Druckerei hervorgegangen, die Caspar Rötel zu Beginn des 17. Jahrhunderts in Frankfurt gegründet hatte. Johann David Sauerländer gliederte der Druckerei 1816 einen Verlag an, in dem er belletristische, geisteswissenschaftliche, juristische, medizinische und theologische Bücher erscheinen ließ. Besonders erfolgreich war Sauerländer mit seinen Übersetzungen der Werke von James Fenimore Cooper, Walter Scott und Victor Hugo, die er in kleinen Formaten und hohen Auflagen herausbrachte. Der durch seine bevorstehende Flucht in finanzielle Bedrängnis geratene Büchner konnte also hoffen, mit seinen schriftstellerischen Arbeiten Geld zu verdienen, wenn es ihm gelänge, Autor bei Sauerländer zu werden. In seinem Nachruf auf Georg Büchner, der im Juni 1837 im *Frankfurter Telegraph* erschien, hat Gutzkow beschrieben, wie ihn das Manuskript in Frankfurt erreichte, als er „einen gesellig verbundenen Kreis von ältern und jüngern Kunstgenossen und Wahrheitsfreunden" bei sich eingeladen hatte.

„Kurz vor der Versammlung der Erwarteten erhielt ich aus Darmstadt ein Manuskript nebst einem Briefe, dessen wunderlicher und ängstlicher Inhalt mich reizte, in ersterem zu blättern. Der Brief lautete: ‚Mein Herr! Vielleicht hat es Ihnen die Beobachtung, vielleicht, im unglücklicheren Fall, die eigene Erfahrung schon gesagt, daß es einen Grad von Elend gibt, welcher jede Rücksicht vergessen und jedes Gefühl verstummen macht. Es gibt zwar Leute, welche behaupten, man sollte sich in einem solchen Falle lieber zur Welt hinaushungern, aber ich könnte die Widerlegung in einem seit kurzem erblindeten Hauptmann von der Gasse aufgreifen, welcher erklärt, er würde sich totschießen, wenn er nicht gezwungen sei, seiner Familie durch sein Leben seine Besoldung zu erhalten. Das ist entsetzlich. Sie werden wohl einsehen, daß es ähnliche Verhältnisse geben kann, die einen verhindern, seinen Leib zum Notanker zu machen, um ihn von dem Wrack dieser Welt in das Wasser zu werfen, und werden sich also nicht wundern, wie ich Ihre Türe aufreiße, in Ihr Zimmer trete, Ihnen ein Manuskript auf die Brust setze und ein Almosen abfordere. Ich bitte Sie nämlich, das Manuskript so schnell wie möglich zu durchlesen, es, im Fall Ihnen Ihr Gewissen als Kritiker dies erlauben sollte, dem Herrn Sauerländer zu empfehlen und sogleich zu antworten. – Über das Werk selbst kann ich Ihnen nichts weiter sagen, als daß unglückliche Verhältnisse mich zwangen, es in höchsten fünf Wochen zu schreiben. Ich sage dies, um Ihr Urteil über den Verfasser, nicht über das Drama an und für sich, zu motivieren (…)"[268].

Gutzkow las das Manuskript sofort und war begeistert: „Alles, was in dem lose angelegten

Drama als Motiv und Ausmalung gelten sollte, war aus Charakter und Talent zusammengesetzt.“ Er las seiner Abendgesellschaft, zu der auch Sauerländer zählte, daraus vor und „erregte Bewunderung vor dem Talent des jugendlichen Verfassers“[269]. Sauerländer war bereit, das Drama zu drucken. Allerdings hatte Gutzkow, wie er in seinem Nachruf 1837 offen bekannte, „große Mühe mit seinem *Danton*, da solche Dinge, wie sie Büchner hingeworfen, Ausdrücke, die er sich erlaubte, heute nicht gedruckt werden dürfen. Es tobte Sansculottenluft in der Dichtung; die Erklärung der Menschenrechte wandelte darin, mit Rosen bekränzt, aber nackt. Die Idee, die das das Ganze zusammenhielt, war die rote Mütze (…) Die Spitzen der Wortspiele mußten abgestumpft werden oder durch aushelfende dumme Redensarten, die hinzugesetzt waren, krumm gebogen. Der echte Danton von Büchner ist nicht erschienen. Was davon herauskam, ist ein notdürftiger Rest, die Ruine einer Verwüstung, die mich Überwindung genug gekostet hat“[270].
Die Angst vor der Frankfurter Zensur war keineswegs unbegründet, schreiben die beiden Büchner-Forscher Burghard Dedner und Thomas Michael Mayer in der maßgeblichen wissenschaftlichen Ausgabe von *Danton's Tod*. „Die sexuellen und blasphemischen ‚Eindeutigkeiten‘ von Büchners Manuskript hätten mindestens zur generellen Verweigerung der Druckerlaubnis führen können; aber gerade im Fall einer unzureichenden Bearbeitung, die der als liberal geltende [Frankfurter] Zensor hätte womöglich passieren lassen, drohte auch das nachträgliche Verbot durch Intervention des Bundes mit noch ungleich härteren Konsequenzen.“[271] Frankfurt als Sitz des Deutschen Bundes stand unter besonderer Beobachtung, darauf mussten auch die dort ansässigen Verlage Rücksicht nehmen, wenn sie ihre Existenz nicht gefährden wollten. *Danton's Tod* erschien in der von Gutzkow bearbeiteten Fassung vom 26. März bis zum 7. April 1835 im *Phönix*. Die ebenfalls bearbeitete Buchfassung kam etwa drei Monate später heraus. Für seine Victor Hugo Werkausgabe ließ Sauerländer noch 1835 die beiden Stücke *Lucretia Borgia* und *Maria Tudor* von Büchner ins Deutsche übertragen. Auch nach Büchners Tod blieb Sauerländer den Schriften des Autors verbunden. So konnte die von Georgs Geschwistern 1850 zusammengestellte erste Werkausgabe wieder bei Sauerländer erscheinen. Der darin enthaltene biographische Essay Ludwig Büchners über seinen Bruder ist bis heute die Hauptquelle für die Forschung über das Leben Georg Büchners. Besonders bemerkenswert an der Ausgabe ist, dass sie nur wenige Monate nach dem Ende der Frankfurter Nationalversammlung, als die Restauration wieder die Oberhand gewonnen hatte, den Text des *Hessischen Landboten* in einer zwar gekürzten, aber immer noch politisch hochbrisanten Fassung präsentierte. Wegen der Schrift hatte Büchner fliehen und Weidig im Darmstädter Gefängnis sein Leben lassen müssen. Das war eine mutige Tat der Geschwister, aber auch ein riskantes Unternehmen für Sauerländer, der kurz vorher die stenographischen Berichte über die Verhandlungen der Nationalversammlung in neun voluminösen Bänden herausgebracht hatte. Aber nicht nur Sauerländer, auch Gutzkow hielt Büchner die Treue über dessen Tod hinaus. In ebenfalls bearbeiteten Fassungen ließ er 1838 das Lustspiel *Leonce und Lena* und 1839 die Novelle *Lenz* im *Telegraph für*

Georg Büchner im Polenrock, undatiert. Die Bleistiftzeichnung ist beim Brand Darmstadts am 11. September 1944 vernichtet worden.

Deutschland drucken. Gutzkow war der erste, der das Genie Büchners erkannt hatte. Sein Verdienst ist herausragend, auch wenn er zum Teil heftig in die Texte eingriff, um sie vor der Zensur zu retten. Als die beiden nachgelassenen Büchner-Texte erschienen, hatten sich die Wege von Gutzkow und Sauerländer schon getrennt, denn mit seinen eigenen Texten ging Gutzkow keineswegs so vorsichtig um wie mit denen von Büchner. So war seine *Vorrede* zu Schleiermachers *Vertraute(n) Briefen(n) über die Lucinde* im April 1835 in Preußen verboten worden, und kurz danach hatte sich schon neues Unheil angekündigt. Am 22. August 1835 erschien das letzte von Gutzkow redigierte *Literatur-Blatt*. Sauerländer fürchtete, wie Gutzkow in einem Brief schrieb, durch seinen Redakteur „in schlechten Credit zu kommen"[272]. Das wollte der Unternehmer und Familienvater Sauerländer zu diesem Zeitpunkt nicht riskieren. Später, im fortgeschrittenen Alter, als er die erste Büchner-Werkausgabe herausbrachte, war er offenbar weniger ängstlich.

Schon kurz nach dem Ausscheiden bei Sauerländer wurde Gutzkow verhaftet und zweieinhalb Monate im Gefängnis festgehalten. Der Grund war sein Roman *Wally, die Zweiflerin*, in dem, nach Meinung der Zensurbehörden, die christliche Religionsgemeinschaft verächtlich dargestellt worden sei. Mit dem Roman, der in Mannheim in der gerade eröffneten Verlagshandlung von Zacharias Löwenthal erschienen war, wurden gleich alle Schriften der Autoren verboten, die der Frankfurter Bundestag zum ‚Jungen Deutschland' zählte. Gutzkow hat den Roman später mehrfach umgearbeitet. Die Angriffe gegen die christliche Religion ließ er bestehen, die heute eher harmlos wirkenden erotischen Szenen schwächte er ab.

Nach seiner Freilassung leitete er zunächst die Redaktion der *Frankfurter Börsenzeitung* und ab 1837 den *Telegraph für Deutschland*. 1840 veröffentlichte er seine Biographie Börnes, in der sich der Satz findet: „Börne war noch unglücklicher als ein Jude; er war ein Jude in Frankfurt am Main."

Großen Erfolg hatte Gutzkow seit der Frankfurter Uraufführung seiner Tragödie *Richard Savange* (am 15. Juli 1839) mit seinen zum Teil zeitkritischen Dramen, so dass er 1846 in der Nachfolge Ludwig Tiecks als Dramaturg an das Dresdner Hoftheater berufen wurde. Am 27. August 1849 hatte sein Lustspiel *Der Königsleutnant* im Frankfurter Stadttheater Premiere. Anlass war der 100. Geburtstag Goethes. Gutzkow hatte sich eine Episode aus *Dichtung und Wahrheit* als Ausgangspunkt genommen: der Aufenthalt des französischen

Leutnants Thoranc während des Siebenjährigen Kriegs im Haus der Familie Goethe. Gutzkow ging mit Goethes Schilderungen recht frei um. Er selbst sprach im Vorwort der Buchausgabe von einer „gewagten Verknüpfung der factischen Fäden“[273]. Aus dem etwa zehnjährigen Wolfgang macht er einen altklugen Jungen, dem der französische Offizier beim Abschied in gebrochenem Deutsch eine große Zukunft verheißt:

„E i n e Trennung mir aber ist die schwerste von allen, die von diesem kleinen Kinde, die von Monsieur Wolfgang, einem Kinde von einer große Schicksal und einer erhabene Zukunft – (zu den Eltern) O, Sie haben hier einen Sohn, von dem ich Ihnen gebe der Prophezeiung, daß er nicht sein wird bloß eine große Mannsperson für den Deutschland, sondern für alle der Nationen, welche noch lieben die Natur und der menschliche Herz – (…) In dieser Stadt sind gekrönt die Könige und der Kaiser mit zerbrechlichen Kronen, er aber wird sein, mein junger Freund, der einzige König, der hier wird sein geziert mit einer Krone, die glänzen wird ewig!“[274]

Nicht zuletzt diese gekünstelte Sprache und der langatmige Handlungsverlauf verhinderten einen anhaltenden Erfolg des Festspiels. Für die Biographie Gutzkows hat es aber eine besondere Bedeutung. Es markiert seine Hinwendung zu einer Art Geniekult, den er 1850/51 in seinem in Frankfurt geschriebenen Roman *Die Ritter vom Geiste* in neun Bänden ausbreitete. Enttäuscht von der gescheiterten Revolution, auf die er große Hoffnungen gesetzt hatte, beschwor Gutzkow in den *Rittern vom Geiste* eine neue gesellschaftliche und politische Elite, die den als notwendig erachteten radikalen Umschwung herbeiführen sollte. Oder wie Arno Schmidt, ein glühender Verehrer Gutzkows, es im Mai 1965 in einer Sendung für den Hessischen Rundfunk ausdrückte:

„(…) das ‚Heil einer Nation‘ – das heißt, das wirtschaftliche, gesellschaftliche, politische; letzten Endes auch das künstlerische & wissenschaftliche Heil – kann weder von ‚oben‘ her, also etwa durch Herrscheradelgeistlichkeit; und noch *viele weniger* von *unten*her, vom Volke kommen. Sondern nur durch die ‚*Organisation der Élite*‘, wie Gutzkow an seinen Freund Levin Schücking schrieb; einen ‚brain=trust der Intelligenz‘ – wofür seitdem eben die *deutsche* Formel lautet: ‚*Die Ritter vom Geist*‘ (…) eine Organisation – übrigens ‚nach unten‘, zum Volke hin, ‚offener‘ denn nach ‚oben‘!“[275]

Gutzkows politische Utopie bleibt Idee. Sein Roman endet nicht mit der glücklichen Herrschaft des Intellekts, sondern mit dem (vorläufigen) Rückzug der Protagonisten. Gutzkow wollte einen idealistischen Weg jenseits der Barrikadenkämpfe zeigen. Er wusste aber auch, dass die Zeit für ein Staatswesen, an dem alle gesellschaftlichen Schichten gleichberechtigt mitwirken konnten, noch nicht reif war. So bleibt sein Roman ein faszinierendes Zeitgemälde, dem er weitere ähnlich umfangreiche Werke folgen ließ. In seinem ebenfalls neunbändigen Roman *Der Zauberer von Rom*, der zwischen 1858 und 1861 erschien, ist es ein überkonfessionelles Christentum, das eine Art geistiges Europa schaffen könnte. Spätestens mit diesem Roman, der dem Katholizismus eine reformerische Kraft zusprach, saß Gutzkow zwischen allen Stühlen. Kritisiert wurde er aber vor allem für die (nach damaligen Geschmack) drastischen Szenen, in denen er körperliche und seelische Misshandlungen sowie sexuelle Erfahrungen beschrieb. Gutzkow führte ein unstetes Leben und trieb ständig neue Zeitschriften- und Buchprojekte voran. Dabei kam er immer wieder für kürzere oder längere Aufenthalte nach Frankfurt. Seine Stelle als Generalsekretär der Weimarer Schillergesellschaft musste er 1864 nach einem Nervenzusammenbruch aufgeben. Zwei Jahre später zog er nach Frankfurt-Sachsenhausen, seinem letzten Wohnort, wo er am 16. Dezember 1878 unter nicht ganz geklärten Umständen starb. Psychische Probleme und Selbstmordversuche hatten seine letzten Lebensjahre überschattet.

Schriftsteller als Politiker – die Frankfurter Nationalversammlung

Es wurde immer deutlicher, dass die von selbstherrlichen Fürsten regierten Staaten den neuen Herausforderungen nicht gewachsen waren. So entstanden erste Zirkel, die die politische Situation in Deutschland diskutierten. Eine einheitliche Linie gab es dabei aber nicht. Die Liberalen wollten nur die Macht der Fürsten beschränken und durch ein gewähltes Parlament kontrollieren lassen. Das war auch zunächst das Ziel der Demokraten. Aber je stärker der staatliche Druck gerade gegen die Demokraten wurde, desto radikaler entwickelten sich ihre Forderungen. Schließlich kämpften sie dafür, die Adelsherrschaft ganz abzuschaffen und durch eine parlamentarische Demokratie zu ersetzen. Das gemeinsame Ziel war es, ein vereinigtes Deutschland zu schaffen.

In diesem Sinn fand im September 1846 in Frankfurt der erste Germanistentag statt, an dem auch der Tübinger Dichter Ludwig Uhland und die Brüder Grimm teilnahmen. Jacob Grimm sprach über die Bedeutung des von ihm und seinem Bruder schon lange angekündigten *Deutschen Wörterbuchs* für die deutsche Sprache, die er in einem verwilderten Zustand sah. Wilhelm Grimm hielt ein flammendes Plädoyer für die „ungenauen Wissenschaften" zu denen er auch die Germanistik zählte, denn das Menschliche (und damit meinte er auch den nationalen Gedanken) in Dichtung, Sprache, Recht und Geschichte stünde dem Herzen näher als Tiere, Pflanzen und Elemente, die nicht einer nationalen Kultur zugerechnet werden könnten.

Nach dem Germanistentag wurde der Ruf nach einem deutschen Einheitsstaat immer lauter. Im September 1847 trafen sich die Demokraten um den badischen Abgeordneten Friedrich Hecker in Offenburg und verabschiedeten einen (noch gemäßigten) Forderungskatalog, der durch Flugblätter und Maueranschläge weite Verbreitung fand – und für einige Unruhe sorgte.

Die Liberalen, unter ihnen der Darmstädter Oppositionsführer Heinrich von Gagern und der nassauische Kammerpräsident August Hergenhahn, kamen am 10. Oktober 1847 in Heppenheim zusammen, um für den Südwesten Deutschlands eine gemeinsame Vorgehensweise festzulegen.

Die Opposition hatte sich also formiert. Sie wartete nur auf den Funken, der das politische Gemisch zur Explosion bringen würde. Und der kam erneut aus Frankreich. Ähnlich wie im Juli 1830 brachen im Februar 1848 wieder in Paris soziale Unruhen aus. Der Bürgerkönig Louis Philippe, dem das Großbürgertum zur Macht verholfen hatte, musste abdanken und damit der Republik Platz machen, die allerdings nur kurze Zeit Bestand haben sollte. Das revolutionäre Signal aus Frankreich erreichte zuerst Mannheim und dann, noch Ende Februar 1848, das Großherzogtum Darmstadt. Aus Petitionen wurden in kürzester Zeit Forderungen, denen Volksversammlungen mit Tausenden von Menschen den nötigen Nachdruck verliehen. Schon am 2. März genehmigte die nassauische Regierung (nach einer Versammlung mit 4000 Teilnehmern) die Volksbewaffnung und die Pressefreiheit.
In Frankfurt, wo der Bundestag plötzlich keine Einwände mehr gegen die Pressefreiheit hatte, ging am 3. März eine von 2000 Bürgern verabschiedete Petition an den Senat, mit ähnlichem Inhalt wie in Nassau. Für besonderen Konfliktstoff sorgte die Forderung nach der völligen Gleichstellung aller Bürger (also auch der Juden). Das war ein direkter Angriff auf die noch immer ungebrochene Herrschaft der wenigen reichen Familien in Frankfurt. Der Senat hatte es deshalb auch nicht eilig, die vorgetragenen Wünsche in die Tat umzusetzen. Alles sollte ‚auf gesetzlichem Weg' seine ‚Erledigung finden'.
Unterdessen bereiteten sich die oppositionellen Politiker darauf vor, ein gesamtdeutsches Parlament einzuberufen. Bereits am 5. März hatten sie sich in Heidelberg getroffen und die weiteren Schritte beraten. Ein Vorparlament, das nur durch die revolutionäre Aktion und nicht durch ein Votum der Bürger legitimiert war, sollte die Wahlen für die Nationalversammlung einberufen. Schon beim ersten Treffen dieses Vorparlaments am 31. März 1848 in Frankfurt brachen die Gegensätze zwischen den radikalen Demokraten und den gemäßigten Liberalen offen aus. Friedrich Hecker, der sich mit seinen Ideen nicht durchsetzen konnte, verließ Frankfurt und rief in Baden die Republik aus. Sein Aufstand scheiterte aber schon nach wenigen Tagen. Hecker musste in die Schweiz fliehen.
Das Vorparlament mit seinen über 500 Abgeordneten sah seine Aufgabe nicht darin, weitreichende politische Entscheidungen zu fällen. Die Revolution beenden, eine Verfassung schaffen und die deutsche Einheit herbeiführen sollte erst die Nationalversammlung. Wie stark die Mitglieder des Vorparlaments noch im traditionellen Denken verhaftet waren, machte ihr wichtigster Beschluss deutlich. Wählen durften nämlich nur Männer mit selbstständigen Einkommen. Wer Leistungen von staatlichen Stellen bezog, bekam kein Wahlrecht. Damit war von vornherein ein Viertel der erwachsenen männlichen Bevölkerung von der Wahl ausgeschlossen. Frauen saßen weder im Vorparlament noch durften sie zur Urne gehen. An die Gleichberechtigung von Männern und Frauen dachte Mitte des 19. Jahrhunderts noch kein Politiker. Und so zogen auch nur Männer am 18. Mai 1848 in die Frankfurter Paulskirche ein. Die 585 Abgeordneten waren Beamte, Richter, Rechtsanwälte, Ärzte, Unternehmer, Pfarrer oder Großgrundbesitzer. Der überwiegende Teil von ihnen hatte ein Universitätsstudium hinter sich. Nur drei Abgeordnete waren Bauern. Und nur einer kam aus dem Handwerk. Arbeiter waren gar nicht vertreten. Zum

Präsidenten wählten die Abgeordneten Heinrich von Gagern, der in seiner Eröffnungsrede am 18. Mai 1848 das wichtigste Ziel der Nationalversammlung formulierte, nämlich „eine Verfassung für Deutschland, für das gesammte Reich“[276] zu schaffen.
Zu den wenigen Schriftstellern, die in das Parlament gewählt waren, gehörten Ernst Moritz Arndt, Jacob Grimm, Wilhelm Jordan und Ludwig Uhland. Damit ist auch schon ein breites politisches Spektrum benannt. Der Schriftsteller und politische Publizist Ernst Moritz Arndt war schon 78 Jahre alt, als er – als Abgeordneter der Rheinprovinz – in die Nationalversammlung einzog. Mit ihm war mehr eine Symbolfigur als ein aktiver Politiker gewählt worden. Arndt verkörperte wie kein Zweiter antifranzösischen Chauvinismus, nationalen Aufbruch und den unbedingten Glauben, dass Deutschland von Gott der Führungsanspruch in Europa verliehen worden sei. Dafür standen seine Gedichte *Der Gott, der Eisen wachsen ließ* und *Des Teutschen Vaterland*, vor allem aber seine 1813 veröffentlichte Schrift *Der Rhein, Teutschlands Strom, aber nicht Teutschlands Gränze*. Als entschiedener Anhänger eines preußischen Erbkaisertums war ihm jede republikanische Regung fremd, allerdings trat er vehement für Grundrechte, Pressefreiheit und eine gesamtdeutsche Verfassung ein. Dafür war er nach den Karlsbader Beschlüssen verfolgt, verhaftet und verhört worden, seine Werke waren zeitweilig verboten. Arndt, der sich seit 1814 mehrfach länger in Frankfurt aufgehalten hatte (wo er zeitweilig von der Familie Gontard beherbergt worden war), hielt in der Paulskirche nur eine große Rede und nahm gerührt die Huldigung der Abgeordneten entgegen. Er gehörte zu der Delegation, die dem preußischen König die deutsche Kaiserkrone antrug. Die Weigerung Friedrich Wilhelms IV. führte bei ihm zu einer tiefen Resignation.

Heinrich von Gagern, Foto von 1848.

Jacob Grimm stand der ‚Casino‘-Fraktion nahe, die eine konstitutionelle Monarchie anstrebte, blieb aber nur gut vier Monate Abgeordneter und sorgte mit einer Rede, in der er die Abschaffung des Adels forderte, für Aufsehen. „Wir wollen die Freiheit, als das Höchste, aufstellen“, sagte Jacob Grimm am 1. August 1848 in der Nationalversammlung und fragte: „wie ist es dann möglich, daß wir ihr noch etwas Höheres hinzugeben?“
„Sie werden immer sehen, daß die Mehrzahl der erweckten große Geister dem Bürgerstande angehörte (...) Aus den neueren Zeiten erinnere ich an Lessing, Winkelmann, Klopstock, Goethe, Schiller, lauter Unadlige, und es war ein Raub am Bürgerthum, daß man den beiden letzten ein ‚von‘ an ihre Namen klebte. (Bravo auf der Linken und im Centrum). Dadurch hat man sie um kein Haar größer gemacht (...) In Bezug auf den Adel trage ich darauf an: ‚Aller rechtliche Unterschied zwischen Adeligen, Bürgerlichen und Bauern hört auf, und keine Erhebung weder in den Adel noch aus einem niedern in den höheren Adel findet statt‘.“[277]

Jacob Grimm konnte sich mit seinem Antrag nicht durchsetzen. Auch in einem weiteren wichtigen Punkt wurde er überstimmt. Gegen seinen Willen akzeptierte die Nationalversammlung den Anspruch Dänemarks auf Schleswig. Am 2. Oktober 1848 verließ Jacob Grimm die Nationalversammlung.

Der 1819 im ostpreußischen Insterburg geborene Wilhelm Jordan war 1843 wegen seiner republikanischen und atheistischen Schriften aus Berlin ausgewiesen worden. 1848 berichtete er zunächst als Korrespondent der *Bremer Zeitung* aus Paris, ehe er als Abgeordneter der Linken in die Paulskirche einzog. In der Nationalversammlung sympathisierte er mit dem rechten, erbkaiserlichen Zentrum und wandte sich in einer Rede gegen die Wiederherstellung des polnischen Staats, was nicht nur unter den linken Abgeordneten für Empörung sorgte. Nach dem Ende der Nationalversammlung war er zunächst in der Marineabteilung der Bundeszentralkommission und dann bis 1859 als Marinereferent der Bundesversammlung tätig. Er ließ sich in Frankfurt nieder, wo er große Texte der Weltliteratur übersetzte, aus dem Nibelungen- und dem Hildebrandslied in seiner Nachdichtung ein Nationalepos schaffen wollte und eine Fülle weiterer Bücher mit Gedichten, Theaterstücken, Romanen und Essays im Selbstverlag erscheinen ließ. Die mythologisch verklärten Stoffe, die sich gegen christliche Glaubensvorstellungen wandten und nicht selten in eine völkische Richtung gingen, fanden ein dankbares Publikum nicht nur im Frankfurter Bürgertum. Zur Eröffnung der Frankfurter Oper 1880 schrieb Jordan ein kurzes, nur zwanzigseitiges *Festspiel.* Er starb am 25. Juni 1904 in Frankfurt und ist auf dem Hauptfriedhof beerdigt.

Unter den Autoren, die als Abgeordnete in der Nationalversammlung saßen, war der schwäbische Dichter und Advokat Ludwig Uhland der einzige, der sich, obwohl er keiner Fraktion angehörte, konsequent zu den Ideen der Linken bekannte. Allerdings war er weder ein radikaler Revolutionär noch ein Republikaner, sondern ein Demokrat, dem eine freiheitliche Verfassung am Herzen lag. Er stimmte gegen Erzherzog Johann als Reichsverweser und hätte lieber Heinrich von Gagern in dieser Rolle gesehen. Trotzdem gehörte für ihn Österreich zu dem neuen Deutschland. Mit einer kleindeutschen Lösung wollte er sich nicht abfinden. Bemerkenswert sind seine Gedanken zur Wahl eines Reichsoberhaupts, die er am 22. Januar 1849 vortrug. Er forderte die Abgeordneten auf:

„Verwerfen Sie die Erblichkeit, schaffen Sie keinen herrschenden Einzelstaat, stoßen Sie Österreich nicht ab, retten Sie das Wahlrecht, diese letzte fortwirkende Wahrzeichen des volksmäßigen Ursprungs der neuen Gewalt. Glauben Sie, meine Herren, es wird kein Haupt über Deutschland l e u c h t e n, das nicht mit einem vollen Tropfen demokratischen Oels gesalbt ist! (Lebhaftes Bravo und Beifallklatschen auf der Linken und dem linken Centrum)."[278]

Während das ‚Professorenparlament' über Reich, Reichsgewalt, Reichsoberhaupt, Reichstag, Reichsgericht und die Grundrechte des deutschen Volkes debattierte, setzte sich in Berlin und Wien teilweise in blutigen Kämpfen die Gegenrevolution durch. Noch waren die Abgeordneten voller Hoffnung, als sich am 12. Juli 1848 der österreichische Erzherzog Johann zum provisorischen Staatsoberhaupt ausrufen ließ, aber der ‚Reichsverweser', wie er genannt wurde, war kein wirklich mächtiger Mann. Schon bald zeigte sich, dass die Nationalversammlung nur einen Teil der Deutschen repräsentierte. Arbeitervereine und Demokraten fühlten sich ausgeschlossen und begannen sich zu organisieren. Am 18. September wollte eine aufgebrachte Menge sogar die Paulskirche stürmen. Barrikaden wurden errichtet, und es kam zu einer blutigen Schlacht. 80 Aufständische starben im Kugelhagel der Reichstruppen. Zwei Abgeordnete, die sich vor das Friedberger Tor gewagt hatten, wurden von revolutionären Arbeitern und Handwerkern gelyncht. Der Aufruhr war zwar beendet,

Die Nationalversammlung in der Paulskirche, 1848.

aber die Nationalversammlung hatte an Ansehen weiter verloren. Ihr Fortbestehen verdankte sie österreichischen und preußischen Soldaten, und was der Preußenkönig Friedrich Wilhelm IV. von dem Frankfurter Parlament hielt, machte er im April 1849 deutlich. Die Nationalversammlung hatte sich dafür entschieden, ihm die erbliche Kaiserwürde anzutragen. Aber Friedrich Wilhelm dachte gar nicht daran, die ihm angebotene ‚Ehre' eines deutschen Kaisers auch anzunehmen. Eine Krone aus „Dreck und Letten geknetet" könne er weder annehmen noch ablehnen. Und einem Ratgeber gegenüber brachte er sein Verständnis der Paulskirchenversammlung auf den Punkt: „Gegen Demokraten helfen nur Soldaten; Adieu!" Da das erste frei gewählte Parlament keine militärischen Ressourcen besaß, seine Beschlüsse und vor allem die Reichsverfassung durchzusetzen, endete der erste Versuch, in Deutschland ein demokratisches Regierungssystem einzuführen, mit blutigen Kämpfen. Die alten Fürstenmächte, die noch einmal gesiegt hatten, wüteten unter den ‚aufrührerischen Mördern und Bluthunden', wie Friedrich Wilhelm IV. die Revolutionäre nannte. Todesurteile wurden im Schnellverfahren verkündet, und viele, die an die Zukunft der Demokratie geglaubt hatten, verschwanden für Jahre hinter Gefängnismauern.

Am 30. Mai 1849 hatte die Deutsche Nationalversammlung nach 230 Sitzungstagen ihre Arbeit eingestellt. Ihr wichtigstes Ergebnis war die Reichsverfassung, die zwar keine Gültigkeit erlangte, aber Vorbild für spätere Verfassungen wurde. Vor allem der Teil über die Grundrechte hat das demokratische Denken in Deutschland entscheidend mitgeprägt.

Von Optimisten und Pessimisten

Während die Abgeordneten der Frankfurter Nationalversammlung noch tagten und eine deutsche Verfassung berieten, erschienen in Tübingen die angeblichen „hinterlassenen Papiere eines französisch-österreichischen Offiziers". Der Autor des dreibändigen Memoirenwerks *Vierzig Jahre aus dem Leben eines Todten* blieb lange unbekannt, vielleicht auch, weil in dem Buch gelogen wurde, dass sich die Balken bogen. Schon das Geburtsdatum des kühnen (Frauen-) Helden war gefälscht. Johann Conrad Friederich, der wirkliche und sehr lebendige Autor, war nämlich nicht am 14. Juli 1789 (dem Beginn der Französischen Revolution), sondern am 5. Dezember 1789 in Frankfurt geboren worden. Schon auf der Schule hatte er es nicht ausgehalten und war von seinem Vater 1805 in das Fremdenregiment Isenburg gesteckt worden. Als Soldat lernte Friederich halb Europa kennen und schmückte sich bereits als Achtzehnjähriger mit dem Titel Hauptmann. In Napoleons Diensten half er mit, die Insel Capri zu erobern und den Papst in Angst und Schrecken zu versetzen. Schließlich war er auf der Insel Korfu interniert. Auch will er als Einundzwanzigjähriger die Schwester Napoleons, Pauline, verführt haben. Ob dieses erotische Abenteuer nur gut erfunden war oder wirklich stattgefunden hatte, blieb genauso Friederichs Geheimnis wie die zahlreichen anderen Liebschaften, mit denen er seine Autobiographie würzte. Friederich verstand es, das Interesse seiner Leser zu wecken. Bereits 1852 soll ihn sein Verlag werbewirksam als „deutschen Casanova" bezeichnet haben. Er selbst schreibt in seinen Memoiren nicht ohne falsche Reue, dass ihm schaudere, so ein „wilder Wüstling" gewesen zu sein. Er habe bisweilen einem ganzen Dutzend Frauen und Mädchen zugleich den Hof gemacht. Vielleicht war das auch nur Werbung für ihn selbst und für sein Buch, dem er 1854 einen zweiten Teil, *Noch fünfzehn Jahre aus dem Leben eines Todten*, folgen ließ. Der Friederich-Kenner Eckart Kleßmann meint, dass die Autobiographie mit viel Witz und einem sehr genauen Gefühl für Spannung komponiert worden sei, aber zu einem deutschen Casanova hätte es nicht gelangt: „Anders als für Casanova, der seine Geliebten als Individuen schildert und rücksichtsvoll ihre Namen chiffriert, ist für Friederich Rücksichtnahme ein unbekannter Begriff, und seine zahlreichen Liebschaften wirken austauschbar, weil kaum eine seiner Geliebten als Persönlichkeit erkennbar wird."[279]
Friederich wusste allerdings auch, was er dem politischen Zeitgeist schuldig war und attackierte mit großer Lust die alte Adelsherrschaft.
„Das heilige deutsche Reich war jetzt ein altes, baufälliges und morsches Gebäude, welches der erste Sturm zusammenstürzen mußte; seine mehr als dreihundert Eigenthümer waren zum Teil gar komische und sonderbare Kautze, besonders die Duodezsouveränchen, von denen fast jeder in seinem Ländchen seine eigenen, oft sehr kostbaren Spielereien hatte, die seinen armen Völkchen nicht selten die Haut über den Kopf abziehen machten."[280]
Eine besondere Hassliebe verband ihn mit Frankfurt. In seinen Memoiren wird er nicht müde, gegen alles, was mit Frankfurt zu tun hat, von der Stadtregierung bis zum Theater, vom Leder zu ziehen. Kaum einer oder kaum etwas bleibt ungeschoren. Dabei hätte er

nach seinem Abschied vom Militär 1819 in Frankfurt eine Beamtenkarriere machen können. Er entschied sich anders, reiste durch Europa, schrieb für verschiedene Blätter und gründete schließlich im April 1821, unterstützt von Ludwig Börne, im großherzoglich-hessischen Offenbach seinen *Beobachter am Main und Rhein*. Friederich war (wie Börne 1819 mit seinen *Zeitschwingen*) nach Offenbach gegangen, um der Frankfurter Zensur zu entfliehen, die er später in seinen Memoiren der Lächerlichkeit preisgab:

„Man kann sich einen Begriff davon machen, wie die Censur der freien Stadt Frankfurt gehandhabt wurde, wenn man erfährt, daß der Censor vom Bürgermeisteramt die Instruction hatte, A l l e s z u s t r e i c h e n w a s e r n i c h t v e r s t ü n d e. Dies kam daher, weil der gute Mann manche Artikel, die einen etwas verblümten Sinn gehabt, in aller Unschuld hatte stehen lassen, wodurch er dem hohen Senat mehr als einen Wischer vom Bundestag zuzog, wo er sich dann mit Unwissenheit über dessen Bedeutung entschuldigt hatte. – So streichen Sie in Teufelsnamen was Sie nicht verstehen, hatte ihm der jüngere Bürgermeister anbefohlen; da nun der gute Mann fast gar nichts verstand, so kann man denken, wie er strich. – Über Frankfurter Verhältnisse durfte ein für allemal in den Frankfurter Blättern gar nichts gedruckt werden, nicht einmal die gehorsamste Anfrage wegen irgend einem Uebelstand, denn – im Dunkeln ist am besten munkeln.“[281]

Dass es den Frankfurtern nicht schmeckte, wenn Friederich von Offenbach aus „all diesen stinkenden Koth von Niederträchtigkeiten, Infamien und Dummheiten“, die er in Frankfurt ausgemacht haben wollte, „mit der Geißel der Satyre“ durchpeitschte, verwunderte den Autor nicht. „Doch dachte ich auf der andern Seite: was kann dir am Ende daran liegen, wenn du auch dies ganze Geschmeiß der Schlechtigkeit über den Hals kriegst“[282]. Das Blatt wurde in Frankfurt gehasst und gelesen, nicht zuletzt wegen der Klatschgeschichten über die Frankfurter Gesellschaft. Trotzdem kam im Herbst 1822 das Verbot, weil Friederich entgegen der Absprache mit den Behörden, politische Artikel in sein Blatt gerückt hatte. Friederich blieb nach dem Verbot nicht lange untätig, wie seine Biographen Ebrard und Liebmann berichten. „Er verband sich mit Johann Ludwig Heller, dem Herausgeber des *Frankfurter Journals*, den er bewog, dieser bis dahin rein politischen Zeitung eine belletristische Beilage, die *Didaskalia*, beizugeben, die ab 1. Januar 1823 erschien und bald großen Anklang fand.“[283] Die *Didaskalia* und die seit 1817 zunächst als Beilage, ab 1819 selbstständig erscheinende *Iris* waren Unterhaltungsblätter für „Geist, Gemüth und Publizität“, die ein breites bürgerliches Publikum ansprachen. Das intellektuelle Niveau war, von Ausnahmen abgesehen, eher bescheiden. Friederich veröffentlichte bis 1826 vor allem Theaterkritiken, aber auch schon Teile seiner späteren Memoiren und „möglichst pikante Artikel über die neuesten Vorfälle“[284]. Von 1826 bis 1831 publizierte er sein umfangreichstes und auch kommerziell erfolgreichstes Werk, *Die Geschichte Unserer Zeit* (auch nur: *Unsere Zeit*), in 30 Bänden und mit einer Reihe von Beilagen. Die Reihe war sehr populär und stand in vielen privaten und öffentlichen Bibliotheken. Georg Büchner nutzte Auszüge aus dem Werk, das in seinem Elternhaus wohl in einzelnen Bänden oder Heften vorhanden war, für sein Drama *Danton's Tod*.

Friederich verbarg seine Identität hinter einer Fülle von Pseudonymen. Für *Unsere Zeit* wählte er, wie bei fast allen seinen historischen Büchern „Carl Strahlheim“. 1831 ließ er sich in (Frankfurt-) Rödelheim nieder und schrieb in kurzen Abständen weitere vielbändige Geschichtswerke, mit denen er bewusst ein junges und historisch wenig gebildetes Publikum ansprechen wollte. Ein erbittert geführter und lange anhaltender Streit mit dem Teilhaber seines ‚Komptoirs für Literatur und Kunst‘ (in dem seit 1834 die meisten seiner Bücher erschienen) ließ ihn 1842 nach Paris übersiedeln, wo er, wie er in seinen Memoiren berichtet, in den großen Salons ein- und ausging. Die Revolution von 1848 erlebte er nur aus der Ferne. Den Fortsetzungsband seiner Memoiren, den die Osiander‘sche Buchhandlung 1854 in Tübingen herausbrachte, ließ er bereits 1845 enden. Dass er kein Freund von gewaltsamen Umstürzen war, hatte er ein Jahr zuvor mit einer kleinen satirischen Schrift dokumentiert, die den Titel trägt: *Wahrhaftige Geschichte und elendigliches Ende des kommunistischen Ochsen und des sozialistischen Esels*. Friederich starb am 1. Mai 1858 in Le Havre. Seine Werke wurden bis auf seine (angebliche) Autobiographie nach seinem Tod nicht mehr aufgelegt. Dabei ist auch ein Buch von ihm in Vergessenheit geraten, das eine Neuauflage verdient hätte: seine *Dämonische(n) Reisen in alle Welt*, die er wieder anonym herausgebracht hatte, weil er darin die politischen Zustände in Deutschland kurz vor der 1848er Revolution kritisch kommentierte. In dem visionären Band, das zahlreiche überraschende Geschichten enthält, lässt Friederich den (deutschen) Michel mit einem Flaschengeist durch die Welt und in die Hölle reisen. Der Geist gestattet dabei seinem Begleiter auch Blicke in die Zukunft, in die Welt des Jahres 1946. Das individuelle Reisen mit kleinen Luftschiffen hat die Eisenbahnen überflüssig gemacht, und selbst Kriege werden jetzt aus der Luft geführt, zum Beispiel zwischen Japan und den USA:
„Nachdem die Japanesen ein nordamerikanisches Luftkauffahrtheischiff, das sich in der Nähe ihrer Hauptstadt Jedda in der Nacht niedergelassen hatte und seine Waaren in die Stadt schmuggeln wollte, überfallen, konfiscirt, und die Schiffer gefangen fortgeführt hatten, lichtete auf die Nachricht davon eine kaiserlich nordamerikanische Luftflotte vor etwa drei Tagen die Anker, flog nach Japan, und heute Morgen wusste man an der Börse zu Paris, daß die Hauptstadt Jedda, die sich geweigert hatte den Raub und die Gefangenen herauszugeben, durch einen Feuer-, Bomben- und Raketenregen, den die Flotte von 1000 Fuß Höhe auf die herabfallen ließ, in wenigen Minuten vertilgt war.“[285]
Sieht man davon ab, dass sich Friedrich kein Land ohne König oder Kaiser an der Spitze vorstellen konnte, dann drängen sich bei dieser Schilderung die realen Ereignisse vom August 1945 auf, als amerikanische Atombomben die japanischen Städte Hiroshima und Nagasaki innerhalb weniger Minuten zerstörten. Aber Friederichs Buch wurde 1847 veröffentlicht, als außer ihm noch niemand ahnte, welche schrecklichen Waffen Menschen in den nächsten hundert Jahren entwickeln würden.
Ein Jahr später begann in Deutschland die Revolution, für die Friederich Sympathien hatte, ohne sich selbst aktiv zu engagieren.
Das war bei dem Arzt und Psychiater Heinrich Hoffmann anders. Als bürgerlicher Libe-

raler saß er im Frankfurter Vorparlament. Am 13. Juni 1809 in Frankfurt geboren, hatte er Medizin in Heidelberg und Halle studiert, wo er auch promoviert wurde. Nach einem längeren Aufenthalt in Paris kehrte er 1834 nach Frankfurt zurück und arbeitete als praktischer Arzt, unter anderem in der Armenklinik in der Meisengasse. Hoffmann engagierte sich vielfältig, vor allem für sozial Schwache und Kranken. Daneben lehrte er an der Anatomie im Senckenbergischen Institut und war zuletzt Leiter der ‚Anstalt für Irre und Epileptische'. Er bemühte sich sehr, die Fortschritte in der Psychiatrie möglichst schnell in die Tat umzusetzen. 1864 entstand seine neue Anstalt auf dem ‚Affenstein' (wo heute das ehemalige IG-Farben-Hochhaus steht), die für damalige Verhältnisse geradezu mustergültig war, denn er achtete streng darauf, dass die Kranken human behandelt, sinnvoll beschäftigt und vernünftig ernährt wurden.

Berühmt geworden ist Hoffmann aber nicht als fortschrittlicher Nervenarzt, sondern als Kinderbuchautor – und das auch nur durch Zufall. Kurz vor Weihnachten 1844 suchte er für seinen Sohn Carl ein passendes Bilderbuch und fand keines, das seinen Vorstellungen entsprach. In seinen Lebenserinnerungen berichtet er, was dann geschah:

Der ‚Struwwelpeter' in seiner ursprünglichen Gestalt.

„Endlich kam ich heim und brachte ein Heft mit, welches ich meiner Frau mit den Worten überreichte: ‚Hier habe ich, was wir brauchen.' Verwundert öffnete sie die Blätter und sagte: ‚Das ist ja ein leeres Schreibheft!', worauf sie die Antwort erhielt: ‚Jawohl, aber da will ich dem Jungen schon selbst ein Bilderbuch herstellen!'"

Ganz ohne Vorarbeiten musste Hoffmann nicht beginnen. Seine Figuren hatte er schon an den Betten von kranken Kindern erprobt, denen er mit einem Trick die Angst vor der Untersuchung verscheuchte:

„Da nahm ich rasch das Notizbuch aus der Tasche, ein Blatt wird herausgerissen, ein kleiner Bube mit dem Bleistift schnell gezeichnet, und nun erzählt, wie sich der Schlingel nicht die Haare, nicht die Nägel schneiden lässt; die Haare wachsen, die Nägel werden länger, aber immer lässt er sich dieselben nicht schneiden, und immer länger zeichne ich Haare und Nägel, bis zuletzt von der ganzen Figur nichts mehr zu sehen ist als die Haarsträhne und Nägelklauen. Das frappiert den kleinen Desperaten derart, dass er schweigt, hinschaut, und mittlerweile weiß ich, wie es mit dem Pulse steht, wie seine Temperatur sich erhält, ob der Leib oder die Atmung schmerzhaft ist – und der Zweck ist erreicht."[286]

Das fertige Bilderbuch, in dem der *Struwwelpeter* noch ganz am Schluss stand, lag dann auf dem Weihnachtstisch und erfreute nicht nur den kleinen Carl, sondern alle, die ihn sahen. Schließlich fand sich sogar ein Verleger, und zwar bei einem der regelmäßigen

Treffen der Künstler- und Gelehrtenvereinigung ‚Tutti Frutti', die 1840 unter Mitwirkung von Hoffmann gegründet worden war und sich als eine Art Parodie auf die politischen Clubs der Zeit verstand. Man redete sich nicht mit Namen an, sondern wählte eine Frucht oder ein Gemüse als Pseudonym. Hoffmann war die „Zwiebel". Am 18. Januar 1845, also nur drei Wochen nach Weihnachten, stellte er im ‚Tutti Frutti'-Kreis sein *Struwwelpeter*-Manuskript vor und fand begeisterte Aufnahme, vor allem bei der „Spargel", dem Protokollanten Zacharias Löwenthal (der sich ab 1857 Karl Friedrich Loening nannte). Der Kaufmannssohn Löwenthal aus Ladenburg hatte 1835 mit seinem ersten Verlag in Mannheim Schiffbruch erlitten, als er Gutzkows *Wally, die Zweiflerin* herausbrachte. Der Roman wurde verboten, und er musste seinen Verlag bald schließen. Die Freundschaft mit Gutzkow blieb allerdings bestehen, auch als Löwenthal 1843 nach Frankfurt zog. Als geduldeter Ausländer (‚Permissionist') durfte er keinen neuen Verlag gründen, sich aber 1844 an der Gründung der ‚Literarischen Anstalt' durch Joseph Rütten beteiligen, der aus einer sehr vermögenden Frankfurter Kaufmanns- und Bankiersfamilie stammte. Die Literarische Anstalt war von Anfang an ein politischer Verlag, der sich den demokratischen, republikanischen und revolutionären Bewegungen in Deutschland und Europa öffnete. Der verlegerische Anspruch von Rütten und Löwenthal war hoch, schreibt Carsten Wurm in der Geschichte des Verlags. „In der Titelzahl zwar nicht übermäßig umfangreich, in der Bandzahl schon stattlicher, aber nach geistigem Gehalt und politischer Sprengkraft immens, zählte die Literarische Anstalt zu den ersten Unternehmen Deutschlands"[287]. Rütten und Löwenthal verlegten nicht nur politische Bücher, sondern auch literarische und wissenschaftliche Werke, aber ihren Ruf als republikanische Aktivisten begründeten Bücher wie *Grundzüge des Staatsrechts* (1848) des radikalen Publizisten Gustav Struve oder *Die heilige Familie oder Kritik der kritischen Kritik. Gegen Bruno Bauer & Consorten* (1845) von Friedrich Engels und Karl Marx. In dem Band, ihrer ersten gemeinsamen Arbeit, setzten Engels und Marx gegen den entpolitisierten Zukunftsoptimismus und die Kathedergelehrsamkeit der Junghegelianer („Bruno Bauer & Consorten") ihre materialistische Geschichtsauffassung und lösten damit einen politischen Skandal aus. „Zur weiteren Zusammenarbeit mit Marx und Engels kam es nicht", so Carsten Wurm, „obwohl die *Deutsche Ideologie* der Literarischen Anstalt angeboten wurde und Marx und Engels 1851 Löwenthal auch für den geeigneten Verleger des in Arbeit befindlichen *Kapitals* hielten, weil sich der Verlag 1846 in andere ruinöse Zensurkämpfe verstrickt sah. Später kam hinzu, dass sich der liberal-demokratische Verleger mit der kommunistischen Theorie der Autoren nicht identifizieren konnte"[288]. Die Zensurkämpfe, von denen Wurm spricht, rankten sich vor allem um die politischen ‚Wanderbücher', die Zeitkritik in Form von Reiseführern unter die Leser brachte, und um die Veröffentlichungen von zehn linken Paulskirchenabgeordneten, denen die Literarische Anstalt als politisches Sprachrohr diente. Nach dem Scheitern der Nationalversammlung wurden fast alle ehemaligen Abgeordneten der Linken verfolgt. Ihre Schriften, von der Literarischen Anstalt weiter veröffentlicht, „waren eine Art politisches Testament, verfasst auf der Flucht in wechselnden Quartieren und steter Lebensgefahr"[289]. Als Folge wurde Löwenthal zweimal vom Frankfurter Rat der Stadt verwiesen: 1847 und 1852. Erst 1859 erhielt Karl Friedrich Loening (wie Löwenthal nun hieß) das Frankfurter Bürgerecht. Seitdem nennt sich der Verlag „Literarische Anstalt Rütten & Loening". Ihren oppositionellen Autoren hielten die beiden Verleger die Treue. Mit Karl Gutzkow war bereits 1845 eine Werkausgabe (ohne die Theaterstücke, die in Leipzig lagen) vereinbart worden. Daneben erschienen Bücher von Jean Paul, August von Platen, Ludwig Uhland und Ludwig Börne, von dem die Literarische Anstalt zusammen mit Hoffmann und Campe 1862 eine zwölfbändige Werkausgabe herausbrachte. Auch Texte der ‚Tutti Frutti'-Bundesbrüder erschienen in der Literarischen Anstalt; so auch 1845 die fünfzehn *Deutsch-christliche(n) Sonette* des Frankfurter Architekten und Gelegenheitsdichters Friedrich Maximilian Hessemer. Anlass für diese Gedichtsammlung war ein Streit in der katholischen Kirche über die Anbetung des Heiligen Rocks in Trier. Die ‚Deutschkatholiken' lehnten das als Götzendienst ab und sahen eine Chance, die Kirchenspaltung in katholisch und evangelisch in einem geeinten Deutschland zu überwinden. Und so reimte Hassemer:

„Wir wollen Christen sein und Christen heißen,
Allein nicht Christen mit gezücktem Schwerte;
In Lieb und Freudigkeit am heim'schen Herde
Ist Raum genug, als Christ sich zu beweisen.

Gott will in seinem Hause keine Knechte,
Auch nicht die matte Schwärmerei der Schwachen,
Wer sich sein Kind fühlt, thut ihm das Rechte.

O, welch ein Feiertag wird einst erwachen,
Wenn Christus wir dem kräftigen Geschlechte,
Wenn wir den Deutschen ganz ihn eigen machen!"[290]

Im selben Jahr 1845 brachten Rütten und Löwenthal auch den *Struwwelpeter* des ‚Tutti Frutti'-Mitbruders Heinrich Hoffmann heraus, allerdings zunächst unter dem Titel *Lustige Geschichten und drollige Bilder*. Erst der Siegeszug des *Struwwelpeter* führte zur Titeländerung. Er ist zur berühmtesten deutschen Kinderbuchfigur geworden. Und das vielleicht deshalb, weil er so gar nicht dem Bild entspricht, das sich liebevolle Eltern von ihrem braven Nachwuchs machen. Der *Struwwelpeter* ist genauso der Urahn aller Gammler und Hippies wie der Schrecken aller Erziehungsberechtigten.
Obwohl Heinrich Hoffmann noch weitere Bilderbücher malte und schrieb (zum Beispiel *König Nussknacker und der arme Reinhold*, 1851, und *Prinz Grünewald und Perlenfein mit ihrem lieben Eselein*, 1871) konnte er an den großen Erfolg des *Struwwelpeter* nicht mehr anknüpfen.

Neben seinen Kinderbüchern veröffentlichte er Gedichte, Komödien und vor allem satirische Texte. Hoffmann war ein politisch engagierter Mensch, der schon 1838 beim ersten Deutschen Sängerfest einen Toast auf die Pressefreiheit ausgebracht hatte und auch sonst keinen Hehl aus seiner politischen Gesinnung machte. Seit 1845 gehörte er regelmäßig dem ‚Wahlkolleg der 75er' an, das in Frankfurt über die Mitglieder der ‚Gesetzgebenden Versammlung' entschied. Er selbst wurde mehrfach in die ‚Gesetzgebende Versammlung' gewählt und engagierte sich dort für die Emanzipation der Frankfurter Juden. 1848 wurde er schließlich in das Vorparlament zur Nationalversammlung berufen. Obwohl er seinen Heidelberger Studienfreund, den badischen Revolutionär Friedrich Hecker, in seinem Haus beherbergte, war er kein Republikaner, sondern ein Anhänger der konstitutionellen Monarchie unter Führung Preußens. In seinen politischen Satiren wandte er sich gegen, seiner Meinung nach, allzu radikale Revolutionäre wie auch gegen ihre politischen Widersacher. So erschienen in den Revolutionsjahren 1848 und 1849 sein *Handbüchlein für Wühler oder kurzgefaßte Anleitung in wenigen Tagen ein Volksmann zu werden* und als Gegenstück sein *Heulerspiegel. Mitteilungen aus dem Tagebuch des Herrn Heulalius von Heulenburg*. Beide Bände brachte aber nicht die Literarische Anstalt, sondern der Verlag Gustav Mayer in Leipzig heraus. Seine politischen Satiren wollte der gemäßigte Demokrat Hoffmann offenbar nicht im Umfeld der linken Paulskirchenabgeordneten sehen. Im *Heulerlied* hat er alle die Bürger aufs Korn genommen, denen jede demokratische Regung zuwider war, weil sie ihre Ruhe störte und ihr Eigentum gefährdete:

„O alte Zeit! O goldne Zeit!
Du Zeit der stillen Gedanken,
Wo untertan der Obrigkeit
Wir schliefen und aßen und tranken!
Die guten Zeiten sind vorbei,
Was hilft da alle Heulerei!
  Hoi!, oi, oi, oi!

Der Herrgott schläft im Himmelssaal
– Er ist schon hoch an Jahren –;
Sonst wär' er längst im Wetterstrahl
Hier unten dazwischengefahren.
Ihn weckt kein Beten und kein Schrei,
Und nichts hilft alle Heulerei.
  Hoi! oi, oi, oi!

Die Buben führen's Regiment;
Das Alter wird zum Schüler.
Der Säugling in den Windeln nennt

Mit Stolz sich einen Wühler.
Das Gift liegt schon im Kinderbrei.
Was hilft da alle Heulerei!
  Hoi! oi, oi, oi!

Dem Adel brachen sie das Genick;
Die Titel sind vernichtet.
Gebt acht! Die rote Republik
Wird über Nacht errichtet.
Wach' auf! Wach' auf, Sankt Polizei!
Was hilft sonst alle Heulerei?
  Hoi! oi, oi, oi!

O Jammerzeit! Voll Überdruß!
Die Wühler revoltieren;
Wir aber machen Fidibus
Aus unsern Staatspapieren.
In Stücke geht die Welt entzwei.
Umsonst ist alle Heulerei.
  Hoi! oi, oi, oi!"[291]

Heinrich Hoffmann starb am 20. September 1894 in Frankfurt und wurde auf dem Hauptfriedhof beerdigt. Sein Geburtshaus in der ‚Fressgasse' steht nicht mehr. An dem Neubau erinnert eine Gedenktafel an Arzt und Autor. Erhalten hat sich das letzte Haus, in dem er wohnte, im Grüneburgweg 95, wo auch der Komponist Engelbert Humperdinck lebte, der Schöpfer der Oper *Hänsel und Gretel*.
Die Angst des wohlsituierten Bürgers vor der Revolution, die Hoffmann in seinem *Heulerlied* aufs Korn genommen hatte, saß auch einem der großen deutschen Denker buchstäblich im Nacken. Der Philosoph Arthur Schopenhauer, der sich im Juli 1833 in Frankfurt niedergelassen hatte, war ein Gegner jeder Gewalt und besonders der Revolution von 1848. Den Mord an zwei Abgeordneten der Nationalversammlung im September 1848 hatte er zwar nicht als Augenzeuge erlebt, aber von seiner Wohnung aus den Zug der Bewaffneten von Sachsenhausen her über die Brücke verfolgt. Die Revolutionäre waren für ihn die ‚souveräne Kanaille', die er zutiefst verachtete, nicht nur weil sie seine unabhängige Existenz bedrohten, sondern auch weil er in dem Wunsch nach einem deutschen Einheitsstaat einen unheilvollen, nationalistischen Kern vermutete. Seine Abneigung ging so weit, dass er in seinem Testament einen Berliner Fonds zu seinem Universalerben machte, der die während der Unruhen verwundeten preußischen Soldaten und die Hinterbliebenen von in den Kämpfen getöteten Soldaten unterstützte.
Schopenhauers Verhältnis zu Frankfurt blieb unentschieden. Einerseits lobte er die Stadt

als „a comfortable place“[292], andererseits nannte er Frankfurt eine „kleine, steife, innerlich rohe, Municipal-aufgeblasene, bauernstolze Abderiten-Nation, der ich mich nicht gerne nähere“[293].

Durch das Erbe seines vermögenden Vaters konnte der am 22. Februar 1788 in Danzig geborene Schopenhauer ein finanziell sorgenfreies Leben führen. Er hatte in Göttingen und Berlin zunächst Medizin, dann Philosophie studiert und war in Jena promoviert worden. Ende 1818 erschien sein Hauptwerk *Die Welt als Wille und Vorstellung*. Der Tübinger Philosoph Walter Schulz sieht bei Schopenhauer im Egoismus das Naturgesetz, dem alles unterworfen sei. „Schopenhauer kommt zu dem Ergebnis: Der unbestechliche Blick auf das Ding an sich, das hinter allen Erscheinungen steht, zeigt den Willen als die bestimmende Macht in allem Lebendigen, eine Macht, die nie zur Einheit mit sich selbst gelangen kann. Mit dem indischen Denken geredet: In jeder Erscheinung erkenne ich mich selbst als Leidenden, denn Dasein heißt Leiden. Die Zeiten des sogenannten Glücks sind nichts anderes als kurze Atempausen in diesem ständig rastlosen Vorwärtsgetriebenwerden, das doch auf das Wesentliche hin betrachtet keine wirkliche Veränderung mit sich bringt. Das Leben aller Wesen ist ein Tretrad, in dem man sich bewegt, ohne vorwärts zu kommen.“ Weil der Mensch um sein Leiden wisse, beginne er zu philosophieren. „Philosophie ist nicht nur notwendig, um die Welt theoretisch zu betrachten, sondern Philosophie ist erforderlich, um Abhilfe für das Leiden zu suchen. Schopenhauers eigentliches Bemühen ist es daher, Möglichkeiten zu entsinnen, wie der Mensch dem Tretrad des Willens doch entkommen kann. Er sieht drei Möglichkeiten: die Kunst, das Mit-Leiden und die Resignation.“[294]

Im August 1831 übersiedelte Schopenhauer zum ersten Mal nach Frankfurt, als sich in Berlin die Cholera auszubreiten begann. Er vollendete seine Übersetzung von Balthasar Gracians *Handorakel und Kunst der Weltklugheit* (die allerdings erst nach seinem Tod erschien). Im Juli 1832 ging er nach Mannheim, kehrte aber nach einem Jahr zurück, um bis zu seinem Tod am 21. September 1860 in Frankfurt zu bleiben. Er ist auf dem Hauptfriedhof beerdigt worden. Seine beiden letzten Wohnungen in der Schönen Aussicht Nummer 17 und Nummer 16 wurden im Zweiten Weltkrieg zerstört – und mit ihnen ein Teil seines Nachlasses.

In den 27 Jahren seines Aufenthalts hat er nur ganz wenige und zudem sehr kurze Reisen unternommen. In Frankfurt entstand ein großer Teil seines Werks. Er arbeitete an einer erweiterten Neuauflage von *Die Welt als Wille und Vorstellung*, die schließlich 1844 bei Brockhaus erschien. „Hier in Frankfurt findet er sein Glück im Winkel, sein Bücherheil, in dem er die Biedermeierethik eines Rentiers vervollkommnen kann“[295], schreibt Ruthard Stäblein in seinem Schopenhauer-Porträt.

1851 veröffentlichte er sein letztes großes Werk, die „Aphorismen zur Lebensweisheit“ *Parerga und Paralipomena*, das Schopenhauer zu einem fast populären ‚Alltagsphilosophen‘ machte. Der Mensch, so Schopenhauer, könne zu einem bescheidenen Glück finden, wenn er auf seine Gesundheit achte, sich in Selbstzufriedenheit, manchmal sogar Verzicht übe, seine persönliche Freiheit verteidige und das Nachdenken nicht vergesse.

Schopenhauer befolgte selbst seine Maximen und ließ sich auch nicht vom Geschlechtstrieb beeinflussen, den er für einen Trick der Natur hielt, um den Fortbestand der Menschheit zu sichern. Er blieb Junggeselle und lebte nach einem strengen, selbst entworfenen Reglement. Morgens arbeitete er bis 11 Uhr, dann empfing er Besucher oder auch nicht, spielte eine halbe Stunde Flöte und begab sich zum Mittagessen. Nach dem Essen ruhte er, las etwas und trank seinen Kaffee. Am Nachmittag spazierte er mit einem Pudel durch die Frankfurter Umgebung, manchmal und selbstverständlich nur im Sommer badete er im Main. Die ausgedehnten Spaziergänge mit Hund machten Schopenhauer in Frankfurt berühmter als seine Bücher. Karl Gutzkow, der zur selben Zeit in Frankfurt lebte und in dem damals weitverbreiteten *Unterhaltungen am häuslichen Herd* die erste, überaus positive Rezension von *Parerga und Paralipomena* schrieb (in der er Schopenhauer einen „Selbstdenker“ nannte), hat sich später vor allem an diese Spaziergänge erinnert. Er habe diesen „Mann mit dem Stierkopf und seinem großen weißen Pudel um die Thore Frankfurts rennen und seine Mittagsmahlzeiten auslaufen“ sehen.

„Er besuchte dasselbe Lesezimmer wie ich, stocherte sich da die Zähne, führte mit seinem draußen auf dem Roßplatz zurückgebliebenen Pudel mimoplastische Unterhaltungen durch's geschlossene Fenster, blätterte ein wenig in den Times, holte sich dann eine Prise vom Sekretär, kurz, mir erschien das alles wie die Weise eines Ausgedienten. Im Sommer trug sich der ‚Schote‘, wie man ihn nannte, nach dem damaligen Geschmack aller Engländer. Diese Vorliebe für die brittische Nation hatte er in Göttingen angenommen. Von ihrer Literatur erstreckte sie sich auch auf die Tracht. Die Beinkleider waren im Sommer von gelbem Nanking, das Oberkleid ein schwarzer Frack, eine hochgehende, an der obern Oeffnung gezackte Weste, weiße Halsbinde und ein Quäkerhut – den Abschluss gab der oben geschilderte Kopf auf breitem Nacken.“[296]

Abends nach dem Nachtessen besuchte Schopenhauer meistens Konzerte oder das Theater. Als sich sein Gehör verschlechterte, beschränkte er sich auf Konzerte und Opern. Frankfurt hielt unterdessen ein stattliches Angebot bereit, nachdem jahrhundertelang Wanderbühnen das eher eingeschränkte Kulturleben mehr oder weniger bereichert hatten.

Die Anfänge des Theaters in Frankfurt

Wann die ersten Theateraufführungen in Frankfurt gegeben wurden, liegt im Dunkel der Geschichte. Sicher dürften Gaukler, Tänzer und Zauberer während der Messen ein dankbares Publikum gefunden haben. Die Passionsspiele, bei denen die halbe Stadt auf den Beinen war, wurden schon erwähnt. Daneben und danach gab es aber auch Inszenierungen, die auf improvisierten Bühnen aus Brettern und Dielen stattfanden. Elisabeth Mentzel hat für ihre *Geschichte der Schauspielkunst in Frankfurt a. M.*, die 1882 erschien, die städtischen Archive durchforstet und ist bereits für die zweite Hälfte des 15. Jahrhunderts auf Belege für ‚Bürgerspiele' gestoßen. Handwerksgesellen baten den Rat um Erlaubnis für (manchmal recht derbe) Fastnachtsspiele, der Vicar des Bartholomäusstifts setzte ein Mysterium in Szene, oder die Scholaren der Barfüßerschule brachten eine lateinische Komödie auf die Bretterbühne, um vor Eltern und allen interessierten Frankfurter Bürgern ihr Können unter Beweis zu stellen. Im 16. Jahrhundert kamen nach und nach auch Stücke von zeitgenössischen Autoren zur Aufführungen, etwa von dem Luther- und Melanchthon-Freund Paul Rebhun, die schon in Ansätzen eine individuelle Figurenzeichnung erkennen lassen. Die Stücke, an denen noch keine professionellen Schauspieler mitwirkten, nahmen ihre Themen meist aus der Bibel und wurden in der Regel auf dem Römerberg vorgeführt. „Der alte Hang, bei öffentlichen Aufführungen mitzuwirken", schreibt Elisabeth Mentzel, „beseelte auch die Zünfte und Gilden der neueren Zeit und verlieh ihnen in Bezug auf die Förderung des Gott wohlgefälligen Vergnügens zum allgemeinen Besten eine Opferwilligkeit, worüber wir uns noch heute erstaunen müssen. Die ganze Entschädigung, die das Spielpersonal für seine Mühen und Auslagen empfing, bestand in einer Verehrung vom Rat und in der meistens von einigen reichen Zuschauern gestifteten freien Zeche"[297].

Gegen Ende des 16. Jahrhunderts erscheinen zum ersten Mal professionelle französische und englische Theatertruppen in Frankfurt. Die internationale Bedeutung der beiden jährlichen Messen war so gewachsen, dass sich diese ausländischen Truppen, obwohl sie in ihren Heimatsprachen spielten, ein gutes Geschäft versprachen. Für die Frankfurter Bürgerspiele bedeutete das Auftauchen der fremden Komödianten das schnelle Ende. Von diesem Zeitpunkt an wurde das Frankfurter Theaterleben „bis gegen Ende des 18. Jahrhunderts durch die Aufführungen wandernder Theatertruppen bestimmt", schreibt der Theaterhistoriker Albert Richard Mohr. „Zu Messe- und Krönungszeiten kamen neben französischen, englischen und italienischen Schauspieler-Gesellschaften auch ‚teutsche' Vereinigungen nach Frankfurt, um ‚*Mit gnädigster Bewilligung Eines Hochedlen und Hochweisen Magistrats der Kayserl. Freyen Reichs-Stadt Franckfurt am Mayn*' Stegreifkomödien, Hanswurstiaden, Ballette, Haupt- und Staatsaktionen sowie bedeutende Schöpfungen der damaligen Opern- und Schauspielbühne auszuführen. In selbstgebauten Bretterhütten oder in eigens für diesen Zweck hergerichteten Wirtshaussälen gaben die Wandertruppen ihre Vorstellungen für die Frankfurter Theaterliebhaber"[298].

Der Ruf der Wandertruppen war vor allem im 17. Jahrhundert schlecht, weil die oft primitiven, mit Schlägereien und derben Späßen gewürzten Stücke einem einfachen Publikumsgeschmack entsprachen und keine Ansätze für eine christliche oder moralische Erbauung erkennen ließen. Die lutherische Geistlichkeit sah das mit Unbehagen, konnte aber wenig dagegen ausrichten, solange der Rat den Wandertruppen die Gastspiele erlaubte. Schauspieler galten als lockeres Gesindel, das neben der Gesellschaft lebte. Wer sich als Zuschauer über ihre Späße amüsierte, der wollte im ‚richtigen' Leben nichts mit ihnen zu tun haben. Noch in der Mitte des 18. Jahrhunderts wurde Schauspielern in Frankfurt das Abendmahl verweigert. Das veranlasste den Theaterdichter Adam Gottfried Uhlich 1753 zu der Streitschrift *Beichtgeheimnisse eines christlichen Comödianten bei verweigerter öffentlicher Communion.*

Zu dieser Zeit hatte sich die Qualität der Aufführungen schon deutlich zum Positiven verändert. Denn neben den klamaukigen Wandertruppen, die mit oft improvisierten Schwänken nur unterhalten wollten, kamen mehr Schauspieler-Gesellschaften in die Stadt, die ihre Kunst ernst nahmen und auf ein aufgeschlossenes Publikum hofften. Eine deutliche Zäsur in diesem Sinn war das Gastspiel der Friederica Carolina Neuber („der Neuberin") mit ihrer *Teutschen Schaubühne* 1736. Die damals schon berühmte Prinzipalin ließ Komödien von Racine, Molière und Voltaire aufführen, später auch, bei den Krönungsfeierlichkeiten für Franz I., von Marivaux und Gellert. Ein nennenswerter wirtschaftlicher Erfolg war ihr nicht beschieden. Das Frankfurter Publikum liebte weiterhin die grobschlächtigen und leicht schlüpfrigen Stehgreifkomödien und Hanswurstiaden. Wer wie die Truppe von Franziskus Schuch beides verband, also populäre Stücke genauso präsentierte wie Tragödien von Gottsched, der durfte sich des Zuspruchs sicher sein. Auch die Ackermannsche Gesellschaft mit Konrad Ernst Ackermann an der Spitze und namhaften Schauspielern in der Truppe folgte diesem Prinzip und machte die Frankfurter gleich mit mehreren Werken von Lessing bekannt. Die Frankfurter Premiere der *Minna von Barnhelm* am 18. Oktober 1767 – und damit nur knapp drei Wochen nach der Uraufführung in Hamburg – war allerdings der Wiener Truppe des Johann Joseph Felix von Kurz zu verdanken. Die Aufführungen fanden nun meist im ‚Theater im Junghof' statt, das ein holländischer Oberst 1756 vornehmlich als Konzertsaal errichtet hatte. Auch der junge Goethe besuchte dort mit dem Freibillett seines Großvaters die Vorstellungen der wandernden Theatertruppen. In *Dichtung und Wahrheit* beschrieb er später die schwierigen Bedingungen, unter denen die Schauspieler agieren mussten.

Friederike Caroline Neuber.

„Das Lokal war weder günstig noch bequem, indem man das Theater in einen Konzertsaal hineingezwängt hatte, so dass für die Schauspieler hinter der Bühne keine besonderen Abteilungen stattfanden. In einem ziemlich großen Nebenzimmer, das ehedem zu Spielpartien gedient hatte, waren nun beide Geschlechter meist beisammen und schienen sich, so wenig untereinander selbst als vor uns Kindern zu scheuen, wenn es beim Anlegen oder Verändern der Kleidungsstücke nicht immer zum anständigsten herging. Mir war dergleichen niemals vorgekommen, und doch fand ich es bald durch Gewohnheit, bei wiederholtem Besuch, ganz natürlich."[299]

Als Besitzer der großväterlichen Ehrenkarte durfte der junge Goethe im sogenannten Proszenium sitzen, also ganz vorne.

„Das Ganze galt für einen besonderen Ehrenplatz; nur Offiziere bedienten sich gewöhnlich desselben, obgleich die Nähe der Schauspieler, ich will nicht sagen jede Illusion, sondern gewissermaßen jedes Gefallen aufhob (…) Wenn bei sehr vollem Hause, und etwa zur Zeit von Durchmärschen angesehene Offiziere nach jenem Ehrenplatze strebten, der aber gewöhnlich schon besetzt war, so stellte man noch einige Reihen Bänke und Stühle ins Proszenium auf die Bühne selbst, und es blieb den Helden und Heldinnen nichts übrig, als in einem sehr mäßigen Raume zwischen den Uniformen und Orden ihre Geheimnisse zu enthüllen."[300]

Auch Goethes frühe Stücke, *Erwin und Elmire*, der *Götz* und *Clavigo* wurden dort aufgeführt, ab 1782 auch in dem neu errichteten Komödienhaus, wo 1789 *Egmont* erstmals in Frankfurt zu sehen war.

Mit welchen Problemen die wandernden Truppen zu kämpfen hatten, ist aus heutiger Sicht kaum nachzuvollziehen. Ein Kulturbonus galt für sie nicht. Ganz im Gegenteil: Sie mussten in Frankfurt logieren, ihren Schauspielern Gage zahlen, Pacht entrichten, Abgaben an den Rat leisten – und sich gelegentlich sogar gegen allzu aufdringlich Hobbyschriftsteller wehren, wie Elisabeth Mentzel berichtet. So forderte ein mit besten Beziehungen in Frankfurt gesegneter Freiherr von Nesselrode den kurpfälzischen Hofschauspieler Theobald Marchand und dessen Truppe auf, zur Ostermesse 1774 drei Stücke von ihm auf die Bühne zu bringen. Nach Lektüre der Texte lehnte Marchand ab, was den in seiner Ehre verletzten Adligen zu einer anonym verfassten *Kritik über die Marchandische Schauspielergesellschaft* veranlasste. Marchand konterte die Schmähschrift, die deutlich unter die Gürtellinie zielte, mit einer schriftlichen Ehrenrettung für seine Schauspieler, die wie Marchand selbst einen guten Ruf genossen:

„Haben Ausschweifungen, haben Mangel an Brot manchen zum Schauspieler gemacht, ist es deswegen unmöglich, dass er in diesem Stand das Fach für sein Talent und die Mittel zur Verbesserung seiner Sitten finde? Oder sprechen Sie ihm solches vielleicht aus der Parallele ab, weil mancher, den Müßiggang und die Liederlichkeit zum Schauspieldichter gemacht haben, weder Talent noch Sittenbesserung gezeigt haben? (…) Wenn doch Herr von Nesselrode nur eine gewisse Geschichte des Theaters gelernt hätte, so würde er sich manche Beschämung ersparen."[301]

Nesselrode soll durch diese Entgegnung so blamiert worden sein, dass er zeitweilig sogar Frankfurt verließ, während das Publikum weiter in die Aufführungen Marchands strömte. Einen weiteren deutlichen Aufschwung erlebte das Frankfurter Theater ab 1777 mit dem Auftreten der Truppe von Abel Seyler, die Lessing nahestand und aus dem aufgelösten Hamburger Nationaltheater hervorgegangen war. Sie zeigte mit einem herausragenden Ensemble zum ersten Mal in Frankfurt Shakespeare-Stücke in deutscher Übersetzung. Ihr folgten die von Goethes Mutter besonders geschätzte Truppe von Gustav Friedrich Großmann und die Theatergesellschaft von Johann Heinrich Böhm, die auch Opern von Gluck und Salieri aufführte.

Theatersaal im Frankfurter Komödienhaus.

Für das neuerbaute Komödienhaus schuf Großmann ein breites Repertoire, das von Lessing bis Shakespeare und von Goldoni bis zu den Stücken des Schauspielers August Iffland reichte, der auch gern selbst in Frankfurt auftrat. Höhepunkt des Großmannschen Schaffens war am 13. April 1784 die Uraufführung von Friedrich Schillers *Kabale und Liebe*. Schiller, der im Oktober 1782 bei seinem ersten Aufenthalt in Frankfurt an dem Stück gearbeitet hatte, war bei der Premiere zwar nicht anwesend, er besuchte aber die Vorstellung am 3. Mai 1784, bei der Iffland die Rolle des Kammerdieners spielte, und erlebte einen rauschenden Erfolg von Stück und Inszenierung. Vor allem war Schiller von der Leistung der Schauspielerin Sophie Albrecht begeistert, die die Rolle der Luise übernommen hatte.

Nach Streitigkeiten mit dem Pächter verließ Großmann Frankfurt im Mai 1786. Der Aufführungsbetrieb ging allerdings weiter, vor allem mit Komödien der damals sehr berühmten und beliebten Schauspieler Friedrich Ludwig Schröder und August Iffland. Auch August von Kotzebues Stücke fanden in dieser Zeit Eingang in den Frankfurter Spielplan. Unterdessen waren die Pläne für ein ‚Frankfurter Nationaltheater' mit einem festen Ensemble gereift. Mit der Aufklärung war das Theater aus der Sphäre des Halbseidenen in den Rang einer moralischen Anstalt gehoben worden, die der kulturellen Selbstvergewisserung des aufstrebenden Bürgertums diente. So waren es wohlhabende Frankfurter Bürger, die das Gründungskapital der Theater-Aktiengesellschaft zeichneten und in der Folge immer wieder erhebliche Summen nachschossen. Am 21. Oktober 1792 wurde das Frankfurter Nationaltheater im Komödienhaus mit einem Ritterschauspiel eröffnet. Auf dem Programm standen Opern und Schauspiele. Besonders beliebt waren Lustspiele, die harmlose Unterhaltung boten, daneben Stücke von August von Kotzebue, den Schauspielern August Wilhelm Iffland und Friedrich Ludwig Schröder, von Goethe, Schiller, Lessing und Shakespeare, später auch von Kleist, Grillparzer, Raimund und Nestroy. Die meisten Autoren, die damals beliebt waren und deren Stücke häufig gespielt wurden, sind heute vergessen.

Die Frankfurter Zensur, die den Autoren schwer zusetzte, machte auch vor dem Theater nicht halt. Ludwig Börne, der zwischen 1818 und 1821 von seinem Stehplatz neben dem Proszenium aus die Aufführungen verfolgte, wurde in der *Wage* nicht müde, die oft nicht nachvollziehbaren Änderungen und Streichungen in den Stücken anzuprangern. So fragte er anlässlich einer Inszenierung des *Wilhelm Tell*:

„Ist Frankfurt eine Vorstadt Wiens, dass wir es ihnen nachtun in der Zensur der Theaterstücke? Mögen sie an der Donau ängstlich sein hierin, was kümmert das uns? Soll man in der freien Stadt Frankfurt nicht sagen dürfen, daß vor fünfhundert Jahren ein österreichischer Stathalter in der Schweiz schlecht hausgehalten und daß die Gebirgsbewohner uralter Freiheit endlich solcher Herrschaft satt geworden? Warum hat man durch den ganzen *Wilhelm Tell* das Wort Österreich mit allen daraus gebildeten Adjektiven ohne Schonung des Versmaßes ausgemerzt, so daß keiner, der des Dramas oder Geschichte unkundig ist, wissen kann, wenn er von den ‚*Fremdlingen*' reden hört (welches Wort zuweilen statt Österreicher gesetzt ist), ob Christen oder Hottentotten darunter gemeint sind?"[302]

Börne verfolgte das Theatergeschehen in Frankfurt mit großer Aufmerksamkeit. Er war der erste, der Stücke, Schauspieler und Regie genau beschrieb und bewertete. Dabei konnte er zu harschen Urteilen kommen. „Wie die Entwicklung der Bühne zeigen sollte, wurde Börnes Ziel erreicht", schreibt Bernhard Frank in seiner Untersuchung zum Frankfurter Theater zwischen 1792 und 1842. Börne wollte „den denkenden Künstler, der jedes Wort, jede Bewegung überlegt und motiviert und der gleichzeitig die große Linie der Wahrscheinlichkeit und gehobenen Natürlichkeit innehält. Die Gefahr der übertriebenen Intellektualität des ‚Frankfurter Stils' lag damit schon in seiner ersten erzieherischen Konzeption begründet. Die formelhafte Wiederkehr wie: sinnreich, richtige Auffassung, Einsicht, Mäßigung u. a. wurde für Börnes kritische Nachfolger verpflichtend"[303]. Im Gegensatz zu Johann Conrad Friederich, der in seinen Rezensionen dem Frankfurter Theater kritisch gegenüberstand und die Schuld an der von ihm behaupteten Misere bei dem seit 1802 amtierenden Theaterleiter Johann Jakob Ihlée sah, war Börne im Großen und Ganzen mit der Leistung des Nationaltheaters zufrieden. Er konnte sogar überschwänglich loben, wenn er auf etwas stieß, das ihm neu und gelungen vorkam. Das war der Fall, als am 13. August 1821 das „heroisch-bojerliche Lustspiel" *Die Entführung oder der alte Bürger-Capitain* von Carl Malß Premiere hatte. Der knapp 29jährige Malß war gerade zum Zweiten Direktor des Theaters ernannt worden, das er unter zum Teil schwierigen finanziellen Bedingungen bis zu seinem frühen Tod mitleiten sollte. Die Premiere des *Bürger-Capitains* wurde mit Spannung erwartet, manche fürchteten gar einen Skandal, weil noch lebende Frankfurter Bürger karikiert werden sollten und erstmals eine Aufführung zu sehen war, in der ausschließlich die lokale Mundart gesprochen wurde.

Der Erfolg beim Publikum war überwältigend – auch bei dem Kritiker Börne. „Das gute Lustspiel sollte immer örtlich sein, um noch besser zu werden“, begann Börne seine Rezension des Stückes in der *Wage*.

„Es reiht Szenen aus der Lebensart, der Gesinnung und der Denkwiese des *Frankfurters* aneinander – des Frankfurters, also, wie es sich von selbst versteht, nicht der dortigen höhern Stände, denn diese haben dort, wie überall, kein geistiges Vaterland. Es folgt eben daraus, daß der *Bürgerkapitän* keine Handlung im gewöhnlichen Sinne der Bühnensprache knüpft und löst – denn nur Menschen von eigentümlichem Gepräge *handeln*, die städtische Menge hat nur eine *Handlungsweise* – der heimliche Streich (die Intrige) geht durch das Stück wie der rote Faden durch die englischen Schiffstaue und wie der Nerve durch die Muskel, um die Einheit und die Bewegung zu erhalten. Es ist in der Frankfurter Mundart geschrieben, wodurch seine komische Wirkung nicht nur gesteigert, sondern überhaupt gesichert wird; denn wenn die Sprache das Gewand des Geistes ist, wie könnte man letztern kenntlich machen an den Zeichen der ersteren (...) Die Tragödie idealisiert, das Lustspiel muss porträtieren. In dieser Beziehung ist der *Bürgerkapitän* ein wahres Meisterstück; die Naturtreue kann nicht weiter getrieben werden. Dieses Vorzugs ermangeln unsere meisten Lustspiele, und darum habe ich auch keinen Maßstab, dem ich das hier Beurteilte anlegen könnte. Man muß es lesen, es kann nur mit sich selber verglichen werden. Auch solche wird es anziehen, die sich sonst von Dichtwerken weniger angezogen fühlen. Sie werden es als ein wissenschaftliches Werk aufnehmen, als eine Statistik des Frankfurter Volksgeistes.“[304]

Frankfurter Mundartdichtung

Der alte Bürger-Capitain war nicht das erste Lustspiel in Frankfurter Mundart, aber das erste, das auf eine Bühne gebracht wurde. Waldemar Kramer hat in seiner 1966 veröffentlichten Zusammenstellung Frankfurter Mundartdichtung darauf hingewiesen, dass sich schon für das 18. Jahrhundert Gedichte und Lustspiele in den beiden (tatsächlich verschiedenen) Mundarten von hibb-de-bach und dribb-de-bach nachweisen lassen. Das erste erhaltene Theaterstück stammt von dem 1775 geborenen und 1851 gestorbenen Friedrich Karl Ludwig Textor. Er war der Neffe der Frau Rat Goethe und damit der Großneffe von Goethe. Sein Lustspiel *Der Prorector* von 1793 behandelt ein in der Frankfurter Mundartdichtung beliebtes Sujet, nämlich den Unterricht im Gymnasium und seine Protagonisten, die Lehrer. Textor blieb nah an der Realität. Seine handelnden Personen sind klar zu identifizieren. Und er selbst spielte als „Textor“ mit. Das Stück wurde zwar 1794 veröffentlicht und im selben Jahr noch nachgedruckt, aber nicht gespielt. Offenbar war die Zeit dafür noch nicht reif. Das Frankfurter Publikum erwartete im Theater moralische Erbauung oder leichte Unterhaltung. Aber beides sollte nichts mit der eigenen städtischen oder privaten Gegenwart zu tun haben. Carl Malß ist es gelungen, dieses Tabu zu brechen. Aber es war, wie man aus zeitgenössischen Korrespondenzen und Berichten weiß, ein Experiment mit ungewissem Ausgang. Der Germanist Volker Klotz, der dem Lustspielautor zusammen mit Erwin Th. Rosenthal und Rainer Schönhaar eine sorgfältig kommentierte Werkausgabe gewidmet hat, sieht in Malß einen Pionier, der die ‚Lokalposse' mitbegründete und gleich zur Vollendung brachte. Kein anderer Dramatiker habe damals, „weder im Inland noch im Ausland, die heimische Umwelt derart treffsicher, liebevoll und zugleich bösartig auf der Bühne zum Sprechen gebracht wie dieser introvertierte Karl Malß. Nirgends sonst, ob in heiteren oder ernsten Stücken der Restaurationszeit, belebt sich die Szene so zwingend aus einem Ensemble geringfügiger Redewendungen und Sprachgesten, was jene kleinen und mittleren Leute bewegte, deren Nachkommen wir sind. Unaufdringlich, oft ohne es selber gewahr zu werden, rücken sie heraus mit ihren Begierden und Nöten, ihren Vorurteilen und Nachsichtigkeiten, ihren Beklemmungen und Ausschereien"[305].

Das Lob hätte den melancholischen Lustspielautor gefreut, denn sein Leben war von stetigen Geldsorgen, von gesundheitlichen Problemen und einer immer stärker werdenden Hypochondrie geprägt. Am 2 Dezember 1792 in Frankfurt geboren, war Malß seiner Vaterstadt sein Leben lang treu geblieben. Er ging nach seinem Architekturstudium nicht als Beamter in den preußischen Staatdienst, was möglich gewesen wäre, sondern widmete sich ganz dem Frankfurter Theater, für das er 1842 als Mitpächter finanzielle Verantwortung übernahm und für das er seine Komödien schrieb. Am bekanntesten wurde sein Lustspiel *Der alte Bürger-Capitain* von 1820, in dessen Vorrede er eine Lanze für die Frankfurter Mundart brach:

„Em Annern werd die Sproch net gefalle,
Des kennt awer nor ä Auswärtiger seyn;
Dann ze Frankfort redde *So* mer alle;
Gros, klän – ähner wie der anner so fein.
'S Hochdeitsch is net de Frankforter ihr Sach,
Es reddes manche, es is aach dernach,
Un selbst im Casino kimmt *die* Woor net vor,
Liewer Franzesch – net wohr.
Fregt dann e Mann der uff Weld sich versteht,
Wie hot er, oder *was* hot er geredt;
Es redd so ejeder nach seim Schnawwel,
Der Preiß seegt die Jabel – mir die Gawwel,
Der Franzos seegt Serviett – un mir Salvet.
Es redd so käner wie's geschriwe steht.
Wann ich mein Lustspiel het hochdeitsch gemacht
Gewiß, es het Niemand driwer gelacht."[306]

Und so wird auch heute noch drüber gelacht, wenn der Bürger-Capitain nach der erfolgreichen Inspektion der Feuerspritzen das Lieschen beruhigt, das nun eine baldige Feuersbrunst befürchtet:

„Do dervor wolle uns Gott bewahrn; awer wanns doch den Winter noch der Fall seyn sellt, so winscht ich es det Morje brenne, weil grad jetzt die Anstalte so schen derzu getroffe seyn. Do kennt mer sich widder recht auszächene."[307]

Neben dem *Bürger-Capitain* verfasste Malß noch eine Reihe weiterer Komödien, die zu seinen Lebzeiten gern gespielt wurden, auch wenn sich mancher Frankfurter Bürger angegriffen fühlte und sich der Autor immer wieder in den Vorworten zu seinen Neuauflagen verteidigen musste. Gelegentlich werden in Frankfurt noch *Die Landpartie nach Königstein* (1832), *Das Stelldichein im Tivoli* (1832) und *Herr Hampelmann im Eilwagen* (1834) aufgeführt. Carl Malß starb am 3. Juni 1848 in Frankfurt. Schon ein Jahr nach seinem Tod war eine erste Werkausgabe im Sauerländer Verlag erschienen, die auch einen kurzen biographischen Abriss enthielt. Der unbekannte Autor fasste das Lebensunglück von Malß in den Sätzen zusammen:

Der Schauspieler Samuel Friedrich Hassel als ‚Herr Hampelmann'.

„Die Stellung eines Theaterdirectors ist nicht beneidenswerth. Wer die ewigen Plackereien kennt, denen er ausgesetzt ist, weiß, dass diese Carriere die unseligste ist, die ein Humorist ergreifen kann. Bei Malß trat der missliche Umstand hinzu, dass er neben dem Directorium auch genöthigt ward, selbst Unternehmer zu werden, wodurch seine Lage immer schwieriger wurde. Seine Hypochondrie wuchs zusehends. Eine langsame Krankheit zehrte an seinen Lebenskräften. Fortwährende Beklemmung verursachte ihm die schrecklichsten Qualen."[308]

Die erfolgreichen Lokalpossen von Malß wurden zum Vorbild für andere Frankfurter Autoren. Vor allem seine Figur des Herrn Hampelmann, eines „baumwollenen und wollenen Warenhändlers", wurde gern kopiert. Der „selbstgefällige, aber gutmütige, vom Pech verfolgte, aber unverdrossene Mittelständler, der zu jeder Lebenslage eine unpassende Geschichte auf Lager hat und die um jeden Preis losschlagen muss"[309], ist auch die Hauptperson in Mundartstücken der Frankfurter Schauspieler Ernst Hermann Adolph Hallenstein (1801–1881) und Samuel Friedrich Hassel (1798–1876), der den Malßschen Hampelmann selbst vielfach verkörpert hatte. Auch Friedrich Stoltze nutzte die Figur des Hampelmann gern. Wie weit die politischen Überzeugungen von Autoren auseinanderliegen konnten, die Gedichte, Erzählungen oder Theaterstücke ganz oder teilweise in Frankfurter Mundart schrieben, machen Georg Wilhelm Pfeiffer und Wilhelm Sauerwein deutlich. Pfeiffer, der von 1795 bis 1871 lebte, schrieb humorvolle Texte, kulturgeschichtliche Novellen und Lokalpossen, die noch lange nach seinem Tod neu aufgelegt oder in Sammelbänden verbrei-

tet wurden. Im Hauptberuf war Pfeiffer Assessor in der Frankfurter Polizeiverwaltung und leitete die Untersuchungen gegen die Teilnehmer am Frankfurter Wachensturm. Wilhelm Sauerwein als wichtiger Vertreter des literarischen und politischen Vormärz wurde nach dem Wachensturm verhaftet und monatelang festgehalten, möglicherweise auf Veranlassung des unter Demokraten verhassten Polizeiassessors Pfeiffer.
Wilhelm Sauerwein schrieb seit 1830 Lokalpossen. 1833 erschien seine Mundart-Schulszene *Der Gräff, wie er leibt und lebt*. Das Stück ist eine satirische Hommage an seinen früheren Lehrer Georg Friedrich Gräff, der ein stadtbekanntes Original gewesen war. Das interessierte die Frankfurter, zumal Sauerwein im Vorwort etwas reißerisch an sich selbst schrieb:

„Ha, Mensch, unseel'ger, sag', was that er dir
Der seel'ge Gräff, dich so an ihm zu rächen!
Ist das der Dank, den man den Lehrern zollt,
Daß man, statt sein Gedächtniß liebend segnen,
Auf ihn des Spottes gift'ge Pfeil läßt regnen?
Schwarz ist das Herz, das solche That gewollt. –
Will noch ein Andrer hier ein Wörtchen sagen:
So flick er's nur in saubern Reimen ein
So mißlich ist's, sich selber zu verklagen:
Denn mit dem Kläger schreit der Richter drein,
Und beide kann man nicht zusammen hören,
Wir wollen uns darum zum Richter kehren."[310]

Das Stück wurde zwar nicht im Frankfurter Theater gespielt, fand aber als Buch reißenden Absatz. Innerhalb weniger Jahre mussten mehrere Auflagen gedruckt werden. 1838 ließ Sauerwein mit *Gräff und die Schuljugend im Grünen* eine Fortsetzung folgen. Zu dieser Zeit war Sauerwein schon vier Jahre im Exil, unter dem er entsetzlich litt. In Frankfurt wurde er steckbrieflich gesucht, in der Schweiz und Frankreich schrieb er weiter seine Mundartstückchen, die in Frankfurt mit der Autorenzeile „Vom Verfasser des Gräff" erschienen und weiterhin gern gelesen wurden. Todkrank kehrte er in seine Heimatstadt zurück und starb wenig später, im Alter von 44 Jahren am 1. April 1847.
Ein kritischer Geist, der politisch und volkstümlich zugleich sein konnte, war auch der 1808 in (Frankfurt-) Rödelheim geborene Maximilian Leopold von Langenschwarz. Er stammte aus einem armen jüdischen Elternhaus, konnte aber dank Gönnern aufs Gymnasium gehen und Buchhändler lernen. Seit 1830 reiste er als Schauspieler und Rezitator durch Europa und Russland. 1842 ließ er sich als Naturheilarzt in Paris nieder. Er soll auch in London gelebt haben und dann nach Deutschland zurückgekehrt sein. Letzte Lebenszeichen hat es angeblich 1867 aus New York gegeben. Seither gilt er als verschollen.
Langenschwarz veröffentlichte zahlreiche Bücher, darunter, anonym, eine kritische Ausei-

nandersetzung mit Metternich und dessen Politik (*Europäische Geheimnisse eines Mediatisierten*, 1836). Daneben schrieb er Texte in Frankfurter Mundart, die zwischen 1839/40 in fünf Heften in Hanau erschienen. Im ersten Heft über „Bergerliche Haamlichkeite" findet sich auch die Posse *Ä nächtlich Begewweheit*, in der Langenschwarz das pragmatische Politikverständnis seiner Frankfurter Mitbürger aufs Korn nahm und Erinnerungen an die Passivität während des Wachensturms weckte: Franz Bimbler, seines Zeichens Strümpfe- und Nachtunterjackenhändler glaubt des Nachts, die Revolution sei ausgebrochen und will freudig für die Menschenrechte kämpfen. Aber ehe er seine Unterwäsche gefunden und genügend Proviant eingepackt hat, ist die Revolution auch schon vorbei und der Ratsschreiber steht vor seiner Tür. Er habe gehört, so der städtische Beamte, wie Bimbler „Ich komm gleich zur Revolution" zum Fenster hinaus gerufen habe. Erschrocken antwortet Bimbler:

„Enaus hab ich gewollt, um se all tot zu schmeiße! – Die Rebelle hab ich totschmeiße wolle! Korz un klaa! Kenne Se de Bimbler net? Glawwe Se, ich dät mei Berjerpflicht net kenne? For was zahl ich denn mei Steuern un Abgabe? Hab ich en Strumplade oder hab ich kaan? Die Rebeller wollt ich totschmeiße – die Uffrihrer – frage Se mei Fraa! – Frage Se mei Fraa! Ich beruf mich uff se – Da gucke Se her uff mei Gewehr! Is des net vom Landstorm 1813? He? Glaawe Se, ich wollt mer mein Strumplade verscherze? Ja den Deiwel aach! Gewe Se mer nor emol aan her, so en Revolutionär! Ich schieß en kaputt wie e Ratt!"[311]

Der am 21. November 1816 in Frankfurt geborene Gastwirtsohn Friedrich Stoltze hatte zunächst als Kaufmann in seiner Heimatstadt und in Lyon gearbeitet. Danach unterrichtete er als Lehrer bei Friedrich Fröbel in Thüringen. 1845 entschloss er sich, freier Schriftsteller zu werden. Er brachte mehrere selbstverfasste Zeitungen heraus, vor allem von 1852 bis 1879 die *Frankfurter Krebbel- (& Warme Brödercher-)Zeitung* und von 1860 bis 1891 die *Frankfurter Latern*.

Durch seinen Vater und durch seine Schwester hatte er schon früh zur republikanischen Bewegung gefunden. Mit seinem Vater, der in seinem Gasthaus „Zum Rebstock" ‚Demagogen' und exilierten Polen eine Zuflucht bot, besuchte Stoltze als Sechzehnjähriger das Hambacher Fest. Mit seinen bissigen Satiren machte sich Stoltze bei den politisch Mächtigen unbeliebt und wurde zeitweilig sogar steckbrieflich gesucht. So schrieb er 1848, als die Paulskirchenversammlung zu scheitern drohte, „An das deutsche Volk":

„Schon wieder hebt die alte Lüge
Das Haupt nach deinem Morgenrot!
Halt' fest, mein Volk, an deinem Siege,
Und sei getreu bis in den Tod!
Halt' fest an dem, was du erkoren,
Was du mit Schweiß und Blut erkauft:
Der Freiheit aus dem Volk geboren
Und auf dein Vaterland getauft! (...)"[312]

Als überzeugter Demokrat war er antipreußisch und großdeutsch eingestellt, wobei ihn sein Nationalismus gelegentlich über das Ziel hinausschießen ließ – vor allem wenn er seinen „Erzfeind“ Frankreich attackierte, wie 1870 während des Deutsch-französischen Kriegs in der *Frankfurter Latern*, als er reimte:

„Schon läuft nach Hause der Franzos,
Voll Beulen Haupt und Glieder, –
Hussah! noch einen Rippenstoß,
Er kommt sobald nicht wieder.“[313]

Das Deutsche Reich, wie es Bismarck nach dem Sieg im Spiegelsaal von Versailles gründen ließ, war nicht ganz nach dem Geschmack Stoltzes. Vor allem störte er sich daran, dass dem preußischen Ministerpräsidenten und späteren Reichskanzler Bismarck eine Schlüsselrolle zugefallen war. Denn mit Bismarck lebte er, wie Alfred Estermann schreibt, in einer Art Dauerkonflikt. „Stoltzes Grundvorstellungen von Sinn und Zweck politischen Handelns waren lebenslang von Beobachtungen und Erfahrungen seiner Jugendzeit geprägt, von der Ära des Deutschen Bundes, der Wirkung Metternichs, der Führungsrolle Österreichs einerseits, von Hambach, vom Vormärz und vom Weg zum Frankfurter Paulskirchenparlament andererseits. So entstand tiefe Dissenz dadurch, dass er, wie manche seiner Zeitgenossen, den Begriffen ‚Deutsch‘ und ‚Reich‘ andere Inhalte beilegte als die Gründer und Gestalter des neuen Deutschen Reichs, dass er sich, im Grunde genommen, einen lockeren Reichsverband starker demokratischer Einzelstaaten wünschte, möglichst unter der überkommenen Ägide Österreichs – eine mittel- und süddeutsche, ‚großdeutsche‘ Gedankenwelt eben, in striktem, nur langsam ermüdendem Widerspruch zu Bismarcks ‚kleindeutsch‘-preußischer Deutschlandpolitik. Wobei gewiss auch, vor allem in den späteren Jahren, eine Rolle spielte, dass Stoltze den immer komplizierteren wirtschaftlichen und technischen Entwicklungen seiner Zeit nicht übermäßig wahrnehmungsfähig gegenüberstand.“[314] Immer wieder zwischen 1862 und 1890 veröffentlichte Stoltze gegen Bismarck gerichtete Gedichte in seiner *Frankfurter Latern*. Im Heft 33 von 1863 findet sich ein besonders gelungenes Beispiel seines an Verboten geschulten Witzes.

„*Hängen soll der Herr von Bismarck*
Sehr an seinem Herrn und König,
Doch die undankbare Menschheit
Liebt den Herrn von Bismarck wenig.

Jagt den Herrn von Bismarck endlich
sein Geschick auch immer weiter,
Auf der Bahn, die er betreten,
Ist er doch ein kühner Streiter.

Trifft den Herrn von Bismarck Keiner
Jemals an in feigem Zagen,
Weiß er auch in der Verzweiflung
Würdevoll den Kampf zu wagen.

Leider bleibt der Herr von Bismarck
immer noch verkannt von Allen
Die jetzt leben, und sein Name,
Muß der Nachwelt d'rum verfallen."[315]

1866, als die preußischen Truppen in Frankfurt einmarschiert waren, hatte Stoltze für kurze Zeit ins Schweizer Exil gehen müssen. Nach seiner Rückkehr wurde er im Ton deutlich moderater, blieb aber bis zu seinem Tod am 28. März 1891 einer der schärfsten Kritiker Bismarcks.
Stoltze verfasste neben seinen politischen Gedichten, für die er meist die hochdeutsche Sprache wählte, eine Fülle von Texten in Frankfurter Mundart, darunter viele Gelegenheitsarbeiten. Sie werden heute noch gelesen und öffentlich vorgetragen, besonders seine neunstrophige Hymne auf die Mainmetropole. Die erste Strophe ist in Frankfurt sogar zu einem viel zitierten geflügelten Wort geworden:

„Es is kaa Stadt uff der weite Welt,
die so merr wie mei Frankfort gefällt,
un es will merr net in mein Kopp enei:
wie kann nor e Mensch net von Frankfort sei! (...)"[316]

Um die wissenschaftliche Beschäftigung und seinen Nachlass kümmert sich ein Frankfurter Freundeskreis, der im Stoltze-Turm (Töngesgasse 34–36) ein kleines Museum unterhält und regelmäßig Ausstellungen präsentiert.
Von den Mundartautoren, die mit Stoltze publizierten oder nach ihm kamen, sind heute fast alle vergessen. Waldemar Kramer führt die wichtigsten von ihnen in seiner Anthologie von 1966 auf: den Weinhändler Johann Jakob Fries (1826–1901), den Uhrmacher und späteren Armenpfleger Paul Quilling (1846–1904), den Weißbinder Georg Leonhard Beck (1811–1895) und den Sohn von Friedrich Stoltze, Adolf Stoltze, dessen 1887 uraufgeführter Lokalschwank *Alt-Frankfurt* sich bis heute einer gewissen Beliebtheit erfreut. Adolf Stoltze eiferte als Zeitschriften-Herausgeber seinem Vater nach, ohne dessen satirisches Talent zu besitzen. Er schrieb Gedichte und Humoresken, vor allem aber Theaterstücke,

Friedrich Stoltze.

darunter das historische Drama *Vinzenz Fettmilch*, das 1928 in Frankfurt uraufgeführt wurde. Das Stück, das zwischen 1614 und 1616 spielt, stilisiert den Lebküchler Fettmilch zum Freiheitskämpfer und relativiert die Plünderung der Judengasse durch die Aufständischen. Das Stück ist nicht antisemitisch, aber es ließ unterschwellig die jahrhundertalten Vorurteile des Frankfurter Bürgertums gegen ihre jüdischen Mitbürger wieder aufleben. Adolf Stoltze starb neunzigjährig am 19. April 1933. Der designierte und spätere nationalsozialistische Oberbürgermeister von Frankfurt, Friedrich Krebs, ließ es sich nicht nehmen, der Beerdigung beizuwohnen, und ein Gedenkblatt herauszubringen, dessen Erlös der Errichtung eines Adolf-Stoltze-Denkmals dienen sollte.

Im selben Jahr wurde der Frankfurter Schriftsteller Karl Ettlinger mit ersten Arbeitsverboten belegt. Der am 22. Januar 1882 geborene Sohn einer jüdischen Kaufmannsfamilie hatte zunächst eine Banklehre begonnen, war dann aber Redakteur der Münchner Zeitschrift *Jugend* geworden. Unter dem Pseudonym „Von eme alde Frankforder" veröffentlichte er in der *Jugend* regelmäßig Gedichte in Frankfurter Mundart. Auch mit heiteren Theaterstücken machte er sich einen Namen. Unter einem weiteren Pseudonym, „Karlchen", schrieb er Humoresken, die in Buchform hohe Auflagen erreichten. In den zwanziger Jahren des letzten Jahrhunderts tourte er mit einem Kabarettprogramm durch deutsche Bäder und Großstädte. Bis zur Machtübernahme durch die Nationalsozialisten war Ettlinger ein begehrter Autor, der sich Verlage und Zeitungen für seine Gedichte, Szenen und Geschichten aussuchen konnte. Danach war alles anders. Seine Bücher konnten nicht mehr erscheinen, und 1939 erhielt er endgültig Berufsverbot. Er starb am 29. Mai 1939 in Berlin. In seinem 1908 in Berlin veröffentlichten Band *Moritzchens Tagebuch* erinnerte er sich an seine jüdische Kindheit in Frankfurt:

„Am meisten hat's mich geärgert, dass da ä paar gewesen sind, wo mer auf der Straß nachgerufen haben: ‚Judd! Judd!" un ich habb bitter drüber geflennt un habbs mei'm Tate erzählt un en gefragt: ‚Sin wir Juden wirklich schlechter als die Protestanten un die Katholiken?' Un da habb ich gesehen, was mei Tate for ä kluger, gescheiter Mann war, obwohl er nur mit Pferde gehandelt hat un nicht mit Philosophie."

Der Vater geht mit dem Jungen zum Markt, kauft an drei verschiedenen Ständen Pflaumen, schreibt jeweils den Namen einer der drei Religionen auf eine Tüte und schüttet zuhause alle Pflaumen in eine große Schüssel.

„'Hör auf!' hab ich geschrieen. ‚Was machst de for ä konfessionelles Ducheinander!' Aber es war schon zu spät, schon war das ganze Obst in einer Schüssel. Und jetzt hat mei Tate eine Pflaum nach der anderen genommen un hat se aufgemacht un gesehen, ob ä Wurm drinnen is. Un die wurmigen hat er gelegt auf die rechte Seit, un die guten hat er gelegt auf die linke Seit. Un er hat gar klug vor sich hin gelacht, un wie er fertig war hat er gesagt: 'Nu, Moritzche, mein Sohn, such mer die Protestanten eraus un die Katholiken un unsere Leut!'"[317]

Frankfurt als preußische Provinzstadt

Mit dem Ende der Nationalversammlung in der Frankfurter Paulskirche wurden die Uhren in Deutschland zurückgestellt. Die Paulskirche verkam zum Wallfahrtsort für Demokraten, die sich aus den Abgeordnetenplätzen kleine Stücke Holz herausschneiden durften. Auch wenn Bismarck das in seinen Briefen mit Hohn und Spott kommentierte, die Einigungsbewegung war keineswegs tot. Aber zunächst wurde in den Residenzen alles unternommen, um die Erinnerung an die Revolution und die Nationalversammlung zu tilgen.

Im August 1863 versammelten sich im Bundespalais die deutschen Staatsoberhäupter zu ihrem Fürstentag, um über eine Reform der Bundesverfassung zu beraten. Herausgekommen ist dabei nichts, denn der, auf den es gerade angekommen wäre, fehlte. Der preußische König Wilhelm I. hatte es vorgezogen, erst gar nicht zu erscheinen. Damit waren die Reformpläne Österreichs von Anfang an zum Scheitern verurteilt, denn ohne Preußen ging nichts. Die beiden Großmächte stritten heftig, allerdings noch hinter den Kulissen, wer in einem künftigen deutschen Nationalstaat die Führung übernehmen werde. Dass dieser Nationalstaat kommen würde, daran zweifelten nur noch wenige. Bereits 1859 hatten Liberale und Demokraten den ‚Deutschen Nationalverein' gegründet. Die Revolution von 1848 war zwar gescheitert, aber ihre Ideen hatten überlebt. Der Nationalverein war den Fürsten zwar ein Dorn im Auge, und sie versuchten, seine Mitglieder einzuschüchtern, aber die Vorstellung eines großen, alle Staaten umfassenden Deutschlands stieß auf starke Sympathien in der Bevölkerung. Zur Symbolfigur wurde der Dichter Friedrich Schiller. Sein 100. Geburtstag am 10. November 1859 geriet in Frankfurt zu einer machtvollen Demonstration für Freiheit. Fünfzig zumeist Frankfurter Bürger nahmen die Festlichkeiten zum Anlass und gründeten das ‚Freie Deutsche Hochstift für Wissenschaft, Künste und allgemeine Bildung' als geistig-kulturelle Heimat für die politischen Ideale der gescheiterten Revolution. Zu den Mitgründern der bis heute höchst aktiven Institution des Sammelns, Bewahrens und Publizierens zählten auch Ludwig und Alexander Büchner, die Brüder von Georg Büchner. Aber so friedlich wie bei Schiller-Feiern sollte ein geeintes Deutschland dann doch nicht erreicht werden, dafür waren die Gegensätze zwischen Österreich und Preußen zu stark. Bismarck, jetzt preußischer Ministerpräsident, hatte schon früh prophezeit, die Einheit werde es nur mit ‚Blut und Eisen' geben. Was er damit meinte, wurde spätestens nach dem Deutsch-dänischen Krieg im Jahr 1864 deutlich. Dänemark hatte verloren. Preußen und Österreich teilten sich die Verwaltung von Schleswig und Holstein, das bis dahin zu Dänemark gehört hatte. Bei der Konkurrenz der beiden Großmächte konnte das nicht gut gehen. In den Konflikt, der schon bald militärische Formen annahm, wurden auch die anderen deutschen Staaten hineingezogen. Denn Preußen besetzte Holstein und trat aus dem Deutschen Bund aus. Die verbliebenen Bundesstaaten, darunter auch die Freie Stadt Frankfurt, stellten sich 1866 auf sie Seite Österreichs. Damit war der Krieg nicht mehr zu verhindern. Am 16. Juni 1866 wurde die Bundesexekution gegen Preußen

beschlossen, und genau einen Monat später rückten die unterdessen siegreichen Preußen in Frankfurt ein. Ohne große Friedensverhandlungen wurden Kurhessen, Nassau und die Freie Stadt Frankfurt in das Königreich Preußen eingegliedert.
Für Frankfurter Patrioten wie Friedrich Stoltze war das eine Katastrophe. Wer sich mit den neuen Machthabern schnell arrangierte, musste mit seinem Spott rechnen:

„Geh' folge jenem Truggestirne
Und freu' dich deines eignen Falls!
Wirf dich, wie eine feile Dirne,
Dem neuen Glücke an den Hals!

Zerfließ in Andacht und in Wonne
Vor einer gold'nen Krone Strahl!
Ist das der stolze Flug zur Sonne,
Du kühner Aar von ehemal?“[318]

Der Arzt und *Struwwelpeter*-Autor Heinrich Hoffmann sah das anders. Er erhoffte sich von Preußen eine durchgreifende Veränderung der politischen und wirtschaftlichen Verhältnisse in Frankfurt. Noch war die Mainmetropole eine reine Handelsstadt. Die rasch wachsende Industrie konnte sich nur im Umland ansiedeln. Aber die meisten Frankfurter dachten so wie Stoltze. Sie hatten ihre jahrhundertealte staatliche Souveränität verloren und spürten, dass es für immer sein würde. Frankfurt hatte keine herausgehobene Stellung mehr, noch nicht einmal in der 1868 gebildeten preußischen Provinz Hessen-Nassau. Die Mainmetropole wurde dem Regierungsbezirk Wiesbaden zugeschlagen, der in etwa dem früheren Herzogtum Nassau entsprach.
Frankfurt profitierte tatsächlich von der Eingliederung in Preußen und von der mit Macht einsetzenden Industrialisierung, denn zwischen 1871 und 1910 wurden fast alle umliegenden Städte und Dörfer eingemeindet. Die Einwohnerzahl stieg von 90 000 auf 415 000.
Für auswärtige Besucher blieb Frankfurt ein interessantes Reiseziel. So besuchten im Jahr 1867 der russische Schriftsteller Fjodor M. Dostojewski und seine Frau Anna Grigorjewna die Mainmetropole auf ihrem Weg nach Baden-Baden, wo Dostojewski (wieder einmal) sein Geld verspielen würde. Die Dostojewskaja hat in ihren Tagebüchern den Stadtbummel zwischen zwei Zügen festgehalten:
„Zuerst gingen wir in die Gr. Gallusstraße, die als mit wunderschönen Bäumen dicht bestandene Allee beginnt. Die Bäume standen gerade in voller Blüte, sie hatten große, weiße Blütendolden. Wir fragten nach ihrem Namen und erfuhren, dass es Akazien seien. So habe ich also zum ersten Mal in meinem Leben eine blühende weiße Akazie gesehen. Sie hat mir sehr gut gefallen.
Am Ende dieser Straße befindet sich das Gutenberg-Denkmal, das von drei Gestalten gebildet wird: Gutenberg und zwei andere Buchdrucker. Ein paar Schritte weiter, auf dem

Roßmarkt, ist das Goethe-Denkmal. Weiter führt eine Straße, die Zeil, in der Art unseres Njewski Prospekts, mit wunderschönen Geschäften (...) Wir bogen in eine andere Straße in Richtung Main. Bei uns zu Hause hängt ein Bild von Frankfurt am Main an der Wand, das aber Frankfurt vom anderen Ufer aus gesehen darstellt. Als Kind mochte ich dieses Bild immer besonders gern, deshalb wollte ich es jetzt unbedingt mit eigenen Augen sehen. Wir gingen eine lange und heiße Straße entlang, die Fensterläden der Häuser waren gegen die Hitze geschlossen, die Stadt war menschenleer. Schließlich erreichten wir das Ufer. Als ich den Fluss sah, musste ich einfach aufschreien, so sehr ähnelte die Natur hier meinem Bild: da war die Brücke mit dem Turm, die Insel, die Sandbank, sogar die Barken und Flöße schwammen hier, genauso wie auf meinem Bild! Wir blieben einige Minuten am Ufer stehen. Es war jedoch furchtbar warm, und so kehrten wir um, aber nicht auf dem Weg, den wir gekommen waren, sondern auf einem anderen. Die Häuser sind sehr seltsam gebaut, stufenartig, so dass die zweite Etage über die erste hinausragt, die dritte über die zweite, die vierte über die dritte. Es sind altertümliche Häuser von seltsamer Architektur. Wir gingen durch die Fischerfeldstraße und die Bühnenhofstraße zur Brücke, gelangten einige Schritt von dort zu einem Markt, der um eine uralte Kirche – den Dom, rein gotische Architektur – gebaut ist. Ich betrachtete ihn lange von der Seite und erblickte vor der Fassade die drei Gekreuzigten: Jesus Christus und die beiden Schächer. Ich beugte mich zu einer alten Frau und fragte sie, wie wir zur Zeil kommen könnten, Fedja, der mir böse war, weil ich ihn so weit geführt hatte, schimpfte, was ich da zu reden hätte, anstatt meine ganze Aufmerksamkeit diesem vollkommenen Kunstwerk zuzuwenden, das ich aber sehr wohl gesehen hatte, wirklich, die Kirche ist wunderschön und originell in ihrer Architektur. Man sieht sie vom Ufer des Mains (...) Wir kehrten zum Bahnhof zurück, Fedja war dermaßen müde, dass er einfach auf die Bank fiel, so schlecht fühlte er sich, außerdem hat er jetzt furchtbare Magenschmerzen. Er tat mir ja so leid! Dann mussten wir noch lange auf den Zug warten."[319]

Bemerkenswert fand der amerikanische Schriftsteller Mark Twain, der 1878 Europa besuchte, das Frankfurter Bewirtungs- und Beherbergungsgewerbe. Mit gespieltem Unverständnis schilderte er in seinem *Bummel durch Europa* die umständlichen Vorbereitungen für den Empfang des Großherzogs von Baden in seinem Hotel. „Es scheint doch ebenso schwer zu sein, einen Monarchen an Land zu bringen, wie ein Schiff vom Stapel zu lassen", resümierte er das Ereignis, das seine Aufmerksamkeit so gefesselt hatte, dass er über die anderen Sehenswürdigkeiten der Stadt wenig zu berichten wusste. Aufgefallen war ihm noch, dass „die Leute alle sehr saubere Sachen" trugen. „Hier in Frankfurt waren selbst in den engsten, ärmlichsten und ältesten Vierteln der Stadt schmucke und saubere Kleider die Regel. Die kleinen Kinder beiderlei Geschlechts sahen alle so appetitlich aus, dass man sie getrost auf den Schoß nehmen konnte."[320] Später, 1891 in Berlin, übersetzte Mark Twain, der sich gern über die deutsche Sprache lustig machte, den *Struwwelpeter* ins Englische, wobei es sich mehr um eine eigenwillige Nachdichtung handelte. Und er schenkte, wie sein historisches Vorbild Hoffmann, das Manuskript seinen Kindern zu Weihnachten.

Über den deutschen Text, den er sich gern laut vorlas, soll er sich immer wieder amüsiert haben. Einem Besucher gefiel es in Frankfurt so gut, dass er dort für drei Jahre blieb, nämlich von 1869 bis 1872: Wilhelm Busch. Der Dichter, Zeichner und Maler war mit der Frankfurter Bankiersfamilie Kessler befreundet, für die sein Bruder Otto als Hauslehrer arbeitete. Das Dienstmädchen der Kesslers soll das Vorbild für die *Fromme Helene* sein, die Busch in dieser Zeit schrieb und zeichnete. Über das Verhältnis Buschs zur Hausherrin Johanna Kessler ist viel spekuliert worden. Der Briefwechsel endete 1877 abrupt und wurde erst 1891, nach dem Tod des Bankiers, wieder aufgenommen. Busch kam danach, bis zu seinem Tod 1908, wieder regelmäßig nach Frankfurt.

Die Frankfurter Alte Oper, Luftbild von 1929.

Unter preußischer Herrschaft und ohne die Last, eine deutsche Hauptstadt sein zu müssen, entwickelte sich Frankfurt mehr und mehr in Richtung einer modernen und weltoffenen Großstadt. Die jüdischen Mitbürger genossen endlich die gleichen Rechte. Der Handel und vor allem das Bankenwesen blühten. Die wichtigste Börse allerdings stand weiterhin in Berlin. Großen Industriebetrieben wurde die Ansiedlung ermöglicht. Das brachte zahlreiche neue Arbeitsplätze und ließ die Einwohnerzahl weiter ansteigen. Die neue (wirtschaftliche) Macht des Bürgertums zeigte sich nicht nur in den großen Villen, die überall dort entstanden, wo es besonders schön war. Zum ersten Mal in der Frankfurter Geschichte wurden repräsentative Großbauten in Angriff genommen, die den lange eher verdeckt gehaltenen Wohlstand offensiv nach außen demonstrierten. Zu einem Symbol dieses neuen Selbstbewusstseins wurde das 2000 Zuschauer fassende Opernhaus am Rand der Innenstadt. Am 20. Oktober 1880 wurde es feierlich von Kaiser Wilhelm I.

eröffnet. Die ursprünglich angesetzten Kosten für den neoklassizistischen Bau hatten sich im Laufe der Jahre verzehnfacht und lagen am Ende bei acht Millionen Mark. Eine für damalige Verhältnisse ungeheure Summe, die aber die Finanzkraft der Stadt bei weitem nicht erschöpfte. Kurz vorher waren das Städel am Schaumainkai und der ebenfalls repräsentative Neubau der Börse entstanden. Geradezu gigantisch in seinen Ausmaßen geriet der neue Hauptbahnhof, der im August 1888 eingeweiht wurde und für lange Zeit der größte Personenbahnhof in Deutschland blieb, ehe ihn Leipzig ablöste. Sogar Dichtern beflügelte er die Phantasie. Der bekannteste von ihnen ist der 1881 in Wiesbaden geborene Alfons Paquet, der nach seinem Studium große Reisen durch verschiedene Kontinente unternommen hatte und die Welt kannte. In seinem 1906 erschienenen Reisebuch *Auf Erden* findet sich eine wahre Hymne auf die (damals noch) dreischiffige Stahlkonstruktion des Frankfurter Hauptbahnhofs:

„Die hohe weite Eisenhalle braust, ein Stöhnen, Stoßen,
Knirschen, Klirren und Donnern hallt da innen
Von Eisenzügen, die den Port gewinnen.
Gewölbte Dämmerung. Mit gewaltig großen
Trüben Glaswänden fängt-umfängt sie Rauch und Licht,
Lärm, Ruh und Eile; fahler bricht
Des Himmels Blau durch ihres Giebels Bogen,
Laternen glühn tiefrot, rubinengleich,
Wie Sterne klar als Zeichen hochgezogen.“[321]

Dass der Hauptbahnhof so riesig ausfiel, hatte nichts mit Frankfurter Größenwahn zu tun. Es war eine überlegte Entscheidung. Denn durch seine zentrale Lage in Deutschland hatte sich Frankfurt zu einem wichtigen Verkehrsknotenpunkt entwickelt. Und es sah alles danach aus, als ob die wirtschaftliche Bedeutung der Stadt noch weiter wachsen würde.

Aufbruch – Untergang – Neubeginn
Das 20. Jahrhundert

Weltoffene Metropole

Zu Weihnachten 1905 erschien im Frankfurter Carl Friedrich Schulz Verlag eine Anthologie, die das literarische Leben in Frankfurt dokumentieren sollte. Der Musiklehrer und Schriftsteller Theo Schäfer hatte in seinem *Frankfurter Dichterbuch* Texte von 80 Autoren zusammengestellt, die um die Jahrhundertwende in Frankfurt lebten oder kurz vorher verstorben waren. Er verband seine Herausgabe mit der „leisen Hoffnung, daß unter den jungen, aufstrebenden Talenten, die unser j u n g e s Buch in reicher Anzahl und zum Teil zum ersten Male vor das Urteil der Oeffentlichkeit bringt, wenigstens e i n zweiter Hölderlin erstehe“[322]. In der Tat ist die Fülle der Autorennamen auf den ersten Blick beeindruckend. Und man wäre geneigt, ein reiches literarisches Leben zu dieser Zeit in Frankfurt zu vermuten. Aber das Gegenteil war der Fall. Da die Autoren mit Kostproben ihres Schaffens vertreten sind, lässt sich leicht feststellen, dass sich darunter kein zweiter Hölderlin befindet.

Vom Ende der napoleonischen Zeit bis in die Mitte des 19. Jahrhunderts war Frankfurt neben Berlin das Zentrum der engagierten, politischen Literatur in Deutschland gewesen. Spätestens mit der preußischen Besatzung kam das literarische Leben weitgehend zum Erliegen. Als politischer Autor blieb Friedrich Stoltze mit seinen satirischen Blättern, ansonsten dominierten Mundartgedichte und -geschichten sowie gutgemeinte, aber anspruchslose Gelegenheitsarbeiten den Kanon. Von den großen literarischen Strömungen der Zeit blieb Frankfurt weitgehend abgeschnitten. Daran hatte sich 1905 nichts geändert. Aus der Fülle der aufgeführten zeitgenössischen Autoren wurde keine zwanzig Jahre später nur noch eine Handvoll geschätzt und gelesen: Emil Claar, Ludwig Fulda, Rudolf Geck, Rudolf Presber und Adolf Stoltze. Umso erstaunlicher ist es, welche rasante Entwicklung das kulturelle und besonders das literarische Leben in Frankfurt innerhalb nur zweier Jahrzehnte nahm. Die beiden entscheidenden Ereignisse in diesem Zeitraum waren der Erste Weltkrieg und die Gründung des ersten demokratischen Staats auf deutschem Boden, der Weimarer Republik.

Dank der ungebrochenen Finanzkraft des Bürgertums und der verkehrsgünstigen Lage war aus der Handelsstadt Frankfurt schon bald nach der Reichsgründung eine Handels- und Industriemetropole geworden. Trotzdem verwandelte sie sich nicht in eine rußige Industriestadt mit rauchenden Schloten. Vor allem die ‚City‘ mit ihren parkähnlich umgestalteten Wallanlagen faszinierte die Besucher, wie etwa den französischen Schriftsteller Paul Claudel, der im Oktober 1911 in einem Brief an seinen Freund Jacques Rivière bemerkte: „Frankfurt ist übrigens eine äußerst hübsche Stadt voller Blumen und Grün.“[323]

Am 1. August 1914 begann der Erste Weltkrieg, der auch für das nicht direkt vom Krieg betroffene Frankfurt weitreichende Folgen hatte. Zunächst war die Begeisterung in der deutschen Bevölkerung gewaltig. Überall meldeten sich Freiwillige. Aber die Euphorie der ersten Monate wich bald der Ernüchterung. Nach dem Einmarsch der deutschen Truppen in Belgien, in Frankreich, in das zu Russland gehörende Polen und in Russland selbst kam der Krieg schon bald zum Stillstand. Zermürbende Stellungskämpfe, vor allem in Frankreich, mit Tausenden von Toten, vernichteten jede Hoffnung auf ein baldiges, siegreiches Ende des Krieges. Mit der Dauer des Krieges verschlechterte sich die Versorgungslage dramatisch. Mitte 1916 wurden in Frankfurt Lebensmittelmarken ausgegeben, um den Mangel besser verwalten zu können. Besonders hart war der Winter 1917/18, der als ‚Steckrübenwinter' in die Geschichte eingegangen ist. Die große Kälte verhinderte den Transport von Lebensmitteln und damit eine halbwegs gesicherte Verteilung. Viele Menschen hungerten und sehnten den Frieden herbei. Anfang 1918 kam es zu den ersten Streiks. Aber nach dem Frieden von Brest-Litowsk im März, mit dem der Krieg gegen Russland beendet wurde, keimten noch einmal Siegeshoffnungen auf. Als allerdings die deutsche Frühjahrsoffensive an der Westfront scheiterte, sah die Oberste Heeresleitung keine Chance mehr für einen deutschen Sieg. Anfang Oktober 1918 ging ein Waffenstillstandsangebot an den amerikanischen Präsidenten Wilson. Am 11. November war der Krieg zu Ende. Aber schon vorher hatte es gewaltige politische Umwälzungen in Deutschland gegeben. Auslöser war die Meuterei der deutschen Hochseeflotte in Wilhelmshaven. Überall in Deutschland bildeten sich Arbeiter- und Soldatenräte, die die Macht in den Städten und Gemeinden übernahmen. Am 9. November wurde der Thronverzicht von Kaiser Wilhelm II. bekanntgegeben, der ins holländische Exil ging. Das war das Ende des Kaiserreiches, das der SPD-Politiker Philipp Scheidemann mit dem Ruf „Es lebe die Republik!" vom Balkon des Reichstages besiegelte. Ganz so friedlich, wie es zunächst ausgesehen hatte, verlief die Revolution von 1918 in Hessen dann doch nicht. In allen größeren Städten hatten sich zwischen dem 7. und 10. November Arbeiter- und Soldatenräte gebildet. Sie übernahmen eine Regierungsgewalt, die noch nicht genau definiert war. Die meisten Menschen freuten sich, dass die Waffen schwiegen, aber sie erkannten schon bald, was Frieden bedeutete. Deutschland hatte den Krieg verloren. Große Teile waren von alliierten Truppen besetzt. Ein Friedensvertrag, der Deutschland große Reparationslasten auferlegen würde, war zu erwarten. Überall fehlten Lebensmittel, Kleidung, Brennmaterial und Wohnraum. Die Zahl der Arbeitslosen und Kriegsheimkehrer, die keine Arbeit mehr fanden, wuchs von Tag zu Tag.

Die preußische Provinz Hessen-Nassau, zu der Frankfurt gehörte, war durch die französische Besetzung des Rheinlands bis 1930 ein geteilter Staat. Hauptstadt der Provinz und Sitz des preußischen Oberpräsidenten blieb Kassel, das daraus aber keinen nachhaltigen Gewinn schlagen konnte. Die größte und wirtschaftlich stärkste Stadt in Hessen-Nassau war weiterhin Frankfurt. Daran änderte auch die Inflation nichts, die 1923 ihren Höhepunkt erreichte. Zwar schmolzen die beträchtlichen Privatvermögen und die Kapitalanlagen der Frankfurter Stiftungen auf kleine Restbeträge zusammen, aber für den städtischen Haus-

halt brachte die galoppierende Geldentwertung auch Vorteile. Im November 1923 kostete eine einfache Straßenbahnfahrt 90 Milliarden Mark. Weil die Reichsdruckerei nicht mehr in der Lage war, genügend neue Geldscheine mit immer größeren Wertangaben zur Verfügung zu stellen, druckte Frankfurt selbst Notgeld: im Wert von sagenhaften 5 Trillionen, 211 Billiarden und 500 Billionen Mark. „Nach der Einführung der Rentenmark", schreibt der Historiker Dieter Rebentisch, „gelang es der Stadtverwaltung bereits im Frühjahr 1924, einen ausgeglichenen Haushaltsplan vorzulegen. Nun zeigte sich, dass die Stadt ihr Sachvermögen sowie den Grund- und Häuserbesitz im Wesentlichen ungeschmälert durch die Inflationszeit hindurch gerettet hatte. Auf der anderen Seite waren auch die Anleihen und Schulden der Stadt mit der allgemeinen Geldentwertung praktisch verschwunden"[324].
Der neue Oberbürgermeister Ludwig Landmann konnte daran gehen, die Stadt nach seinen Vorstellungen umzugestalten. Für die städtische Siedlungspolitik, einem der Kernpunkte seiner Arbeit, fand er in dem Architekten Ernst May einen kongenialen Mitstreiter. Der 1886 in Frankfurt geborene May war einer der ganz großen Architekten der Moderne. In nur fünf Jahren ließ er 15 500 Sozialwohnungen bauen: das ‚Neue Frankfurt'. Neben der Römerstadt und weiteren Großsiedlungen entstanden in Frankfurt auch repräsentative Großbauten, die noch heute das Stadtbild prägen. Der Berliner Architekt Peter Behrens, ehemals Mitglied der Darmstädter Künstlerkolonie, entwarf den neuen Verwaltungsbau der Farbwerke Hoechst, der mit seinem imposanten Lichthof zu den bedeutendsten Industriebauten der Weimarer Republik zählt.

Verwaltungsgebäude der I. G. Farben, um 1932.

Für die Zentrale der I. G. Farbenindustrie schuf Hans Poelzig ein kreisbogenförmiges Hochhaus mit sechs Querflügeln, das heute von der Frankfurter Goethe-Universität genutzt wird. Der damals größte Betonbau der Welt war die 1928 eingeweihte Großmarkthalle von Martin Elssaesser, die heute zum architektonischen Ensemble der Europäischen Zentralbank gehört.
So sehr sich Frankfurt auch als weltoffene und wohlhabende Großstadt darzustellen versuchte, die Weltwirtschaftskrise ging auch an ihr nicht spurlos vorüber. 1929 wurden die Frankfurter Frühjahrs- und Herbstmessen eingestellt. Das werteten viele als deutlich negatives Zeichen, denn die Tradition war erst 1919 und zunächst mit großem Erfolg wiederbelebt worden. Die Verunsicherung wuchs und sie wurde durch fast tägliche Hiobsbotschaften verstärkt. Auch in Hessen-Nassau verstanden es die Nationalsozialisten, vor dem Hintergrund der wirtschaftlichen Verelendung erdrutschartige Wahlsiege zu erzielen.

Rundfunk und Literatur

Frankfurt hatte sich während der Weimarer Republik zu einem literarischen Zentrum in Deutschland entwickelt. Das verdankte es vor allem zwei Einrichtungen: der 1856 von Leopold Sonnemann gegründeten *Frankfurter Zeitung* und dem Frankfurter Radiosender, der am 1. April 1924 seinen Betrieb aufnahm. Beide Institutionen versammelten bedeutende Journalisten, Schriftsteller, Soziologen und Philosophen um sich, die damals oft noch am Anfang ihres Berufsweges standen.

In Deutschland war das Radio relativ spät eingeführt worden. Bereits im Ersten Weltkrieg hatte es im besetzten Westfrankreich erfolgreiche Versuche mit Röhrensendern gegeben, und in den USA waren schon 1921 die ersten Lizenzen an private Radiostationen vergeben worden. In Deutschland befürchtete das zuständige Reichspostministerium lange, Revolutionäre könnten sich der Sender bemächtigen und über das Radio zum Umsturz aufrufen. Deshalb wurde der Rundfunk, als er endlich am 19. Oktober 1923 mit der ersten Sendung aus dem Berliner Vox-Haus begann, zum privat betriebenen ‚Unterhaltungsrundfunk' degradiert, der sich aller politischen Meinungsäußerungen zu enthalten hatte. Das kontrollierten ‚Überwachungsausschüsse› und ‚Kulturbeiräte'. Die Verantwortlichen in den deutschen Sendern, die zunächst als Aktiengesellschaften organisiert waren, machten aus der Not eine Tugend. In Frankfurt war der Arzt Hans Flesch zum künstlerischen Leiter berufen worden. Flesch, 1896 in Frankfurt geboren, hatte ursprünglich Schauspieler werden wollen, studierte dann aber Medizin. Der neugeschaffene Rundfunk bot ihm die Gelegenheit, zumindest einen Teil seines Traums zu verwirklichen. 1929 ging er als Intendant zur damals größten deutschen Sendegesellschaft, der *Berliner Funkstunde*. 1933 wurde Flesch von den Nationalsozialisten im KZ Oranienburg inhaftiert, angeklagt, jedoch im Juni 1935 freigesprochen. Er schlug sich mit verschiedenen Arbeiten durch und wurde Ende 1942, trotz ‚Wehrunwürdigkeit' als ‚Halbjude', dienstverpflichtet. Er arbeitete wieder als Arzt, zuletzt als Sanitätsoffizier im ‚Volkssturm' Seit März 1945 ist er verschollen.

Als Leiter des Frankfurter Senders hatte Flesch sein Programm konsequent an den Bedürfnissen des gehobenen Bürgertums ausgerichtet, das sich Gebühren und Apparate leisten konnte. Der Erfolg bestätigte dieses Konzept. Ende 1926 gab es bereits über 100 000 Rundfunkteilnehmer im Sendebezirk. Flesch sah im Rundfunk ein Erziehungsinstrument und eine kulturelle Institution, die den Hörern den Weg zur Kunst, zur Wissenschaft und zur Bildung ebnen sollte. Aber, so Flesch 1926, der Rundfunk „kann und will nur anregen. Er greift verschiedene Gebiete heraus, die er für besonders geeignet hält, und veranlasst den Hörer, sich selber nach Anhören damit zu beschäftigen. Diese Einstellung bewahrt ihn vor dem Vorwurf, seinen Hörern eine allgemeine, oberflächliche und chaotische Bildung eintrichtern zu wollen"[325]. Die wichtigsten Elemente im Programm der ersten Jahre waren Konzerte, bildende Vorträge, Literaturlesungen und Sprachkurse. Hans Flesch und sein Nachfolger, der Komponist und Musikschriftsteller Ernst Schoen, der 1933 nach Großbritannien emigrierte, machten, wie Wolfgang Schivelbusch schreibt, den

„Frankfurter Sender zu einem Innovationszentrum für die Rundfunk-Genres der Reportage, der neuen Musik, des Hörspiels und des freien Streitgesprächs“[326]. Es gelang ihnen, Autoren und Komponisten zu gewinnen, die speziell für den Rundfunk schrieben und komponierten. Das war nicht so ganz einfach, denn die Intelligenz der Weimarer Republik hatte ein durchaus zwiespältiges Verhältnis zum Rundfunk, so Wolfgang Schivelbusch. „Das Radio war ein modernes publizistisches Medium und stellte nebenbei auch noch eine bedeutsame neue Einnahmequelle dar – das war die positive Seite. Es war von Anfang an mit dem Geruch der Massenkultur und der schlechten Popularisierung behaftet – und das war selbst für viele marxistische Intellektuelle ein Grund, sich nicht darauf einzulassen.“[327] Der Philosoph, Literaturkritiker und Übersetzer Walter Benjamin, der mit Ernst Schoen seit der gemeinsamen Berliner Schulzeit befreundet war, erkannte dagegen, welche Chancen das neue Medium bot. „Die didaktische Nutzung des Mediums“, resümiert Sabine Schiller-Lerg die Ergebnisse ihrer Untersuchung über *Walter Benjamin und der Rundfunk*, „sollte im Dienst einer kommunikativen Pädagogik stehen. Bedürfnisse und Interessen einzelner Individuen sollten zum Verbindungsglied gleichgesinnter und betroffener Gruppen werden, und auf diesem Wege eine solidarische Erfahrungs- und Erkenntnisfindung unterstützen, um so zu einer gesellschaftsbewussten Haltung erziehen zu können. Dazu gehörte zweifellos auch die Erziehung eines selbstbewussten Hörers, der sich in seiner jeweiligen Kompetenz für das vermittelte Thema und Problem begreifen konnte“[328]. Am 23. März 1927 sprach Benjamin zum ersten Mal im Frankfurter Sender – über *Junge russische Dichter*. Es folgten Vorträge, literarische Kritiken, experimentelle ‚Hörmodelle‘ und Sendungen für Kinder und Jugendliche, darunter 1932 das Hörspiel *Radau um Kasperl*, das ursprünglich den Titel *Kasperl und der Rundfunk. Eine Geschichte mit Lärm* heißen sollte und als eine Art Geräuschrätsel für Kinder gedacht war. Es lief am 10. März 1932 über den Frankfurter Sender. In einer Szene des Hörspiels erklärt ein Karussellbesitzer dem Kasperl, wie man die Zahl 4 schreibt, aber Kasperl versteht das völlig falsch:

„DER KARUSSELLMANN: Bitte schoen, ich schreibs Ihnen vor: E i n e n Strich von oben nach unten, n o c h e i n e n von links nach rechts und zum Schluss n o c h e i n e n von oben nach unten, macht 4.
KASPERL: Macht drei.
DER KARUSSELLMANN: Macht vier.
KASPERL: Macht drei.
Der Wortwechsel beschleunigt sich. Kasperl zählt auf:
ein Strich und noch ein Strich und noch einer – macht drei.
DER KARUSELLMANN: Wenn ich Ihnen doch sage, dass das eine Vier ist. Habens denn nichts in der Schule gelernt?
KASPERL: Dös könnt Ihnen so passen, die Leut frotzeln. Erst habens gesagt einen Strich, dann sagens noch einen Strich und dann sagens zuletzt nochmal einen. Das macht drei. Und das werdens gleich sehen, wie das drei macht. *Man hört den Knall von drei Back-*

pfeifen. Eine Watschn und noch eine Watschn und noch eine Watschn. Dös macht drei Watschn. Dem hätten wir das Rechnen mal ausgetrieben.
Der Wortwechsel geht in eine Keilerei über."[329]

Benjamins Spektrum seiner Radioarbeiten war breit und reichte von einer Geschichte der Räuberbanden in Deutschland bis zu Autorenporträts von André Gide oder Bertolt Brecht.
Der 1903 in Frankfurt geborene Philosoph und Soziologe Theodor W. Adorno verfolgte einen ähnlichen Ansatz wie Benjamin in seinen Schulfunksendungen und vor allem in den von ihm verfassten Einleitungen zu den Frankfurter ‚Studiokonzerten'. Er wollte seine Hörer an Kunstformen heranführen, die sich einem spontanen Verständnis entzogen. Die Neue Musik, die von Flesch und Schoen mit einer Reihe von Auftragskompositionen gefördert wurde, war ihm dabei besonders wichtig. Allein in den beiden Anfangsjahren des Frankfurter Rundfunks waren knapp 200 Sendungen mit zeitgenössischer Musik im Programm, hat der Rundfunkhistoriker August Soppe ermittelt[330]. Dabei wurden Werke von mehr als 60 Komponisten des 20. Jahrhunderts aufgeführt, unter anderem von Debussy, Strawinsky, Richard Strauss, Bartók und Krenek. ‚Hauskomponist' war Paul Hindemith, der Schwager von Hans Flesch.
Ähnlich überlegt wie bei der Musik gingen Flesch und Schoen auch beim Hörspiel, der originären Radiokunstform, vor. Bereits am 24. Oktober 1924 hatte der Frankfurter Sender das erste deutsche Radiohörspiel ausgestrahlt: *Zauberei auf dem Sender* von Hans Flesch. Ähnlich wie Benjamins Hörspiel *Radau um Kasperl*, mit dem jüngeren Hörern das Radio als zu hinterfragendes Medium nahegebracht werden sollte, zeigte Flesch mit der Live-Produktion, an der sein gesamtes Team beteiligt war, das Radio als mediale Inszenierung. Pünktlich um 20.30 Uhr war im Programm des Senders das Chaos ausgebrochen. Eine Märchentante drängte ins Programm, und das Orchester spielte alles andere als die angekündigte Musikfolge. Aufgeregte Telefonate wurden geführt, bis sich herausstellte, dass ein Zauberer für das Werk der Verwirrung und Zerstörung verantwortlich war. Da das Hörspiel sehr realistisch inszeniert war, sorgte es bei den Hörern für heftige Irritationen. Flesch reizte es von Anfang an, alle Möglichkeiten auszuloten, die ihm das neue Medium bot. Nach diesem ersten Versuch wurden zunächst keine eigens für das Radio geschriebenen Hörspiele produziert. Es war üblich, Theaterstücke zu übernehmen und für den Rundfunk einzurichten. Die großen Autoren der Weimarer Republik standen dem neuen Medium lange skeptisch gegenüber, obwohl sie sich gelegentlich zu Autorenabenden einladen ließen. Man sah die Kultur von der Technik bedroht und fürchtete den Buchumsatz oder den Bestand der Theater. Erst gegen Ende der zwanziger Jahre begannen einige Schriftsteller, sich intensiv mit dem Radio auseinanderzusetzen und Hörspiele zu schreiben, die nur für den Rundfunk und nicht (auch) für das Theater gedacht waren. Der bekannteste von ihnen ist Bertolt Brecht, der schon 1927 *Vorschläge für den Intendanten des Rundfunks* gemacht hatte, um das Radio in eine ‚wirklich demokratische Sache' zu

verwandeln. Am 29. Juli 1929 übernahm der Frankfurter Sender Brechts *Der Lindberghflug* aus Baden-Baden. Die Musik hatten Kurt Weill und Paul Hindemith komponiert. Das Frankfurter Rundfunkorchester spielte. In seinem „Radiolehrstück für Knaben und Mädchen“ stellte Brecht dem Helden den Hörer als gleichberechtigten Partner gegenüber, um eine die pädagogische Absicht konterkarierende Identifikation zu verhindern. „Der Rundfunk ist aus einem Distributionsapparat in einen Kommunikationsapparat zu verwandeln“[331], forderte Brecht 1932 in seiner Rede über die Funktion des Rundfunks. Unter Hans Flesch und Ernst Schoen kam das in Frankfurt produzierte Hörspiel diesem Ideal manchmal sehr nahe, etwa mit den *Auditor*-Hörspielen, die mit großem Erfolg zwischen 1928 und 1932 ausgestrahlt wurden. Auditor stellte einen juristischen Streitfall in den Mittelpunkt, band ihn in eine Geschichte ein, präsentierte das Urteil und bat die Hörer um Stellungnahme. Bis zu 2000 Zuschriften erreichten daraufhin die Redaktion.

Titelseite der Südwestdeutschen Rundfunk-Zeitung (1932).

„Unter Ernst Schoen“, schreibt Wolfgang Schivelbusch, „entwickelte Radio Frankfurt in den Jahren 1929-33 ähnlich kompromisslos wie die neue Musik einen neuen Hörspieltypus, mit dem es ebenso einsam in der Rundfunklandschaft stehen sollte. Das Hörspiel als soziologisches Experiment und Lehrstück. Die persönliche Freundschaft Schoens mit Walter Benjamin und über diesen die Verbindungen zu Brecht spielte dabei sicher eine Rolle. Die geistige Nähe zu beiden findet man unter anderem in Schoens Vorschlag, das alte Begriffspaar im deutschen Rundfunkprogramm ‚Unterhaltung und Belehrung‘ durch ‚Spiel und Arbeit‘ zu ersetzen, da dieses aktiv, jenes passiv sei“[332].

Zu den von Schivelbusch angesprochenen Lehrstücken zählten auch die Hörspiele, die sich kritisch mit gesellschaftlichen Entwicklungen auseinandersetzten oder Alltagsprobleme unter die Lupe nahmen. So schrieb Walter Benjamin zusammen mit Wolf Zucker die zwei ‚Hörmodelle‘ *Gehaltserhöhung?! Wo denken Sie hin!* und *Frech wird der Junge auch noch?!*, gefolgt von Studiodiskussionen, an denen auch Benjamin als Autor teilgenommen haben soll. Leider sind viele Manuskripte und Tonaufnahmen aus dieser Zeit verloren gegangen. Obwohl Walter Benjamin oft selbst im Rundfunk sprach, hat sich kein Dokument seiner Stimme erhalten.

Das gilt auch für viele andere Autoren, die im Frankfurter Sender aus ihren Werken lasen, zum Beispiel in der beliebten *Stunde der Frankfurter Zeitung*, in der unter anderem Alfons Paquet, Joseph Roth oder Fritz von Unruh eigene Texte vortrugen. Einer der Höhepunkte dieser Reihe war der Auftritt von Thomas Mann, der am 13. Juli 1924 aus seinem noch nicht vollendeten *Zauberberg* las.

Die Zusammenarbeit zwischen dem Frankfurter Sender und der *Frankfurter Zeitung* brachte für beide Seiten Vorteile. Der Sender profitierte von dem hohen Ansehen der Zeitung und ihren hervorragenden Kontakten zu Schriftstellern; die Zeitung nutzte die Werbemöglichkeiten, die ihr ein Sender mit einem betuchten bildungsbürgerlichen Publikum bot.

Die Frankfurter Zeitung

Die *Frankfurter Zeitung* war 1856 von dem aus Höchberg bei Würzburg stammenden Bankier Leopold Sonnemann als *Frankfurter Geschäftsbericht* gegründet worden. Wenig später wurde aus dem Blatt die *Frankfurter Handelszeitung*, die seit 1866, nach einem kurzen Aufenthalt im Stuttgarter ‚Exil', *Neue Frankfurter Zeitung und Handelsblatt* hieß. Der Name war Programm. Mit der Zeitung, die mit bis zu drei Ausgaben täglich erschien, begleitete Sonnemann den Aufstieg Frankfurts zu einem der wichtigsten Banken-, Handels- und Börsenplätze im Deutschen Reich und weit darüber hinaus. Der 1831 geborene Sonnemann gehörte zu dem Teil des liberalen Frankfurter Bürgertums, der von den Ideen der Nationalversammlung geprägt war. Schon als Jugendlicher hatte er sich für eine deutsche Republik begeistern können, die dann aber nicht Wirklichkeit wurde. Die Radikalität schwand später in seinem Denken, aber ein überzeugter Republikaner ist er geblieben, als Mitbegründer der ‚Deutschen Volkspartei' in Frankfurt, als Kommunalpolitiker und seit 1871 als Reichstagsabgeordneter. Sonnemann war der „Fürsprecher einer klassenübergreifenden Volkspartei"[333], in der Sozialdemokraten und Liberale gemeinsame Ziele vertreten sollten. Platz für eine Arbeiterpartei war in seinem Denken nicht. Aus diesem Grund sahen die Sozialdemokraten in ihm einen politischen Gegner, auch wenn sie und Sonnemann in zentralen Fragen ähnlich dachten. Obwohl Sonnemann als Verleger der Redaktionskonferenz seiner Zeitung vorsaß, verstand er sich lediglich als der Erste unter Gleichen. Allerdings teilte die Redaktion die politischen Ansichten ihres Verlegers. Und so weit gingen die sozialreformerischen Ansätze nicht, dass die *Frankfurter Zeitung* ihre Leser aus dem Blick verlor, nämlich die Führungskräfte aus Wirtschaft und Finanzwesen. Als bürgerliches Blatt mit Frankfurter Wurzeln war die *FZ*, wie sie kurz hieß, antipreußisch und vor allem anti-bismarckisch eingestellt. Nicht nur in diesem Punkt verstanden sich Sonnemann und Stoltze prächtig. Die *Frankfurter Zeitung* zog gegen die Sozialistengesetze publizistisch zu Felde und stellte sich im ‚Kulturkampf' demonstrativ auf die Seite der katholischen Zentrumspartei. Später war die Expansions- und Flottenpolitik von Kaiser Wilhelm II. die ständige Zielscheibe für harsche Kommentare. Verfolgungen, Verhaftungen und sogar Gefängnisstrafen für Redakteure waren die Folge und vergrößerten das Ansehen des Blattes, das als unbestechlich galt. Nach dem Tod Sonnemanns 1909 traten seine Enkel Kurt und Heinrich Simon in die Geschäftsleitung ein. 1914 übernahm

Heinrich Simon auch den Vorsitz der täglichen Redaktionskonferenz. Er war 1906, nach seinem Studium der Philosophie und der Kunst- und Literaturgeschichte, in den Verlag eingetreten und hatte zunächst im Feuilleton gearbeitet. Das Feuilleton leitete seit 1907 und bis 1924 (und später, nach dem erzwungenen Exodus, noch einmal von 1933 bis zu seinem Tod 1936) der aus Elberfeld stammende Rudolf Geck, der seine Artikel mit dem Kürzel „-ck.“ zeichnete. Geck stand für ein heiter-besinnliches Feuilleton, das dem von Wirtschafts- und Politiknachrichten ermüdeten Leser ‚unter dem Strich‘, also im unteren Drittel der vorderen Seiten, eine geistreiche Unterhaltung bot. Seine kleinen Betrachtungen konnten das Schicksal eines Schweinehirten in einem Bergdorf ebenso in den Blick nehmen wie das Auftauchen eines gelben Dackels während eines Außenministertreffens im Haag. Dabei konnte auch die eigene Zeitung in den Blick geraten. So erzählte Geck in einem seiner Feuilletons von einem Schokoladenfabrikanten, der die Redaktion überraschend besuchte:

„Was mochte er wollen? Es erschien ein stämmiger Herr, sechzig etwa, frisch und rosig, mit hellen Augen. Händedruck, Entschuldigung ob des Überfalls. ‚Was führt Sie zu uns?‘ Der Schokoladen-König lachte. ‚Nichts eigentlich, nur der Wunsch, einmal in den Räumen der Zeitung zu sein, die ich seit 50 Jahren lese.‘ Er habe noch eine Stunde Zeit bis zu einer Aufsichtsratssitzung und nichts Besseres zu tun, als sie mit einem seiner geistigen Nährväter zu verplaudern. Machen wir.“[334]

Gesammelte Artikel und Glossen von Rudolf Geck in Buchform (1930).

Von mangelndem Selbstbewusstsein zeugt dieser Artikel nicht. Eher schon von einem kritischen Verhältnis zu Schriftstellern, wenn er den Besucher „erfrischend“ nannte, „ganz anders als die, so mit fahlen Gesichtern ihre Verse herbringen“. Die Redaktion der *Frankfurter Zeitung* wusste genau, welche Rolle sie im Kaiserreich gespielt hatte und jetzt in der Weimarer Republik spielte. Neben der *Vossischen Zeitung* und dem *Berliner Tageblatt* war die *FZ* die dritte große Zeitung in Deutschland, mit anerkannter Kompetenz und Zuverlässigkeit in der Wirtschaftsberichterstattung. Auch wenn das Blatt zur Pflichtlektüre von Unternehmern, Bankiers und Politikern zählte, war die *FZ* nicht die Speerspitze des Kapitalismus, sondern, ganz im Sinn Sonnemanns, ein kritischer Begleiter gesellschaftlicher und wirtschaftlicher Entwicklungen. Das Feuilleton, das bis dahin ein eher beschauliches Dasein im Blatt geführt hatte, streifte unter Gecks Nachfolger Benno Reifenberg alles Betuliche ab und mischte sich ein. Diskussionsräume entstanden, nicht nur in der Feuilletonredaktion, sondern auch im Blatt selbst. Die Politik- und die Wirtschaftsredaktion werden das nicht gern gesehen haben, denn nicht immer hatte das, was sie vorne im Blatt schrieben, hinten Bestand. Reifenberg, 1892 in Oberkassel bei Bonn geboren, hatte Archäologie und Kunstgeschichte studiert, allerdings ohne Abschluss, dafür

aber mit Weltkriegserfahrung. 1919 war er als Kunstkritiker in die *FZ*-Redaktion eingetreten und hatte fünf Jahre später die Leitung der Feuilletonredaktion übernommen. Er war offen für neue Ideen und für politische Meinungen, die nicht seiner entsprachen, soweit sie weder nach rechts noch nach links ausschlugen. Das machte die *Frankfurter Zeitung* zu einem wichtigen Publikationsforum für fast alle wichtigen Schriftsteller und Philosophen der Weimarer Republik. Von Walter Benjamin, Ernst Bloch und Bertolt Brecht bis Anna Seghers und Carl Zuckmayer. Als Fortsetzungsromane erschienen zum Beispiel *Krieg* von Ludwig Renn und *Der Streit um den Sergeanten Grischa* von Arnold Zweig. Erich Maria Remarques *Im Westen nichts Neues* soll die Redaktion allerdings, so Günther Gillessen[335], abgelehnt haben. Wer in der *FZ* schrieb, wurde gelesen, und über das Gelesene wurde öffentlich und nicht selten heftig diskutiert. Schon die Liste des intellektuellen Personals, das Reifenberg an die Feuilletonredaktion binden konnte, ist beeindruckend.
Alfons Paquet war der ‚dienstälteste' unter ihnen. Er hatte schon 1904 seine ersten Beiträge für die *Frankfurter Zeitung* geschrieben. Von seinen ausdehnten Reisen um die Welt brachte er Reportagen mit, die auch gesammelt in Buchform erschienen. Von 1916 bis 1918 war er Korrespondent in Stockholm, danach ließ er sich dauerhaft in Frankfurt nieder. Als Schriftsteller hatte Paquet 1901 mit dem Erzählungsband *Schutzmann Mentrup und anderes* debütiert. Seine realistische, am Naturalismus geschulte Sprache prägte auch seine Reiseschilderungen, die ihn in kurzer Zeit populär machten. Obwohl er als praktizierender Christ und später als Quäker jede Form von Gewalt ablehnte, warb er in seinen Reisereportagen aus Russland für die soziale Revolution Lenins. Seine Berichte erschienen noch vor dem Ende des Ersten Weltkriegs in der *FZ* und 1919 unter dem Titel *Im kommunistischen Rußland* als Buch. Im Vorwort des Buches weist Paquet darauf hin, dass alle Artikel ohne Änderungen die damalige Zensur passiert hatten, bis auf einen am 8. September 1918. Unter dem Titel *Eine Gewissensfrage* hatte Paquet geschrieben, was die Deutschen nicht lesen durften:
„In keinem der kriegführenden Länder werden einschneidende Umwälzungen ausbleiben, wenn einmal die Heere in ihre Heimat zurückkehren. Die Grundlagen der europäischen Zivilisation, die diesen Weltkrieg hervorbringen konnte, werden einer Revision unterzogen werden. Die Voraussage Lenins, daß die Beendigung des imperialistischen Krieges nur durch den Bürgerkrieg möglich ist, wird in Erfüllung gehen, wenn die Regierungen, auf die es ankommt, sich nicht beeilen, ihrer Erwartung auf einen völligen Zusammenbruch des Gegners und ihren Glauben an die rohe Gewalt aufzugeben."[336]
Das war prophetisch, durfte aber in einem Land, das noch fest mit dem völligen Zusammenbruch seiner Gegner rechnete, nicht geschrieben werden. In seinen Dramen *Fahnen* (1923) und *Sturmflut* (1926), die beide von Erwin Piscator an der Berliner Volksbühne uraufgeführt wurden, profitierte Paquet von seinen Erfahrungen, die er im kommunistischen Rußland gemacht hatte. Neben seinen Reisereportagen, Romanen, Erzählungen und Theaterstücken war Paquet auch seiner Wahlheimat Frankfurt eng verbunden und schrieb unter anderem über *Frankfurt als Bücherstadt* (1924), *Frau Rath und ihre Welt* (1931)

und *Die Frankfurterin* (posthum 1947). Paquet blieb der *Frankfurter Zeitung* bis zu ihrer erzwungenen Einstellung 1943 eng verbunden.

Alfons Paquet.

Als Benno Reifenberg 1924 die Feuilletonleitung übernahm, gab er das Filmressort dem 1889 in Frankfurt geborenen Architekten, Soziologen und Schriftsteller Siegfried Kracauer. Nur kurz nach Paquet, 1907, hatte er seine ersten Artikel für die *Frankfurter Zeitung* geschrieben, seit 1921 arbeitete er in der Lokalredaktion. „Seine später epochemachende soziologische Filmkritik", schreibt Wolfgang Schivelbusch, „hatte ihren Ursprung in seiner journalistischen Tagesarbeit in den zwanziger Jahren. Von den Redakteuren der *Frankfurter Zeitung* ist er der einzige, dessen journalistisches Werk nicht nur überdauerte, sondern sich erst richtig in der Nachwirkung entfaltete. Dass Kracauer selber nicht ganz frei war von der ‚naiven Sehlust des Kinobesuchers' und den Gefühlsseligkeiten der von ihm eingehend beschriebenen ‚kleinen Ladenmädchen' hat sein damaliger Freund und Schüler Adorno später mit leiser Herablassung vermerkt. Diese nicht nur intellektuelle, sondern auch emotionale Nähe zum Gegenstand seiner Kritik war sicherlich eine Folge davon, dass Kracauer nicht in der hermetischen Welt der Universität, sondern im Tagesbetrieb der Zeitung arbeitete"[337]. Kracauer lotete die Grenzen des klassischen Feuilletons aus und war einer der ersten, die sie überschritt. Mit seinen soziologischen Studien, die an Bloch und Benjamin geschult waren, stieß er bei Reifenberg auf wachsendes Interesse. Als Kracauer 1929 mit seiner Untersuchung über die *Angestellten* eine neue gesellschaftliche Klasse ausmachte, sah Reifenberg das Konfliktpotential, das in einer entsprechenden Artikelserie stecken würde; denn die *FZ* war ja nicht das Blatt der kleinen, von Existenzängsten geplagten Angestellten, sondern das der Arbeitgeber und damit der Gegenseite. Reifenberg empfahl Heinrich Simon trotzdem den teilweisen Vorabdruck, wegen der ‚echten humanen Haltung', die den Text auszeichne. Allerdings solle die eine oder andere Schärfe wegretuschiert werden. So geschah es. Der Vorabdruck erschien und kurze Zeit später im hauseigenen Societäts-Verlag das Buch, das Kracauer Reifenberg widmete. Als Reifenberg 1930 sein Amt aufgab und als Kulturkorrespondent nach Paris wechselte, deutete sich auch im Feuilleton ein Kurswechsel an. Kurz vorher war die *Frankfurter Zeitung*, deren finanzielle Situation sich seit Mitte der zwanziger Jahre dramatisch verschlechtert hatte, durch Gelder der I.G. Farben vor dem Konkurs gerettet worden. Führende Wirtschaftsvertreter wie Carl Bosch, der Vorstandsvorsitzende der I.G. Farben, waren offensichtlich der Meinung, dass eine liberale, wirtschaftsfreundliche Zeitung, die sich zu den Grundwerten der Weimarer Demokratie bekannte und alle politischen Radikalismen ablehnte, unbedingt erhalten werden müsse. Es ist immer wieder darüber spekuliert worden, ob Wirtschaftsvertreter in der Folge Einfluss auf den Kurs der Zeitung genommen haben. Günther Gillessen sieht in seiner Studie

über die *FZ* „keinen Fall, an dem sich belegen ließe, dass die Zeitung aus Rücksicht auf die neuen Besitzverhältnisse ihre Linie geändert hätte"[338]. Wolfgang Schivelbusch hat dagegen eine „Tendenzwende in der politischen Haltung der Redaktion" ausgemacht und zitiert den ehemaligen *FZ*-Redakteur Karl Apfel: „Die Zeitung wurde gewissermaßen ‚entideologisiert'; sie versuchte, allmählich die enge Bindung an die Reste der liberalen Parteien zu lösen, sich auf Tatsachenmitteilungen zu beschränken."[339]
Kracauer wurde nach dem Ausscheiden Reifenbergs aus der Frankfurter Zentralredaktion als Kulturkorrespondent nach Berlin versetzt oder „abgeschoben", wie die Herausgeberin seiner Aufsätze, Inka Mülder-Bach, meint. Kracauers Berliner Jahre hätten „im Zeichen zunehmender Spannungen mit der Zeitung" gestanden, „die sich, wie es im Nachhinein scheint, ihres inzwischen nicht nur renommiertesten, sondern auch politisch radikalsten Redakteurs schrittweise zu entledigen suchte"[340]. Allerdings war Kracauer zumindest bis Ende 1932 noch recht häufig im Blatt vertreten.
Neben seiner publizistischen Tätigkeit schrieb Kracauer noch zwei Romane. Seine Erfahrungen, die er in der Redaktion der FZ gemacht hatte, verarbeitete er 1934 in *Georg*. Der Roman entstand in seinem Pariser Exil und konnte erst posthum 1973 erscheinen. In seinem ebenfalls stark autobiographisch geprägten Erstling *Ginster*, den er 1928 anonym herausbrachte, schilderte Kracauer den Ersten Weltkrieg aus der Sicht eines jungen Intellektuellen, der in Frankfurt als Ingenieur tätig ist und dem Frontdienst entgehen kann. Der Roman ist die aus Gesprächen und Reflexionen entwickelte Mentalitätsgeschichte einer gerade erwachsenen Generation, die zunächst kollektiv den Krieg bejaht, dann aber erkennen muss, dass ‚eine Einigkeit, die der Kriege bedurfte, ihren Zweck verfehlte'. Ernüchterung und Trauer führen konsequent in die Revolution.
Wenn Kracauer der renommierteste Redakteur der *Frankfurter Zeitung* in dieser Zeit war, wie seine Herausgeberin meint, dann war Joseph Roth der bekannteste von den Mitarbeitern, die regelmäßig für das Blatt schrieben. Der aus Galizien stammende Schriftsteller, der mit Kracauer den linken Flügel in der Feuilletonredaktion bildete, wollte nicht Redakteur werden. Seit 1923 reiste er für die *FZ*, schrieb Rezensionen und andere Artikel, in denen er seine politischen Ansichten deutlich aussprach. Von der Redaktion selbst erwartete er Langmut und Toleranz. Sein Verhältnis zur *FZ* schwankte zwischen Widerwille gegen die (groß-)bürgerliche Ausrichtung des Blatts und Solidarität mit der Feuilletonredaktion. Gelegentlich siegte der Widerwille, wie im Sommer 1929, als Roth mit Aplomb die Zeitung verließ und zu den *Münchner Neuesten Nachrichten* wechselte. In der *Weltbühne* ließ er wissen, dass seine Weltanschauung nicht zu der der *Frankfurter Zeitung* passe. Schon kurze Zeit später hatte er sich mit seinem neuen Arbeitgeber überworfen und begehrte, wieder in die Frankfurter Redaktion aufgenommen zu werden. Trotz erheblicher Bedenken wurde dem Wunsch entsprochen, weil man die ‚Farbe' Roth bereits vermisst hatte. Der verlorene Sohn durfte zurückkehren. Roth revanchierte sich auf seine Weise und sorgte wenig später für tüchtigen Ärger. Er war auf eine Harzreise geschickt worden und hatte dabei auch das Braunkohlenrevier südlich von Halle und die Leunawerke einer

kritischen Inspektion unterzogen. Sein Bericht über das sterbende Dorf Runstedt und das Ammoniak-Werk der I.G. Farben in Leuna wurde am 1. Weihnachtsfeiertag 1930 zu einer emotional vorgetragenen Klage gegen die am Profit orientierte Weltwirtschaft im allgemeinen und die menschenverachtende Großindustrie im speziellen:
„Wie ein großer See aus silbernem Feuer liegen die Werke, eingetaucht in die Schwärze der Nacht, und noch lange verharrt der Reisende in dem Gefühl, an einer außerordentlichen Kirmes vorbeigefahren zu sein. Sehen Sie, mein Lieber, das ist gewissermaßen unsere Place de la Concorde. Leider stinkt sie nach Ammoniak, es ist streng verboten, sie zu betreten, die Menschen, die dort beschäftigt sind, sind Arbeiter, das Gift frisst an ihren Lungen, wie die Bagger in der Erde wühlen, aber sie erzeugen Kunstdünger, dem wir unser Brot verdanken. Hier stinkt's wie Giftgas – und es ist in der Tat ein leichtes, die Stoffe, aus denen man den Dünger herstellt, in Gift zu verwandeln und die Geräte, in denen der Segen quirlt, zu Gasherden umzugestalten. Hielten Sie wirklich einmal hier an und stiegen Sie hier aus, Sie würden sehen, wie mörderisch der Kampf ist, den die Technik gegen das Land führt (…) Die riesigen Schornsteine der Leunawerke senden den tödlichen Gestank in die himmlische Bläue jener Regionen, in denen sich Lerchen wohlfühlen (…)
Die Weltwirtschaft veranstaltet ihre eigenen Jüngsten Gerichte, weil das wirkliche so lange auf sich warten lässt. Die Weltwirtschaft übersiedelt die Toten. Sie geht über Leichen und verschafft ihnen dann neue Quartiere. Sie zieht Christi Kreuze aus der Erde und fabriziert Gelbkreuze unter dem Schutz von Hakenkreuzen.“[341]
In der Tat sollte der I.G. Farben-Konzern nicht lange danach den Kontakt zu Hitler suchen. Das Pikante hinter dem Artikel war, dass Carl Bosch, unterdessen über die I.G. Farben Miteigentümer der *Frankfurter Zeitung*, den Bau des Ammoniakwerkes 1917 geleitet hatte. Der Protest aus der Vorstandsetage ließ nicht lange auf sich warten und wurde von Simon, wie Gillessen berichtet, souverän pariert. Roth blieb Mitarbeiter der *FZ*. Sein letzter Artikel erschien genau zwei Jahre später, am 25. Dezember 1932, und war eine feuilletonistische Betrachtung über die Laterna magica.
Noch eines Mitarbeiters der *Frankfurter Zeitung* soll an dieser Stelle gedacht werden, weil er die Heimatstadt der *FZ* zum Schauplatz eines Romans wählte, der bis heute gelesen wird. Der aus Fürth stammende Erzähler und Kritiker Jakob Wassermann hatte schon 1898 als Theaterkritiker für die *Frankfurter Zeitung* aus Wien berichtet. Dann waren seine Romane entstanden, mit denen er ein großes Publikum erreichte. Der erfolgreichste von ihnen ist *Der Fall Maurizius*, den er in Frankfurt spielen ließ. Darin geht es um die Revision eines gravierenden Fehlurteils. Der sechzehnjährige Sohn entdeckt gegen seinen Vater, den Staatsanwalt, die wahren Hintergründe eines Mordes. Marcel Reich-Ranicki hat Wassermann im Nachwort zu einer Neuausgabe des Romans einen großen Könner genannt und sich beeindruckt von der ‚rein handwerklichen Leistung' gezeigt. Eine verzweigte und vielschichtige Kriminalaffäre werde hier so übersichtlich und so facettenreich ausgebreitet, dass sich das Ganze trotz der adjektivsüchtigen Beschreibungen nach wie vor als gut lesbar erweise und größtenteils auch als höchst spannend.

Martin Buber und das Freie Jüdische Lehrhaus

Jakob Wassermanns Roman erschien 1928 in Berlin, hätte aber auch in Frankfurt herauskommen können. Denn der 1921 gegründete Societäts-Verlag, der wie die *Frankfurter Zeitung* zur Frankfurter Societäts-Druckerei gehörte, war während der Weimarer Republik einer der wichtigeren Verlagshäuser in Deutschland. Ludwig Renns Roman *Krieg* (der in der *FZ* vorabgedruckt worden war) erschien bei der Societät ebenso wie Bücher von Kasimir Edschmid, Ernst Erich Noth, Friedrich Sieburg, Fritz von Unruh und Peter Martin Lampel.

Neben der Societät war auch die Literarische Anstalt Rütten & Loening noch in Frankfurt. Nach den bewegten Gründungsjahren war die Produktion (bis auf den weiterhin auflagenstarken *Struwwelpeter*) fast zum Erliegen gekommen. Danach widmete sich der Verlag wissenschaftlichen Werken, brachte das *Goethe-Jahrbuch* heraus und eine ganze Reihe von Goethe-Schriften, darunter den Briefwechsel mit Frau von Stein und eine achtbändige Sammlung von Goethes Selbstaussagen (*Goethe über seine Dichtungen*, 1901-1914). Unter Wilhelm Ernst Oswalt, dem Sohn von Rüttens Neffen und seit 1901 Alleinerbe, wandte sich der Verlag der europäischen Literatur zu. Wichtigster Autor wurde der französische Schriftsteller und Literaturnobelpreisträger Romain Rolland, der mit seinen vom Humanismus geprägten Erzählungen und Biographien in Deutschland gern gelesen wurde. Andere Erfolgsgaranten des Verlags waren die Norwegerin Sigrid Undset und der Däne Karl Gjellerup, beide ebenfalls Literaturnobelpreisträger. Von den deutschen Schriftstellern ließen Otto Flake, Franz Hessel, Alfons Paquet, Alfred Polgar, Waldemar Bonsels, Stefan Zweig, Ferdinand Kramer und Rudolf G. Binding Bücher bei Rütten & Loening erscheinen. Bis auf den Ersten Weltkrieg, in dem Oswalt stark nationalistische Texte herausbrachte und sogar den *Struwwelpeter* für die Kriegspropaganda einsetzte (*Struwwelpeter wird Soldat oder Die feldgrauen Buben*, 1915) hatte Oswalts Programm eine völkerversöhnende, internationalistische Ausrichtung, die auf das Gemeinsame der Nationen setzte und nicht das Trennende. Dafür hatte schon, gleich nach der Jahrhundertwende, der Religions- und Sozialphilosoph Martin Buber gestanden. 1905 schlossen Buber und Oswalt einen Vertrag, mit der *Die Gesellschaft*, eine vierzigbändige Reihe sozialpsychologischer Studien, begründet wurde. Carsten Wurm nennt sie „die nach Umfang und analytischer Kraft bedeutsamste Bestandsaufnahme Deutschlands vor dem Ersten Weltkrieg. Mit ihnen trug Buber zur Bildung der Soziologie bei“[342]. Oswalt verpflichtete den weiterhin in Berlin lebenden Buber darüber hinaus 1908 als literarischen Leiter des Gesamtprogramms. Seit 1914 war Buber nur noch Berater. 1916 siedelte er nach Heppenheim über, wo er bis zu seiner Emigration lebte.

Der aus Wien stammende, dann in Galizien aufgewachsene Buber war fasziniert von dem jüdischen Leben im Osten Europas. Wie viele jüdische Intellektuelle, die der Anpassung an die Lebensgewohnheiten ihrer nicht-jüdischen Mitbürger kritisch gegenüber standen, sah er in den jüdischen Gemeinden des Ostens eine „äußerst vitale Volkskultur“[343] mit eigen-

ständiger Literatur und Musik, mit Theater und religiöser Gemeinschaft. Diese ‚Volkskultur', könne das jüdische Leben in Deutschland stärken und kräftigen und den jüdischen Geist neu beleben. In diesem Denken traf er sich mit dem in Kassel geborenen Franz Rosenzweig, der aus einer assimilierten jüdischen Familie stammte und sich nach seinem Studium christlich taufen lassen wollte. Aber die Beschäftigung mit der jüdischen Tradition führte ihn auf einen anderen Weg. Statt sein Judentum hinter sich zu lassen, gründete er 1920 in Frankfurt das ‚Freie Jüdische Lehrhaus' als eine Art jüdischer Volkshochschule, in der Talmudstudien neben Kursen über mittelalterliche hebräische Literatur und die Beschäftigung mit Mystik und jüdischem Kultus neben aktuellen Fragen des Zionismus und Antisemitismus standen. Martin Buber wurde sein engster Mitarbeiter, mit ihm hat er auch die Bibel neu übersetzt, ganz nach dem im Lehrhaus gepflegten Prinzips der Mündlichkeit und des „Dialogs zwischen Gleichgestimmten"[344]. Die jüdische Gemeinde Frankfurts, die nach dem Ersten Weltkrieg 30 000 Mitglieder zählte und rund sechs Prozent der Bevölkerung ausmachte, zeigte wenig Interesse an Rosenzweigs Prinzip, jüdische Tradition und jüdisches Wissen nicht vom Katheder herab zu vermitteln, sondern im Gespräch zu erarbeiten. An den Lehrenden kann die mangelnde Resonanz nicht gelegen haben. Denn Rosenzweig ist es bis zu seinem Tod 1929 (und dem damit verbundenen Ende seines Lehrhauses) gelungen, einen exquisiten Kreis um dich zu scharen. Die Namensliste reicht von dem in Bad Homburg lebenden späteren Literaturnobelpreisträger Samuel Joseph Agnon bis zu Siegfried Kracauer, Leo Löwenthal und Erich Fromm.
Bei der Auswahl war Rosenzweig die Nähe zu einer anderen Institution dienlich, die zwar nicht im engeren Sinn zur Literatur gehört, aber auf die Literatur einen nicht unerheblichen Einfluss ausübte und deshalb hier zumindest gestreift werden soll.

Das Institut für Sozialforschung

Am 22. Juni 1924 wurde das Institut für Sozialforschung feierlich eröffnet, nicht als Teil der jungen Universität, aber eng mit ihr verflochten. Finanziert hatte die Gründung Felix Weil, der Sohn eines vermögenden Getreidehändlers. Weil war glühender Marxist und wünschte sich ein Institut, das sich wissenschaftlich mit dem Marxismus befassen sollte. Nicht die Lehre sollte im Vordergrund stehen, sondern die Forschung. Im Kaiserreich wäre das nicht möglich gewesen, aber das preußische Kultusministerium befürwortete die Öffnung der Universitäten und hatte keine Einwände. Leiter wurde der Wiener Marxist Carl Grünberg, der auch den ebenfalls von Weil gestifteten Lehrstuhl für Wirtschaftliche Staatwissenschaft besetzte. Für Rolf Wiggershaus, den exzellenten Kenner der ‚Frankfurter Schule', hatte Grünberg damit in Frankfurt eine Situation geschaffen, „die für deutsche akademische Verhältnisse – und nicht nur für deutsche – einmalig war. Marxismus und Geschichte der Arbeiterbewegung konnten nun an der Universität gelehrt und studiert werden, und wer wollte, konnte nun mit Themen aus diesem Bereich promovieren“[345]. Das Institut etablierte sich schnell und scheint unter Grünbergs Leitung den Erwartungen entsprochen zu haben. In seiner Geschichte der Frankfurter Universität sieht Notker Hammerstein positive, weit ausstrahlende Ergebnisse: „In der Tat sollte das Institut Entscheidendes zur wissenschaftlichen Analyse der von der Forschung bis dahin kaum beachteten Werke und Ideen von KARL MARX und FRIEDRICH ENGELS beitragen. Unterstützt vom Moskauer Marx-Engels-Institut machte es Frankfurt zu einem weltweit anerkannten, einflussreichen und maßgeblichen Zentrum moderner Marxismus-Forschung. Wenn das zunächst vielfach auch aus politischer Absicht geschah: der gelehrte Ertrag, die Tatsache als solche waren wichtige und längst notwendige Ansätze einer wissenschaftlichen Beschäftigung mit dieser Theorie.“[346]

Stellvertreter des 1928 schwer erkrankten Grünberg wurde der Privatdozent Max Horkheimer, der im März 1932 offiziell die Institutsleitung übernahm.

Der 1895 in Stuttgart geborene Industriellensohn Horkheimer hätte in die Fußstapfen seines Vaters treten sollen, aber er war dessen Wunsch nicht gefolgt. Stattdessen studierte er Psychologie, Philosophie und Nationalökonomie, zuletzt in Frankfurt, wo er 1922 promoviert und 1925 mit einer Arbeit über Kants Kritik der Urteilskraft habilitiert wurde. Horkheimer hatte zwar auch einen marxistischen Ansatz, er verband ihn aber mit Kants Hoffnung auf den Sieg der Vernunft und mit Schopenhauers pessimistischer Weltsicht. Unter Horkheimers Leitung verlagerte sich der Schwerpunkt der Institutsarbeit „von der Geschichte der Arbeiterbewegung auf die Theorie der Gesellschaft“[347] oder wie Hammerstein es ausdrückt: „In gemeinsamer Anstrengung von Philosophen, Soziologen, Nationalökonomen, Psychologen, Historikern sollte sowohl theoretisch, in ‚philosophischer Konstruktion‘, wie auch empirisch eine tragfähige, eine bessere Zukunft garantierende Gesellschaftslehre, eine ‚wissenschaftliche Theorie von der Gesellschaft‘ entwickelt werden.“[348]

Das Frankfurter Institut für Sozialforschung. Das Gebäude wurde im Zweiten Weltkrieg zerstört.

Zunächst konnten Grünberg und dann Horkheimer im Institut selbst und in seinem direkten Umfeld auf eine Reihe hervorragender Wissenschaftler zählen: den Psychologen Erich Fromm, den Literatursoziologen Leo Löwenthal, den Philosophen Herbert Marcuse, den Ökonomen Friedrich Pollock und Theodor W. Adorno, der als Philosoph und Musikkritiker allerdings kein offizielles Mitglied des Instituts war – „teils vielleicht wegen Horkheimers Ablehnung der von Adorno vertretenen ‚deutenden‘ Philosophie, teils vielleicht, um finanzielle Verpflichtungen gegenüber dem durch sein Elternhaus gut versorgten Adorno zu vermeiden“[349].

Das Institut für Sozialforschung war im gesamten Gefüge der Frankfurter Universität kein so funkelnder Solitär, wie es heute erscheint. Zwar war die Universität erst 1914 als Frankfurter Bürgerstiftung gegründet worden und damit reichlich spät im Vergleich zu anderen großen Städten in Deutschland, aber sie schien trotz ihrer akademischen Jugend hervorragende Wissenschaftler aus allen Disziplinen anzuziehen. „Anfang der 30er Jahre lehrten an ihr der Philosoph und Theologe Paul Tillich, der Wirtschaftswissenschaftler Adolph Löwe, der Pädagoge Carl Mennicke (alle drei zu den religiösen Sozialisten gehörend), der Soziologe Karl Mannheim, der Rechtssoziologe Hugo Sinzheimer, der Staatsrechtler und Soziologe Hermann Heller (seit 1932), der Finanzwissenschaftler Wilhelm Gerloff, der jüdische Religionsphilosoph Martin Buber, der Literaturhistoriker Max Kommerell, der Historiker Ernst Kantorowicz (die beiden letzteren aus dem Georgekreis kommend), die klassischen Philologen Walter Otto Friedrich und Karl Reinhardt, der Gestaltpsychologe Max Wertheimer, der Sozialpsychologe Hendrik de Man.“[350]

Intellektueller Quantensprung

Frankfurt hatte nach dem Ende des Ersten Weltkriegs einen intellektuellen Quantensprung vollzogen. Mit der Annektierung durch Preußen schien die Stadt in einen künstlerischen Dornröschenschlaf versetzt worden zu sein. Während Handel, Börse und Gewerbe blühten, machten literarische Trends und Bewegungen einen Bogen um die stattlichen Bürgerhäuser. Literatur und Theater, das hieß in Frankfurt „Faust und Hampelmann“, wie der Titel eines „scenischen Prologs“ von Wilhelm Jacoby, der 1905 zur Eröffnung des Schumann-Theaters aufgeführt wurde. Der 5000 Zuschauer fassenden Bau gegenüber dem Hauptbahnhof stand für das kulturelle Interesse eines großen Teils der Frankfurter, denn er verband Zirkus und Operettentheater. Die Avantgarde hielt in Frankfurter keinen Einzug. Das *Dichterbuch* von 1905 ist ein beredtes Beispiel dafür, wie provinziell, rückwärtsgewandt und unaufregend Literatur sein konnte. Jetzt, nach dem Ende des Kaiserreichs, setzte die erste Republik auf deutschem Boden geistige Energien frei. Wie im Vormärz, nur unter gründlich veränderten Rahmenbedingungen, war Frankfurt wieder ein politisch-intellektuelles Kraftfeld mit der Universität, dem Institut für Sozialforschung, dem Frankfurter Radiosender und der erneuerter *Frankfurter Zeitung* im Zentrum. Der Aufbruch hatte das geistige Klima nachhaltig verändert und war bis in das Stadtbild hinein wahrzunehmen. Frankfurt zog wieder Künstler und Intellektuelle aus aller Welt an. So kamen auch der amerikanische Autor Thomas Wolfe und (wenn wir Wolfe glauben wollen) der Ire James Joyce im September 1928 als Touristen nach Frankfurt, wo sich die beiden bei einer Stadtrundfahrt begegneten. Das für ihn denkwürdige Ereignis schilderte der damals noch weitgehend unbekannte Wolfe in einem Brief an die Bühnenbildnerin Aline Bernstein, mit der er gerade eine Affäre hatte:

Die Frankfurter Innenstadt mit Börse, Hauptwache und Katharinenkirche, Luftbild von 1929.

„Als ich um halb vier auf dem Bahnhofsplatz einstieg, war der Bus schon voll von großen, handfesten Deutschen – nur zwei Plätze waren noch frei, und neben dem einen saß ein Herr, der rasch zu mir aufblickte, als ich durch den Gang kam. Er lächelte nervös und sagte ganz schnell auf Englisch: ‚Setzen Sie sich hierher'. Ich setzte mich neben ihn; er zog die Knie an und rückte zur Seite, als ob er sich vor mir fürchtete. Der Herr war James Joyce. Vielleicht hat er mich wiedererkannt von damals, als wir im September vor zwei Jahren den Ausflug von Brüssel nach Waterloo gemacht haben. Er wirkte viel älter, ganz gebeugt, aber sehr elegant angezogen – das heißt, besser als damals, und an Stelle der einen schwarzen Augenklappe trug er in der Sonne eine dunkle Brille, während er in Innenräumen eine gewöhnliche Brille aufsetzte.

Wir gingen ins Rathaus und ins Goethehaus – beide waren wunderschön. Im Rathaus, das hier Römer heißt, mussten alle vor der Besichtigung der Hauptattraktion, des großen Kaisersaals, in riesige Filzpantoffeln schlüpfen. Joyce wanderte allein umher und besah sich alles, während eine deutsche Dame den Touristen einen langatmigen Vortrag hielt; dann begann er, sich für den Schoen blank polierten Fußboden zu interessieren und völlig geistesabwesend in seinen Filzpantoffeln hin und her zu schlittern. Wir hatten noch kein Wort miteinander gesprochen, aber die ganze Zeit lächelten wir einander unsicher zu, und an den Türen bestand jeder mit lebhaften Gebärden darauf, dem anderen den Vortritt zu lassen. Am Goethehaus war die Rundfahrt zu Ende, und als wir nach der Besichtigung wieder auf die Straße kamen, sagte er zu mir, es sei ‚ein Schoenes altes Haus'. Ich sagte, es sei eines der Schoensten Häuser, die ich kenne – was auch stimmte –, und so etwas könne man heutzutage nicht mehr bauen. Dann sagte ich, ich wolle noch einmal in die Altstadt gehen, die ganz nah vom Goethehaus ist und in der man sich wirklich wie im Märchen fühlt. Er wollte das gleiche tun und, wie er sagte, ‚sich dort eine Weile verirren'. Ich Idiot

war zu unbeholfen und zu schüchtern, um zu fragen, ob ich ihn begleiten dürfe – er hätte bestimmt ja gesagt, denn er wollte offensichtlich nett und freundlich sein, und für mich wäre ein Spaziergang mit ihm eine große Sache gewesen."[351]
Wolfe ärgerte sich dann so, die Chance vertan zu haben, dass ihm der ganze Frankfurt-Aufenthalt vergällt wurde. Er fand allerhand zu mäkeln, kritisierte das Nachtleben, dass nur eine schlechte Imitation von Paris sei und geriet zu seinem Unglück in eine Bierschwemme, die ihm die deutsche Gemütlichkeit zu einem Alptraum werden ließ.
Nur ungern war der sechzehnjährige Elias Canetti 1921 nach Frankfurt gekommen. Im bulgarischen Russe nahe der Grenze zu Rumänien geboren, hatte Canetti schon einen Weg über England, die Schweiz und Österreich, ehe er in dem Land eintraf, dessen Sprache er als Kind nur unter Qualen gelernt hatte. Frankfurt war für die Mutter eine Alternative zu Wien und Zürich, wo er als einziger Junge in einem Mädchenpensionat gelebt hatte. Seine Mutter befürchtet, dass er verblöde und sich in seinem ‚Paradies' vor der Wirklichkeit drücke. „Du mußt dorthin, wo es kein Vergnügen für dich ist. Ich will dich nach Deutschland bringen. Da geht es den Leuten jetzt schlecht. Da sollst du sehen, wie es zugeht, wenn man einen Krieg verloren hat"[352], soll sie ihm gesagt haben.
„Sie betrieb die Übersiedlung nach Deutschland, ein Land, das, wie sie sagte, vom Krieg gezeichnet war. Sie hatte die Vorstellung, dass ich da in eine härtere Schule kommen würde, unter Männer, die im Krieg gewesen waren und das Schlimmste kannten.
Mit allen Mitteln wehrte ich mich gegen diese Übersiedlung, aber sie hörte auf nichts und nahm mich fort. Die einzig vollkommen glücklichen Jahre, das Paradies in Zürich, waren zu Ende. Vielleicht wäre ich glücklich geblieben, hätte sie mich nicht fortgerissen. Es ist aber wahr, dass ich andere Dinge erfuhr als die, die ich im Paradies kannte. Es ist wahr, dass ich, wie der früheste Mensch, durch die Vertreibung aus dem Paradies erst entstand."[353]
In Frankfurt ist Canetti nicht heimisch geworden, obwohl er sein Abitur am Wöhler-Realgymnasium ablegte. Eine große Demonstration mit 60 000 Teilnehmern auf der Zeil nach der Ermordung von Walther Rathenau soll bei ihm prägende Erfahrungen hinterlassen haben, an die er sich später, in seinem 1960 erschienenen Hauptwerk *Masse und Macht* erinnerte. Zum Studium ging Canetti 1924 nach Wien. An dem Haus in der Bockenheimer Landstraße, dem heutigen ‚Hotel Palmenhof', ist eine Gedenktafel angebracht. Ausgesprochen gern war Canetti in die Frankfurter Theater gegangen, die, wie es auch heutiger Sicht scheint, nicht hinter den anderen fortschrittlichen Institutionen in Frankfurt zurückstehen wollten.

Experiment Expressionismus – Die Frankfurter Theater

Unter Emil Claar, der von 1879 bis 1912 Intendant der Vereinigten Stadtheater gewesen war, hatten sich die Frankfurter Bühnen nur zögernd neuen Strömungen wie dem Naturalismus oder neuen musikalischen Entwicklungen geöffnet. Das änderte sich unter der Generalintendanz des 1917 von Dresden nach Frankfurt gewechselten Karl Zeiss grundlegend. Sein Nachfolger Richard Weichert, der 1920 sein Amt antrat und bis 1929 in Frankfurt blieb, setzte den von Zeiss begonnenen ‚Frankfurter Stil' unbeirrt fort, auch als der wirtschaftliche und politische Druck auf ihn zunahm. Beide Intendanten muteten einem Publikum viel zu, das über Jahrzehnte konventionelle Inszenierungen von klassischen Stoffen und ‚berjerliche' Unterhaltung mit Schwänken und Mundartstücken gewohnt war. Zwar verzichteten sie nicht ganz darauf, gewohnt Populäres und die großen Klassiker anzubieten, aber der Schwerpunkt ihrer Spielpläne lag auf Dramen und Opern zeitgenössischer Autoren.

Wie ihr Konkurrent Arthur Hellmer, der das 1911 gegründete Neue Theater leitete, förderten sie bis in die zwanziger Jahre hinein junge expressionistische Autoren, die die Zuschauer mit Gegenwartsstoffen konfrontierten und nicht selten verschreckten. Expressionismus auf der Bühne, das hieß: „Die nach außen drängende innere Gebärde, der komprimierte Ausdruck der Gefühle und Gedanken, die Übersteigerung des Spiels zu symbolischer Wirkung, das Sich-Lösen von aller Erinnerung an Erlebtes und nicht so tun, als entstünde der Gedanke im Augenblick des Sprechens."[354]

Fritz von Unruh.

Die Zahl der Ur- und Erstaufführungen expressionistischer Stücke an beiden Häusern ist beeindruckend und höchstens noch mit Berlin vergleichbar. Frankfurt wurde noch während des Ersten Weltkriegs, schreibt der Theaterkritiker und Theaterhistoriker Günther Rühle, „die zeitempfindlichste Stadt des Reiches"[355]. Noch während des Kriegs brachte Zeiss die Tragödie *Das Geschlecht* des bekennenden Pazifisten Fritz von Unruh heraus. Der 1885 in Koblenz geborene Unruh hatte als Freiwilliger an der Schlacht von Verdun teilgenommen. Das war für ihn zum Umkehr-Erlebnis geworden. Danach wurde er nicht müde, in Reden, Aufsätzen und Dramen seine Utopie einer gewaltfreien Zukunft, eines glücklichen Zusammenlebens aller Menschen zu verkünden. Das Frankfurter Schauspielhaus wurde für ihn zu einer wichtigen Bühne, und auch die Stadt Frankfurt warb um ihn. 1927 erhielt er im Rententurm am Fahrtor eine Wohnung auf Lebenszeit, die er allerdings schon 1932 nach einem Eklat im Schauspielhaus aufgab, um sich nach Ligurien zurückzuziehen. Am 8. Mai 1932 war seine Komödie *Zéro* uraufgeführt worden, in der davon gesprochen wurde, dass ein Volk, das Raum wolle, untergehen müsse. Als daraufhin ein Tumult im Zuschauerraum ausbrach, rief Unruh ins Publikum: „Auf dem Potsdamer Platz werden Schafe weiden!“[356] Das war prophetisch, aber auch der vorläufig letzte öffentliche Auftritt Fritz von Unruhs in Frankfurt. Neben den Stücken des kämpferischen Pazifisten und radikalen Republikaners standen auch neue Werke von Walter Hasenclever, Paul Kornfeld, Arnold Zweig, Oskar Kokoschka und Georg Kaiser auf dem Programm, die teilweise sogar zur Uraufführung in Frankfurt gelangten. Über die Inszenierungen selbst wissen wir wenig. Aber in Frankfurt arbeiteten große Regisseure wie Gustav Hartung und Heinz Hilpert – und nicht minder große Schauspieler, die teilweise noch am Anfang ihrer Karrieren standen: Hans Albers, Heinrich George, Theo Lingen, Marianne Hoppe, Albert Bassermann, Tilla Durieux, Lucie Englisch, Paul Graetz, Friedrich Kayssler, Eugen Klöpfer oder Otto Wallburg. Das Pendant zum Schauspiel waren in der Oper die Kompositionen von Franz Schreker, Bernhard Sekles, Richard Strauss, Ernst Krenek, E. W. Korngold, Alban Berg, Arnold Schönberg und Paul Hindemith. Arthur Hellmer widmete sich in seinem Neuen Theater zwischen 1917 und 1921 besonders dem dramatischen Werk von Georg Kaiser. Gleich fünf Stücke brachte er in Uraufführung heraus, darunter *Die Bürger von Calais* und *Gas I*. Frankfurt als Ort der Moderne am Ende der Kaiserzeit und in der Weimarer Republik hatte ein Publikum für Stücke, die nicht in ferner Vergangenheit oder im gepflegten Boudoir spielten, sondern in der Wirklichkeit des städtischen Proletariats, in den Machtzentralen eines zynischen Kapitalismus oder in den Schützengräben des Krieges. Die Mehrheit der Besucher aber wünschte sich weiterhin Erbauung und Erholung auf der Bühne. Wenn Zeitkritik und Lachen zusammenkamen, wie bei Carl Zuckmayers Lustspiel *Der Fröhliche Weinberg*, dessen Premiere am Vorweihnachtsabend 1925 einen Tag nach der Berliner Uraufführung stattfand, dann war der größte Teil des Publikums entzückt und störte sich wenig daran, dass auch ein paar Stinkbomben flogen. Das Stück machte erst richtig Skandal in der Provinz, auf dessen Bewohner es ja auch zielte.

Die Frankfurter lachten gern. Wenn sie das im Schauspielhaus nicht konnten und nicht in eines der kleineren privaten Lustspielhäuser gehen wollten (zu denen auch das jiddische ‚Herrenfeldtheater‘ zählte), dann versuchten sie im Neuen Theater ihr Glück. In den 24 Jahren des Bestehens, von 1911 bis 1935, brachte Arthur Hellmer, wie Thomas Siedhoff ermittelt hat[357], 913 Neuinszenierungen von 768 Werken heraus, davon 122 als Uraufführung oder deutsche Erstaufführung. Da war für jeden Geschmack etwas dabei. Neben den Expressionisten, die ihr Publikum fanden und keinesfalls finanzielle Katastrophen waren, kümmerte sich Hellmer auch um skandinavische, englische und amerikanische Autoren, um die Klassiker und um einige Dramatiker ganz besonders, wie Arthur Schnitzler, dem er insgesamt 23 Inszenierungen (darunter mehrere Uraufführungen) widmete. Daneben holte er immer wieder Gastspiele ins Haus. So traten bei ihm die Berliner Ausdruckstänzerin Mary Wigman, die französische Sängerin Yvette Guilbert und der dänische Filmstar

Asta Nielsen auf. Bemerkenswert waren während des Ersten Weltkriegs zwei Uraufführungen von René Schickeles Elsass-Drama *Hans im Schnakenloch* am 18. Dezember 1916 und Adam Kuckhoffs *Der Deutsche von Bayencourt* am 28. Februar 1918.

Schickeles Stück, das den Identitätsverlust der Deutschen und Franzosen im Elsass zum Thema hatte und damit nicht einem deutschen Elsass das Wort redete, wurde schon bald nach der Premiere verboten.

Adam Kuckhoffs Stück (das 1937 umgearbeitet als Roman bei Rowohlt erscheinen sollte) handelt von einem Deutschen, der nach Frankreich ausgewandert ist und dort ein ruhiges Leben als unterdessen französischer Staatsbürger führt. Bei Beginn des Ersten Weltkriegs begegnen ihm die Menschen plötzlich mit Scheu und Misstrauen. Als er drei geflohenen deutschen Soldaten Unterschlupf gewährt, wird er zum Tode verurteilt und erschossen. Kuckhoff hatte kein, wie es auf den ersten Blick scheint (und wie es später der Rezensent des Romans im *Völkischen Beobachter* glauben machen wollte), antifranzösisches Heldenepos geschrieben. Ohne einordnende Erläuterungen, nur mit seinen Figuren, wollte Kuckhoff zeigen, wie Hass und Chauvinismus entstehen.

Der 1887 in Aachen geborene Sohn eines Nadelfabrikanten, der mit einer Dissertation über Schillers Theorie des Tragischen promoviert worden war, hatte zunächst an den Theatern in Düsseldorf und Elberfeld gearbeitet. 1917 kam er als Dramaturg und Regisseur an das Neue Theater nach Frankfurt, das er 1920 wieder verließ, um die Leitung des neu gegründeten ‚Frankfurter Künstlertheaters für Rhein und Main' zu übernehmen, das als Wanderbühne durch die Lande reiste. Die Idee, das Theater zu den Menschen in der Region zu bringen, entsprach ganz seinen Vorstellungen von künstlerischer Arbeit. Das Theater sollte als moralische Anstalt nicht auf vordergründige Effekte zielen, sondern dazu beitragen, die Ideale einer humaneren und gerechteren Welt zu propagieren. Er stellte sich ein wirkliches Volkstheater vor, das alle Menschen erreichen würde und nicht nur ein literarisch interessiertes Publikum. Die Kunst war für ihn autonom, aber er forderte von ihr, dass sie sich dezidiert zu den großen Fragen der Gegenwart äußere:

„Damit kann sie in ‚reiner' Kunst nicht mehr ein Höchstes erblicken, dem alles zuzustreben habe, sie ordnet vielmehr die Kunst und damit das Theater einem Zweck unter, der ihr höher erscheint, der Bildung und Gestaltung werdender Menschheit."[358]

Kuckhoffs Vorbilder waren neben Schiller vor allem Lessing und Büchner, dessen Werke er 1927 herausbrachte und mit einem umfangreichen Einleitungsessay versah. Nach dem Ende des Frankfurter Theaterprojekts in der Inflationszeit ließ er sich als freier Schriftsteller in Berlin nieder. Während des Zweiten Weltkriegs ging er in den aktiven Widerstand gegen Hitler und schloss sich der ‚Roten Kapelle' an, die Kontakt zur sowjetischen Führung unterhielt. Nach der Enttarnung der Widerstandsgruppe wurde Kuckhoff am 5. August 1943 in Berlin-Plötzensee hingerichtet.

Seine Vorstellungen von einem Humanität und Bildung vermittelnden Theater ließen sich in einer privat geführten Bühne wie dem Neuen Theater, das auch wirtschaftlichen Zwängen gehorchen musste, nur partiell verwirklichen. Deshalb dürfte es 1920 zur Trennung gekommen sein. Kuckhoff hatte schon versucht, die ernsteren Stücke des Repertoires zu inszenieren, aber das Brot-und-Butter-Geschäft des Neuen Theaters waren nun einmal die Komödien, Lustspiele, Schwänke und Operetten.

Im Gegensatz zu Kuckhoff hatte Max Ophüls mit der leichten Muse keine Probleme. Der später berühmte Theater-, Film- und Hörspielregisseur hatte zunächst als Schauspieler und dann als Spielleiter am Wiener Burgtheater gearbeitet. 1926 wurde er mit der Begründung entlassen, dass man einem christlich-sozialen Publikum in Wien keinen jüdischen Regisseur und Schauspieler zumuten könne. Ophüls ging nach Frankfurt, wo er als Gast im Schauspielhaus zwei Inszenierungen übernahm und als Oberregisseur im Neuen Theater bis zu seinem Weggang 1928 einundzwanzig Premieren herausbrachte, in der Mehrzahl Komödien, aber auch die ostjüdische Geister- und Besessenheitslegende *Der Dibbuk* von Salomon An-Ski. Ophüls selbst empfand sich damals als ‚Spezialist für Lustspiele'. In seiner Autobiographie widmete er später dem für ihn einmaligen Publikum des Neuen Theaters einen eigenen Absatz:

„Es bestand hauptsächlich aus den internationalen Geldaristokraten dieser reichen Handelsstadt; Leute, die sich mit dem Kunst- und Kulturprogramm der städtischen Theater allein nicht zufriedengaben und noch eine spezielle Bühne mit mondänen Einschlag brauchten. Ich habe dort die jeweiligen Erfolge der Elitetheater von Paris und London und vom Broadway inszeniert. Wir spielten vor dem verwöhntesten Publikum, das mir je begegnet ist. Die Herrschaften saßen nicht in Stühlen, sondern in Klubsesseln. Sie waren überall herumgekommen, und was sie sahen, das hatten sie alles schon gesehen, oder sie flogen am nächsten Tag in irgendeine Metropole und behaupteten, sie würden es dort sicherlich besser sehen. Trotzdem habe ich dort eine meiner besten Produktionen zustande gebracht: Meinen Sohn."[359]

Zum Bruch mit Hellmer kam es, als sich Ophüls weigerte, ein Stück eines bekannten Autors zu inszenieren, das ihm inhaltlich nicht gefiel. Der Streit wurde vor Gericht in Leipzig ausgetragen, und Ophüls obsiegte, allerdings mit fatalen Folgen:

„Hinter der Bühne gab es ein kleines, sehr würdiges Konversationszimmer für die Schauspieler. Dort hingen die Bilder aller früher engagierten Künstler, die gestorben oder aus dem Ensemble ehrenvoll ausgeschieden waren. Als ich ein paar Tage nach dem Sieg in Leipzig zur Probe kam, fand ich dort mein Bild hängen, eingerahmt in teurem Eichenholz. Der Direktor hatte sich's was kosten lassen."[360]

Widerspruch konnte Hellmer in seinem Privattheater nicht dulden. Bei allem Engagement für das moderne, expressionistische Theater war er zunächst Geschäftsmann, der wusste, was sein Publikum wollte, nämlich genau das, was Ophüls in der Rückschau beschrieben hatte. Die beiden mit Abstand erfolgreichsten Stücke waren die Lustspiele *Die spanische Fliege* von Arnold/Bach mit 144 Aufführungen in elf Spielzeiten und *Die fünf Frankfurter* von Carl Rößler mit 216 Aufführungen in siebzehn Spielzeiten. Rößlers Komödie, die 1822 im Stammhaus der Rothschilds in der Frankfurter Judengasse spielte, war am Wiener Bugtheater, der Heimatbühne des Autors, uraufgeführt worden und hatte danach

einen Siegeszug an den deutschsprachigen Bühnen angetreten. Das Stück in gemäßigter Frankfurter Mundart schilderte auf humorvolle und anrührende Weise den (historisch nicht getreuen) Aufstieg der Familie Rothschild zu einer der führenden Bankiersfamilien in Europa. Es ist eine Paraderolle für die Schauspielerin, die die Stammmutter Gudula, die Hüterin der jüdischen Familientradition, zu verkörpern hat. Im Mittelpunkt steht die geplante Hochzeit ihrer Enkelin mit dem (etwas windigen) Fürsten von Neustadt. Die Großmutter warnt davor (und soll später Recht behalten):
„Mir wird Angst vor euch. – In Neustadt im Taunus ist mei' Großvater Hausierer gewesen und mit'm Päckche herumgezogen – und da soll me' Enkelkind als Herzogin in der Kutsch fahre? *(Rauh)* Nä – da tu' ich net mit! Macht, was ihr wollt, laßt mich aus dem Spiel! *(Geht ab. Alle schweigen einen Augenblick betreten.)*"[361]
Neben weiteren Stücken von Rößler und Arnold/Bach waren auch die Lustspiele der ‚Lokalmatadoren' Carl Mathern, Toni Impekoven und Adolf Stoltze beim Publikum des Neuen Theaters sehr beliebt – ebenso wie die auf einem etwas anspruchsvolleren Niveau angesiedelten Komödien von Ludwig Fulda. Der am 15. Juli 1862 in Frankfurt geborene Fulda stammte aus einer jüdischen Kaufmannsfamilie und hatte gegen den Willen seiner Eltern Germanistik und Philosophie studiert. Schon früh begann er Theaterstücke zu schreiben und lebte seit 1884 als freier Schriftsteller, zunächst in München, dann in Berlin. Mit seinen zunächst naturalistischen, sozialkritischen Dramen, besonders aber mit den neoromantischen Lustspielen wurde Fulda zu einem der erfolgreichsten deutschsprachigen Theaterautoren der Jahrhundertwende. Bis 1932 veröffentlichte er 38 Dramen und zwölf Einakter. Allein 1932 standen 429 Fulda-Inszenierungen auf den deutschen Spielplänen. Daneben übersetzte er Bühnenwerke englischer und französischer Autoren. Er war der erste Präsident des deutschen PEN-Zentrums, Vorsitzender des Verbandes der Bühnenschriftsteller und Gründungsmitglied der Sektion Dichtkunst der Preußischen Akademie der Künste. Aus Anlass seines 70. Geburtstags brachte das Schauspielhaus am 11. Juli 1932 eine Neuinszenierung seiner Abderiten-Komödie *Des Esels Schatten*, bei der Paul Verhoeven Regie führte, und der Magistrat der Stadt Frankfurt verlieh ihm seine Ehrenplakette für besondere Verdienste um das Bühnenwesen.

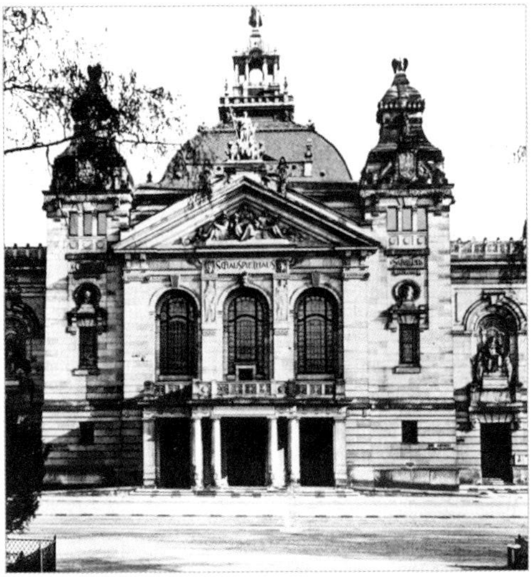

Das Frankfurter Schauspielhaus.

Die Feierlichkeiten für Ludwig Fulda lagen mitten im ‚Goethe-Jahr 1932'. Überall in Deutschland wurde des 100. Todestags des Dichterfürsten gedacht. „Aus politischer Sicht betrachtet", schreibt der Goethe-Forscher Karl Robert Mandelkow, „waren die Goethe-Feiern des Jahres 1932 vorrangig eine Demonstration und Selbstdarstellung der bürgerlichen Mitte der Republik. Es fehlten, bis auf wenige Ausnahmen, sowohl die Kommunisten als auch die Nationalsozialisten"[362]. Die zentrale Gedenkveranstaltung fand zwar in Weimar statt, aber für Frankfurt hatte der Ausschuss für Literatur und Kunst des Völkerbundes vom 12. bis zum 14. Mai ein internationales ‚Gespräch über Goethe' organisiert. Im Rahmen dieser Tagung sprach der Literaturnobelpreisträger Thomas Mann am 14. Mai bei der Eröffnung des erweiterten Goethe-Museums und forderte dabei das Deutsche Reich, den Staat Preußen und die Stadt Frankfurt auf, immer ‚den Schild über diese Stätte zu halten'. Bereits am 18. März 1932 hatte Mann eine Rede in der Preußischen Akademie der Künste in Berlin gehalten und sich dabei auch an seinen ersten Besuch in Goethes Geburtshaus erinnert:

„Diese Treppen und Zimmer waren mir nach Stil, Stimmung, Atmosphäre urbekannt. Es war die ‚Herkunft', wie sie im Buche, im Buche meines Lebens steht, und zugleich der Anfang des Ungeheueren. Ich war ‚zu Haus' und dennoch ein scheuer und später Gast in der Ursprungssphäre des Genius. Heimat und Größe berührten sich. Das Patrizisch-Bürgerliche, museal geworden und Gegenstand leise auftretender Pietät, als Wiege des Heros; das Würdig-Wohlanständige, bewahrt und heilig gehalten um des Sohnes willen, der es zurückgelassen – wie weit zurückgelassen! –, ins Weltstrenge gewachsen: ich sah es an, ich atmete es ein, und der Widerstreit von Vertrautheit und Ehrfurcht in meiner Brust löste sich in das Gefühl, worin Demut und Selbstbejahung eines sind: in lächelnde Liebe."[363]

Warnend angesichts der nationalsozialistischen Wahlerfolge endete Mann mit den Worten:

„Kein Zweifel, der Kredit, den die Geschichte der bürgerlichen Republik heute noch gewährt, dieser nachgerade kurzfristige Kredit, beruht auf dem noch aufrechterhaltenen Glauben, daß die Demokratie, was ihre zur Macht drängenden Feinde zu können vorgeben, *auch kann*, nämlich ebendiese Führung ins Neue und Zukünftige zu übernehmen. Nicht indem es sich nur festlich mit ihnen brüstet, erweist das Bürgertum sich seiner großen Söhne wert."[364]

Bereits 1927, in einer Zeit des wirtschaftlichen Aufschwungs, hatte die Stadt Frankfurt den mit 10 000 Reichsmark dotierten Goethepreis zum Andenken an ihren größten Sohn gestiftet. Die Anregung war von dem Direktor des Freien Deutschen Hochstifts, Ernst Beutler, ausgegangen. Die Arbeit im Kuratorium, das den Preisträger bestimmen sollte, leitete als ‚Sekretär' Alfons Paquet. Erster Preisträger war der Dichter Stefan George, der sich erst nach langem Zögern entschloss, die Ehrung anzunehmen. Ihm folgten der Arzt und Philosoph (und spätere Friedensnobelpreisträger) Albert Schweitzer, der Religionsphilosoph Leopold Ziegler und 1930, höchst umstritten im Kuratorium, der Psychoanalytiker Sigmund Freud, der vor allem den Vertretern der Goethephilologie im Kuratorium eher als Scharlatan, denn als ernsthafter Wissenschaftler galt. Die beiden letzten Preisträger in der Weimarer Zeit waren die Schriftstellerin Ricarda Huch und der Literaturnobelpreisträger Gerhart Hauptmann.

Sigmund Freud hatte zwar keine nähere Beziehung zu dem Namensgeber des Preises, aber dafür eine, was damals niemand wusste, zu Frankfurt. Denn seit 1888 lebte dort Bertha Pappenheim, die als „Anna S." in die Geschichte der Psychoanalyse eingegangen ist. Das Pseudonym wurde erst 1953 gelüftet. Bertha Pappenheim war in Wien geboren worden und während der Pflege ihres Vaters psychisch schwer erkrankt. Behandelt wurde sie von dem Freud-Mitarbeiter Josef Breuer, der den Bericht über die zweijährige Therapie 1895 in den gemeinsam mit Freud publizierten *Studien über Hysterie* veröffentlichte. Seither gilt der ‚Fall Anna S.' als Ur- oder Gründungsszene der Psychoanalyse. Bertha Pappenheim hat sich darüber nie geäußert. In Frankfurt entfaltete sie eine umfangreiche Tätigkeit in der städtischen und vor allem jüdischen Wohlfahrtspflege. Höhepunkt ihres aufopferungsvollen Wirkens war 1907 die Gründung des von ihr geleiteten ‚Heimes des Jüdischen Frauenbundes' in Neu-Isenburg. Neben ihrer Arbeit verfasste sie Denkschriften zur Lage der jüdischen Bevölkerung in Galizien, übersetzte sie jiddische Volksbücher ins Hochdeutsche, schrieb Kindergeschichten, Erzählungen, ein Theaterstück und beeindruckende Gedichte. Für ihre Heimkinder verfasste sie auch kleine Gebete:

> „Nachtgebet
>
> Laßt uns in Ruhe und Stille den Tag beschließen, wie die Sonne allabendlich in das wohlige Dunkel schlüpft, um uns köstlichen Schlaf zu bereiten. Wir haben auch heute Arbeit und Pflichten gelernt, haben gelacht und gespielt jedes zur Zeit und mit Maß und konnten wachsen in Ernst und Frohsinn. Möge uns auch diese Nacht die heilige Schechina segnen und erfüllen, daß wir der Sonne Licht wieder sehen und unsere Glieder kräftig regen, bei Arbeit und Spiel und Liebe empfangen und geben.
> Amen"[365]

Im April 1936 wurde Bertha Pappenheim, schon schwer erkrankt, von der Gestapo verhaftet, weil sich eines ihrer Heimkinder despektierlich über Hitler geäußert hatte. Am 28. Mai 1936 ist sie gestorben. Ihr Grab liegt auf dem Jüdischen Friedhof in der Frankfurter Rat-Beil-Straße. Ihr Kinderheim wurde in der Pogromnacht 1938 teilweise niedergebrannt und 1942 zwangsgeräumt. Die Kinder und ihre Erzieherinnen wurden deportiert, wahrscheinlich in das KZ Theresienstadt.

Die Machtübernahme durch die Nationalsozialisten in Frankfurt

„Der Dom trägt einen Altfrankfurter Hut, eine richtige, hochvornehme Kaufmannstiara", schrieb der elsässische Autor René Schickele in seinem Reisebuch *Himmlische Landschaft*. „Am Mainkai stehn mächtige Bürgerhäuser. Sie haben etwas vor sich gebracht, die Herren, einen achtungfordernden Abstand zwischen sich und den Strom gelegt. Es sind lauter Respektspersonen, an denen, bei näherem Zusehn, ein Zug von Gekränktsein auffällt. Wahrscheinlich finden sie, die Welt komme täglich mehr herunter.

Dicht vor ihrer Nase baden Tausende im Main, Jünglinge und Mädchen, viele unterscheidet man kaum, sogar im nassen Badekostüm. Auf dem Motorboot lächeln, kopfnicken sie vorbei, junge Männer, junge Frauen. Gegenüber gibt es eine riesige neue Markthalle, Hafengebäude, Fabriken. Den Strom entlang baden sie, Tausende von Leibern glänzen an der Sonne.

Der Frankfurter Römer mit Hakenkreuzfahnen.

Je matter die Sonne wird, umso tiefer leuchten die blanken Leiber, am Strand, den Strom hinauf und hinunter, auf dem Hintergrund der Speicher, Hallen, Fabriken.

Hallen, Speicher, Fabriken stehn so nah am Himmel, dass sie in der Vordämmerung ihren Sinn zu verlieren scheinen, sie vergessen sich selbst im wachsenden Raum, treiben hell, doch mit schwindenden Umrissen einer Nacht entgegen, von der kein Mensch noch wissen will."[366]

Als René Schickeles Buch 1933 bei S. Fischer in Berlin erschien, da hatte sich die Nacht schon über Frankfurt und ganz Deutschland niedergesenkt. Schickele selbst lebte nicht mehr in Deutschland. Er war bereits im November 1932 nach Südfrankreich emigriert, wo er 1940 starb.

In Deutschland war den Nationalsozialisten mit Adolf Hitler an der Spitze die Macht zugefallen. Am Abend des 30. Januar 1933 zogen Hunderttausende an den Fenstern der Reichskanzlei vorbei. Fast alle deutschen Rundfunksender, auch der Frankfurter, übertrugen den Fackelzug, der zum ersten großen propagandistischen Erfolg von Joseph Goebbels wurde. Vormittags um 11.00 Uhr hatte Reichspräsident Paul von Hindenburg den Führer der NSDAP, Adolf Hitler, zum Reichskanzler ernannt. Er sollte das 24. Kabinett seit Bestehen der Weimarer Republik leiten. Der neuen Regierung gehörten neben Hitler selbst nur zwei Nationalsozialisten an: Wilhelm Frick als Innenminister und Hermann

Göring als Reichskommissar für den Luftverkehr und kommissarischer Innenminister von Preußen. Wie sich schon bald herausstellte, waren die Innenministerien im Reich und in Preußen die Schlüsselpositionen, um die nationalsozialistische Machtübernahme in Deutschland durchzusetzen.
Die Sozialdemokraten und Kommunisten waren von der Ernennung Hitlers schockiert und organisierten Massenproteste, die allerdings kaum darüber hinwegtäuschen konnten, dass die NSDAP auch von vielen Arbeitern gewählt worden war. Anfang 1933 waren über sechs Millionen Menschen arbeitslos, und die Zahl stieg täglich weiter. Die Nationalsozialisten hatten deshalb nicht zuletzt mit einem gigantischen Arbeitsbeschaffungsprogramm geworben, das jeden wieder in Lohn und Brot setzen würde. Derartige Versprechungen stießen nicht auf taube Ohren, und sie zeigten an den Wahlurnen ihre Wirkung. Es war keineswegs nur eine bestimmte Bevölkerungsgruppe, die der NSDAP ihre Stimmen gab. Im Gegenteil konnten sich die Nationalsozialisten bei ihrer Machtübernahme auf eine breite Basis stützen, die von der traditionell rechts eingestellten Landbevölkerung über die von der Weimarer Republik enttäuschten Frontkämpfer des Ersten Weltkriegs bis zu Beamten oder Angestellten reichte.
Jugendliche, die keine Perspektive für sich sahen, sympathisierten ebenso mit der NSDAP wie die aus (groß-)bürgerlichen Elternhäusern stammenden Studenten, die sich von dem Versprechen einer ‚nationalen Revolution' blenden ließen. Schon 1931 hatte der ‚Nationalsozialistische Studentenbund' die Wahl an der Frankfurter Universität gewonnen.
Direkt nach dem Tag der Machtübernahme begann die Verfolgung der politischen Gegner, bei der SA- und SS-Leute auch Hilfe von Polizisten erhielten. Die rechtliche Grundlage, wenn man davon überhaupt sprechen konnte, lieferte die am 4. Februar erlassene ‚Verordnung des Reichspräsidenten zum Schutze des deutschen Volkes', die Versammlungen unter freiem Himmel genehmigungspflichtig machte und das Verbot von Zeitungen ermöglichte. In Frankfurt war davon zunächst die sozialdemokratische *Volksstimme* betroffen. Massendemonstrationen von SPD und KPD waren durch die Verordnung fast unmöglich geworden.
Spätestens nach dem Brand des Berliner Reichstags am 27. Februar 1933 und der vom Reichspräsidenten einen Tag später erlassenen Verordnung ‚Zum Schutz von Volk und Staat' hatten die braunen Horden freie Hand, Kommunisten und Sozialdemokraten zu verhaften, Druckschriften zu beschlagnahmen und Versammlungen zu verbieten.
Nach der Machtübernahme durch die Nationalsozialisten waren die alten antisemitischen Vorurteile zur Staatsdoktrin geworden. Fast schutzlos sahen sich die deutschen Juden dem Terror ausgesetzt, der zunächst das Ziel hatte, sie zu Staatsbürgern zweiter Klasse werden zu lassen. Die Nationalsozialisten hatten zu keiner Zeit ein Geheimnis daraus gemacht, wen sie für ihre Feinde hielten: ihre politischen Gegner und die deutschen Juden. Schon im ersten Parteiprogramm der NSDAP von 1920 waren die Juden zu ‚Gästen' unter Fremdenrecht erklärt worden, für die der Schutz des Staates nur eingeschränkt gelten sollte. Für Hitler wurde der Antisemitismus zum konstituierenden Element seiner Ideologie,

die er seit 1933 weitgehend ungehindert und so radikal umsetzen konnte, wie er wollte. Ein bewegendes Zeugnis ist der Aufruf des Vorstands der Frankfurter Israelitischen Gemeinde an seine Mitglieder vom 30. März 1933, in dem es heißt:

„Nichts kann uns die tausendjährige Verbundenheit mit unsrer deutschen Heimat rauben, keine Not und Gefahr kann uns dem von unseren Vätern ererbten Glauben abspenstig machen. In Besonnenheit und Würde wollen wir für unsere Sache einstehen.

Wenn keine Stimme sich für uns erhebt, so mögen die Steine dieser Stadt für uns zeugen, die ihren Aufschwung zu einem guten Teil jüdischer Leistung verdankt, in der so viele Einrichtungen vom Gemeinsinn der Juden künden, in der aber auch das Verhältnis zwischen jüdischen und nichtjüdischen Bürgern stets besonders eng gewesen ist.

Verzagt nicht! Schließt die Reihen! Kein ehrenhafter Jude darf in dieser Zeit fahnenflüchtig werden."[367]

Nachdem es schon vorher zu einzelnen Übergriffen gekommen war, machte die NS-Regierung am 1. April 1933 mit dem ohne größeren Widerstand durchgesetzten Boykott jüdischer Geschäfte, Anwaltsbüros und Arztpraxen unmissverständlich deutlich, dass sie es nicht bei den verbalen Attacken belassen würde. Auch in Frankfurt wurden Juden misshandelt und verhaftet, Schaufenster beschmiert und Menschen, die sich nicht vom Einkauf oder dem Gang zum Arzt abhalten lassen wollten, beschimpft und bedroht.

Die 1928 in Frankfurt geborene Silvia Tennenbaum schildert in ihrem Roman *Straßen von gestern*, der 1981 unter dem Titel *Yesterday's Streets* zuerst in englischer Sprache herauskam, nicht nur den Boykott selbst, sondern auch die Reaktion der nicht-jüdischen Bevölkerung. Tennenbaum war väterlicherseits die Ur-Urenkelin von Maria Belli-Gontard, die Mitte des 19. Jahrhunderts mehrere Bücher zur (Frankfurter) Geschichte und Kulturgeschichte herausgebracht hatte. Silvia Tennenbaums Stiefvater war der Dirigent Hans Wilhelm Steinberg, der 1934 eine Dependance des Jüdischen Kulturbundes in Frankfurt gründete. Mit ihrer Mutter und ihrem Stiefvater floh Tennenbaum 1936 zunächst in die Schweiz und dann in die USA, wo sie eine erfolgreiche Schriftstellerin wurde. In *Straßen von gestern* schildert sie das Leben der jüdischen Familie Wertheim aus dem Frankfurter Westend in der Zeit vor dem Ersten Weltkrieg bis zum Ende des Zweiten Weltkriegs in der Emigration. Sie geht aber auch der Frage nach, was die nicht-jüdischen Deutschen an Hitler so faszinierte:

„Die Strüplers hörten sich im Rundfunk eine Rede des Führers an, der ihnen all die Dinge versprach, nach denen sie sich so lange vergeblich gesehnt hatten. Rache für den Versailler Vertrag und den Dolchstoß in den Rücken. Schluss mit der Entartung, Schluss mit der Schande von Weimar, der Republik der Juden. Keine Musik mehr, die wie das Zerreißen von Stoff und das Poltern herabfallender Kisten klang. Keine Gemälde mehr, auf denen nichts zu erkennen war. Keine Bücher mehr, die mit Spitzfindigkeiten, mit ironisch gezeichneten Bildern durchsetzt waren. Keine Affronts mehr gegen das Vaterland … Herr Strüpler ballte die Fäuste. Dies war ein Mann, den er verstehen konnte, ein Mann, der seine Sprache sprach."[368]

Nach dem Boykott der jüdischen Geschäfte und Praxen sah auch Frau Strüpler ihre Stunde gekommen:
„Frau Strüpler stand im Hof, rief ordinäre Schimpfworte zu den Fenstern ihrer jüdischen Mieter hinauf und drohte ihnen mit gerichtlicher Vertreibung – etwas das nicht in ihrer Hand lag, obwohl sie sich in dem Gedanken gefiel, dass sie jetzt endlich einen ganzen Teil der Bevölkerung zur Zielschiebe ihres aufgespeicherten Zornes, zu ihren Opfern, machen könnte.“[369]
Das ‚Gesetz zur Widerherstellung des Berufsbeamtentums', das am 7. April 1933 verabschiedet wurde, war ein weiterer Schritt auf dem Weg, die deutschen Juden zu isolieren und ihnen ihre Lebensgrundlagen zu entziehen. „Beamte“, heißt es darin, „die nichtarischer Abstammung sind, sind in den Ruhestand zu versetzen“. Damit war die gesetzliche Grundlage für die umfangreichen ‚Säuberungsaktionen' in der öffentlichen Verwaltung geschaffen, die nicht nur staatliche und kommunale Stellen, sondern auch Opernhäuser, Theater und das Frankfurter Funkhaus erfassten.

Der große Exodus

Wer die Zeichen der Zeit richtig deutete, der floh aus Frankfurt, solange es noch nicht zu spät war.
Ernst Schoen, der als künstlerischer Leiter dem Programm des Frankfurter Rundfunksenders ein unverwechselbares Profil gegeben hatte, war am 3. März 1933 verhaftet, dann entlassen und wieder verhaftet worden. Im März gelang ihm die Flucht nach England, wo er bis 1952 lebte. Sein Mitarbeiter **Walter Benjamin**, der regelmäßig Rezensionen in Form von kleinen Hörspielen für den Frankfurter Sender geschrieben hatte, und auch Autor der *Frankfurter Zeitung* war, verließ ebenfalls im März 1933 Deutschland und ging nach Paris. Als deutsche Truppen im Zweiten Weltkrieg Paris besetzten, floh er nach Marseille. Er überquerte zu Fuß die Pyrenäen, um nach Spanien zu gelangen, aber dort wurde ihm die Einreise verweigert. Resigniert und geschwächt verübte er am 27. September 1940 in Port Bou Selbstmord. **Paul Hindemith**, als Schwager von Hans Flesch ebenfalls einer der Frankfurter Rundfunkpioniere, blieb zunächst in Deutschland und lehrte trotz erheblicher Pressionen weiter als Professor in Berlin. 1935 wurde er als ‚atonaler Geräuschemacher' von seinem Lehramt entbunden. 1938 emigrierte er in die Schweiz, zwei Jahre später wurde er an die Yale-University nach New York berufen und erwarb die amerikanische Staatsbürgerschaft. Nach dem Krieg besuchte er Frankfurt häufiger, aber er kehrte nicht nach Deutschland zurück, sondern blieb in seiner Schweizer Wahlheimat.
Auch **Heinrich Simon**, der Verleger der *Frankfurter Zeitung*, hatte zunächst an eine Zukunft im nationalsozialistischen Deutschland geglaubt. Aber im Mai 1934 musste er als Jude aus der Redaktionskonferenz seiner Zeitung ausscheiden und seinen Vorsitz nieder-

legen. Ende 1934 ging er über Paris nach Tel Aviv. Dort leitete er ein von ihm mitbegründetes philharmonisches Orchester. Seit 1939 arbeitete als Musiklehrer in Washington. Er wurde am 6. Mai 1941 ermordet. Die Tat blieb unaufgeklärt, aber politische Motive wurden nicht vermutet.

Siegfried Kracauer verließ Ende Februar seinen Korrespondentenplatz in Berlin. Um ihn zu schützen, schickte ihn Heinrich Simon nach Paris, bei drastisch gekürzten Bezügen. Als Kracauer begann, für Leopold Schwarzschilds Exil-Zeitschrift *Das neue Tage-Buch* zu schreiben, wurde er im August 1933 gekündigt und lebte als freier Autor in Frankreich. 1941 floh er nach New York und arbeitete als Filmhistoriker am Museum of Modern Art und in den fünfziger Jahren als Forschungsdirektor für angewandte Sozialwissenschaft an der Columbia University. In den USA entstanden seine großen Studien über den deutschen Film und seine Theorie des Films.

Der Verlag Rütten & Loening wurde 1936 ‚arisiert' und nach Potsdam verlegt. **Wilhelm Ernst Oswalt** blieb in seinem geliebten Frankfurt, wo sich seine Vorfahren vor über vierhundert Jahren niedergelassen hatten. „Vom 19. Oktober 1941 an rollten die Vernichtungstransporte aus Frankfurt. Oswalt wurde nach Sachsenhausen bei Oranienburg verschleppt, sein Tod ist im Deportationsbuch der Stadt auf den 30. Juni 1942 datiert. Seinen Sohn Ludwig, den vorgesehenen Erben des Verlages, ereilte das gleich Schicksal, ihn verschleppte die Gestapo nach dem Osten. Der Frau blieb das Schicksal erspart, sie war 1938 gestorben."[370]

Felix Weil, der Finanzier des Instituts für Sozialforschung, lebte bereits 1932 als Regierungsberater in Argentinien. 1935 siedelte er in die USA über, wo er auf die ehemaligen Mitarbeiter des Frankfurter Instituts traf. Bereits im September 1931, nach den ersten großen Wahlerfolgen der NSDAP, hatten die Vorbereitungen für eine Umsiedlung des Instituts begonnen. Am 3. April 1933 war das Gebäude des Instituts geschlossen und die Räume versiegelt worden. Das Institut selbst wurde aufgelöst. Zu diesem Zeitpunkt hatte **Max Horkheimer** das Vermögen und den Hauptsitz des Instituts bereits nach Genf verlegt. Aber die Schweiz war nur eine Zwischenlösung. 1934 wurde das Institut als ‚International Institute of Social Research' der Columbia University in New York angegliedert. Horkheimer folgten **Friedrich Pollock**, **Erich Fromm**, **Leo Löwenthal**, **Herbert Marcuse** und, erst 1938, **Theodor W. Adorno**.

Adorno war es, wie er später sagte, sehr schwer gefallen, Frankfurt zu verlassen. Bis Herbst 1933 hatte er an der Frankfurter Universität unterrichtet. Dann war ihm seine Lehrbefugnis entzogen worden. Er komponierte und schrieb Musikkritiken, durchaus mit kleinen Konzessionen an den politischen Zeitgeist[371]. 1934 ging er an das Merton College der Oxford University. Er besuchte immer wieder Deutschland, bis er 1938 in die USA emigrierte und am ‚Radio Research Project' des Institute of Social Research mitzuarbeiten.

Arthur Hellmer konnte den Betrieb in seinem Neuen Theater zunächst aufrecht erhalten, aber als ‚nichtarischer Leiter' wurde ihm die Arbeit immer schwerer gemacht. Am 23. Juni 1935 fand die letzte Aufführung statt: das Lustspiel *10 Minuten vor 12* von Hans

Adler. Sein Theater wurde von den Städtischen Bühnen, deren Leitung ihn zwei Jahre mit allen Mitteln bekämpft hatte, übernommen und als ‚Kleines Haus' weitergeführt. Hellmer emigrierte zunächst nach Wien, wo er das Theater an der Wien leitete, und 1939 nach England. 1945 kehrte er nach Deutschland zurück und übernahm die Intendanz des Hamburger Schauspielhauses.

Fritz von Unruh, der sich bereits 1932, nach dem Eklat im Frankfurter Schauspiel, nach Italien zurückgezogen hatte, floh aus dem faschistischen Italien über Frankreich, wo er 1940 interniert wurde, in die USA, wo er bis 1962 lebte. Die Stadt Frankfurt erinnerte sich 1963 an das 1927 gewährte Wohnrecht auf Lebenszeit und erneuerte die Ehrung. Unruh nahm an und lebte bis zu seinem Tod 1970 in Frankfurt und Diez an der Lahn, wo die Familie ein Gut besaß.

Ludwig Fulda verstand sich zeitlebens als ‚Deutscher jüdischer Abstimmung'. Im *Berliner Börsen-Courier* schrieb er 1913: „Wer aber bestreitet, dass ich ein Deutscher bin, dem lache ich ins Gesicht."[372] Der 1932, zu seinem 70. Geburtstag, noch Hochgeehrte wurde am 5. Mai 1933 aus der Akademie der Künste ausgeschlossen. Keines seiner Stücke durfte mehr außerhalb der Veranstaltungen des Jüdischen Kulturbunds gespielt werden. Seinen Sohn Karl, der 1935 über Frankreich in die USA emigriert war, konnte der Dramatiker noch 1937 besuchen. Er kehrte nach Deutschland zurück und bemühte sich 1938 nach der Reichspogromnacht um ein Ausreisevisum für die USA. Eine letzte Demütigung erteilte ihm der NS-Staat im März 1939, als er vom Wirtschaftsministerium aufgefordert wurde, den Ring des Wiener Burgtheaters, der ihm 1933 als meistgespielter Bühnenautor überreicht worden war, abzugeben. Derartige Schmuckgegenstände zu besitzen war Juden unterdessen verboten. Wenige Tage später, am 30. März 1939, nahm sich Ludwig Fulda in seiner Berliner Wohnung das Leben.

Der Exodus von Künstlern, Wissenschaftlern, Publizisten, Journalisten, kommunistischen und sozialdemokratischen Politikern, Gewerkschaftern und vor allem von jüdischen Bürgern aus Frankfurt war immens.

Die Frankfurter Kaufmannsfamilie Frank verließ schon im Sommer 1933 ihre Heimatstadt. Tochter Anne, am 12. Juni 1929 geboren, war vier Jahre alt. Die Familie hatte seit 1881 in Frankfurt gelebt. Spätestens seit den Boykottaktionen gegen jüdische Geschäfte, Kanzleien und Arztpraxen ahnte Otto Frank, der Vater von Anne, was sich in Deutschland noch ereignen würde. Zunächst ging es nach Aachen und dann nach Amsterdam, wo er einen Absatzmarkt für die Opekta-Werke aufbauen sollte. Nachdem die deutschen Truppen zu Beginn des Zweiten Weltkriegs in die Niederlande einmarschiert waren, verschlechterte sich die Situation für die jüdischen Bürger von Tag zu Tag. Im Juli 1942 versteckte sich die Familie im Hinterhaus Prinsengracht 263. Vom 12. Juni 1942, ihrem 13. Geburtstag, bis zum 1. August 1944 führte Anne Frank ihr Tagebuch, das zu einem erschütternden Dokument des nationalsozialistischen Rassenwahns wurde. Ein Kind erlebte Terror und Verfolgung, aber es resignierte nicht. In der Enge des Verstecks wuchs eine Persönlichkeit heran, deren Gedanken und Gefühle ein beeindruckendes Zeugnis geblieben sind.

Am 4. August 1944 wurde **Anne Frank** verhaftet und über das Sammellager Westerbork nach Auschwitz-Birkenau deportiert. Im Oktober 1944 kam sie nach Bergen-Belsen, wo sie im März 1945 an Typhus starb.
Ihr Tagebuch erschien, von Otto Frank bearbeitet, 1947 in Amsterdam unter dem Titel *Het Achterhuis*. Eine deutsche Übersetzung kam 1950 heraus, aber erst die Taschenbuchausgabe von 1955 fand weite Verbreitung. Zehn Jahre nach dem Ende des Zweiten Weltkriegs und mitten im ‚Wirtschaftswunder' erinnerte das persönliche Zeugnis eines Kindes an die Schuld einer Nation, die die nationalsozialistische Vernichtungspolitik nur zu gern vergessen hätte. Die Jugendbegegnungsstätte Anne Frank und eine Gedenktafel am Haus Ganghoferstrasse 24, einer ihrer Wohnorte, erinnern in Frankfurt an sie.

Bücherverbrennung in Frankfurt

Obwohl die NSDAP bei der letzten noch halbwegs freien Reichstagswahl in Deutschland (und auch in Frankfurt) keine Stimmenmehrheit gewinnen konnte, saß die nationalsozialistisch dominierte Reichsregierung fest im Sattel. Die NS-Propaganda mit Joseph Goebbels an der Spitze hatte den meisten Menschen in Deutschland das Gefühl vermittelt, es gehe nun bald radikal aufwärts. Dafür wurde einiges, manchmal sicherlich nur zähneknirschend, akzeptiert, was in anderen Zeiten auf heftigen Protest gestoßen wäre.
Systematisch und in großer Eile wurden politisch Andersdenkende und jüdische Deutsche aus staatlichen und kommunalen Dienststellen, aus Schulen, Universitäten, Theatern, Opernhäusern, Zeitungs- und Rundfunkredaktionen, Akademien, Museen und allen weiteren wichtigen Institutionen in Deutschland entlassen. Für die derart Zwangsentlassenen und -pensionierten rückten treue Nationalsozialisten und politische Opportunisten nach, die ihre Chancen witterten.
Am 13. März 1933 wurde der seit 1924 amtierende Frankfurter Oberbürgermeister Ludwig Landmann zum Rücktritt gezwungen. Jakob Sprenger, der Gauleiter der NSDAP für Hessen-Nassau und hessische Reichsstatthalter, ließ den ‚alten Kämpfer' und promovierten Juristen Friedrich Krebs zum neuen Oberbürgermeister ernennen und im Juni formal bestätigen. Krebs blieb bis zum Ende der NS-Herrschaft im Amt. „Ein ehrgeiziges Anliegen von Krebs galt der Transformation Frankfurts zu einer ‚deutschen' Stadt", schreiben die beiden Historikerinnen Heike Drummer und Jutta Zwilling. „Viele seiner antisemitisch motivierten Entscheidungen – besonders innerhalb des Kulturbetriebs – lassen sich unter diesem Postulat subsumieren."[373]
Krebs hätte gern, wie München oder Nürnberg, einen nationalsozialistischen Ehrentitel für Frankfurt erworben, aber die – auch jüdische – Geschichte der Stadt machte dem ehrgeizigen Oberbürgermeister einen Strich durch die Rechnung. Krebs versuchte einiges, um Frankfurt zum nationalsozialistischen Vorzeigemodell zu machen. Schon kurz

Adolf Hitler trägt sich in das Goldene Buch der Stadt Frankfurt ein, neben ihm Oberbürgermeister Friedrich Krebs, März 1938.

nach der Amtsübernahme hatte er erklärt, er werde alles daransetzen, aus der ‚Stadt der Frankfurter Zeitung und Mayer Amschel Rothschilds wieder die deutsche Stadt und die Stadt Goethes' zu machen. Aber die NS-Führung schätzte die als jüdisch geprägt geltende Mainmetropole nicht sehr. Hitler trug sich erst im März 1938 in das Goldene Buch der Stadt ein. Als es darum ging, Frankfurt einen klingenden Beinamen zu verleihen, und weder ‚Handel' noch ‚Banken' als Begriffe auftauchen sollten, da kamen die Verantwortlichen auf eine absurde Idee. Anlässlich des ‚Reichshandwerkertages' am 16. Juni 1935 wurde Frankfurt zur ‚Stadt des deutschen Handwerks' erklärt. Das zielte weit an der Realität vorbei und blieb eine leere Formel. Aber wichtiger war, dass niemand den Beinamen mit den jüdischen Leistungen für Frankfurt in Verbindung bringen konnte.

Wie schnell Frankfurt nationalsozialistisch geworden war, hat die Schriftstellerin Irmgard Keun schon 1937 beschrieben. Keuns Bücher waren im nationalsozialistischen Deutschland unerwünscht. Die in Berlin geborene Autorin ging 1935 ins belgische Exil und kehrte nach dem Beginn des Zweiten Weltkriegs illegal nach Deutschland zurück, wo sie versteckt lebte. In ihrem Roman *Nach Mitternacht*, der im Amsterdamer Exilverlag Querido erschien und dessen Anfang in Frankfurt spielt, schilderte sie den Besuch Adolf Hitlers im Frühjahr 1933:

„Am Opernplatz war ein Getummle von Menschen und Hakenkreuzfahnen und Tannengirlanden und SS-Leuten. Es herrschte ein Durcheinander von aufgeregten Vorbereitungen wie bei einer Weihnachtsbescherung wohlhabender Eltern mit mehreren Kindern. Man ist ja gewohnt, dass immer was los ist in Deutschland mit fieberhaften Feiern, darum fragt man oft schon gar nicht mehr, warum eine Feier nun wieder ist mit Girlanden und Fahnen.

Wir froren auf einmal und hatten es eilig. Aber die SS wollte uns nicht über den Opernplatz zur Bockenheimer Landstraße lassen. Wir fragten, warum nicht und was denn los sei? Aber gerade die SS ist immer frech und tut sich so großartig. Trotzdem sie nichts anderes zu tun hatten, als dazustehen, diese SS-Leute, hatten sie keine Zeit, uns zu antworten. Vielleicht arbeiteten sie innerlich so wahnsinnig, dass sie nur mal verächtlich mit ihren militärischen Schultern zucken konnten.

Gerti bekam gleich kohlschwarze Augen vor Wut. Ich kenne das an ihr, sie wird dann gefährlich und bringt sich selbst natürlich in die größte Gefahr. Darum fragte ich den einen SS noch mal so ganz süß wie ein Malzbonbon und voll Demut, als halte ich ihn für einen höchsten Beherrscher Deutschlands – auf solche Weise wollen Männer ja von Mädchen behandelt sein.

Da sagte der SS, um acht Uhr komme der Führer durch die Mainzer Landstraße zum Opernhaus gefahren. Um auf die andere Seite zu kommen, müssten wir einen Umweg machen. Natürlich, der Führer kam! Dass ich das auch vergessen konnte. Wo doch das Bertchen Silias Reihendurchbrecherin ist, und die Frau Silias tagelang von nichts anderem redete.

Es fing an zu regnen. Auf dem Opernplatz sammelten sich Menschen, immer mehr, immer mehr. Es sah gefährlich aus, als würden sie einander totdrücken. Alle wollten was sehen, manche wussten vielleicht noch nicht mal, was es zu sehen gab, trotzdem riskierten sie glatt ihr Leben."[374]

Irmgard Keun hielt Distanz zum NS-Regime. Andere Autoren dienten sich an und beteiligten sich an der ‚Gleichschaltung' der Schriftstellerverbände, der Dichterakademien, des Buchhandels und der Verlage. Noch nicht einmal vier Monate dauerte es, bis die wichtigsten deutschen Schriftstellerinnen und Schriftsteller ins Exil getrieben und der ganze Literaturbetrieb auf die neue Regierung eingeschworen war. Schon im April 1933 begannen Studenten zusammen mit SA-Formationen Buchhandlungen und Bibliotheken nach den Schriften der jetzt verfemten Autoren zu durchsuchen. Höhepunkt dieser ersten Verfolgungswelle war die Bücherverbrennung am 10. Mai 1933, die von der ‚Deutschen Studentenschaft', dem Dachverband der lokalen Studentenschaften, initiiert wurde.

Wie die Bücherverbrennung ‚wider den undeutschen Geist' in Frankfurt ablief, haben Studenten der Literaturwissenschaft an der Frankfurter Goethe-Universität 2012 untersucht und in einem Radiofeature für hr2-kultur dokumentiert. Ihr Institut ist heute mit anderen geisteswissenschaftlichen Fachbereichen im ehemaligen I.G. Farben-Hochhaus untergebracht.

Bis 1934 hatte ein Drittel der Hochschullehrer die Frankfurter Universität verlassen müssen. Das war weit mehr als im Reichsdurchschnitt. Die Organisation lag auch in Frankfurt bei dem ‚Führer' des unterdessen nationalsozialistischen Deutschen Studentenbunds. Anfang Mai begannen die Vorbereitungen. Öffentliche Bibliotheken und die Volksbüchereien in Frankfurt wurden nach ‚marxistischer, liberalistischer, kommunistischer und sonstiger zersetzender Literatur' durchsucht. Die Tausende von Büchern, die beschlagnahmt wurde, kamen zu Sammelplätzen. Das Autodafé selbst ähnelte einem Volksfest. Gegen Abend des 10. Mai zogen Studenten und Dozenten der Frankfurter Universität zum Römerberg, ihnen voran marschierte eine SS-Kapelle mit klingendem Spiel. Die Bücher wurden auf einem Mistwagen mitgeführt, den zwei Ochsen zogen. Gegen 21 Uhr traf der Zug auf dem Römerberg ein. Der Hochschulpfarrer Otto Fricke (der sich später der ‚Bekennenden Kirche' anschloss), hielt die Brandrede. Sein Text ist nicht überliefert, aber die *Frankfurter Nachrichten* berichteten einen Tag später darüber:

„Hochschulpfarrer Fricke erinnerte in seiner Ansprache daran, dass einst zu Metternichs Zeiten die Burschenschaft, im Kampf um Deutschlands Einheit und Freiheit, reaktionäre Schriften verbrannt habe. Heute handele es sich darum, ein Bekenntnis vom deutschen Wesen abzulegen und im Sinne der von Hitler geführten Revolution, zu den wahren Quellen unserer Kraft zurückzufinden."

Nach der Ansprache des Frankfurter Studentenführers bestiegen die Studenten den Mistwagen und warfen die Bücher in das Feuer. Ob es sich bei der in den Zeitungen beschriebenen ‚jubelnden Menge' tatsächlich um viele Menschen handelte und ob die ‚Menge' tatsächlich jubelte, wird von Zeitzeugen unterschiedlich beschrieben. Wie in Berlin, bei der zentralen Veranstaltung mit Goebbels als Redner, dürften auch in Frankfurt die Bücher von vielen Autoren verbrannt worden sein. Um welche genau es sich dabei handelte, ist nicht bekannt. Nur die ‚großen Namen' sind in den Berliner Feuersprüchen überliefert: Karl Marx, Karl Kautsky, Heinrich Mann, Ernst Glaeser, Erich Kästner, Friedrich Wilhelm Förster, Sigmund Freud, Emil Ludwig, Walter Hegemann, Theodor Wolff, Georg Bernhard, Erich Maria Remarque, Alfred Kerr, Kurt Tucholsky und Carl von Ossietzky.

Goebbels war von der Aktion der Studenten überrascht worden, aber er verstand es, den publizistischen ‚Erfolg' auf seine Propagandamühlen zu leiten.

Goebbels, seit 13. März 1933 Propagandaminister, war darauf bedacht, die Kontrolle über den gesamten Kulturbetrieb auszuüben. In der eigenen Partei gab es genügend Konkurrenten, die ihm das streitig machen wollten. Um die Oberhand zu behalten, entwickelte er den Plan, alle Künstler zentral zu erfassen und zu steuern. Am 15. November 1933 eröffnete er in Anwesenheit Hitlers die ‚Reichskulturkammer', die sich in sieben Einzelkammern gliederte: für Film, Musik, Theater, Presse, Schrifttum, Bildende Künste und (bis 1939) Rundfunk. Damit hatte er sich ein zentrales Machtinstrument geschaffen; denn nur wer Mitglied einer dieser Kammern war, durfte im Kulturleben einen Beruf ausüben. Goebbels war aber vorsichtig genug, in seiner Eröffnungsrede die Knebelung der Kultur zu verschweigen, und betonte im Gegenteil das ‚Überzeitliche' und ‚Schöpferische' der Kunst, wenn er davon sprach, dass die Gesetze der Kunst ewig seien und nur geweihte Hände das Recht hätten, ‚am Altar der Kunst zu dienen'. Wie Hohn muss es gewirkt haben, wenn Goebbels in seiner Rede ein Hutten-Wort zitierte, um den revolutionären Charakter der nationalsozialistischen Regierung zu betonen:

„Man mag der Zeit Vorwürfe, welche auch immer, machen, niemand wird aber behaupten wollen, daß sie langweilig sei. Sie ist jedem Muff und jedem Muckertum abhold. Sie hat keine Angst vor der Kühnheit und sieht nicht im bürgerlichen Ruhebegriff der Weisheit letzten Schluß. Für sie gilt das Huttenwort: O Jahrhundert! O Wissenschaft! Es ist eine Lust zu leben. Du nimm den Strick, Barbarei, und mache dich auf Verbannung gefaßt!"[375]

Dass die Wirklichkeit in Deutschland eine ganz andere war, hatten die Verfolgungen politisch Andersdenkender, der Boykott jüdischer Geschäfte, Kanzleien und Arztpraxen am 1. April und die Bücherverbrennung schon mehr als deutlich bewiesen.

Zunächst durften allerdings auch jüdische Autoren, Verleger und Buchhändler Mitglied

der Reichsschrifttumskammer werden, denn einen ‚Arierparagraphen' kannte das Kulturkammergesetz nicht. Das galt aber nur vorübergehend und wurde bald geändert. Mit der Reichsschrifttumskammer hatte sich Goebbels ein herausragendes Instrument der Überwachung geschaffen. Denn er war es, der durch Aufnahme oder Nichtaufnahme, Befreiung von der Mitgliedschaft und Sondergenehmigungen darüber entscheiden konnte, wer in Deutschland Bücher veröffentlichen durfte und wer nicht. Auch wenn seine Macht dort endete, wo Hitler andere Meinung war, nahm Goebbels eine ganz besondere Stellung im Literaturbetrieb ein. Das dokumentieren auch die von ihm seit 1935 herausgegebenen Verbotslisten, die regelmäßig aktualisiert wurden. Bücher, die auf diesen Listen standen, durften weder für Bibliotheken angeschafft noch in Buchhandlungen verkauft werden. Der Frankfurter Buchhändler Heinrich Cobet, (COBET) der in dieser Zeit in der ‚Frankfurter Bücherstube' von Walter Schatzki arbeitete, berichtete nach dem Krieg, dass sie trotzdem ihren ‚guten Kunden' diese Bücher besorgt und ‚unter dem Ladentisch' verkauft haben. Das war riskant, denn auch die Dachorganisation der Buchhändler, der Börsenverein, war selbstverständlich ‚gleichgeschaltet' worden und schloss widerständige Buchhändler aus, was einem Berufsverbot gleichkam. Zu den ‚verbotenen' Autoren gehörten fast alle, die ins Exil gegangen waren. Aber auch Werke von weiterhin in Deutschland lebenden Schriftstellern, die ansonsten unbehelligt publizieren konnten, fanden sich auf der Liste. Das verunsicherte Schriftsteller, Publizisten und Journalisten, die im nationalsozialistischen Deutschland veröffentlichen wollten, erheblich – und so war es auch von Goebbels gedacht. Das Damoklesschwert des Verbots sollte über allen hängen, die sich an die Schreibmaschine setzten. Man muss das bedenken, wenn man Texte beurteilt, die während der NS-Zeit geschrieben und publiziert worden sind.
Immer wieder wird gefragt, warum es keinen nennenswerten Widerstand gab, als das einstmals blühende literarische Leben der Weimarer Republik mit all seinen Institutionen und Verbänden innerhalb weniger Wochen ‚gleichgeschaltet' wurde. Die Antwort scheint zunächst ganz einfach. Schriftsteller waren auch keine besseren oder schlechteren Menschen als die anderen Deutschen. Und wirksamer Widerstand kam von keiner gesellschaftlichen Gruppierung. In der Literatur liegt der Fall allerdings etwas komplizierter. Denn gerade die meisten der Schriftsteller, die die deutsche Literatur repräsentierten und deren Stimmen Gewicht hatten, mussten ihre Heimat schon früh verlassen, um der drohenden Verfolgung zu entgehen. Das Vakuum, das sie hinterließen, wurde von Autoren gefüllt, die eine national-konservative, völkisch orientierte oder dezidiert nationalsozialistische Richtung vertraten. Diese Autoren hatten schon lange darauf gewartet, Akademiesessel besetzen und den Buchhandel in ihrem Sinn beeinflussen zu können. Sie waren sofort zur Stelle und ließen sich von den neuen Machthabern hofieren. Schließlich hatten viele von ihnen ein Werk aufzuweisen, das dem NS-Staat die nötige literaturhistorische Tiefe verleihen konnte. Daneben konnten sich Schriftsteller behaupten, die direkt nach dem Ende der NS-Herrschaft den Begriff ‚Innere Emigration' für sich beanspruchten und den literarischen Kanon der frühen Bundesrepublik prägten. Auch sie waren vor Verfolgungen

und Verboten nicht gefeit, aber sie verstanden es gelegentlich, wie die *Frankfurter Zeitung*, Botschaften zwischen den Zeilen zu verstecken und wurden deshalb auch besonders gern von dem Blatt gedruckt. Aber politische Konzessionen blieben auch ihnen nicht erspart.
Ein Beispiel für die Zerrissenheit eines Autors in dieser Zeit, für das Festhalten, Wanken, Schwanken und schließlich Fallen, ist der aus der Frankfurter Brauerfamilie stammende Rudolf G. Binding. Er wurde am 13. August 1867 in Basel geboren, studierte Verschiedenes ohne Abschluss und entdeckte dann bei einem Husarenregiment seine Liebe zu Pferden. Seit 1910 lebte er als Schriftsteller, nicht weit von Frankfurt, in Buchschlag, wo er auch zeitweilig das Amt des Bürgermeisters versah. Binding zählte Heinrich Simon und Alfons Paquet zu seinen engeren Freunden; Frankfurt, wo seine Großeltern lebten, empfand er als seine Heimat und widmete der Stadt immer wieder Texte, voll des Lobes. 1927 ernannte ihn die Frankfurter Universität zum Ehrendoktor, und die Stadt verlieh ihm 1932 die Goethe-Medaille.
Es ist heute schwer zu verstehen, warum er zu seinen Lebzeiten eine solche Anerkennung als ‚Dichter' genoss. Binding pflegte eine umständlich und gekünstelt wirkende Sprache, die jedoch von der damaligen Kritik und von seinen zahlreichen Lesern als klassisch und formvollendet geschätzt wurde. Besonders erfolgreich war er mit seinen Novellen *Opfergang* (1912, verfilmt 1944 von Veit Harlan mit Carl Raddatz und Kristina Söderbaum), *Reitvorschrift für eine Geliebte* (1914) und *Moselfahrt aus Liebeskummer* (1932 bei Rütten & Loening in Frankfurt erschienen).
Als konservativer Mensch, der geistig noch in der Ära des Wilheminismus lebte, hatte Binding den Ersten Weltkrieg euphorisch begrüßt und später die Demokratie der Weimarer Republik abgelehnt. Im Nationalsozialismus sah er eine Möglichkeit, Deutschlands ‚alte Größe' wiederherzustellen. Sein Verhältnis zu Hitler und zur NSDAP blieb aber auf seltsame Weise indifferent.
Als der französische Literaturnobelpreisträger Romain Rolland (dessen deutscher Verlag Rütten & Loening war) am 21. Mai 1933 einen offenen Brief von sich in der *Kölnischen Zeitung* abdrucken ließ, in dem er die Vorgänge in Deutschland geißelte, verfasste Binding eine breit angelegte Verteidigung des beginnenden nationalsozialistischen Terrors, die unter dem hochtrabenden Titel *Antwort eines Deutschen an die Welt* schon wenig später bei Rütten & Loening erschien. Binding schrieb darin:
„Wir leugnen nicht ‚die eigenen Erklärungen, die Aufreizungen zu Gewalt' (wie Sie es verstehen), ‚die Verkündungen des Rassismus (racisme), der andere Rassen, wie die Juden, verletzen muß; die Autodafés der Gedanken, die kindlichen Scheiterhaufen von Büchern, die Eindrängung' (wie Sie meinen) ‚der Politik in die Akademien und Universitäten' – wir leugnen nicht Auswanderungen und Verfemungen. Aber alles das, so furchtbar es aussehen und so entscheidend es den Einzelnen oder viele treffen mag, sind *Randerscheinungen*, die – wenn sie noch so einschneidend wären – die eigentliche Souveränität, den Kern, die *Wahrheit* des Geschehens gar nicht mehr anrühren."
Für das ‚neue' Deutschland forderte er eine „Religion der Wehrhaftigkeit": „Das würde

uns selbst und der Welt, die unserer Religion anhängen würde, eine so ungeheure Kraft geben auf tausende von Jahren (...) daß keine Nation, auch kein Zusammenschluß von Nationen uns gewachsen wäre."[376]
Warum Wilhelm Ernst Oswalt und sein Mitverleger Adolf Neumann diesen Text – in einer bibliophilen Broschur – druckten, ist schwer zu verstehen. Vielleicht glaubten sie, mit einer solchen Schrift, die in Deutschland selbst, aber auch weit darüber hinaus für Aufsehen sorgte, ihren (jüdischen) Verlag retten zu können. Damit waren sie genauso im Irrtum wie Binding, der mit der langjährigen Sekretärin von Gerhart Hauptmann, Elisabeth Jungmann, zusammenlebte, die Jüdin war. Diese Beziehung versuchte Bindung zu verheimlichen. In seinen letzten Lebensjahren distanzierte sich die NS-Kulturbürokratie mehr und mehr von Binding. Er starb am 4. August 1938 in Starnberg. An seiner Trauerfeier nahmen keine offiziellen Vertreter des NS-Staates teil.

Reichssender Frankfurt und Frankfurter Zeitung

Für die Nationalsozialisten und vor allem Joseph Goebbels stand schon am Ende der Weimarer Republik fest, dass sie dem Rundfunk ihre besondere Aufmerksamkeit widmen würden. Die Möglichkeit, ohne die zeitliche Verzögerung des Drucks wie bei einer Zeitung, in die Häuser der ‚Volksgenossen' gelangen zu können, fasziniert Goebbels, und er schuf nach der Machtübernahme ein System, um möglichst vielen Haushalten und Betrieben den Radioempfang zu ermöglichen. Dazu gehörten auch die preisgünstigen Volksempfänger mit begrenzter Reichweite.
Schon zwölf Tage nach seinem Amtsantritt als Propagandaminister erklärte er den Intendanten und Direktoren der Rundfunkgesellschaften, was er von ihnen erwartete:
„Der Rundfunk ist nicht dazu da, geistige Experimente auszuführen. Er ist auch nicht dazu da, dem Volk die Entwicklung selbst zu zeigen, sondern das Volk will Resultate sehen. Ich halte den Rundfunk für das allermodernste und für das allerwichtigste Massenbeeinflussungsinstrument, das es überhaupt gibt. Ich bin der Meinung, dass der Rundfunk überhaupt das Volk an allen öffentlichen Angelegenheiten teilnehmen lassen muss, dass es im Volksdasein überhaupt keinen großen Vorgang mehr geben wird, der sich auf zwei- bis dreihundert Menschen begrenzt, sondern dass daran eben das Volk in seiner Gesamtheit teilnimmt. Der Rundfunk muss der Regierung die fehlenden 48 Prozent zusammentrommeln, und haben wir sie dann, muss der Rundfunk die 100 Prozent halten, muss sie verteidigen, muss sie innerlich durchtränken mit den geistigen Inhalten unserer Zeit, dass niemand mehr ausbrechen kann (...)
Nur nicht langweilig werden. Nur keine Öde. Nur nicht die Gesinnung auf den Präsentierteller legen. Nur nicht glauben, man könne sich im Dienst der nationalen Regierung

Propagandaminister Joseph Goebbels inspiziert den Südwestdeutschen Rundfunk in Frankfurt am 21. Juni 1933, hinter ihm Intendant Walther Beumelburg.

am besten betätigen, wenn man Abend für Abend schmetternde Märsche ertönen lässt. Wir huldigen nicht billigem Patriotismus, der praktisch ungefährlich geworden ist (...)
Der Rundfunk soll niemals an dem Wort kranken, man merkt die Absicht und wird verstimmt. Es darf in Zukunft kein Ereignis von politisch-historischer Tragweite geben, woran das Volk nicht beteiligt wäre."[377]

Hier waren die Aufgaben des Rundfunks im NS-Staat klar definiert. Der neue Intendant des Frankfurter Senders Walther Beumelburg, ein überzeugter Nationalsozialist und ehemaliger Programmkommissar der Reichs-Rundfunk-Gesellschaft, beeilte sich, die Richtlinien umzusetzen, und forderte seine Mitarbeiter auf, daran mitzuwirken, ‚dass eines Tages der Durchbruch der deutschen Nation zum endlichen Dritten Reich gelinge'.
Der Frankfurter Sender war unterdessen radikal ‚gesäubert' worden. Innerhalb weniger Wochen hatten alle jüdischen Mitarbeiter den Sender verlassen müssen, daneben auch fast alle ‚Köpfe' wie Ernst Schoen, die dem Programm bis dahin sein unverwechselbares Profil gegeben hatten. Den Mitarbeitern, die von dem erzwungenen Exodus profitierten, fiel die Aufgabe zu, das Programm im nationalsozialistischen Sinn umzustrukturieren und neue, politisch geprägte Sendungen zu entwickeln. Ganz im Sinn von Goebbels und dem Reichssendeleiter Eugen Hadamovsky sollte ‚durch Kunst für die Politik und die nationalsozialistische Weltanschauung' geworben werden. Entsprechend opulente Sendezeiten wurden literarischen Lesungen und Vorträgen zur Verfügung gestellt, allerdings mussten die betreffenden Autoren der NSDAP zumindest nahestehen. Die Schriftsteller, die in der Weimarer Republik den Rundfunk mitgeprägt hatten, fanden, soweit sie nicht schon im Exil lebten, nur noch in Ausnahmefällen Beschäftigung. So bestimmten im Jahr 1933 Erwin Guido Kolbenheyer, Hanns Johst, Friedrich Griese, Richard Billinger, Lulu von Strauß und Torney und Wolfram Brockmeier das literarische Programm des Frankfurter Senders. Aber damit war Mitte 1934 Schluss, als alle regionalen Programmgesellschaften in Filialen der Reichs-Rundfunk-Gesellschaft umgewandelt wurden. Dem ‚Reichssender Frankfurt' blieb nur noch wenig Raum für eigenständige Programme, zumeist für volkstümliche Sendungen. Im reichsweiten Programm, das jetzt in Frankfurt empfangen wurde, lasen weiter bekannte NS-Autoren, zum Beispiel in der Reihe ‚Dichter im Dritten Reich', und es gab Hörspiele, unterhaltende und mit propagandistischem Einschlag. Veranstaltungen, denen Goebbels eine besondere Bedeutung zumaß, wie die jährlichen ‚Wochen des

Deutschen Buches', Ehrungen des völkischen Barden Dietrich Eckart oder eine Huldigung an Hermann Stehr (zu dessen 70. Geburtstag) mussten als sogenannte Reichssendungen übernommen werden.

Mit der von Goebbels forcierten Ausrichtung des weitgehend gleichgeschalteten Rundfunks auf politische Propaganda und Unterhaltung gerieten die literarischen Sendungen immer mehr ins Hintertreffen und verschwanden nach Kriegsbeginn fast ganz aus den Programmen, sofern sie nicht dazu dienten, den ‚Volksgenossen' von seinem ‚nerven- und kräftezehrenden Tageskampf' (Goebbels) abzulenken oder den Durchhaltewillen zu stärken.

Im KZ Oranienburg: führende Mitarbeiter des Weimarer Rundfunks (v.l.n.r.) Heinrich Giesecke, Hans Flesch, Alfred Braun.

Der Frankfurter Sender, der während der Weimarer Republik ein ‚Innovationszentrum' gewesen war, hatte sich 1933 in die Bedeutungslosigkeit verabschiedet.

Im Gegensatz zum Rundfunk, bei dem Goebbels nicht die geringste Abweichung von seinen Vorgaben duldete, hatte die gedruckte Presse etwas größere Freiräume, soweit die Blätter nicht schon kurz nach der Machtübernahme verboten worden waren.

Die liberale *Frankfurter Zeitung* hatte im Kaiserreich und in der Weimarer Republik wegen ihrer zuverlässigen Berichterstattung und ihren sorgfältig recherchierten Artikeln in hohem Ansehen gestanden, den Nationalsozialisten war sie allerdings verhasst. Genau über dieses Blatt hielt Goebbels nun seine schützende Hand, jedenfalls solange sie sich politisch zurückhielt.

„Für Goebbels fielen das hohe Prestige der Zeitung und ihre Bekanntheit im Ausland ins Gewicht", schreibt Günther Gillessen, der 1986 eine große Studie über die *Frankfurter Zeitung* in der NS-Zeit veröffentlichte. „Sie zu verbieten, hätte besonderes Aufsehen erregt. Sie zu zähmen und sich ihr Prestige nutzbar zu machen, zumal im Ausland, erschien ihm vorteilhaft (...) Sie allein unter allen deutschen Zeitungen konnte einen beträchtlichen Teil ihrer Auflage im europäischen Ausland vertreiben. Die Parteizeitungen und die gleichgeschalteten Regionalzeitungen waren draußen so gut wie unverkäuflich. Goebbels hoffte, mit der *Frankfurter Zeitung* in dieses Ausland sprechen zu können und zugleich darzutun, dass das NS-Regime doch gar nicht so fürchterlich sein könne, wie draußen behauptet, wenn die *Frankfurter Zeitung* nach wie vor erscheinen könne. Er wollte die FZ als Alibi vorzeigen."[378]

Ob diese Rechnung aufgegangen ist, kann auch Günther Gillessen nicht sagen. Eine weitere Überlegung im Kalkül von Goebbels dürfte gewesen sein, dass er über die *FZ* eventuell Menschen erreichen konnte, die regimekritisch eingestellt waren und keine Parteiblätter lasen. Für die Redaktion der *Frankfurter Zeitung* brachte das gewisse Freiheiten mit sich. Die Politik- und die Wirtschaftsredaktion profitierten am wenigsten davon. Sie mussten sich an die täglichen Presseanweisungen aus dem Propagandaministerium halten, die detailliert regelten, welche Themen groß, welche ganz klein und welche gar nicht behandelt werden sollten. Schon eine Unachtsamkeit oder eine vorsichtig vorgetragene Kritik an Entscheidungen der NS-Regierung oder an einem NS-Funktionär hätte das Verbot des Blattes mit sich bringen können, denn an allzu viel Liberalität in der Außendarstellung war Goebbels nicht gelegen. Andererseits war die *Frankfurter Zeitung* auch noch nach den Nürnberger Rassegesetzen „wohl das einzige Blatt in der deutschen Presse, dem es gelungen war, ‚Halbjuden' und ‚jüdisch Versippten' immer wieder eine Ausnahmegenehmigung für ihre weitere Arbeit zu beschaffen"[379]. Und die erteilte Goebbels. Erst im Mai 1943, kurz bevor die *Frankfurter Zeitung* ganz eingestellt wurde, mussten Dolf Sternberger (Redakteur für Erziehungs- und Bildungsfragen), Wilhelm Hausenstein (Leiter der Literaturredaktion), Erich Lasswitz (Redakteur der technischen-naturwissenschaftlichen Beilage), Otto Suhr (Mitarbeiter im Berliner Büro) und Benno Reifenberg das Blatt verlassen. Reifenberg hatte 1934, nach dem erzwungenen Ausscheiden von Heinrich Simon den Vorsitz in der Redaktionskonferenz übernommen. Als er sich 1938 im Blatt positiv über den ‚entarteten' Künstler van Gogh äußerte, wurde er kurzzeitig verhaftet und schrieb danach unter Chiffre im Feuilleton.

Die Leitung des Feuilletons hatte von 1933 bis zu seinem Tod 1936 Rudolf Geck, danach interimistisch Alfons Paquet, der 1933 aus der Preußischen Akademie der Künste ausgeschlossen worden war, weil er die Solidaritätserklärung für Hitler verweigert hatte. Bis zu seinem Tod am 8. Februar 1944 bei einem alliierten Bombenangriff auf Frankfurt hatte Paquet nur eingeschränkte Publikationsmöglichkeiten. Neben Zeitungsartikeln schrieb er vor allem Reiseberichte, die zum Teil auch in Buchform erschienen. Von 1937 bis zur Einstellung der Zeitung leitete der aus Kempten stammende Max von Brück, der erst zwei Jahre zuvor zur *FZ* gestoßen war, die Feuilletonredaktion. Die Position seines Stellvertreters besetzte ab 1938 der siebenunddreißigjährige Walter Dirks, der von 1923 bis 1934 als Redakteur bei der linkskatholischen *Rhein-Mainischen Volkszeitung* gearbeitet hatte. Er war 1935 auf Empfehlung Hausensteins zur *FZ* gekommen.

Obwohl Goebbels im November 1935 in einem Erlass jede Kunstkritik verboten hatte – nur noch ‚Kunstbericht' und ‚Kunstbeschreibung' waren erlaubt – und obwohl es eine wöchentliche ‚kulturpolitische Pressekonferenz' gab, mit der das Propagandaministerium die Berichterstattung in den Kulturteilen der Zeitungen steuern wollte, fand im Feuilleton der *Frankfurter Zeitung*, so Günther Gillessen, „die Auseinandersetzung mit dem Nationalsozialismus in einer Weise statt, die scheinbar der Politik entrückt war, aber, wie in den Kirchen, um die Seelen der Menschen geführt wurde. Das Feuilleton war zudem die Arena, in der der Nationalsozialismus nicht ebenbürtig mitstreiten konnte. Hier konnte die Redaktion die wesenhafte Amoralität und Menschenfeindlichkeit des Regimes bloßstellen, sofern sie es geschickt genug anfasste. Im Feuilleton konnte die Redaktion Gegengewichte für die Zugeständnisse schaffen, die sie im politischen Teil machen musste"[380]. Allerdings musste das äußerst geschickt angefangen werden, und es gelang nicht immer.

Und ohne Kompromisse kam auch die Feuilleton-Redaktion nicht aus. Wenn kein Weg daran vorbeiführte, Bücher von NS-Autoren vorzustellen, dann wurde die in der Regel kleinen Sammelbesprechung in den Politikteil geschoben. Das Feuilleton wollte man davon freihalten. Auch antisemitische Erklärungen der NS-Führung, die abgedruckt werden mussten, wurden im Politikteil platziert. „Im Feuilleton der Zeitung erschien die ganzen zehn Jahre über nicht ein einziges antisemitisches Wort“[381], betont Günther Gillessen. Bei den beliebten Vorabdrucken von Romanen blieb die Auswahl auf Autoren beschränkt, die später zur sogenannten Inneren Emigration gezählt wurden oder, wie Hermann Hesse, im Ausland lebten. So brachte die *FZ* Bücher von Stefan Andres, Werner Bergengruen, Annette Kolb, Elisabeth Langgässer, Reinhold Schneider und Ernst Wiechert.

Das verdeckte Schreiben im Feuilleton der *Frankfurter Zeitung* war eine hohe Kunst und keine ungefährliche. Gillessen nennt es die ‚Swiftsche Methode‘, nach der die Redakteure arbeiteten. Der irische Autor Jonathan Swift hatte seine Kritik an der Regierung zu Beginn des 18. Jahrhunderts in das Land Liliput verlegt und sich damit unangreifbar gemacht. Der Rückgriff auf die Geschichte, auf Märchen, Fabeln und Sprichworte war bei den Autoren der *FZ* ein beliebtes Mittel, um sich gegen den NS-Staat in Position zu bringen. Die Leser verstanden das, aber auch die klügeren Köpfe in der Kulturbürokratie. Für die Verfasser der Artikel bedeutete das eine riskante Gratwanderung, und sie konnten nur hoffen, dass die Zensoren es unterließen, die entsprechenden Passagen auf den NS-Staat oder die NSDAP zu beziehen. Gillessen führt zwei ebenso markante wie mutige Beispiele an, die von Dolf Sternberger stammen.

Am 22. März 1936 schrieb Sternberger in seiner Reihe „Vademecum für Sprichwörter“ über „Eine Krähe hackt der anderen kein Auge aus“. Das Sprichwort erblicke, so Sternberger „die Gewähr für das Verhalten der Krähen einzig darin, daß sie allesamt Krähen sind. Das heißt: daß jede einzelne von ihnen zwar von räuberischer und selbstsüchtiger Natur ist, daß aber zwei oder mehr Krähen Dritten, etwa anderen Vogelarten, gegenüber vor allem ihr gemeinsames Interesse behaupten suchen werden, zumal sonst die Sicherheit jeder einzelnen von ihnen bald dahin wäre (…)

Daß sie sich die Augen nicht wechselseitig aushacken, ist weder auf ein ausgebildetes Rechtssystem noch auf ein lebhaftes Mitgefühl, sondern einzig auf den Vorteil zurückzuführen, den sie davon haben, wenn sie es nicht tun.“ Und wenn die Krähen dann die alleinige Macht auf den Stoppelfeldern hätten, würde sich an ihrem räuberischen Charakter nichts ändern: „Warum sollten Krähen gerade auf dem Gipfel ihrer Macht und Sicherheit zu Tauben werden?“[382]

Das zweite Beispiel schrieb Sternberger fünf Jahre später, als sich die schlimmste Phase der Judenverfolgung abzuzeichnen begann. Der Artikel erschien am 25. Dezember 1941 und behandelte die Fabel vom Wolf und dem Lamm:

„Der Wolf und das Lamm tranken aus dem selben Bach, das Lamm weiter unten. Der Wolf fuhr aber das Lamm an, warum es ihm das Wasser trübe. Das Lamm gab zur Antwort: Wie kann ich dir denn das Wasser trüben, da du doch oben trinkst? Allenfalls könntest du mir das Wasser trüben. Was, du fluchst mir auch noch? sagte der Wolf, worauf das Lamm ihm versicherte, daß es ihm durchaus nicht fluche. So, gab der Wolf zurück, du hast es im vorigen Jahr ja auch getan. Aber da war ich doch noch gar nicht geboren, sagte das Lamm wahrheitsgemäß. Dann war's dein Bruder. – Ich habe gar keinen Bruder. – Dann war's irgend ein anderer von deiner Verwandtschaft, ihr alle und eure Hunde und eure Schäfer plagt mich ja zu jeder Zeit, und ich muß euch bestrafen. Sprach's, zerriß das Lamm und fraß es auf."[383]

Sternberger erläuterte dazu, dass der Fabelwolf in all seiner Verderbtheit noch eine Reverenz vor dem Recht mache, indem er es missbrauche. Nach diesem Artikel, so Gillessen, soll im Propagandaministerium eine Akte über Sternberger angelegt worden sein. Sogar ein Berufsverbot sei erwogen, aber von Hans Fritzsche, dem Leiter der Presseabteilung im Ministerium, verhindert worden. Einschüchterungen und Verhaftungen gehörten fast zum Geschäft der Redakteure, waren aber immer existenziell. Das muss man beachten, wenn man über einen publizistischen Widerstand spricht, der zwischen und nicht in den Zeilen stattfand, der auf Leser zielte, die verstanden. Für viele war das Feuilleton eine moralische Instanz in einem unmoralisch gewordenen Land, eine Erinnerung, dass es den Geist Goethes noch gab. Wer zu den Gegnern des Regimes zählte, konnte in den Redakteuren Gleichgesinnte erkennen. Das machte Hoffnung auf eine bessere Zeit. Nach dem Fabel-Artikel Sternbergers sollte es nicht mehr lange dauern, bis das ganze Blatt eingestellt wurde. Im ‚totalen Krieg' schien die *Frankfurter Zeitung* für Goebbels bedeutungslos geworden zu sein. Nach einem etwas despektierlichen Artikel über den früh verstorbenen und von den Nationalsozialisten wegen seiner Kampflieder hoch geschätzten Dietrich Eckart gab Goebbels dem Drängen Hitlers nach. Am 31. August 1943 erschien die letzte Ausgabe der *Frankfurter Zeitung*.

Auf einen Mitarbeiter der *Frankfurter Zeitung* muss noch hingewiesen werden, weil er nach dem Zweiten Weltkrieg im Literaturbetrieb der Bundesrepublik eine führende Rolle einnehmen sollte und nicht unumstritten blieb: Friedrich Sieburg.

Der aus dem Sauerland stammende Kaufmannssohn war 1923 zur *FZ* gekommen und arbeitete als Auslandskorrespondent unter anderem in Kopenhagen, Paris (als Nachfolger von Joseph Roth) und London. Als Reisekorrespondent berichtete er über Polen, Portugal, Französisch-Afrika, die Sowjetunion, China, Japan und andere Länder. Während der zwanziger Jahre setzte sich Sieburg für eine nationale Neubesinnung Deutschlands ein. Dieses Projekt verfolgte er in seinem ersten Erfolgsbuch *Gott in Frankreich?* (1929) und in dem Band *Es werde Deutschland* (1933), in dem er sich aber gleichzeitig von den plebejischen Methoden der Nationalsozialisten und deren Antisemitismus abgrenzte. 1935 wurde das Buch ‚wegen unflätiger Beschimpfungen der nationalsozialistischen Weltanschauung' auf die erste Verbotsliste gesetzt und wenig später beschlagnahmt. Sieburg, der nach Erscheinen des Buchs Exemplare an Hitler, Göring und Goebbels hatte schicken lassen, wies vergeblich auf die große Resonanz des Buches im Ausland hin. So schrieb er im April 1936 an den Leiter des Societätsverlags, in dem seine Bücher während der NS-Zeit erschienen:

„Ich glaube kaum, daß es ein zweites Buch gibt, das dem Nationalsozialismus in England und Frankreich so stark genützt hat wie das meine.“[384]

Tatsächlich war Sieburgs Haltung den nationalsozialistischen Machthabern gegenüber ambivalent. Einerseits zeigte er sich beispielsweise in seinen Polenreportagen (*Polen. Legende und Wirklichkeit*, 1934) durchaus einverstanden mit der nationalsozialistischen Außenpolitik. Andererseits konnte seine Studie zu *Robbespiere* (1935) als verdeckte Kritik am Totalitarismus gelesen werden.

1939 wurde Sieburg vom Auswärtigen Amt als Gesandtschaftsrat zunächst nach Brüssel und dann nach Paris geschickt. 1941 stellte er einen Antrag auf Aufnahme in die NSDAP. Umstände und Ergebnis dieses Antrags sind bis heute ungeklärt. Dokumentiert sind allerdings einzelne Äußerungen Sieburgs, die ihn in ideologischer Nähe zum Nationalsozialismus zeigen: Im März 1941 erklärte Sieburg in einer Rede vor der profaschistischen ‚Groupe Collaboration‘, dass er durch das Leben in Frankreich zum Kämpfer und zum Nationalsozialisten erzogen worden sei. Im Juni 1942 erschien in *L'Appel*, der Zeitung der ‚Ligue française‘, ein Interview mit Sieburg, in dem dieser Heinrich Heine aus der deutschen Literatur ausschloss, da ihm als Juden die nötige nationale Verwurzelung fehle.Dies ist die einzige bekannte antisemitische Stellungnahme Sieburgs, der aber stets darauf beharrte, dass sie ihm untergeschoben worden sei.

Ende 1942 kehrte Sieburg nach Deutschland zurück und schrieb bis zur ihrer Schließung im September 1943 wieder für die *Frankfurter Zeitung*. Danach arbeitete er für die *Börsenzeitung* und als Ehrenbegleiter für den nach Deutschland geflohenen Chef der Vichy-Regierung, Marschall Pétain.

Nach Kriegsende wurde Sieburg bis 1948 mit einem Schreibverbot belegt, betätigte sich dann zunächst als freier Schriftsteller und als Mitherausgeber der Zeitschrift *Die Gegenwart*. Von 1956 bis zu seinem Tod war Sieburg Leiter des Literaturteils der *Frankfurter Allgemeinen Zeitung* und einer der einflussreichsten Literaturkritiker der Bundesrepublik.

Die Städtischen Bühnen als politische Kultstätte

Über die Städtischen Bühnen in der NS-Zeit ist wenig zu sagen. Bettina Schültke hat 1997 eine in jeder Hinsicht herausragende Arbeit dazu vorgelegt. Ihr werden wir folgen.
Alwin Kronacher hatte 1928 die Nachfolge von Richard Weichert als Intendant angetreten und die erfolgreiche Arbeit mit neuen skandalträchtigen Stücken fortgesetzt. Mit Friedrich Wolfs *Cyankali* über den Paragraphen 218 und Sergej Tretjakovs Anklage imperialistischer Kolonialpolitik *Brülle China* löste er 1929 veritable Skandale aus und wurde sofort nach der nationalsozialistischen Machtübernahme seines Amtes enthoben. Er emigrierte in die Schweiz. Als kommissarischen Leiter des Schauspiels bestellte der Frankfurter Oberbürgermeister Friedrich Krebs (der die Aufsicht über Oper und Schauspiel für sich reklamierte) den ehemaligen Chemiker und NSDAP-Funktionär Hans Geisow, der allerdings nur gut zwei Monate im Amt blieb und am 1. Juni 1933 von dem in Frankfurt geborenen und bis dahin in Stettin als Intendant tätigen Hans Meissner abgelöst wurde. Meissner, der im Oktober 1932 aus der SPD aus- und kurz nach der NS-Machtübernahme in die NSDAP eingetreten war, blieb bis zur Einstellung des Spielbetriebs 1944 in der Position des Frankfurter Generalintendanten.

Alwin Kronacher.

Neben Alwin Kronacher mussten über 40 weitere Beschäftigte die Städtischen Bühnen verlassen. Als neuer Chefdramaturg und stellvertretender Generalintendant wurde der glühende Nationalsozialist und völkische Autor Friedrich Bethge berufen, der mit seinen unsäglichen Theaterstücken wie dem Weltkriegsdrama *Reims* bis dahin keinen Erfolg gehabt hatte. Neben seiner Tätigkeit bei den Städtischen Bühnen wurde Bethge später noch Reichskultursenator und Landesleiter der Reichsschrifttumskammer. 1937 erhielt er von Goebbels den ‚Nationalen Buchpreis'. Von ihm war kein unpolitisches Theater zu erwarten. Gleich hatte er in den wenigen Tagen seiner Interimsherrschaft *Schlageter* von Hanns Johst auf den Spielplan gesetzt. Johst kam vom Expressionismus. Sein ‚Menschenuntergangsdrama' *Der Einsame* hatte Hellmer Ende 1917 schon kurz nach der Uraufführung an seinem Neuen Theater mit Albert Steinrück in der Hauptrolle und unter der Regie von Adam Kuckhoff herausgebracht. 1921 ließ er *Der König* und 1923 *Propheten* folgen. Johst war auf dem Weg, der führende Literaturfunktionär des NS-Staates zu werden. Sein Gesellenstück lieferte er mit dem Stück *Schlageter* ab, das zu Hitlers Geburtstag am 20. April 1933 im Staatlichen Schauspielhaus Berlin uraufgeführt wurde. Johst schuf damit das exemplarische nationalsozialistische Drama. Im Stück wird das Leben des jungen Nationalsozialisten Albert Leo Schlageter geschildert, den die Franzosen während der Ruhrbesetzung 1923 hingerichtet hatten: „Wir Jungen, die wir zu Schlageter stehen, wir stehen nicht zu ihm, weil er der letzte Soldat des Weltkrieges ist, sondern weil er der erste

Soldat des Dritten Reiches ist!!" Im Gegensatz zu anderen Propagandastücken war *Schlageter* außerordentlich erfolgreich und wurde auf fast allen Bühnen gespielt. In Frankfurt war die Premiere am 17. Mai 1933. Einzelne Sätze aus dem Stück, wie „Wenn ich Kultur höre (...) entsichere ich meine Browning!", verselbständigten sich zu vielzitierten Redewendungen. Besonders die Schlussszene mit der Erschießung Schlageters verfehlte ihre Wirkung nicht:

> „*Schlageter*
> *(wendet sein Gesicht nach links.)*
> Deutschland!
> Ein letztes Wort! Ein Wunsch! Befehl!!
> Deutschland!!!
> Erwache! Entflamme!!
> Entbrenne! Brenn ungeheuer!!
> *(Nach dem Hintergrund, befehlend)*
> Und ihr ... Gebt Feuer!!
> *Stimme des französischen Kommandanten*
> A mon commandement – feu!

(Vorher werden die Scheinwerfer langsam eingezogen, so daß die Feuergarbe der Salve wie greller Blitz durch Schlageters Herz in das Dunkel des Zuschauerraums fetzt. Alles Licht erlöscht jäh. Vorhang stürzt herab. Die Motoren donnern, die Clairons gellen Triumph. Einen Augenblick lang, dann jähe und unbedingte Stille ... Totenstille. Licht im Zuschauerraum.)"[385]

Der Theaterwissenschaftler Walter Hinck hat zu Recht darauf hingewiesen, dass gerade der Schluss, der die nationale Empörung in den Zuschauerraum tragen soll, mit Wirkungsmitteln arbeitet, die denen des politischen Theaters Erwin Piscators verwandt sind. Die NS-Theaterkritik war begeistert.

Die ‚Reichsdramaturgie', die bei Goebbels angesiedelt war, empfahl derartige Stücke dringend zur Aufführung. Andererseits ließ sie auch wissen, welcher Autor nicht mehr so oft gespielt werden sollte, wo Textänderungen vorzunehmen waren und welche Stücke ganz von der Bühne verbannt waren. In Frankfurt schien man auch ohne diese Anweisungen zu wissen, was zu tun war. Wedekinds *Lulu* zum Beispiel hatte Geisow noch am Tag seiner Amtsübernahme vom Spielplan abgesetzt.

Die Spielgestaltung von Meissner und Bethge, so Bettina Schültke, unterschied sich nur geringfügig von der anderer Theater in Deutschland „Allerdings wurden in Frankfurt nachdrücklich die Dramatiker der 30er und 40er Jahre gefördert, z. B. mit Sonderveranstaltungen wie der ‚Woche der Lebenden'. Ihre Stücke machten fast die Hälfte aller Inszenierungen aus. Etwa 50 Prozent der zeitgenössischen Dramen in Frankfurt waren Werke, die Ideologeme des NS verkündeten, während die andere Hälfte aus geläufiger

Komödienkonfektion bestand. Deutschsprachige Dramatik der Jahrhundertwende, der 20er, 30er und 40er Jahre stieg von 51 % vor 1933 auf fast 80 % in den Spielzeiten 1933/34 bis 1943/44, obwohl der größte Teil der in der Weimarer Republik bekannten Dramatiker verboten war. Ersetzt und in der Häufigkeit der Neueinstudierungen übertroffen wurden sie von den der NSDAP verbundenen Autoren, die vor 1933 unbekannt waren.
In den Spielzeiten 1929/30 bis 1932/33 zeigten die Städtischen Bühnen 89 Stücke von 71 Autoren. 42 der Dramatiker, d. h. über die Hälfte, erscheinen nach 1933 nicht mehr auf den Spielplänen."[386]
Ein Blick in die überlieferten Spielpläne offenbart, dass weiterhin die Mundartstücke und Lustspiele von Carl Malß und Adolf Stoltze im Programm waren. Von Carl Mathern und Toni Impekoven, der auch gern selbst Regie führte, wurde Altes und Neues gebracht. Daneben kamen Klassiker von Goethe, Schiller, Shakespeare, Grillparzer, Kleist, Hebbel und – nach 1945 als besonderes Wagnis gefeiert – Büchners *Woyzeck* zur Aufführung.

Erwin Guido Kolbenheyer, aus H. Langenbucher *Volkhafte Dichtung der Zeit.*

Die meisten Neuinszenierungen in der Gegenwartsdramatik fielen auf – Friedrich Bethge, der seine leitende Position im Haus schamlos nutzte, um seine eigenen Werke auf die Bühne zu bringen. Auch der ‚Landespropagandawalter' von Hessen-Nassau, Wilhelm Müller-Scheld, war skrupellos genug, Inszenierungen seiner an sich unspielbaren Machwerke durchzusetzen. Von der ersten Garde der NS-Dramatiker wurden Stücke von Eberhard Wolfgang Möller, Erwin Guido Kolbenheyer, Curt Langenbeck, Gerhard Schumann und Hans Rehberg gespielt.
Kolbenheyer war 1937 auch Träger des Goethepreises, der während der NS-Zeit bis 1942 weiter vergeben wurde, unter anderen an die konservativen bis deutsch-nationalen Schriftsteller Hermann Stehr, Hermann Stegemann, Hans Carossa, Agnes Miegel und Wilhelm Schäfer, an den ehemaligen I.G. Farben-Manager (und Retter der *Frankfurter Zeitung*) Carl Bosch und an den Bildhauer Georg Kolbe, dessen 1913 geschaffenes Heine-Denkmal 1933 vom Sockel gestürzt wurde, aber unter dem Titel ‚Frühlingslied' im Städelgarten die NS-Zeit überstehen konnte.
Angesichts dieser Programmgestaltung der Städtischen Bühnen, die völkische und NS-Autoren begünstigte, überrascht es nicht, dass die Besucherzahlen weit hinter den Erwartungen blieben und den Stand von vor 1933 nicht mehr erreichten. Zum einen fehlte das traditionell in Frankfurt stark theaterinteressierte jüdische Publikum, zum anderen waren immer weniger Menschen bereit, für bühnenreife NS-Propaganda und obendrein noch schlechte Stücke Geld zu zahlen.
Anders sah es bei den ‚Römerberg-Festspielen' aus, die Alwin Kronacher 1932 begründet und mit dem *Urgötz* und *Egmont* eröffnet hatte. Die aufwändigen Inszenierungen auf

dem Römerberg, die bis 1939 jeweils im Juni und August gezeigt wurden, präsentierten Klassiker von Schillers *Räuber* bis zu Gerhart Hauptmanns Bauernkriegsdrama *Florian Geyer*. Sie waren fast so etwas wie nationale Weihespiele, von Goebbels mit dem Prädikat ‚reichswichtige Festspiele' versehen. Im Programmheft von 1936 machte der Propagandaminister klar, in welchem größeren Zusammenhang er die Festspiele sah:
„Wir haben die schöpferischen Kräfte der deutschen Nation wieder freigelegt, sie mögen sich ungehindert entfalten und reiche Früchte tragen am Baume eines neuerstandenen Volkstums. Die deutsche Kunst, die zum Volke zurückkehrt, wird den schönsten Lohn dadurch empfangen, daß das Volk wieder zu ihr zurückkehrt."
Und Generalintendant Meissner ergänzte:

Porträt von Joachim Gottschalk im Programmheft der ‚Römerberg-Festspiele' 1936.

„Deutsche Geschichte, deutsche Klassik und das reine Wollen einer lebendigen Wirklichkeit vereinigen sich als wertvolle G r u n d p f e i l e r des Aufbaues eines wahren deutschen Nationaltheaters. Hier wird die tiefe Beziehung zwischen Kunst und Volk sichtbar. Hier bereitet sich die Verwirklichung der Sehnsucht unseres Volkes vor, das dichterische Zeugnis des Erhabenen der Gegenwart: das neue deutsche Drama." [387]
Im selben Programmheft werden auch die Schauspielstars der vier für 1936 vorgesehenen Aufführungen mit Bild dargestellt. Unter ihnen Maria Wimmer, René Deltgen und – Joachim Gottschalk.
Gottschalk war einer der beliebtesten Frankfurter Schauspieler, seit 1934 an den Städtischen Bühnen und auch immer wieder in Hauptrollen bei den Römerberg-Festspielen zu sehen. Er war mit der Schauspielerin Meta Wolf verheiratet, einer getauften Jüdin. 1938 wurde der ‚jüdisch versippte' Schauspieler auf Druck des ‚Landeskulturwalters' Willi Stöhr entlassen und ging nach Berlin, wo er seine Karriere, auch beim Film, zunächst fortsetzten konnte. Als seine Frau und sein achtjähriger Sohn nach Theresienstadt deportiert werden sollten, verübte die Familie am 6. November 1941 Selbstmord.
Seine 1957 geschaffene Büste steht im Foyer des Großen Hauses der Städtischen Bühnen.

Das Ende des jüdischen Lebens in Frankfurt

In der Nacht vom 9. auf den 10. November 1938 brannten überall in Deutschland die Synagogen. Den Vorwand für die Pogrome hatte das Attentat des jungen Juden Herschel Grünspan auf den deutschen Diplomaten Ernst vom Rath in Paris geliefert. Aber der ‚spontane Volkszorn' war genau geplant. Systematisch wurden Synagogen angezündet, jüdische Einrichtungen demoliert, jüdische Deutsche misshandelt und verhaftet. Die Pogromnacht sollte die über Jahrhunderte gewachsene Lebensgemeinschaft zwischen jüdischen und nichtjüdischen Deutschen endgültig beseitigen. Sie markiert den Beginn des Holocaust.

An den Brand der Frankfurter Börneplatz-Synagoge erinnerte sich der Schriftsteller Valentin Senger in seinem autobiographischen Roman *Kaiserhofstraße 12.*

Für den am 28. Dezember 1918 in Frankfurt geborenen Sohn russisch-jüdischer Eltern waren die Jahre zwischen 1933 und 1945 eine Zeit der tiefsten Erniedrigung. Unerkannt, mit falschen Papieren versehen, führte er ein ‚ganz normales' Leben und musste ohnmächtig mit ansehen, wie die Nationalsozialisten gegen Juden und jüdische Einrichtungen vorgingen. Nach dem Zweiten Weltkrieg hat sich Senger, nach einem heftigen Flirt mit dem Kommunismus und der nicht minder heftigen Entfremdung von DDR und SED, in seinen Romanen und Erzählungen vor allem der jüdischen Kultur und dem jüdischen Leben in Deutschland durch die Jahrhunderte gewidmet. In seinen Erinnerungen *Kurzer Frühling* (1984) und *Der Heimkehrer* (1995) wandte er sich der Nachkriegszeit zu. Bei allem, was sich geändert hatte, fiel seine Bilanz negativ aus:

„Heute lebe ich frei von der Angst, aus meinem Lügengebäude herausgezerrt, als Jude entlarvt und in ein Vernichtungslager verschleppt zu werden. Doch es haben sich neue Ängste eingestellt, die ich vor fünfzig Jahren nicht für möglich gehalten habe. Ein neuer, aggressiver Antisemitismus macht sich breit, wird von Jahr zu Jahr frecher, bedrohlicher, und scheint wohlorganisiert zu sein. Kein Verharmlosen von offizieller Seite schafft diese Bedrohung aus der Welt. Fünfzig Jahre danach habe ich wieder Angst."[388]

Valentin Senger starb am 4. September 1997 in Frankfurt. Seine 1978 erschienenen Erinnerungen *Kaiserhofstraße 12* hatte der Hessische Rundfunk 1980 verfilmt. Senger war bis zu seiner Pensionierung verantwortlicher Redakteur für Wirtschafts- und Sozialpolitik beim Fernsehen des Hessischen Rundfunks.

Als er am 9. November 1938 hörte, dass die Synagoge am Börneplatz brannte, hielt es den Lehrling der Eisen- und Stahlbaufirma Fried Sohn nicht mehr an seinem Arbeitsplatz:

„Und dann stand ich in der Menschenmenge auf dem Platz und sah die Flammen, die aus dem großen Kuppelbau des Gotteshauses schlugen. Etwa hundert Meter von der brennenden Synagoge entfernt bildeten SA-Leute und Hilfspolizisten einen Kordon, so dass niemand näher an die Brandstelle herankonnte. Ganz vorne, noch vor der Absperrung, stand eine Gruppe Hitlerjungen, feixte und machte eine Gaudi aus dem schrecklichen Geschehen.

Die Menschen hinter der Absperrung waren eher betreten, ich hörte kein Wort der Zustimmung. Neben mir erzählte eine alte Frau, sie habe gesehen, wie man am Zoologischen Garten Juden mit Lastwagen abtransportiert habe. Ein Mann sagte, er komme gerade von der Friedberger Anlage, die dortige Synagoge brenne ebenfalls und auch die Alte Synagoge an der Allerheiligenstraße (...)

Ich sah nichts als die Flammen und den Rauch, obwohl viele hundert neugierige Menschen um mich herumstanden, und in meinen Ohren klang, als stünde er dicht neben mir, Papas leise, traurige Stimme: ‚Hulet, hulet, bejse Windn.' Ich hätte mich nur umdrehen müssen, um ihn zu sehen, so nahe war er mir. Und in meinem Kopf zitterte der Refrain mit: ‚Lang wet doieren der Winter, Summer is noch wait.' Ich weinte, die Tränen rannen mir die Backen hinunter, und es war mir gleichgültig, ob mich jemand beobachtete."[389]

Mit der Reichspogromnacht und ihren schrecklichen Verwüstungen endete auch das, was vom jüdischen Kulturleben in Frankfurt noch übrig geblieben war.

Martin Buber, der nicht emigriert war, hatte 1933 sein Jüdisches Lehrhaus neu eröffnet. „Fünf Jahre lang, bis Ende 1938, war es das kulturelle Lebens- oder vielmehr Überlebenszentrum der Frankfurter Juden, nicht mehr die esoterische Randerscheinung der zwanziger Jahre, sondern von der gesamten Gemeinde anerkannt und benutzt. Hier konnte sich das geistige und kulturelle Leben, von dem die Juden in der Öffentlichkeit zunehmend ausgeschlossen waren, in der Isolation entfalten, und zwar in diesen Jahren noch in einer Freiheit, die der nichtjüdischen Außenwelt aus Grund der politischen Gleichschaltung bereits genommen war."[390]

Nach der Pogromnacht wurde das Lehrhaus geschlossen. Auch die 1934 von dem ehemaligen Frankfurter Generalmusikdirektor Hans Wilhelm Steinberg gegründete Frankfurter Dependance des ‚Kulturbundes deutscher Juden', die Konzerte, Bunte Abende, Filmvorführungen, Vorträge und Ausstellungen organisiert hatte, musste ihren Betrieb einstellen. Martin Buber emigrierte nach Palästina und wurde Professor für Sozialphilosophie an der Universität Jerusalem. 1953 erhielt er den Friedenspreis des Deutschen Buchhandels. Buber starb am 13. Juni 1965 in Jerusalem.

Deportation und Vernichtung – Der Zweite Weltkrieg

Wer als Jude auch noch nach der Pogromnacht in Deutschland geblieben war, vielleicht weil er keine Chance zur Emigration hatte, der musste täglich mit neuen Drangsalierungen rechnen. Ein auch nur halbwegs ‚normales' Leben war den Juden versagt. Die wenigen Freiheiten, die sie noch besaßen, wurden immer mehr eingeschränkt. Am öffentlichen Leben konnten sie schon lange nicht mehr teilnehmen. Mit der nur wenige Tage nach der Pogromnacht erlassenen ‚Verordnung über die Ausschließung der Juden aus dem deutschen Wirtschaftsleben' war der sogenannten Arisierung Tür und Tor geöffnet. Jüdische Vermögen mussten zu Schleuderpreisen verkauft werden. Nicht wenige Symbolgestalten des späteren ‚Wirtschaftswunders', wie zum Beispiel Josef Neckermann, legten damals mit arisierten Unternehmen den Grundstein für ihre eigenen Firmenimperien. Zu keiner Zeit waren jüdische Menschen so rechtlos in Deutschland wie nach den November-Pogromen. Seit dem 19. September 1941 war das Tragen des gelben Judensterns Pflicht, auch das ein Relikt aus dem Mittelalter. Genau einen Monat später begannen die Deportationen aus hessischen Städten. Frankfurt machte den Anfang. 1200 Bürger wurden zum angeblichen Arbeitseinsatz in das Ghetto Litzmannstadt gebracht. Bis zum Sommer 1943 fuhren die Züge aus Frankfurt, Kassel und Darmstadt. Insgesamt 15 000 Menschen, darunter allein 9500 aus Frankfurt, wurden in den Osten verschleppt. Kaum einer von ihnen überlebte. Auch von den Sinti und Roma, die seit Mai 1940 über das ‚Zigeunerlager' in Frankfurt-

Die Frankfurter Altstadt vor ihrer Zerstörung im Zweiten Weltkrieg.

Riederwald zunächst in polnische Ghettos und schließlich nach Auschwitz-Birkenau gebracht wurden, sind nur wenige zurückgekehrt. Obwohl die Transporte in aller Öffentlichkeit, in Frankfurt zum Beispiel vor der Festhalle, zusammengestellt wurden, entschuldigten sich viele nach dem Zweiten Weltkrieg, sie hätten davon nichts gewusst.
Am 1. September 1939 hatte der Zweite Weltkrieg mit einem von deutscher Seite fingierten, angeblichen polnischen Überfall auf den Sender Gleiwitz begonnen. Die Anzettelung des Kriegs, die Ermordung von Millionen von Menschen und die dauernde Misshandlung von Zwangsarbeitern rächten sich bitter. Nach ‚Blitzsiegen' im Osten und Westen wendete sich langsam das Blatt. Immer mehr Familien hatten Opfer zu beklagen, die Versorgungslage wurde schwieriger, und dann begann, im Sommer 1942, die systematische Bombardierung deutscher Städte, großer Industrieanlagen und wichtiger Versorgungseinrichtungen. Die gotische Altstadt von Frankfurt ging am 18. und 22. März 1944 in Flammen auf. Die Schriftstellerin Marie Luise Kaschnitz erinnerte sich später in ihrem Buch *Orte*:

Plakat von Mjölnir (= Hans Schweitzer), 1945.

„Als wir in die Stadt Frankfurt zogen, waren gerade die ersten Bomben gefallen. Die Altstadt stand noch, der Laden mit den Zinnsoldaten, Zinnbäumchen, vierspännigen Zinnkutschen, auch die Fahrgasse und das geschwungene Dächlein, unter dem Würste verkauft wurden und das ‚Die Schirn' hieß. Vor meinen Augen sozusagen ist das alles zu Asche und Staub zerrieben worden. In der höchsten Loge des Opernhauses bin ich noch gesessen und habe neben den gipsernen Engelbeinen auf die Bühne gesehen und den traurigen König in der Oper Don Carlos singen hören: Du hast mich nie geliebt. Ein paar Tage darauf war die Oper eine Ruine, das Flügelpferd vom Giebel verschwunden, an die Widmung der Bürger ‚Dem Wahren, Schönen, Guten' erinnerte man sich später mit Spott. Goethes Geburtshaus ist beizeiten aufgenommen worden, Millimeter um Millimeter, mit Stoffproben, Tapetenproben, es konnte verschwinden und verschwand. Man hat nicht getrauert, hat das alles gewissermaßen zum Opfer gebracht in der Meinung, je mehr Städte zerstört würden, desto eher seien Krieg und Gewaltherrschaft vorbei."[391]
Bei den beiden Angriffen auf Frankfurt starben über 4800 Menschen, unersetzliche Kunst- und Kulturschätze wurden vernichtet, darunter Kostbarkeiten aus der Stadtbibliothek und große Teile des Stadtarchivs.
Das Kultur- und damit auch das literarische Leben in Frankfurt kam, soweit es überhaupt noch bestanden hatte, während des Zweiten Weltkriegs fast ganz zum Erliegen. Das Frankfurter Funkhaus an der Eschersheimer Landstraße, in dem kaum noch eigenständige Sendungen produziert worden waren, lag nach den Bombennächten in Schutt und Asche. Die

verbliebenen Mitarbeiter zogen in eine Pension nach Bad Nauheim, wo der Sendebetrieb notdürftig aufrecht erhalten wurde.
Reichsdramaturg Rainer Schlösser hatte schon Anfang 1943 beschrieben, was von allen Theatern in Deutschland verlangt wurde, und damit auch von den Städtischen Bühnen. Das Schwergewicht solle ‚auf eine aufhellende Wirkung gelegt werden' und er empfahl unter anderem den *Empedokles* des zum Durchhalte-Barden erklärten Hölderlin. Im März 1944 wurden das Schauspielhaus, das Kleine Haus und die Oper von alliierten Bombenangriffen zerstört. Bis alle deutschen Theater zum 1. September 1944 schließen mussten, wurde weiter auf Behelfsbühnen in verschiedenen Gebäuden gespielt. Die letzte Premiere fand am 26. August 1944 statt.
Die Besetzung Hessens Ende März 1945 durch amerikanische Truppen ging rasch. Das letzte Aufgebot, der Volkssturm, war den alliierten Soldaten in jeder Hinsicht unterlegen. Trotzdem starben auch noch in aussichtsloser Situation Menschen, die nicht aufhören wollten an Hitler, die Wunderwaffe und den Endsieg zu glauben.
Der Neuaufbau nach der Kapitulation am 8. Mai 1945 begann mit Menschen, die das andere Deutschland verkörperten, die im Konzentrationslager gesessen hatten oder im Exil gewesen waren.

Neubeginn in Trümmern

„Wenn man in Frankfurt steht, zumal in der alten Innenstadt, und wenn man an München zurückdenkt: München kann man sich vorstellen, Frankfurt nicht mehr", notierte der Schweizer Schriftsteller Max Frisch im Mai 1946 in sein Tagebuch. Nur eine Tafel zeige noch, wo einmal das Goethehaus gestanden habe. Am Ende des Zweiten Weltkriegs glich Frankfurt einer Geisterstadt. Unvorstellbar, dass dort einmal Menschen gewohnt hatten.
„Dass man nicht mehr auf dem alten Straßenboden geht, entscheidet den Eindruck: die Ruinen stehen nicht, sondern versinken in ihrem eigenen Schutt, und oft erinnert es mich an die heimatlichen Berge, schmale Ziegenwege führen über die Hügel von Geröll, und was noch steht, sind die bizarren Türme eines verwitterten Grates; einmal eine Abortröhre, die in den blauen Himmel ragt, drei Anschlüsse zeigen, wo die Stockwerke waren. So stapft man umher, die Hände in den Hosentaschen, weiß eigentlich nicht, wohin man schauen soll. Es ist alles, wie man es von Bildern kennt; aber es ist, und manchmal ist man erstaunt, dass es ein weiteres Erwachen nicht gibt; es bleibt dabei: das Gras, das in den Häusern wächst, der Löwenzahn in den Kirchen, und plötzlich kann man sich vorstellen, wie es weiterwächst, wie sich ein Urwald über unsere Städte zieht, langsam, unaufhaltsam, ein menschenloses Gedeihen, ein Schweigen aus Disteln und Moos, eine geschichtslose Erde, dazu das Zwitschern der Vögel, Frühling, Sommer und Herbst, Atem der Jahre, die niemand mehr zählt."[392]

Für den Schweizer Max Frisch, der aus einem Land kam, das vom Zweiten Weltkrieg verschont geblieben war, hatte der Anblick Frankfurts etwas Unwirkliches. Auch dem Rheinhessen Carl Zuckmayer, der seit 1933 nicht mehr in Deutschland gelebt hatte, erging es ähnlich, als er 1946 als Zivilbeauftragter der amerikanischen Regierung für Kulturfragen nach Frankfurt kam, in die Stadt, die seinen *Fröhlichen Weinberg* 1925 so begeistert gefeiert hatte:

„Am gleichen Abend ging ich durch die Stadt Frankfurt, die erste große Stadt, die ich als Kind gesehen hatte. Ich hörte vorübergehende Leute deutsch sprechen, in ihrer heimatlichen Mundart, jedesmal zuckte ich zusammen. Ich ging durch die zerstörte Altstadt, stand auf den Trümmern des Römerbergs, wie in einem Alptraum, aus dem man nicht erwachen kann. Ich kannte in dieser Stadt, in der viele meiner Freunde gelebt hatten, keinen Menschen mehr, wusste keine Adresse, von den meisten nicht, ob sie noch lebten. Die Theater waren zerstört, ich wusste nicht, ob und wo man jetzt spielte, auch nicht, ob es da noch einen der mir bekannten Schauspieler und Regisseure gab. Ich ging über knirschenden Schutt und war allein.

Dann aber, in dem kleinen, von den Amerikanern beschlagnahmten Hotel, in das man mich für die Übernachtung eingewiesen hatte, ereignete sich etwas völlig Unerwartetes. Als ich meinen Quartierschein vorwies, auf dem mein Name stand, starrte mir der alte, verhungert aussehende Portier ins Gesicht. Und dann sagte er, im schoensten Frankfurterisch: ‚Ei sin Sie womöschlisch der vom Fröhlische Weinbersch?' Und als ich nickte, packte er meine Hände.

‚Ei was e Freud', sagte er immer wieder, ‚ei was e Freud, dass Sie haamkomme sin! Wissese was? Sie krische e weiß Handtuch ins Zimmer, das gewwe mir nämlich sonst net, die Herrn lasses als mitgehe. Awwer Sie krische e Handtuch un zwei Kisse!' Das war meine Begrüßung in der Heimat.“[393]

Von den 550 000 Einwohnern vor dem Zweiten Weltkrieg lebten noch 269 000 in Frankfurt. Dreizehn Millionen Kubikmeter Schutt mussten beseitigt werden. Das dauerte bis 1965. Was sich nicht zum Bauen wiederverwerten ließ, wurde auf dem ‚Monte Scherbelino' im Frankfurter Stadtwald abgelagert. Mit seinen 36 Metern Höhe ist er ein monumentales, wenngleich verborgenes Denkmal für die Zerstörung Frankfurts im Zweiten Weltkrieg geworden.

Der Wiederaufbau Frankfurts begann schon bald und kam zügiger voran, als es Max Frisch noch im November 1947 bei seinem zweiten Besuch vermutet hatte: „Im ganzen, wenn ich mich nicht täusche“, schrieb er in sein Tagebuch, „geht es etwas besser als vor einem Jahr. Nicht viel. Oder hat man sich einfach an die Trümmer gewöhnt?“[394]

Für die Frankfurter Stadtregierung mit dem aus Bonn stammenden Sozialdemokraten Walter Kolb an der Spitze, der am 1. August 1946 sein Amt als Oberbürgermeister antrat, gab es eine Fülle von Problemen zu lösen. Das wichtigste war die Versorgung der Bevölkerung mit Nahrungsmitteln und Wohnraum. Daneben musste die Integration der Flüchtlinge aus den ehemaligen deutschen Ostgebieten geleistet und die ‚Entnazifizierung', so

Der Frankfurter Oberbürgermeister Walter Kolb bei der Trümmerbeseitigung auf dem Römerberg.

umstritten sie aus vielerlei Gründen auch war, vorangetrieben werden. Eine große Enttäuschung erlebte Frankfurt als jahrhundertelange heimliche Hauptstadt Deutschlands und als Ort der ersten Deutschen Nationalversammlung. Mit knapper Mehrheit stimmte der Parlamentarische Rat am 10. Mai 1949 für Bonn und nicht für Frankfurt als vorläufige Hauptstadt der Bundesrepublik. Das war eine Überraschung. Im Archiv des Hessischen Rundfunks liegt noch die damals vorproduzierte Dankesrede von Frankfurts Oberbürgermeister Walter Kolb. Sie wurde natürlich nie gesendet.

Einen Ersatz gab es für Frankfurt nicht. Denn das weitgehend unzerstörte Wiesbaden wurde die Hauptstadt des neuen Bundeslandes Hessen. Und dort siedelten sich zunächst auch Verlage wie Insel, Brockhaus oder Limes an. Der zügige Wiederaufbau erfasste auch die Symbole der Frankfurter Geschichte und Kultur. Alles lag ja in Trümmern, der Dom, der Römer, die Paulskirche und Goethes Geburtshaus, das bis auf die Grundmauer zerstört war. Da Jubiläen anstanden, war der zeitliche Druck groß. Am 18. Mai 1948, zum 100. Jahrestag der Nationalversammlung, sollte die wiedererrichtete Paulskirche mit einem Festakt und zahlreichen weiteren Veranstaltungen eingeweiht werden. Es gab Stimmen in der Stadt, die sich dafür aussprachen, die Ruine als Mahnmal zu erhalten. Aber Kolb setzte sich durch. Beim Festakt sprach Fritz von Unruh. Er war nach seiner frühen Emigration zum ersten Mal wieder in Deutschland und hielt seine *Rede an die Deutschen*. „Was erwarten Sie zu hören von mir, dem Ausgebürgerten, dem Flüchtling, der heute seit sechzehn Jahren zum ersten Mal wieder auf deutschem Boden steht?“, fragte von Unruh die Anwesenden in der Paulskirche. „Oder verlangen Sie etwa durch mich zu erfahren, dass die Tragödie deutscher Raubtiermoral vergeben und vergessen ist? Wer unter uns könnte sich selber vergeben – und vergessen? Wer?“ Nach einem kurzen Schwächeanfall, der zur Unterbrechung der Veranstaltung führte, schloss von Unruh mit den Sätzen, die er als Mahnung verstanden wissen wollte:

„Sollte nach hundert Jahren in dieser Paulskirche etwa wieder einer stehen zur Feier einer deutschen, demokratischen Republik, so möge er von uns berichten können, dass wir in der Weltregierung der Völker, die dann inzwischen jedem einzelnen den Paulskirchen-Traum ‚das eigene Leben' wohl garantiert haben wird, dass wir hier eine erste Zelle der Entsühnung und Versöhnung mit dem Geist gebildet haben. Eine Zelle der Einigung und Kraft."[395]

Noch im selben Jahr konnte Fritz von Unruh den Goethepreis entgegennehmen, der schon 1945, gleich nach dem Ende der NS-Herrschaft, wiederbelebt worden war. Der erste Preisträger war der Physiker Max Planck. Ihm folgten 1946 der Schriftsteller Hermann Hesse und 1947 der Philosoph Karl Jaspers.

Um Goethes Geburtshaus war schon kurz nach Kriegsende ein heftiger Streit entbrannt. Das Freie Deutsche Hochstift mit seinem Direktor Ernst Beutler wollte das völlig zerstörte Gebäude rekonstruieren. Die Steine des Erdgeschosses seien in den Trümmern noch zum großen Teil vorhanden, hieß es, auch der Wappenstein mit den drei Leiern war gefunden worden. Es entbrannte ein Streit, der in immer neuen Variationen bis heute in Frankfurt anhält. Ist es erlaubt und sinnvoll, Häuser, die dem Bombenkrieg zum Opfer gefallen waren, in neuer Pracht entstehen zu lassen? Architekten und Stadtplaner, die das ‚neue Frankfurt' im Blick hatten, waren dagegen, während das Freie Deutsche Hochstift als Träger und mit ihm zahlreiche Frankfurter Bürger und Persönlichkeiten aus ganz Deutschland den Wiederaufbau forderten. „Einmal mehr wurde hier deutlich", schreibt der Kultursoziologe Andreas Hansert, „wie virulent dieser alte Frankfurt-typische Dualismus von (Bürger-) Kultur und Verwaltung war und welche mitunter leidvollen historischen Erfahrungen sich in dem profanen Hinweis auf die Rechtslage verdichten. Wie immer man auch ästhetisch und weltanschaulich zum rekonstruierten Goethe-Haus stehen mag, festzuhalten ist: hätte es unter der Verwaltung des städtischen Bauamts gestanden, wäre es nach dem Krieg anders aufgebaut worden. So erklärte sich der Magistrat mit dem Wiederaufbau des Hauses ‚nach den Vorschlägen des Freien Deutschen Hochstifts an alter Stelle und in alter Form einverstanden'"[396].

Am 10. Mai 1951 wurde das wiederaufgebaute Goethe-Haus im Beisein von Bundespräsident Theodor Heuss eingeweiht. Nach der Eröffnung des Hauses und später des Goethe-Museums verstummte die Kritik. Joachim Seng schildert in seiner Geschichte des Hochstifts, wie – im Gegenteil – die Zustimmung zu der gelungenen Rekonstruktion wuchs. „So richtete neben Albert Schweitzer und Thornton Wilder, der den gesamten Ertrag der Aufführung seines Stückes *Die Brücke von San Luis Rey* im Freiburger Stadttheater für den Wiederaufbau gestiftet hatte, auch Thomas Mann einen Gruß an Beutler und das Freie Deutsche Hochstift"[397]. Sogar der Literaturwissenschaftler Hans Mayer, damals Chefredakteur von Radio Frankfurt und einer der entschiedensten Gegner des Wiederaufbaus, änderte seine Meinung: „Als ich dann im wiedererstandenen Haus stehen durfte, habe ich Beutler ausdrücklich um Entschuldigung gebeten."[398]

Für die Verleihung des Goethepreises an Thomas Mann kam die Einweihung zu spät. Er hatte den Preis bereits am 25. Juli 1949 in der Paulskirche entgegengenommen. Der Literaturnobelpreisträger war zum ersten Mal nach seiner Emigration 1933 wieder nach

Deutschland gekommen. Die Reise hatte politische Brisanz. „Aus Deutschland hatten ihn bösartige Briefe erreicht", schreibt der Mann-Biograph Hermann Kurzke. „Er habe Deutschland verraten und möge draußen bleiben. Auch Morddrohungen waren dabei. Mal diskreter, mal aufdringlicher Polizeischutz auf der ganzen Reise wird die Folge sein."[399]
Dazu muss man die Vorgeschichte kennen. Von seinem amerikanischen Exil aus hatte Mann während des Zweiten Weltkriegs über den Deutschen Dienst der BBC regelmäßig

Thomas Mann (Mitte) mit Frau Katja (r.) und dem Frankfurter Oberbürgermeister Walter Kolb bei der Goethepreisverleihung in der Paulskirche am 25. Juli 1949.

Botschaften an seine *Deutschen Hörer* gesendet und darin auch den Bombenkrieg der Alliierten gegen die deutsche Zivilbevölkerung verteidigt. Das hatte direkt nach Kriegsende zu einem heftigen Streit zwischen den in Deutschland gebliebenen Autoren und Thomas Mann als Repräsentanten des Exils geführt.
Äußerer Anlass war ein offener Brief Walter von Molos. Der Autor erfolgreicher historischer Romane, der von 1928 bis 1930 Präsident der Preußischen Dichterakademie gewesen war und während der NS-Zeit zurückgezogen gelebt hatte, schrieb am 13. August 1945 an Thomas Mann und bat ihn, nach Deutschland zurückzukehren. Noch bevor Mann antworten konnte, griff der Schriftsteller Frank Thiess die emigrierten Schriftsteller pauschal an und verteidigte seine in Deutschland gebliebenen Kollegen, die sich nicht zum Nationalsozialismus bekannt hatten. Für sie benutzte er den Begriff ‚Innere Emigration', der dann die weitere Diskussion bestimmen sollte. In einem Artikel für die *Münchener Zeitung* schrieb Thiess am 18. August 1945 in durchaus polemischer Absicht:
„Auch ich bin oft gefragt worden, warum ich nicht emigriert sei, und konnte immer nur dasselbe antworten: falls es mir gelänge, diese schauerliche Epoche (über deren Dauer wir uns freilich alle getäuscht hatten) lebendig zu überstehen, würde ich dadurch derart viel für meine geistige und menschliche Entwicklung gewonnen haben, daß ich reicher an Wissen und Erleben daraus hervorginge, als wenn ich aus den Logen und Parterreplätzen des Auslands der deutschen Tragödie zuschaute (...) Ich glaube, es war schwerer, sich hier seine Persönlichkeit zu bewahren, als von drüben Botschaften an das deutsche Volk zu

senden, welche die Tauben im Volke ohnedies nicht vernahmen, während wir Wissenden uns ihnen stets um einige Längen voraus fühlten."

Gerade der letzte Satz machte deutlich, dass die Attacke vor allem Thomas Mann galt. Seiner Verärgerung machte der nach Deutschland erst zurückgebetene und dann verleumdete Nobelpreisträger mit einem „Offenen Brief für Deutschland" Luft, den die *Augsburger Allgemeine* am 12. Oktober 1945 druckte. Nachdem er Walter von Molo als Adressaten seines Schreibens die besondere Situation des emigrierten Schriftstellers erläutert hatte, wurde Thomas Mann selbst polemisch, als er seine Gründe dafür benannte, warum er nicht nach Deutschland zurückkehren wollte: „Ja, Deutschland ist mir in all diesen Jahren doch recht fremd geworden. Es ist, das müssen Sie zugeben, ein beängstigendes Land. Ich gestehe, daß ich mich vor den deutschen Trümmern fürchte, daß die Verständigung zwischen einem, der den Hexensabbat von außen erlebte, und euch, die ihr mitgetanzt und Herrn Urian aufgewartet habt, immerhin schwierig wäre (...) Es mag Aberglaube sein, aber in meinen Augen sind Bücher, die von 1933 bis 1945 in Deutschland überhaupt gedruckt werden konnten, weniger als wertlos und nicht gut, in die Hand zu nehmen. Ein Geruch von Blut und Schande haftet ihnen an. Sie sollten alle eingestampft werden."

Ein Diktum wie das von Thomas Mann musste in dieser Situation verheerende Folgen haben, zumal die Entnazifizierung durch die Alliierten erst am Anfang stand. Entsprechend aufgeregt und über weite Strecken unsachlich wurde die *Große Kontroverse*, so ein späterer Buchtitel, über Jahre geführt. Und das nicht nur von Frank Thiess, sondern auch von Manfred Hausmann oder Erich Kästner. Dass er sich mit seiner Einstellung in Deutschland nur wenige Freunde machte, bedrückte Thomas Mann zwar, änderte aber an seiner grundsätzlichen Einstellung nichts. Noch 1949, als er seine Reden im Goethe-Jahr hielt, waren die Ressentiments gegen ihn deutlich zu spüren.

Thomas Mann wusste, so Kurzke, dass sich „der Abgrund zwischen dem Emigranten und seiner ehemaligen Heimat nicht mehr schließen" ließ, „durch noch so viele Ehrungen nicht. Waren sie nicht ein Produkt des schlechten Gewissens? Überkompensationen nur, nicht freie und herzliche Liebesäußerungen? Die Schere zwischen offizieller Glorifizierung und untergründigem Hass schloss sich nicht mehr, zu Lebzeiten jedenfalls nicht".[400] Hinzu kam, dass Thomas Mann in der Frankfurter Paulskirche vor einem Honoratioren-Publikum sprach, dem er misstraute. ‚Was glauben Sie, wieviel Blut wohl an den Händen klebt, die ich heute habe drücken müssen?', soll er nach dem Frankfurter Auftritt seinen Reisebegleiter Georges Motschan gefragt haben[401]. In der Rede selbst war Thomas Mann auf seine besondere Situation eingegangen, dass er zum ersten Mal wieder in Deutschland sprach. „Ich weiß, dass der Emigrant in Deutschland wenig gilt, – er hat noch nie viel gegolten in einem von politischen Abenteurern heimgesuchten Lande. Es versteht sich wohl, daß diese Ablehnung eines jeden, der sich lossagte, nicht wenig beitrug zu der Scheu, die mich vier Jahre nach der Vollendung des Unheils von Deutschland ferngehalten hat. Und auch sonst mag es Erklärungen geben für diese Scheu. Man zögert, die Grenze eines Landes wieder zu überschreiten, das einem durch lange Jahre ein Alpdruck war; von dessen Fahne, wo sie sich im Auslande zeigte, man mit Grauen den Blick wandte und wo, wäre man dorthin verschleppt worden, ein elender Tod einem sicher gewesen wäre. Dergleichen wirkt nach, es ist nicht so leicht aus dem Blut zu bringen. Die Sorge der Entfremdung, der Gedanke an die Verschiedenartigkeit der Erlebnisweise, des Lebensstandpunktes, die Furcht, daß man nicht mehr dieselbe Sprache spreche, daß die Verständigung schwer geworden sein möchte zwischen euch drinnen und uns draußen – dies alles trägt bei zu der Scheu, die mich fesselte und die mit Unversöhnlichkeit, feindseliger Überheblichkeit und bösen Wünschen so gar nichts zu tun hatte."[402]

Von Frankfurt reiste Mann in die Sowjetische Besatzungszone, um seine Rede in Weimar am 1. August 1949 noch einmal zu halten. Diese Reise, nicht lange nach dem Ende der Berliner Blockade und der Gründung der DDR als sowjetischer Satellitenstaat, sorgte für neuen Ärger. Aber Thomas Mann ließ sich nicht beirren. Sein Besuch, so betonte er immer wieder, gelte dem ganzen Deutschland.

Seit der Ehrung für Thomas Mann wird der Goethepreis nicht mehr jährlich, sondern im Drei-Jahres-Rhythmus verliehen und seit 1977 im Wechsel mit dem Adorno-Preis, der für herausragende Leistungen auf den Gebieten Philosophie, Musik, Theater und Film vergeben wird. Erster Träger des Adorno-Preises war der Sozialphilosoph Norbert Elias. Weitere Preisträger sind unter anderen Jürgen Habermas, Günther Anders, Leo Löwenthal und Alexander Kluge, der persönlich und mit seinen Arbeiten als Schriftsteller und Filmemacher enge Beziehungen zu Frankfurt hat.

Den Goethepreis erhielt nach Thomas Mann 1952 Carl Zuckmayer. Es folgten unter anderen Annette Kolb (1955), Benno Reifenberg (1964), Georg Lukács (1970), Arno Schmidt (1973), Golo Mann (1985), Wisława Szymborska (1991), Siegfried Lenz (1999), Marcel Reich-Ranicki (2002), Amos Oz (2005) und Ali Ahmad Said (2011). Besonders umstritten war die Wahl Ernst Jüngers 1982. Dem Schriftsteller wurde seine antidemokratische Einstellung zur Weimarer Republik und seine wiederholt geäußerte Zustimmung zum Nationalsozialismus vor 1933 zum Vorwurf gemacht. Seine Verteidiger argumentierten, dass er schon früh auf Distanz zum Nationalsozialismus gegangen sei, Ehrungen durch die NS-Kulturbürokratie abgelehnt hatte und mit seiner 1939 veröffentlichten Erzählung *Auf den Marmorklippen* Teil des geistigen Widerstand gegen Hitler geworden war. Während vieler Jahre war die Verleihung des Goethepreises auch eine offene Auseinandersetzung über die jüngste deutsche Vergangenheit.

Mit dem dritten bedeutenden Preis, der in Frankfurt verliehen wird, sollen Persönlichkeiten geehrt werden, ‚die in hervorragendem Maße vornehmlich durch ihre Tätigkeit auf den Gebieten der Literatur, Wissenschaft und Kunst zur Verwirklichung des Friedensgedankens beigetragen' haben. Erster Träger des ‚Friedenspreises deutscher Verleger', der schon bald in ‚Friedenspreis des Deutschen Buchhandels' umbenannt wurde, war 1950 Max Tau. Als ehemaliger Cheflektor des Berliner Verlags von Ernst Cassirer hatte er eine Reihe von jungen deutschen Autoren gefördert (unter ihnen Marie Luise Kaschnitz und Wolfgang Koeppen). 1938 war er nach Norwegen emigriert, wo er sich intensiv um die

Verbreitung deutscher Literatur kümmerte. Die Verleihung an Tau fand noch in einem Hamburger Privathaus statt. Erst ein Jahr später wurde die Paulskirche der Ort für die festliche Zeremonie. Tau war ein allseits geschätzter Preisträger, wie auch die meisten seiner Nachfolger. Die Namen lassen sich leicht nachschlagen. Zahlreiche Schriftsteller sind darunter. Da der Friedenspreis von den Initiatoren auch als politischer Preis gedacht war, konnte es nicht ausbleiben, dass er auch politische Reaktionen auslöste. 1967, in der Zeit der beginnenden Studentenproteste, war Ernst Bloch vom Stiftungsrat zum Preisträger bestimmt worden. Das passte in die Zeit. Ein Jahr später kam es zum Eklat. Der Preis geriet „in die Kritik einer politisierten Gegenöffentlichkeit, die die Preisverleihung und diesen Friedens- und Kulturbegriff als staatstragend, elitär und reaktionär verurteilte", so die Buchwissenschaftlerin Britta Scheideler. „Gegen die Preisvergabe an den senegalesischen Dichter und Staatspräsidenten Léopold Senghor, der Arbeiter- und Studentenunruhen in Dakar gewaltsam hatte niederschlagen lassen, rief der Sozialistische Deutsche Studentenbund 1968 konkret zum Protest und zur Besetzung der Paulskirche auf, was nur mit einem massiven Polizeiaufgebot gegen ca. 1.500 Studenten verhindert werden konnte."[403] Auch danach führten die Auswahl der Preisträger und die Verleihungen selbst immer wieder zu heftigen öffentlichen Diskussionen. Geehrte und Laudatoren nutzten die Paulskirche als Ort für politische Manifestationen, so 1975 Alfred Grosser, als er die Praxis der Berufsverbote in Deutschland kritisierte, oder Günter Grass, der 1997 als Laudator für den türkischen Schriftsteller Yaşar Kemal die Abschiebung von Asylbewerbern anprangerte. Für eine lang anhaltende Diskussion sorgte die Dankrede des Friedenspreisträgers von 1998, Martin Walser. Er hatte davon gesprochen, dass es heute ‚eine Routine des Beschuldigens' gäbe. Das Gedenken an die Morde in Auschwitz sei öfter nur ‚die Instrumentalisierung unserer Schande zu gegenwärtigen Zwecken'. Auschwitz eigne sich nicht dafür, ‚Drohroutine zu werden, jederzeit einsetzbares Einschüchterungsmittel oder Moralkeule oder auch nur Pflichtübung'. Ignatz Bubis, der Vorsitzende des Zentralrats der Juden in Deutschland und Vorsitzender der Frankfurter Jüdischen Gemeinde, nannte Walser daraufhin einen ‚geistigen Brandstifter'. Die öffentliche Diskussion, die sich anschloss, machte auch deutlich, dass die jüdischen Gemeinden wieder ein selbstverständlicher und wichtiger Teil des politischen, gesellschaftlichen und religiösen Lebens in Deutschland geworden waren.

In den letzten Jahren von 2010 bis 2012 hat der Stiftungsrat mit dem Israeli David Grossman, dem Algerier Boualem Sansal und dem Chinesen Liao Yiwu drei Schriftsteller ausgezeichnet, die sich mit ihren Werken und zum Teil gegen heftige Widerstände, bis hin zu körperlichen und seelischen Misshandlungen wie bei Liao Yiwu, für Menschenrechte und Frieden einsetzen.

Dass Frankfurt seit 1951 der Ort der Verleihung des Friedenspreises ist, hängt mit der unmittelbaren Nachkriegsentwicklung zusammen. Leipzig als unterdessen traditioneller Ort des deutschen Buchhandels, seit 1825 Sitz des ‚Börsenvereins der deutschen Buchhändler' lag jetzt hinter dem Eisernen Vorhang und damit isoliert vom Westen. In den

Westzonen bildeten sich rasch Landesverbände der Buchhändler, die sich im Mai 1948 in München zur ‚Arbeitsgemeinschaft Deutscher Verleger- und Buchhändlerverbände' in der amerikanischen und britischen Besatzungszone zusammenschlossen. Sitz der neuen Arbeitsgemeinschaft, an der die Verbände aus der französischen Besatzungszone, aus Berlin und auch der Leipziger Börsenverein nicht beteiligt waren, wurde das zentral gelegene Frankfurt. Den Vorsitz übernahm der Frankfurter Verleger Vittorio Klostermann. Bereits am 31. Oktober 1948 wurde die Arbeitsgemeinschaft in ‚Börsenverein Deutscher Verleger- und Buchhändler-Verbände' umbenannt, dem sich die Verleger und Buchhändler aus der französischen Zone und Westberlin anschlossen. Damit war ein westdeutsches Pendant zum ostdeutschen Börsenverein geschaffen worden. Zum Ersten Vorsitzenden des Vereins wurde Carl Hanser gewählt.

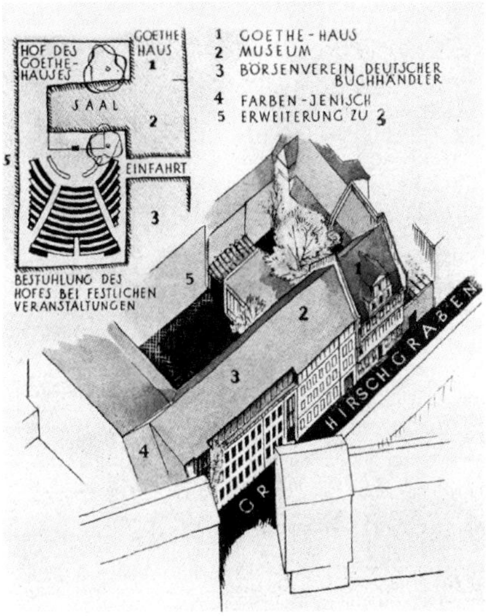

Plan des Areals um das Frankfurter Goethehaus (1952).

Die Neukonstituierung des ‚Börsenvereins für den Deutschen Buchhandel', wie er sich später nannte (und auch nach der Wiedervereinigung und der damit verbundenen Auflösung des Leipziger Börsenvereins noch nennt), hatte weitreichende Folgen für die über Jahrhunderte berühmteste Bücherstadt in Europa, von der 1945 so gut wie nichts geblieben war.

Wie ein Symbol für diesen Niedergang lag die Stadt- und Universitätsbibliothek in Trümmern. Große Teile ihrer wertvollen Sammlungen waren vernichtet. Hanns W. Eppelsheimer als neuer Direktor hatte die Aufgabe, die teilweise in Bunkern gelagerten Bestände wieder zusammenzuführen und die Bibliothek neu aufzubauen. Eppelsheimer war 1933 als Direktor der Hessischen Landesbibliothek in Darmstadt entlassen worden und hatte sich als Publizist, unter anderem für die *Frankfurter Zeitung*, durchgeschlagen. Die Leitung der Universitäts- und Stadtbibliothek, die in die ehemalige Rothschildsche Bibliothek und das ehemalige Manskopfsche Museum für Musik- und Theatergeschichte am Untermainkai einzog, sollte nicht seine einzige Aufgabe bleiben. Da die Deutsche Bücherei in Leipzig als zentrale Sammelstelle für alle deutschsprachigen Publikationen in der Sowjetischen Besatzungszone lag, drängten die Verlage der Westzonen, eine ähnliche Einrichtung in der amerikanischen, britischen oder französischen Zone zu eröffnen. Die französischen Militärbehörden favorisierten Freiburg, die amerikanischen Frankfurt. Da sich auch die Briten für Frankfurt entschieden, wurde Eppelsheimer am 15. November 1946 von den Amerikanern beauftragt, eine zentrale Sammelstelle einzurichten und sie der Stadt- und Universitätsbibliothek, auch räumlich, anzugliedern. Juristisch war die Deutsche Bibliothek eine Einrichtung der Buchhandelsorganisation. Erst 1952 erhielt sie den Status einer Stiftung des öffentlichen Rechts mit dem Börsenverein, der Stadt Frankfurt, dem Land Hessen und der Bundesrepublik Deutschland als Träger. 1969 verabschiedete der Deutsche Bundestag das ‚Gesetz über die Deutsche Bibliothek', in dem die unmittelbare Zuständigkeit des Bundes für die Frankfurter Sammelstelle festgelegt wurde. Seither ist es für jeden deutschen Verlag gesetzliche Pflicht, ein Exemplar jeder Publikation kostenfrei an die Deutsche Bibliothek zu liefern. Eppelsheimer blieb bis 1959 in Personalunion Direktor der Stadt- und Universitätsbibliothek und der Deutschen Bibliothek. Im Jahr seines Ausscheidens wurde der Neubau der Deutschen Bibliothek in der Zeppelinallee eröffnet. Gegenüber errichtete der Leiter des Universitätsbauamtes, Ferdinand Kramer, fünf Jahre später den Neubau der Stadt- und Universitätsbibliothek.

Eppelsheimer hatte bereits 1948 damit begonnen, Bücher, Manuskripte und Dokumente des Exils zu sammeln, um eine ‚Emigrantenbibliothek' aufzubauen. „In den ersten Jahren", so die Buchwissenschaftlerin Monika Estermann, „stand die ‚Heimholung' der verstreuten Schriften der Emigranten im Vordergrund. Ein öffentliches Interesse fand die Sammlung jedoch zunächst nicht, war doch nach dem Streit über die ‚innere Emigration' die verbreitete Einschätzung des Exils weitgehend negativ besetzt. Erst die Veröffentlichung der beiden Bände des *Handbuchs der deutschen Exilpresse 1933-1945* in den Jahren 1976-1978 und die einsetzende Exilforschung machten die Abteilung bekannter"[404]. Seit der Zusammenlegung der Deutschen Bibliothek und der Deutschen Bücherei nach der Vereinigung unter dem neuen Dach der Deutschen Nationalbibliothek sind das Deutsche Exilarchiv in Frankfurt und die Sammlung Exil-Literatur in Leipzig eng verzahnt und bilden den zentralen Ort für die Exil-Forschung in Deutschland. Die Deutsche Nationalbibliothek in Frankfurt erhielt 1997 in der Adickesallee einen großzügigen Neubau. Gesammelt werden heute nicht mehr nur Druckwerke, sondern verstärkt auch elektronische Publikationen, Musik-CDs und Hörbücher.

Frankfurt hat damit drei große Bibliothekskomplexe: das ‚Archiv' Deutsche Nationalbibliothek, die wissenschaftliche Universitätsbibliothek und die auf ein breites Lesepublikum zielende Stadtbücherei mit der Zentralbibliothek in der Hasengasse, einer Zentralen Kinder- und Jugendbibliothek, vier weiteren Bibliothekszentren, zwölf Stadtteilbibliotheken, zwei Bücherbussen und über 90 Schulbibliotheken.

In wenigen Jahren nach dem Ende des Zweiten Weltkriegs gelang es einer Handvoll tatkräftiger Männer, die Weichen für Frankfurt als Buch- und Literaturstadt zu stellen. Die Konkurrenz war auf allen Gebieten groß. Besonders Stuttgart und Hamburg hatten ähnliche Intentionen. Da die Leipziger Buchmesse für westdeutsche Verlage entfiel, wurden in verschiedenen Städten Ersatzveranstaltungen vorbereitet. Auch in Frankfurt wurde daran gedacht, an die alte Messetradition anzuknüpfen. Bereits von 1919 bis 1925 hatte es einen solchen Versuch gegeben, der allerdings nicht von Erfolg gekrönt war. Als Motor der wiederbelebten Buchmesse erwies sich der Frankfurter Buchhändler Heinrich Cobet, der schon an der Etablierung des Börsenvereins und der Einrichtung der Deutschen Bibliothek mitgewirkt hatte. Der 1904 geborene Apothekersohn Cobet war 1926 als Buch-

Plakat der ersten Frankfurter Buchmesse nach dem Zweiten Weltkrieg.

handelslehrling in die ‚Bücherstube' von Walter Schatzki gekommen. Karl Mannheim, bei dem er Soziologie studierte, folgte er 1933 nach London, kehrte aber wieder nach Frankfurt zurück, wo er weiter als Buchhändler arbeitete und später mit seinem Kollegen Richard Schumann die hoch angesehene ‚Frankfurter Bücherstube' betrieb. Der Zufall wollte es, dass Douglas Waples, den er in London kennengelernt hatte, als amerikanischer Offizier für das Presse- und Buchwesen nach Frankfurt kam. Das erleichterte die Verhandlungen mit den Militärbehörden erheblich. Zunächst organisierte der Hessische Verleger- und Buchhändlerverband vom 8. bis 23. Mai 1948 aus Anlass des Paulskirchenjubiläums eine Ausstellung mit dem Titel *Bücherplatz Frankfurt*. Das war eine respektable Schau unter schwierigen Bedingungen. Im Juli 1949 wurde Cobet in die Messkommission berufen, und dann ging es Schlag auf Schlag. Am 17. September 1949 wurde die erste Buchmesse vor eintausend Gästen in der Paulskirche eröffnet. Der Erfolg in der buch- und literaturhungrigen Nachkriegszeit war gewaltig. 14 000 Besucher kamen und machten deutlich, dass es für eine westdeutsche Buchmesse nur einen Standort geben konnte. Die zweite Messe hatte schon den Börsenverein und nicht mehr den (kleinen) Hessischen Verleger- und Buchhändlerverband als Träger. Und es kamen über einhundert Verlage aus dem Ausland, die meisten aus der Schweiz, aber auch viele aus Frankreich und Österreich, sogar je zwei aus den USA und Großbritannien. Seit 1951 wird die Buchmesse auf dem Frankfurter Messegelände abgehalten. Sie ist heute unangefochten die weltweit größte. Das Konzept dafür scheint einfach und erinnert an die Frankfurter Messen des 16. und 17. Jahrhunderts: Nicht der Verkauf alleine bestimmt das Geschehen. Bei den Buchmessen trifft sich auch die kulturelle Welt. Austausch und Begegnung sind heute fast wichtiger als der Abschluss von Lizenzverträgen oder der Verkauf von Büchern an den Handel. Die Buchmesse als temporäres geistiges Zentrum der Welt ist immer auch Ort für politische Diskussionen und steht manchmal sogar selbst im Zentrum der Politik. Das war in den Zeiten des Kalten Kriegs so, als um die ausgestellten Bücher aus DDR-Verlagen gefeilscht wurde, das war zwischen 1967 und 1969 so, als auf der Messe unter anderem gegen die griechische Militärdiktatur, den Springer-Konzern und den Friedenspreis für Léopold Sédar Senghor protestiert wurde, und das war 1998 so, als der von einer Fatwa bedrohte Salman Rushdie überraschend die Messe besuchte. Zwischen 1977 und 1984 fand sogar zunächst in Frankfurt, dann in Oberursel und schließlich wieder in Frankfurt eine Gegenbuchmesse statt, die sich gegen die ‚Geschäftemacherei des

Bestsellerbetriebs' wandte, aber letztlich daran scheiterte, dass die größeren Verlage auch die größere Buchmesse vorzogen. Das lag auch an der selbstkritischen und offenen Art des seit 1974 amtierenden Messedirektors Peter Weidhaas. Über ihn schreibt der Buchwissenschaftler Stephan Füssel:

„Bestimmten in den siebziger Jahren die Werbestrategien der großen Verlagskonzerne mit ihren Bestsellerprogrammen die Messe, so gelang es durch die Regie unter dem neuen Direktor Weidhaas, seit 1976 Themenschwerpunkte einzuführen, die den Blick der akkreditierten Journalisten fokussierten. Mit den Schwerpunkten ‚Lateinamerika' oder ‚Kinder- und Jugendbuch' wurde bewirkt, unterprivilegierte Länder bzw. Zielgruppen ohne kommerziellen Anspruch in das Blickfeld zu rücken und ihre Literaturen bekannt zu machen bzw. kritisch zu überprüfen. Gerade die Ausstellung ‚Dritte Welt im Kinderzimmer' düpierte nicht wenige deutsche Jugendbuchverleger, denen ein rassistisches, überholtes Bild der sogn. Entwicklungsländer vorgehalten wurde."[405]

1988 wurden die Themenschwerpunkte von Länderschwerpunkten abgelöst. Die Buchmesse hat immer auf neue und neueste Entwicklungen reagiert und sich Herausforderungen wie dem elektronischen Publizieren gestellt. Die Frankfurter Buchmesse im Herbst und die fortgeführte Leipziger Buchmesse im Frühjahr sind heute keine Konkurrenten mehr. Als Fachmesse mit Publikumstagen und als Publikumsmesse mit Sonderausstellungen ergänzen sie einander.

Die Frankfurter Buchmesse ist heute, nicht zuletzt durch das umfangreiche Rahmenprogramm der Verlage, des Frankfurter Kulturdezernats (wie Literatur im Römer oder OPEN BOOKS), des Hessischen Rundfunks (wie den Büchernächten im Sendesaal), des Börsenvereins und vieler weiterer Veranstalter, zu einem literarischen Großereignis geworden, das seit 2005 von der Verleihung des Deutschen Buchpreises an den besten deutschsprachigen Roman flankiert wird.

Von der Zumutung höchster Ansprüche – Rundfunk und Zeitungen im demokratischen Frankfurt

Bereits am 1. Juni 1945, also gerade einmal drei Wochen nach der deutschen Kapitulation, begann der Betrieb von ‚Radio Frankfurt', einem Sender der Militärregierung. Noch saß man im Ausweichquartier in Bad Nauheim, aber schon im Februar 1946 konnte man nach Frankfurt in die Eschersheimer Landstraße zurückkehren. Das Radio hatte für alle in der ersten Nachkriegszeit einen enorm hohen Stellenwert. Da das Telefonnetz zusammengebrochen war, Zeitungen nicht oder nur stark eingeschränkt erscheinen konnten, aber in fast allen Haushalten Empfangsgeräte existierten, war das Radio das einzige überhaupt noch funktionierende Kommunikationsmittel. Die amerikanischen Militärbehörden nutzten Radio Frankfurt, um Anordnungen und Verlautbarungen unters Volk zu bringen. Die Menschen in Hessen erhielten auf diese Weise schnell und zuverlässig Informationen über Ausgangssperren, Lebensmittelzuteilungen oder den Verbleib von Angehörigen.

Die amerikanischen Kontrolloffiziere betrachteten es als ihre vordringliche Aufgabe, so schnell wie möglich vertrauenswürdiges deutsches Personal zu rekrutieren. Das war beim Radio nicht anders als bei den Tageszeitungen, die parallel mit ihrer Arbeit begannen. Stärker als in anderen Besatzungszonen legten die Amerikaner sehr strenge Maßstäbe bei der Entnazifizierung des Rundfunkpersonals an. Zum Kreis der amerikanischen Kontrolloffiziere gehörten Golo Mann, der Sohn von Thomas Mann, und Robert H. Lochner, ein in Deutschland aufgewachsener amerikanischer Journalist. Nicht zuletzt ihnen ist es zu verdanken, dass es in kurzer Zeit gelang, qualifizierte Mitarbeiter zu gewinnen – wie den aus dem Exil zurückgekehrten Literaturwissenschaftler Hans Mayer oder den Schriftsteller Stephan Hermlin. Beide wechselten allerdings bald schon in die Sowjetische Besatzungszone. Aus dem Frankfurter Rundfunk vor 1933 fanden nur wenige den Weg zurück. Der Bekannteste war der Sprecher O. W. Studtmann.

In den Archiven finden sich nur vereinzelt Hinweise auf Zensurmaßnahmen oder direkte Programmeingriffe durch die Amerikaner, deren Pressepolitik in den Jahren 1945 und 1946 vor allem von der ‚Reeducation' geprägt war, also der Erziehung der deutschen Bevölkerung zu einer pluralistischen, demokratischen Gesellschaft. Dieser Grundgedanke findet sich in fast allen Programmbereichen wieder, exemplarisch in der Sendereihe des Politikwissenschaftlers und früheren Mitarbeiters der *Frankfurter Zeitung* Dolf Sternberger, der den politischen Begriff erläuterte. In einem späteren Rechenschaftsbericht wurde diese Reihe offen als ‚politische Erziehungsarbeit' charakterisiert.

Die literarischen Sendungen prägten Autoren und Titel, die unter den Nationalsozialisten geächtet worden waren. Neben Klassikern wurden vor allem Bücher von Exilautoren und in einem starken Maß von amerikanischen Schriftstellern gelesen. Gleiches gilt für die Hörspielproduktion, die im Spätsommer 1945 wieder begann. Auch hier dominierten klassische Adaptionen und Stücke amerikanischer Autoren. Doch schon in den Folgejahren wurden auch Hörspiele produziert, die den Krieg und die jüngste Vergangenheit thematisierten. Ein Beispiel hierfür ist das Antikriegsstück *Die letzten Tage der Menschheit* von Karl Kraus, das Radio Frankfurt 1947 bei einer öffentlichen Veranstaltung im Funkhaus aufnahm. Ende der vierziger Jahre wurde nahezu jede Woche ein eigenproduziertes Hörspiel gesendet.

Nachdem am 2. Oktober 1948 das Gesetz über den Hessischen Rundfunk in Kraft getreten war, ging der Sendebetrieb unter dem neuen Namen in deutsche Hände über. Da die für den deutschen Bundestag vorgesehenen Grundstücke und Gebäude an der Bertramstraße nach der gescheiterten Bewerbung Frankfurts um den Sitz der provisorischen Bundeshauptstadt nicht mehr benötigt wurden, übernahm sie der Hessische Rundfunk und zog dorthin um.

Für das Programm brachte der Übergang in deutsche Hände neue Impulse. So entwickelte der Schriftsteller Alfred Andersch 1948 ein Konzept für ein ‚Mitternachts- bzw. Abendstudio'. Von dem Intendanten Eberhard Beckmann forderte er, dass seine Wortsendungen „hinsichtlich Qualität, Niveau und Zumutungen an das Mitgehen der Hörer außerhalb der beliebten Diskussion über ‚Rücksicht auf den Hörer'" stehen müsse. „Voraussetzung einer ‚Sendung für Anspruchsvolle' ist gerade die Zumutung höchster Ansprüche. Niveau hat natürlich nichts zu tun mit esoterischem Quatsch oder uferlosem ‚geisteswissenschaftlichen' Geschwätz."[406]

Alfred Andersch.

Andersch verlangte einen Freibrief für seine inhaltliche Gestaltung, und er bekam ihn. Innerhalb weniger Jahre wurde das ‚Abendstudio' zum zentralen Forum der wissenschaftlichen und künstlerischen Avantgarde. Diskutiert wurde über die Krisis des Individuums in der verwalteten Welt ebenso wie über die Frage „Kommt die Monarchie?". Zu den Mitarbeitern des ‚Abendstudios' und des von Andersch begründeten ‚Features' zählten Ernst Bloch, Eugen Kogon, Walter Dirks, Hans Magnus Enzensberger, Max Frisch, Walter Jens, Wolfgang Koeppen, Ingeborg Bachmann, Siegfried Lenz, Ludwig Marcuse und Arno Schmidt. Für die ‚Frankfurter Schule' um Theodor W. Adorno, Max Horkheimer und Herbert Marcuse wurde der Hessische Rundfunk später sogar zu einem zentralen Publikationsmedium.

Ein großer Teil ihrer Vorträge sind im Hessischen Rundfunk zum ersten Mal veröffentlicht worden, zumeist von ihnen selbst gesprochen. Max Horkheimer war 1949 nach Frankfurt zurückgekehrt und auf seinen alten Lehrstuhl berufen worden. Im August 1950 hatte das Institut für Sozialforschung seine Arbeit wieder aufgenommen. Adorno war bis Ende 1949 in seinem amerikanischen Exil geblieben. Er erhielt erst 1953 eine außerordentliche Professur für Philosophie und Soziologie. Herbert Marcuse lebte weiterhin in den USA. „Der Ausdruck ‚Frankfurter Schule'" für diese Gruppe von Wissenschaftlern, so Rolf

Im Abendstudio des hr (v.l.n.r.) Redakteur Hartmann Görtz, die Verleger Peter Suhrkamp, Ernst Rowohlt, Kurt Desch (1949).

Wiggershaus, „ist ein in den 60er Jahren von außen angeheftetes Etikett, das Adorno zuletzt mit unverkennbarem Stolz gebrauchte. Gemeint war damit zunächst eine kritische Soziologie, die in der Gesellschaft eine antagonistische Totalität sah und Hegel und Marx nicht aus ihrem Denken verbannt hatte, sondern sich als deren Erben begriff. Längst ist dieses Etikett zu einem umfassenderen und vagen Begriff geworden. Der Ruhm Herbert Marcuses als – wie damals die Medien meinten – Idol der rebellierenden Studenten neben Marx, Mao Zedong und Ho Chi Minh ließ die Frankfurter Schule zum Mythos werden"[407]. Allein von Theodor W. Adorno produzierte der Hessische Rundfunk zwischen 1950 und 1969 über fünfzig Sendungen. Und es blieb nicht bei der Theorie. Am 28. Mai 1968 stellte der Sender dem Aktionskomitee ‚Demokratie im Notstand' den Sendesaal des Funkhauses für eine Veranstaltung gegen die geplanten Notstandsgesetze zur Verfügung, nachdem die Organisatoren keinen anderen Ort in Frankfurt gefunden hatten. Die dreistündige Diskussion mit mehr als 20 Rednern, darunter Theodor W. Adorno, Rudolf Augstein, Ernst Bloch, Martin Walser, Heinrich Böll und Hans Magnus Enzensberger, wurde live vom dritten Fernsehprogramm und vom dritten Hörfunkprogramm übertragen.
Noch zu Beginn der fünfziger Jahre war das kulturelle Wortprogramm vor allem dadurch gekennzeichnet, literarische Traditionslinien neu zu knüpfen und fremdsprachige Schriftsteller vorzustellen. Es sollte das präsentiert werden, was während der NS-Zeit verboten oder unterdrückt worden war. Daneben meldeten sich junge Autorinnen und Autoren zu Wort, die den nationalsozialistischen Terror, die Schrecken des Zweiten Weltkriegs und die restaurativen Tendenzen in der gerade entstandenen Bundesrepublik thematisierten. Das beginnende Wirtschaftswunder mit seiner Tendenz, die Vergangenheit ruhen zu lassen und einer neuen Konsumlust zu frönen, lieferte zudem Stoff für intellektuelle Debatten und literarische Auseinandersetzungen.

Der damalige Leiter der Hörspielredaktion, Ulrich Lauterbach, pflegte zum einen Literaturbearbeitungen und regte zum anderen junge Autoren an, sich kreativ mit den Möglichkeiten des Radios auseinanderzusetzen. Ihm gelang es, Friedrich Dürrenmatt, Walter Jens, Ilse Aichinger, Ingeborg Bachmann, Heinrich Böll, Siegfried Lenz, Martin Walser und Marie Luise Kaschnitz als Hörspielautoren für den Hessischen Rundfunk zu gewinnen. Später kamen Ernst Jandl, Friederike Mayröcker, Heiner Goebbels und Heiner Müller dazu, um nur einige Namen zu nennen.
Mit dem Ausbau der studiotechnischen Einrichtungen Ende der 50er Jahre waren auch die Voraussetzungen gegeben, um in Frankfurt eine beispielhafte Tradition von Fernsehspielen zu begründen. Man arbeitete mit Regisseuren wie Fritz Umgelter, Rolf Hädrich, Peter Beauvais, Harry Buckwitz, Tom Tölle, Helmut Käutner oder Erwin Piscator zusammen, realisierte Stücke von Brecht, Böll und Straub, von Anouilh, Mrożek und Frisch. Gepflegt wurde in diesen Jahren auch eine intensive Zusammenarbeit mit Franz Xaver Kroetz, der fünf seiner Theaterstücke als Fernsehspiele für den Hessischen Rundfunk umsetzte. Und 1969 begann mit dem Fernsehfilm *Baal* nach Bertolt Brecht (Hauptrolle: Rainer Werner Fassbinder) eine langjährige Kooperation mit Volker Schlöndorff. Für den Sender besonders bemerkenswert sind die 1964 und 1965 entstandenen Satiren von Heinrich Böll *Dr. Murkes gesammeltes Schweigen* und *Dr. Murkes gesammelte Nachrufe*, in denen sich Dr. Murke alias Dieter Hildebrandt bissig mit dem Innenleben einer Rundfunkanstalt auseinandersetzte. Viel Beachtung bei Publikum und Kritik fanden auch die ersten in den sechziger Jahren inszenierten Dokumentarspiele.
Der Hessische Rundfunk übernahm nicht nur im Bereich der Fernseh- und Dokumentarspiele eine Vorreiterrolle in der ARD. Dies gilt in gleichem Maße auch für die Kulturmagazine und die Kulturberichterstattung insgesamt. Bereits 1966 wurde mit *Perspektiven* im dritten Fernsehprogramm ein Magazin für kulturell besonders Interessierte angeboten. Und nur ein Jahr später realisierte die Kulturredaktion des Hessischen Rundfunks das erste Kulturmagazin für das ARD-Programm: Am 4. Dezember 1967 wurde die erste Sendung von *Titel, Thesen, Temperamente* ausgestrahlt. Der Hessische Rundfunk ist heute an der literaturkritischen Sendung *Druckfrisch* von Dennis Scheck beteiligt und übernimmt für die ARD die Berichterstattung über die Buchmesse.
Im Hörfunk des Hessischen Rundfunks, speziell auf der Kulturwelle hr2, gibt es mit den täglichen Lesungen von Romanen, Erzählungen und Gedichten, mit dem von Peter Härtling moderierten Quiz *Literatur im Kreuzverhör*, mit Buch- und Hörbuchrezensionen, Features und Hörspielen ein breites literarisches Angebot. Ein langfristig angelegtes Projekt ist das *Literaturland Hessen*. Mit einer Vielzahl von Partnern sucht hr2-kultur nach verschütteten literarischen Traditionen in Hessen. Zu der landesweiten Aktion, die selbstverständlich auch Frankfurt einschließt, gehören öffentliche Veranstaltungen, Radiosendungen, Reisen und verschiedene Publikationen. Allein an dem im zweijährigen Turnus stattfindenden ‚Tag für die hessische Literatur' beteiligen sich regelmäßig fast 100 Städte und Gemeinden mit rund 200 Veranstaltungen.

Zu den ersten Mitarbeitern des Hessischen Rundfunks nach dem Zweiten Weltkrieg hatten auch der frühere stellvertretende Feuilletonchef der *Frankfurter Zeitung*, Walter Dirks, und Eugen Kogon gehört.

Kogon, der 1927 in Wien eine Dissertation über den Kooperativstaat des Faschismus geschrieben hatte, war nach der Annektierung Österreichs in das Konzentrationslager Buchenwald eingeliefert worden, wo er der illegalen Lagerleitung angehört hatte. Unmittelbar nach seiner Befreiung am 12. April 1945 verfasste er für die amerikanische ‚Psychological Warfare Division' und in Zusammenarbeit mit anderen ehemaligen Häftlingen einen Bericht über das Konzentrationslager Buchenwald, der die Grundlage für sein bis heute immer wieder aufgelegtes Buch *Der SS-Staat* bildete.

In der hessischen CDU hatten Dirks und Kogon die ‚Frankfurter Leitsätze' formuliert, die einen ‚christlichen Sozialismus' forderten. Das entsprach der einen Richtung der gerade gegründeten CDU. Die andere strebte eine konservative Volkspartei an, die sich mehr am ehemaligen Zentrum orientierte. Im April 1946 gründeten die beiden Publizisten die *Frankfurter Hefte*, die zu einer der einflussreichsten politischen Zeitschriften in Deutschland wurden und zeitweilig eine Auflage von bis zu 70 000 Exemplaren erreichten. Die konsequente Aufarbeitung des Nationalsozialismus und der Aufbau einer europäischen Republik waren unter Dirks und Kogon die wichtigsten Ziele der *Frankfurter Hefte*, die in veränderter Form bis heute erscheinen.

Nach Kriegsende standen die Alliierten vor dem Problem, dass es in Deutschland keine unbelasteten Zeitungsverleger gab, denn die Presse war von Goebbels ‚gleichgeschaltet' worden. Es mussten also – in der Regel – Männer gefunden werden, die während der NS-Zeit nicht journalistisch gearbeitet hatten oder als ‚unbelastet' galten. Diese erhielten in Hessen von der ICD, der ‚Information Control Division', eine Lizenz, um damit eine Zeitung gründen zu können. Die Amerikaner sorgten für Papier, Räume, Druckereien, Telefon etc. Jedenfalls so gut sie konnten. Dafür übten sie zunächst eine Vorzensur aus, die sich im Lauf der Zeit in eine Nachzensur verwandelte.

Auch Lizenznehmer der Tageszeitungen wurden bis 1949 recht häufig ausgetauscht – aus ganz verschiedenen Gründen, etwa wegen journalistischer oder betriebswirtschaftlicher Inkompetenz. Aber auch, wer sich kritisch über die westlichen Besatzungsmächte oder nach dem Beginn des Kalten Krieges positiv über die Sowjetunion äußerte, musste mit seiner Ablösung rechnen. Die Zeitungen selbst wurden nicht eingestellt. Soweit wollten die Amerikaner dann doch nicht gehen.

Ein gutes Beispiel dafür ist die *Frankfurter Rundschau*. Sie war die erste Lizenzzeitung in der amerikanischen Zone und nach den *Aachener Nachrichten* in der britischen Zone die zweite überhaupt. Bei ihrer ersten Neugründung wollten die Amerikaner alles richtig machen und setzten ein Gremium von sieben Lizenzträgern ein, darunter war mit Emil Carlebach auch ein Kommunist. Zum 1. August 1945 erschien die erste Ausgabe der *FR* in einer Auflage von 500 000 Exemplaren, allerdings zunächst nur zweimal wöchentlich. Sie wurde in der Großen Eschenheimer Straße genau dort gedruckt, wo die *Frankfurter*

Zeitung bis zum 1. August 1943 hergestellt worden war. Die US-Armee hatte die alten Druckmaschinen notdürftig repariert. Erst 1953 zog das unterdessen expandierte ‚Druck- und Verlagshaus' in das ‚Rundschauhaus' um, das bis zu seinem Abriss 2006 ein gutes Stück Frankfurter Nachkriegsarchitektur verkörperte.

Der Friede unter den Herausgebern währte nicht lange. Einer nach dem anderen verließ den Kreis oder wurde von den Amerikanern entlassen, zuletzt im August 1947 Emil Carlebach, weil er angeblich kein Vertrauen in die Ziele der amerikanischen Militärregierung hatte. Es blieben zwei Herausgeber übrig, Arno Rudert, der aus der KPD ausgeschlossen worden war, und der Mitte April 1946 neu hinzugekommene Karl Gerold, der der SPD angehörte. Als Rudert 1954 starb, wurde Gerold Verleger, Herausgeber und Chefredakteur in Personalunion und blieb es bis zu seinem Tod 1973. Gerold war 1906 im württembergischen Giengen geboren worden und hatte eine Lehre als Schlosser- und Werkzeugmacher absolviert. 1933 war er von den Nationalsozialisten in ‚Schutzhaft' genommen worden, betätigte sich aber weiter politisch und musste im Herbst 1933 in die Schweiz fliehen, wo er Asyl erhielt, aber auch dort wegen ‚verbotener illegaler Tätigkeit gegen einen kriegführenden Staat' juristisch verfolgt wurde. Nach dem Ende des NS-Regimes ging er als Korrespondent für Schweizer Zeitungen nach Wiesbaden und wurde dort von amerikanischen Presseoffizieren als unbelasteter Journalist ‚entdeckt'. Gerold hat die von jeder politischen Vereinnahmung unabhängige, links-liberale Ausrichtung seines Blattes geprägt. Seine Leitartikel, in denen er kein Blatt vor den Mund nahm und auch vor provozierenden Formulierungen nicht zurückschreckte, waren gefürchtet. Die *Frankfurter Rundschau* prangerte den Wiederaufstieg ehemaliger NS-Funktionäre genauso an wie die Wiederbewaffnung der Bundeswehr oder das allzu forsche Auftreten von Politikern wie Franz-Josef Strauß. Auch unter seinem Nachfolger Werner Holzer, der von 1973 bis 1991 Chefredakteur war, änderte sich an dieser Linie nichts, und selbst bis heute, trotz veränderter Besitzverhältnisse, ist die Grundausrichtung beibehalten worden, bei neuen Themen wie soziale Gerechtigkeit, Umweltschutz oder dem Umgang der westlichen Welt mit den Ländern in Asien, Lateinamerika und Afrika.

Zwei bedeutende Persönlichkeiten haben das Feuilleton der *Frankfurter Rundschau* über Jahrzehnte geprägt: der Kunst- und Theaterkritiker Peter Iden, der seit den fünfziger Jahren rund 3000 Premierenkritiken schrieb, von 1992 bis 1999 das Feuilleton leitete und nicht nur in der Frankfurter Kulturpolitik ein einflussreicher Ratgeber war, und Wolfram Schütte, der 32 Jahre lang, von 1967 bis 1999, neuen Filmen und der Literatur des 20. Jahrhunderts Kritiken, Essays und Porträts widmete.

Nach erheblichen wirtschaftlichen Turbulenzen befindet sich die *Frankfurter Rundschau* heute im Besitz des Kölner Verlags DuMont Schauberg und der SPD-eigenen Medienholding DDVG; die Karl-Gerold-Stiftung, der die *FR* nach dem Tod Gerolds gehörte, hält nur noch zehn Prozent der Anteile.

Schon nach den ersten Ausgaben der *Frankfurter Rundschau* hatte es Kritik von der katholischen Kirche und der CDU am politischen Kurs des Blattes gegeben. Die Amerikaner sahen sich deshalb veranlasst, im Herbst 1945 eine Umfrage unter den Lesern zu veranstalten. Aber die hatten ganz andere Sorgen. Trotzdem wurde eine zweite, deutlich konservativ ausgerichtete Tageszeitung in Frankfurt lizenziert, nämlich die *Frankfurter Neue Presse*, deren erste Ausgabe am 15. April 1946 erschien. Die Lizenz hatten Hugo Stenzel und August Heinrich Berning erhalten. Von 1949 bis zu seinem Tod 1964 war Stenzel Verleger, seit 1954 stand Werner Wirthle an seiner Seite. Stenzel stammte aus dem Rheinland und war promovierter Staatswissenschaftler. Bis 1933 arbeitete er als Redakteur des *Mayener Tageblatts*, wurde aber als Mitglied der Zentrumspartei nach der Machtübernahme durch die Nationalsozialisten entlassen und musste sich als Leihbibliothekar durchschlagen. 1939 wurde er zur Polizeireserve eingezogen. Nach Kriegsende wurde er Polizeipräsident in Kassel und war Mitbegründer der nordhessischen CDU. Als Aufgaben und Ziele der *Neuen Presse* sah Stenzel das Eintreten für ‚Völkerversöhnung, religiöse Toleranz und sozialen Fortschritt, für Demokratie und den kulturellen Neuaufbau'. Entschieden entgegentreten wollte er dem ‚Nationalismus, verderblichen Vorurteilen und der Zersetzung des Lebens'. Den Platz für sein Blatt sah er in der ‚breiten positiven Mitte'. 1955 schloss sich die *Neue Presse* mit der Frankfurter Societäts-Druckerei zusammen. Sie wird heute von der Frankfurter Societäts-Medien GmbH verlegt.

Verlag und Redaktion der Frankfurter Neuen Presse in der Rahmhofstraße 2-4.

Nachdem der Hessische Landtag am 22. Juli 1949 das erste Pressegesetz verabschiedet hatte und die Lizenzierungspflicht damit endete, erschien am 1. November 1949 die erste Ausgabe der *Frankfurter Allgemeinen Zeitung*. Zunächst, so hieß es, wolle die *FAZ* die Arbeit der *Allgemeinen Zeitung* in Mainz fortsetzen, die sich als Nachfolgerin der *Frankfurter Zeitung* verstand. So gehörten zu den Gründungsherausgebern der *FAZ* neben Erich Dombrowski, der mit französischer Lizenz 1946 die *Allgemeine Zeitung* gegründet hatte, auch Hans Baumgarten und Karl Korn, die als Journalisten für das Mainzer Blatt arbeiteten. Zu ihnen gesellten sich mit Paul Sethe und Erich Welter zwei ehemalige Redakteure der *Frankfurter Zeitung*. Obwohl sich die *FAZ* nicht in der direkten Nachfolge der *Frank-*

furter Zeitung sah, hatten einige ihrer Redakteure und wichtigen Autoren schon für das 1943 verbotene Blatt geschrieben. Der bekannteste von ihnen war Benno Reifenberg, der 1945 zusammen mit anderen ehemaligen *FZ* -Redakteuren die Halbmonatsschrift *Die Gegenwart* gegründet hatte. Die Zeitschrift ging 1958 in der *FAZ* auf. Die heutige Seite ‚Die Gegenwart' erinnert daran. Reifenberg wurde Mitherausgeber und blieb es bis 1964. Bis zu seinem Tod schrieb er weiter für die *FAZ*. Schon 1952 hatte er in einem Rundfunkvortrag über seine Arbeit als Kunst-, Theater- und Literaturkritiker gesprochen. Er berichtete darin auch über seine Art, mit Büchern und Kunstwerken umzugehen.
„Was die literarische Kritik angeht, so habe ich mich ihr nie entzogen. Mir schien das eine Art Höflichkeit gegenüber den Autoren; jedes neue Buch, dachte ich, beanspruche mit Recht eine Antwort der Leser. Ich hielt es mit einer bedeutenden Frau, der Schriftstellerin Editha Klipstein, die mir einmal sagte: ‚Wenn ich ein neues Buch in die Hand nehme, *respektiere ich es zunächst*' (…)
In Zeiten der großen theoretischen Debatten muß man auf das Original verweisen – da liegt die kritische Hauptpflicht. Jeder Kritiker entdeckt – wenn er selbst original ist – im Kunstwerk den springenden Punkt, diesen punctum saliens, das geheimnisvolle Zeichen, an dem allein das Lebewesen als solches zu erkennen ist (…) Aber die kritische Aufgabe bleibt immer die gleiche: sie gipfelt in der Frage, wie findet man jenen schöpferischen Punkt. Es gibt nur eine Voraussetzung: die immer wache Empfänglichkeit. Ich rede hier nicht einer unkontrollierbaren und gefühlsüberschwenglichen Willkür das Wort. Man kann nie genug von der Kunst *wissen*. Denn wie sollte man sonst vergleichen können, und um der Gerechtigkeit willen müssen ja Vergleiche gezogen werden. Damit er mit Fug und Recht vergleichen könne, verlangt das Kunstwerk vom Kritiker, daß er Zeit daran wende."[408]
Die *Frankfurter Allgemeine Zeitung*, die von keinem Verleger oder Chefredakteur geleitet wird, sondern von einem fünfköpfigen Herausgebergremium, gilt als konservative, wirtschaftsfreundliche Tageszeitung, die in Deutschland und vielen anderen Ländern als seriöses Berichts- und Kommentarorgan geschätzt wird. Damit ist sie durchaus mit der *Frankfurter Zeitung* in der Weimarer Republik vergleichbar. Das gilt auch für das Feuilleton; das nämlich führt in der *FAZ* ein Eigenleben. Auch im Literaturteil wird nicht unbedingt die Meinung der Politik- oder Wirtschaftsredakteure vertreten. Das war unter Joachim C. Fest als Feuilletonherausgeber schon so und hat sich unter Frank Schirrmacher noch deutlich verstärkt. In der *FAZ* schrieben Georg Hensel und Günther Rühle als Theaterkritiker, Rühle war auch zeitweise Feuilletonchef. Die Literaturredaktion leitete von 1956 bis kurz vor seinem Tod 1964 Friedrich Sieburg, der bis 1955 Mitherausgeber der *Gegenwart* gewesen war. Sieburg hatte noch einen sehr eingeschränkten Begriff von deutscher Gegenwartsliteratur, wie Marcel Reich-Ranicki in seiner Autobiographie berichtet.
Der 1920 in Włocławek geborene Reich-Ranicki stammt aus einer deutsch-polnischen Familie. Nachdem die Firma seines Vaters Konkurs angemeldet hatte, ging er 1929 nach Berlin, wo er nach 1933 die Verfolgung der jüdischen Bevölkerung durch die Nationalsozialisten am eigenen Leib erlebte. 1938 konnte er zwar trotz schwierigen Bedingungen sein

Abitur machen, aber das Studium blieb ihm untersagt. Er wurde nach Polen abgeschoben und Ende 1940 im Warschauer Ghetto interniert. Der Deportation konnten er und seine Frau Tosia entgehen. Seine Eltern und sein Bruder wurden ermordet. Nach der Befreiung arbeitete er unter anderem für den polnischen Geheimdienst und als Lektor für deutsche Literatur in Warschau, geriet aber in Konflikt mit dem kommunistischen Regime und siedelte 1958 in die Bundesrepublik über. Auf der Suche nach Publikationsmöglichkeiten reiste er nach Frankfurt zur *FAZ* und bot Sieburg seine Dienste als Rezensent an. Er war überrascht, dass der Leiter der Literaturredaktion die Romane, die in der DDR erschienen, gar nicht zur Kenntnis nahm. Trotzdem durfte Reich-Ranicki das neueste Buch von Arnold Zweig besprechen und acht weitere Rezensionen schreiben, bevor sich die Wege wieder trennten. Denn Reich-Ranicki arbeitete unterdessen auch für *Die Welt*, und das behagte Sieburg nicht. Von 1960 bis 1973 war er Literaturkritiker der *Zeit*, dann holte ihn der neue Feuilletonherausgeber Joachim C. Fest als Leiter des Literaturblatts nach Frankfurt. In dieser Funktion, die er bis zu seiner Pensionierung 1988 ausübte, und als Moderator des *Literarischen Quartetts* im ZDF (von 1988 bis 2001) war Reich-Ranicki der einflussreichste Literaturkritiker der Bundesrepublik, der mit seinen pointierten und meinungsfreudigen Rezensionen Autoren zu Stars machen und Bücher zu Misserfolgen führen konnte. Der Literaturteil der *FAZ* ist (spätestens) seit Reich-Ranicki *die* kritische Instanz für Literatur in Deutschland. Alle oder fast alle wichtigen deutschen Gegenwartsautoren haben für diese Seiten geschrieben, und von fast allen sind Romane als Fortsetzungslesungen erschienen. In der von Reich-Ranicki initiierten und redaktionell betreuten *Frankfurter Anthologie* wurden bisher weit über 1500 Gedichte deutschsprachiger Autorinnen und Autoren vorgestellt und interpretiert.

Reich-Ranickis zunächst sehr gutes Verhältnis zu Fest wurde 1986 nachhaltig getrübt, als der Herausgeber einen Vortrag abdruckte, den der Historiker Ernst Nolte bei den renommierten Frankfurter Römerberggesprächen *nicht* gehalten hatte. Nolte hatte darin die Einzigartigkeit des Holocaust bestritten und den deutschen Massenmord an den Juden als Kopie der bolschewistischen Schreckensherrschaft dargestellt. „Manche Redakteure der *Frankfurter Allgemeinen Zeitung* zeigten sich irritiert, manche entsetzt", erinnert sich Marcel Reich-Ranicki in seiner Autobiographie *Mein Leben*.

„Derartiges hatte man in dieser Zeitung noch nie gelesen. Es wurde vermutet, Fest habe den provozierenden Artikel nur drucken lassen, um eine sich in der Schublade befindliche, eine überzeugende und effektvolle Erwiderung bringen zu können. Die Sache war schon deshalb wichtig, weil Noltes Thesen auf erstaunliche Weise den Parolen der Rechtsradikalen entsprachen, von den (oft antisemitischen) Schlagworten der Stammtische ganz zu schweigen. Aber es kam anders: Es kam nichts. Im Gegenteil: Die der *Frankfurter Allgemeinen* zugeschickten, gegen den skandalösen Artikel gerichteten Beiträge wurden von Fest allesamt ohne Begründung abgelehnt. Einige Kollegen meinten, ich, gerade ich solle unbedingt auf Noltes wirre und verantwortungslose Darlegungen antworten. Das wollte ich nur tun, wenn mich Fest hierzu aufforderte. Davon war keine Rede."[409]

Die Antwort auf Noltes krude Thesen kam von Jürgen Habermas. Sie erschien allerdings nicht in der *FAZ*, sondern in der *Zeit*. 2002 geriet Reich-Ranicki selbst in den Fokus einer Polemik. In seiner Autobiographie beschreibt er, wie ihn die umstrittene Friedenspreisrede von Martin Walser getroffen und verletzt hatte – „nicht zuletzt deshalb, weil sie von einem Schriftsteller verfasst wurde, dessen Werk ich seit 1957 kommentierend begleite. Aber es hatte auch seine gute Seite, dass sie geschrieben und gehalten wurde. Denn wie das Stück von Faßbinder und der Historikerstreit hat uns auch diese Rede an das moralische und politische Klima in der Bundesrepublik erinnert“[410].
2002 übergab Martin Walser der *FAZ* die Druckfahnen seines neuesten Romans *Tod eines Kritikers* mit der Bitte um Vorabdruck. Frank Schirrmacher, seit 1994 Nachfolger von Joachim C. Fest als Feuilletonherausgeber (und vorher Nachfolger von Reich-Ranicki als Literaturchef), antwortete Walser in einem offenen Brief und lehnte den Vorabdruck ab, weil das Buch ein „Dokument des Hasses“, „eine „Exekution“, eine „Abrechnung“ mit Marcel Reich-Ranicki sei. „Ihr Buch ist nichts anderes als eine Mordphantasie. Daß der Mord keiner ist, macht die wonnevolle Spekulation unangreifbar (...) Mord, Mordkommission, das spielt hier immer mit der Erinnerung an den Massenmord der Nazis.“[411]
Auch im Suhrkamp Verlag, wo der Roman schließlich erschien, sorgte das Buch für Turbulenzen.
Das Feuilleton der *FAZ* hat sich unter Schirrmacher verstärkt gesellschaftspolitischen und wissenschaftlichen Fragestellungen geöffnet. Der kritische Umgang mit literarischen Publikationen nimmt aber weiterhin einen hohen Stellenwert ein. Seit 1990 gibt die *FAZ* auch eine eigene bundesweite *Sonntagszeitung* heraus.
Bisher sind die lokalen Feuilletons der drei Frankfurter Tageszeitungen noch nicht gewürdigt worden. Das soll jetzt kurz nachgeholt werden, denn ohne die kontinuierliche Berichterstattung über Veranstaltungen und Neuerscheinungen, ohne die Schriftstellerporträts und Lesungsankündigungen wäre das literarische Leben in Frankfurt wesentlich ärmer.

Frankfurter Verlage – Versuch einer Übersicht

Am Ende des Zweiten Weltkriegs war Frankfurt keine Bücherstadt mehr. Nur zwei Verlage sind zu nennen:
Der 1930 von Vittorio Klostermann gegründete Verlag für Geisteswissenschaften, besonders Philosophie, hatte mit Autoren wie Martin Heidegger, Hans-Georg Gadamer, Friedrich Georg Jünger, Max Kommerell und Otto Friedrich Bollnow überlebt und schickte sich an, die großen Werkausgaben von Heidegger und anderen Denkern vorzubereiten. Der Societäts Verlag mit Kasimir Edschmid, Friedrich Sieburg und Erich Welter als Autoren hatte 1943 seine Buchproduktion einstellen müssen und begann erst 1950 wieder, nach der Gründung der *FAZ*, mit Schriften zur Kunst von Benno Reifenberg.
Für die Zukunft Frankfurts als Bücherstadt war es ein Glücksfall, dass es gelang, den Börsenverein mit der Buchhändler-Vereinigung und dem *Börsenblatt*, die Deutsche Bibliothek und die Buchmesse in der Mainmetropole zu etablieren. Das machte die Stadt auch für Verlage attraktiv, die vor 1933 bzw. vor 1945 in Berlin gesessen hatten. Von besonderer Bedeutung wurde die Ansiedlung der Verlage S. Fischer und Suhrkamp in Frankfurt.
Samuel Fischer hatte seinen Verlag 1886 in Berlin gegründet und die Werke von Gerhart Hauptmann, Hugo von Hofmannsthal, Carl Zuckmayer, Alfred Döblin und Thomas Mann herausgebracht. Als er 1934 starb, trat sein Schwiegersohn Gottfried Bermann Fischer das schwere Erbe an. Er wusste, dass er bei aller Raffinesse in den Verhandlungen mit den NS-Behörden früher oder später in die Emigration gehen müsste. Zudem befürchteten einige der bereits im Exil lebenden Autoren, dass der nationalsozialistische Staat seine Nachsicht propagandistisch verwerten würde. Zunächst versuchte Bermann Fischer, die veränderten politischen Verhältnisse möglichst zu ignorieren. So erschienen 1933 noch neue Bücher von Hermann Broch (*Die unbekannte Größe*), Alfred Döblin (*Unser Dasein*), Hans Keilson (*Das Leben geht weiter*), Alfred Kerr (*Eine Insel heißt Korsika ...*), René Schickele (*Die Witwe Bosca*), Jakob Wassermann (*Selbstbetrachtungen*) und Trotzkis *Geschichte der Russischen Revolution*. Die Werkausgaben von Hermann Hesse und Thomas Mann wurden um weitere Bände ergänzt. 1933/34 verlegte S. Fischer mit dem ersten und zweiten Band der Tetralogie *Joseph und seine Brüder* sogar noch zwei neue Romane von Thomas Mann, der nach 1945 ein so herbes Verdikt über alles aussprach, was während der NS-Zeit in Deutschland erschienen war. Bis zum Verbot seines Gesamtwerks im Jahre 1936 verkauften sich die Bücher des Nobelpreisträgers sehr gut. Außerdem erschienen bei S. Fischer Bücher von Gerhart Hauptmann, Manfred Hausmann, Hermann Bang und – noch 1934 – von Annette Kolb und Carl Zuckmayer. Daneben hatte der Verlag mit Richard Billinger und Hans Rehberg auch zwei völkisch orientierte Autoren im Programm.
Gottfried Bermann Fischer entschloss sich, den Verlag S. Fischer in Berlin in andere Hände zu geben und im Ausland einen neuen Verlag zu gründen. In seinen Erinnerungen beschreibt Bermann Fischer die Gespräche in der Reichsschrifttumskammer, die erstaunlich freundlich verliefen:

„Die Verhandlung (...) widersprach allen meinen Vorstellungen. Am Schreibtisch saß ein freundlicher junger Mann, Ministerialrat Dr. Wismann, offenbar zuständig für Verlagsangelegenheiten, hörte sich meinen Plan an und stimmte ihm zu. So lächerlich einfach war das. Ja, man interessiere sich für den Übergang des in Deutschland erwünschten Verlagsteiles in ‚zuverlässige' Hände. Ich könnte entsprechende Verhandlungen führen. Die unerwünschten Autoren inclusive der zugehörigen Verlagslager würde man mir zur Verbringung ins Ausland freigeben (...) Es schien, daß man sich bereits mit der Liquidierung oder Übernahme des S. Fischer Verlags beschäftigt und ähnliche Gedanken erwogen hatte."[412]
Gottfried Bermann Fischer konnte mit 700 000 Büchern nach Wien gehen und gründete am 1. Mai 1936 seinen neuen Verlag. Den S. Fischer Verlag führte Peter Suhrkamp als Kommanditgesellschaft weiter. Zu den Geldgebern gehörten der Bruder von Hermann Josef Abs, Clemens Abs, und der Tabakunternehmer Philipp Reemtsma. Der 1891 im Oldenburgischen geborene Suhrkamp, der Volksschullehrer gelernt und am Theater gearbeitet hatte, leitete bereits die Literaturzeitschrift des Verlags, die *Neue Rundschau*, und war 1933 zum Vorstandsmitglied ernannt worden. Er wusste, was ihm bevorstand. In seinem *Almanach. Das 50. Jahr* schrieb er 1936 über den Verlag:

Erzählungsband von Hermann Hesse mit S. Fischer auf dem Schutzumschlag und Suhrkamp Verlag auf dem Innentitel (1943).

„Seine Geschichte ist nicht mehr die Geschichte seiner Ausbreitung, sondern sie ist eine einzige Probe, die der Verlag vor der deutschen Gegenwart zu bestehen hatte; die Probe ging wie ein echtes Schicksal bis nahe an die Existenz."[413]
Suhrkamp versuchte, die S. Fischer Tradition so weit wie möglich fortzuführen. Er wurde dabei von seinen Autoren – unter ihnen Hermann Hesse, Manfred Hausmann, Otto Flake und Gerhart Hauptmann – und seinen Lektoren Oskar Loerke und – nach Loerkes Tod – Hermann Kasack unterstützt. Die Zahl seiner Schriftsteller wuchs stetig, es kamen beispielsweise Rudolf Alexander Schröder, Albrecht Goes und Luise Rinser dazu. Dietrich Strothmann hat in seiner Untersuchung über die nationalsozialistische Literaturpolitik ermittelt, dass von den 443 in der NS-Zeit ‚unerwünschten' Schriftstellern 123 bei Suhrkamp publizierten. Insgesamt brachte Peter Suhrkamp zwischen 1936 und 1944 178 Neuerscheinungen heraus. Aber ohne Konzessionen konnte auch er seinen Verlag nicht leiten. Was dem Verlag letztlich aber das wirtschaftliche Überleben sicherte, waren die zahlrei-

chen Sonderausgaben für die Wehrmacht. Denn seit Oktober 1939 wurden Papierkontingente zugeteilt. Damit gab es eine weitere Zensurmöglichkeit, um missliebige Verlage oder Autoren auszuschalten. Wer kein Papier erhielt, konnte auch keine Bücher veröffentlichen. Peter Suhrkamp, der seinen Verlag zum 1. Juli 1942 in Suhrkamp Verlag KG umbenennen musste, konnte einen großen Teil seiner Produktion, und zwar klassische Literatur ebenso wie Bücher zeitgenössischer Autoren, an die Wehrmacht verkaufen. Am 13. April 1944 wurde Peter Suhrkamp nach der Denunziation durch einen Spitzel von der Gestapo verhaftet und vor dem Volksgerichtshof Berlin des Hoch- und Landesverrats angeklagt. Auch nachdem das Verfahren Mitte Oktober 1944 eingestellt worden war, blieb Suhrkamp in Haft und wurde erst am 8. Februar 1945 entlassen.

Gottfried Bermann Fischer war 1938, beim Einmarsch der deutschen Truppen in Österreich, in die Schweiz geflohen. Dieses Mal konnte er sein Bücherlager nicht mitnehmen. In Stockholm wagte er einen Neubeginn und verlegte jetzt auch Franz Werfel und Stefan Zweig. Während sein Verlag in Schweden weiterpublizierte, ging er 1940 in die USA und gründete zusammen mit Fritz H. Landshoff, dem Chef des ehemaligen deutschsprachigen Querido-Verlags in Amsterdam, die L. B. Fischer Corporation, die ausschließlich Bücher in englischer Sprache herausbrachte. 1948 vereinigte Bermann Fischer seinen Verlag mit Querido in Amsterdam und bereitete die Rückkehr nach Deutschland vor.

Peter Suhrkamp hatte am 4. Oktober 1945 als erster Verleger in Berlin von der Britischen Militärregierung eine Lizenz erhalten und konnte seine Arbeit fortsetzen. Er veröffentlichte jetzt auch Bücher, zum Beispiel von Thomas Mann, deren Rechte bei Fischer lagen. Denn Bermann Fischer sah den Suhrkamp Verlag weiter als Teil seines Unternehmens an. Das führte zum Streit zwischen beiden Verlegern, denn Suhrkamp wollte sich nicht unterordnen und seinen Verlag, den er mit Mühen und unter Einsatz seiner Gesundheit über die NS-Zeit gebracht hatte, auch behalten. Außerdem konnten sich beide Verleger nicht über ein gemeinsames Programm einigen. Bermann Fischer sah im Buch – sehr viel mehr als der inhaltliche Qualitäten favorisierende Suhrkamp – auch eine Handelsware, die verkauft werden musste, um dem Verlag das Überleben zu sichern. Der Streit eskalierte und führte schließlich zu einem Vergleich vor der Wiedergutmachungskammer des Frankfurter Landgerichts. Die Peter Suhrkamp verbundenen Autoren durften entscheiden, wo sie künftig publizieren wollten. 33 von ihnen blieben beim Suhrkamp Verlag, unter ihnen an erster Stelle Hermann Hesse. Zu ihnen kam Bertolt Brecht, und damit sind auch die beiden Namen genannt, denen der Suhrkamp Verlag sein Überleben in schwierigen Zeiten verdankte. Dafür hielt Peter Suhrkamp seinem Autor Brecht die Treue, als der im Westen Deutschlands regelrecht verfemt war.

Schon wenige Tage nach dem Vergleich gründete Bermann Fischer den S. Fischer Verlag in Frankfurt neu. Der ursprüngliche Sitz in Berlin war nicht erst seit der sowjetischen Blockade ein unsicherer Ort. Auch Peter Suhrkamp hatte bereits 1946 einen Zweigverlag in Frankfurt gegründet, der seit Oktober 1948 faktisch der Hauptsitz war.

Der S. Fischer Verlag, der im Laufe der Jahre noch Goverts, Krüger und Stahlberg über-

nahm, brachte große Namen nach Deutschland zurück wie Thomas Mann, Arthur Schnitzler oder Alfred Döblin. Er machte Franz Kafka bekannt, veröffentlichte 1955 *Das Tagebuch der Anne Frank* und 1958, als bis dahin größten Erfolg, *Doktor Schiwago* von Boris Pasternak. Bermann Fischer setzte sich für angelsächsische Autoren wie Virginia Woolf, Arthur Miller, Tennessee Williams, William Faulkner oder Thornton Wilder ein, schuf Taschenbuchreihen wie die *Fischer Weltgeschichte*, die hohe Auflagezahlen erreichten, und öffnete seinen Verlag für Politik, Psychologie, Philosophie und Naturwissenschaften. Große Editionsprojekte des Verlages widmeten sich zum Beispiel den Werken von Thomas Mann, Sigmund Freud, Max Horkheimer, Paul Valéry oder Virginia Woolf. Die deutsche Gegenwartsliteratur war dagegen kaum vertreten. Das änderte sich erst mit der Übernahme durch die Holtzbrinck-Gruppe im Jahr 1972. Zu Fischer stießen nun Autoren wie Hermann Burger, Gerhard Köpf, Hanns-Josef Ortheil oder Gerhard Roth. Heute zählt der S. Fischer Verlag, der seinen Sitz unterdessen in Frankfurt-Sachsenhausen hat, zu den bedeutendsten belletristischen Verlagen in Deutschland.
Auch Peter Suhrkamp musste aus der Substanz heraus seinen Verlag neu aufbauen. Notgedrungen oder glücklicherweise musste er um neue Autoren werben, deren Werke er mit Geduld und Hingabe entwickelte. Sein eigenes Leben ordnete er ganz seiner Arbeit unter. Siegfried Unseld, schon als Nachfolger bestimmt, besuchte ihn „an den von ihm wenig geliebten Sonn- und Feiertagen" häufig in Königstein, wo Suhrkamp „in zwei bescheidenen Zimmern zur Untermiete wohnte".

„Kein Fernsehgerät, kein Radio, keine Schallplatten, eine fast zufällige Bibliothek, die man nicht ansehen durfte, ohne seine bösartige Reaktion zu riskieren. Auf dem Schreibtisch immer Blumen. In den Bücherregalen ein Porträt Ernst Penzoldts, ein farbiges Aquarell von Rudolf Alexander Schröder und ein Foto von Robert Walser. Die Frage, wie er so leben könne, verstand er nicht. Sein Leben war seine Arbeit (…) Suhrkamp war als Leser von Manuskripten prädestiniert, ja, ich hatte oft den Eindruck, als erschließe sich ihm ein Text nur aus der noch persönlichen Form des Manuskriptes und nicht so sehr aus der durch Satz und Druck ‚übersetzten', erkalteten und verfremdeten Form des Buches. Das Manuskript war ja auch änderbar und der Kritik offen. Suhrkamp war nie ein Drucker fertiger Manuskripte (…)

Die Kraft seiner Arbeit bezog Suhrkamp aus seiner Hochachtung und Bewunderung vor der schöpferischen Persönlichkeit des Autors. Sie stünde, so sagte er uns einmal, ‚turmhoch über uns'. Ihr diente er, sie versuchte er praktisch zu realisieren."[414]

Zu den Autoren, die Peter Suhrkamp betreute und verlegte, gehörten neben Hesse und Brecht auch Theodor W. Adorno, Max Frisch, Hermann Kasack, Hans Erich Nossack, Rudolf Alexander Schröder, Günter Eich und Martin Walser. Weitere wichtige Autoren des Verlags wurden Uwe Johnson, Hans Magnus Enzensberger, Wolfgang Koeppen, Karl Krolow, Wolfgang Hildesheimer, Paul Celan, Peter Weiss, Peter Handke, Thomas Bernhard, Samuel Beckett und James Joyce. Sie oder ihre Werke betreute der 1924 geborene Siegfried Unseld, der nach seiner Promotion über Hesse zunächst Buchhändler geworden war. 1952 hatte ihn Suhrkamp in seinem Verlag geholt. Sieben Jahre später, nach dem Tod Suhrkamps wurde Unseld Verleger. 1987 hat der Literaturkritiker Gregor Dotzauer Suhrkamp und Unseld verglichen und dabei einige Gemeinsamkeiten festgestellt. Beide seien „ausgesprochen machtbewusste Menschen":

„Der eine ein sensibler Querkopf aus bäuerlichen Verhältnissen, der andere ein ehrgeiziger selfmade-Mann aus dem Mittelstand: Charismatiker, die ihren Willen notfalls ohne Rücksicht auf denjenigen ihrer Mitarbeiter durchsetzen – und ihre Autoren gegen die Meinungen von Kritik und Publikum. Solange, bis die Anerkennung eintritt. Mag diese Sturheit ihre Leidtragenden haben, man kann sie ebenso als Treue zu den Schriftstellern charakterisieren. Unseld verkörpert heute einen Dinosauriertypus des Gewerbes (...) Damit einher geht ein snobistischer Zug, der schon Peter Suhrkamp prägte. Ein hermetisches Kunstbewusstsein, vor dem gerade noch das – allmählich aussterbende – Bildungsbürgertum Gnade findet."[415]

Siegfried Unseld setzte das Lebenswerk Suhrkamps fort, allerdings ohne dessen spartanischen Lebensstil zu übernehmen. 1963 erwarb er den renommierten Insel-Verlag, bei dem unter anderem die Werke von Rainer Maria Rilke erschienen. Ein gewaltiges verlegerisches Risiko war sein Einsatz für fremdsprachige Autoren, vor allem für die spanische und lateinamerikanische Literatur, für Jorge Semprun, Mario Vargas Llosa, Julio Cortázar, Octavio Paz oder Isabel Allende. Ein Risiko, das sich gleich mehrfach gelohnt hat. Das deutsche Lesepublikum wurde mit bedeutenden Schriftstellern und ihren Werken bekannt gemacht, und der Verlag verdiente gut dabei. Wobei Unseld bei aller Geschäftstüchtigkeit und Kunst der Vielfachverwertung die Qualität von Literatur nie aus den Augen verlor und ein Manuskript, das ihn überzeugte, immer auch druckte, selbst wenn der erwartete Verkauf die Herstellungskosten nicht einspielen würde. Für die überragende Bedeutung, die der Suhrkamp Verlag über Jahrzehnte für das geistige Leben in Deutschland hatte, prägte der Philosoph und Literaturwissenschaftler George Steiner den berühmten Begriff der ‚Suhrkamp-Kultur'. Er dachte dabei vor allem an die Bände der Edition Suhrkamp, die zum geistigen Zentrum der Studentenbewegung geworden waren und den Ideen der ‚Frankfurter Schule' zum Durchbruch verholfen hatten. Sie beseitigten, wie Ulrich Greiner 1980 rückblickend schrieb, ‚das ungeheure Defizit an theoretischer, vor allem marxistischer und aufklärerischer Literatur von Benjamin bis Marcuse und Bloch'. Daneben ließ Unseld Werkausgaben von Adorno, Bloch, Benjamin oder Wittgenstein erscheinen.

Auf den eigenen Verlag mochte er die Ideen dieser Denker allerdings nicht angewendet sehen. Als im November 1968 zehn seiner Lektoren mehr Mitbestimmung und Demokratie in ihrem Betrieb forderten, stießen sie bei Unseld auf taube Ohren. Walter Boehlich, Peter Urban, Urs Widmer und Klaus Reichert zogen die Konsequenzen und verließen den Verlag. Ihnen folgte Karlheinz Braun, der die für Suhrkamp außerordentlich wichtige Theaterabteilung geleitet hatte. Braun gründete in Frankfurt auf genossenschaftlicher Basis den Verlag der Autoren, der heute 160 Gesellschafter hat und aus dem bundesdeutschen Theaterbetrieb nicht mehr wegzudenken ist. Der Suhrkamp Verlag konnte den intellektuellen Aderlass verkraften und expandierte weiter. 1990 übernahm Suhrkamp die Mehrheit an dem 1902 von Martin Buber in Berlin mitgegründeten Jüdischen Verlag. Ein Jahr später wurde der Deutsche Klassiker Verlag aus der Taufe gehoben, der die großen Werke der deutschen Literatur in sorgfältig edierten Bänden herausbringt. Siegfried Unseld belebte 1979 auch die Frankfurter Poetik-Vorlesungen wieder, die 1959 mit Ingeborg Bachmann begonnen hatten und von Marie Luise Kaschnitz, Karl Krolow, Rudolf Alexander Schröder, Helmut Heißenbüttel, Heinrich Böll, Hans Magnus Enzensberger, Reinhard Baumgart, Wolfgang Hildesheimer und Hans Erich Nossack bis zum Wintersemester 1967/68 fortgesetzt worden waren. 1979 las Uwe Johnson. Es folgten ihm unter anderen Peter Rühmkorf, Martin Walser, Günter Kunert, Christa Wolf, Ernst Jandl und Friedrich Dürrenmatt.

Nach dem Tod von Siegfried Unseld im Jahr 2002 übernahm seine Witwe Ulla Unseld-Berkéwicz die Verlagsleitung. Seit Anfang 2010 hat der Verlag seinen Sitz in Berlin.

Dass nicht nur große Verlage wie Suhrkamp große und bedeutende Werkausgaben herausbringen können beweist seit Jahrzehnten der Stroemfeld Verlag (ursprünglich Roter Stern, ab 1979 Stroemfeld/Roter Stern, seit 1993 nur noch Stroemfeld). Gegründet hat ihn 1970 der ehemalige Bundesvorsitzende des Sozialistischen Deutschen Studentenbunds (SDS), KD Wolff, der nach eigenen Worten nur solche Bücher herausbringt, die er auch selber lesen mag. Er ging auf die Suche nach Außenseitern, die im Literatur- und Wissenschaftsbetrieb keine oder nur eine geringe Chance hatten. Sein erster Erfolg war Klaus Theweleits *Männerphantasien*. Es folgten Kurt Robert Eisslers psychoanalytische Studie über Goethe und vor allem die große historisch-kritische Hölderlin-Gesamtausgabe auf Basis der Handschriften, die den ‚wirklichen deutschen Revolutionär' zeigen soll. KD Wolff sieht in diesem von Dietrich E. Sattler mit manischer Akribie betreuten Projekt den ‚Versuch, deutsche Kultur, die vom herrschenden Kunstbetrieb unterschlagen und verfälscht worden war, anders herauszugeben und für sich selbst sprechen zu lassen'. Trotz kleiner Einschränkungen ist die Edition, die vom ‚herrschenden Kunstbetrieb' zunächst heftig attackiert wurde, unterdessen akzeptiert. Obwohl schon diese Edition die Finanzkräfte des kleinen Verlags gleich mehrfach überforderte, folgten bei KD Wolff weitere, ähnlich ambitionierte Projekte: Werkausgaben von Heinrich von Kleist, Gottfried Keller, Franz Kafka, Georg Trakl, Robert Walser, Gustav Regler und Johann Peter Hebel.

Ebenfalls aus der Studentenbewegung ist der 1965 vom SDS gegründete Verlag Neue Kritik hervorgegangen, der, wie es im Verlagsprospekt von 1970 hieß, daran mitarbeiten wollte „über eine produktive Weiterbildung der marxistischen Theorie zu einer revolutionären Theorie" zu gelangen, „die den gegenwärtigen Verhältnissen des Spätkapitalismus Rechnung trägt". Neben den Klassikern des Klassenkampfs finden sich seit den achtziger Jahren auch wichtige Bücher der amerikanischen Schriftstellerin Kay Boyle, der polnischen Erzählerin und Journalistin Hanna Krall, von Jörg Fauser und Frida Kahlo.

Lange Zeit für Furore im bundesdeutschen Buchhandel sorgte der ehemalige Fischer-

Lektor Vito von Eichborn. 1980 hatte er zusammen mit Matthias Kierzek von der Fuldaer Verlagsanstalt den Eichborn Verlag gegründet – mit einem erlesenen Programm, das aber nur Anerkennung bei der Kritik fand. Die Käufer blieben aus. Als das Unternehmen schon nach kurzer Zeit vor dem Ruin stand, entdeckte der findige Verleger Eichborn eine Marktlücke: den Humor. Er ignorierte Niveau und Geschmack, brachte freche Sprüche und provozierende Comics heraus. Und hatte Erfolg, so dass er sich wieder anspruchsvollere literarische Titel und Sachbücher leisten konnte. Der Durchbruch zum ‚seriösen' Verlag gelang Eichborn im Oktober 1989, als er von Franz Greno zur Überraschung der Feuilleton-Redaktionen die hoch angesehene ‚Andere Bibliothek' übernahm. Herausgeber Hans Magnus Enzensberger hatte vorher mit Großverlagen verhandelt, die aber an dem Projekt Abstriche machen wollten. Eichborn garantierte die Autonomie des Herausgebers und eine gleichbleibende Qualität von Ausstattung und Herstellung. Allerdings bedeutete das auch erhebliche finanzielle Belastungen. Als das Humorsegment nicht mehr die erwarteten Einnahmen brachte, geriet der Verlag ins Trudeln. 1995 schied Vito von Eichborn aus. 2000 ging der Verlag als Aktiengesellschaft an die Börse. Aber trotz der Erfolge mit den Büchern von Walter Moers, Sven Regener oder Frank Goosen war das Unternehmen nicht mehr zu retten und musste 2011 Insolvenz anmelden. Der Lübbe Verlag übernahm das, was von Eichborn noch übrig geblieben war, bis auf die ‚Andere Bibliothek', die unter der Leitung von Christian Döring als eigenständiger Verlag unter dem Dach der Berliner Aufbau-Gruppe Unterschlupf fand und den traditionsreichen Weg mit neuen Ideen weiter geht.

Der ehemalige Suhrkamp-Lektor Klaus Schöffling musste nicht erst, wie Vito von Eichborn, um Anerkennung ringen, als er 1986 die Frankfurter Verlagsanstalt neu gründete, die zwischen 1920 und 1938 Bücher zur Architektur und Kunstgeschichte veröffentlicht hatte. Zwischen 1951 und 1953 war sie erstmals wiederbelebt worden – vor allem mit der Buchreihe ‚studio frankfurt', in der der erste Gedichtband von Ingeborg Bachmann neben Erstveröffentlichungen von Heinrich Böll, Arno Schmidt und Wolfgang Hildesheimer erschienen war. An diese literarische Tradition knüpfte Schöffling an, mit Autoren wie Eva Demski, Ror Wolf, Burkhard Spinnen, Reinhard Kaiser oder Jan Koneffke. Als sich 1992 eine Änderung in den Besitzverhältnissen anbahnte, verließen fast alle Autoren den Verlag. Schöffling gründete für sie einen neuen Verlag: Schöffling & Co. Die Frankfurter Verlagsanstalt übernahm Joachim Unseld, der Sohn von Siegfried Unseld, der nur relativ wenige, sorgfältig gemachte Titel herausbringt. Bei ihm veröffentlichen Bodo Kirchhoff, Ernst-Wilhelm Händler und Hans Christoph Buch.

Frankfurt zählt weit über 200 Verlage. Einige sollen wenigsten noch genannt werden: der Francofurtensien-Verlag Waldemar Kramer, der ebenfalls auf Regionalia spezialisierte Societäts-Verlag, der sozial- und politikwissenschaftliche Campus-Verlag (der unterdessen auch ein populäres Sachbuchprogramm unterhält), der belletristische Axel Dielmann Verlag und, damit sich der Kreis zum Anfang dieses Artikels schließt, der renommierte Vittorio Klostermann Verlag mit seinem breiten geisteswissenschaftlichen Angebot.

Theater, Theater

Frankfurt hat eine sehr lebendige Theaterszene mit dem städtisch subventionierten Schauspiel und Kammerspiel, mit den mittleren und großen Privattheatern wie Fritz Rémond, der Komödie, (noch) dem Frankfurter Volkstheater und dem English Theatre sowie einer beachtlichen Reihe von kleinen Bühnen und freien Gruppen wie die Schmiere, die Katakombe, das Internationale Theater, das Kellertheater, das Kinder- und Jugendtheater, die Stalburg, die Dramatische Bühne, das Theater Willy Praml oder das Freie Schauspiel Ensemble Frankfurt. Gerade die Leistung der privaten Theater und Schauspielergruppen ist beachtlich, wenn man bedenkt, mit wie wenig Geld sie auskommen müssen.

In diesem Abschnitt soll gar nicht erst versucht werden, die Frankfurter Theatergeschichte seit 1945 zu dokumentieren. Es wird bei einzelnen Ereignissen bleiben, die allerdings weit über Frankfurt hinaus für Diskussionen gesorgt haben.

Nach dem Ende des Zweiten Weltkriegs war in Frankfurt eine Lizenz der amerikanischen Militärbehörden nicht nur für das Drucken von Büchern und das Herausbringen von Zeitungen nötig. Auch wer Theater spielen wollte, musste eine Lizenz beantragen. Die Prüfung scheint aber etwas oberflächlicher gewesen zu sein als bei den Medienunternehmen. Jürgen Kirschner schreibt in seiner Untersuchung über das Frankfurter Schauspiel in der unmittelbaren Nachkriegszeit: „Die amerikanische Militärregierung umging die Entscheidung zwischen Nationalsozialisten und Antifaschisten, indem sie erfahrene Künstler als Lizenzträger ausgesucht hat, die sich nicht aktiv für den Nationalsozialismus eingesetzt hatten.“[416] So gelangte der Frankfurter Schauspieler und Lustspieldichter Toni Impekoven zur ersten Lizenz und brachte mit *Frankfurt soll lewe!* bereits am 3. November 1945 das erste Stück auf die provisorische Bühne im Börsensaal. Er leitete die Städtischen Bühnen bis 1947. In diesem Jahr wurde Heinz Hilpert als ‚Chefintendant‘ an die Städtischen Bühnen berufen. Er hatte bereits 1925/26 unter Richard Weichert in Frankfurt gearbeitet und im Dezember 1946 die Uraufführung von Zuckmayers *Des Teufels General* am Schauspielhaus in Zürich herausgebracht. Weichert war nun als Nachfolger Impekovens Schauspieldirektor geworden. Hilpert blieb nur bis zum 1. April 1948, Weichert schied 1952 aus, mit bereits 72 Jahren. Unter Hilpert und Weichert stillten die Städtischen Bühnen den Nachholbedarf nach modernen amerikanischen und französischen Dramen, inszenierten Stücke von deutschen Autoren, die ins Exil getrieben worden waren, und brachten existentialistische Dramen von Sartre und Anouilh.

1951 wurde der aus München stammende Harry Buckwitz als Generalintendant an die Städtischen Bühnen berufen. Er blieb in diesem Amt bis 1968 und sorgte mit Stückeauswahl und Inszenierungen für erheblichen Wirbel in Frankfurt und darüber hinaus. „Buckwitz hatte am Anfang der fünfziger Jahre noch das Glück, aus dem großen Strom der aus dem Ausland hereinströmenden Stücke auswählen zu können und die Öffnung der deutschen (selbstverschuldeten) Enge ins Internationale zu betreiben“, schreibt der Theaterkritiker Günther Rühle, der 1985 bis 1989 selbst das Schauspiel leitete. „Mit den sich verfestigenden gesellschaftlichen Strukturen sah er die Aufgabe von Theater in den frühen sechziger Jahren in der Kritik der gesellschaftlichen Prozesse (‚Den Spiegel vorhalten', wie Shakespeare und Schiller sagen). ‚Gesellschaftskritisches Theater' nannte er seine Bemühungen, die starken Stücke von O'Neill, Arthur Miller, Tennessee Williams, Carl Zuckmayer, Max Frisch, Kipphardt, Dürrenmatt, Sartre, vor allem die von Brecht zu bringen und schließlich die politischen Stücke von Rolf Hochhuth und Peter Weiss."[417]

Für Bertolt Brecht hatte sich Harry Buckwitz schon sehr früh engagiert. Zwischen 1952 und 1968 brachte er 15 Brecht-Inszenierungen heraus, mehr als jedes andere Theater in Westdeutschland. Brecht, der in der DDR lebte und sich vom kommunistischen Regime in Ostdeutschland nicht ausdrücklich distanzierte, war in der Bundesrepublik ein nicht gern gesehener Gast. Die Aufführung seiner Stücke sorgte regelmäßig für Skandale. „Brecht wurde unterstellt", schreibt sein Biograph Jan Knopf, „mit seinen Stücken, die angeblich vor allem den Rechtsstaat unterminieren und zur kommunistischen Umwälzung aufrufen sollten, ein gefährlicher Minderdichter zu sein, der die Bühne als Podium für bolschewistische Propaganda missbrauche und deshalb in einer freiheitlichen Demokratie nicht gespielt werden dürfe"[418]. Mit seinem westdeutschen Verleger Peter Suhrkamp und mit Harry Buckwitz hatte Brecht in Frankfurt zwei Förderer, die alles daran setzten, ihn als Autor in der Bundesrepublik bekannt zu machen. Als erstes Stück von Brecht brachte Buckwitz Ende Januar 1952 *Das Verhör des Lukullus*. Das blieb noch ohne direkte Folgen. Am 13. November reiste Brecht nach Frankfurt, um an den Proben für die deutsche Erstaufführung von *Der gute Mann von Sezuan* teilzunehmen. Buckwitz inszenierte dieses Mal selbst. Die Premiere fand am 16. November statt und führte zu einem Eklat im Frankfurter Stadtparlament. In einer Rede, die eigentlich dem städtischen Haushalt hätte gewidmet sein sollen, protestierte der CDU-Fraktionsvorsitzende (und spätere Bundesschatzminister) Hans Wilhelmi heftig gegen die Aufführung: „Es gehört schon ein gehöriges Maß von Mangel an Fingerspitzengefühl dazu, dass in unserer heutigen politischen Situation von einem zum Kommunismus sich bekennenden ‚Dichter' ein derartiges Propagandastück aufgeführt wird."[419]

Die heftigen Proteste von Seiten der Opposition im Frankfurter Stadtparlament bewirkten nichts. Buckwitz setzte seinen einmal eingeschlagenen Weg unbeirrt fort. Vom 22. bis 27. April 1955 war Brecht wieder in Frankfurt. Buckwitz inszenierte die westdeutsche Erstaufführung von *Der kaukasische Kreidekreis*. Es folgten unter anderem die Uraufführung von *Die Geschichte der Simone Marchand* (1957), *Mutter Courage und ihre Kinder* (1958, mit Therese Giehse in der Hauptrolle) und die Uraufführung von *Coriolan* (1962).

Nach dem Bau der Berliner Mauer unternahm die Frankfurter CDU noch einmal einen Vorstoß gegen Brecht und Buckwitz. Sie verlangte, die Proben zu *Das Leben des Galilei* einzustellen. Der Magistrat folgte diesem Ansinnen nicht und die Premiere fand, wie vorgesehen, am 24. Oktober 1961 statt

Am 20. März 1968 inszeniert Harry Buckwitz die Uraufführung des *Vietnam Diskurs* von Peter Weiss. Kurze Zeit später verabschiedete er sich aus Frankfurt, nicht ohne Groll.

Für wenige intensive Jahre wurde das Theater am Turm zum innovativen Kraftzentrum in Frankfurt. ‚Junge, tatkräftige Leute', wie sie Günther Rühle nennt, hatten die ehemalige ‚Landesbühne Rhein-Main' zum zweiten festen Theater in Frankfurt verwandelt: „Claus Peymann, Wolfgang Wiens waren treibende Kräfte. Peymann wurde mit der Uraufführung von Peter Handkes *Publikumsbeschimpfung* ein Versprechen für die Zukunft. Im Mai '68 machte er die Uraufführung von Handkes *Kaspar*, wenig später die von *Das Mündel will Vormund sein*. Er, Karlheinz Braun und der junge Kritiker Peter Iden organisierten 1966, 1967, 1969, 1971 und 1974 die Festivals des experimentellen Theaters, Experimenta. Sie schleusten fremdes, suchendes, provokatives Theater in die Stadt (Living-Theatre, Bread and Puppet u. a.). Die Stadt kam ins Schwingen"[420]. Handkes *Publikumsbeschimpfung* war am 8. Juni 1966 bei der Experimenta I aufgeführt worden und zielte auf die Theaterbesucher selbst, die Handke mit ihren Phrasen und Sprechblasen konfrontierte.
Das Theater am Turm blieb ein Ort der Provokation und des Experiments. Während unter der Leitung oder besser Nicht-Leitung von Peter Palitzsch am Frankfurter Schauspiel ausprobiert wurde, ob sich radikale Mitbestimmungsideen auch auf den Betrieb einer Theaterbühne übertragen ließen, amtierte Rainer Werner Fassbinder in der Spielzeit 1974/75 als Nicht-Intendant am Theater am Turm. Nach nur neun Monaten und einer kleinen Reihe durchschlagender Misserfolge verließ er das Haus wieder, in dem er sich kaum hatte blicken lassen. Ein Ergebnis dieser Zeit beschäftigte Frankfurt allerdings noch Jahre, und nicht nur Frankfurt, sondern, fast könnte man sagen, einen nicht kleinen Teil der Weltöffentlichkeit. Zumindest in Israel und den USA wurde Fassbinders Vermächtnis kritisch und emotional diskutiert. 1976 hatte der Suhrkamp Verlag Rainer Werner Fassbinders Stück *Der Müll, die Stadt und der Tod* herausgebracht, das den Frankfurt-Roman *Die Erde ist unbewohnbar wie der Mond* von Gerhard Zwerenz als Vorlage nutzte. Fassbinder hatte das Stück geschrieben, um es in dem von ihm geleiteten Theater am Turm uraufzuführen. Es war seine Abrechnung mit der Stadt und auch mit den Spekulanten, die aus attraktivem Wohnraum im Westend Büroklötze gemacht hatten. So weit, so gut. Aber Fassbinder beließ es nicht bei der Kritik, sondern bediente antisemitische Klischees vom Juden, der den Deutschen Schuldgefühle einimpfe und damit seine Geschäfte mache. („Der Jud saugt uns aus. Trinkt unser Blut und setzt uns ins Unrecht, weil er Jud ist und wir Schuld tragen.") Helmut Schmitz wies als erster in der *Frankfurter Rundschau* darauf hin, dass solche Stellen zumindest missverstanden werden könnten. „Das ist tatsächlich kein Witz, und es ist leider auch kein kritischer Reflex des nach wie vor virulenten Antisemitismus, der sich noch nie darum geschert hat, wenn ein Katholik oder Protestant trübe Geschäfte machte. Fassbinder kriegt die Figur des Juden und die Reaktion darauf ebensowenig in den kritischen Griff, wie es dem ganzen Stück nicht gelingt, Frankfurt, das Leiden an und in dieser Stadt zu fassen."[421]
Damit hätte es sein Bewenden haben können, ein schlechtes Stück eben, das glücklicherweise nicht aufgeführt worden war. Aber die Emotionen waren geweckt und ein Sturm der Entrüstung brauste durch die Feuilletons, bis sich Siegfried Unseld genötigt sah,

seinen Autor in Schutz zu nehmen und das Buch zurückzuziehen. In der *Zeit* erklärte er: „In der Tat kann das Stück für die, die ein Stück deutscher Geschichte nicht aus eigener Erfahrung erlebt haben, Missverständnisse auslösen. Das Stück greift mit Recht ein Tabu an. Doch Fassbinders wenig differenzierte Holzschnitt-Technik entgeht nicht der Gefahr, gefährliche Klischees, die Stück und Autor bekämpfen wollen, für ein durch deutsche Geschichte belastetes Publikum erst wieder zu reproduzieren."[422]

Es fehlte nach dem Tod Fassbinders nicht an Versuchen, das Stück trotzdem auf die Bühne zu bringen. Ulrich Schwab, der Generalmanager der Frankfurter Alten Oper, wollte es 1984 bei den Frankfurt Festen aufführen. Weil Schwab die Entscheidung seines Aufsichtsrats gegen die Aufführung ignorierte, musste er gehen. Nun sprang Günther Rühle in die Bresche, der gerade sein Amt als Intendant des Frankfurter Schauspiels angetreten hatte. Die Premiere wurde für den 31. Oktober 1985 angekündigt, aber sie kam nicht zustande. Angehörige der Frankfurter Jüdischen Gemeinde besetzten die Bühne und verhinderten damit die Uraufführung, die erst am 3. November nur vor Medienvertretern stattfinden konnte. „Die Inszenierung von Dietrich Hilsdorf widerspricht *in allen ihren Teilen* und jenseits allen Zweifels dem Verdacht, es würden von dem Stück Fassbinders judenfeindliche Aussagen und Sentiments verbreitet", schrieb Peter Iden nach der Premiere in der *Frankfurter Rundschau*. „Die Interpretation der Handlung und die Darstellung der Figuren entziehen den Anwürfen jede Grundlage. Manche der negativen Voraus-Beurteilungen des Stücks waren schon für den einigermaßen genauen Leser schwer verständlich – woran die Proteste sich entzündet haben könnten, wird jetzt vollends unbegreiflich."[423]

Für die Frankfurter Jüdische Gemeinde blieb das Stück eine Provokation. In der Zeitschrift *Tribüne* brachte Uwe Grünheid die Besorgnis der deutschen Juden auf den Punkt, nachdem er den antisemitischen Monolog einer der Hauptfiguren zitiert hatte:

„Dem Juden in Deutschland ist durchaus bewusst, dass solche Gedanken nach wie vor virulent sind und in kleinen Kreisen auch verbalisiert werden; doch damit zu leben, haben sie sich eingerichtet. Unerträglich ist ihnen dagegen die Vorstellung, dass das offene und öffentliche Aussprechen dieser Gedanken eines Tages wieder salonfähig werden könnte. Die Befürchtung liegt nahe, dass die Aufführung des Fassbinderschen Stückes ein erster Schritt in diese Richtung sein könnte."[424]

Dass Günther Rühle diese Absicht nicht hatte, steht außer Frage. Eine weitere Aufführung fand nicht statt. Über den Streit um das Fassbinder-Stück ist im Nachhinein übersehen worden, dass Rühle es war, der in seiner kurzen Intendantenzeit, die nur bis 1989 währte, Einar Schleef als Autor und Regisseur nach Frankfurt geholt hatte. Schleefs stampfende Inszenierungen verschreckten einen Teil des Frankfurter Theaterpublikums. Heute sind sie legendär.

Hausbesetzer und Flaneure

„Ich habe mich fast bis an den Rand der geistigen Zurechnungsfähigkeit in der bundesdeutschen Gesellschaft komplimentiert: ‚Er muss etwas irr' sein; er lebt freiwillig und ohne jeden ausreichenden Grund in Frankfurt!"

Das schreibt, 1983, der Schriftsteller Horst Krüger. Er stammte aus Magdeburg, hatte Philosophie bei Martin Heidegger studiert, den Zweiten Weltkrieg als Fallschirmspringer mitgemacht, bis er desertierte, war Redakteur von Alfred Döblins Monatsschrift *Das goldene Tor* gewesen und hatte das ambitionierte Nachtprogramm des Südwestfunks in Baden-Baden geleitet. 1967 ließ er sich als freier Autor in Frankfurt nieder, wo er 1999, im Alter von 80 Jahren, auch starb.

„Mir war die Stadt nie fremd. Ich konnte das kollektive Vorurteil gegen sie nie teilen. Frankfurt hat mich von Anbeginn fasziniert, gerade in seinen enormen Widersprüchen. Die Stadt hat mich produktiv gemacht. Was immer ich an etwas Tauglichem geschrieben haben mag: ich habe es erst in dieser Stadt begonnen. *Das zerbrochene Haus* z. B. schrieb ich in jenem wunderlichen Glaskasten auf der Zeil, wo heute die Stadtbibliothek logiert. Frankfurt als Standort und Provokation für einen Schreiber: sicher gibt es da tiefere Zusammenhänge. Sie wissen, dass ich mich als Autor vor allem für mein Volk, diese seltsamen, tüchtigen, etwas unheimlichen Deutschen, interessiere, die heute in zwei deutschen Staaten leben. Was die Bundesdeutschen anlangt, so schien mir, zu ihrer Erkundung und Beschreibung, Frankfurt immer der adäquate Platz. Hier ist Westgermany, Restgermany viel genauer, ungeschminkter, nackter zu besichtigen als etwa in München, wo vieles um eine Nuance zu schön ist, um ganz geheuer zu sein, oder in Hamburg, das merkwürdig unzerstört aus dem Feuer des Zweiten Weltkrieges hervorging, in seiner inneren Identität, meine ich. Frankfurt ist, daran gemessen, wirklich eine zerbrochene, ja zerstörte Stadt. Sie wurde einmal im Krieg und dann noch ein zweites Mal in den wilden fünfziger Jahren kaputtgemacht, als ein chaotischer, hastiger Wiederaufbau wild wucherte.

Aber ich kann dies nicht nur negativ sehen. Für mich liegt darin auch ein Stück historischer Wahrheit. Ich bekenne mich zu diesem Stück Zerbrochenheit, diesem Identitätsverlust der Stadt. Er entspricht durchaus meinen eigenen Verstörungen nach Hitler. Er scheint mir viel ehrlicher als all der barocke Schmus, den man anderswo um die deutsche Vergangenheit hängt. Frankfurt ist mir in diesem Sinne, ich habe das öfters geschrieben, eigentlich die ehrlichste Stadt dieser Republik."[425]

Die Meinungen über Frankfurt gehen weit auseinander. Viele Autoren haben sich nach 1945 mit der Mainmetropole beschäftigt, wohl auch dank der Buchmesse, die seit 1949 wieder regelmäßig stattfindet, und den anderen literarischen Institutionen in der Stadt. In Frankfurt hatten oder haben bedeutende Verlage wie Suhrkamp/Insel, S. Fischer und Eichborn ihren Sitz, das Feuilleton der *Frankfurter Allgemeinen Zeitung* ist die wichtigste literaturkritische Instanz in Deutschland, und der Hessische Rundfunk pflegt, seit Alfred Andersch 1948 das ‚Abendstudio' gegründet hatte, engen Kontakt zu Schriftstellern.

Frankfurt ist eine Literaturstadt geblieben, mit zahlreichen Veranstaltungen im Literaturhaus, in den Buchhandlungen, in den Verlagen und im Sendesaal des Hessischen Rundfunks. Eine Besonderheit war 1974 die Einführung des ersten Stadtschreibers von Bergen. Unterdessen sind viele Städte diesem Vorbild gefolgt, aber für ein Jahr Stadtschreiber von Bergen zu sein, ist noch immer eine besondere Auszeichnung.
Eine Stadt, in der so viele Schriftsteller wohnen und die von vielen Schriftstellern besucht wird, muss damit leben, dass Autoren sie ganz unterschiedlich beurteilen.
Für Horst Krüger war der Frankfurter Auschwitz-Prozess Anlass, über seine eigenen Erfahrungen in der NS-Zeit nachzudenken und sie zu einem „Buch der Erinnerung" zu verarbeiten, das 1966 unter dem Titel *Das zerbrochene Haus – Eine Jugend in Deutschland* erschien.
Die Aufbruchsstimmung der Wirtschaftswunderzeit hatte vieles verdeckt oder in den Hintergrund treten lassen. In der noch jungen Bundesrepublik galt es nicht mehr als schwerer Makel, Mitglied der NSDAP gewesen zu sein oder wichtige Funktionen im nationalsozialistischen Staat ausgeübt zu haben. In dieser Weise vorbelastete Politiker konnten ohne ernsthafte Schwierigkeiten in hohe Staats- und Parteiämter aufsteigen. Das hieß zwar nicht, dass NS-Verbrechen nicht mit der nach dem Gesetz möglichen Härte bestraft wurden, aber wer die Prozesse verfolgte, konnte den Eindruck gewinnen, dass es sich mehr um Einzeltäter handelte, als um eine gigantische Mordmaschinerie mit Tausenden von Tätern. Erst der Frankfurter Auschwitz-Prozess brachte die Wende.

Der hessische Generalstaatsanwalt Fritz Bauer.

Von der Frankfurter Staatsanwaltschaft wurde gegen über 1200 Beschuldigte ermittelt und es wurden mehr als 1000 Zeugen befragt. Ende Dezember 1963 begann die Hauptverhandlung gegen 22 Angeklagte wegen Mordes bzw. Beihilfe zum Mord. In 20 Monaten vernahm das Gericht 360 Zeugen, darunter 211 Auschwitz-Überlebende. Was die Öffentlichkeit über die unvorstellbaren Gräuel und die menschenverachtende Grausamkeit der SS-Bewacher in dem Vernichtungslager erfuhr, wollten viele Deutsche zunächst nicht glauben. Aber die gut vorbereitete und sorgsame Prozessführung widerlegte jeden Zweifel. Das war vor allem dem hessischen Generalstaatsanwalt Fritz Bauer zu verdanken, dem es nicht nur um eine Bestrafung der Täter, sondern auch um eine umfassende Analyse des nationalsozialistischen Unrechtsregimes ging.
Zwar fielen die Strafen im Auschwitz-Prozess eher milde aus, weil ein Teil der Angeklagten nicht als Täter (zu lebenslangem Zuchthaus), sondern als ‚bloße Gehilfen' verurteilt wurde, aber in der deutschen Bevölkerung und besonders in der unruhigen Studentenschaft setzte langsam ein Umdenken ein. „Was habt Ihr damals gemacht?" war eine häufig

gestellte Frage, auf die es aber immer noch unbefriedigende Antworten gab. Vielleicht war das Schweigen der Väter, von denen die meisten in den Nationalsozialismus verstrickt gewesen waren und Hitlers Angriffskrieg als Soldaten geführt hatten, die wichtigste Ursache für das Aufbegehren der Kinder. Frankfurt wurde eines der Zentren der 68er-Bewegung. Als am 11. April 1968 auf Rudi Dutschke, den führenden Kopf der APO, ein Attentat verübt wurde, kam es auch in Frankfurt zu gewalttätigen Auseinandersetzungen, von denen sich Adorno und Habermas mit deutlichen Worten distanzierten. Jürgen Habermas sprach von einem „linken Faschismus". „Weder auf theoretischer noch auf universitätsorganisatorischer Ebene", so Rolf Wiggershaus, „gelang die Verständigung zwischen kritischen Theoretikern und kritischen Studenten, die erwarteten, dass die linken Professoren nun ihre ganze Existenz auf die Karte der nahe geglaubten Revolution setzten (...)
Das führt auf den letztlich entscheidenden Unterschied zwischen Habermas und den aktivsten Teilen der Studentenschaft. Für diese war der gewaltsame Umsturz einer Überflussgesellschaft nichts Undenkbares, stand die Politisierung der Öffentlichkeit im Dienst einer antiautoritären und antikapitalistischen Umwälzung. Für Habermas war eine Revolutionierung hochentwickelter Industriegesellschaften nur so denkbar: Der Überdruss am erreichbaren Wohlstand machte eines Tages bis in die integrierte Arbeiterschaft hinein empfindlich gegen die bürokratisierten Arbeits- und Lebensformen, und die Herrschenden mussten dann, um von einer nicht länger zu überflüssigen Entsagungen bereiten Bevölkerung überhaupt noch die nötigen Leistungen gewährt zu bekommen, die Repolitisierung der ausgetrockneten Öffentlichkeit dulden. Ein aufs neue politisches Publikum würde sich dann über die Ziele des gesellschaftlichen Handelns verständigen."[426]

Plakat des Sozialistischen Deutschen Studentenbunds.

In Frankfurt residierte der SDS (Sozialistischer Deutscher Studentenbund), der sich als Avantgarde der Bewegung begriff und in dessen Umkreis in der Tat die großen Debatten über den Vietnamkrieg, die unbewältigte Vergangenheit und die Notstandsgesetze angezettelt und begleitet wurden. Hans-Jürgen Krahl war (neben den Brüdern Frank und KD Wolff sowie dem nach den Pariser Maiunruhen aus Frankreich ausgewiesenen Daniel Cohn-Bendit) der theoretische Kopf des Frankfurter SDS. An seiner Person (er starb bei einem Autounfall im Februar 1970) lassen sich die Widersprüche der 68er-Bewegung deutlich machen. Geprägt durch die Sozialphilosophie der Frankfurter Schule versuchte er, eine radikal verstandene politische Theorie mit der Praxis revolutionärer Bewegungen zusammenzuschließen. Er scheiterte daran ebenso wie die anderen Wortführer der APO. Zu keiner Zeit war die demokratische Grundordnung in der Bundesrepublik ernsthaft gefährdet.

Andererseits hat die später sogenannte 68er-Bewegung in all ihren Facetten frischen Wind durch den Westen Deutschlands geblasen und eine ganze Menge scheinbarer Gewissheiten, erstarrter Traditionen und gesellschaftlicher Tabus infrage gestellt.
Das blieb auch nicht ohne Auswirkungen auf den Umgang mit Literatur in Frankfurt. Die fünfziger und beginnenden sechziger Jahre waren in Frankfurt von keinen größeren literarischen Debatten geprägt, wenn man von der Kontroverse um die Brecht-Aufführungen im Schauspiel absieht. Die Studentenbewegung und der sich anschließende Häuserkampf im Westend bedeuteten einen literarischen Urknall, der eine neue Autorengeneration hervorbrachte und den März Verlag von Jörg Schröder, der Rolf Dieter Brinkmanns *ACID* veröffentlichte.
Von den Älteren waren es vor allem Adam Seide und Horst Bingel, die sich schon vorher dem kulinarischen Kulturbetrieb verweigert hatten. Der aus Hannover stammende Seide war 1962 nach Frankfurt gekommen, um zwischen Bildender Kunst und Literatur zu vermitteln. Seine Romane waren breite Panoramen der Geschichte und Zeitgeschichte. So schilderte er in *Rebecca* das wechselvolle Schicksal eines jüdischen Altersheims im 20. Jahrhundert. Seine größte Wirkung entfaltete er mit seinen Zeitschriften *Der Egoist* und *Der neue Egoist*, in denen die künstlerische Avantgarde ihr Publikationsforum fand. (Nach seinem Tod haben ihm 2005 Studenten der Karlsruher Hochschule für Gestaltung ein eigenes Archiv gewidmet und feiern jährlich einen ‚Adam Seide Literaturtag'.)
Horst Bingel, 1930 in Korbach geboren und 2008 in Frankfurt gestorben, hatte Mitte der fünfziger Jahre mit schmalen Gedichtbänden begonnen und mit seinen lakonischen, bisweilen witzigen und skurrilen Alltagserzählungen in *Die Koffer des Felix Lumpach* (1962) und *Herr Sylvester wohnt unter dem Dach* (1967) Kritikerruhm geerntet. In der Eremitenpresse von V. O. Stomps veröffentlichte er ab 1956 sechzehn Hefte der *Streit-Zeit-Schrift*. 1966 und 1967 war er der Organisator des ‚Frankfurter Forums für Literatur', bei dem sich Schriftsteller aus Westeuropa mit Autoren aus Ost- und Südosteuropa trafen, was in Zeiten des Kalten Krieges auch eine politische Provokation war. 1968 veranstaltete er in Frankfurt eine ‚Internationale literarische Messe der Avantgarde', die ein Vorläufer der Mini-Pressen-Messen und der Gegenbuchmesse wurde. Im selben Jahr brachte der 1926 in Frankfurt geborene Franz Mon (der eigentlich Franz Löffelholz heißt) seinen Band *herzzero* mit längeren experimentellen Texten heraus. Im Hauptberuf Lektor, dann Leiter des Frankfurter Hirschgraben Verlags, vertraute Mon in einer hochpolitisierten Zeit ganz auf die Kraft der Sprache. Er zerlegte sie, untersuchte ihre Lautung und setzte sie neu zusammen. Er entwarf Wort- und Satzkombinationen, deren Sinn darin bestand, keinen greifbaren Sinn zu haben. Für Mon, der gemeinhin der ‚Konkreten Poesie' zugerechnet wird, ist das ‚Uneindeutige das Konkrete'. Auf das Verständnis seiner Lyrikerkollegen, die sich mit ihren Gedichten in die gesellschaftliche Diskussion einmischen wollten, konnte er nicht hoffen. Er ist seinen Weg trotzdem konsequent weitergegangen.
Die Generation der jungen, politisch denkenden und schreibenden Autoren traf sich im

1962 gegründeten Club Voltaire oder von Mai bis Oktober 1968, wie Renate Chotjewitz Häfner in ihrem literarischen Wegweiser für Frankfurt schreibt[427], im ‚Heidi-Loves-You-Shop' von Paul Gerhard (später: Hadayatullah) Hübsch und seiner Freundin Heidi neben dem Hotel Palmenhof.
Die Konflikte im Frankfurter Westend eskalierten, als die Studenten in anderen Teilen der Bundesrepublik bereits auf dem Marsch durch die Institutionen waren. Zwischen 1970 und 1974 verbündeten sich die Protagonisten der 68er-Bewegung und Bürger, um ein im Zweiten Weltkrieg weitgehend unzerstörtes Wohnviertel zu erhalten.
Der rasante Aufstieg Frankfurts zu einem der führenden europäischen Finanz- und Handelszentren hatte stadtplanerische Überlegungen in den Hintergrund treten lassen. Ein Opfer dieses unkontrollierten Wachstums wurde das Westend mit seinem Bestand an gründerzeitlichen Villen. Immer mehr Dienstleistungsunternehmen drängten mit ihren Büroneubauten in diesen zentral gelegenen Stadtteil. Der Bodenspekulation waren Tür und Tor geöffnet. Die 1901 in Karlsruhe geborene Schriftstellerin Marie Luise Kaschnitz hat darüber Buch geführt. Sie war mit ihrem Mann 1941 nach Frankfurt gezogen und lebte im Haus Wiesenau 8 mit großen Unterbrechungen bis zu ihrem Tod 1974. Während der Bombenangriffe auf die Stadt hatte sie Frankfurt verlassen und war erst 1946 wieder in ihre Wohnung gezogen. In dieser Zeit entstand ihr 14 Gedichte umfassender Zyklus *Rückkehr nach Frankfurt*, in dem sie eindringlich das zerstörte Frankfurt beschrieb und der ihr den Ruf einer ‚Trümmer-Dichterin' einbrachte. Marie Luise Kaschnitz war sensibilisiert für Eingriffe in die historische Substanz einer Stadt, die sie liebte. In den Jahren 1966/67 hielt sie in ihrem Buch *Tage, Tage, Jahre* fest, wie das Westend sein Gesicht veränderte. Im Gegensatz zu anderen literarischen Berichten aus dieser Zeit (zum Beispiel von Helga M. Novak und Horst Karasek) kommt bei ihr eher Trauer als Wut zum Ausdruck:

„22. Februar.
Eben, um zehn Minuten nach acht Uhr abends habe ich die Zeitung weggelegt, es war da auf der dritten Seite von einem Pilzhaus die Rede, keine international wichtige, vielmehr eine städtische Angelegenheit, aber für mich wichtig, ein Stoß, der vieles in Bewegung brachte, eine Warnung, ein Signal. Dass diese Bauweise raumsparend ist, leuchtete mir ein, es würde auch anderen einleuchten, Personen, die etwas zu sagen hatten, schon sah ich die Pilzhäuser aus der Erde schießen, auf freien Plätzen, aber auch anstelle von Gebäuden, die bereits standen und zu diesem Zweck abgerissen werden mussten, wie in unserer Gegend schon viele Wohnhäuser abgerissen und durch Bürobauten ersetzt worden sind. So dass wir umgeben sind von lauter derartigen Büropalästen, in denen am Morgen um acht Uhr auf einen Schlag alle Fenster hell und am Winternachmittag um fünf Uhr alle Fenster dunkel werden, während es bei uns im Haus noch Abwechslung gibt, Frühaufsteher und Spätschlafengeher und sogar Fenster, die die ganze Nacht hell bleiben, man weiß nicht aus welchem Grund. Was aber nun ohne Zweifel auch nicht mehr lange der Fall sein wird, da immer mehr Banken und Versicherungsgesellschaften zu Geld kommen und sich aus-

dehnen müssen. Das Pilzhaus wird Schule machen, keine Versicherungsgesellschaft ohne Pilzhaus, schon höre ich die Äxte an den wenigen noch übrig gebliebenen alten Bäumen und den Rammbock an der Flanke unseres Hauses, das Todesurteil ist ausgesprochen, ich selbst habe es ausgesprochen, habe die Kündigung geschrieben, wahrscheinlich will ich es so haben, will obdachlos sein, will wandern, welcher Gedanke mich doch aufs Äußerste erschreckt."[428]

Buchtitel zum ‚Frankfurter Häuserkampf' (1974).

Der Häuserkampf im Frankfurter Westend ist gleich mehrfach literarisch beschrieben worden, in *Wohnhaft im Westend* (1970) von Horst Karasek und Helga M. Novak, in dem Roman *Die Erde ist unbewohnbar wie der Mond* (1973) von Gerhard Zwerenz und von Jörg Fauser, der damals als junger Autor in Frankfurt lebte. 1944 in Bad Schwalbach geboren, hatte sich Fauser nach einem abgebrochenen Studium mit Gelegenheitsarbeiten durchgeschlagen. Als Chronist gesellschaftlicher Randgruppen stürzte er sich in Frankfurt auch in den Häuserkampf und berichtete in seinem autobiographischen Roman *Rohstoff* davon, der 1984 erschien, drei Jahre vor seinem Unfalltod in Feldkirchen bei München:

„Wir näherten uns unserem Ziel im Morgengrauen, ein Trupp dunkler Gestalten, dick in Parkas und Lederjacken vermummt, unter denen wir die Brecheisen und Wagenheber trugen. Unsere Stiefel knirschten auf dem frühen Frost. Wir gelangten ohne Aufsehen an die Rückfront des Gebäudes, zum Souterrain. Irgendwo in der Ferne war eine Polizeisirene zu hören, sie kam aber nicht näher. Die Tür war kein Problem. Schon standen wir in dem leeren Haus. Es hatte vier Stockwerke, Parkettfußböden, gekachelte Bäder, Stuckengel an den Decken, schmiedeeiserne Gitter an den Balkonen, eine weitgeschwungene Treppe, Wintergärten und lag an der Bockenheimer Landstraße in der Nachbarschaft von Versicherungen, Banken, Werbeagenturen, Universitätsinstituten, Bibliotheken und anderen besetzten Häusern. Ein persischer Immobilienhändler und Westendspekulant wollte aus dem Wohnhaus ein Bürohaus machen. Nun, ab heute würden wir hier eine Weile wohnen."[429]

Frankfurt wurde den Ruf einer kalten Stadt, die sich von innen heraus selbst demontiert, lange nicht los. Noch 1986, als der Österreicher Humbert Fink das *Land der Deutschen* einer kritischen Inspektion unterzog, war von dieser Ablehnung etwas zu spüren:

„Frankfurt ist nichts, oder es ist nicht wirklich etwas, mit dem man sich noch beschäftigen muss.“[430] In Frankfurt selbst hatte sich schon lange eine Gegenbewegung gebildet, die eine an Widersprüchen so reiche Stadt geradezu als belebend für die eigene literarische Arbeit empfand.

Nach der Gründung der *Pardon* 1962 und der *Titanic* 1979 war Frankfurt so etwas wie die Satire-Hauptstadt Deutschlands. Die ‚Neue Frankfurter Schule‘ um Robert Gernhardt, F. K. Waechter, Eckhard Henscheid, Chlodwig Poth, Hans Traxler, F. W. Bernstein, Bernd Eilert und Peter Knorr knüpfte, bewusst oder nicht, an die Frankfurter Satiretradition des 19. Jahrhunderts an. Knorr und Gernhardt hatten ihr satirisches Werkzeug auch bei Unterhaltungssendungen des Hessischen Rundfunks geschärft, ehe sie zusammen mit Bernd Eilert Texte und Drehbücher für Otto Waalkes schrieben.

Gernhardt, 1937 in Estland geboren und 2006 in Frankfurt gestorben, hat mit seinen Gedichten, die der deutschen ‚Hochkomik' zugerechnet werden, die Anerkennung von Literaturkritik und Literaturpreisjurys gefunden. In der *Frankfurter Allgemeinen Zeitung* entwickelte er 2004 zehn Thesen zum komischen Gedicht. Die neunte lautete:

„Das komische Gedicht ist der Königsweg zum Lachen.

Obwohl der Mensch gerne lacht, fällt es ihm, auf sich gestellt, schwer, zum Lachen zu finden. Also muss er zum Lachen gebracht werden, und dabei haben sich kurze Mitteilungsformen als besonders effektive Transportmittel erwiesen: Fabel, Anekdote, Witz. Sie alle aber übertrifft das Gedicht. Rascher und umstandsloser als jeder Witz vermag es der Zweizeiler, einen nach Auflösung drängenden befremdlichen Sachverhalt aufzubauen, ja aufzustauen: ‚Die schärfsten Kritiker der Elche‘ – Wieso Kritiker? Weshalb Elche? – ‚waren früher selber welche‘ – Ach so! Deshalb!

Das Lachen sei ‚ein Affekt aus der plötzlichen Verwandlung einer gespannten Erwartung in Nichts‘, lehrt Kant. Nichts nichtiger, ergo: erfreulicher, als dass der Dichter die befremdlichen Elche ‚um des Reimes willen‘ evoziert und abserviert hat. ‚In der Kürze liegt die Würze‘, weiß der Volksmund, und ‚Jedem Tierchen sein Plaisierchen‘: Nicht alle Vierbeiner kommen so rasch zum Punkt wie obengenannte Elche. Doch auch wenn ein Kleinräuber aus der Familie der Marder sich ein wenig Ruhe gönnt und sich Zeit nimmt – ‚Ein Wiesel / saß auf einem Kiesel / inmitten Bachgeriesel‘ –, muss der Lachlustige nicht lange auf die Erklärung des Warum warten: ‚Das raffinier- / te Tier / tat‘s um des‘ siehe oben, und der düpierte Mensch ist mal wieder auf die schnelle zum Lachen gebracht worden.“[431]

Nach Robert Gernhardt ist ein Preis benannt, der seit 2008 von dem Hessischen Ministerium für Wissenschaft und Kunst und der Landesbank Hessen-Thüringen an je zwei Autoren vergeben wird, um ihnen ein literarisches Projekt zu ermöglichen. Außerdem ist die ständige Ausstellung des ebenfalls 2008 eröffneten Frankfurter Museums für komische Kunst ‚Caricatura‘ den Vertretern der ‚Neuen Frankfurter Schule‘ gewidmet.

Kein Mitglied dieser informellen Gruppe, sondern ein ganz eigenständiger Kopf war Matthias Beltz, 1945 im Vogelsberg-Dorf Wohnfeld geboren und 2002 in Frankfurt überraschend gestorben. Der studierte Jurist brach 1970 sein Referendariat ab, um als Arbeiter bei der Adam Opel AG in Rüsselsheim den revolutionären Kampf in die Betriebe zu tragen. Der Agitationserfolg war gering und so schloss er sich zunächst *Karl Napps Chaos Theater* und danach dem *Vorläufigen Frankfurter Fronttheater* an. Als Kenner der Frankfurter Volksseele lotete er deren Untiefen aus und verbrämte das erschreckende Ergebnis philosophisch, am liebsten mit Heidegger. In seinem 2003 uraufgeführten Theaterstück *Die Frankfurter Verlobung* finden sich einige Sätze, die die Qualität von Aphorismen haben:

„Je länger du auf den Beton Frankfurts schaust, um so weniger schaut zurück. Frankfurt hat die wunderbare Tendenz zum Nichts. Die Stadt ist tot und schämt sich nicht. Sie hat alles hinter sich und spielt sich trotzdem nicht so auf wie Wien. Frankfurt ist der coolste Friedhof Europas. Hier wachst du morgens zwischen Gräbern auf – und bist der Schöpfer deiner Welt, denn um dich sind Chaos und Nichts.“[432]

Diese Erkenntnisse eines Wahl-Frankfurters haben nichts mit der Wien-Kritik eines Helmut Qualtinger zu tun. Sie sind keine Abrechnung und keine Liebeserklärung, sondern Kabarett, wie es Beltz verstand.

Auch Herbert Heckmann, der seine Heimatstadt heiß und innig liebte, war deshalb nicht blind für bestimmte Charakterzüge, die die Frankfurter Gesellschaft über Jahrhundert gepflegt hatte:

„Sie hatten es nie gern, wenn ihre Schwächen an die große Glocke gehängt wurden. Johann Konrad Friederich, der ihnen ein zu böses Maul hatte, ärgerten sie aus der Stadt heraus. Ludwig Börne nahmen sie kaum wahr. Der Handel und die Künste fanden meist nur bei Festakten zueinander. Am liebsten ging man noch ins Theater und zeigte sich in bester Garderobe. Kunstgenuss als gesellschaftliches Ereignis. Das Geldverdienen brauchte schließlich einen erhebenden Hintergrund. Ein Zitat zur rechten Zeit, ein schönes, kostbares Bild an der Wand und Schubert vierhändig: Bildung konnte nichts schaden.“[433]

Herbert Heckmann wurde 1930 in Frankfurt geboren und starb 1999 an seinem letzten Wohnort Bad Vilbel. Er war von 1963 bis 1979 Herausgeber der im S. Fischer Verlag erscheinenden *Neuen Rundschau* und von 1984 bis 1996 Präsident der Deutschen Akademie für Sprache und Dichtung in Darmstadt. Der kulinarischen Genüssen durchaus zugeneigte Heckmann verfasste neben Romanen, Erzählungen und Gedichten auch Kulturgeschichtliches über das Kochen und den Wein sowie eine Reihe von Büchern über Hessen und besonders Frankfurt. In *Die Trauer meines Großvaters* (1994) erinnerte er sich an seine Jugend im nationalsozialistischen Frankfurt. Mit großer Leidenschaft erfand er fiktive Biographien, mit denen er exemplarisch und subtil komisch menschliche Schwächen entlarvte und politischen Opportunismus anprangerte. Unter dem Pseudonym Fritz Schönborn ließ er 1980 seine *Deutsche Dichterflora* erscheinen, in der er pflanzliche Eigenschaften auf Dichterkollegen projizierte und umgekehrt. Das Buch machte Sensation, bis der wirkliche Autor bekannt war. So heißt es über das „Jüngergarn“:

„Wächst kerzengerade im Schwimmpflanzenbestand stehender Gewässer. Es liebt kalte, gedankentiefe Gewässer und Dom Pérignon. Man hat es aber auch schon in Schwimm-

anstalten für Männer angetroffen. Selten! (…) Der brennend scharfe Saft der Pflanze soll für das Vieh stark giftig sein, besonders für Wiederkäuer. Hingegen fressen Kulturziegen das ernste Jüngergarn erwiesenermaßen recht gern und setzen geschmeidiges Fett an, das sie über den Winter ihrer eigenen Bedürfnislosigkeit rettet. Abgekocht und abgestanden ist der Saft für Menschen unschädlich (…) Unbestreitbar ist die blutstillende Wirkung des Heilkrauts sowie sein Gebrauch bei Wunden aller Art, Gewissensbisse eingeschlossen."[434]
Herbert Heckmann gehörte 1984/85 zu den Mitgründern der Romanfabrik im Frankfurter Ostend, die neben dem Literaturhaus an der Schönen Aussicht und dem Hessischen Literaturbüro im Mousonturm regelmäßig literarische Veranstaltungen anbietet.
Frankfurt ist eine Literaturstadt. Hanne Kulessa, Carolina Romahn und Ruthard Stäblein haben 2002 für ihr Lesebuch *Die Stadt am Fluß* 68 in Frankfurt lebende oder mit Frankfurt verbundene Autoren gezählt, die Bedeutung über Frankfurt hinaus besitzen. Es dürften aber mehr sein. Sie alle zu nennen, würde den Rahmen des Versuchs einer Frankfurter Literaturgeschichte sprengen. Das Spektrum reicht von dem Erzähler Reinhold Batberger und der Lyrikerin Elisabeth Borchers bis zu der sowohl als Malerin als auch als Schriftstellerin arbeitenden Alissa Walser und der in Oberschlesien geborenen Stefanie Zweig, die mit ihren autobiographischen Afrika-Romanen weltberühmt wurde, aber auch mit ihren Büchern über ein Haus in der Rothschildallee ein großes Jahrhundertpanorama von Frankfurt geschaffen hat. Dazwischen tummeln sich so bekannte Autorinnen und Autoren wie Zsuzsa Bánk, Paulus Böhmer, Mechthild Curtius, Ria Endres, Volker Erbes, Alban Nikolai Herbst, Bodo Kirchhoff, Ulrike Kolb, Elsemarie Maletzke, Harry Oberländer, Silke Scheuermann, Werner Söllner, Gisela von Wysocki, Peter Zingler, Gerald Zschorsch oder Kurt Sigel, der mit seinen bitter-satirischen Mundartgedichten und -erzählungen gegen die Frankfurter Eppelwoiseligkeit anschreibt.
Fünf von ihnen sollen am Ende herausgestellt werden, nicht weil zwei bereits den Büchner-Preis erhalten haben und die anderen drei ihn jederzeit erhalten könnten, sondern weil sie als Flaneure Frankfurt immer wieder neu erkunden und darüber berichten.
Eva Demski, die aus Regensburg stammt und auch schön über ihren Heimatfluss, die Donau, geschrieben hat, ist eine Miniaturenmalerin, die Goethes Mutter genauso ingeniös porträtieren kann wie die Eschersheimer Landstraße, die ihr Wohnviertel durchschneidet und die sie „den letzten Rest der deutschen Teilung" nennt: „Um von der einen Seite der Eschersheimer Landstraße auf die andere zu kommen habe ich ungefähr zwanzig Jahre gebraucht."[435]
Die Straße nutzt Matthias Altenburg, der sich als Krimiautor Jan Seghers nennt, wenn er mit seinem Fahrrad oder zu Fuß die Stadt durchstreift und sich auf den Weg in Archive begibt, wo ihn vergangene Verbrechen locken.

„Ich trotte nach Hause.
Und schlafe mich aus.
Und schreibe das auf.
Für wen?
Für nix?
Bloß so.
Und doch ist alles nur …
Was?
Alles bloß ausgedacht.
Nee. Wirklich.
Ja. Wirklich.
Ein Traum."[436]

Wilhelm Genazino, in Mannheim geboren, aber in Frankfurt zuhause, achtet auf jede Kleinigkeit, auf einen weggeworfenen Kronenkorken ebenso wie auf eine leere Colaflasche, die auf dem Ende einer Rolltreppe tanzt. In seinem Roman *Abschaffel* (1977), der 2011 bei ‚Frankfurt liest ein Buch' überall in Frankfurt gelesen und diskutiert wurde, finden sich viele seiner akribischen Betrachtungen von nur scheinbar Unwichtigem. „Solche Lächerlichkeiten nahm Abschaffel in unerhörter Vergrößerung wahr."[437] Bei Wilhelm Genazino werden aus ‚solchen Lächerlichkeiten' Metaphern der menschlichen Existenz. „Neujahrsnacht; eine dünne Eisschicht bedeckt den Main. Mitternacht schon vorbei, das Neue Jahr (jeder schrieb seine Postkarten) hat vor ca. anderthalb Stunden pünktlich begonnen. Mondlicht, eine klare Nacht, Alles Gute! Wir wollen uns Zeit lassen."[438] Auch Peter Kurzeck, der zwischen Frankfurt und Südfrankreich pendelt, lässt sich wie Wilhelm Genazino Zeit, wenn er erzählt. Kein Detail ist zu unwichtig, um nicht erinnert zu werden. In seinen autobiographischen Romanen hält er kleinteilig eine Welt fest, die nicht mehr existiert, aber ihn und uns geprägt hat. Große Geschichte interessiert ihn nur, soweit sie die kleine Geschichte berührt, die er erzählen will.
Martin Mosebach, in Frankfurt geboren, hat einen großen Teil seines Lebens in seiner Heimatstadt verbracht. Die Historie vor Augen sucht er die Kontinuität im Wandel. Ein Satz von ihm soll am Ende dieses Buches stehen:
„Was ich von Frankfurt sehe, ist etwas anderes, als was ich von Frankfurt weiß. Was ich von meiner Stadt weiß, ist mir aber ebenso wichtig wie das, was ich sehe."[439]

ZITATNACHWEIS

Gründungsmythos und Wirklichkeit, Seite 11-90

1 Deutsche Sagen. Herausgegeben von den Brüdern Grimm. Ediert und kommentiert von Heinz Rölleke. Frankfurt am Main 1994, S. 498.

2 Thietmar von Merseburg: Chronik. Neu übertragen und erläutert von Werner Trillmich. Darmstadt [9]2011, S. 437.

3 Johannes Fried: Karl der Große in Frankfurt am Main. Ein König bei der Arbeit. In: Ders. u.a. (Hrsg.): 794 – Karl der Große in Frankfurt am Main. Sigmaringen 1994, S. 25.

4 Das Frankfurter Kapitular. In: Fried u.a. (Hrsg.), a.a.O., S. 23.

5 Horst Dieter Schlosser: Die Frankfurter Synode und die althochdeutsche Literatur. In: Fried u.a. (Hrsg.), a.a.O., S. 180.

6 Zit. n.: Lothar Gall (Hrsg.): FFM 1200. Traditionen und Perspektiven einer Stadt. Sigmaringen 1994, S.34.

7 Magnus Wintergerst: „franconofurd" – eine königliche Pfalz. In: Archäologie in Deutschland, Heft 2 (2010), S. 34.

8 Joachim Bumke: Höfische Kultur. Literatur und Gesellschaft im hohen Mittelalter. Bd. 2. München 1986, S. 646.

9 Zit. n.: Helmut de Boor (Hrsg.): Mittelalter. Texte und Zeugnisse. Zweiter Teilband. München 1988, S. 1499.

10 Walther von der Vogelweide: Gedichte. Übersetzt von Peter Wapnewski. Frankfurt am Main [7]1976, S. 38.

11 Walther, a.a.O., S. 147.

12 Bumke, a.a.O., S. 653.

13 Lothar Gall: Frankfurt am Main. Traditionen und Perspektiven. In: Ders. (Hrsg.), a.a.O., S. 20.

14 Vgl. Gerhardt Powitz: Privater Buchbesitz in Frankfurt am Main während des Mittelalters. In: Archiv für Frankfurts Geschichte und Kunst. Bd. 66. Frankfurt am Main 2000, S. 161-199.

15 Powitz, a.a.O., S. 162.

16 Gall (Hrsg.), a.a.O., S. 47.

17 Gerhardt Powitz: Von der Ratsbücherei zur Stadtbibliothek 1484 bis1668. In: Klaus-Dieter Lehmann (Hrsg.): Bibliotheca Publica Francofurtensis. Textband. Frankfurt am Main 1985, S. 31.

18 Johannes Janota (Hrsg.): Die Hessische Passionsspielgruppe. Band I. Frankfurter Dirigierrolle. Frankfurter Passionsspiel. Tübingen 1996, S. 401-403.

19 Dorothea Freise: Got, dem barmherczigen, zu lobe und czu eren und allen andechtigen, fromen christenmenschen czu reyßunge und besserunge wes lebens – Die Frankfurter Passionsspiele im ausgehenden Mittelalter. In: Archiv für Frankfurts Geschichte und Kunst. Bd. 66. Frankfurt am Main 2000, S. 228-247.

20 Freise, a.a.O., S. 236.

21 Freise, a.a.O., S. 239.

22 Janota (Hrsg.), a.a.O., S. 401-403.

23 Friedrich Bothe: Geschichte der Stadt Frankfurt am Main, Frankfurt am Main [2]1923, S. 82.

24 Der Frankfurter: Eine Deutsche Theologie. Übertragen von Joseph Bernhart. München 1950, S. 267.

25 Martin Luther: Eyn deutsch Theologia. Wittenberg 1518, Vorrede.

26 Zit. n.: Der Frankfurter, a.a.O., S. 123.

27 Arthur Schopenhauer: Die Welt als Wille und Vorstellung. Hg. von Wolfgang Freiherr von Löhneysen. Erster Band. Frankfurt am Main/Leipzig 1996, S. 526.

28 Zit. n.: Robert Diehl: Frankfurt am Main im Spiegel alter Reisebeschreibungen vom 15. bis zum 19. Jahrhundert. Würzburg (Reprint der Ausgabe Frankfurt am Main 1939) 1984, S. 6.

29 Vgl. Klaus Arnold: poeta laureatus – Die Dichterkrönung Ulrichs von Hutten. In: Peter Laub (Bearb.): Ulrich von Hutten. Ritter – Humanist – Publizist 1488-1523. Kassel 1988, S. 237-247.

30 Zit. n.: Des teutschen Ritters Ulrich von Hutten sämmtliche Werke. Hg. von Ernst Joseph Herman Münch. Erster Theil. Berlin 1821, S. 38.

31 Zit. n.: Diehl, a.a.O., S. 222.

32 Zit. n.: Jörg Bong (Hrsg.): Frankfurt. Eine Lese-Verführung. Frankfurt am Main 2009, S. 58f.

33 Zit. n.: Herbert Heckmann; Frankfurter Lesebuch. Frankfurt am Main 1985, S. 39.

34 Zit. n.: Diehl, a.a.O., S. 209.

35 Zit. n.: Johannes Fried (Hrsg.): Die Frankfurter Messe. Besucher und Bewunderer. Frankfurt am Main 1990, S. 3.

36 Zit. n.: Fried (Hrsg.): Frankfurter Messe, a.a.O., S. 52.

37 Reinhard Wittmann: Geschichte des deutschen Buchhandels. München 1991, S. 22.

38 Zit. n.: Fried (Hrsg.): Frankfurter Messe, a.a.O., S. 20.

39 Friedrich Kapp: Geschichte des Deutschen Buchhandels bis in das siebzehnte Jahrhundert. Leipzig 1886, S. 454.

40 Zit. n.: Fried (Hrsg.): Frankfurter Messe, a.a.O., S. 47.

41 Zit. n.: Kapp, a.a.O., S. 528f.

42 Zit. n.: Hedwig Heger (Hrsg.): Spätmittelalter. Humanismus. Reformation. Texte und Zeugnisse. Zweiter Teilband. München 1978, S.153.

43 Zit. n.: Kapp, a.a.O., S. 532.

44 Wittmann, a.a.O., S. 47.

45 Zit. n.: Kapp, a.a.O., S. 425.

46 Zit. n.: Kapp, a.a.O., S. 537.

47 Vgl. Heribert Raab: Apostolische Bücherkommissare in Frankfurt am Main. In: Historisches Jahrbuch 87 (1967), S. 326-354.

48 Wittmann, a.a.O., S. 45.

49 Sigrid Jahns: Frankfurt am Main im Zeitalter der Reformation (um 1500–1555). In: Frankfurts Historische Kommission (Hrsg.): Frankfurt am Main. Die Geschichte der Stadt in neun Beiträgen. Sigmaringen 1991, S.169.

50 Martin Luther: Der Lobgesang: Mitten wir im Leben sind. In: Ders.: Ausgewählte Schriften. Hg. von Karin Bornkamm und Gerhard Ebeling. Fünfter Band. Frankfurt am Main 1982, S. 247.

51 Martin Luther: Ein brieff an die zu Franckfort am Meyn. Wittenberg 1533, o. S.
52 Zit. n.: Johann Classen: Jacob Micyllus, Rector zu Frankfurt und Professor zu Heidelberg von 1524 bis 1558 als Schulmann, Dichter und Gelehrter. Frankfurt am Main 1859, S. 277 u. 313.
53 Gotthold Ephraim Lessing: Die Nachtigall. In: Ders: Werke. Hg. von Herbert G. Göpfert. Fünfter Band. München 1973, S. 617.
54 Kapp, a.a.O., S. 548.
55 Vgl. Wolfgang Klötzer (Hrsg.): Frankfurter Biographie. Erster Band. Frankfurt am Main 1994, S. 138.
56 Zit. n.: Kapp, a.a.O., S. 618.
57 Wittmann, a.a.O., S. 61.
58 Valentin Leucht: Stimulus Virtutum. Köln 1598, Vorrede o. S.
59 Wolfgang Brückner: Die Gegenreformation im politischen Kampf um die Frankfurter Buchmessen. In: Archiv für Frankfurts Geschichte und Kunst. Band 48. Frankfurt am Main 1962, S. 77. Vgl. außerdem: Ders.: Der kaiserliche Bücherkommissar Valentin Leucht. Leben und literarisches Werk. In: Ders.: Geschichten und Geschichte. Würzburg 2000, S. 219-308 (zuerst erschienen in: Archiv für Geschichte des Buchwesens 3 (1960), Sp. 97-180) und Isabel Heitjan: Zur Arbeit Valentin Leuchts als Bücherkommissar. In: Archiv für Geschichte des Buchwesens 14 (1974), Sp. 123-132.
60 Günter Richter: Konzessionspraxis und Zahl der Druckereien im Frankfurt a. M. um 1600. In: Archiv für Geschichte des Buchwesens 27 (1986), S. 148.
61 Brückner (2000), a.a.O., S. 272f.
62 Henricus Stephanus / Henri Estienne: Francofordiense Emporium. Hg. von der Frankfurter Buchmesse. Frankfurt am Main 1968, S. 64.
63 Thomas Murners Schelmenzunft. Hg. von M. Spanier. Halle 1912, S, 41.
64 Dedekind: Grobianus von groben Sitten und unhöflichen Gebärden. Nach den Übersetzungen von Caspar Scheidt (1551) und Wendelin Hellbach (1567) neu herausgegeben von Wilhelm Matthiessen. Müchen 1921, S. 90-92.
65 Jürgen Seuss. Der Ahnherr der Frankfurter Verleger. Christian Egenolff. In: Hans Sarkowicz (Hrsg.): Die großen Frankfurter. Frankfurt am Main /Leipzig 1994, S. 23f.
66 Martin Muslow: Kommentar. In: Giordano Bruno: Über die Monas, die Zahl und die Figur als Elemente einer sehr geheimen Physik, Mathematik und Metaphysik. Hamburg 1997, S. 181 und 183.
67 Wittmann, a.a.O., S. 70f.
68 Alexander Dietz: Frankfurter Handelsgeschichte. Band 3. Frankfurt am Main 1921 (Nachdruck Glashütten 1972), S. 56f.
69 Ander Teyl Des Buchs Schimpff unn Ernst (Faksimileausgabe mit einer Einführung von Hubertus Menke. Heidelberg 1981). Frankfurt am Main 1544, Blatt I.
70 Johann Wolfgang Goethe: Reineke Fuchs. In: Ders.: Sämtliche Werke in 18 Bänden. Hg. von Ernst Beutler. Band 3. München 1977, S. 9.
71 Ander Teyl, a.a.O., Blatt CXIII.
72 Johannes Feyerabendt: Vorrede in: Hanß Wilhelm Kirchhof: WendVunmuth / Darinn allerhand höfliche und lustige Historien / Schimpffreden /Beyspielen und Gleichnuß begrieffen. Der Erste Theil. Frankfurt am Main 1602, o. S.
73 Kirchhof, a.a.O., S. 643f.
74 Dietz, a.a.O., S. 57.
75 Historia von D. Johann Fausten. Text des Druckes von 1587. Hg. von Stephan Füssel und Hans Joachim Kreutzer. Stuttgart 2006, S. 5.
76 Historia, a.a.O., S. 167.
77 Historia, a.a.O., S. 168f.
78 Historia, a.a.O., S. 19.
79 Historia, a.a.O., S. 20.
80 Vgl. Heiner Boehncke/Hans Sarkowicz: Grimmelshausen. Leben und Schreiben. Vom Musketier zum Weltautor. Frankfurt am Main 2011, S. 59 (für das Folgende bis S. 87).
81 Vgl. Wilhelm Falckenheiner (Bearb.): Personen- und Ortsregister zu der Matrikel und den Annalen der Universität Marburg 1527–1652. Marburg 1904, S. 20.
82 Rolf Engelsing: Deutsche Bücherplakate des 17. Jahrhunderts. Wiesbaden 1971, S. 30.
83 Abraham Saur: Peinlicher Proceß / Das ist: Gründtliche und rechte Underweysung Wie man in Peinlichen Sachen heutiges tages nach allgemeinen Geistlichen und Weltlichen Rechten / Auch nach etlichen besonder verordneten Gewonheiten / Opinionen, Reichs und Landtsordnungen / etliche Mündtliche und Schrifftliche Producta, und Recess halten / stellen / schreiben und procediren soll. 5. Auflage. Frankfurt am Main 1619, S. 13 und S. 17.
84 Vgl. Günter Richter: Konzessionspraxis und Zahl der Druckereien in Frankfurt a. M. um 1600. In: Archiv zur Geschichte des Buchhandels 27 (1986), S. 131-156 und Christoph Reske: Die Buchdrucker des 16. Und 17. Jahrhunderts im deutschen Sprachgebiet. Wiesbaden 2007 (bes. S. 245f.).
85 Anton Schindling: Wachstum und Wandel vom Konfessionellen Zeitalter bis zum Zeitalter Ludwigs XIV. Frankfurt am Main 1555-1685. In: Frankfurter Historische Kommission (Hrsg.), a.a.O., S. 229.
86 Schindling, a.a.O., S. 241.
87 Schindling, a.a.O., S. 209.
88 Johann Goldfriedrich: Geschichte des Deutschen Buchhandels vom Westfälischen Frieden bis zum Beginn der klassischen Literaturperiode (1648-1740). Leipzig 1908, S. 180.
89 Daniel Meisner/Eberhard Kieser: Politisches Schatzkästlein. Hg. von Klaus Eymann. Band 1. Nördlingen ^{4}1992, S. 3.
90 Meisner, a.a.O., S. 5f.
91 Dieter Kühn: Frau Merian! Frankfurt am Main 2002, S. 17.
92 Dietz, a.a.O., S. 129.

93 Anita Albus: Blumen und Insekten. Die Grillen der Maria Sibylla Merian. In: Hans Sarkowicz (Hrsg.): Die großen Frankfurter. Frankfurt am Main/Leipzig 1994, S. 47.

94 Wittmann, a.a.O., S. 109.

95 So Alexander Dietz, a.a.O., S. 138. Sonja Schultheiss weist allerdings in ihrem Aufsatz über *Das „Diarium Europaeum" (1659-1683)* im Archiv für Geschichte des Buchwesens (48-1997) darauf hin, dass man „zu keinem endgültigen Ergebnis" kommen könne, „da die Bestandslücken zu groß sind" (S. 317). Der Verlag von Wilhelm Serlins Erben bestand bis 1799 (formal bis 1802). Das ab 1783 *Frankfurter Journal* erschien bis 1903.

96 Dietz, a.a.O., S. 159.

97 Philipp Nicolai: Frewden Spiegel deß ewigen Lebens. Frankfurt am Main 1599, S. 409.

98 Nicolai, a.a.O., S. 412.

99 Zit. n.: Albrecht Schöne (Hrsg.): Das Zeitalter des Barock. Texte und Zeugnisse. München ^{3}1988, S. 902.

100 Zit. n.: Schöne, a.a.O., S. 508.

101 Dietrich Blaufuß: Philipp Jacob Spener. In: Killy Literaturlexikon. Hg. von Wilhelm Kühlmann. Band 11. Berlin/Boston ^{2}2011, S. 102.

102 Zit. n. Schöne (Hrsg.), a.a.O., S. 142f.

103 Johann Balthasar Schupp: Der Bücher-Dieb. In Ders.: Streitschriften. Erster Teil. Hg. von Carl Vogt. Halle an der Saale 1910, S. 3.

104 Schupp, a.a.O., S. 9.

105 Zit. n.: Horst Kliemann/Bernhard Wendt (Hrsg.): Der deutsche Buchhandel in Urkunden und Quellen. Erster Band. Hamburg 1965, S. 38.

106 Wittmann, a.a.O., S. 81.

107 Wittmann, a.a.O., S. 86.

108 Goldfriedrich, a.a.O., S. 221.

109 Goldfriedrich, a.a.O., S. 457.

110 Paul Arnsberg: Anno 1753: Voltaire in Frankfurt. In: Archiv für Frankfurts Geschichte und Kunst 56 (1978), S. 42.

111 Zitiert nach: Karl August Varnhagen von Ense: Voltaire in Frankfurt am Main 1753. In: Berliner Kalender für 1846. Berlin 1845, S. 16f. Der Schriftsteller und Diplomat Varnhagen von Ense veröffentlichte in einem fast 90seitigen Aufsatz erstmals die preußischen Quellen zu diesem Vorfall, mit dem Ziel, Friedrich den Großen in einem besseren Licht erscheinen zu lassen.

112 Heinz Duchhardt: Frankfurt am Main im 18. Jahrhundert. In: Frankfurter Historische Kommission (Hrsg), a.a.O., S. 290f.

113 Wolfgang Klötzer: Frankfurt am Main von der Französischen Revolution bis zur preußischen Okkupation 1789–1866. In: Frankfurter Historische Kommission (Hrsg.), a.a.O., S. 305.

114 Anonym (Johann Kaspar Riesbeck): Briefe eines Reisenden Franzosen An seinen Bruder zu Paris. Zweyter Band. Zürich ^{2}1784, S. 270.

115 Riesbeck, a.a.O., S. 272f.

116 Johann Michael von Loën: Gesammelte Kleine Schriften. Band II. Hg. von J. C. Schneider und J. B. Müller. (Reprint) Frankfurt am Main 1972 , S. 24.

117 Heinrich Heine: Der Rabbi von Bacherach. In: Ders.: Sämtliche Schriften. Hrsg. von Klaus Briegleb. Band 1. Frankfurt am Main u. a. 1981, S. 486.

118 Des Herrn von Blainville (...) Reisebeschreibung durch Holland, Oberdeutschland und die Schweiz. Erster Band. Lemgo 1764, S. 147f.

119 Adolph Freiherr Knigge: Der Roman meines Lebens. Vierter Theil. Riga 1783, S. 235f.

120 Joachim Heinrich Campe: Erste Sammlung merkwürdiger Reisebeschreibungen für die Jugend. Zweiter Theil. Siebente verbesserte Ausgabe. Braunschweig 1831, S. 129f.

121 Wilhelm von Humboldts Tagebücher. Hg. von Albert Leitzmann. Erster Band. Berlin 1916, S. 28.

122 Tagebücher von K. A. Varnhagen von Ense. Zehnter Band. Hamburg 1868, S. 233.

Goethe in Frankfurt. Die Stadt, der Dichter und sein Kreis, Seite 91-158

123 Robert Seidel und Regina Toepfer: Frankfurt im Schnittpunkt der Diskurse. Strategien und Institutionen literarischer Kommunikation im späten Mittelalter und in der frühen Neuzeit (= Zeitsprünge. Forschungen zur frühen Neuzeit Bd. 14 Heft 1/2), Frankfurt am Main 2010.

124 Zitiert nach: Herbert Heckmann und Walter Michel: Frankfurt mit den Augen Goethes. Frankfurt am Main 1982, S. 12.

125 Herbert Heckmann und Walter Michel, a.a.O., S. 13.

126 Ebenda.

127 Ebenda.

128 Heckmann/Michel, a.a.O., S. 12.

129 Goethe: Faust II, Vierter Akt, Hochgebirg. In: Goethe Werke Jubiläumsausgabe. Dritter Band. Hg. von Albrecht Schöne und Waltraud Wiethölter, Frankfurt am Main 1998, S. 341.

130 Zitiert nach: Robert Hering: Das Elternhaus Goethes und das Leben in der Familie. In: Heinrich Voelcker (Hrsg.): Die Stadt Goethes. Frankfurt am Main im XVIII. Jahrhundert. Frankfurt am Main 1932, Reprint Frankfurt am Main 1982, S. 381.

131 Ebenda.

132 Friedrich Bothe: Goethe und seine Vaterstadt Frankfurt. Frankfurt am Main 1948, S. 84.

133 Goethes Werke. Hamburger Ausgabe in 14 Bänden, Hg. von Erich Trunz. Band IX. Autobiographische Schriften I. Aus meinem Leben Dichtung und Wahrheit. Erster Teil. I. Buch. München 1981, S. 22.

134 Friedrich Bothe, a.a.O., S. 85.

135 Vgl. Friedrich Bothe, a.a.O., S. 86.

136 Goethes Werke, Hamburger Ausgabe, a.a.O., Band IX, Erster Teil, 5. Buch. München 1981, S. 186.

137 Ebenda.

138 Goethes Werke, Hamburger Ausgabe, a.a.O., S. 188.

139 Goethes Werke, Hamburger Ausgabe, a.a.O., S. 193.

140 Ebenda.
141 Goethes Werke, Hamburger Ausgabe, a.a.O., S. 190.
142 Friedrich Bothe, a.a.O., S. 30.
143 Goethes Werke, Hamburger Ausgabe, a.a.O., S. 17.
144 Goethes Werke, Hamburger Ausgabe, a.a.O., S, 141.
145 Goethes Werke, Hamburger Ausgabe, a.a.O., S. 19.
146 Zit. n.: Friedrich Bothe, a.a.O., S. 35.
147 Friedrich Bothe, a.a.O., S. 48.
148 Goethes Werke, Hamburger Ausgabe, a.a.O., S. 14f.
149 Goethes Werke, Hamburger Ausgabe, a.a.O., S. 37f.
150 Goethes Werke, Hamburger Ausgabe, a.a.O., S. 38.
151 Nicholas Boyle: Goethe. Der Dichter in seiner Zeit. Band I: 1749–1790. München [2]1999. S. 74.
152 Nach Friedrich Bothe, a.a.O., S. 101.
153 Goethes Werke, Hamburger Ausgabe, a.a.O., S. 283.
154 Goethes Werke, Hamburger Ausgabe, a.a.O., S. 28.
155 Doris Hopp: „Goethe Pater". Johann Caspar Goethe (1710-1782). Freies Deutsches Hochstift – Frankfurter Goethe-Museum, Frankfurt am Main 2010. Die Konzeption der Ausstellung lag in den Händen von Doris Hopp und Joachim Seng.
156 Johann Caspar Goethe: Reise durch Italien im Jahre 1740. Hg. von der Deutsch-Italienischen Vereinigung Frankfurt am Main. Aus dem Italienischen übersetzt von Albert Meier. München 1986, S. 27f.
157 Nicholas Boyle, a.a.O., S, 81.
158 Die Briefe der Frau Rath Goethe. Gesammelt und herausgegeben von Albert Köster. Leipzig 1968, S. 119 f.
159 Nach Boyle, a.a.O., S. 80.
160 Näheres dazu findet sich im Katalog „Goethe Pater" : Christoph Perels: Bey Herrn Rath Göthe auf dem Grosen Hirschgraben: Eine zahlreiche auserlesene Bibliothek. Die Büchersammlung Johann Caspar Goethes, a.a.O., S. 88-101.
161 Nicholas Boyle, a.a.O., S. 84. Beim Leipzig-Aufenthalt von Goethe folgen wir weitgehend der Goethe-Biographie von Boyle.
162 Boyle, a.a.O., S. 99.
163 Vgl. Ulrich Dannemann: Susanna Catharina von Klettenberg. Lebenslauf und Gedankenwelt einer christlich-theosophischen Philosophin und Dichterin des 18. Jahrhunderts. Evangelische Studierendengemeinde, Frankfurt am Main 2011.
164 Vgl. Heinrich Funck (Hrsg.): Die schöne Seele. Bekenntnisse, Schriften und Briefe der Susanna Katharina von Klettenberg. Leipzig [2]1912.
165 Zit. n.: Franz Schulz: Goethe und der geistig-kulturelle Raum Frankfurts. In: Heinrich Voelcker (Hrsg.): Die Stadt Goethes, a.a.O., S. 463.
166 Goethes Werke, Hamburger Ausgabe, Band X, Autobiographische Schriften II, Aus meinem Leben Dichtung und Wahrheit, Dritter Teil, 15. Buch, München 1982, S. 41.
167 Goethe: Gedichte und Epen I. Goethes Werke. Band I (Hamburger Ausgabe). München 1998, S.89.
168 Johann Wolfgang Goethe: Sämtliche Werke nach Epochen seines Schaffens (Münchener Ausgabe). Bd. I,2 Der junge Goethe 1757–1775. Hg. von Gerhard Sauder. München 1987, S. 625 f.
169 Boyle, a.a.O., S. 99.
170 Boyle, a.a.O., S. 101.
171 Goethes Werke, Hamburger Ausgabe, Band I, Gedichte und Epen. München 1998, S. 93.
172 Boyle, a.a.O., S. 122.
173 Zit. n.: Boyle, a.a.O., S. 139.
174 Zit. n.: Ulrich Karthaus: Sturm und Drang. Epoche – Werk – Wirkung, München 2000, S. 45.
175 Ebenda.
176 Goethes Werke, Hamburger Ausgabe, Band X, Autobiographische Schriften II, Aus meinem Leben Dichtung und Wahrheit, Dritter Teil, 14. Buch, a.a.O., S. 11.
177 Ulrich Karthaus: Sturm und Drang, a.a.O., S. 118.
178 Ulrich Karthaus: Sturm und Drang, a.a.O., S. 120.
179 Zit. n.: Karthaus, a.a.O., S. 122.
180 Heinrich Leopold Wagner: Die Kindermörderin. Nach der ungekürzten Ausgabe von 1776, Stuttgart 1999, S. 76f.
181 Friedrich Maximilian Klinger: Betrachtungen und Gedanken über verschiedene Gegenstände der Welt und der Literatur. Mit einem Essay von Hermann Schweppenhäuser. Frankfurt am Main (sammlung insel Bd. 27) 1967, S. 150 (Zeittafel).
182 Zit. n.: Friedrich Maximilian Klinger: Fausts Leben, Taten und Höllenfahrten, Stuttgart 1986, S. 252.
183 Wolfgang Deichsel: Sturm und Drang. Friedrich Maximilian Klinger. In: Hans Sarkowicz (Hrsg,): Die großen Frankfurter. Frankfurt am Main und Leipzig 1994, S. 98.
184 Friedrich Maximilian Klinger: Fausts Leben, Taten und Höllenfahrt, a.a.O., S.15.
185 Friedrich Maximilian Klinger: Betrachtungen und Gedanken über verschiedene Gegenstände der Welt und der Literatur; a.a.O., S. 113.
186 Boyle, a.a.O., S. 133.
187 Boyle, a.a.O., S. 159.
188 Zit. n.: Boyle, a.a.O., S. 160.
189 Alle Zitate dieses Abschnitts aus: Die Leiden des jungen Werthers. Goethes Roman im Spiegel seiner Zeit. Eine Ausstellung des Goethe-Museums Düsseldorf. 24. Juni bis 29. Oktober 1972. Katalog von Christina Kröll und Hartmut Schmidt in Zusammenarbeit mit Irmgard Kräupl und Ruth Pink. Hg. von Jörn Göres.
190 Georg Lukács: Deutsche Literatur in zwei Jahrhunderten. Goethe und seine Zeit. Berlin und Neuwied 1964, S. 53 ff.
191 Zit. n.: Georg Lukács, a.a.O., S. 202 f.
192 Boyle, a.a.O., S. 201.
193 Goethes Werke, Hamburger Ausgabe, a.a.O., Band I Gedichte und Epen, S. 88.
194 Goethes Werke, Hamburger Ausgabe, a.a.O., Band I Gedichte und Epen, S. 96.
195 Brief Goethes an Knebel vom 13. Januar 1775, Privatbesitz Freies Deutsches Hochstift – Frankfurter Goethe-Museum. Mit Dank an Joachim Seng.
196 Boyle, a.a.O., S. 234.
197 Zit. n.: Boyle, a.a.O., S. 251.
198 Boyle, a.a.O., S. 258.
199 Boyle, a.a.O., S. 262.

200 Die Briefe der Frau Goethe, a.a.O., S. 102f.
201 Zit. n.: Herbert Heckmann und Walter Michel: a.a.O., S. 154.
202 Zit. n.: Herbert Heckmann und Walter Michel: a.a.O., S. 170.
203 Zit. n.: Herbert Heckmann und Walter Michel: a.a.O., S. 170f.
204 Zit. n.: Herbert Heckmann und Walter Michel: a.a.O., S. 166.
205 Vgl. Heiner Boehncke und Hans Sarkowicz: Die Heimat der Romantik. Literarische Streifzüge durch den Rheingau, Frankfurt am Main 2000.
206 Goethes Werke, Hamburger Ausgabe. Hg. von Erich Trunz, Band II, Gedichte und Epen. Westöstlicher Divan, Buch Suleika. München 1998, S. 66.
207 Goethes Werke. Jubiläumsausgabe. Erster Band, Gedichte, West-östlicher Divan. Hg. von Hendrik Birus und Karl Eibl. Frankfurt am Main 1998, S. 353.
208 Goethes Werke, Jubiläumsausgabe, a.a.O., S. 354.
209 Zit. n.: Herbert Heckmann und Walter Michel: Frankfurt mit den Augen Goethes, a.a.O., S. 233f.
210 Goethes Werke, Hamburger Ausgabe, Band X, Autobiographische Schriften II, Aus meinem Leben Dichtung und Wahrheit, Erster Teil, 2. Buch, a.a.O., S. 75.
211 Nach Adalbert Elschenbroich: Artikel ‚Johann Michael von Loën' in der Neuen Deutschen Biographie (NDB) 15 (1987), S. 47-49.
212 Ebenda.
213 Johann Michael von Loën: Entwurf einer Staatskunst, worinn die natürlichste Mittel entdecket werden, ein land mächtig, reich und glücklich zu machen. Frankfurt am Main und Leipzig 1747, S. 5f.

Politischer Aufbruch. Frankfurt als Zentrum des demokratischen Deutschland, Seite 159-221

214 Karl Heinrich von Lang: Memoiren. Band 1. Braunschweig 1842, S. 209.
215 Friedrich Hegel an Nanette Endel am 13.11.1797. In: Briefe von und an Hegel. Hg. von Johannes Hoffmeister. Band 1: 1785-1812. Hamburg 1952, S. 56.
216 Friedrich Hölderlin: Sämtliche Werke und Briefe. Hg. von Günter Mieth. Briefe. Berlin ²1995, S. 247.
217 Hölderlin, a.a.O., S. 240.
218 Friedrich Hölderlin. Sämtliche Werke, Brief und Dokumente in zeitlicher Folge. Hg. von D. E. Sattler. Band V. München 2004, S. 27.
219 Hölderlin (Briefe), a.a.O., S. 301.
220 Johann Gottfried Seume: Spaziergang nach Syrakus. Hg. von Jörg Drews. Frankfurt am Main 2001, S. 378.
221 August von Kotzenbue: Erinnerungen aus Paris im Jahre 1804. Berlin ³1804, S. 10.
222 Goethes Werke. Hrsg. im Auftrage der Großherzogin Sophie von Sachsen. II. Abtheilung. Goethes Naturwissenschaftliche Schriften. 6. Band. Zur Morphologie. I. Theil. Weimar 1891, S. 144f.
223 Brief Johann Wolfgang Goethes an Charlotte von Stein vom 5.5.1780. In: Goethes Briefe. Hg. von Karl Robert Mandelkow. Band 1. München ³1986, S. 302.
224 (Carl Theodor von Dalberg:) Betrachtungen über das Universum. Erfurt 1777, S. 146.
225 Wolfgang Klötzer: Frankfurt am Main von der Französischen Revolution bis zur preußischen Okkupation 1789-1866. In: Frankfurter Historische Kommission (Hrsg.), a.a.O., S. 303 und 314.
226 Klötzer, a.a.O., S. 315f.
227 Brief von Dorothea von Schlegel an Gräfin Julie Zichy vom 8. Mai 1816. In: Dorothea v. Schlegel geb. Mendelssohn und deren Söhne Johannes und Philipp Veit. Briefwechsel. Hg. von J. M. Raich. Zweiter Band. Mainz 1881. S. 348f.
228 Tagebucheintrag vom 29. Mai 1822 in: Die Tagebücher des Grafen August von Platen. Hg. von G. v. Laubmann und L. v. Scheffler. Zweiter Band. Stuttgart 1900, S. 524f.
229 Brief Wilhelm von Humboldts an Charlotte Diede vom 23. April 1828. In: Wilhelm von Humboldts Briefe an eine Freundin. Hg. von Albert Leitzmann. Erster Band. Leipzig 1909, S. 353f.
230 Johann Ludwig Deinhardstein: Skizzen einer Reise (...) in Briefen an einen Freund. Wien 1831, S. 113.
231 Deinhardstein, a.a.O., S. 106.
232 Karl Immermann: Werke in fünf Bänden. Hg. von Benno von Wiese. Vierter Band: Autobiographische Schriften. Frankfurt am Main 1973, S. 29.
233 Heinrich Laube: Reisenovellen. Sechster Band. Mannheim 1837, S. 207.
234 Laube, a.a.O., S. 209.
235 Ignaz Franz Castelli: Memoiren meines Lebens. Hg. von Josef Bindtner. II. Band. München o.J., S. 196.
236 Brief Friedrich von Schillers an Johann Wolfgang Goethe vom 16. Oktober 1795. In: Friedrich Schiller: Werke und Briefe. Hg. von Otto Dahn u. a. Band 12: Briefe II 1795-1805. Hrsg. von Norbert Oellers. Frankfurt am Main 2002, S. 73.
237 Friedrich Schiller: Die Teilung der Welt. In: Ders.: Werke und Briefe, a.a.O. Band 1: Gedichte. Hg. von Georg Kurscheidt. Frankfurt am Main 1992, S. 24f.
238 Victor Hugo: Rheinreise. Mit einem Nachwort von Friedrich Wolfzettel. Frankfurt am Main 1982, S. 163.
239 Brief von Nikolai Gogol vom 14.12.1844. In: Ders.: Gesammelte Werke. Hg. von Angela Martini. Band 5: Briefe. Stuttgart 2002, S. 298.
240 Florian Balke: Der Nabel Europas. In: Frankfurter Allgemeine Zeitung vom 8.5.2012, S. 37.
241 Clemens Brentano: Das Mährchen von Gockel, Hinkel und Gackeleia. In: Ders.: Werke. Hg. von Wolfgang Frühwald und Friedhelm Kemp. Dritter Band. München/Wien ³2002, S. 620.
242 Clemens Brentano: Godwi oder Das steinerne Bild der Mutter. In: Ders.: Werke. Zweiter Band, a.a.O., S. 166.
243 Henning Boëtius: Die Geschwister Brentano. In: Hans Sarkowicz/Ulrich Sonnenschein (Hrsg.): Die großen Hessen. Frankfurt am Main und Leipzig 1996, S. 159f.

244 Achim von Arnim und Clemens Brentano: Freundschaftsbriefe II. Hg. von Hartwig Schultz. Frankfurt am Main 1998, S. 463f.
245 Achim von Arnim, a.a.O., S. 466.
246 Christian Brentano: Der unglückliche Franzose oder Der Deutschen Freiheit Himmelfahrt. Hg. von Herbert Levin. München 1923, S. 27.
247 Christian Brentano, a.a.O., S. 49.
248 Karoline von Günderrode: Sämtliche Werke und ausgewählte Studien. Band 1. Texte. Hg. von Walter Morgenthaler. Basel und Frankfurt am Main 1990, S. 79.
249 Ursula Krechel: Schwester der Erde und des Lufthauchs. Karoline von Günderrode. In: Hans Sarkowicz (Hrsg.): Die großen Frankfurter, a.a.O., S. 107.
250 Christa Wolf: Nun ja! Das nächste Leben geht aber heute an. Ein Brief über die Bettine. In: Bettine von Arnim: Die Günderode. Frankfurt am Main und Leipzig [7]2000, S. 565.
251 Bettine von Arnim: Clemens Brentano's Frühlingskranz. Die Günderode. Hg. von Walter Schmitz. Frankfurt am Main 2006, S. 642.
252 Bettine und Arnim. Brief der Freundschaft und Liebe. Band I: 1806-1808. Hg. von Otto Betz und Veronika Straub. Frankfurt am Main 1986, S. 108.
253 Ludwig Börne: Briefe aus Paris. Vierundsiebzigster Brief. In: Ders.: Sämtliche Schriften. Hg. von Inge und Peter Rippmann. Dritter Band. Düsseldorf 1964, S. 521.
254 Johann Christian Adelung ist der Verfasser eines *Wörterbuchs der Hochdeutschen Mundart.*
255 Ludwig Börne: Juden in der freien Stadt Frankfurt. In: Ders.: Sämtliche Werke, a.a.O. Zweiter Band. Düsseldorf 1964, S. 239.
256 Ernst Behler: Die Zeitschriften der Brüder Schlegel. Darmstadt 1983, S. 68.
257 Behler, a.a.O., S. 72.
258 Harro Zimmermann: Friedrich Schlegel oder Die Sehnsucht nach Deutschland. Paderborn u.a. 2009, S. 300.
259 Ludwig Börne: Entwurf zu einer Ankündigung (6. März 1817). In: Ders.: Sämtliche Werke, a.a.O.. Fünfter Band. Darmstadt 1968, S. 630f.
260 Ludwig Börne: Geschichte meiner Gefangenschaft. In: Ders.: Sämtliche Werke, a.a.O. Erster Band, Düsseldorf 1964, S. 1187f.
261 Alfred Estermann: Ludwig Börne. In: Hans Sarkowicz/ Ulrich Sonnenschein (Hrsg.), a.a.O., S. 132.
262 Ludwig Börne: Menzel, der Franzosenfresser. In: Ders.: Sämtliche Werke. Dritter Band, a.a.O., S. 871.
263 Wilh. Sauerwein: ABC=Buch der Freiheit für Landeskinder. Hanau 1832, S. 36 und 38.
264 Wilhelm Sauerwein: Lied der Verfolgten. Zit. n.: Wolfgang Steinitz: Deutsche Volkslieder demokratischen Charakters aus sechs Jahrhunderten. Band II. Berlin 1979, S. 91f.
265 Georg Büchner: Schriften, Briefe, Dokumente. Hg. Von Henri Poschmann. Frankfurt am Main 2006, S. 366.
266 Ludwig Börne: Sämtliche Schriften. Dritter Band, a.a.O., S. 599.
267 Karl Gutzkow: Rückblicke auf mein Leben. Berlin 1875, S. 121 und 131.
268 Karl Gutzkow: Georg Büchner. In: Karl Gutzkows ausgewählte Werke. Hg. von Heinrich Hubert Houben. Siebenter Band. Leipzig o.J., S. 132f.
269 Karl Gutzkow: Büchner, a.a.O., S. 133.
270 Karl Gutzkow: Büchner, a.a.O., S. 134.
271 Georg Büchner: Danton's Tod. In: Ders.: Sämtliche Werke und Schriften. Hg. von Burghard Dedner und Thomas Michael Mayer. Band 3.2. Darmstadt 2000, S. 247f.
272 Zit. n.: Büchner: Danton's Tod, a.a.O., S. 284.
273 Karl Gutzkow: Der Königsleutnant. Karl Gutzkow's Dramatische Werke. Siebenter Band. Zweite Abtheilung. Leipzig 1852, S. VII.
274 Gutzkow: Königsleutnant, a.a.O., S. 181f.
275 Arno Schmidt: Karl Ferdinand Gutzkow. Der Ritter vom Geist. In: Ders.: Sämtliche Nachtprogramme und Aufsätze. Bargfeld 1988, S. 29.
276 Zit. n.: Stenographischer Bericht über die Verhandlungen der deutschen constituierenden Nationalversammlung zu Frankfurt am Main. Hg. von Franz Wigard. Erster Band. Frankfurt am Main 1848, S. 17.
277 Zit. n.: Stenographischer Bericht, a.a.O. Zweiter Band. Frankfurt am Main 1848, S. 1310f.
278 Zit. n..: Stenographischer Bericht, a.a.O. Siebenter Band. Frankfurt am Main 1849, S. 4819.
279 Eckart Kleßmann: Vorwort. In: Johann Conrad Friederich: „Der deutsche Casanova". Vierzig Jahre aus dem Leben eines Toten. Erster Band. Frankfurt am Main und Leipzig 1991, S. XX.
280 Anonym (Johann Konrad Friederich): Vierzig Jahre aus dem Leben eines Todten. Erster Band. Tübingen 1848, S. 34.
281 Friederich: Vierzig. Dritter Band. Tübingen 1849, S. 438.
282 Friedrich: Vierzig, a.a.O., S. 437.
283 Friedrich Clemens Ebrard/Louis Liebmann: Johann Konrad Friederich. Ein vergessener Schriftsteller. Frankfurt am Main 1918, S. 68f.
284 Zit. n.: Ebrard/Liebmann, a.a.O., S. 310.
285 Anonym (Johann Konrad Friederich): Dämonische Reisen in alle Welt. Tübingen 1847. S. 174f.
286 Heinrich Hoffmann: Lebenserinnerungen. Hg. von G. H. Herzog und Helmut Siefert. Frankfurt am Main 1985, S. 139f.
287 Carsten Wurm: 150 Jahre Rütten & Loening. Berlon 1994, S. 28.
288 Wurm, a..a.O., S. 34f.
289 Wurm, a.a.O., S. 55.
290 Friedrich Maximilian Hassemer: Deutsch-christliche Sonette. Frankfurt am Main 1845, S. 28.
291 Heinrich Hoffmann: Der Heulerspiegel. In: Ders.: Humoristische Studien und Satiren. Hg. von G. H. Herzog und Helmut Siefert. Frankfurt am Main 1986, S. 228f.
292 Brief von Arthur Schopenhauer an seine Schwester Adele vom 1. Dezember 1835, zit. n.: Ders.: Ein Lebensbild in Briefen. Zusammengestellt und hg. von Angelika Hübscher. Frankfurt am Main 1987, S. 79.
293 Zit. n.: Rüdiger Safranski: Schopenhauer und die Wilden Jahre der Philosophie. München 1987, S. 419.

294 Walter Schulz: „Animal metaphysicum". Arthur Schopenhauer und seine Ethik des Mitleids. In: Hans Sarkowicz (Hrsg.): Die großen Frankfurter, a.a.O., S. 138f.
295 Ruthard Stäblein: Arthur Schopenhauer. In: Hans Sarkowicz/Ulrich Sonnenschein (Hrsg.), a.a.O., S. 192.
296 Karl Gutzkow: Rückblicke, a.a.O., S. 128.
297 Elisabeth Mentzel: Geschichte der Schauspielkunst in Frankfurt a. M. bis 1782. Frankfurt am Main 1882, S. 16.
298 Albert Richard Mohr: Frankfurter Theater von der Wandertruppe zum Komödienhaus. Frankfurt am Main 1967, S. 9.
299 Johann Wolfgang Goethe: Aus meinem Leben. Dichtung und Wahrheit. In: Ders.: Sämtliche Werke. Hg. von Ernst Beutler. Band 10. Zürich 1977, S. 104f.
300 Goethe: Dichtung und Wahrheit, a.a.O., S. 106.
301 Zit. n.: Mentzel, a.a.O., S. 335.
302 Ludwig Börne: Sämtliche Schriften. Erster Band, a.a.O., S. 536.
303 Bernhard Frank: Die erste Frankfurter Theater AG (1792-1842) in ihrer Entwicklung von der „Nationalbühne" zur „Frankfurter Volksbühne". Frankfurt am Main 1967, S. 40.
304 Ludwig Börne: Sämtliche Schriften. Erster Band, a.a.O., S. 310f.
305 Volker Klotz: Karl Malss und seine Lokalpossen. In: Karl Malss: Frankfurter Mundartstücke. Hg. von Volker Klotz, Erwin Th. Rosenthal und Rainer Schönhaar. Frankfurt am Main 1988, S. 438.
306 (Karl Malß:) Die Entführung oder der alte Bürger=Capitain. Frankfurt am Main 1820, S. IVf.
307 Malß: Bürger=Capitain, a.a.O., S. 15f.
308 Anonym: Carl Malß. In: Carl Malß: Volkstheater in Frankfurter Mundart. Frankfurt am Main 1849, o. S.
309 Klotz, a.a.O., S. 443.
310 Wilhelm Sauerwein: Der Gräff, wie er leibt und lebt. Frankfurt am Main [5]1856, S. 3.
311 Max Leopold Langenschwarz: Häusliche Szene bei der Revolution. In: Waldemar Kramer (Hrsg.): Ausgewählte Frankfurter Mundartdichtung. Frankfurt am Main 1966, S. 240.
312 Friedrich Stoltze: An das deutsche Volk. In: Ders.: Hochdeutsche Gedichte. Frankfurt am Main [9]1920, S. 19.
313 Zit. n.: Petra Breitkreuz: Michel und Germania. Zwei allegorische Figuren in Friedrich Stoltzes Frankfurter Latern. In: Vereinigung der Freunde und Förderer des Stoltze-Museums (Hrsg.): „O Freiheit, mein Alles, mein Glück und mein Weh ..." Werk und Leben des Schriftstellers Friedrich Stoltze. Frankfurt am Main 1997, S. 205.
314 Alfred Estermann: Friedrich Stoltze und Otto von Bismarck. In: Vereinigung, a.a.O., S. 107f.
315 Zit. n.: Vereinigung, a.a.O., S. 115.
316 Friedrich Stoltze: Frankfurt. In: Ders.: Gedichte in Frankfurter Mundart. Zweiter Band. Frankfurt am Main. [27]1920, S. 7.
317 Karl Ettlinger: Moritzchens Tagebuch. Berlin o. J., S. 11f.
318 Friedrich Stoltze: Hochdeutsche Gedichte, a.a.O., S. 63.
319 Anna Grigorjewna Dostojewskaja Tagebücher. Die Reise in den Westen. Königstein 1985, S. 159f.
320 Mark Twain: Ein Bummel durch Europa. Übersetzt von Ulrich Steidorff Carrington. Frankfurt am Main und Berlin 1969, S. 8 und 6.
321 Alfons Paquet: Gesammelte Werke. Erster Band: Gedichte. Hg. Von Hanns Martin Elster. Stuttgart 1970, S. 154.

Aufbruch – Untergang – Neubeginn.
Das 20. Jahrhundert, Seite 222-317

322 Theo Schäfer (Hrsg.): Frankfurter Dichterbuch. Frankfurt am Main 1905, S. 7.
323 Paul Claudel und Jaques Rivière. Briefwechsel 1907-1914. München [2]1955, S. 210.
324 Dieter Rebentisch: Frankfurt am Main in der Weimarer Republik und im Dritten Reich 1918-1945. In: Frankfurter Historische Kommission (Hrsg.) a.a.O., S. 441.
325 Hans Flesch: Die kulturellen Aufgaben des Rundfunks. In: Südwestdeutsche Rundfunkzeitung vom 14.3.1926, S. 2.
326 Wolfgang Schivelbusch: Intellektuellendämmerung. Zur Lage der Frankfurter Intelligenz in den zwanziger Jahren. Frankfurt am Main 1982, S. 66.
327 Schivelbusch, a.a.O., S. 71.
328 Sabine Schiller-Lerg: Walter Benjamin und der Rundfunk. München u.a. 1984, S. 403.
329 Walter Benjamin: Radau um Kasperl: In: Ders.: Drei Hörmodelle. Frankfurt am Main 1971, S. 102.
330 Vgl. August Soppe: Rundfunk in Frankfurt am Main 1923-1926. München u.a. 1993.
331 Bertolt Brecht: Rede über die Funktion des Rundfunks. In: Ansgar Diller: Rundfunk und Fernsehen in Deutschland. Stuttgart 1985, S. 54.
332 Schivelbusch, a.a.O., S. 69f.
333 Jürgen Steen: Der Demokrat. In: Anna Schnädelbach/Michael Lenarz/Ders. (Hrsg.): Frankfurts demokratische Moderne und Leopold Sonnemann. Frankfurt am Main 2009, S. 224.
334 Rudolf Geck: -ck. erzählt zum zweiten Mal von Frauen, Kindern und Käuzen. Frankfurt am Main 1930, S. 143.
335 Vgl. Günther Gillessen: Auf verlorenem Posten. Die Frankfurter Zeitung im Dritten Reich. Berlin 1986, S. 67f.
336 Alfons Paquet: Im kommunistischen Rußland. Jena 1919, S. 83f.
337 Schivelbusch, a.a.O., S. 50.
338 Gillessen, a.a.O., S. 58.
339 Zit. n.: Schivelbusch, a.a.O., S. 57.
340 Inka Mülder-Bach: Nachwort der Herausgeberein. In: Siegfried Kracauer: Schriften. Band 5.3. Aufsätze (1932-1965). Frankfurt am Mian 1990, S. 365.
341 Joseph Roth: Der Merseburger Zauberspruch. In: Joseph Roth Werke 3. Das journalistische Werk 1929-1939. Hg. von Klaus Westermann. Köln 1991, S. 277-279.
342 Carsten Wurm, a.a.O., S. 86.
343 Schivelbusch, a.a.O., S. 28.
344 Schivelbusch, a.a.O., S. 39.
345 Rolf Wiggershaus: Die Frankfurter Schule. München 1988, S. 46.

346 Notker Hammerstein: Die Johann Wolfgang Goethe Universität Frankfurt am Main. Band I: 1914 bis 1950. Neuwied/Frankfurt 1989, S. 57.
347 Wiggershaus, a.a.O., S. 54.
348 Hammerstein, a.a.O., S. 62.
349 Wiggershaus, a.a.O., S. 54f.
350 Wiggershaus, a.a.O., S. 128.
351 Thomas Wolfe: Briefe. Hrsg. von Elisabeth Novell. Übersetzt von Susanne Rademacher. Reinbek 1961, S.132f.
352 Elias Canetti: Die gerettete Zunge. Geschichte einer Jugend. München/Wien 1977/1994, S. 325 f.
353 Canetti, a.a.O., S. 329f.
354 Günther Rühle: Theater in Deutschland 1887-1945. Frankfurt am Main 2007, S. 314.
355 Rühle, a.a.O., S. 311.
356 Vgl. Eintrag Fritz von Unruh in: Wolfgang Klötzer (Hrsg.): Frankfurter Biographie. Zweiter Band. Frankfurt am Main 1996, S. 493.
357 Vgl. Thomas Siedhoff: Das Neue Theater in Frankfurt am Main. Frankfurt am Main 1985, S. 27-29.
358 Adam Kuckhoff: Lebendiges Theater (1927), zit. n.: Werner Jung (Hrsg.): ‚Fröhlich Bestehn'. Adam Kuckhoff. Prosa, Lyrik, Dramatik. Aachen 1985, S. 99.
359 Max Ophüls: Spiel im Dasein. Eine Rückblende. Stuttgart 1959, S. 101f.
360 Ophüls, a.a.O., S. 108.
361 Carl Rößler: Die fünf Frankfurter. Berlin ^{7}1912, S. 33.
362 Karl Robert Mandelkow: Goethe in Deutschland. Rezeptionsgeschichte eines Klassikers. Band II: 1919-1982. München 1989, S. 76.
363 Thomas Mann: Goethe als Repräsentant des bürgerlichen Zeitalters. In: Ders.: Adel des Geistes. Stockholm 1945, S. 104.
364 Mann, a.a.O., S. 145.
365 Zit. n.: Helga Heubach (Hrsg.) Das Heim des Jüdischen Frauenbundes in Neu-Isenburg, 1907 bis 1942. Neu-Isenburg 1986, S. 40.
366 René Schickele: Himmlische Landschaft. Berlin 1933, S. 106f.
367 Zit. n.: Paul Arnsberg: Geschichte der Frankfurter Juden seit der Französischen Revolution. Band 1. Darmstadt 1983, S. 913.
368 Silvia Tennenbaum: Straßen von gestern. Frankfurt am Main 2012, S. 422f.
369 Silvia Tennenbaum: Straßen, a.a.O., S. 426.
370 Wurm, a.a.O., S. 131.
371 Vgl. Stefan Müller-Doohm. Adorno. Eine Biographie. Frankfurt am Main 2003, S. 280-282.
372 Berliner Börsen-Courier vom 2.2.1913.
373 Heike Drummer/Jutta Zwilling: „… wir haben bis zuletzt ausgehalten". Die Städtischen Bühnen Frankfurt am Main in der NS-Zeit und ihre Opfer. In: Hannes Heer/Sven Fritz/Dies.: Verstummte Stimmen. Die Vertreibung der ‚Juden' und ‚politisch Untragbaren' aus den hessischen Theatern 1933 bis 1945. Berlin 2011, S. 353.
374 Irmgard Keun: Nach Mitternacht. Frankfurt am Main 1998, S. 28f.
375 Goebbels Reden 1932-1945. Hg. von Helmut Heiber. Bindlach 1991, S. 139.
376 Rudolf G. Binding: Antwort eines Deutschen an die Welt. Frankfurt am Main 1933, o. S.
377 Mitteilungen der RRG vom 30.3.1933, zit. n. Ansgar Diller (Hrsg.), Rundfunk und Fernsehen in Deutschland. Texte zur Rundfunkpolitik von der Weimarer Republik bis zur Gegenwart, Stuttgart 1985, S. 59f.
378 Günther Gillessen: Die Frankfurter Zeitung im Dritten Reich. In: Bernd Heidenreich/Sönke Neitzel (Hrsg.): Medien im Nationalsozialismus. Paderborn 2010, S. 306.
379 Günther Gillessen: Auf verlorenem Posten, a.a.O., S. 481.
380 Günther Gillessen: Auf verlorenem Posten, a.a.O., S. 329.
381 Günther Gillessen: Auf verlorenem Posten, a.a.O., S. 342.
382 Zit. n.: Günther Gillessen: Auf verlorenem Posten, a.a.O., S. 350f.
383 Zit. n.: Günther Gillessen: Auf verlorenem Posten, a.a.O., S. 352.
384 Brief von Friedrich Sieburg an Wendelin Hecht vom 17.4.1936, Bundesarchiv/Personlakte Sieburg.
385 Hanns Johst: Schlageter. München 1933, versch. Seiten.
386 Bettina Schültke: Theater oder Propaganda? Die Städtischen Bühnen Frankfurt am Main 1933-1945. Frankfurt am Main 1997, S. 443.
387 Römerberg-Festspiele 1936. Frankfurt am Main 1936, S. 2.
388 Valentin Senger: Der Heimkehrer. Eine Verwunderung über die Nachkriegszeit. München 1995, S. 5.
389 Valentin Senger: Kaiserhofstraße 12. Darmstadt/Neuwied ^{5}1986, S. 112 und 114f.
390 Schivelbusch: Intellektuellendämmerung, a.a.O., S. 41.
391 Marie Luise Kaschnitz: Orte. Frankfurt am Main 1973, S. 32.
392 Max Frisch: Tagebuch 1946-1949. Frankfurt am Main ^{2}1997, S. 40f.
393 Carl Zuckmayer: Als wär's ein Stück von mir. Horen der Freundschaft. Band 2. Frankfurt am Main 1976, S. 560f.
394 Frisch, a.a.O., S. 240.
395 Zit. n.: Günter Mick. Die Paulskirche. Frankfurt am Main ^{2}1997, S. 344f.
396 Andreas Hansert: Bürgerkultur und Bürgerpolitik in Frankfurt am Main. Frankfurt am Main 1992, S. 217.
397 Jochen Seng: Goethe-Enthusiasmus und Bürgersinn. Das Freie Deutsche Hochstift – Frankfurter Goethe-Museum 1881-1960. Göttingen 2009, S. 539.
398 Zit. n.: Seng: Goethe-Enthusiasmus, a.a.O., S. 540.
399 Hermann Kurzke: Thomas Mann. Das Leben als Kunstwerk. München 1999, S. 541.
400 Kurzke: Thomas Mann, a.a.O., S. 544.
401 Vgl. Kurzke: Thomas Mann, a.a.O., S. 542.
402 Thomas Mann: Ansprache im Goethejahr 1949. In: Ders.: Gesammelte Werke in zwölf Bänden. Band 3: Reden und Aufsätze. Frankfurt am Main 1960, S. 485f.
403 Britta Scheideler: Der Friedenspreis des Deutschen Buchhandels. In: Stephan Füssel/Georg Jäger/Hermann Staub (Hrsg.): Der Börsenverein des Deutschen Buchhandels 1825-2000. Frankfurt am Main 2000, S. 313.
404 Monika Estermann: Der Börsenverein in den Westzonen und der Bundesrepublik Deutschland. In: Füssel u.a. (Hrsg.), a.a.O., S. 168.

405 Stephan Füssel: Buchmessen. In: Ders. u.a. (Hrsg.), a.a.O., S. 244.
406 Das Konzept von Andersch ist beim Hessischen Rundfunk archiviert.
407 Rolf Wiggershaus: Frankfurter Schule, a.a.O., S. 9.
408 Benno Reifenberg: Kritisches Geschäft. In: Ders.: Offenbares Geheimnis. Ausgewählte Schriften. Frankfurt am Main 1992, S. 111 und 114.
409 Marcel Reich-Ranicki: Mein Leben. Stuttgart 1999, S. 543.
410 Marcel Reich-Ranicki: Mein Leben, a.a.O., S. 550.
411 Frankfurter Allgemeine Zeitung vom 29.5.2002.
412 Gottfried Bermann Fischer: Bedroht – Bewahrt. Frankfurt am Main 1971, S. 94f.
413 Peter Suhrkamp: Das fünfzigste Jahr. In: Almanach. Das 50. Jahr. Berlin 1936, S. 7.
414 Siegfried Unseld: Peter Suhrkamp. Frankfurt am Main 1991, S. 21f.
415 Gregor Dotzauer: Im Dickicht der Städte. In: Peter Hahn (Hrsg.): Literatur in Frankfurt. Frankfurt am Main 1987, S. 618.
416 Jürgen Kirschner: Was wird aus dem Theater? Die Diskussion um das Frankfurter Schauspiel 1945-1951. Frankfurt am Main 1989, S. 97.
417 Günther Rühle: Schauspiel in Frankfurt (1968-1985). In: Rainer Erd (Hrsg.): Kulturstadt Frankfurt. Frankfurt am Main 1990, S. 167.
418 Jan Knopf: Bertolt Brecht. Frankfurt am Main 2006, S. 119.
419 Zit. n.: Frankfurter Biographie. Erster Band, a.a.O., S. 118.
420 Günther Rühle: Schauspiel, a.a.O., S. 168.
421 Frankfurter Rundschau vom 12.3.1976.
422 Die Zeit vom 9. April 1976.
423 Frankfurter Rundschau vom 5.11.1985.
424 Tribüne, Heft 96/1985.
425 Horst Krüger: Der Schriftsteller und die Stadt. In: Gerhard König/Adam Seide (Hrsg.): Was da ist in Frankfurt. Frankfurt am Main 1983, S. 90f.
426 Rolf Wiggershaus: Die Frankfurter Schule. München 1988, S. 697 und 699.
427 Vgl.: Renate Chotjewitz Häfner: Frankfurt – ein literarischer Wegweiser. In: Maria Gazetti (Hrsg.): Frankfurt. Literarische Spaziergänge. Frankfurt am Main 2005, S. 34f. und 44f.
428 Marie Luise Kaschnitz: Tage, Tage, Jahre. Aufzeichnungen. Frankfurt am Main 1971, S. 5.
429 Zit. n.: Chotjewitz Häfner: Frankfurt, a.a.O., S. 36.
430 Humbert Fink: Land der Deutschen. Innsbruck/Frankfurt am Main 1985, S. 139.
431 Frankfurter Allgemeine Zeitung vom 20.2.2004.
432 Matthias Beltz: Die wunderbare Tendenz zum Nichts. In: Alf Mentzer/Hans Sarkowicz (Hrsg.):Richtisch beese Mäuler. Hessische Satiren. Frankfurt am Main 2011, S. 233.
433 Herbert Heckmann: Frisch gebabbbelt. Eine ergötzliche Charakterkunde der Frankfurter. In: MERIAN 8/1977, S. 116-118.
434 Zit. n.: Herbert Heckmann: Gedanken eines Katers beim Dösen. Hg. von Heiner Boehncke und Hans Sarkowicz. Frankfurt am Main 2009, S. 23f.
435 Eva Demski: Nur über die Straße. In: Gerd Kittel/Hans Sarkowicz (Hrsg.): RheinMain – Mobilität. Frankfurt am Main 2007, S. 10.
436 Matthias Altenburg: Kurzer Reigen. In: Ruthard Stäblein/Carolina Romahn/Hanne Kulessa (Hrsg.): Die Stadt am Fluß. Frankfurt am Main 2002, S. 104f.
437 Wilhelm Genazino: Abschaffel. Reinbek 1977, S. 15.
438 Peter Kurzeck: Über's Eis. In: Martin Pesch/Wolfgang Rüger (Hrsg.): frankfurt tanzt den tango. Stuttgart 1987, S. 86.
439 Martin Mosebach: Mein Frankfurt. Frankfurt am Main/Leipzig 2002, S. 113.

LITERATUR (in Auswahl)

Arnsberg, Paul: Die Geschichte der Frankfurter Juden seit der Französischen Revolution. Bearbeitet und vollendet durch Hans-Otto Schembs. 3 Bde. Darmstadt 1983.

Askenasy, Alexander: Die Frankfurter Mundart und ihre Literatur. Frankfurt am Main 1904.

Backhaus, Fritz/Engel, Gisela/Liberles, Robert/Schlüter, Margarete (Hrsg.): Die Frankfurter Judengasse. Jüdisches Leben in der frühen Neuzeit. Frankfurt am Main 2006.

Balser, Frolinde: Aus Trümmern zu einem europäischen Zentrum. Geschichte der Stadt Frankfurt am Main 1945-1989. Sigmaringen 1995.

Beier, Gerhard: Arbeiterbewegung in Hessen. Zur Geschichte der hessischen Arbeiterbewegung durch einhundertfünfzig Jahre (1834-1984). Frankfurt am Main 1984.

Berding, Helmut/Eiler, Klaus (Hrsg.): Hessen. 60 Jahre Demokratie. Wiesbaden 2006.

Böhme, Klaus/Heidenreich, Bernd (Hrsg.): „Einigkeit und Recht und Freiheit". Die Revolution von 1848/49 im Bundesland Hessen. Opladen 1999.

Boehncke, Heiner/Sarkowicz, Hans: Literaturland Hessen Frankfurt am Main 2005.

Boehncke, Heiner/Brunner, Peter/Sarkowicz, Hans: Die Büchners oder Der Wunsch, die Welt zu verändern. Frankfurt am Main 2008.

Boehncke, Heiner/Hindemith, Bettina/Wolf, Susanne (Hrsg.): Leben in Trümmern. Fotos und Dokumente der hr-Aktion „Hessen 1945". Frankfurt am Main 1996.

Bong, Jörg (Hrsg.): Frankfurt. Eine Lese-Verführung. Frankfurt am Main 2009.

Bothe, Friedrich: Geschichte der Stadt Frankfurt am Main. 2 Bde. Frankfurt am Main ^{3}1929 (Nachdruck Frankfurt am Main 1977).

Boyle, Nicholas: Goethe. Der Dichter in seiner Zeit. Band 1: 1749-1790. München 1995. Band 2: 1790-1803. München 1999.

Brockhoff, Evelyn/Gerchow, Jan/Tross, Raphael/Heuer, August (Hrsg.): Die Kaisermacher. Frankfurt am Main und die Goldene Bulle 1356-1806. 2 Bde. (Ausstellungskatalog) Frankfurt am Main 2006.

Brandt; Robert/Chotjewitz-Häfner: Literarisches Frankfurt. Jena/ Berlin 1999.

Cilleßen, Wolfgang P./Huntebrinker, Jan Willem (Hrsg.): Heinrich Hoffmann – Peter Struwwel. Ein Frankfurter Leben 1809-1894. Frankfurt am Main/Petersberg 2009.

Demandt, Karl E.: Geschichte des Landes Hessen. Kassel 1980 (Nachdruck der 2. Auflage).

Diehl, Robert: Frankfurt am Main im Spiegel alter Reisebeschreibungen. Frankfurt am Main 1939.

Dietz, Alexander: Frankfurter Handelsgeschichte. Frankfurt am Main. Band 3, 1921; Band 4, 1925.

Drummer, Heike/Zwilling, Jutta: Im Geist der Freiheit. Eine Topografie der KulturRegion Frankfurt RheinMain. Frankfurt am Main 2008.

Erd, Rainer (Hrsg.): Kulturstadt Frankfurt. Frankfurt am Main 1990.

Estermann, Alfred: Zeitungsstadt Frankfurt am Main. Frankfurt am Main 1994.

Frank, Bernhard: Die erste Frankfurter Theater AG (1792-1842) in ihrer Entwicklung von der „Nationalbühne" zur „Frankfurter Volksbühne". Frankfurt am Main 1967.

Frankfurter Historische Kommission (Hrsg.): Frankfurt am Main. Die Geschichte der Stadt in neun Beiträgen. Sigmaringen 1991.

Franz, Eckhart G. (Hrsg.): Die Chronik Hessens. Dortmund 1991.

Friebertshäuser, Hans: Das hessische Dialektbuch. München 1987.

Friebertshäuser, Hans: Kleines hessisches Wörterbuch. München 1990.

Fried, Johannes (Hrsg.): Die Frankfurter Messe. Besucher und Bewunderer. Literarische Zeugnisse aus ihren ersten acht Jahrhunderten. Frankfurt am Main 1990.

Fried, Johannes/Koch, Rainer/Saurma-Jeltsch, Lieselotte E./ Thiel, Andreas (Hrsg.): 794 – Karl der Große in Frankfurt am Main. Sigmaringen 1994.

Füssel, Stephan/Jäger, Georg/Staub, Hermann (Hrsg.): Der Börsenverein des Deutschen Buchhandels 1825-2000. Frankfurt am Main 2000.

Gall, Lothar (Hrsg.): FFM 1200. Traditionen und Perspektiven einer Stadt. (Ausstellungskatalog) Sigmaringen 1994.

Gall, Lothar (Hrsg.): 1848 Aufbruch zur Freiheit. (Ausstellungskatalog) Berlin 1998.

Gazetti, Maria (Hrsg.): Frankfurt. Literarische Spaziergänge. Frankfurt am Main 2005.

Georg Büchner. 1813-1837. Revolutionär, Dichter, Wissenschaftler. (Ausstellungskatalog) Basel/Frankfurt am Main 1987.

Gillessen, Günther: Auf verlorenem Posten. Die Frankfurter Zeitung im Dritten Reich. Berlin 1986.

Hässlin, Johann Jakob: Frankfurt. Stuttgart 1959.

Hahn, Peter (Hrsg.): Literatur in Frankfurt. Ein Lexikon zum Lesen. Frankfurt am Main 1987.

Hammerstein, Notker: Die Johann Wolfgang Goethe Universität Frankfurt am Main. Von der Stifungsuniversität zur staatlichen Hochschule. Band 1: 1914 bis 1950. Neuwird/Frankfurt am Main 1989.

Handbuch der hessischen Geschichte:
- Band 1. Hg. von Winfried Speitkamp: Bevölkerung, Wirtschaft und Staat in Hessen 1806-1945. Marburg 2010.
- Band 2. Hg. von Winfried Speitkamp: Bildung, Kunst und Kultur in Hessen 1806-1945. Marburg 2010.
- Band 4,2. Hg. von Walter Heinemeyer: Hessen im Deutschen Bund und im neuen Deutschen Reich (1806) 1815 bis 1945. Die hessischen Staaten bis 1945. Marburg 2003.

Hansert, Andreas: Bürgerkultur und Kulturpolitik in Frankfurt am Main. Frankfurt am Main 1992.

Heckmann, Herbert: Frankfurter Lesebuch. Literarische Streifzüge durch Frankfurt von der Gründung bis 1933. Frankfurt am Main 1985.

Heckmann, Herbert/Michel, Walter (Hrsg.): Typisch hessisch. Kreuz- und Querzüge durch Deutschlands Mitte. Frankfurt am Main 1980.

Heckmann, Herbert/Michel, Walter: Frankfurt mit den Augen Goethes. Frankfurt am Main 1982.

Heer, Hannes/Fritz, Sven/Drummer, Heike/Zwilling, Jutta: Verstummte Stimmen. Die Vertreibung der „Juden" und „politisch Untragbaren" aus den hessischen Theatern 1933 bis 1945. Berlin/Wiesbaden 2011.

Heidenreich, Bernd (Hrsg.): Hessen 1848. Wiesbaden 1998.

Heidenreich, Bernd/Kroll, Frank-Lothar (Hrsg.): Wahl und Krönung. Frankfurt am Main 2006.

Hennig, Eike (Hrsg.): Hessen unterm Hakenkreuz. Studien zur Durchsetzung der NSDAP in Hessen. Frankfurt am Main 1983.

Heubach, Helga (Hrsg.): Jüdisches Leben in Frankfurt. Materialien. 2 Bde. Frankfurt am Main 1988.

Heuberger, Georg (Hrsg.): Die Rothschilds. Eine europäische Familie. 2 Bde. (Ausstellungskatalog) Sigmaringen 1994.

Heuberger, Rachel/Krohn, Helga: Hinaus aus dem Ghetto ... Juden in Frankfurt am Main 1800-1950. Frankfurt am Main 1988.

Heuer, Renate/Wolf, Siegbert (Hrsg.): Die Juden der Frankfurter Universität. Frankfurt am Main /New York 1997.

Heyden, Eduard: Gallerie berühmter und merkwürdiger Frankfurter. Frankfurt am Main 1861.

Heym, Heinrich (Hrsg.): Frankfurt und sein Theater. Frankfurt am Main 1963.

Historische Kommission des Börsenvereins des Deutschen Buchhandels (Hrsg.): Geschichte des deutschen Buchhandels im 19. und 20. Jahrhundert
- Band1: Das Kaiserreich 1871-1918. Hg. von Georg Jäger. 3 Teile. Berlin/New York 2001-2010
- Band 2: Weimarer Republik. Hg. von Ernst Fischer und Stephan Füssel. 2 Teile. Berlin/New York 2007-2012.

Jamme, Christoph/Pöggeler, Otto (Hrsg.): „Frankfurt aber ist der Nabel dieser Erde". Das Schicksal der Generationen der Goethezeit. Stuttgart 1983.

Junker, Almut (Hrsg.): Frankfurt um 1600. Alltagsleben in der Stadt. Frankfurt am Main 1976.

Kapp, Friedrich/Goldfriedrich, Johann: Geschichte des Deutschen Buchhandels. 4 Bde. Leizig 1886-1913.

Kathrein, Hilde/Krüger, Laura (Hrsg.): Liebe zu Frankfurt. Frankfurt am Main 1990.

Kirschner, Jürgen: Was wird aus dem Theater? Die Diskussion um das Frankfurter Schauspiel 1045-1951. Frankfurt am Main 1989.

Kittel, Manfred: Marsch durch die Institutionen? Politik und Kultur in Frankfurt nach 1968. München 2011.

Klein, Diethard H./Rosbach, Heike (Hsrg.): Frankfurt. Ein Lesebuch. Husum 1987.

Klötzer, Wolfgang (Hrsg.): Frankfurter Biographie. Personengeschichtliches Lexikon. Bearbeitet von Sabine Hock und Reinhard Frost. Band 1: A-L. Frankfurt am Main 1994. Band 2: M-Z. Frankfurt am Main 1996.

Kluke, Paul: Die Stiftungsuniversität Frankfurt am Main 1914-1932. Frankfurt am Main 1972.

Koch, Rainer (Hrsg.): Brücke zwischen den Völkern – Zur Geschichte der Frankfurter Messe. 3 Bde. (Ausstellungskatalog) Frankfurt am Main 1991.

Koch, Rainer (Hrsg.): Die Frankfurter Nationalversammlung 1848/49. Ein Handlexikon der Abgeordneten der deutschen verfassungsgebenden Reichs-Versammlung. Kelkheim 1989.

Koch, Rainer/Stahl, Patricia (Hrsg.): Wahl und Krönung in Frankfurt am Main. Kaiser Karl VII. 1742-1745. 2 Bde. Frankfurt am Main 1986.

Kommission zur Erforschung der Geschichte der Frankfurter Juden (Hrsg.): Dokumente zur Geschichte der Frankfurter Juden. Frankfurt am Main 1963.

König, Gerhard/Seide, Seide (Hrsg.): Was da ist in Frankfurt. Ein halbes Jahrhundert Kunst und Literatur. Frankfurt am Main 1983.

Korenke, Hans-Ulrich (Hrsg.): Frankfurt in alten und neuen Reisebeschreibungen. Düsseldorf 1990.

Kracauer, Isidor: Geschichte der Juden in Frankfurt a. M. 2 Bde. Frankfurt am Main 1927.

Kramer, Waldemar (Hrsg.): Frankfurt-Chronik. Frankfurt am Main ³1987.

Kroll, Frank-Lothar: Geschichte Hessens. München 2006.

Kroll, Frank-Lothar: Hessen. Eine starke Geschichte. Darmstadt 2006.

Kropat, Wolf-Arno: Hessen in der Stunde Null 1945/1947. Wiesbaden 1979.

Lorei, Madlen/Kirn, Richard: Frankfurt und die goldenen Zwanziger Jahre. Frankfurt am Main 1966.

Loschütz, Gert/Laube, Horst (Hrsg.): War da was? Theaterarbeit und Mitbestimmung am Schauspiel Frankfurt 1972-1980. Frankfurt am Main 1980.

Lübbecke, Fried: Fünfhundert Jahre Buch und Druck in Frankfurt am Main. Frankfurt am Main 1948.

Mack, Ernst: Von der Steinzeit zur Stauferstadt. Die frühe Geschichte von Frankfurt am Main. Frankfurt am Main 1994.

Mayer, Thomas Michael (Bearb.): Georg Büchner. Leben, Werk, Zeit. (Ausstellungskatalog) Marburg ³1987.

Mentzel, Elisabeth: Geschichte der Schauspielkunst in Frankfurt am Main. Frankfurt am Main 1882.

Mohr, Albert Richard: Frankfurter Theater von der Wandertruppe zum Komödienhaus. Frankfurt am Main 1967.

Mohr, Albert Richard: Das Frankfurter Schauspiel 1929-1944. Frankfurt am Main 1974.

Oberhauser, Fred/Kahrs, Axel: Literarischer Führer Deutschland. Frankfurt am Main/Leipzig 2008.

Pesch, Martin/Rüger, Wolfgang (Hrsg.): frankfurt tanzt den tango. Stuttgart 1987.

Pfaff, Susanne/Zandee, Pieter/Altenhein, Katrin (Hrsg.): Kohls Lesebuch. Frankfurter Autoren. Frankfurt am Main 1989.

Rühle, Günthe: Theater in Deutschland 1887-1945. Frankfurt am Main 2007.

Rühlig, Cornelia/Steen, Jürgen: Stadt und Natur. Frankfurt um 1780. Frankfurt am Main 1982.

Sarkowicz, Hans (Hrsg.): So sahen sie Hessen. Eine kulturgeschichtliche Reise in zeitgenössischen Berichten. Stuttgart 1988.

Sarkowicz, Hans (Hrsg.): Die großen Frankfurter. Frankfurt am Main /Leipzig 1994.

Sarkowicz, Hans/Mentzer, Alf: Schriftsteller im Nationalsozialismus. Berlin 2011.

Sarkowicz, Hans/Sonnenschein, Ulrich (Hrsg.), Die großen Hessen, Frankfurt am Main /Leipzig 1996.

Schmid, Armin und Renate: Frankfurt in stürmischer Zeit 1930-1933. Stuttgart 1987.

Schimpf, Gudrun-Christine: Geld Macht Kultur. Kulturpolitik in Frankfurt am Main zwischen Mäzenatentum und öffentlicher Finanzierung 1866-1933. Frankfurt am Main 2007.

Schivelbusch, Wolfgang: Intellektuellendämmerung. Frankfurt am Main 1982.

Schlotzhauer, Inge: Ideologie und Organisation des politischen Antisemitismus in Frankfurt am Main 1880-1914. Frankfurt am Main 1989.

Schültke, Bettina: Theater oder Propaganda? Die Städtischen Bühnen Frankfurt am Main 1933-1945. Frankfurt am Main 1997.

Schultz, Uwe (Hrsg.): Die Geschichte Hessens. Stuttgart 1983.

Schwab, Andreas/Schappach, Beate/Gogos, Manuel (Hrsg.): Die 68er. Kurzer Sommer – Lange Wirkung. Essen 2008.

60 Jahre Hessen. Eine Erfolgsgeschichte. (DVD- und CD-Edition des Hessischen Rundfunks) Frankfurt am Main 2005.

Siedhoff, Rhomas: Das Neue Theater in Frankfurt am Main 1911-1935. Frankfurt am Main 1985.

Sparkassenstiftung-Kulturstiftung Hessen-Thüringen (Hrsg.): Kulturelle Entdeckungen: Literaturland Hessen. Frankfurt am Main 2009.

Stäblein, Ruthard/Romahn, Carolina/Kulessa, Hanne (Hrsg.): Die Stadt am Fluß. Literaturstadt Frankfurt am Main. Frankfurt am Main 2002.

Steen, Jürgen/Wolzogen, Wolf von (Bearb.): „Die Synagogen brennen…!“ Die Zerstörung Frankfurts als jüdische Lebenswelt. Frankfurt am Main 1988.

Steen, Jürgen/Wolzogen, Wolf von (Bearb.): Anne aus Frankfurt. Leben und Lebenswelt Anne Franks. Frankfurt am Main 1994.

Tüffers, Bettina: Der Braune Magistrat. Personalstruktur und Machtverhältnisse in der Frankfurter Stadtregierung. Frankfurt am Main 2004.

Widmann, Hans (Hrsg.): Der deutsche Buchhandel in Urkunden und Quellen. 2 Bde. Hamburg 1965.

Wiggershaus, Rolf: Die Frankfurter Schule. München 1988.

Wittmann, Reinhard: Geschichte des deutschen Buchhandels. München 1991.

Wippermann, Wolfgang: Das Leben in Frankfurt zur NS-Zeit. 4 Bde. Frankfurt am Main 1986.

Wojak, Irmtrud: Fritz Bauer und die Aufarbeitung der NS-Verbrechen nach 1945. Wiesbaden 2003.

Wolters, Dierk: Große Namen in Frankfurt. Wer wo lebte. Frankfurt am Main 2009.

PERSONENREGISTER

Bildnachweis:
S. 25, 26: Universitätsbibliothek Frankfurt am Main
S. 45, 279: Institut für Stadtgeschichte Frankfurt am Main
S. 50: Historisches Museum Frankfurt am Main

Alle anderen Bilder aus dem Archiv der Autoren